1 MONTH OF
FREE
READING

at
www.ForgottenBooks.com

By purchasing this book you are eligible for one month membership to ForgottenBooks.com, giving you unlimited access to our entire collection of over 1,000,000 titles via our web site and mobile apps.

To claim your free month visit:
www.forgottenbooks.com/free449466

ISBN 978-0-656-64051-5
PIBN 10449466

This book is a reproduction of an important historical work. Forgotten Books uses
state-of-the-art technology to digitally reconstruct the work, preserving the original format
whilst repairing imperfections present in the aged copy. In rare cases, an imperfection in
the original, such as a blemish or missing page, may be replicated in our edition. We do,
however, repair the vast majority of imperfections successfully; any imperfections that
remain are intentionally left to preserve the state of such historical works.

Polytechnisches Journal.

Herausgegeben

von

Dr. Emil Maximilian Dingler.

Hundertsechsundvierzigster Band.

Jahrgang 1857.

Mit sieben Tafeln Abbildungen.

Stuttgart und Augsburg.

Verlag der J. G. Cotta'schen Buchhandlung.

Inhalt des hundertsechsundvierzigsten Bandes.

Erstes Heft.

4 *

Zweites Heft.

Miscellen.

Anwendung der Photographie zur Reduction der Karten im brittischen topographischen Bureau; vom Obersten James. S. 152. Teleskop von versilbertem Glas, nach Léon Foucault. 152. Ueber die Erkennung des Fluors, von J. Nicklès. 154. Anwendung des Wasserglases zur Bereitung eines Papiers, welches das bisher gebräuchliche Wachspapier ersetzt; von Prof Dr. W. Artus. 155. Ueber die Darstellung des rothen Blutlaugensalzes mittelst gebundenen ozonisirten Sauerstoffes; von Prof. C. F. Schönbein. 155. Zünnemann's Methode der Erzeugung schöner, weißer und harter Unschlittkerzen, welche mit einer großen und hellen Flamme brennen und wobei der Docht sich selbst verzehrt. 156. Ueber die Verunreinigungen des Carmins 157. Ostermann's Fabrication von Siegellack mit Docht. 157. Neue Masse für Streichriemen, zum Schärfen der Messer 158. Ueber Wallosin, ein Ersatzmittel für Fischbein; von G. Böckler, Kaufmann in Leipzig. 158. Ueber den Werth des englischen Patentfleisches; von Prof. Dr. E. Harleß in München. 159.

Drittes Heft.

Viertes Heft.

Miscellen.

Fünftes Heft.

Miscellen.

Sechstes Heft.

Miscellen.

Polytechnisches Journal.

Achtundbreißigster Jahrgang.

Neunzehntes Heft.

I.

Ueber die Locomotiven mit Steinkohlenfeuerung in den Vereinigten Staaten von Nordamerika; von B. Hager, Ingenieur.

Mit Abbildungen auf Tab. I.

1) Locomotive von Roß Winans.

Die Locomotiven von Roß Winans in Baltimore, unter dem Namen camel-backs (Kameelrücken) dort bekannt, sind seit dem Jahre 1847 auf der Philadelphia-Reading Eisenbahn als Güterzugmaschinen zum Transport von Steinkohlen aus den Schuyl=kill=Kohlenbergwerken nach Philadelphia angewendet worden. Es waren dieß die ersten mit Kohlen geheizten Locomotiven, welche in Amerika überhaupt gebaut wurden, und sie haben sich in ihrer eigenthümlichen Bauart bis jetzt so bewährt, daß sie nach und nach auf den meisten Kohlenbahnen eingeführt wurden.

Das Eigenthümliche derselben besteht hauptsächlich in der Anordnung des Feuerkastens. Derselbe ist 9 Fuß lang, 3½ Fuß breit und bloß ungefähr 3 Fuß tief im Lichten und, wie bei fast allen dortigen Locomotiven, von ¼ Zoll starkem gehämmerten Eisen angefertigt, indem Kupfer für zu kostspielig hierzu gehalten wird und wegen seiner Weichheit sich durch Steinkohlen zu sehr abnutzt. Die Decke des Feuerkastens neigt sich vom Kessel nach dem Tender zu flach ab und hat zwei Oeffnungen, auf denen zwei eiserne Kohlenbehälter, mit beweglichem Deckel und Boden angebracht sind. Wegen ihres Ansehens in Folge dieser beiden Behälter erhielten die so construirten Maschinen den Namen Kameelrücken. Der Wasserzwischenraum zwischen den Seiten und der Decke des Feuerkastens und seines Mantels beträgt beiläufig 4 Zoll. Die Feuerkastenrückwand schließt hingegen keinen Wasserraum ab, sondern es ist an ihr in ihrer ganzen

Breite eine gußeiserne Doppelthür angebracht, welche bis auf 6 Zoll über den Rost herabgeht und Zugöffnungen und eine sich auf der innern Seite bewegende Platte zum Oeffnen und Schließen auf jeder Thürhälfte hat. Vor dieser Doppelthür hängt innerhalb des Feuerkastens eine gußeiserne Platte schräg herab, welche sich an einer horizontalen Welle um ihre obere Kante bewegen läßt, jedoch in ihrer geneigten Lage auf beiden Seiten auf Rippen innerhalb des Feuerkastens so luftdicht als möglich aufliegt. Diese Klappe dient dazu, den Zug durch die Thür direct auf die Kohlen herabzuleiten und hierdurch eine vollständigere Verbrennung der sich ent= wickelnden Gase zu bewirken.

Beim Einfeuern, welches überdieß bloß vor dem Abgange durch die Doppelthür geschieht, wird die Klappe hoch gestellt, um nicht im Wege zu hängen. Die späteren Einfeuerungen werden durch die Kohlenbehälter bewerkstelligt, und zwar so, daß erst dieselben mit Kohlen gefüllt und dann die Deckel geschlossen und hierauf die Böden geöffnet werden, ohne Luft von Oben hineinströmen zu lassen.

Der Rost ist 7 Fuß lang und 3½ Fuß breit und besteht aus sechs gußeisernen Roststabpaaren, von denen jedes eigentlich zwei Stäbe bildet. Es sind nämlich, um eine bessere Auflage auf dem Rostkranz zu bekommen, zwei Stäbe an beiden Enden vereinigt gegossen, während sie im Uebrigen 1¼ Zoll Zwischenraum haben (Fig. 5). In dem einen verlängerten Ende ist ein rundes Loch, um mittelst einer eisernen Stange jeden der sechs Roststäbe während der Fahrt hin und her rütteln, auf diese Art die Kohlen mehr vertheilen und Schlacke und Asche entfernen zu können. Die Roststäbe gehen unter der Feuerthür mit ihren Oesen durch die Rückwand des Feuer= kastens. Der Feuerkasten ist um 2 Fuß in den Kessel hinein verlängert.

Der Kessel hat 4 Fuß Durchmesser und enthält 103 eiserne Heiz= röhren von 12 Fuß Länge und 2½ Zoll Durchmesser. Die Cylinder haben 19 Zoll Durchmesser und 22 Zoll Kolbenhub, und die Maschine ruht auf acht gekuppelten Triebrädern von 43 Zoll Durchmesser. Sämmtliche Achsen sind vor dem Feuerkasten angebracht.

Der Dom ist in der Mitte des Kessels angebracht, und der Führer= stand, welcher wie bei allen amerikanischen Maschinen mit einem kleinen Glassalon überbaut ist, vor den beiden Kohlenbehältern, während der Heizer auf einer Plattform, die vor dem Tender vorsteht, seinen Platz hat.

Der Aschenkasten ist ungefähr 12 Zoll tief und bloß gegen den Tender zu offen; an beiden Seiten sind Oeffnungen von 12 auf 8 Zoll ange= bracht, um Asche und Cinders herausziehen zu können, vorzüglich auf den Stationen. Der Boden des Aschenkastens ist immer mit 2 bis 3 Zoll

Waſſer bedeckt, welches durch einen zolligen Schlauch aus dem Tender herabfließt; hierdurch wird bezweckt, die Roſtſtäbe etwas längere Zeit gegen das Durchbrennen zu ſchützen und die durch den Roſt fallenden glühenden Kohlen auszulöschen.

Die Rauchkammer hat einen ebenen Boden, der jedoch 12 Zoll unter den Keſſelboden herabreicht, verticale Seitenwände und eine gebogene Decke; auf dieſem Boden iſt der Ausgangsregulator (variable exhaust) befeſtigt. Dieſer beſteht aus einem gußeiſernen Kaſten mit durch rechte und linke Schrauben zu bewegenden Seiten, wodurch ein ſtärkerer oder ſchwächerer Dampfzug in den Schornſtein erzeugt wird; er hat eine 9 Zoll große Oeffnung, die gerade mit der untern Heizröhrenreihe abſchneidet; von hier aus reicht ein eben ſo ſtarkes Rohr bis an die untere Kaute des Schornſteins und verſchließt dieſen bis auf eine 3 Zoll breite ringförmige Oeffnung.

Der Schornſtein und der damit verbundene Funkenfänger (spark arrester) beſteht aus zwei Röhren, einer innern von 15 Zoll Durchmeſſer und einer äußeren von ungefähr 3 Fuß Durchmeſſer; ſie ſind beide von gleicher Höhe. Das äußere Rohr wird von einem in abgeſtumpfter Kegel= form gebogenen Blech geſchloſſen, deſſen obere Seite ungefähr 15 Zoll Durchmeſſer hat und mit einem Roſt von $\frac{1}{8}$ Zoll breiten Stäbchen, die $\frac{1}{4}$ Zoll auseinander liegen, bedeckt iſt. Das Blech zu dem abgeſtumpften Kegel hat lauter rechteckige Oeffnungen von $\frac{3}{8}$ bis $\frac{3}{4}$ Zoll Weite; jedoch ſind dieſe Löcher bloß auf drei Seiten durchgeſchlagen, während die vierte nach der Achſe des Kegels ſich befindende $\frac{3}{4}$ Zoll breite Seite nicht durch= ſtoßen, ſondern um ſie das Blechſtreiſchen rechtwinkelig herabgebogen iſt. Es entſtehen hierdurch eine Maſſe Zacken, an denen die brennenden Kohlenſtückchen abprallen und in den Raum zwiſchen die äußere und in= nere Schornſteinröhre fallen, von wo ſie durch eine Thür entfernt werden können. Es ſind ſo viele Löcher durch jenes Blech geſtanzt als es an= geht, ohne die nöthige Steifheit zu beeinträchtigen.

Ein ſchwaches Röhrchen geht vom Keſſel nach dem Schornſtein, um nöthigenfalls mittelſt Dampf Zug hervorbringen zu können, wenn die Maſchine ſtill ſteht. Die einzelnen Maſchinentheile ſind bloß in den Ge= lenken und Berührungsſtellen, wo es nöthig iſt, genau bearbeitet, im Uebrigen aber roh gelaſſen und bloß grün angeſtrichen.

Das Gewicht einer ſolchen Maſchine beträgt ungefähr 58000 Pfd. und iſt ganz gleichmäßig auf die acht Triebräder vertheilt, wodurch die größt= mögliche Abhäſion erzielt wird und zugleich die Schienen nicht auf einer Stelle mehr als auf der andern durch die Maſchine belaſtet werden, wo= durch die Bahn ſo viel als möglich geſchont wird.

Die Philadelphia=Reading Eisenbahn ist 95 englische (ungefähr 20,7 geographische) Meilen lang, von denen 40 Meilen horizontal sind, wäh= rend die Steigungsverhältnisse der übrigen 55 Meilen sich in den Gränzen von 1 : 120 bis 1 : 270 befinden; der Brechpunkt ist 600 Fuß höher als der niedrigste. Die Kohlenzüge bestehen durchschnittlich aus 100 Wagen mit 500 Tonnen Steinkohlen à 2240 Pfd. und kehren den nächsten Tag leer zurück. Ein geladener Zug wiegt ungefähr 750 Tonnen, Locomotive, Tender und Wagen mit eingerechnet, und gebraucht zur Hin= und Rück= fahrt von 190 englischen Meilen gegen 18000 Pfd. Steinkohlen und 115000 Pfd. Wasser bei einer durchschnittlichen Geschwindigkeit von 10 bis 12 englischen Meilen in der Stunde. Zu bemerken ist hierbei, daß die Locomotivenführer in Amerika weder Kohlen= noch Oel=Prämie er= halten, weßhalb mit der Feuerung etwas verschwenderisch umgegangen wird.

Gegenwärtig sind auf dieser Bahn 109 Fracht= und 3 Passagier= Locomotiven im Betriebe. Die Passagier=Maschinen haben folgende Dimensionen:

Name der Maschine.	Michigan.	Celeste.	Auburn.
Name des Maschinenbauers.	Millholland.	Winans.	Millholland.
Cylinderdurchmesser in Zollen.	17	19	18
Kolbenhub in Zollen.	30	22	20
Triebraddurchmesser in Fußen.	7	5,5	5,5
Zahl der Triebräder.	4	4	4
Zahl der Laufräder. *	4	4	4
Gewicht der gefüllten Maschinen in Pfunden.	68400	60450	51681
Auf den Triebrädern ruhende Last in Pfunden.	42600	34550	29879
Auf den Laufrädern ruhende Last in Pfunden.	25800	25850	21802
Kesseldurchmesser in Zollen.	48	47	46
Kessellänge in Fußen.	20	23	24
Zahl der Heizröhren.	125	103	136
Länge derselben in Fußen.	12	12	15
Aeußerer Durchmesser derselben in Zollen.	2¼	2½	2¼
Rostfläche in Quadratfuß.	18½	24½	29
Feuerkastenfläche in Quadratf.	66	97	107
Heizröhrenfläche in Quadratf.	888	817	1202

* Die vier Laufräder gehen in einem beweglichen Untergestell (truck), bei den Frachtmaschinen sind keine Laufräder angebracht. Ein Fuß Heizröhre von 2¼ Zoll äußerem Durchmesser wiegt bloß 2 Pfund.

2) Passagier-Locomotive von L. Phleger.

Der Feuerkasten dieser Maschinen auf der Little Schuyl-kill Eisenbahn im Staate Pennsylvanien ist von allen Seiten von einem Wasserraum umgeben. Ein Paar Zoll vor und parallel mit der Heizrohrwand geht durch den Feuerkasten eine Wasserwand (water bridge), welche die vordere Triebradachse in ihrer obern Hälfte umschließt und dann herab in die Heizrohrwand geht, während die hintere Triebradachse unter den Führerstand und hinter dem Feuerkasten läuft. Durch diese Wasserwand werden die Kohlen von der Rohrwand geschieden, so daß es nicht nöthig ist den Kessel höher als den Rost zu legen, um das Hineinfallen der Kohlen in die Heizröhren zu verhindern.

Die obere Seite des Kessels, welcher 42 Zoll im Durchmesser hat, ist nicht ganz 5 Fuß über den Schienen. Die Roststäbe sind mit Wasser gefüllte Heizröhren, welche mittelst gußeiserner Flantschen mit dem Feuerkasten wasserdicht verbunden sind und mit demselben communiciren.

Auf dem Kessel ist ein Ventilator angebracht, welcher von zwei keinen rotirenden Dampfmaschinen zu seinen beiden Seiten getrieben wird und die nöthige Luft in den Boden des Feuerkastens unter den Rost bläst.

Die Rauchkammer umschließt ein Vorwärmapparat, welcher sich zugleich über den obern Theil des Kessels hinzieht. Die Cylinder haben 15 Zoll innern Durchmesser und 24 Zoll Kolbenhub. Die Maschine ruht auf vier Triebrädern von 6 Fuß Durchmesser und einem beweglichen Untergestell mit vier Laufrädern von ungefähr 20 Zoll Durchmesser.

Der Rost ist 44 Zoll lang und 33 Zoll breit, die Heizröhren sind bloß 9 Fuß lang.

Ein Vorzug dieser Maschinen besteht darin, daß man keinen Ausgangsregulator braucht, durch welchen beim Hervorbringen von Zug stets ein Druck auf die Rückseite des Kolbens hervorgebracht wird, der bei bedeutender Geschwindigkeit nicht unerheblich und reiner Verlust ist. Der Zug kann zu jeder Zeit, sobald Dampf im Kessel ist, und in jeder beliebigen Stärke hergestellt werden.

Durch die stoßweise Wirkung eines Erhaustors fliegen Kohlenstückchen gegen die Heizrohrenden und in die Heizröhren, wodurch beide sehr abgenützt werden, und oft fliegen brennende Kohlen hierdurch aus dem Schornstein heraus; beide Uebelstände sind durch den Ventilator beseitigt. Auch können keine brennenden Kohlen (cinders) aus dem Aschenkasten fallen, da dieser verschlossen ist. Ferner bilden sich keine Schlacken, indem die Ueberreste der verbrannten Steinkohle sich in eine erdige Masse umbilden.

Der Keſſel der Maſchine hängt ſehr niedrig und hierdurch kommt der Schwerpunkt den Schienen viel näher.

3) Siederöhrenkeſſel von Fr. P. Dimpfel.

Dimpfel's Siederöhrenkeſſel werden auf der New-York-Erie Eiſenbahn zur Feuerung mit Steinkohlen angewendet. Fig. 6 iſt ein verticaler Durchſchnitt durch die Mitte der Keſſellänge; Fig. 7 ein Grundriß und theilweiſe horizontaler Durchſchnitt derſelben. Der Feuerkaſten beſteht aus dem gewöhnlichen vierſeitigen Behältniß für das Feuer und einer großen eiſernen herzförmigen Feuerröhre D,D von ungefähr 26 Zoll lichter Weite, welche von der vordern Feuerwand an im Keſſel ſeiner Länge nach liegt.

Dieſe Röhre iſt mit einer großen Anzahl Siederöhren C angefüllt, in denen das Waſſer circulirt, während das Feuer um dieſelben ſpielt. Die Siederöhren münden mit ihrem einen gebogenen Ende in die Feuerkaſtendecke, das andere Ende läuft in einem ſenkrechten 6 Zoll breiten Waſſerzwiſchenraum E am vordern Keſſelende nahe der Rauchkammer aus; ſie empfangen das zu heizende Waſſer von dem oben erwähnten Raume E und entlaſſen es erhitzt durch ihr gebogenes Ende oberhalb der Feuerkaſtendecke wieder in den Keſſel.

Der Rauch entweicht größtentheils durch einen am vordern untern Ende des Keſſels angebrachten Kaſten G, welcher in die Rauchkammer führt, theils durch eine 4 Zoll breite längliche Oeffnung F, welche mitten in der Keſſel- und Rauchkammer-Wand vertical angebracht iſt und nach Belieben vom Führer verengert und erweitert werden kann.

Unter der Mitte des Keſſels iſt ein rundes Behältniß H für das Auffangen von glühenden Kohlen und Aſche angebracht, welches vom Waſſer umſpielt wird. Auf den Stationen kann es durch Oeffnen eines Schiebers am untern Ende gereinigt werden. Dieſer Behälter iſt jedoch nicht unbedingt nöthig, weil hinreichender Raum für Abfälle in der Rauchkammer vorhanden iſt; letztere wird aber hierdurch gegen Verbrennung durch glühende Kohlen geſchützt.

Die Feuerkaſtendecke A, wie gewöhnlich durch Anker B geſichert, iſt flach nach unten gewölbt, wodurch nicht bloß die Hälfte der Anker erſpart und mehr Raum für die anzubringenden Siederöhren gewonnen, ſondern auch eine gleiche Steifigkeit erzielt wird. Die bedeutende Circulation des Waſſers verhindert die Anſammlung von nicht wärmeleitenden Niederſchlägen auf dieſer hohlen Fläche.

Die Feuerröhre D, in welcher die Siederöhren eingeſchloſſen ſind, bietet ſchon an und für ſich eine bedeutende dampferzeugende Oberfläche dar, und da die Siederöhren eng und zahlreich ſind und in den bei gewöhnlichen Keſſeln offenen Feuerraum bedeutend hineinragen, ſo wird hierdurch die Heizfläche anſehnlich vermehrt und iſt beträchtlich größer, als bei einem gewohnlichen Keſſel von demſelben Umfange. Bei einem Keſſel von 9 Fuß Länge mit einem fünffüßigen Feuerkaſten und 150 Heizröhren beträgt der Unterſchied der Heizfläche eines gewöhnlichen Locomotiv- und dieſes Siederöhrenkeſſels gegen 300 Quadratfuß.

Da die zur Rauchentweichung beſtimmte Oeffnung F auch eine ſolche längs des ganzen Keſſels zwiſchen den Siederöhren bedingt, ſo ſind, um ein zu ſchnelles Entweichen der Hitze durch dieſe Oeffnung zu verhindern, ohne die Siederöhren in den Ecken zu berühren, durch F zwei Klappen J eingeſetzt, welche ſo eingerichtet ſind, daß ſie verengert und erweitert wer= den können und auf dieſe Weiſe nach Belieben den Raum zwiſchen den Siederöhren ausfüllen und die Hitze länger in der Feuerröhre zurückhalten.

Dieſe Keſſel bieten dem Feuer eine ſehr bedeutende Heizfläche im Verhältniß zu ihrer Größe dar, das Waſſer muß in ihnen ſchneller cir= culiren, ja es iſt gezwungen, nach dem Feuer zu zu eilen, und wird immer das Beſtreben haben, nach dem Theile hinzufließen, wo die größte Hitze erzeugt wird, d. i. in die Biegung der Siederöhren, während es in einem Heizröhrenkeſſel das Beſtreben hat, vom Keſſelboden und den Heizröhren hinweg nach oben zu ſteigen, aber nicht zu fließen. Durch die bedeutende Circulation iſt eine Anſetzung von Keſſelſtein in den Siederöhren faſt un= möglich gemacht, während zwiſchen den Heizröhren eines Locomotivkeſſels ſehr bald der Keſſelſtein ſich in großen Quantitäten ablagert, und nicht bloß deren Heizkraft ſchwächt, ſondern auch zu früherem Durchbrennen und Reparaturen derſelben Veranlaſſung gibt.

Das Laufen des Keſſels in ſeinen Wänden iſt vollſtändig beſeitigt, da ſich die Siederöhren vermöge ihrer gebogenen Form ausdehnen und zuſammenziehen können, ohne in den Rohrwänden loſe zu werden. Bei einem gewöhnlichen Locomotivkeſſel dehnen ſich hingegen durch Hitze die Heizröhren mehr aus als die runde Keſſelwand, da die erſteren innerhalb das Feuer durchſtreicht und außerhalb das ſiedende Waſſer umſpielt, wäh= reud an der andern innerhalb heißes Waſſer, außerhalb im günſtigſten Falle eine Verkleidung von Filz, Holz und Blech iſt; in Folge dieſer Tem= peraturverſchiedenheit werden die Siederöhren länger als die Keſſelſeiten= wände, und hierdurch entſteht das Laufen des Keſſels an beiden Rohr= wänden; gleichzeitig iſt die Feuerkaſtenrohrwand dem Feuer ſo ausgeſetzt, daß ſie ſtets der Reparatur am erſten unterworfen iſt und am früheſten ausbrennt, auch wenn man ſie ſtärker als die anderen Feuerkaſtenwände macht.

Die erste dieser Siederöhrenkessel = Locomotiven, „Anthracite" ge=
nannt, ist seit October 1854 im Betrieb und hat sich, wie ihre Nach=
folger, sehr gut bewährt.

II.

Die Oberflächen = Condensation oder der Röhren = Condensator für Dampfmaschinen, verbessert von James Joule zu Manchester.

Nach dem Artizan, Juni 1857, hier aus der Revue universelle, 3te Liefer., 1857,
S. 511.

Mit Abbildungen auf Tab. I.

Bekanntlich hat Watt zuerst die Röhren=Condensatoren bei den
Dampfmaschinen angewendet, sie aber bald durch die Einspritz=Conden=
sation ersetzt, welche jetzt allgemein angenommen ist. Der Röhren=Con=
densator ist aber von mehreren Maschinenbauern wieder aufgenommen
worden, wie z. B. von Hall und Cartwright. Letzterer construirte im
J. 1797 eine Maschine, welche bei weitem nicht genug studirt worden
ist, obgleich sie sich durch Einfachheit und durch die eigenthümliche Ein=
richtung des Condensationsapparates auszeichnete. Hall hat mit vieler
Ausdauer seinen Röhren=Condensator [1], welchen er mit Recht als eine
große Verbesserung betrachtete, in Aufnahme zu bringen gesucht, und ohne
auf seine vielen Versuche einzugehen, bemerken wir, daß der geringe Erfolg
weniger dem System selbst als den zu seiner Anwendung benutzten Mitteln
zugeschrieben werden muß.

Nachdem Hr. Joule längere Zeit dieselben Ideen verfolgt hätte,
benutzte er die sich ihm darbietende Gelegenheit, neue Versuche mit einer
kleinen Hochdruckdampfmaschine anzustellen, welche ihm und dem Professor
W. Thomson zu gemeinschaftlichen Versuchen über die thermischen Wir=
kungen der sich bewegenden Flüssigkeiten gedient hatte.

Die allgemeine Anordnung des Cylinders und des Condensators dieser
Maschine ist in Fig. 16 dargestellt. Der Cylinder A hat einen Durch=

------

[1] Wir verweisen hinsichtlich desselben auf die Mittheilungen im polytechn.
Journal Bd. LV S. 161 und 401, Bd. LXVIII S. 161.

A. d. Red.

meffer von 6 Zoll und sein Kolben einen Lauf von derselben Länge. Er hat ein Schieberventil mit drei Dampfwegen und arbeitet mit ⅓ Expansion; bei vollständiger Geschwindigkeit macht die Maschine 180 Umgänge in der Minute. Die zur Speisung des Dampfkessels dienende Druckpumpe B ist einfachwirkend und hat einen Kolben von 1½ Zoll Durchmesser, der einen Lauf von 1¾ Zoll macht; er wird von einem Excentricum in Bewegung gesetzt, das auf einer Welle angebracht ist, die sich bei 3½ Umgängen der Maschine einmal dreht. Das von dem Cylinder verbrauchte Dampfvolum steht zu dem von der Druckpumpe gelieferten Wasservolum in dem Verhältniß von

$$6^2 \times 6 \times \tfrac{2}{3} \times 2 \times 3\tfrac{1}{2} : (1\tfrac{1}{2})^2 \times (1\tfrac{3}{4}) = 258 : 1.$$

Wenn der Dampf einen Druck von 15 Pfd. über den atmosphärischen hat, so ist weniger als ein Drittel von der Räumlichkeit der Pumpe erforderlich, um den Wasserstand im Kessel zu unterhalten, daher die anderen zwei Drittel für die Luftpumpe verfügbar bleiben.

Obgleich es auf den ersten Blick unmöglich erschien, die Maschine mit einer Luftpumpe von so kleiner Dimension zu betreiben, so entschied man sich doch für einen Versuch, und es wurde hierzu das Dampfauslaßrohr mit dem Ende des einen der beiden Schenkel D einer eisernen Röhre von 1½ Zoll Durchmesser, welche 10 Fuß hoch und heberartig gekrümmt ist, verbunden, wogegen das Ende des andern Schenkels mit einem noch engern Rohre F mit der Speisepumpe B vereinigt war.

Nachdem der Dampf in dem Cylinder gewirkt hat, erhebt er sich folglich mittelst der Röhre D 10 Fuß hoch und sinkt dann durch die 10 Fuß lange eiserne Röhre E von 1½ Zoll Durchmesser herab. Der abwärtsgehende Schenkel ist von einem, in einem cylindrischen Mantel G von 4 Zoll Durchmesser aufsteigenden Wasserstrom umgeben; das kalte Wasser schafft eine Pumpe mittelst der Röhre H herbei.

Das Condensationswasser und die durch die Fugen eingedrungene Luft werden durch die Luft- oder Speisepumpe B weggenommen; das Wasser wird mittelst der Röhre I in den Kessel gedrückt, während die Luft durch eine Oeffnung K entweicht, die man anbringt, indem man einen der Deckelbolzen wegläßt.

Soll die Maschine in Betrieb gesetzt werden, so öffnet man die beiden Hähne L und M, von denen der eine unten an dem Heberschenkel D, und der andere zwischen den Ventilen der Speisepumpe angebracht ist. Die Maschine geht dann wie eine Hochdruckmaschine, bis der Kessel und der Cylinder luftleer sind und die Condensator-Röhren E und F kein Wasser mehr enthalten. Nachdem dieses eingetroffen ist, werden die Hähne

L und M verschlossen, und nach einigen Umgängen beginnt eine Leere sich zu bilden, welche zunimmt, bis ihr das Eindringen von Luft und die innere Temperatur der Condensatorröhre eine Gränze setzt.

Wegen der keinen Dimensionen der Luftpumpe wäre obige Anordnung eine ganz verfehlte gewesen, wenn eine etwas beträchtliche Luftmenge in den Condensator hätte bringen können.

Hr. Joule fand, daß wenn die Maschine mit einer Pferdekraft, die Reibungen inbegriffen, arbeitete, was 33000 Pfd. 1 Fuß hoch per 1′ gehoben entspricht, man eine Leere von 23 Zoll, bei einem Barometerstande von 29 Zoll, unterhalten konnte. Dieser Versuch beweist die Vorzüge des neuen Condensationssystems mit Röhren; denn eine Leere von 23 Zoll ist als ein außerordentliches Resultat zu betrachten, wenn man die geringen Dimensionen der Luftpumpe berücksichtigt, und die viele Luft, welche durch die Fugen und die Hähne, sowie durch die Stopfbüchse der Kolbenstange eindringen konnte, in Betracht zieht. Es ist kaum zu bezweifeln, daß wenn diese nachtheiligen Bedingungen wegfallen, man eine Leere erhalten wird, die derjenigen wenigstens gleich ist, welche die meisten jetzigen Condensationsmaschinen liefern.

Da nun eine gußeiserne, 10 Fuß lange und 1½ Zoll weite Röhre hinreicht, um eine angemessene Condensation bei einer Maschine von 1 Pferdekraft zu bewirken, so muß eine Vereinigung von 100 solcher Röhren einen guten Condensator für eine Maschine von 100 Pferdekräften bilden.

Die Nachtheile der jetzigen Condensationsmethode mittelst Einspritzung sind bekannt genug: das mit erdigen Theilen überladene Wasser wird, nachdem es zur Condensation des Dampfes gedient hat, zur Speisung des Kessels benutzt und setzt auf dessen Wänden dicke Krusten ab; und wo dieser Nachtheil vermieden wird, füllt sich der Kessel nach und nach mit einer gesättigten Lösung eines Salzes. Im erstern Falle verbraucht man mehr Brennmaterial, weil der Kesselstein ein sehr schlechter Wärmeleiter ist; im zweiten Falle sind Wärmeverluste und andere Nachtheile die Folgen des Umstandes, daß man das trübe und gesättigte Wasser zu entleeren genöthigt ist. Ueberdieß muß man wegen der Schwierigkeit, das Wasser im Kessel auf einem bestimmten Staude zu erhalten, verschiedene Apparate zur Regulirung der Speisung anwenden. Dazu kommt noch Kraftverlust in Folge der Reibung einer großen Luftpumpe, während die Wegschaffung des Einspritzwassers ebenfalls einen Kraftaufwand erfordert. Offenbar kann daher ein Röhren-Condensator, welcher diese Nachtheile vermeidet, selbst bei einer um 5 bis 6 Zoll geringern Leere, mit Erfolg den Injections-Condensator ersetzen.

Die Vortheile der Röhren-Condensation beschränken sich aber nicht auf die obigen Betrachtungen. Wenn die Leere in Folge unzureichender Abkühlungs-Oberfläche minder vollkommen ist, so wird dieser Uebelstand durch die höhere Temperatur, welche das in den Kessel zurückgehende Wasser besitzt, mehr als compensirt. Erwiesenermaßen besteht auch eine Gränze, über welche hinaus die Condensation nicht mit Vortheil getrieben werden kann; diese Gränze muß bei der Röhren-Condensation eine niedrigere seyn, als bei der Einspritz-Condensation, da im letztern Falle das Einspritzwasser die Leistung der Luftpumpe erhöht. Ein anderer sehr wichtiger Umstand ist der, daß bei dem neuen vorgeschlagenen System das Abkühlungsvermögen des zur Condensation angewendeten Wassers besser benutzt wird.

Bei der gewöhnlichen Condensation hängt die Vollständigkeit der Leere von der niedrigen Temperatur der Wasser-Cisterne ab, während man bei Joule's System, wo der Wasserstrom den entgegengesetzten Weg von dem des Dampfes machen muß, denselben zur Abkühlung selbst dann noch benutzen kann, wenn die Temperatur, am Ende seines Laufes, höher geworden ist, als diejenige des condensirten Dampfes.

Obgleich die fraglichen Versuche nicht in solchem Maaßstabe gemacht worden sind, um mit großer Genauigkeit die Form und die Dimensionen eines Röhren-Condensators für eine Maschine von gewisser Kraft bestimmen zu können, so glaubt Hr. Joule doch mit Sicherheit die abkühlende Oberfläche empfehlen zu können, welche oben per Pferdekraft von ihm aufgestellt wurde. Eine Röhre von hinreichender Räumlichkeit wird den vom Cylinder ausströmenden Dampf zu einem Scheider führen, welcher 12 Fuß über dem Niveau der Luftpumpe angebracht ist. Ein anderer ähnlicher Scheider, der mit einer Röhre versehen ist, welche ihn mit der Luftpumpe in Verbindung setzt, wird direct unter dem erstern, in der Ebene des Speiseventils, angebracht. Senkrechte Röhren von 10 Fuß Länge und 1½ bis 2 Zoll Durchmesser, deren Anzahl gleich derjenigen der Pferdekräfte der Maschine ist, und welche so nahe als es nothwendig ist neben einander gestellt werden, bilden die Verbindung zwischen den beiden Scheidern.

Da es von Wichtigkeit ist, daß diese Röhren leicht weggenommen und mit luftdichten Fugen wieder eingesetzt werden können, so muß man an den Scheidern kurze Hülsen anbringen, in welche die Röhren eintreten und worin sie mittelst Kautschukringen mit Metallgarnitur gedichtet werden. Die auf diese Weise adjustirten Condensationsröhren werden senkrecht in einem Behälter angebracht, durch den ein oben eintretender kalter Wasserstrom geht. Die zwischen den Röhren für den Durchgang des Wassers

gelaffenen Räume dürfen nicht zu breit feyn, weil fonft bei dem rafchen
Lauf des Waffers unregelmäßige Bewegungen entftehen könnten, welche
es zu lange in Berührung mit den Röhren erhalten.

Wenn die Luftpumpe einen Kolbenzug in der Secunde macht, fo
muß fie eine Räumlichkeit von 10 Kubikzoll per Pferdekraft haben. Das
Waffer gelangt unmittelbar von der Pumpe zum Keffel, und die Luft
entweicht durch eine kleine Oeffnung, welche oben im obern Deckel an=
gebracht ift. Um zu verhindern, daß Waffer durch diefe Oeffnung aus=
tritt, kann man eine ähnliche Vorrichtung anwenden wie bei der Mafchine
von Cartwright, welche aus einem fich nach Innen öffnenden Ventil
befteht, das an einem mit Schwimmer verfehenen Hebel befeftigt ift.
Durch das Steigen des Waffers wird diefes Ventil verfchloffen.

Profeffor W. Thomfon hat für diefen Röhren=Condenfator die in
Fig. 17 dargeftellte Einrichtung vorgefchlagen. Sie befteht in einer Er=
weiterung der Kaltwafferröhre N, die einen cylindrifchen Behälter O bildet,
welcher durch die angegoffenen Flantfchen P und R mit der Röhre ver=
bunden ift. Diefer Cylinder O ift oben und unten durch zwei Scheider
oder Platten T und S (Fig. 18), deren Löcher die condenfirenden Röhren
U aufnehmen, verfchloffen. Die Röhren paffen genau in die Löcher, und
die Fugen werden mittelft Kautfchukplatten, welche mit entfprechenden
Löchern verfehen find, und von denen die eine unter die untere und die
andere auf die obere Platte gelegt wird, gedichtet.

Die Röhre V führt den im Cylinder benutzten Dampf in den obern
Theil des Condenfations=Cylinders, und das durch die Röhre N ein=
tretende Waffer wird in die Röhren U getrieben. Die mit der Luft=
pumpe in Verbindung ftehende Röhre X dient zum Ausziehen des Con=
denfationswaffers.

Die einzigen Fugen, durch welche der Condenfator die äußere Luft
anfaugen kann, find diejenigen, welche die Dampfentleerungsröhre mit
der Ventilkammer und mit dem Condenfator verbinden. Die Fugen der
Röhrenplatten find äußerlich mit Waffer bedeckt und die Undichtheiten, zu
denen fie Veranlaffung geben könnten, befchränken fich auf das Eindringen
von etwas Waffer. Uebrigens laffen fich diefe Undichtheiten fo vermin=
dern, daß fie unmerklich werden. Der vorgefchlagene Condenfator unter=
fcheidet fich in einem wichtigen Punkte von den früher angewendeten Röhren=
Condenfatoren; bei letzteren ging der Dampf durch eine Reihe mit Waffer
umgebener Röhren, daher die Niederfchläge des Waffers fich außerhalb
der Röhren abfetzen und nicht weggefchafft werden können, während bei
dem neuen Syftem das Umgekehrte der Fall ift, indem fich die Nieder=
fchläge im Innern bilden, folglich die Röhren von denfelben mittelft einer

Stange oder eines Dorns, die man nach Abnahme des Deckels durch sie treibt, leicht gereinigt werden können.

Hr. Thomson hat noch eine Verbesserung vorgeschlagen, welche darin besteht, daß man das Ausziehen der Luft und des Wassers aus dem Condensator getrennt vornimmt. Er bemerkt in dieser Hinsicht: „Das gleichzeitige Ausziehen der Luft und des Wassers (welche in wenig verschiedenen Volumen mit einer großen Menge wässeriger Dämpfe gemischt sind), mittelst der Luftpumpe bei einer Condensationsmaschine mit Einspritzung, ist offenbar unvortheilhaft. Durch die Theilung der Arbeit muß man eine wesentliche Ersparung erlangen. Bei der Röhren-, sowie bei der Einspritz-Condensation können Wasser und Luft, welche ausgezogen werden sollen, ohne Schwierigkeit getrennt werden, indem man unten an dem Apparat eine Wasserpumpe von etwas größerer Capacität anbringt, als für das zu hebende Wasservolum erforderlich wäre, und indem man oben auf dem Condensator ein Rohr aufsetzt, welches zu einer obern Luftpumpe führt. Dieses Rohr kühlt man durch einen Wasserstrom ab, damit die Temperatur in demselben niedriger ist als im Condensator, d. h. 1 oder 2 Grad höher als die des abkühlenden Stromes. Man muß auf diese Weise im Rohr eine vollständigere Condensation erhalten als im Condensator, und das Condensationswasser wird sich in Folge seines Gewichts von der Luft trennen, welche dann in die Pumpe bei demselben Druck zieht, den die Leere im Condensator hat.“

Bei einer Condensationsmaschine mit Einspritzung kann das Wasser im Condensator so hoch steigen, daß es die Luftpumpe verstopft, und um dieses zu vermeiden, bringt man auf dem Condensator einen Indicator an, damit man das Einspritzwasser vermindern kann, wenn das Niveau zu hoch steigt. Bei der Röhrencondensation ist es ebenfalls wünschenswerth, den Wasserstand im Condensator reguliren zu können, und zu diesem Zweck kann man die Speisepumpe so einrichten, daß sie nach Bedarf mehr oder weniger Wasser zieht, so daß der Wasserstand niemals zu hoch steigt.

Bei jeder Condensationsmaschine ist es offenbar vortheilhaft, den Dampf mit Expansion wirken zu lassen. Denn wenn der Dampf aus dem Cylinder strömt, so geht er dann unter einem Druck und mit einer Temperatur, welche viel niedriger sind, in den Condensator über, und man erlangt eine gute Condensation mit einer weit geringern Wassermenge. Es ist zu wünschen, daß man den Gebrauch einer und derselben Oeffnung zum Ein- und Ausströmen des Dampfes aufgibt; denn der ausströmende Dampf erlangt in Berührung mit dem Metall, welches der einströmende Dampf erwärmt hat, eine höhere Temperatur, während der einströmende

Dampf nothwendig durch das Metall abgekühlt werden muß, welches mit
dem ausströmenden Dampf in Berührung war.

Man hat den Vorschlag gemacht, die Luft als Abkühlungsmittel bei
der Röhrencondensation anzuwenden. Wenn sich dieses Project mit Er=
folg ausführen ließe, so wäre es für die Praxis sehr wichtig, weil man
alsdann die Dampfmaschinen an Orten benützen könnte, wo eine gehörige
Wasserspeisung schwierig herzustellen ist. Joule und Thomson beabsich=
tigen Versuche über das Abkühlungsvermögen der Luft anzustellen, und
es ist kaum zu bezweifeln, daß eine Luftmenge, welche dieselbe Wärme=
capacität hat wie eine gegebene Wassermenge, letztere als Abkühlungsmittel
bei einem Röhrencondensator ersetzen kann.

Bemerkungen über vorstehende Abhandlung.

Nach dem Vortrage der Abhandlung des Hrn. Joule in der Ver=
sammlung des Ingenieurvereins zu Glasgow, bemerkte Prof. Thomson,
daß der Joule'sche Condensator bei den ersten Versuchen keine guten
Resultate gab, während sie nach einiger Zeit weit günstiger wurden. Als
man den Apparat untersuchte, fand man, daß sich ein Bolzen der Pumpe
losgezogen hatte; man schraubte ihn zum Theil ab und erhielt nun einen
vollständigen Erfolg, indem die auf diese Weise hergestellte kleine Oeffnung
das Entweichen der Luft am Ende des Kolbenlaufes dieser Pumpe ge=
stattete.

Es würde leicht gewesen seyn den Condensator zu verhindern Luft
anzusaugen, indem man die Fugen besser gedichtet hätte, aber die Maschine
welche zum Versuche diente, hatte nur eiserne Röhren mit Kautschuk=
garnituren. Bei Anwendung eines größern Maaßstabes lassen sich diese
Fugen vollkommen undurchbringlich machen, und die Kolbenstangen=Stopf=
büchse könnte dann allein noch in dieser Beziehung Schwierigkeiten dar=
bieten.

Die Nothwendigkeit, zu verhindern daß der Condensator Luft ansaugt,
ist hinlänglich durch die Thatsache bewiesen, daß die kleine Versuchs=
maschine sich noch mit einer beträchtlichen Kraft eine Viertelstunde lang
umdrehen konnte, nachdem der Dampfdruck im Kessel unter eine Atmo=
sphäre gesunken war; wogegen es genügte einen Hahn am Kessel eine
halbe Secunde lang zu öffnen, um so viel Luft eintreten zu lassen, daß
die Maschine aufgehalten wurde.

Es ist nicht zu bezweifeln, daß das Einspritzen bei den gewöhnlichen
Condensatoren den größten Theil der Luft einführt, welche man aus den=
selben herausziehen muß. Der Umstand, daß bei der Modellmaschine

keine Einspritzung angewendet wird, erklärt die geringen Dimensionen
der Luftpumpe.

Thomson fügt bei, daß wenn Joule seinen Apparat für einen
schnellern Wasserstrom eingerichtet hätte, die Condensation vollständiger
gewesen wäre, und daß eine größere Geschwindigkeit des abkühlenden
Stroms nothwendig gestatten wird eine geringere Oberfläche für den
Condensator anzuwenden.

Hr. Fairbairn erklärt, daß er Gelegenheit hatte, die Versuche von
Joule und Thomson zu verfolgen, und er glaubt daß sie die größte
Beachtung verdienen. Der Kessel lieferte kaum die hinreichende Dampf=
menge, wegen der Unvollkommenheit des Herdes, und der Druck schwankte
beträchtlich. Er hebt die Vortheile hervor, welche ein Röhrencondensator,
besonders für die Marine, gewähren würde, wenn die mit diesem System
verbundenen praktischen Schwierigkeiten gehoben werden könnten. Er erinnert,
daß der Hall'sche Condensator mit Beharrlichkeit versucht wurde, daß
man ihn aber aufgeben mußte, weil er mehr Kraft als der Einspritz=
Condensator erfordert, und weil er zu complicirt und zu schwierig in gutem
Stande zu erhalten war.

Hr. James R. Napier glaubt, der Grund weßhalb der Hall'sche
Condensator nicht immer gute Resultate in der Praxis gab, sey weniger
das Eindringen von Luft durch die mangelhaften Fugen, als die Ver=
stopfung der Röhren durch Fett und Talg welche von der Maschine kom=
men. Er bestätigt, daß Hr. David Napier mehrere Jahre einen Röh=
rencondensator auf dem Dampfer „Postboy" benutzte und noch einen
solchen auf einem Themse=Dampfboote anwendet. Nach seiner Meinung
besteht die größte Schwierigkeit darin, die Röhren rein zu halten, in welchen
sich Fett und Unreinigkeiten aus der Maschine absetzen und eine theerige
Substanz bilden, die sich nicht leicht vermeiden läßt.

Hr. Tosh erklärt, daß er eine Maschine von zehn Pferdekräften
besaß, welche zwei Jahre lang mit einem Röhrencondensator arbeitete;
derselbe bestand in einem gußeisernen Cylinder von 10 Fuß Länge und
12 Zoll Durchmesser, welcher 30 messingene Röhren von gleicher Länge
und 1¾ Zoll Durchmesser enthielt. Dieser Condensator wirkte gut, ver=
stopfte sich nicht, und die Fugen an den Enden der Röhren ließen sich
ohne Schwierigkeit luftdicht erhalten. Er gewährte den Vortheil, daß der
Kessel rein blieb, obgleich das Wasser von sehr schlechter Beschaffenheit
war. Die Menge des zur Condensation erforderlichen Wassers ist nicht
bestimmt worden, aber es ging durch den Condensator alles Wasser,
welches zur Speisung der Locomotiven auf der Station, wo die Maschine
aufgestellt war, benutzt wurde.

Die ferneren Erörterungen, woran ſich die HHrn. Fairbairn und Neilſon und der Prof. Thomſon betheiligten, betrafen die Beant= wortung der Frage, ob der neue Condenſator mit der Kaltwaſſer= und der Luftpumpe weniger Maſchinenkraft beanſprucht, als die Luftpumpe bei den Einſpritz-Condenſatoren. Dieſer Punkt kann nur durch Verſuche mit größern Maſchinen entſchieden werden, Prof. Thomſon zweifelt aber nicht, daß ſich das Reſultat zu Gunſten des Röhrencondenſators herausſtellen wird. Uebrigens iſt er überzeugt, daß der etwas größere Kraftaufwand, welcher vielleicht erfordert wird um dem kühlenden Strome eine hinlängliche Geſchwindigkeit zu ertheilen, reichlich durch den Vortheil ausgeglichen wird, den Keſſel mit reinem Waſſer ſpeiſen zu können, was mittelſt der Einſpritz-Condenſation nicht zu bewerkſtelligen iſt.

III.

Becher zum Oelen der Dampfmaſchinen-Cylinder, von Robert Ramſay zu Lancaſter.

Aus Armengaud's Génie industriel, Juni 1857, S. 303.

Mit einer Abbildung auf Tab. I.

An mehreren Theilen der Dampfmaſchinen, beſonders aber auf ihren Cylindern, bringt man becherförmige Gefäße an, in welche man Fett oder Oel gibt, welches im letztern Falle den Zweck hat, die Bewegung des Kolbens zu erleichtern; dieſe Gefäße verſtopfen ſich aber leicht, und das Fett oder der Talg wird darin nicht hinreichend flüſſig. Hr. Robert Ramſay hat nun einen Becher conſtruirt, welcher ein ununterbrochenes Schmieren bezweckt.

Fig. 11 iſt ein ſenkrechter Durchſchnitt von dieſem Becher.

Der kupferne Becher A iſt auf den Cylinderdeckel aufgeſchraubt und nimmt das Schmiermaterial auf. Er iſt in ſeiner Mitte mit zwei Hülſen a^1 und a^2 verſehen, welche ausgebohrt ſind und in denen ſich eine Röhre B bewegt, deren innerer Canal b mit zwei Seitencanälen b^1 und b^2 ver= ſehen iſt, welche den Enden der Hülſen a^1 und a^2 entſprechen, die ſelbſt an einer Stelle ihres Umfanges ausgeſchnitten ſind, ſo daß ſie Oeffnungen darbieten, welche in gewiſſen Zeitpunkten mit den Canälen b^1 und b^2 in Verbindung ſtehen.

Der Becher und die Röhre sind durch die Scheibe C, eine Mutter-schraube d und einen Aufhalter e mit einander verbunden. Letzterer be-schränkt die Bewegung des Bechers auf der Röhre und regulirt dieselbe der Art, daß die Oeffnungen b¹ und b² in gewissen Zeitpunkten mit den Ausschnitten in den Hülsen a¹ und a² zusammentreffen. Ein dritter Canal c stellt die Verbindung zwischen dem Innern des Bechers und der äußern Luft her, um jenen mit dem Schmiermaterial füllen, sowie um den in den Becher eingedrungenen Dampf entweichen lassen zu können.

Dieser Apparat wirkt folgendermaßen: indem man den Becher auf der Röhre in einer gewissen Richtung dreht, stellt man die Verbindung zwischen dem Schmiermaterial und dem Cylinder durch die Oeffnung b¹ und die Röhre b her; von dem im Cylinder noch enthaltenen Dampf ent-weicht dann eine geringe Menge durch die Oeffnung b² in den Becher und macht das Material möglichst flüssig; diese Dämpfe ziehen hierauf durch die Oeffnung c in die Atmosphäre ab.

IV.

Rauchverzehrende Oefen für Dampfkessel; von den HHrn. Roques und Daney.

Aus Armengaub's Génie industriel, Juli 1857, S. 38.

Mit Abbildungen auf Tab. I.

Die HHrn. Roques und Daney, Mechaniker zu Bordeaux, haben über die Rauchverbrennung bei Dampfkesselöfen Untersuchungen angestellt; der von ihnen zu diesem Zweck construirte und in Fig. 12 bis 14 abge-bildete Apparat dürfte zu einer glücklichen Lösung dieser Frage führen. Es wurden mit demselben in Gegenwart eines ausgezeichneten Officiers Hrn. Ordinaire de Lacolonge, unter Beihülfe eines Mechanikers und eines Ingenieurs der Normalschule, Versuche angestellt, deren Resultate wir unten mittheilen.

Die bisher zur Rauchverbrennung angewendeten Mittel sind zweierlei Art: entweder läßt man in die Feuerzüge kalte Luft einströmen, um den zur Verbrennung der nicht verbrannten Gase nöthigen Sauerstoff zu lie-fern; oder man regulirt durch besondere Apparate die Beschickung des Ofens mit Brennmaterial. Das erstere Mittel setzt eine Aufmerksamkeit und Intelligenz des Heizers voraus, welche derselbe selten hat; bei dem zweiten findet man den Rost häufig in Unordnung, in Folge der Aus= dehnung der in Bewegung befindlichen Metalltheile.

Das System der HHrn. Roques und Daney dagegen, sehr ein= fach in seiner Construction, fordert von dem Heizer nur eine mäßige Auf= merksamkeit. Dasselbe ist noch zu neu, um behaupten zu können, daß die Aufgabe als vollständig gelöst zu betrachten ist, aber die in der letzten Zeit auch in unserer (der Brüder Armengaub) Gegenwart angestellten Versuche lieferten hinreichend günstige Resultate, um die Beachtung der Industriellen zu verdienen.

Fig. 12 stellt den Apparat im senkrechten Querschnitte dar.

Fig. 13 ist ein Längendurchschnitt des Ofens, welcher die Lage des Rostes und der zur Einführung von Luft und Dampf dienenden Röhren zeigt.

Fig. 14 ist ein Horizontaldurchschnitt oberhalb des Rostes.

Der Rost G besteht aus gewöhnlichen, schwach geneigten Stäben. An dem Ende der durch sie gebildeten Ebene befindet sich ein starker Vor= sprung, bestehend aus einer Eisenstange und einer Reihe von Ziegeln, welche so feuerfest seyn müssen wie die Häfen der Glashütten. [2] Nach dieser Art Feuerbrücke kommt ein Canal oder Graben F', F, F'', dessen Boden etwas höher liegt, als derjenige des Aschenfalles. Dieser Canal ist in zwei Theile getheilt durch eine verticale Scheidewand C, welche die aus der Feuerstelle kommenden Gase nöthigt vertical abwärts zu steigen, am Boden des Grabens hinzuziehen und sich dann wieder zu erheben, um in die gewöhnlichen Feuerzüge K zu gelangen.

Der Rost wird auf gewöhnliche Weise beschickt. Wenn die in der Nähe der kleinen Ziegelmauer befindlichen Kohlen in Gluth sind, so treibt sie der Heizer vorwärts, damit sie auf den Boden des Grabens fallen, er schiebt dann den Rost vor und gibt am vordern Ende des Rostes wieder etwas neue Kohlen auf. Ist dieß geschehen, so braucht er den Ofen nur nach dem gewöhnlichen Verfahren von Zeit zu Zeit zu beschicken, indem er Alles, was ihm in Kohks verwandelt und gut brennend erscheint, in den Graben schiebt. Eine in den Aschenfall sich öffnende Thür D gestattet, den nach Verfluß einer gewissen Zeit in dem Graben sich sam= melnden Rückstand in den Aschenfall zu schaffen.

Parallel zu dem Raum, welchen der Aschenfall, die Feuerstelle und der vordere Theil des Canals (Grabens) einnimmt, sind zwei Luftkam=

---

[2] Die Erfinder lassen diese Ziegel aus dem Thon anfertigen, welcher für die Kapseln und Muffeln der Porzellanfabriken verwendet wird.

mern H, L angeordnet, welche nur durch eine Scheidewand von Ziegeln
von jenem Raume getrennt ſind. Zum Reguliren der Oeffnung dieſer
Luftkammern dient ein rechts und links von der Thür angebrachtes Re=
giſter. Die Wand, welche jede Luftkammer von dem Theil F¹ des Gra=
bens trennt, iſt mit Oeffnungen verſehen, in welche kleine, mit ſehr fei=
nen Löchern durchbohrte kegelförmige Röhren I von Rothkupfer eingeſetzt
ſind. Die Anzahl dieſer Kegel richtet ſich nach der Heizoberfläche des
Dampfkeſſels.

In jede Kammer erſtreckt ſich eine Dampfröhre E, welche mit Düſen
J verſehen iſt, die jenen coniſchen Röhren correſpondiren und ihnen an
Zahl gleich ſind.

Nachdem das Feuer angezündet iſt, und die erſten glühenden Kohlen
in den Graben geworfen ſind, läßt man Luft in die Kammern ziehen und
dann den Dampf einſtrömen. Die Wirkung des Dampfes iſt analog
derjenigen bei den Schornſteinen der Locomotiven, er erzeugt einen Zug
und zieht die Luft in die coniſchen Röhren. Außerdem liefern die Löcher,
womit die letzteren durchbohrt ſind, der Luft einen zweiten Ausweg, ſo daß
ſie in den Raum F¹ dringt, ſich dort mit den aus der Feuerſtelle entwickel=
ten Gaſen miſcht und denſelben den zu ihrer Verbrennung nöthigen Sauer=
ſtoff liefert.

Die Miſchung, welche durch die Scheidewand C genöthigt wird
über die am Boden des Grabens befindlichen glühenden Kohks zu ſtrei=
chen, verbrennt und gelangt ohne Rauch in die Feuerzüge. Die Hähne
an den Dampfröhren geſtatten die Wirkung des Dampfes zu reguliren.
Die Regiſter haben in Beziehung auf die Luft den nämlichen Zweck, ſo daß
man bei einem in Gang geſetzten neuen Ofen nach einigen Verſuchen mit
Sicherheit den ihnen für die Zukunft zu gebenden Oeffnungsgrad findet.

Folgendes ſind die Thatſachen, welche die oben genannten Beobachter
bei ihrem Beſuch der Maſchinenfabrik der HHrn. Daney conſtatirt
haben:

„Als wir ankamen, arbeitete der Apparat. Die Hähne und Regiſter
wurden vor unſern Augen geſchloſſen und der Roſt mit friſchen Kohlen
über das gewöhnliche Maaß beſchickt; ein äußerſt dichter Rauch drang
ſofort aus dem Schornſtein hervor. Man ließ nun Luft zu, der Rauch
wurde etwas lichter und blieb in dieſem Zuſtand; hierauf ließ man Dampf
zuſtrömen, worauf ſich der Rauch ſtufenweiſe verminderte und in weniger
als einer Minute gänzlich verſchwand.“

„Wir ließen die Kohle ſich verzehren. Als ſie in glühende Kohks
verwandelt war, ſchob ſie der Heizer in den Graben und beſchickte den

2 *

Rost von Neuem über das Maaß, so daß die Kohlen den Dampfkessel berührten; ein schwacher Rauch trat einige Secunden lang aus dem Schornstein, und das war Alles."

„Jetzt wurden die Hähne und Register geschlossen; alsbald zeigte sich ein dichter Rauch. Man ließ den Dampf allein zuströmen; nichts änderte sich. Hierauf öffnete man die Luftregister; der Rauch lichtete sich langsam und es verfloß bis zu seinem Verschwinden 3 oder 4 mal so viel Zeit, als wenn die Luft vor dem Dampf gegeben worden wäre. Diese Thatsache ist leicht zu erklären: der Dampf wirkt hier nicht chemisch, indem er keine Gase zur Verbrennung liefert, sondern bloß mechanisch, indem er den Zug vermehrt; sind die Luftregister geschlossen, so erfolgt der Zug bloß durch den Rost, und der Rauch nimmt folglich zu, so daß die später zugelassene Luft ein in Vergleich mit ihrem eigenen Volumen zu beträchtliches Volumen unverbrannter Gase findet."

Vorstehende Versuche sind dem System der Erfinder günstig, und es ist zu wünschen, dieselben durch neue Versuche noch weiter bestätigt zu sehen.

Die Erfinder schätzen die Dampfconsumtion für den Zug des Ofens bei einem Dampfkessel von 10 — 12 Pferdekräften auf höchstens $\frac{1}{2}$ Pferdekraft; sie wollen übrigens den Versuch machen, zur Ersparniß den Dampf nach seinem Austritt aus dem Cylinder der Maschine zu diesem Zweck zu benutzen.

V.

Bleichapparat von James Begg zu Glasgow.

Aus dem London Journal of arts, Juni 1857, S. 332.

Mit einer Abbildung auf Tab. I.

In diesem Bleichapparat, welcher am 1. October 1856 patentirt wurde, können die Stoffe mit den bleichenden Agentien auf eine continuirliche und höchst wirksame Weise behandelt werden. Zu diesem Zwecke ist eine Reihe von Behältern in zwei parallelen Reihen angeordnet, welche durch Röhren, die mit Hähnen oder Ventilen versehen sind, mit einander in Communication stehen. Der erste Behälter einer Reihe enthält z. B. eine zum Waschen, die zweite eine zum Bleichen dienende Flüssigkeit u. s. w. Die zu behandelnden Stoffe legt man auf den Boden einer

Kammer, welche sich jenen Behältern gegenüber befindet. Sämmtliche erwähnte Behälter werden durch Dampf geheizt. Soll die Behandlung der Stoffe beginnen, so öffnet man das Ventil, welches die Communication zwischen dem Behälter mit Waschflüssigkeit und der Kammer, worin sich die Stoffe befinden, herstellt, und setzt eine an der Röhre zwischen beiden Behältern angebrachte Druckpumpe in Thätigkeit; diese preßt die Flüssigkeit durch die Stoffe. Ist dieß geschehen, so öffnet man der Reihe nach die Seitenröhren, welche nach den Bleichflüssigkeiten führen, und wiederholt die Procedur so lange, bis sämmtliche bleichende Agentien nach einander durch die Stoffe gepreßt worden sind. Schließlich werden Ventile und Röhren so adjustirt, daß die Pumpe alle Feuchtigkeit aus der Waare zieht.

Fig. 15 stellt diesen Bleichapparat im Grundrisse dar. a ist die Kammer, in welcher die Operation des Bleichens vor sich geht; b, c, d ist die Reihe von Behältern mit den verschiedenen Flüssigkeiten. An der Seite der Kammer a ist die senkrechte Druckpumpe e befestigt; das untere Ende dieser Pumpe communicirt durch eine kurze Röhre f mit dem Boden der Kammer a, während eine gegenüber befindliche Röhre g mittelst der krummen Röhre h mit der kurzen horizontalen Röhre j in Verbindung steht, von welcher die Seitenröhren k, l, m nach den Zellen oder Behältern b, c, d sich erstrecken. Letztere liegen höher, als die Kammer a, und sämmtliche drei Seitenröhren öffnen sich in dieselbe in gleicher Höhe mit ihrem Boden. Eine andere Röhre n, welche mit einem belasteten Ventil o versehen ist, communicirt zwischen dem oberen Theil der Kammer a und dem offenen oberen Theil der ersten Zelle b. Wenn der Apparat in Thätigkeit ist, so zieht die Pumpe e die bleichende Flüssigkeit aus der einen oder der andern Zelle, je nachdem sie mit einer der Röhren k, l oder m in Verbindung gesetzt ist, und preßt sie gewaltsam durch die in der Kammer a befindliche Waare. Nachdem die Flüssigkeit die Waare durchdrungen hat, wird sie aus dem oberen Theil der Kammer durch das belastete Ventil o der Röhre n entleert, um wieder in die Zelle zurückgeleitet zu werden. Jede Röhre ist mit Hähnen oder Ventilen versehen, so daß die Operation rasch von einer Flüssigkeit zur andern gewechselt werden kann.

VI.

Verbesserte Spindel für Flechtmaschinen, von William Fr. Spittle zu Birmingham.

Aus dem London Journal of arts, Juni 1857, S. 325.

Mit einer Abbildung auf Tab. I.

Bei der gewöhnlichen Spindel der Flechtmaschinen befindet sich die Spule, auf welche der Faden gewickelt ist, an der Centralachse der Spindel, und der Faden kehrt, nachdem er von der Spule durch die Löcher eines zur Achse parallel angeordneten Arms gegangen ist, zu der hohlen Achse zurück, auf welcher die Spule steckt, und tritt an dem obern Ende der hohlen Achse wieder heraus.

Bei der verbesserten, in Fig. 19 im Verticaldurchschnitte dargestellten Spindel, ist a die Spule. Diese befindet sich aber nicht an der Centralachse b der Spindel, sondern an einem mit der Achse b verbundenen und parallel zu ihr angeordneten Arm c. Der Faden d nimmt von der Spule a seinen Weg direct nach der hohlen Achse der Spindel und verläßt dieselbe an ihrem oberen Ende; er tritt durch den Ring e, von welchem in der Achse b das Gewicht f herabhängt. Wenn das Ende des Fadens d mit hinreichender Kraft angespannt wird, so wird das Gewicht f und der Theil g in die dargestellte Lage gehoben, und die Spule a erlangt die Fähigkeit sich zu drehen. Das hohle Gewicht f wird bei h mittelst Schrotkörnern adjustirt. Bei einer nach vorliegendem Princip construirten Spindel macht der Faden einen minder gewundenen Lauf als bei der gewöhnlichen Spindel, und ist, da er gegen weniger Flächen sich reibt, nicht so leicht geneigt zu reißen. Der obere Theil i der Spindel besteht aus einem Stück gehärteten Stahls. — Patentirt am 17 September 1856.

VII.

Vereinfachter Apparat zum Schmelzen des Talges, von Hrn. Chevallier zu Paris.

Aus Armengaud's Génie industriel, Juni 1857, S. 281.

Mit Abbildungen auf Tab. I.

Die bisher zum Schmelzen des Talges (in Frankreich) conſtruirten Apparate ſind im Allgemeinen ſo groß, daß ſie unter vielen Verhält=niſſen nicht angewendet werden können, und beſonders verhindert ihr hoher Preis ihre Einführung in vielen keinen Gewerben, welche ſich mit Fetten beſchäftigen; man kann ſie daher nur in den Abbeckereien großer Städte oder in großen Kerzenfabriken benutzen; in Folge dieſes Uebelſtandes müſ=ſen die meiſten Schlächter oft ihr ſämmtliches Fett weithin verſenden.

Hr. Chevallier hat ſich daher bemüht, einen einfachen und nicht koſtſpieligen Apparat herzuſtellen, welcher in den Haushaltungen, von den Lichterziehern ꝛc. angewendet werden kann. Derſelbe iſt tragbar, kann überall aufgeſtellt werden und gewährt den Vortheil, die Schmelzung des Talges unter hohem Druck mit großer Erſparung an Arbeitslöhnen und Brennmaterial bewirken zu können.

Fig. 3 iſt ein allgemeiner Durchſchnitt des Apparates, der die ver=ſchiedenen Theile, aus denen er beſteht, zeigt.

Fig. 4 iſt ein Grundriß in der Höhe des Ofens.

Betrachtet man die Abbildungen etwas näher, ſo wird man finden, daß der Apparat aus einer Art Zimmerofen beſteht, dem man übrigens verſchiedene Formen und Dimenſionen geben kann. Der äußere Mantel A kann aus Blech, oder Gußeiſen oder irgend einem andern paſſenden Ma=terial beſtehen. Am Fuß dieſes Ofens befindet ſich der eigentliche Herd B, unter welchem der Aſchenkaſten C angebracht iſt, der weggenommen, ent=leert und wiederum in ſeine Falzen eingeſchoben werden kann.

Ueber dem Herde iſt eine gußeiſerne Platte D angebracht, über welche Flamme und Rauch von dem Herde ausſtrömen und den Boden des Keſſels E erhitzen, welcher die zu ſchmelzenden Subſtanzen enthält. Flamme und Rauch circuliren gänzlich um den Keſſel, indem ſie ſich ſpiralförmig in den Seitencanälen F erheben, welche zwiſchen dem Mantel und dem Keſſel angebracht ſind; ſie entweichen dann durch die Röhre G in die Eſſe.

Auf diese Weise wird das Brennmaterial gänzlich zur Feuerung des Kessels benutzt, und man erzielt daher eine wesentliche Ersparung im Vergleich mit den meisten jetzt in den Fabriken gebräuchlichen Apparaten, welche meistens mit offenem Feuer und mit Luftzutritt zum Talge betrieben werden. Bei letzteren wird nicht nur Brennmaterial verschwendet, sondern es entwickelt sich auch ein sehr unangenehmer Geruch.

Der Kessel ist oben mit einem luftdicht schließenden Deckel versehen, welcher nicht nur einen innern Rand r hat, sondern auch einen äußern Rand r', der einen rechten Winkel mit jenem bildet. Diese Einrichtung gewährt den Vortheil, daß die Fuge sehr genau verschlossen wird, und daß, wenn ja Dämpfe austreten sollten, sie in horizontaler Richtung entweichen; sie können also höchstens senkrecht von Oben nach Unten austreten und folglich auf den hervortretenden äußern Rand c strömen, der von Außen nach Innen etwas abfällt, damit die flüssigen Substanzen nicht außerhalb ablaufen können. Man befestigt den Rand r mittelst der Schraubenklammern I auf dem entsprechenden Rande b des Kessels, und damit die Verbindung gänzlich luftdicht wird, ist auf diesem Rande ein Falz angebracht, in welchen ein Hanfband oder ein Kranz von vulcanisirtem Kautschuk gelegt wird, welche durch die Ränder und die Klammern zusammengepreßt werden. Auf diese Weise wird jede Dampfentweichung gehindert.

Soll der Deckel behufs des Entleerens und neuen Füllens des Kessels abgenommen werden, so braucht man nur die Schraubenklammern zu lösen. Während der Operation kann man die im Kessel enthaltenen Substanzen durch eine Oeffnung umrühren, indem man den sie genau verschließenden kleinen Deckel J abhebt, welcher auf dem großen Deckel angebracht ist.

Der Apparat ist mit einem Sicherheitsventil K versehen, welches sich von Innen nach Außen öffnet, damit Dampf entweichen kann, wenn der Druck zu groß wird. Ueberdieß steht zu diesem Zweck dem den Proceß beaufsichtigenden Arbeiter ein Hahn L zur Verfügung; damit aber der Dampf nicht in den Raum entweicht, in welchem der Apparat sich befindet, steht die Oeffnung des Hahns mit der Röhre T und diese mit der Essenröhre G in Verbindung.

Endlich ist unter dem großen Rande c des Kessels, der genau auf den obern Rand des Ofenmantels paßt, eine feine Röhre d angebracht, welche mit der nach Außen abführenden Röhre e in Verbindung steht, um die Substanzen zu sammeln, welche in Folge der Verdampfung oder wegen Undichtheiten sich über den Kessel hinaus hätten verbreiten können. Zu dem Ende haben nämlich der Rand des Kessels c und der obere Rand des Ofenmantels ein geringes Abfallen von Außen nach Innen, damit die Flüſſigkeiten nicht nach Außen abfließen können.

Ein Apparat dieſer Art vereinigt, wie man ſieht, alle Vortheile, welche man bei der Verarbeitung des Talges zu Kerzen beanſpruchen kann, nämlich leichte Direction und geringen Brennmaterialverbrauch. Er kann daher überall angewendet werden, da er wegen ſeines verhält= nißmäßig geringen Gewichts weder im Ankauf noch Unterhalt viel koſtet, und überdieß luftdicht verſchloſſen iſt, daher keinen unangenehmen Geruch verbreitet.

Wenn der Arbeiter, um die Maſſe im Keſſel umzurühren, den keinen Deckel J öffnen will, ſo öffnet er vorher den Hahn L, damit die Dämpfe in die Eſſe und nicht in den Raum wo der Ofen ſteht, entweichen.

VIII.

Ueber das Unvermögen mancher Perſonen, gewiſſe Farben zu erkennen, nebſt Bemerkungen über die für Eiſenbahn= und Schifffahrts = Signale zu wählenden Farben; von G. Wilſon, Profeſſor der Technologie an der Univerſität zu Edinburgh.

Wir entnehmen Nachſtehendes einem Werke, welches von dem Ge= nannten im vorigen Jahre erſchien, unter dem Titel: Researches on Colour-Blindness, with a Supplement on the Danger attending the present system of Railway and Marine Coloured Signals. By George Wilson, Med. Dr.

Auf einen gar nicht ſeltenen Geſichtsfehler, nämlich das Unvermö= gen, gewiſſe Farben zu erkennen und zu unterſcheiden (Colour-Blindness), wurde Prof. Wilſon zuerſt dadurch aufmerkſam gemacht, daß mehrere ſeiner Schüler die Farben chemiſcher Niederſchläge nicht richtig anzugeben vermochten. Im Verfolg dieſes Gegenſtandes unterſuchte W. eine große Anzahl ſehr intereſſanter Fälle, unter denen wir ein Paar Beiſpiele aus= wählen. — Dr. K. ſchrieb an den Verf. folgenden Brief:

„Schon als Schulknabe wurde ich auf die mir mangelnde Farben= kenntniß aufmerkſam, weil ich nicht erkennen konnte, was mein Vater die hellrothen Beeren der Stechpalme nannte. Wenn andere Kinder die mit reifen Kirſchen beladenen Bäume leicht herausfanden, konnte ich dieſes immer erst, wenn ich dem Baum so nahe kam, daß ich die Form der Frucht zu erkennen vermochte. Die Entdeckung dieses Gesichtsfehlers war für meinen Vater sehr betrübend, welcher, um mir Farbenkenntniß beizubringen, mich im Malen unterrichtete, wozu er colorirte Karten der prismatischen und anderer Farben für mich anfertigte. Ich verdarb viele Blumenstücke ꝛc., indem ich falsche Farben anbrachte, wie Blau statt Purpurroth, Grün oder Gelb statt einiger Nüancen von Roth. Ich erinnere mich noch an das Erstaunen meines Vaters, als er fand, daß ich einen rothen Mantel nicht entdecken konnte, der in einem nahen Feld über eine Hecke ausgebreitet war; Hecke und Mantel erschienen mir von ganz gleicher Farbe, wie es noch jetzt der Fall wäre. Blau und Gelb sind für mich die lebhaftesten Farben. Roth (nämlich Scharlachroth) ist für mich eine angenehme, nüchterne Farbe, welche mein Auge eben so erfrischt wie Grün. Bei gewissen Nüancen von Roth und Grün kann ich auch zwischen beiden Farben keinen Unterschied finden; so haben z. B. rothes Siegellack und Gras für mich ganz gleiche Farbe. Dasselbe ist der Fall bei einigen Nüancen von Braun, Grün und Roth. Berlinerblau und Roth sind mir gleiche Farben. Eine Rose, die Lippen, eine frische Gesichtsfarbe und das durch salpetersaures Silber gefärbte Gesicht eines Menschen, erscheinen meinen Augen von genau gleicher Farbe. Mein Auge kann jedoch die verschiedenen Schattirungen dieser Farben sehr scharf unterscheiden, aber sie sind alle für mich nur Abstufungen einer einzigen Farbe."

„Rothglühende Kohlen und Gummiguttgelb sind für mich identisch in der Farbe. Ein Aufguß rothen Kohls bietet für mich keine Farbenveränderung dar, wenn er durch Alkalien gedunkelt oder durch Säuren geröthet worden ist; die Farbe erscheint mir dann intensiver, bleibt aber absolut dieselbe. Ich kann Kirschen, Erdbeeren, überhaupt rothe Früchte, von ihren Blättern nur durch ihre Gestalt unterscheiden."

„Bei Einkäufen habe ich deßhalb viele Mißgriffe gemacht, z. B. rothe Kleidungsstücke für grüne gehalten; bei mehr als einer Gelegenheit kaufte ich rothe und grüne Beinkleider, indem ich sie für braune hielt."

„Was die Erblichkeit dieses Gesichtsfehlers betrifft, so besaß ihn meines Wissens keiner meiner Verwandten, und meine drei Kinder unterscheiden die Farben genau."

Ein mit diesem Gesichtsfehler behafteter Kupferstecher schrieb an Hrn. Wilson: „Als Kupferstecher habe ich mit zwei negativen Farben zu thun, nämlich Weiß und Schwarz. Wenn ich nun ein Gemälde betrachte, so sehe ich dasselbe nur in Weiß und Schwarz, oder Licht und Schatten; und jeder Mangel an Harmonie in der Färbung eines Bildes offenbart ſich mir ſogleich durch die entſprechende fehlerhafte Anordnung von Licht und Schatten."

Nach den Ermittelungen des Prof. Wilſon und ſeiner Vorgänger [3] verwechſelt beiläufig ein Fünfzigſtel der männlichen Bevölkerung Roth mit Grün, und nahezu dieſelbe Anzahl verwechſelt Blau mit Grün, während verhältnißmäßig nur ſehr wenige Perſonen Braun mit Grün verwechſeln; im Ganzen genommen beſitzt daher wenigſtens eine Perſon von zwanzig den beſprochenen Geſichtsfehler.

Was nun die Urſache dieſer Abnormität betrifft, ſo erklärt Th. Young dieſelbe aus dem Mangel der für gewiſſe Farben gehörigen Fibern, Brewſter aus einer Unempfindlichkeit derſelben; Dalton glaubt, die rothen Strahlen würden durch die gläſerne Feuchtigkeit verſchluckt, welche er für blau gefärbt hält. Alle dieſe Erklärungen ſind jedoch ungenügend. Nach Prof. Wilſon entſteht der fragliche Geſichtsfehler durch einen krankhaften Zuſtand der Netzhaut, wobei gewiſſe Farben keinen Eindruck hervorbringen. Er ſagt: Wie bei vielen Perſonen die Ohren für ſehr ſcharfe Töne unempfindlich ſind, ſo können auch die Augen für gewiſſe Farben unempfindlich ſeyn; iſt nun z. B. ein Auge für den Eindruck von Roth unempfindlich, oder erſcheint dieſe Farbe ihm als ein grauer oder neutraler Ton, dann wird das Licht welches für gewöhnliche Augen weiß iſt, für dieſes Auge, das kein Roth in der Miſchung zuläßt, mit der zum Roth complementären Farbe gefärbt, alſo grünlich ſeyn; Grün iſt folglich einem ſolchen Auge der neutrale Farbenton, und äquivalent dem Roth. [4]

---

[3] In der neuen Bearbeitung von Gehlor's phyſikaliſchem Wörterbuch hat Prof. Muncke im Artikel „Geſichtsfehler" (Bd. IV S. 1423 — 1428) die bis zum J. 1828 bekannt gewordenen Beobachtungen über das Unvermögen gewiſſe Farben zu erkennen nebſt der betreffenden Literatur zuſammengeſtellt. — Der berühmte Chemiker Dalton konnte Blaßroth (pink) von Blau am Tageslichte nicht unterſcheiden, im Regenbogen bemerkte er das Roth gar nicht, und das Ganze ſchien ihm nur aus zwei Farben, Gelb und Blau, zu beſtehen.   A. d. Red.

[4] Die wahrſcheinlichſte Erklärung des beſprochenen Geſichtsfehlers iſt bis jetzt die von Prof. Muncke a. a. D. aufgeſtellte Hypotheſe; er ſagt: „Gibt es, jedoch bloß in Beziehung auf die Thätigkeit des Sehnerven, nur zwei Farben mit ihren Gegenſätzen, und zwar Blau mit dem ihm entgegenſtehenden Gelb, und Roth mit dem entgegengeſetzten Grün, jenes durch ſeine chemiſche Action und dieſes durch ſeine erwärmende Kraft ausgezeichnet, worauf der Gegenſatz zwiſchen Grün und Roth, Gelb und Blau bei den phyſiologiſchen Farben gleichfalls führt, und laſſen ſich alle anderen Farben auf Verbindungen und Abſtufungen dieſer vier einander rückſichtlich ihres phyſiologiſchen Einfluſſes auf das Auge entgegengeſetzten zurückführen, ſo dürfen wir nur annehmen, die Nerven ſeyen gegen die erwärmende Kraft des Lichtes mehr oder weniger empfindlich, um zu begreifen, daß in allen vorkommenden Fällen bloß Gelb, als das meiſte Licht gebend, völlig und genau erkannt wird, während alle anderen Farben bloß als Gegenſatz hiergegen erſcheinen;

Hr. Wilson schließt sein Werk mit Bemerkungen über die noth=
wendige Vorsicht bei der Auswahl der Personen, welchen die Handha=
bung von Schiffs = und Eisenbahn=Signalen anvertraut wird. Er sagt:

„Die auffallendsten Eigenthümlichkeiten der mit der besprochenen
Abnormität beschatteten Personen bestehen darin, daß sie 1) Hellroth für
Grün ansehen; 2) Dunkelroth für Braun; 3) Roth für Schwarz und 4) dunkle
oder helle Töne aller Farben mit einander verwechseln. Das (in Eng=
land übliche) Warn=Signal Grün kann folglich für das Gefahr=Signal
Roth angesehen werden, und das letztere (wenn es schwarz erscheint)
ganz ungesehen bleiben."

„Die englischen Eisenbahndirectoren haben mit Roth und Grün als
farbige Signale eine sehr unglückliche Wahl getroffen, besonders sofern
man diese Farben bei Tage an Flaggen sieht. Dieselben werden von
gewissen, mit dem besprochenen Gesichtsfehler behafteten Personen, selbst
wenn sie neu und lebhaft sind, mit einander verwechselt. Nachdem sie
mit der Zeit dunkler geworden sind, können sie eine weitere Anzahl solcher
Personen täuschen; endlich werden sie in Entfernung, sie mögen neu oder
alt seyn, von Vielen nicht erkannt, welche sie in der Nähe unterscheiden.
Ueberdieß können diese beiden Farben, wenn unvollkommen beleuchtet, wie
im Zwielicht, bei Nebel oder Schneestürmen, ganz unsichtbar werden.
Diesem großen Uebelstand läßt sich auf zweierlei Weise abhelfen. Will
man das gegenwärtige Signalsystem beibehalten, so sollte keine mit
dem fraglichen Gesichtsfehler behaftete Person zum Eisenbahndienst ver=
wendet werden. Das andere und bessere Hülfsmittel besteht darin, bei
den Signalen hauptsächlich deren Gestalt und Bewegungen als Zeichen zu
benutzen, ihre Farbe hingegen als untergeordnete Beihülfe; in diesem Falle
wären jene Personen nicht nur zu Signaldienst verwendbar, sondern auch
vorzugsweise dazu geeignet, weil sie die Form und Umrisse der Gegen=
stände schnell und genau wahrnehmen, Viele unter ihnen sogar bei
schwachem Lichte."

---

weßwegen denn Grün und Roth nicht unterschieden, vielmehr mit Blau und Gelb
verwechselt werden. Es geht dann nicht bloß aus dem Unvermögen vieler Personen,
Roth und Grün zu erkennen, sondern auch aus einer Menge anderweitiger Erfah=
rungen hervor, daß das Auge gegen diese beiden Farben am wenigsten empfindlich ist.
So erzählt Brewster, daß aus dem Spectrum, welches ein durch ein Prisma
betrachtetes Kerzenlicht gibt, bei anhaltender Beobachtung desselben die übrigen Far=
ben allmählich verschwinden, und bloß Gelb und Blau zurückbleiben, welches erstere
mit überwiegender Intensität zuletzt fast in völliges Weiß übergeht. Ferner ist es
bekannt, daß Roth bei wenigem Lichte sehr dunkel erscheint, weßwegen auch rothe
Zimmer bei dem weniger starken Kerzenlichte dunkel und unangenehm aussehen,
die grüne Farbe aber ihre Eigenthümlichkeit verliert und mit Blau verwechselt
wird." A. d. Red.

IX.

Ueber Messung der chemischen Wirkung des Lichtes; von Dr. John W. Draper, Professor der Chemie und Physiologie an der Universität zu New-York.

Aus dem Philosophical Magazine, September 1857, S. 161.

Die neuen Versuche von Prof. Bunsen und Dr. Roscoe [5] berechtigen zu der Hoffnung, daß die Chemiker in der nächsten Zeit ihre Aufmerksamkeit mehr der Photochemie zuwenden werden; ich brauche nicht auseinanderzusetzen, welches ausgedehnte Feld für Untersuchungen dieselbe darbietet, sondern begnüge mich daran zu erinnern, daß die Zersetzung von Kohlensäure durch die Lichtstrahlen die Vorbedingung der Bildung jedes lebendigen Körpers, sowohl der Pflanzen als der Thiere, ist, und daß ohne diese Wirkung auf der ganzen Oberfläche unserer Erdkugel kein Leben anzutreffen wäre. Ueberdieß weiß man jetzt, daß der Einfluß des Lichtes eben so zahlreiche und wichtige Verbindungen und Zersetzungen veranlaßt, als durch die Wärme und Electricität hervorgebracht werden.

Behufs photochemischer Untersuchungen müssen wir vor Allem Methoden ermitteln, wodurch wir in Stand gesetzt werden, die chemische Kraft des Lichtes mit Genauigkeit zu messen. Seit mehr als zwanzig Jahren sind meine Bemühungen dahin gerichtet; zuerst benutzte ich zu diesem Zweck die Vergleichung der Farbentöne, welche auf einem mit Chlorsilber oder Bromsilber überzogenen Papier entstehen; nachher (December 1843) beschrieb ich im Philosophical Magazine t. XXIII p. 401 unter der Benennung Tithonometer ein für solche Untersuchungen ganz geeignetes Instrument. Mittelst desselben erhält man aus Salzsäure, welche durch eine Volta'sche Batterie zersetzt wird, eine Mischung von gleichen Volumen Chlor und Wasserstoff. Diese Mischung bleibt im Dunkeln ganz unverändert; setzt man sie aber den Strahlen einer Lampe aus, so vereinigen sich die zwei Gase im Verhältniß der Quantität des einfallenden Lichtes; ihre Empfindlichkeit ist so groß, daß ein elektrischer Funke, welcher, wie man annimmt, nicht ganz den zehnhunderttausendsten Theil einer Secunde dauert, sie selbst in Entfernung kräftig afficirt und bisweilen eine Explosion verursacht, welche das Tithonometer zerstört.

---

[5] Poggendorff's Annalen der Physik und Chemie, 1857, Bd. C S. 43 und 481.

Mit Hülfe dieses Instruments kann man die Veränderung nachweisen, welche nach meiner Entdeckung die Sonnenstrahlen in den Eigenschaften des Chlors veranlassen, deßgleichen die vorläufige Absorption von
Licht, welche nothwendig ist, ehe chemische Wirkungen nachfolgen.[6] Diese
Periode vorläufiger Absorption ist auch der Zeitpunkt, während dessen un-
sichtbare Bilder auf dem Jodsilber der Daguerre'schen Platte und der
Collodiumschicht entstehen, welche in dem einen Falle durch Quecksilber-
dampf, und in dem andern durch Pyrogallussäure oder schwefelsaures
Eisenoxydul entwickelt werden können.

Das Tithonometer ist das Instrument, von welchem Prof. Bunsen
und Dr. Roscoe, in verbesserter Form, eine so vortreffliche Anwendung
gemacht haben. In seiner ursprünglichen Construction kann ich es jetzt
noch für solche Untersuchungen empfehlen, weil es außerordentlich empfindlich
ist, und, wenn die gehörigen Correctionen für Temperaturwechsel und
Druck gemacht werden, auch hinreichende Genauigkeit gewährt.

Ich will noch ein anderes Mittel zum Messen der chemischen Wirkung
des Lichtes angeben, welches in denjenigen Fällen zu empfehlen ist, wo
außerordentliche Empfindlichkeit nicht verlangt wird. Dasselbe ist eine
Auflösung von saurem oralsaurem Eisenoxyd in Wasser. Diese

---

[6] Draper hat nämlich bemerkt, daß Chlorgas, wenn man es dem unmittel-
baren Sonnenlichte ausgesetzt läßt, eine permanente Veränderung erleidet, die im
Dunkeln nicht wieder aufgehoben wird. Sie besteht darin, daß sich das Chlorgas
in diesem Zustande ohne Mitwirkung von Licht oder Wärme sogleich, selbst im Dunkeln, mit Wasserstoffgas zu Salzsäuregas vereinigt.

Die Versuche, aus denen er den Schluß zog, daß Chlorgas durch Sonnenlicht
diese permanente Veränderung erfährt, hat er im Philosophical Magazine t. XXV
p. 1 genauer beschrieben. Er bereitete Chlorgas beim Feuerlichte in zwei gleichen
Röhren über einer gesättigten Lösung von Kochsalz. Er ließ dann das eine im
Dunkeln und stellte das andere einige Minuten lang ins directe Sonnenlicht. In
beiden Röhren wurde dann das Gas mit Wasserstoffgas vermischt. Im Dunkeln
stieg das Liquidum in keinem von beiden; wurden sie aber in ein Fenster mit
schwachem Tageslichte von Norden gestellt, so condensirte sich das Gas allmählich in
dem Rohr, welches vorher dem Sonnenlichte ausgesetzt gewesen war, aber es dauerte
mehrere Stunden lang, ehe sich eine Verminderung des Volums in dem anderen
zu zeigen anfing. Draper erklärt dieß so, daß sich ein Theil von der Lichtmaterie
mit dem Chlor vereinige und latent werde, und nennt dieses tithonisirtes
Chlor. Aber das, was sich so mit dem Chlor verbunden hat, reicht nicht hin,
eine Vereinigung im Dunkeln hervorzubringen, sondern es muß diese durch neues,
in geringer Menge hinzukommendes Licht unterstützt werden. Wird das Gemisch von
Chlorgas und Wasserstoffgas dem zerstreuten Lichte ausgesetzt, so geht immer eine
kurze Zeit darauf hin, ehe das salzige Liquidum zu steigen beginnt. Diese Zeit ist
es, in welcher das Chlor tithonisirt wird, worauf das Liquidum anfängt zu steigen,
erst langsamer und dann gleichmäßig, für eine gleiche Zeit.

Von den verschiedenen Strahlen im Farbenbilde ist es immer das indigoblaue
Licht, welches diese Wirkungen am stärksten hervorbringt. (Berzelius' Jahres-
bericht Bd. XXV S. 68.)   A. d. Red.

Substanz, von goldgelber Farbe, kann man, wie ich gefunden habe, in gänzlicher Dunkelheit über drei Jahre (wahrscheinlich beliebig lange) auf= bewahren, ohne daß sie eine Veränderung zeigt; setzt man sie aber einer Lampe oder dem Tageslichte aus, so erfolgt eine Zersetzung derselben, es entweicht Kohlensäure und es setzt sich citronengelbes oxalsaures Eisenoxydul ab. Stellt man sie in den Sonnenschein, so zischt sie in Folge des ent= weichenden kohlensauren Gases.[7] Der Strahl, welcher sie hauptsächlich afficirt, ist der indigoblaue, derselbe welcher auf das Tithonometer und die in der Photographie gebräuchlichen Silberverbindungen wirkt. Dieser Strahl wird, um seine Wirkung hervorzubringen, absorbirt; um dieß zu beweisen, braucht man nur einen Sonnenstrahl durch zwei parallele Schichten von oxalsaurem Eisenoxyd gehen zu lassen, wo man dann finden wird, daß das Licht welches durch den ersten Theil gegangen ist, auf den zweiten nicht einwirkt.

Die Lösung des oxalsauren Eisenoxyds läßt sich in Glasröhren durch Quecksilber absperren, was sie als photometrisches Mittel (statt Chlor= lösung) dem Chemiker sehr empfiehlt. Bei ihrer Anwendung sind zwei Punkte zu berücksichtigen: 1) ist darauf zu achten, daß das citronengelbe oxalsaure Eisenoxydul die Seite des dem Licht ausgesetzten Glases nicht überzieht und dadurch dessen Durchsichtigkeit vermindert; 2) muß man die Lösung des oxalsauren Eisenoxyds auf nahezu constanter Temperatur er= halten, denn ihre Farbe ändert sich mit der Wärme. Beim Gefrierpunkt des Wassers ist sie smaragdgrün, beim Siedepunkt aber bräunlichgelb. Mit diesen Aenderungen der Farbe ändert sich auch ihre absorbirende Wirkung auf das Licht, und daher ihre Zersetzbarkeit.

Ich will bei dieser Gelegenheit bemerken, daß das oxalsaure Eisen= oxyd ein vortreffliches photographisches Agens ist. Ein Stück sehr dünnen Papiers, welches durch Eintauchen in eine schwache Lösung desselben gelb gemacht wurde, ist, nachdem man es im Dunkeln getrocknet hat, sehr empfindlich. Seine unsichtbaren Lichtbilder können durch eine schwache Lö= sung von salpetersaurem Silber (zwei Gran in einer Unze Wasser auf= gelöst) zum Vorschein gebracht werden.

Bei der Anwendung des oxalsauren Eisenoxyds zur Photometrie können verschiedene Methoden befolgt werden. Gewöhnlich schlug ich den Weg ein, die Menge der erzeugten Kohlensäure, dem Volum oder Gewicht nach

---

[7] Diese Beobachtungen hat bekanntlich Döbereiner schon im Jahre 1831 gemacht; Schweigger=Seidel's Journal für Chemie und Physik, Bd. LXII S. 91.　　　　　　　　　　　　　　　　　　　　　　　　A. d. Red.

zu bestimmen. Natürlich muß sich die Lösung mit Kohlensäure gesättigt haben, ehe sich solche entbinden kann; und bevor wir die Lichtmenge durch die Menge erzeugter Kohlensäure richtig messen können, muß dieser auf= gelöste Antheil bestimmt werden. Bei einem meiner Photometer wird das aufgelöste Gas dadurch ausgetrieben, daß man die Flüssigkeit in ein kleines Bad von kochendem Wasser stellt, bei einem andern geschieht dieß durch einen Strom Wasserstoffgas. Beide Verfahrungsarten liefern ge= nügende Resultate.

Man kann aber auch zur Bestimmung der Lichtmenge das Gewicht gewisser Metalle benutzen, welches die Lösung nach der Belichtung ab= setzt. Eine Lösung von oralsaurem Eisenoryd, welche im Dunkeln bereitet und aufbewahrt worden ist, kann z. B. mit Chlorgold gemischt werden, ohne daß irgend eine Wirkung erfolgt; nachdem diese Mischung aber be= lichtet wurde, ist der Betrag des gefällten metallischen Goldes dem ein= gefallenen Lichte proportional.

Unter die wichtigen Resultate, welche diese neue Methode der Photometrie in der nächsten Zeit liefern dürfte, gehören die stündlichen, täglichen und jährlichen Quantitäten des Sonnenlichtes. Dieselben sind nicht nur für die Meteorologie wichtig, sondern auch bezüglich der physi= schen Geographie, und der großen Interessen der Landwirthschaft. Die Summe von Pflanzenbildung ist in allen Climaten und an allen Orten eine Function des dahin vertheilten Lichts. Selbst so weit die Wärme dabei eine Rolle spielt, sind die Angaben des Thermometers von wenig Nutzen, weil nicht die Intensität, sondern die absolute Quantität gemessen werden sollte. Jeder Pflanze muß, von dem Augenblick ihrer Keimung bis zu dem Zeitpunkt ihrer höchsten Entwickelung und der Vollendung ihrer physiologischen Functionen, eine bestimmte Quantität von Wärme und auch von Licht zugemessen werden. Hinsichtlich der Wärme sollte daher bei solchen Untersuchungen nicht das Thermometer, sondern das Calorimeter benützt werden; das Licht betreffend, bestimmen die von mir empfohlenen Photometer seine Quantität, nicht seine Intensität, und liefern daher die erforderlichen Angaben. Da nun das Licht der Sonne, und nicht die Temperatur eines Ortes, die wirksame Bedingung des Pflanzenwachsthums ist, so sind für die Landwirthschaft allein schon die von mir vorgeschlagenen Bestimmungen in der That sehr wichtig.

X.

Ueber Verschiedenheit der Wirkung gleich starker Ströme auf Elektromagnete; von M. Hipp.

Aus der Zeitschrift des deutsch = österreichischen Telegraphen=Vereins, 1857, H. 7.

So viel bekannt ist, hat man bisher bei Vergleichung der Wirkung der Elektricität auf weiches Eisen allein das Maaß der Elektricität zum Anhaltspunkt genommen, ohne Rücksicht auf die Quelle, oder mit anderen Worten, man hat die Wirkung gleich starker Ströme (mit dem Galvano= meter gemessen) auf gleiche Elektromagnete gleich erachtet, ohne Rücksicht darauf, ob die Ströme aus einem oder mehreren Elementen entspringen.

Versuche, die ich vor einiger Zeit in ganz anderer Absicht unter= nahm, haben gezeigt, daß dem nicht so ist, sondern daß im Gegentheil die elektromotorische Wirkung eines elektrischen Stromes aus m e h r e r e n Elementen anders ist, als diejenige eines gleich starken Stromes aus e i n e m Elemente.

Da diese Erscheinung mir neu war und die Neuheit derselben auch von andern Physikern bestätigt wurde, so habe ich dieselbe einer näheren Untersuchung unterworfen und erhielt folgendes Resultat:

Ein Element von großer Oberfläche, dessen Strom durch ein Gal= vanometer und ein Relais ging, zeigte am Galvanometer mit 32 Umwin= dungen 20 Grade. Die Relaisankerfeder wurde so stark gespannt, daß die Spannung beinahe die Gränze erreichte, wo sie mit der elektromotori= schen Kraft im Gleichgewicht stand. Verband man das Relais in gewöhn= licher Weise mit einem Morse'schen Schreibapparat, so konnte man in einer gegebenen Zeit höchstens 16 deutliche Punkte hervorbringen.

Nahm man statt E i n e m großen Elemente 12 kleinere, welche genau dieselbe elektromotorische Kraft hatten, das heißt, ebenfalls an demselben Galvanometer und in derselben Richtung 20 Grade zeigten, so konnte man in derselben Zeit und unter sonst gleichen Verhältnissen 26 Punkte hervorbringen.

Um mit E i n e m Elemente in derselben Zeit 26 Punkte hervor= bringen zu können, mußte man es so verstärken, daß es am Galvanometer 22,1 Grad zeigte.

Das Chronoskop zeigte im einen Falle eine Anziehungszeit (Zeit, welche verfließt vom Momente an, wo die Kette geschlossen ist, bis zum Momente, wo der Anker des Relais angezogen ist) von 36, im andern Falle eine solche von 58 Tausendtheilen einer Secunde.

Es scheint demnach, daß der Elektromagnetismus durch einen gleich starken Strom aus 12 Elementen schneller hervorgerufen wird, als durch einen solchen aus Einem Elemente.

Ich glaube diese Beobachtungen um so mehr der Oeffentlichkeit übergeben zu sollen, als dieselben in einer gewissen Beziehung zu meinem ziemlich verbreiteten und vielfach unrichtig angewendeten Chronoskop stehen, das im polytechn. Journal Bd. CXIV S. 255 beschrieben ist.

Höchst wahrscheinlich hat die Nichtübereinstimmung mehrerer Messungen, welche die Geschwindigkeit der Elektricität zum Gegenstande hatten, ihren Grund in den eben angeführten Thatsachen.

Anmerkung. Sollte die Erklärung der beschriebenen Erscheinung nicht darin zu suchen seyn, daß die Ströme beider Batterien, vielleicht in Folge der Polarisation, ungleich schnell ihre normale Stärke erlangen?   P. W. Brix.

XI.

Ueber die Benützung von elektrischen und Volta'schen Apparaten zum Zünden von Sprengladungen und Minenöfen; von Professor Carl Kuhn in München.

(Fortsetzung von S. 411 des vorhergehenden Bandes.)

II.

Vergleichung der verschiedenen elektrischen Zündungs-Methoden unter sich.

In dem Vorhergehenden wurden in Kürze die Fortschritte dargestellt, welche die elektrischen Zündungsmethoden in den letzten drei Jahrzehnten erfahren haben; es wurde ferner gezeigt, wie jede dieser Methoden bei der Ausführung von Zündungen in Anwendung zu kommen hat, und daß durch dieselben die gewöhnlichen und mechanischen Zündungsmittel allmählich verdrängt, und diese höchstens nur noch auf geringfügige Fälle ihre Anwendung finden dürften, die hier gar nicht in Rücksicht zu ziehen sind.

Es wurden aber dabei auch die Grundsätze systematisch zu entwickeln gesucht, auf welchen die Zündungen mit Hülfe elektrischer Apparate beruhen, und deßhalb dürfte es vielleicht auch möglich seyn, mit Hülfe jener Grundsätze einige Betrachtungen über den relativen Werth der einzelnen, bis jetzt bekannt gewordenen elektrischen Zündungsmethoden vorzunehmen.

Auf die Entscheidung der Frage: „welche unter den bekannten Zündungsmethoden die vortheilhafteste sey?" haben so viele Umstände Einfluß, daß es nicht möglich ist, mit einem Schlage dieselbe abzufertigen, wenn man nicht geradezu ganz besondere Fälle im Auge haben will, für welche allerdings die eine Methode vor einer andern den Vorzug verdienen könnte. Unter den vielen zu berücksichtigenden Umständen sind bei Beurtheilung dieser Frage insbesondere die nachstehenden in Betracht zu ziehen:

1. Die Art und Weise der Ausstattung des Apparates, der Raum, den er sowohl beim Transporte, als auch beim Gebrauche erfordert, die Behandlungsweise desselben ꝛc.

2. Die Anschaffungs= und die Unterhaltungskosten des Apparates.

3. Der specielle Zweck, für welchen die Zündung mittelst des Apparates vorgenommen werden soll, und die Anforderungen, welche in Bezug auf die Zündfähigkeit, sowie bezüglich der besonderen Verwendbarkeit desselben für Zündzwecke gemacht werden.

4. Die relative Größe der Leistungen der einzelnen Zündapparate.

5. Die besonderen Einrichtungen und Anordnungen, welche der Apparat in Bezug auf die Leitung oder etwa bezüglich des Zündmittels erfordert.

6. Die etwaige besondere Verwendbarkeit, welche der Apparat noch zuläßt, und wobei er für den praktischen Dienst eine erhöhte Brauchbarkeit erhalten könnte.

In Beziehung auf diese Umstände wollen wir nun in Kürze die einzelnen Minen=Zündapparate betrachten, und sogleich mit dem „elektrischen Zündapparate" den Anfang machen.

Der elektrische Zündapparat hat unter allen übrigen die einfachste Einrichtung. Derselbe besteht gewöhnlich in einer Elektrisirmaschine, die mit einer Leidner Flasche verbunden seyn kann oder nicht, und ist daher aus lauter gleichartigen Apparaten zusammengesetzt. Solche Zündapparate kann man in kleineren und größeren Dimensionen, für geringere und kräftigere Leistungen anfertigen lassen; sie sind für die vorliegenden Zwecke nicht sehr ausgedehnt, und können so compendiös ausfallen, daß sie leicht transportabel werden, und nur geringen Raum einnehmen.

In Oesterreich ist für den Kriegsgebrauch die Elektrisirmaschine schon seit ungefähr vier Jahren zum Zünden von Minen ꝛc. eingeführt. Man hat dort Apparate von zweierlei Größe, von welchen jeder aus einer Elektrisirmaschine mit zwei Scheiben und einer Leidner Flasche besteht.

Der größere dieser Apparate nimmt, obgleich in dem Kasten der Maschine noch alle Utensilien und Werkzeuge angebracht sind, die zur

Instandsetzung des Apparates, zu einer allenfalls vorzunehmenden gering-
fügigen Reparatur 2c. nöthig sind, dennoch keinen so großen Raum ein,
daß derselbe nicht in den meisten Fällen leicht untergebracht oder aufgestellt werden könnte. Die Kiste, in welcher der Apparat transportirt
wird, ist 2,58 Fuß lang, 1,58 Fuß breit und 2,54 Fuß hoch, und enthält am Boden noch außerdem zwei Reservescheiben verpackt; der Apparat
selbst, der auch ohne Kiste leicht und ohne Beschädigung transportirt werden kann, könnte noch auf kurze Strecken von einem Manne getragen
werden, und nimmt, wenn er ganz aufgestellt wird, eine Höhe von beiläufig 3 Fuß und eine Breite von ungefähr 2,3 Fuß in Anspruch; unmittelbar auf den Boden aufgesetzt, nimmt er in verticaler Beziehung einen
Raum von kaum mehr als 1 Fuß Höhe ein, so daß also im Maximum
der zum vollständigen Aufstellen der Maschine erforderliche Raum etwa
3,5 Quadratfuß Grundfläche und 3 Fuß Höhe beträgt. Der Apparat
der kleineren Gattung wiegt bloß 17 Pfund, und nimmt in horizontaler
Beziehung einen weit geringeren Raum ein, wie jener der größten.

Die Behandlung, welche die Elektrisirmaschine für den Zündgebrauch
erfordert, ist zwar sehr einfach, jedoch kann dieselbe dennoch nur einem
zuverlässigen Manne, der mit Apparaten dieser Art umzugehen gelernt
hat, anvertraut werden. Der Apparat kann sowohl beim Reinigen der
Scheiben, beim Herrichten der Reibzeuge 2c., als auch beim Drehen der
Scheiben beschädiget werden, und solche Beschädigungen dabei erhalten,
daß derselbe auf längere oder kürzere Zeit unbrauchbar werden kann; bei
nicht sorgfältiger Behandlung kann derselbe, ohne daß dabei ein mangel-
hafter Zustand desselben eintritt, momentan wirkungsunfähig werden.

Wenn entweder durch die Behandlung des Apparates beim Reinigen
desselben 2c., beim Aufstellen, während des Transportes, allenfalls Mängel
sich einstellen, so können diese von dem hiezu abgerichteten Arbeiter, wenn
das hiezu erforderliche Material vorhanden ist, wieder beseitiget werden,
wenn sie gewisse Gränzen nicht überschreiten. Zur Ausbesserung wird selbst
bei kleinen Beschädigungen eine längere Zeit erforderlich seyn.

Die diesseits angestellten Versuche haben dargethan, daß der Ebner'sche
Zündapparat so solid eingerichtet ist, daß er sehr leicht, selbst ohne verpackt zu seyn, sowohl durch Tragen als mittelst Wagen, ohne Beschädigungen zu erleiden, transportirt werden kann.

Sollten übrigens Beschädigungen größerer Art vorkommen, so kann
in manchen Fällen die Wiederherstellung des Apparates ohne Zuziehung
eines sachkundigen Mechanikers nicht vorgenommen werden; außerdem ist
das Ausbessern einer Elektrisirmaschine wohl nur dann möglich, wenn
hiezu die Umstände günstig genug sind; für Kriegszwecke wird beim Feld-

gebrauche eine solche Ausbesserung nicht immer vorgenommen werden können.

Die Anschaffungskosten eines elektrischen Zündapparates nach der v. Ebner'schen Einrichtung sind im Allgemeinen nicht groß. Ein Apparat der größeren Gattung kann mit vollständiger Ausrüstung — jedoch ohne Leitung und Zündmaterial — gegen 120 fl. kosten, wobei die nöthigen Reservematerialien ꝛc. eingerechnet sind, während ein Apparat der kleineren Gattung etwa 80 fl. kosten dürfte. — Ist der Apparat zweckmäßig eingerichtet, und wird die sorgfältige Behandlung beobachtet, so kann derselbe lange Zeit in brauchbarem Zustande erhalten werden, ohne daß die Unterhaltungskosten in Anschlag gebracht werden können. Diese betragen bei hundertmaligem Gebrauche kaum einen Gulden.

Da man mittelst einer Elektrisirmaschine auf weit größere Distanzen, als dieselben in der Anwendung je vorkommen [v. Ebner hat mit seiner Maschine noch in einer Entfernung von vier Meilen eine Patrone mittelst sehr schwacher Ladung der Leidner Flasche gezündet], zu zünden vermag, da ferner unter allen Umständen eine große Anzahl mehrfacher Zündungen mit derselben ausgeführt werden kann, so ist der elektrische Zündapparat zum Zünden von Sprengladungen und Minenöfen für alle Zwecke vollkommen brauchbar. Ihre Anwendung bleibt aber auf das Zünden von Minen ꝛc. beschränkt; anderweitige Anwendungen mit derselben vorzunehmen, ist bis jetzt noch nicht gelungen.

Nicht viel zusammengesetzter als der genannte, ist der elektromagnetische Inductionsapparat, wie er für Zündzwecke eingerichtet seyn muß. Dieser besteht aus zwei unter sich verschiedenen, jedoch von einander abhängigen Apparaten, nämlich aus dem Inductionsapparate selbst und der hiezu nöthigen Volta'schen Batterie; jedoch ist der Raum, den er erfordert, im Allgemeinen weit geringer als der, den selbst eine Elektrisirmaschine der kleineren Gattung einnimmt, indem derselbe in einem parallelepipedischen Kasten, der im Maximum 1 Fuß lang, ³/₄ Fuß breit und hoch ist, leicht angebracht werden kann. Seine Behandlung ist eine sehr einfache, es erstreckt sich die ganze Bedienung des Apparates nur auf die Instandhaltung der damit verbundenen Volta'schen Batterie, und diese erfordert wenig Arbeit, weil dieselbe selten aus mehr als zwei Elementen zusammengesetzt ist. Eine Beschädigung während der Benützung sowohl, wie während des Transportes kann nicht leicht eintreten, wenn nicht eine solche auf gewaltsame Weise herbeigeführt wird. Sollten übrigens ohne äußere Einwirkung einzelne Mängel im Apparate sich einstellen, so können dieselben in einer eingetretenen Unterbrechung der zu den primären und secundären Spulen verwendeten Drähte bestehen, oder in einer Ablösung des

Isolirungsmateriales der einzelnen Windungen 2c., und können dann nur von einem mit derartigen Arbeiten vertrauten Mechaniker wieder beseitiget werden.

Es ist zwar nicht anzunehmen, daß unter gewöhnlichen Umständen derlei Beschädigungen vorkommen werden, wenn der Apparat nach den von dem betreffenden Verfertiger angegebenen Regeln behandelt wird, und es steht daher aus diesem Grunde seiner Anwendung eigentlich nichts Erhebliches im Wege; bei seinem Gebrauche im Kriege für den Feldbienst kann derselbe aber allerdings unverbesserliche Mängel erhalten.

Ein Inductionsapparat dieser Art ist im Allgemeinen nicht theuer; ein Apparat der kleineren Gattung für einfache oder mehrfache — jedoch nicht gleichzeitige — Zündungen kann gegen 50, ein solcher der größeren Gattung, für gleichzeitige Zündungen eingerichtet, wird etwa 70 fl. kosten. Die Kosten der Unterhaltung sind so gering, daß bei hundertmaligem Gebrauche desselben kaum ein Aufwand von mehr als 3 oder 4 fl. nöthig ist, selbst wenn für jede einzelne Zündung die Füllung der Batterie von Neuem vorgenommen wird.

Seine Anwendungen erstrecken sich für technische Zwecke bei seiner gegenwärtigen Anordnung nur auf das Zünden von Sprenglabungen.

Zusammengesetzter als die vorigen ist die Volta'sche Batterie; jedoch ist dieselbe nur aus gleichartigen Bestandtheilen zusammengesetzt, von denen jeder in derselben Weise behandelt wird. — Unter den bekannten Volta'schen Batterien sind für Minenzündungen die Kohlenzink= und die Kupferzinkkette entweder als constante oder inconstante Ketten zu benützen. In beiden Fällen reicht es aus, einer einzigen Anregungsflüssigkeit sich zu bedienen; nur wird diese bei der constanten Kette in den beiden Zellen von verschiedenem Concentrationsgrade seyn.

Um über den Raum, den eine für Zündzwecke anzuwendende Batterie einnehmen könnte, einige Anhaltspunkte zu geben, wollen wir annehmen, daß hiezu die Kupferzinkkette verwendet werde. Es wurde aber nachgewiesen, daß man eine Kupferzinkkette so einrichten kann, daß für alle unter gewöhnlichen Umständen vorkommenden Fälle eine Batterie aus 10 Elementen vollständig ausreicht, um sowohl einfache als mehrfache und gleichzeitige Zündungen vornehmen zu können. Eine solche Batterie muß nun mit allen etwa nöthigen Utensilien, Reservemateriale 2c. ausgestattet werden, wenn sie für den praktischen Dienst ihre Verwendung finden soll. Mit einer vollständigen Ausstattung, die auf lange Zeit die Batterie in dem brauchbaren Zustande erhalten kann, kann dieselbe mindestens von einem würfelförmigen Kasten aufgenommen werden, dessen Seite nur 1 Fuß lang ist.

Die Behandlung einer Volta'schen Batterie kann jeder Arbeiter er-
lernen, mag derselbe mit mechanischen Arbeiten vertraut seyn oder nicht,
und wenn derselbe nur einige Fertigkeit im Löthen, Feilen ꝛc. besitzt, so
ist er sogar im Stande eine Batterie vollständig zu construiren, wenn ihm
das hiezu nöthige Material gegeben wird. — Die Instandsetzung der Batterie erfordert jedoch mehr Zeitaufwand, als jeder der beiden vorigen
Apparate, und diese Erneuerungen müssen nach jedesmaligem, etwa 24-
stündigen unausgesetzten Gebrauche wieder vollständig vorgenommen werden, wenn, während die Batterie im Dienste ist, die festen Erreger stets
mit den Anregungsflüssigkeiten in Berührung bleiben. Ist letzteres nicht
der Fall, so ist ein längerer unausgesetzter Gebrauch der Batterie zulässig,
ohne daß eine Erneuerung der Flüssigkeiten ꝛc. nöthig wird.

Ein anderer Umstand, welcher der Anwendung Volta'scher Batterien
für Zündzwecke entgegensteht, besteht darin, daß bei denselben immer mehrere
Bestandtheile während der Thätigkeit der Batterie so verändert werden,
daß sie nach längerer oder kürzerer Zeit einer vollständigen Erneuerung
bedürfen. Während nämlich bei der Elektrisirmaschine durch längeren Gebrauch derselben nur eine unerhebliche Abnützung stattfindet, so erfordert
die Batterie eine zeitweise Erneuerung der Diaphragmen (im Falle sie constant ist), des Zinkes, und bei Kohlenbatterien sogar der Kohlencylinder,
während das Kupfer der Kupferzinkketten bei gehöriger Behandlung viele
Jahre hindurch keiner Erneuerung bedarf.

Jedoch wiederholen sich jene Erneuerungen durchaus nicht so oft, als
es hier scheinen möchte. Wenn die Diaphragmen behutsam während des
Auslaugens und beim Zusammensetzen der Batterie behandelt werden, so
kann ein solcher Thoncylinder lange Zeit in brauchbarem Zustande erhalten
bleiben, während die zu den Batterien erforderlichen Zinkstücke viele Jahre,
ohne unbrauchbar zu werden, benützt werden können.

Sollten übrigens einzelne Bestandtheile einer Batterie wirklich unbrauchbar werden, so kann man die zur Instandsetzung derselben nöthigen
Materialien sehr leicht sich wieder verschaffen, was durchaus nicht so leicht
bei der Construction einer Elektrisirmaschine, sowie eines Inductionsapparates
der Fall ist.

Die Kosten einer Kupferzinkbatterie mit der ganzen hiezu nöthigen
Ausrüstung und den erforderlichen Reservematerialien betragen kaum 33
Gulden, jedoch ist die Unterhaltung derselben theurer, als jene der vorher
genannten Apparate. Nehmen wir an, daß für jeden 24stündigen unausgesetzten Gebrauch eine neue Amalgamation der positiven Elektromo-
toren vorgenommen und frisch bereitete Erregungsflüssigkeiten benützt wer-

ben, so werden die Kosten nach 100maligem Gebrauche für die Unter=
haltung der Batterie etwa 11 Gulden betragen.

Daß man die Volta'sche Batterie sowohl für technische als auch für
militärische Zwecke zum Zünden von Minen bei einfachen und mehrfachen —
gleichzeitigen Zündungen verwenden kann, wurde schon oben ausreichend nach=
gewiesen. Jedoch wird man, da bei gleichzeitiger Zündung von mehr als sechs
Objecten auf Distanzen von etwa 2000 Fuß schon größere Batterien nöthig
sind, in solchen, jedoch seltenen Fällen, wenn die Umstände es er=
lauben, nur die Elektrisirmaschine benützen, da nur diese in solchen
extremen Fällen der compendiöseste Apparat ist, durch den ein sicherer
Erfolg mit großer Wahrscheinlichkeit erlangt werden kann.

Die Anwendung der Volta'schen Batterie bietet aber für den vor=
liegenden Zweck noch einen andern Vortheil außer den erwähnten dar,
den außer dem magnetoelektrischen Apparate kein anderer darbieten kann.
Nimmt man Sprengungen für technische Zwecke vor, und es gelingt ein
oder das andere Mal die Zündung nicht, so kann man unmittelbar nach
dem vorgenommenen Versuche dem Objecte sich nähern, die Leitung, sowie
das Zündobject untersuchen, und den Mangel, welcher den Erfolg ver=
hinderte, beseitigen, sodann die beabsichtigte Sprengung vornehmen. Außer=
dem wird gewöhnlich bei derartigen Sprengungen die Zündung unmittelbar,
nachdem die ganze Einrichtung hiefür angelegt und vollendet worden ist,
vorgenommen, und es wird daher, wenn die Arbeiten mit der gehörigen
Sorgfalt ausgeführt worden sind, nicht leicht ein erfolgloser Versuch vor=
kommen. — Manche Zwecke erfordern es aber, daß die ganze Zündeinrich=
tung längere oder kürzere Zeit vor der vorzunehmenden Sprengung an=
gelegt werden muß, um dann gerade denjenigen Moment für die Zün=
dung benützen zu können, in welchem ein Erfolg von derselben erwartet
werden kann. Bei der Zündung von Minenöfen für Kriegszwecke wird
dieses immer der Fall seyn; es wird dann die Ladung der Mine, sowie
das Anlegen der Leitung immer eine gewisse Zeit vor dem unbekannten
Augenblicke der Sprengung ausgeführt, und dieser Zeitpunkt abgewartet
werden müssen. In diesem Falle muß es aber möglich gemacht werden,
sich zu jeder beliebigen Zeit überzeugen zu können, ob die Zündungs=
einrichtung sich in dem gehörigen Zustande befindet, ob nämlich die Leitung
an keiner Stelle unterbrochen und ob das Zündobject nicht mangelhaft,
etwa feucht geworden ist. Eine derartige Untersuchung kann man aber
nur mit Hülfe einer Volta'schen Kette oder mittelst eines magnetoelektri=
schen Apparates vornehmen. Für diesen Zweck allein aber einen Apparat
der letzteren Art anzuschaffen, möchte unnöthig seyn, da man hiezu eine
Volta'sche Batterie von nur wenigen Elementen, und zwar jede beliebige

Batterie verwenden kann, denn es reicht hier aus, wenn man nur einige Kupferplatten und mehrere Zinkstäbe in geeigneten Gefäßen zu einer Batterie zusammensetzt, die etwa durch verdünnte Schwefelsäure oder durch Kochsalzlösung angeregt werden kann, wenn man nicht einige Elemente der Zündbatterie oder diese selbst hiefür verwenden will. — Die Untersuchung selbst kann dann etwa in folgender Weise vorgenommen werden. Man nimmt zuerst den Zündapparat aus der Kette, schaltet statt desselben eine sehr schwache Batterie, sowie ein Galvanoskop der einfachsten Art — ein sogenanntes Galvanometer für technische Zwecke — in die Kette ein, und man wird dann sogleich erkennen, nachdem die Kette geschlossen worden ist, ob dieselbe an irgend einer Stelle mangelhaft geworden ist, oder nicht. Wäre dieses der Fall, so würde man die Kette so einrichten, daß nur die Leitung allein in dieselbe eingeschaltet, das Zündobject selbst aber ausgeschlossen ist, und so sich überzeugen, ob jene mangelhaft ist. Hätte man dann den stattgehabten Mangel beseitigt, oder die Ueberzeugung gewonnen, daß die Leitung in dem gehörigen Zustande sich befindet, so würde man die ganze Kette unter Einschaltung des Zündobjectes schließen, und man wird sich dann durch die Angaben des Galvanometers überzeugen können, ob das Zündobject in dem gehörigen Zustande ist oder nicht. Wäre letzteres der Fall, so müßte man die ganze Verdämmung wieder wegnehmen, das Zündobject durch ein neues ersetzen, und hierauf die ganze Einrichtung in den geeigneten Zustand bringen.

Ist das Zündobject ein für die Volta'sche Zündungsmethode geeignetes, wie ein solches früher (Bd. CXLV S. 402) beschrieben wurde, so ist zur Untersuchung der Güte der Leitung 2c. in manchen Fällen nicht einmal die Anwendung einer Volta'schen Batterie nöthig. Schaltet man nämlich, nachdem der Zündapparat ausgeschlossen wurde, nur das Galvanometer in die Kette ein, so wird, wenn der Meßapparat die gehörige Empfindlichkeit besitzt, selbst durch Einwirkung des sogenannten tellurischen Stromes [8] die Galvanometernadel eine Ablenkung erfahren, wenn die Leitung an keiner Stelle unterbrochen ist. Jedoch ist diese Methode zur Untersuchung der Leitung nur dann anwendbar, wenn die Erde selbst einen Theil des Schließungsleiters bildet.

Diese Methoden zur Untersuchung der Zündungseinrichtung können aber nicht bloß dazu dienen, um sich zu überzeugen, ob die ganze Leitung an keiner Stelle unterbrochen ist, sondern man kann dieselben sogar dazu

---

[8] Ueber die Benutzung des Erdreichs als Leiter Volta'scher Ströme und einige andere damit zusammenhängende Erscheinungen, polytechn. Journal Bd. CXXXVI S. 81.

benützen, um erkennen zu können, ob die Zündmasse in der Patrone feucht geworden ist. Wenn man nämlich unmittelbar, nachdem die ganze Zündungseinrichtung angelegt worden und vollendet ist, die Ablenkung, welche die Nadel des eingeschalteten Galvanometers durch Einwirkung der hiezu benützten Stromquelle erfährt, beobachtet, und diese Beobachtungen von Zeit zu Zeit fortsetzt, jedoch dafür sorgt, daß die Hülfsbatterie eine nahezu sich gleichbleibende Stromstärke liefert, so darf in keinem Falle eine beträchtliche Vergrößerung der Ablenkung mit der Zeit eintreten. Wäre nämlich dieses der Fall, so müßte — vorausgesetzt, daß die Leitung keine Aenderung erfahren hat — die Leitungsfähigkeit des Zündobjects stärker geworden seyn, als dieselbe am Anfange war. Da aber der Widerstand des Zündobjectes nur dadurch kleiner geworden seyn könnte, daß entweder der Zünddraht dicker oder kürzer geworden ist, oder eine bedeutend niedrigere Temperatur angenommen hat als beim Einlegen in den Minenofen, oder endlich dadurch, daß das Zündmaterial selbst eine ausreichende Leitungsfähigkeit für den Volta'schen Strom erhalten hat, so würde man, da doch wohl eine Aenderung in dem Zünddrahte, wie die zuerst genannten, nicht eintreten kann, hieraus schließen dürfen, daß die Zündpatrone feucht geworden ist, sohin in unbrauchbarem Zustande sich befindet.

Es gibt übrigens noch einfachere Mittel, um die Untersuchung der Zündungseinrichtung vornehmen zu können, und ich werde das Nothwendigste hierüber später noch in Erwähnung bringen.

Hat das Zündobject diejenige Einrichtung, welche zum Zünden mittelst des elektrischen Entladungsstromes oder des Inductionsstromes erforderlich ist, so läßt sich die Leitung nur dann untersuchen, wenn zur Füllung der Patrone ein dem Barrentrapp'schen Zündmaterial ähnliches oder dieses selbst benützt worden ist. — Bei dieser Untersuchung verfährt man in ähnlicher Weise, wie vorher angegeben wurde; jedoch ist hiefür gewöhnlich eine starke Volta'sche Batterie erforderlich, da bei einer elektrischen Zündungseinrichtung die Kette nur allein durch das Zündmaterial geschlossen ist, dieses aber im Allgemeinen eine nur sehr geringe Leitungsfähigkeit der Elektricität besitzt (Bd. CXLV S. 199), eine Batterie von solcher Stärke, die ein für Volta'sche Zündungen geeignetes Object jedenfalls zünden würde, wenn man an einem gewöhnlichen Galvanometer für technische Zwecke auch nur einen geringen Ausschlag der Galvanometernadel erkennen will.

„Man ersieht also aus diesen Erörterungen, daß man bei vielen Gelegenheiten die Volta'sche Batterie trotz der Uebelstände, welche ihre Anwendung begleiten, wenigstens nicht entbehren kann, wenn die Zündungseinrichtung ihrem Zwecke vollkommen entsprechen soll."

Uebrigens gibt es bei der Anwendung der Sprengungen auf militärische Zwecke einzelne sehr wichtige Fälle, in welchen die Benützung der Elektrisirmaschine sowohl, wie auch des Inductionsapparates ganz und gar unmöglich und unzulässig ist, und wo man nur Volta'sche Batterien anwenden kann, um in einem wichtigen und entscheidenden Momente eine beabsichtigte Zündung zu bewirken. Will man z. B. einzelne Punkte, die dem Feinde nach und nach zugänglich werden könnten, und die verlassen werden müssen, zerstören, ohne daß die Einlegung einer besonderen Leitung und das Zünden von einem entfernten Punkte aus möglich ist, der Eroberung entziehen, oder will man in demselben Augenblicke, in welchem der Feind eine Brücke einzunehmen Willens ist, den Flußübergang unmöglich machen, so können schon längere Zeit vorher alle hiezu nöthigen Einrichtungen angelegt werden. — Eine solche Anordnung wird man dadurch machen, daß man an den betreffenden Stellen in verborgener Weise eine Volta'sche Batterie oder deren mehrere anbringt, etwa durch Eingraben der Batterie in den Boden 2c., die beiden Polardrähte aber an einer verdeckten Stelle, die vom Feinde betreten werden muß, mittelst einer eigenen mechanischen Vorrichtung von einander getrennt erhält, und diese Vorrichtung so einrichtet, daß sie bei etwaiger Berührung und durch einen nicht zu starken Druck die Kette schließt. Sind dann in die Kette mehrere Ladungen eingeschaltet, so werden diese beim Schließen der Kette, wenn sie mit den geeigneten Zündobjecten versehen sind, die gehörige Wirkung hervorbringen.

Es ist begreiflich, daß man derartige gefährliche Zerstörungsmittel auch im Seekriege (und überhaupt im Kriege zu Wasser) anwenden kann, und man kann auf diese Weise nicht bloß ganze Werke durch die Selbstentzündung der Batterie, sondern sogar Schiffe, Schiffbrücken 2c. zerstören, und so dem Feinde noch in den letzten Augenblicken, in welchen er der Eroberung sicher zu seyn glaubt, seine Pläne entweder ganz oder theilweise vereiteln. Da es sich bei der Erreichung irgend eines Kriegszweckes nicht um den Kostenaufwand handeln darf, so kann man für solche Zwecke immer die Batterie so einrichten, daß dieselbe, wenn sie auch längere Zeit an einer verborgenen Stelle aufbewahrt und sich selbst überlassen bleiben muß, zu jeder beliebigen Zeit die zum Zünden erforderliche Stromstärke liefert; es wird dieß auch um so leichter zu erreichen seyn, da bei derartigen Anwendungen die zum Sprengen nöthigen Leitungen im Allgemeinen nicht lang sind, und so dem Strome keinen so beträchtlichen Widerstand darbieten, wie dieß bei gewöhnlichen Zündungen der Fall ist.

(Die Fortsetzung folgt im nächsten Heft.)

XII.

Nachträgliche Bemerkungen über Darstellung des Mangans; von C. Brunner in Bern.

Mit Abbildungen auf Tab. I.

In weiterer Verfolgung der in diesem Journal Bd. CXLIV S. 184 beschriebenen Reductionsversuche über Mangan bin ich zu einigen Erfahrungen gelangt, welche für diejenigen, welche dieselben zu wiederholen veranlaßt seyn möchten, von Interesse seyn dürften. Ich erlaube mir daher sie in Folgendem mitzutheilen.

Was zunächst die Darstellung eines reinen Manganchlorürs anbelangt, so kann hiezu wie natürlich der Rückstand von der Chlorbereitung (aus Salzsäure und Braunstein) benutzt werden. Hat man hiezu nicht Gelegenheit, so verfährt man auf folgende Art:

Gepulverter Braunstein wird mit ganz wenig Wasser angefeuchtet[9] in einem irdenen Tiegel geglüht. Nach der Erkaltung übergießt man den Rückstand in einem Kolben mit seinem dreifachen Gewicht gemeiner Salzsäure und setzt das Gemenge 24 Stunden einer gelinden Digestion aus. Hierauf wird es in einer irdenen Schale zur Trockne verdampft und die erhaltene braune Salzmasse zerstoßen und unter öfterm Umstechen mit einem eisernen Spatel bei einer kaum an Glühhitze reichenden Temperatur geröstet.

Das so erhaltene graue Pulver wird nun mit Wasser ausgezogen. Die erhaltene blaßrosenrothe Lösung enthält keine Spur von Eisen, dagegen etwas Zink und Kobalt, welches letztere sich dadurch zu erkennen gibt, daß eine kleine Probe beim Abdampfen in einem Porzellanschälchen unmittelbar vor dem gänzlichen Eintrocknen eine bläuliche Färbung annimmt.

Um diese Beimischungen zu beseitigen, setzt man der Auflösung etwas essigsaures Natron zu und behandelt sie eine Zeit lang mit Schwefelwasserstoffgas. Es bildet sich ein anfangs schmutzig weißer, nachher ins Bräunliche übergehender Niederschlag, der durch einiges Erwärmen sich noch vollständiger abscheidet und in schwarzen Flocken zu Boden fällt.

---

[9] Durch das Anfeuchten wird verhindert daß beim Glühen ein Antheil des Pulvers durch die Entwickelung von Sauerstoffgas aus dem Tiegel herausgeworfen wird.

Man prüft nun eine abfiltrirte Probe der Flüssigkeit wieder auf Kobalt durch Abdampfen. Sollte noch eine bläuliche Färbung eintreten, so muß noch einmal etwas essigsaures Natron zugesetzt und die Behandlung mit Schwefelwasserstoff wiederholt werden.

Zeigt eine neue Prüfung keinen Gehalt von Kobalt mehr, so wird die Flüssigkeit auf Schwefelsäure geprüft, und wenn sich solche vorfindet, dieselbe durch Chlorbarium abgeschieden. Es ist dieß nothwendig, indem sonst bei der Reduction das Metall leicht einen geringen Schwefelgehalt annehmen könnte. Die von dem Barytniederschlag abfiltrirte Lösung wird nun zur Trockne verdampft und das erhaltene blaßrosenrothe Salz in einem Tiegel zum Schmelzen gebracht, welches ungefähr bei dem Schmelzpunkt des Chlorcalciums erfolgt. Eine zu starke Hitze muß vermieden werden, indem hiedurch ein Antheil verdampft, vielleicht theilweise zersetzt wird.

Die geschmolzene Salzmasse wird auf eine Stein- oder Metallplatte ausgegossen und sogleich nach dem Erstarren in gröbliches Pulver zerstoßen in einem gut verschlossenen Glase verwahrt, indem sie sehr leicht Feuchtigkeit anzieht.

Um nun das Metall zu reduciren, mengt man das so bereitete Manganchlorür durch Schütteln in einer Flasche mit seinem gleichen Gewichte gepulvertem Flußspath und vertheilt es in kleine mit Korkstöpseln zu verschließende Gläser, jede Portion zu etwa 15 Grammen, und gibt in jedes Glas ungefähr 3 Gramme in erbsengroße Stückchen zerschnittenes und von anhängendem Steinöl befreites Natrium.

Man bringt nun einen irdenen (hessischen) Tiegel zum gelinden Glühen und trägt nach und nach mittelst einer Blechschale den Inhalt jener Gläser hinein, jede Portion auf einmal. Nach jedem Eintragen wird der Tiegel mit einem Deckel leicht zugedeckt und so lange abgewartet, bis die mit Geräusch und Flamme erfolgende Reduction vorüber ist.

Hat man bei Anwendung eines Tiegels von 4 Unzen Wassergehalt 10 — 12 Portionen eingetragen, so wird zu mehrerer Sicherheit als Bedeckung noch etwas (ungefähr 1 Unze) geschmolzenes und gröblich zerstoßenes Kochsalz hinzugefügt. Hierauf verstärkt man das Feuer durch Anwendung eines Gebläses, und gibt während 10 Minuten eine mäßige Weißglühhitze, d. h. ungefähr die zum Schmelzen von Gußeisen erforderliche Temperatur.

Man läßt hierauf den Tiegel langsam erkalten und findet beim Zerschlagen desselben das Metall in Gestalt eines vollkommen geflossenen rundlichen Regulus unter der Schlacke auf dem Boden des Tiegels.

Obgleich ich alle meine Reductionen in den eben angegebenen Quantitäten ausführte, so ist es wohl unzweifelhaft daß dasselbe Verfahren auch in größerm Maaßstabe Anwendung finden kann.

Die Menge des erhaltenen Metalls ist freilich nicht die durch Berechnung zu erwartende und auch nicht immer gleich. Es ist wie begreiflich bei dergleichen Arbeiten unmöglich zu verhüten daß nicht ein guter Antheil Natrium durch die Reductionshitze theils verdampft, theils verbrennt. Durch einige Uebung wird man jedoch bald das Maximum, welches zu erhalten möglich ist, erreichen. Nach meiner bisherigen Erfahrung schätze ich dasselbe zu 65 gegen 100 des angewandten Natriums.

Um kleinere Stücke Mangan zu größeren Massen zu vereinigen oder unvollkommen reducirte Proben umzuarbeiten, verfährt man am besten auf folgende Weise:

Man zerstampft das Metall im Stahlmörser zu gröblichem Pulver, mengt dieses mit seinem doppelten Volumen wasserfreien Kochsalzes und setzt es in einem irdenen Tiegel während 10 Minuten der Weißglühhitze aus.

Ein solches Umschmelzen ist überhaupt immer anzurathen. Nicht umgeschmolzenes Metall erhält nach dem Poliren meistens nach längerer Zeit keine Fleckchen, die von eingemengten Unreinigkeiten herzurühren scheinen. Durch Umschmelzen gehen diese in die Schlacke über.

───────

Bei diesen Reductionen, so wie bei andern ähnlichen Arbeiten, z. B. Darstellung von Aluminium, leisteten mir einige Feuervorrichtungen sehr gute Dienste. Ich will dieselben, da sie sich ihrer Einfachheit wegen empfehlen dürften, hier beschreiben.

I. A, Fig. 1, ist ein aus einem Graphittiegel geschnittener ringförmiger Untersatz, der auf einer steinernen Bank mit Lehm aufgekittet ist. Auf demselben können die eigentlichen Feuerräume von verschiedener Größe entweder durch Einsetzen oder, wie es die Figur zeigt, durch bloßes Aufsetzen (B) und Verkleben mit Lehm befestigt werden.

Dieser Feuerraum ist ebenfalls ein Graphittiegel, dessen Boden abgeschnitten wurde. Ein Rost wird an die passende Stelle eingelegt. Zweckmäßig ist es, den Tiegel oben und unten, etwa 1″ weit von seinen Rändern, mit einem starken etwas eingelassenen Eisendraht zu binden.

In dem Untersatz A mündet das blecherne Rohr C eines Ventilatorgebläses. Dasselbe hat ungefähr 2½″ Oeffnung.

Der zu erhitzende Tiegel wird auf bekannte Art auf einen etwa 1 bis 1½″ hohen, auf dem Roste liegenden Fuß von Graphit in der Mitte des Ofenraums gestellt.

In wenigen Minuten erlangt man mit dieser Vorrichtung eine gute Weißglühhitze.

II. In noch kleinerem Format kann die Vorrichtung Fig. 2 hergestellt werden.

Ein rundlicher Graphittiegel von ungefähr 24 Unzen Wassergehalt wird in einem cylindrischen Kasten von Schwarzblech so befestigt, daß zwischen dem Boden des Tiegels und demjenigen des Blechkastens ein leerer Raum von etwa ½" Höhe bleibt.

Die Wand des Tiegels ist von 2 oder 3 Reihen abwechselnd stehenden Löchern durchbohrt, durch welche der von dem in den Boden des Blechkastens wirkenden Gebläse eintretende Wind von allen Seiten her gleichmäßig in den Ofenraum gelangt.

Der zu erhitzende Tiegel (von 1 — 1½ Unzen Wassergehalt) wird so aufgestellt, daß er sich ungefähr in der Mitte des Ofens befindet.

Als Gebläse kann man sich des Blasebalges einer Glasbläserlampe bedienen und in diesem Falle die Ofenvorrichtung auf den Glastisch aufstellen. Zweckmäßig ist es die Aufsatzröhren mit einem Hahnen zu versehen, dessen Bohrung bei ganzer Oeffnung ohne Hinderniß den vollen Wind des Blasebalges durchläßt. Durch theilweises Schließen des Hahnen kann alsdann der Windstrom nach Belieben regulirt werden.

Bei beiden Vorrichtungen müssen natürlich die Kohlen so zerkleinert werden, daß sie ohne Hinderniß zwischen dem Tiegel und der Wand des Ofens herunterfallen.

XIII.

Ueber die Affinirung des osmium-iridiumhaltigen Goldes; vom Stabscapitän Belozerow. Nach dem russischen Bergjournal bearbeitet von E. Wysocky.

Aus der österreichischen Zeitschrift für Berg- und Hüttenwesen, 1857, Nr. 26.

Bei dem Affinir- und Scheidungsverfahren des Goldes vom Silber, wie es in den Münzanstalten angewendet wird, wird das affinirte Gold zuweilen mit einem Gehalte von Osmium-Iridium erhalten; welches den Werth des Goldes herabsetzt und demselben sehr schlechte Eigenschaften mittheilt, oder es werden die Walzen zum Auswalzen der Münzzaine durch solches Gold beschädigt und in Folge seiner ungewöhnlichen Härte viele Prägestempel verbraucht; außerdem kann man ihm eine glänzende Polirfläche nicht geben. [10]

Das Scheidungsverfahren des Goldes vom Silber, welches in der Petersburger Münze nach dem Vorschlage des Berg-Ingenieurs Solo- lewski eingeführt und durch den am Ende des Jahres 1838 aus Frank- reich berufenen Hrn. Poisat, Besitzer einer ähnlichen Anstalt in Paris, vervollkommnet wurde, ist im ersten Theile des russischen Bergjournals von 1843 weitläufig beschrieben. Wir beschränken uns jedoch hier, mit kurzen Worten anzudeuten, worin diese Methode besteht, und auf ihre früheren Mängel und späteren Verbesserungen hinzuweisen.

Die Scheidung des Goldes vom Silber zerfällt in 1) die Quar- tirung und Granulirung des quartirten Metalles; 2) die eigentliche Scheidung, d. h. die Auflösung des quartirten Goldes in Schwefel- säure; 3) das Einschmelzen des Goldes und 4) das Fällen des Silbers durch Kupfer und sein Einschmelzen.

Die in die Münze abgelieferten Barren von silberhaltigem Golde und goldhaltigem Silber [11] werden nach dem gehörigen Probiren der Scheidung übergeben.

Das Schmelzen der Metalle (des silberhaltigen Goldes und des gold- haltigen und zuweilen des reinen Silbers) behufs der Quartation ge- schieht in einem Sumpfofen [12], welcher mit Holz betrieben wird, in Quan- titäten von circa 40 Pud und in einem Verhältnisse von nahe dritthalb Theilen Silber auf einen Theil Gold [13]; das eingeschmolzene Metall wird gut umgerührt, und wenn zum Quartiren Altaisches (bleiisches) Silber angewendet wurde, so wird das geschmolzene Metall in dem Ofen so lange gelassen, bis ein dünnes, zur Probe ausgegossenes Blättchen von ihm, einigemal gebogen, nicht bricht. Dieß dient zum Zeichen, daß alles

---

[10] Das Iridium legirt sich nicht mit dem Golde und findet sich darin in Form kleiner Körner, die an den Münzen und Schmuckwaaren fehlerhafte Stellen bilden.

[11] Silberhaltiges Gold heißt jenes, welches in einem Pfunde der Legi- rung nicht weniger als 5 Zolotnik Gold enthält, enthält es weniger als 5 Zolotnik Gold, so heißt es goldhaltiges Silber.

[12] Dieser Ofen wurde von Poisat zum Einschmelzen des quartirten Metalles statt der zu demselben Zwecke mit großem Nachtheil früher angewendeten Graphit- tiegel vorgeschlagen. Der Ofen hat das Ansehen eines Flammofens mit einer Sumpfsohle, welche aus einer Masse ausgestampft ist, die aus drei Theilen gewöhn- lichen Holzharzes und 1 Theile Knochenasche besteht.

[13] Dieses Verhältniß wurde durch Versuche als zweckmäßig für die Einwirkung der Schwefelsäure gefunden; früher hatte man zum Quartiren auf 1 Theil Gold 3 Theile Silber angewendet, wie schon der Name zeigt.

Blei aus dem quartirten Metall abgeschieden ist, denn die geringste Spur von ihm macht das Gold spröde.

Poisat hatte zur Beseitigung dieser Ungelegenheit vorgeschlagen, das bleiische Silber vor seiner Anwendung zur Quartation durch Salpeter zu reinigen, zu dessen Behufe die Blicke dieses Silbers bis zur Rothgluth erhitzt, zu kleinen Stücken zerschlagen und dann in gußeisernen Handmörsern gepocht wurden, um dem Salpeter mehr Berührungspunkte darzubieten; das gepochte Silber wurde mit Salpeter (auf 1 Pud Metall wurden 10 — 15 Pfund gepochten Salpeters genommen) gemengt und zu einem Quantum von 2 Pud 30 Pfund in Graphittiegeln von 1 Pud mit Koks eingeschmolzen. Nach dieser Operation war das Silber bleifrei.

In der Folge fand man dieses Verfahren unvortheilhaft, weßhalb man es aufgab und mit der Schmelzung im Sumpfofen umtauschte, in welchem, wie wir oben sahen, unmittelbar die Reinigung und Quartation geschieht.

Das quartirte Metall wird nach gehöriger Reinigung granulirt, d. h. durch Ausgießen mit einer eisernen Kelle in ein kupfernes Gefäß unter stetem Zuflusse kalten Wassers in kleine Körner verwandelt; das flüssige (geschmolzene) Metall wird mit der Kelle ausgeschöpft und dünnströmend in das Wasser gegossen, wobei man mit der Kelle eine krumme Linie beschreibt und mit einer eisernen Brechstange das Metall in dem Gefäße in sehr feine Körner zerschlägt, denn die Auflösung des quartirten Metalles erfolgt desto schneller, je feiner es granulirt war.

Von dem granulirten Metalle werden 35 Pud 10 Pfund in sechs gußeiserne Kessel, in jeden 5 Pud 35 Pfund, eingetragen und der Auflösung mit 66 grädiger Schwefelsäure unter Erwärmen durch 4 Stunden unterworfen. Die erhaltene Lösung von schwefelsaurem Silber wird in gußeiserne transportable Kessel abgegossen, das zurückgebliebene ungelöste Scheidegold (zernoe zoloto) in Blei- oder Platinschalen gebracht und mit heißem Wasser von der Lösung ausgewaschen, wobei man die Klumpen des fein zertheilten Goldes mit einer kleinen hölzernen Schaufel reibt und umrührt. Zur vollständigen Abscheidung des Silbers wird das ausgewaschene Scheidegold mit Schwefelsäure in Platinretorten bis dreimal gekocht, worauf man es endlich mit heißem Wasser von der Lösung auswäscht, filtrirt und in einem Flammofen mit einem Sumpfe einschmilzt. [14]

---

[14] Poisat schmolz das Feingold in Graphittiegeln mit einer Capacität von 2 Pud Metall; allein es wurde zur Herabsetzung der Kosten für die Tiegel und des

Die durch das Eingießen in Eingüsse erhaltenen Barren von reinem Golde, jede von circa 35 Pfd., werden mit Kupfer für die Goldmünzen und Goldmedaillen legirt. Das Einschmelzen und die Ueberführung des Goldes in den gesetzlichen Feingehalt geschieht in Graphittiegeln mit einer Capacität von circa 22 Pud des geschmolzenen Metalls, welches zu dünnen langen Zainen im Gewichte von nahe 3 — 4 Pfd. abgegossen wird.

Diese Zaine müssen behufs der Darstellung von Münzen sehr vielen Anforderungen genügen, so z. B. dürfen sie im Innern keine Blasen haben, nicht unganz seyn, sie müssen im hohen Grade hämmerbar und geschmeidig seyn, d. h. beim Schlagen mit einem Hammer sich gut schmieden und leicht auswalzen lassen; im entgegengesetzten Falle veranlassen diese Mängel große Schwierigkeiten in der Arbeit und sind bei der Vollkommenheit des Münzwesens, welche dasselbe in Rußland erreicht hat, nicht zulässig.

Im Jahre 1843 wurde in dem Golde, welches von Bogoslowsk in die Münze von Petersburg kam, zum erstenmale die Anwesenheit des osmiumhaltigen Iridiums in solcher Menge bemerkt, daß an der unteren Fläche der Barren mit freiem Auge Blättchen oder Körner dieses Metalls sichtbar waren. Dieser Umstand veranlaßte, daß man das Gold reinigen mußte, welches auf nachstehende Weise erzielt wurde.

Es ist bekannt, daß sich das Osmium-Iridium mit Gold nicht legirt, denn es ist so strengflüssig, daß es bei der Temperatur, bei welcher das Platin schmilzt, nicht einmal weich wird; dagegen aber schwimmen die Körner oder Blättchen dieses Metalles in dem geschmolzenen Golde und sammeln sich in dessen untern Schichten in Folge ihres großen specifischen Gewichtes. Das specifische Gewicht des Osmium-Iridiums beträgt 19 und zuweilen noch mehr. Außerdem löst es sich im Königswasser nicht auf und kann somit von dem Golde leicht geschieden werden. Da aber das Osmium-Iridium in einer beträchtlichen Masse Gold, in $19\frac{1}{2}$ Pud, vertheilt war, so hätte die Trennung eines solchen Quantums mit Königs-

---

unvermeidlichen Metallverlustes durch die Verzettelung und das größere Schlackenquantum in der Folge ein Sumpfofen erbaut, ähnlich dem Ofen für die Quartirung. — Das auf diese Art von dem Golde als schwefelsaure Lösung geschiedene Silber wird in Fällkästen abgegossen, in welche früher Kupferplatten (Kupfermünzen alter sibirischer Prägung, welche im Pud bis 32 Zolotnik 38 Dolja Silber enthalten) gelegt werden. Zur schnelleren Fällung wird die Flüssigkeit mit hölzernen Krücken gerührt. In einer Stunde ist die Zerlegung beendet; die Flüssigkeiten läßt man sich abklären, worauf die Kupfervitriollösung in ein tiefer liegendes Reservoir abgelassen und das Fällsilber (etwa 25 Pud) in einem Aussüßkasten mit heißem Wasser ausgewaschen, unter einer hydraulischen Presse gepreßt und im Sumpfofen eingeschmolzen wird.

waſſer viel gekoſtet; es war ſomit nöthig, zuerſt die Maſſe Gold, in welcher das Osmium=Iridium eingeſchloſſen war, zu verringern, dann erſt
aufzulöſen. Dieſes wurde durch einfaches Umſchmelzen des Goldes in
Tiegeln erreicht, in Folge deſſen ſich Osmium=Iridium wegen ſeines bedeutenden ſpecifiſchen Gewichtes in dem unteren Theile des Schmelztiegels
anſammelte. Dieſe Operation wurde auf nachſtehende Weiſe ausgeführt:

Das ſilberhaltige Gold, welches das Osmium=Iridium enthält, wurde
in einem großen Graphittiegel eingeſchmolzen, gehörig umgerührt und dann
einige Zeit in Ruhe gelaſſen. Dadurch ſetzte ſich das Osmium=Iridium
durch ſeine Schwere am Boden ab und ſammelte ſich in dem unteren
Theile des Tiegels, während die obere Schichte des geſchmolzenen Goldes
vollkommen rein blieb, ſo daß auf einen Abſtand von 1 oder 1½ Zoll
vom Tiegelboden das Gold ziemlich rein war. Das Gold wurde oben
behutſam abgeſchöpft und in Einguͤſſe ausgegoſſen, während im Tiegel
ein etwa 5 Pfund ſchwerer Klumpen zurückblieb.

Die auf dieſe Art von einigen Umſchmelzungen erhaltenen Klumpen
mit einem bedeutenden Osmium=Iridiumgehalte wurden in einem kleinen
Graphittiegel mit einem engen Boden geſchmolzen. Nach dem Erkalten
des Metalls wurde der untere Theil deſſelben, in welchem ſich alles
Osmium=Iridium angeſammelt hatte, abgehauen und mit Königswaſſer
behandelt. Auf dieſe Weiſe wurde das wenige dem Osmium=Iridium
anhaftende Gold abgeſchieden, während das erſtere als unlöslicher Rückſtand zurückblieb.

Aus 19 Pud 18 Pfund 31 Zolotnik ſilberhaltigen Goldes, welches
auf die beſchriebene Weiſe verarbeitet wurde, wurden 24 Pfund 75 Zolotnik und 42 Dolja Osmium=Iridium ausgebracht. Dabei fand folgender Materialverbrauch ſtatt:

Salpeterſäure . . . . 2 Pud

Salzſäure . . . . . 4 „

Eiſenvitriol . . . . . 8 „

Kiefer= und Fichtenholz . . 5 Klafter.

Mit Zurechnung der Arbeiter und noch anderen unbedeutenden Materials wurden im Ganzen 82 Rubel 23⁴/₇ Kopeken aufgewendet.

Aus 65 Pud 13 Zolotnik ſilberhaltigen Goldes, welches 1845 von
Bogoslowſk eingeliefert wurde, gewann man durch Behandlung auf die
in Rede ſtehende Weiſe 67 Pfund 68 Zolotnik Osmium=Iridium. Die
Unkoſten betrugen im Ganzen 98 Rubel 72½ Kopeken.

Wenn in dem von der Hütte in Bogoslowſk und anderen Orten
in die Münze von Petersburg abzuliefernden Golde Osmium=Iridium

vorhanden seyn sollte, und dieß in größerer Menge als früher, so müßte es getrennt von den übrigen Partien zur Verkleinerung des specifischen Gewichtes der Masse mit hochfeinem Silber quartirt werden und das geschmolzene Metall müßte man im Ofen einige Zeit in Ruhe lassen, um dem Osmium-Iridium Gelegenheit zu bieten, im Sumpfe des Ofens sich zu sammeln und theils in die Sohle zu gehen, theils als König zurückzubleiben, welcher nach dem beschriebenen Verfahren zu verarbeiten wäre.

Während in Rußland die Schwierigkeiten der Gewinnung des reinen Goldes nach der gewöhnlichen Methode, wenn in ihm Osmium-Iridium enthalten ist, schon lange bekannt waren und man sich mit seinen Reinigungsmethoden vertraut gemacht hatte, wurde man in der Münze zu Philadelphia erst im Jahre 1850 auf diesen Umstand aufmerksam, wie aus dem (im polytechn. Journal Bd. CXLI S. 109 mitgetheilten) Aufsatz von Dubois „über Abscheidung des Iridiums aus dem californischen Golde" hervorgeht.

XIV.

Ueber die Verhüttung armer Kupfererze; von Anton Frhrn. v. Leithner.

Aus der österreichischen Zeitschrift für Berg- und Hüttenwesen, 1857, Nr. 35.

Mit Abbildungen auf Tab. I.

Die vielseitigen Ideen, welche in der neuesten Zeit im Gebiete des Hüttenwesens auftauchen, um die Metallproduction, namentlich die des Kupfers und Silbers, auf das Feld der Darstellung auf nassem Wege zu bringen, und so bei möglicher Ersparung des an vielen Orten immer kostspieliger werdenden Brennstoffes den eigentlichen Schmelzproceß lediglich auf die Endmanipulation eines einfachen Reductionsschmelzens zu beschränken, veranlassen mich, ein Manipulationsverfahren ausführlicher mitzutheilen, welches ich vor einigen Jahren zu Linz am Rhein im königl. preußischen Regierungsbezirk Koblenz auf der Sternenhütte zu sehen und, in soweit es zulässig war, näher kennen zu lernen Gelegenheit hatte.

Dieses Hüttenwerk erhielt damals insbesondere aus der St. Josephs-Grube bei Rheinbreitenbach Kupfererze, welche aus kohlen-, phosphor-, arsenik- und salzsauren Kupferoryden, dann aus Schwefelkupfer und

Schwefeleisen und derlei Verbindungen bei einer quarzigen Gangausfül=
lungsmasse zusammengesetzt sind; und es wurden diese Erze schon bei der
Grube sorgfältig geschieden und die kiesigen von den oxydirten Erzen
getrennt, indem insbesondere letztere der Gegenstand des hier näher zu
beschreibenden Hüttenprocesses sind, bei welchem, wie man behauptete,
selbst Erze eines Kupfergehaltes von 1 — 2 Proc. noch mit Nutzen ver=
arbeitet wurden.

Diese. Erze wurden theils als grobes Erz, theils als Graupen,
Waschklein und rösche Schliche zu der Hütte geliefert und dort in dazu
vorgerichteten Gruben behufs ihrer Ansäuerung, d. i. der Bildung von
schwefelsauren Metallsalzen, und darauf folgender Auslaugung in der Art
zusammengestürzt, daß die gröbsten Erzstücke in diesen Ansäuerungsgruben
zu unterst, dann die minder groben, und endlich die Erze und Schliche
des feinsten Kornes zu oberst zu liegen kamen.

Diese Erz = oder Ansäuerungsgruben, Fig. 8 u. 9, sind im Freien,
am Hüttenplatze ausgehobene und ausgemauerte Behälter von circa 4½
Klftr. Länge, 2½ Klftr. Breite und 4½ Fuß Tiefe, auf deren aus Lehm
geschlagener und mit Schieferplatten gepflasterter Sohle in entsprechenden
Entfernungen mehrere Säulen, und zwar Basaltstücke aus dem Stein=
bruche Dabtenberg, aufgestellt sind, auf welchen wieder in der Quere lange
Basaltsäulen in Entfernungen von etwa ¾ Zoll liegen, wodurch gleich=
sam ein Rost r gebildet wird, unter welchem ein Raum a von circa 1
Fuß Höhe bleibt, während ober denselben ein offener Raum von 2½ bis
3 Fuß Höhe zur Aufnahme der Erze b erübrigt.

In den unteren Raum einer so vorgerichteten und nach bereits er=
wähnter Art mit Erzen angefüllten Grube wurden nun aus einem später
näher zu beschreibenden Kiesbrennofen schweflige Säure und in anderer
Weise auch Wasserdämpfe eingeführt, welche vereinten Dämpfe die
Erzschichten durchströmen, die an andere Säuren gebundenen Metalloxyde
zerlegen und insbesondere auf die Darstellung von schwefelsaurem Kupfer
hinwirken, wobei man noch überdieß von Zeit zu Zeit die aufgestürzten
Erze anfänglich mit Wasser, später aber, wenn die Arbeit schon in gutem
Gange sich befindet, mit der sich im unteren Raume der Säuerungsgrube
ansammelnden Vitriollauge, welche mittelst einer aus Bleiröhren zusam=
mengesetzten Pumpe c gehoben wird, begießt.

Auf diese Weise wird die Vitriollauge allmählich immer mehr ange=
reichert und sudwürdig, zu welchem Zwecke man dieselbe auch oftmals
über und durch mehrere solche Erzbette laufen läßt. Auch werden die
Erze auf dem Roste in der Zeit ihrer Lagerung von angeblich 3 — 4
Wochen öfters gewendet, um sie einer kräftigeren Einwirkung der Dämpfe

auszusetzen, und falls ihr Kupfergehalt durch die erste Auslaugung nicht
völlig erschöpft war, soll man dieselben auch in einer andern Grube mit
frischen Erzen gemengt einer weiteren Behandlung unterzogen haben. Es
ist dabei wesentlich, daß die Erzstürzung nicht in Folge schlechter Verthei=
lung oder Lagerung der Erze die zur Zerlegung nothwendigen Dämpfe
unbenützt durchläßt, und ich hatte Gelegenheit, mich zu überzeugen, daß
man auf einem solchen Erzroste stehen kann, ohne ein Ausströmen von
Dämpfen und mehr als eine gelinde Erwärmung der Oberfläche des
Bettes wahrzunehmen, ja selbst bei den behufs der Beobachtung des Mani=
pulationsganges in den Erzrost eingesetzten und bis in den unteren Raum
reichenden Röhren war kein bedeutendes Entweichen von Gasen zu be=
merken.

Aus der in dieser Weise erzeugten, nach und nach gesättigten und
sofort aus dem unteren Raume ausgehobenen Vitriollauge wurde sobann
das Kupfer in eigens vorgerichteten Cementirungspfannen mittelst Bruch=
eisen, Eisenblech und verschiedenen anderen Eisenabfällen ausgefällt, das
erhaltene Cementkupfer mit meist 80 Proc. Kupfergehalt aber entweder für
sich im Gaarherde eingeschmolzen oder einem eigenen Manipulationszweige,
nämlich der Kupfervitriol=Erzeugung, übergeben, indem man die rückge=
bliebene Eisenvitriollauge wieder weiter zur Erzeugung eines reinen oder
gemischten Eisenvitrioles (im Handel Salzburger Vitriol) verwendete.

Was nun die Erzeugung der schwefligen Säure anbelangt, welche
man behufs dieser Kupferdarstellung aus armen Erzen benöthigt, so ver=
wendete man dazu theils Stufen, theils Schliche von Zinkblende, welche
man aus der Grube bei St. Goar bezog, indem man diese auch mit
Schwefelkiesen vermengten Erze in einem mit einem Deckel verschlossenen
Schachtofen, Fig. 10, von beiläufig 10 Fuß Höhe, 4 Fuß größtem und
1½ Fuß kleinstem Durchmesser, der übrigens einen starken Rost aus
Eisenstangen hatte, gemengt mit 8 — 10 Proc. Steinkohlen, verröstete,
besser gesagt ausbrannte, und diesem Ausbrennen und der damit beab=
sichtigten Entfernung der schwefligen Säure noch durch die Zuführung
von Gebläseluft zu Hülfe kam.

Die so erzeugte schweflige Säure entweicht im Verein mit der noch
unzersetzt gebliebenen atmosphärischen Luft aus dem geschlossenen Ofen
durch oben unter dem Deckel angebrachte, bis zu den Säuerungsgruben
führende Canäle k, wo sie vereint mit den Wasserdämpfen, welche in
einem durch die Ueberhitze eines Zinkschmelzofens gespeisten Dampfkessel
erzeugt werden, gleichzeitig unter dem Roste einströmen.

Ein solcher Brennofen, der wegen der leichteren Führung der Gase
bedeutend tiefer als die Säuergruben angelegt ist, soll angeblich täglich

2 — 3 Füllungen mit 20 — 25 Ctr. Beschickung durchbrennen, nur ist die Arbeit bei demselben beschwerlich, und erheischen diese Oefen in Folge des oft unvermeidlichen Zusammenschmelzens der eingesetzten Erze und des dadurch herbeigeführten beschwerlichen Ausbrechens namhafte Reparaturen.

Die nach dem Brande in dem Ofen bleibenden Rückstände (Brände) werden durch die zunächst des Rostes angebrachte, während der Arbeit aber verlegte Thür t ausgezogen, sodann ausgelaugt und die Lauge zur Zinkvitriolerzeugung verwendet. Die so benützten Rückstände gelangen dann zur Handscheidung, und es werden die rohgebliebenen Stücke dem nächsten Brande zurückgegeben, die in Folge der Verröstung gebildeten Zinkoxyd-Graupen dagegen zur Erzeugung von Zinkmetall den Zinköfen abgeliefert.

Ob nun die aus diesen Brennöfen in Vereinigung mit den Wasserdämpfen unter die Kupfererze geführte schweflige Säure in Folge der Berührung mit den phosphor- und arseniksauren Kupfer- und Eisenoxyden der Erze, d. i. in Folge der Zersetzung der Arsenik- und Phosphorsäure, sich zur Schwefelsäure umstaltet oder ob man dieser Bildung von Schwefelsäure durch die Zutheilung von Salpeter in den Brennöfen, wie dieß bei der Schwefelsäure-Erzeugung im Großen geschieht, nachhilft, darüber konnte ich damals auf der Sternenhütte keine bestimmte Aufklärung finden, im Uebrigen kann man im Voraus der Meinung Raum geben, daß das letztere der Fall seyn dürfte, wodurch der ganze Proceß jedenfalls eine Förderung finden möchte.

Es macht mir im Interesse der allgemein sich kund gebenden Bestrebungen, unserer Metallproduction einen für die Zukunft sicherern Boden zu verschaffen, ein wahrhaftes Vergnügen, diesen in Wirklichkeit bestehenden Verhüttungsproceß in seinen Umrissen möglichst ausführlich zur allgemeinen Kenntniß zu bringen, da ich auch die Meinung habe, daß dieses Verfahren, wenn es gleich nur, wie ich in Linz am Rhein gesehen habe, dort lediglich auf oxydirte Kupfererze basirt und in einer höchst einfachen, aber praktischen Weise in Anwendung war, bei uns in Oesterreich, wenn es die Kosten gegenüber dem Schmelzbetriebe aushält, insbesondere zur Verwerthung der in dem oberungarischen Schmöllnitzer Montanbezirke leicht zu erzeugenden Mengen von armen Kupfererzen (Kupferkiesen oder kupferhältigen Eisenkiesen) einen Eingang finden kann, da man diese Kiese im Schachtofen zur Erzeugung von Schwefelsäure verrösten, ausbrennen oder benützen und den so erzeugten Erzrost in den Säuerungsgruben ansäuern und sofort auslaugen könnte, sonach einerseits das geschwefelte Erz die Zinkblenden, andererseits der erzeugte Rost das oxydirte Erz des Rheinlandes vertreten möchte. Aber es befinden sich enblich auch in vielen Bergwerksbezirken der österreichischen Monarchie, wie im Banate, in Nieder-Ungarn zu Libethen, und in Tirol ganze Grubenbauten, welche arme oxydirte Erze zu Tage zu fördern und so vielleicht eine neue Zukunft zu entfalten vermöchten.

Zum Schluße dieser meiner Mittheilung und Meinungsäußerung glaube ich, und zwar im Hinblick auf die in neuester Zeit allen industriellen Unternehmungen Oesterreichs durch die allerhöchsten Orts bewilligte Herabsetzung der Salzpreise zugeführte Begünstigung auch auf ein seinerzeit von Hrn. Triplier angeregtes Verfahren hinweisen zu können, welcher es nämlich versuchte, Fahlerze zu verrösten, um selbe sobann mit verdünnter Salzsäure zu behandeln, das Antimon aus der Lösung mit Kalk und das Kupfer mittelst Eisen zu fällen, welches Verfahren, wenn die Abscheidung des Antimons im Großen vollständig gelingen würde, immerhin und um so viel mehr ein schönes Feld für die Metallproduction darbieten könnte, als selbst das am Rhein bestehende ganz praktische Ansäuerungsverfahren auch auf solche arme vorerst gehörig zugebrannte Fahlerze seine Anwendung finden dürfte, da bei Zuführung von Salzsäure-Gasen, die unmittelbar aus den bei der Salzsäure-Erzeugung verwendeten Cylindern unter den Erzrost geleitet werden könnten, ganz ähnliche Erfolge wie am Rhein bei Verwendung der schwefligen Säure zu erzielen wären, ja vielleicht ein doppeltes Ansäuerungs- und Chlorisirungsverfahren zu noch umfangreicheren Resultaten führen könnte.

XV.

Ueber den Schlamm der Bäche und Flüsse als Düngungsmittel; von Hrn. Hervé Mangon.

Aus den Comptes rendus, August 1857, Nr. 9.

In Frankreich rechnet man beiläufig 200,000 Kilometer fließender Wässer, wovon wenigstens das Viertel, also 50,000 Kilometer, jedes Jahr gereinigt werden sollte. Wenn man das Volum des an der Luft getrockneten Schlammes, welchen man per laufenden Meter eines Baches ausheben könnte, durchschnittlich nur zu 0,05 Kubikmeter annimmt, so ergibt sich das Product des Ausschlämmens per Jahr zu 2,500000 Kubikmetern. Dieses Schlammvolum enthält eine Quantität fruchtbar machender Stoffe, welche wenigstens 2 Millionen Tonnen gewöhnlichen Stallmiſtes äquivalent iſt. Eine ſo bedeutende Quelle ſchätzbarer Producte ſollten die Landwirthe nicht vernachläſſigen.

Im Intereſſe der Landwirthſchaft im Allgemeinen und insbeſondere der Angränzer keiner fließender Wäſſer, verdient alſo das Product des Ausſchlämmens hinſichtlich ſeines Werths als Dünger unterſucht zu wer=den; ich habe eine ſolche Unterſuchung begonnen, wobei mir der Schlamm von einigen ſüßen Wäſſern und Salzwäſſern aus mehreren Departements bereits intereſſante Reſultate geliefert hat.

Der Schlamm iſt nach dem Ausheben mehr oder weniger naß; der Luft oder der Sonne ausgeſetzt, verliert er raſch 50 bis 70 Proc. ſeines Waſſergehalts. So getrocknet, enthält er im Durchſchnitt noch 3 bis 10 Proc. Waſſer, welches er erſt bei einer Temperatur von beiläufig 105° C. fahren läßt.

Manchmal enthält dieſer Schlamm kohlenſauren Kalk in ſtarkem Verhältniß, und er bildet dann einen um ſo wirkſameren Mergeldünger, je zertheilter der Kalkſtein iſt; nicht ſelten enthält aber der Schlamm faſt gar keinen Kalkſtein.

Der Schlamm aus den fließenden Wäſſern gibt, wie das Ackerland, an kaltes Waſſer ſtets eine gewiſſe Menge löslicher Producte ab, welche zum Theil aus organiſchen und zum Theil aus mineraliſchen Subſtanzen beſtehen.

Nur ſehr ſelten enthält der Schlamm eine beträchtliche Quantität phosphorſaurer Salze, dagegen enthält er ſtets ſalpeterſaures Salz in ziemlich ſtarkem Verhältniß. Dieſes Verhältniß iſt in verſchiedenen Pro=ben ſehr wandelbar; man kann aber annehmen. daß an der Luft getrock=neter Schlamm von guter Qualität nahezu eben ſo viel Stickſtoff ent=hält wie der friſche Stalldünger, nämlich 0,4 bis 0,5 Procent ſeines Gewichts. Dieſer Stickſtoff iſt nicht immer ſo unmittelbar durch die Cul=turpflanzen aſſimilirbar wie derjenige des Miſtes, aber er erhöht doch ſtets die Fruchtbarkeit des Bodens im Verhältniß ſeines Gewichts. Man nimmt in der Regel den Werth des Stallmiſtes zu 5 Francs die 1000 Kilogr. an; dieß iſt, nach dem Vorhergehenden, beiläufig der Werth des Schlammes von guter Qualität. Dieſes Product hat alſo im Allge=meinen für die Landwirthſchaft einen Werth, welcher viel höher iſt als der Betrag der Koſten für ſein Ausbringen, Trocknen und Vertheilen auf dem Felde. Aus obigen Ziffern ergibt ſich auch, wie wir ſchon bemerkt haben, daß durch das Ausſchlämmen der Bäche und Flüſſe der Land=wirthſchaft (in Frankreich) jedes Jahr ſo viel Stickſtoff geliefert werden könnte, als zwei Millionen Tonnen Stallmiſt enthalten.

Bezeichnung des Schlammes.	Physische Constitution auf 100 Theile.				Chemische Zusammensetzung auf 100 Thle.						In Wasser lösliche Substanzen, auf 100 Theile Schlamm.			
	Vom Wasser mitgerissene zarte Theile.	Feiner Sand.	Grauer Sand.	Kies.	Kieselerde u. Thon, in den Säuren unauflöslich.	Thonerde und Eisenoryd.	Kohlensaurer Kalk.	Organische Substanzen, gebundenes Wasser ꝛc.	Schwefelsäure in 100 Theilen.	Stickstoff in 100 Theilen.	Organische.	Löslich in Wasser nach dem Glühen.c)	Unauflösl. in Wasser nach dem Glühen.	Im Ganzen.
Cray = sur = Durcq . .	85,7	10,0	1,5	2,8	33,62	6,17	35,60	24,61	3,55	0,54	0,117	0,019	0,072	0,198
Boulayes . . .	90,8	3,6	3,6	2,0	78,40	6,90	2,00	12,70	Spur.	0,67	0,040	0,050	0,050	0,090
Gibe à Blaye . . .	100,0	0,0	0,0	0,0	76,41	8,10	8,88	6,61	"	0,21	0,050	0,035	0,010	0,095
Dun . . .	100,0	0,0	0,0	0,0	70,85	12,22	8,42	8,51	"	0,22	0,100	0,073	0,050	0,223
Miguillon = sur = Mer .	100,0	9,0	0,0	0,0	69,99	13,38	6,88	9,75	"	0,36	0,255	0,315	0,065	0,635
Bec be la Rochelle . .	100,0	0,0	0,0	0,0	63,58	7,50	14,03	14,89	"	0,35	0,190	0,832	0,154	1,170
Port be May . . .	100,0	0,0	0,0	0,0	70,96	9,24	11,47	8,31	"	0,29	0,063	0,565	0,050	0,678
Blaye be Nerbon . . .	100,0	0,0	0,0	0,0	71,17	11,03	6,66	11,14	"	0,29	0,115	0,610	0,115	0,855
Port be Nebon . . .	100,0	0,0	0,0	0,0	76,22	9,92	—	13,86	0,28	0,29	0,130	0,023	0,052	0,190
St. Maurice Guibel . .	10,0	84,0(b)	6,0	6,0	77,95	4,47	8,89	8,69	0,65	0,36	0,115	0,660	0,480	1,550
Port be Naz . . .	100,0	0,0	0,0	0,0	71,80	14,30	1,32	12,58	2,85	0,67	0,412	2,547	0,864	4,563
Port be Norient . . .	38,8	29,0(b)	18,2(a)	14,0(a)	64,89	5,17	17,68	12,26	1,80	0,29	0,152	1,450	1,111	3,388
Du Neney = Guibel . .	15,7	65,0	8,1(a)	11,2(a)	79,53	3,42	11,55	5,5	1,58	0,28	0,828	0,218	0,352	0,707
Limon be la Loire . .	100,0	0,0	0,0	0,0	74,59	12,05	4,75	8,61		0,24	0,112	0,057	0,045	0,215
Limon be la Gironb . .	100,0	0,0	0,0	0,0	70,22	13,66	6,61	9,51		0,20	0,100	0,050	0,052	0,202

a) Muschelreste.
b) Sehr erdig.
c) Die löslichen Salze des Schlammes von Meerwasser bestanden hauptsächlich aus Kochsalz.

XVI.

Ueber das Verhältniß der Phosphorsäure zu dem Stickstoffgehalt in einigen Samen; von W. Mayer.

Aus der schweizerischen polytechnischen Zeitschrift, 1857, Bd. II S. 59.

Eine Erweiterung der Untersuchungen über den Gehalt an Stickstoff und Phosphorsäure, als der wichtigsten Elemente für den Ernährungswerth der Samen, ist eine ebenso verdienstliche als interessante Arbeit. Diejenige von W. Mayer, Assistent im Laboratorium von Liebig in München, ist eine der umfangreichsten über diese Verhältnisse. Im Nachfolgenden sind die einzelnen Daten der Analysen hinweggelassen, die Folgerungen aber zusammengestellt; hinsichtlich der erstern verweisen wir auf die Originalabhandlung in den Annalen der Chemie und Pharmacie, Februar 1857, S. 129 — 169.

Der Verfasser sagt am Schlusse seiner Tabellen:

„Um die Gränzen, innerhalb welcher sich die Schwankungen in dem Gehalt der Samen an Wasser, Phosphorsäure und Stickstoff bewegen, auf einen Blick übersehen zu können, sind in der folgenden Tabelle die niedrigsten und höchsten Zahlen, welche für diese Bestandtheile gefunden wurden, sowie die mittleren, welche aus den Ergebnissen aller Analysen derselben Samenart berechnet wurden, zusammengestellt.

	Luftrockene Samen enthalten in 100 Theilen:			bei 100° C. getrockn. Samen		
	Niedrigster Gehalt	Höchster Gehalt	Mittlerer Gehalt	Niedrigster Gehalt	Höchster Gehalt	Mittlerer Gehalt
Roggen, 11 Sorten:						
Wasser	11,77	14,31	13,69	—	—	—
Phosphorf.	0,779	0,938	9,864	0,903	1,086	0,999
Stickstoff	1,65	2,05	1,91	1,91	2,38	2,21
Weizen, 11 Sorten:						
Wasser	10,97	14,33	12,96	—	—	—
Phosphorf.	0,808	0,025	0,838	0,935	1,185	1,078
Stickstoff	1,65	2,02	1,92	1,93	2,32	2,20
Gerste, 10 Sorten:						
Wasser	10,75	14,02	13,05	—	—	—
Phosphorf.	0,786	1,014	0,890	0,912	1,176	1,024
Stickstoff	1,59	1,90	1,72	1,83	2,20	1,98
Hafer, 9 Sorten:						
Wasser	11,79	16,40	13,43	—	—	—
Phosphorf.	0,838	0,691	0,759	0,801	0,965	0,876
Stickstoff	1,29	1,67	1,53	1,54	1,92	1,77

Das relative Verhältniß zwischen Phosphorsäure und Stickstoff, aus dem mittleren Gehalte berechnet, ist folgendes:

Roggen enthält auf . . . . . 1,00 PO$_5$ 2,21 N
Weizen   „   „ . . . . . 1,00 „ 2,04 „
Gerste   „   „ . . . . . 1,00 „ 1,93 „
Hafer   „   „ . . . . . 1,00 „ 2,02 „

Eine frühere Untersuchung von Fehling und Faißt [15] ist die einzige umfassendere, mit in Deutschland cultivirten Getreidearten angestellte, in der zugleich Wasser, Stickstoff, Asche und Phosphorsäure bestimmt wurde. Ich bespreche dieselbe deßhalb etwas ausführlicher.

Der Wassergehalt der einzelnen Getreidearten schwankt wenig; im Mittel beträgt er:

für 7 Sorten Roggen . . . . . 14,17 Proc.
„ 6   „   Gerste . . . . . . 14,59 Proc.
„ 8   „   Hafer . . . . . 14,41 Proc.

In 100 Theilen getrockneter Substanz fanden die beiden Chemiker folgende Gehalte an Phosphorsäure, Stickstoff und Asche:

	PO$_5$	N	Asche	Auf 1,00PO$_5$ N	Auf 1,00Asche N
Roggen v. Ochsenhausen 1850	0,97	1,91	1,90	1,97	1,01
„ „ Hohenheim 1850	0,95	2,45	2,30	2,52	1,06
„ „ Kirchberg 1851	0,87	2,14	1,99	2,46	1,07
„ „ Hohenheim 1851	0,85	2,06	2,05	2,42	1,00
„ „ Ochsenhausen 1851	0,78	2,05	1,97	2,63	1,04
„ „ Ellwangen 1850	0,72	2,20	1,82	3,05	1,21
„ „ Ellwangen 1851	0,67	1,61	2,02	2,40	1,25
Gerste v. Hohenheim 1850	1,13	2,44	2,82	2,16	0,87
„ „ Ellwangen 1850	1,13	1,88	2,62	1,66	0,72
„ „ Kirchberg 1850	1,07	2,04	2,92	1,90	0,69
„ „ Ellwangen 1851	1,07	1,99	3,04	1,86	0,65
„ „ Ochsenhausen 1851	0,95	1,86	2,78	1,96	0,67
„ „ Hohenheim 1851	0,86	2,13	2,73	2,48	0,78
Hafer v. Hohenheim 1851	0,98	2,03	2,89	2,07	0,70
„ „ Hohenheim 1850	0,85	2,25	2,78	2,64	0,81
„ „ Ochsenhausen 1851	0,83	1,80	2,66	2,17	0,67
	PO$_5$	N	Asche	N	N
Hafer v. Kirchberg 1850	0,82	1,79	2,89	2,18	0,62
„ „ Kirchberg 1851	0,81	2,02	2,95	2,49	0,68
„ „ Ochsenhausen 1850	0,80	1,92	3,01	2,40	0,64
„ „ Ellwangen 1850	0,79	1,86	2,65	2,35	0,70
„ „ Ellwangen 1851	0,66	1,66	2,90	2,36	0,57
Winterweizen von Hohenheim 1850 . .	0,71	2,05	1,97	2,89	1,04
Winterigelweizen von Hohenheim 1851 . .	0,72	1,95	1,97	2,71	0,99

[15] Polytechn. Journal Bd. CXXIV S. 223.

In 100 Theilen enthalten die getrockneten Samen:

Roggen:	Niedrigster Gehalt	Höchster Gehalt	Mittlerer Gehalt
Phosphorsäure	0,67	0,97	0,83
Stickstoff	1,61	2,45	2,06
Asche	1,82	2,30	2,01
Gerste:			
Phosphorsäure	0,86	1,13	1,04
Stickstoff	1,86	2,44	2,05
Asche	2,62	3,04	2.82
Hafer:			
Phosphorsäure	0,66	0,98	0,82
Stickstoff	1,66	2,25	1,91
Asche	2,65	3,01	2,84

Das relative Verhältniß zwischen Phosphorsäure und Stickstoff, aus dem mittleren Gehalt berechnet, ist folgendes:

Roggen enthält auf	1,00 PO_5 2,48 N
Gerste „ „	1.00 „ 1,97 N
Hafer „ „	1,00 „ 2,33 N

Ich glaube aus den Resultaten der vorliegenden Untersuchung und aus bereits früher festgestellten Thatsachen einige allgemeine Folgerungen ziehen zu dürfen:

1) Der Gehalt der Getreidekörner an Wasser ist sehr constant, auch wenn dieselben unter den verschiedensten klimatischen und Boden-Verhältnissen gewachsen sind.

2) Verhältnißmäßig nicht so constant ist der Gehalt derselben an Phosphorsäure und an Stickstoff, doch bewegt er sich in bestimmten, ziemlich engen Gränzen.

Viele Abnormitäten, welche namentlich ältere Analysen ergaben, haben ihren Grund in einer mangelhaften Methode der Einäscherung, der Trennung und der Gewichtsbestimmung. [16]

3) Der Aschengehalt der von den Spelzen befreiten Getreidearten variirt ebenfalls zwischen engen Gränzen. Beim ungeschälten Getreide sind die Schwankungen größer, weil der Aschengehalt wesentlich abhängt von dem Gewichtsverhältniß der Spelze zur Frucht.

4) Die verschiedenen Mehlsorten, von einer und derselben Frucht gemahlen, enthalten, je weißer und feiner dieselben sind, um so weniger

---

[16] Dieß ist sicher nicht zu viel gesagt, wenn man sich erinnert an die Versuche und Bestimmungen von Hermbstädt, die noch bis auf die neueste Zeit in den Lehrbüchern figuriren, und an die Erfahrungen des königl. preuß. Landesökonomie-Collegiums.

Stickstoff, um so weniger Salze und in diesen um so weniger phosphor=
saure Verbindungen. Die feinsten Mehlsorten haben also als plastisches
Nahrungsmittel geringeren Werth, wie die sogenannten geringeren Sorten.

5) Die Kleie von Getreide ohne Spelzen enthält eine sehr große
Menge von Stickstoff und von Salzen. Die Asche derselben besteht größ=
tentheils aus phosphorsauren Verbindungen und enthält nur wenig Kiesel=
erde; sie unterscheidet sich dadurch wesentlich von der Asche der Spelzen.
Die Kleie ist als ein höchst werthvolles Nahrungsmittel zu betrachten.

6) Die Früchte der Leguminosen enthalten mehr Stickstoff und meist
mehr Phosphorsäure, als diejenigen der Getreidearten.

7) Das Verhältniß der Phosphorsäure zu den Basen ist in den
Getreidekörnern ein anderes, wie in den Hülsenfrüchten; jene enthalten
in der Asche zweibasisch=, diese dreibasisch=phosphorsaure Salze.

Damit ist nicht gesagt, daß die in den Leguminosenfrüchten enthal=
tenen phosphorsauren Salze dreibasisch seyen; es ist vielmehr Grund zur
Annahme vorhanden, daß die Phosphorsäure hier in derselben Modification,
wie in den Getreidekörnen enthalten sey, und daß das Alkali, was sich
in der Asche mehr an diese Säure gebunden vorfindet, in den Samen
mit dem für sie charakteristischen Eiweißstoffe, dem Legumin verbunden ist.

8) Die Existenz der Eiweißstoffe ist bedingt durch die Gegenwart der
phosphorsauren Verbindungen. Zwischen den Eiweißstoffen und der Phos=
phorsäure, resp. den phosphorsauren Salzen, bestehen bestimmte Verhält=
nisse, so zwar, daß mit der Zunahme der Menge der Eiweißkörper eine
proportionale Zunahme der Menge der Phosphorsäure, resp. der phos=
phorsauren Salze, stattfindet.

9) Dieß Verhältniß ist für jeden der Eiweißstoffe ein anderes: für
das lösliche Pflanzeneiweiß, für das Legumin, für den Kleber. Die
Früchte der Leguminosen, in welchen hauptsächlich Legumin mit löslichem
Eiweiß vorkommt, enthalten auf dieselbe Menge Phosporsäure ein und
einhalb= bis zweimal so viel Stickstoff, als die Getreidekörner, deren
Albuminate vorzugsweise aus Kleber mit wenig löslichem Eiweiß bestehen.

10) Wenn einer dieser Eiweißkörper in Samen derselben Pflanzen=
art und Varietät in größerer oder geringerer Menge durch einen andern
vertreten ist, wie solches Millon für Weizen gezeigt hat, so wird natür=
lich dadurch das Verhältniß des Stickstoffes zur Phosphorsäure ein anderes.

11) In den Getreidekörnern scheint das lösliche Eiweiß vorzugsweise
in dem mittleren, stärkemehlreichen Theil enthalten zu seyn, während die
äußeren Theile des Samens die größte Menge von Kleber und mit diesem
die größte Menge von Phosphorsäure enthalten.

12) Aus der Gesammtmenge der Asche einer Frucht kann man nur

sehr bedingt auf ihren Gehalt an Stickstoff schließen, weil die Asche neben den Bestandtheilen, die zum Stickstoff, resp. zu den Eiweißstoffen, in unmittelbarer Beziehung stehen, auch solche enthält, bei denen dieß nicht der Fall ist, und weil sich die Basen — wenigstens bis zu einem gewissen Grade — vertreten können.

13) Aus dem Schwefelsäuregehalt der Aschen, bereitet nach den bisher üblichen Methoden, kann kein Schluß auf den Schwefelsäuregehalt der organischen Substanz gemacht werden, aus welcher die Asche erhalten wurde."

XVII.

Untersuchungen über der Einfluß des assimilirbaren Stickstoffes im Dünger auf die Production der vegetabilischen Substanz; von Hrn. Boussingault.

Aus den Comptes rendus, t. XLIV p. 940, durch das chemische Centralblatt, 1857, Nr. 37.

In seiner Abhandlung „über die Wirkung des Salpeters auf die Vegetation" (polytechn. Journal Bd. CXL S. 140) wies der Verf. nach, wie groß die Bedeutung des Salpeters für die Vegetation ist. Es zeigte sich bei Versuchen mit Helianthus und einer Kresse (Cresson alenois), daß diese Pflanzen bei der Düngung mit Salpeter eine beträchtliche Menge stickstoffhaltige organische Substanz erzeugten. Diese Versuche waren so angestellt, daß noch Zweifel hinsichtlich der Wirkung des Salpeters insofern übrig blieben, als bei den Versuchen mit Helianthus die mit Salpeter gedüngten in diesem Salze Kali genug bekamen, während es bei den zur Vergleichung ohne Salpeter aufgezogenen nicht ausgemacht war, ob nicht der bloße Mangel an Kali allein sie gegen jene zurückgehalten habe, und in wie weit andere Mineralsalze, namentlich der phosphorsaure Kalk, dabei von Einfluß waren.

Zur Vervollständigung dieser Arbeit hat der Verfasser Helianthus agrophyllus an freier Luft, geschützt vor Regen, in einem Boden cultivirt, der aus gebranntem Thone und Quarzsand gemengt war. Jedesmal wurden 3 Versuche vergleichungsweise gemacht.

A. Der Boden bekommt gar keinen Zusatz.

B. Man setzt demselben basisch-phosphorsauren Kalk, Pflanzenasche und Salpeter zu.

C. Man gibt dem Boden dieselben Zusätze wie in B., aber keinen Salpeter, dafür aber so viel zweifach-kohlensaures Kali, daß dadurch gerade so viel Kali in den Boden kam, als der Salpeter in B. hineinbrachte. Diese Versuche haben Folgendes ergeben:

1) Der phosphorsaure Kalk, die Salze der Alkalien und alkalischen Erden, die zur Constitution der Pflanzen absolut nothwendig sind, wirken als Zusätze zu dem Boden gar nicht auf die Vegetation der Pflanze, wenn nicht zu gleicher Zeit eine Substanz im Boden vorhanden ist, die der Pflanze assimilirbaren Stickstoff liefert.

2) Die stickstoffhaltigen assimilirbaren Materien der Atmosphäre treten in viel zu geringer Menge in den Kreislauf der Vegetation mit ein, als daß sie eine schnelle und kräftige Vegetation bedingen könnten.

3) Der Salpeter, wenn er mit phosphorsaurem Kalke und kieselsaurem Kali zugleich angewandt wird, wirkt wie ein vollkommener Dünger. Die Helianthus, die damit gedüngt waren, gediehen eben so gut wie die in einem mit gutem Stallbünger gedüngten Garten erbauten.

Als bemerkenswerth hebt der Verfasser am Schlusse noch hervor, daß Pflanzen, deren Wurzeln in ausgeglühtem Sande wachsen, der statt organischer faulender Ueberreste ganz reine Mineralsalze von bestimmter chemischer Zusammensetzung enthält, wie Salpeter, basisch-phosphorsauren Kalk und Alkalisilicate, doch fortwachsen, ihre organische Substanz vermehren, indem sie die Kohlensäure zersetzen und die Elemente des Wassers aufnehmen, und damit, indem sie den Stickstoff des Salpeters in andere Verbindungen überführen, Albumin, Casein 2c., d. h. die stickstoffhaltigen näheren Bestandtheile der Milch, des Fleisches 2c. erzeugen. Deßhalb ist wahrscheinlich die Gleichartigkeit der Wirkung der Mineralsalze und der des Stallbüngers viel größer als man glaubt. So, meint der Verfasser, gerathe der Dünger durch die Fäulniß und Veränderung, die er an der Luft erleidet, im Grunde bloß in einen solchen Zustand, daß er als ein Material anzusehen sey, welches alle den Pflanzen nothwendigen Alkalien, alkalischen Erden und mit diesen zugleich in Form von Ammoniak und Salpeter assimilirbaren Stickstoff zuführe.

In der Einleitung zu dieser Abhandlung schildert der Verf. noch das Verhalten einiger Pflanzen nach Erfahrungen, die er früher gemacht und mit Vorstehendem nicht gerade in unmittelbarem Zusammenhange stehen.

Es gibt nämlich Pflanzen, die von der Gegenwart assimilirbaren Stickstoffes im Boden so abhängig sind, daß man ihre Zunahmen an Gewicht als Maaßstab für das im Boden ihr gebotene Düngerquantum annehmen kann. Es sind Pflanzen, deren Eiweißgehalt im Samen fast unwägbar ist, wie Mimulus speciosus, Tabacumarten 2c. Diese Samen entwickeln sich in sterilem Boden bis zu den Primordialblättern und verharren in diesem embryonären Zustande, bis sie Dünger erhalten, der erst das stickstoffhaltige Gewebe erzeugt, ohne das sie keine Function der Vegetation verrichten können. Solche Art der Keimung beobachtete der Verf. 1854 zuerst bei Samen, deren Gewicht $\frac{1}{17} - \frac{1}{6^2}$ Milligrm. beträgt, wie die von Calandrina umbellata und Campanula baldensis.

Außerdem beobachtete der Verf., daß Samen von 2—3 Milligrm. Gewicht, wie die Kresse rc., in absolut sterilem Boden Pflanzen erzeugen, bei denen alle Organe sich ausbilden, deren Gewicht aber nach Monaten, wenn sie an freier Luft, und noch entschiedener, wenn sie in einer begränzten Atmosphäre vegetiren, nicht viel mehr beträgt als das des Samens. Die Pflanzen bleiben ganz zart, ihr Same hat offenbar gerade so viel Stickstoff, daß bei Ausschluß von eigentlichem Dünger (fumier) eine zwar vollständige Pflanze erzeugt wird, die aber in allen Dimensionen verjüngt erscheint, sie kann wachsen, blühen und Samen tragen, der nichts weiter als einen fruchtbaren Boden bedarf, um wieder eine gute normale Pflanze zu erzeugen. Solche Pflanzen nennt der Verf. begränzte Pflanzen (plante limite).

Miscellen.

Ueber Gußstahl-Achsen.

In Berlin wurden bekanntlich Ende Februars 1850 vor einer Commission deutscher Techniker Versuche mit verschiedenen Eisenbahn-Wagenachsen angestellt. Der Zweck jener Versuche — so sagt die betreffende Verhandlung, ddo. Berlin. 3. April 1850 — war zunächst, „das Verhalten der verschiedenen Achsen aus Gußstahl, solcher aus Eisen in Verbindung mit einer concentrischen Stahleinlage (sogenannten Daelen'schen Achsen) und ganz eiserne Achsen in Bezug auf den Widerstand kennen zu lernen, welchen sie sowohl der Verdrehung, als plötzlichen winkelrecht gegen sie gerichteten Stößen entgegenzusetzen vermögen, und hiebei auch die Gränzen der vollkommenen Elasticität der Achsen zu ermitteln, endlich noch die Festigkeit ihrer Schenkel zu erproben." — Die Resultate entschieden sich für die Gußstahl-Achsen in jeder Hinsicht günstig.

Was die Fallproben betrifft, so ergab das beste Resultat von den schmiedeisernen eine Bündelachse aus Birmingham Versuch VIII, welche unter einem Fallgewicht von 1403 Pfd. zwölf Schläge aus $6\frac{1}{4}$ Fuß Höhe, und vier Schläge aus $12\frac{1}{2}$ Fuß Höhe aushielt, beim folgenden dreizehnten Schlage aus $18\frac{3}{4}$ Fuß Höhe zerbrach.

Eine ungehärtete Gußstahl-Achse aus der Krupp'schen Fabrik in Essen widerstand dagegen, Versuch IV, unter gleichem Fallgewicht zwanzig Schlägen aus $6\frac{1}{4}$ bis 25 Fuß Höhe und zerbrach erst beim einundzwanzigsten Schlage und zwar aus 26 Fuß Höhe.

Die möglichste Sicherheit und Haltbarkeit der Wagenachsen ist natürlich für das Eisenbahnwesen von der höchsten Wichtigkeit. Nach den verschiedenen Untersuchungen und Erfahrungen unterliegt es wohl keinem Zweifel, daß Gußstahl-Achsen die bessere

Garantie bieten, weßhalb ihre Anwendung für Eisenbahnwagen vorzugsweise zu empfehlen seyn dürfte.

Es ist sehr erfreulich aus weiteren Versuchen, welche in der Gußstahlfabrik des Bochumer Vereins für Bergbau und Gußstahlfabrication zu Bochum in Westphalen stattgefunden, die fortschreitende Verbesserung dieses wichtigen Fabricationszweiges und eine erhöhte Garantie der Sicherheit zu entnehmen.

Diese Versuche wurden ebenfalls zur Ermittelung des Widerstands angestellt, welchen die Achsen gegen plötzliche, winkelrecht gegen sie gerichtete Stöße leisten, sowie zur Beurtheilung des Materials und der Bruchfläche nach erfolgtem Bruche. Es wurden bei diesen Fallproben das gleiche Fallgewicht, und zuerst die gleichen, dann größere Fallhöhen angewandt, wie von der technischen Commission zu Berlin. Die Achsen wurden unmittelbar auf gußeiserne, mit 3 Fuß Auseinanderstellung feststehende Unterlager aufgelegt. Die Achsen, nicht gehärtet, waren im mittleren Theile sauber ausgeschmiedet, Nebentheil und Schenkel (theilweise) noch nicht gedreht.

Zur Untersuchung wurden Achsen von drei verschiedenen Sorten Gußstahl, Nr. 4, Nr. 1 und Nr. ½ verwandt, und zwar Nr. 4 als die härteste, Nr. 1 etwas mildere, Nr. ½ noch mildere Sorte bezeichnet. Die Verjüngung der Achsen zur Mitte hin wurde beim Messen nicht beachtet; die direct gemessenen, in der Colonne „Durchbiegung" angegebenen Zahlen sind mithin um so viel zu groß, als dem Unterschiede der Halbmesser an den beiden betreffenden Stellen entspricht.

Der erste Versuch im Auftrag der Direction der Köln-Mindener Eisenbahn-Gesellschaft fand statt im Beiseyn der HHrn. Leopold, königl. Baurath und Betriebs-Director, J. Weidtmann, Obermaschinenmeister, und Neesen, Vorsteher der Wagen-Verwaltung der Köln-Mindener Eisenbahn, welche Herren das bezügliche Protokoll unterzeichneten.

Das Resultat der Probe III mit einer Achse aus schweißbarem Gußstahl Nr. ½ bezeichnet, war folgendes:

Dicke der Achsen in der Mitte 3″ 10‴.
Dicke auf 1½′ von der Mitte 4″ 3‴.
Gewicht des Fallklotzes 1403 Pfund.

Nummer des Schlags.	Entfernung der Unterlager.	Fallhöhe des Klotzes.	An der geschlagenen Stelle				Bemerkungen.
			bleibende Durchbiegung.		elastische Durchbieg.		
			Zoll.	Linien.	Zoll.	Lin.	
1	3	3	—	7	—	2	
2	3	3	—	11	—	—	Zum dritten Schlage umgekehrt.
3	3	6¼	—	7⅔	—	—	In entgegenges. Richt. durchgebogen.
4	3	6¼	1	5	—	—	Weiter durchgebogen. Zum 5ten Schlage umgekehrt.
5	3	6¼	—	3	—	—	In entgegenges. Richt. durchgebogen.
6	3	6¼	1	½	—	—	Weiter durchgebogen.
7	3	6¼	1	8½	—	—	Weiter durchgebogen. Zum 8ten Schlage umgekehrt.
	3	12½	—	10½	—	—	In entgegengesetzter Richtung durchgebogen.

Nummer des Schlags.	Entfernung der Unterlager.	Fallhöhe des Klotzes.	An der geschlagenen Stelle				Bemerkungen.
			bleibende Durchbiegung.		elastische Durchbieg.		
			Zoll.	Linien.	Zoll.	Lin.	
9	3	12½	2	5	—	—	Weiter durchgebogen. Zum 10ten Schlage umgekehrt.
10	3	18¾	1	1½	—	—	In entgegengef. Richt. durchgebogen. Zum 11ten Schlage umgekehrt.
11	3	25	3	1⅓	—	—	In entgegengef. Richt. durchgebogen. Zum 12ten Schlage umgekehrt.
12	3	25	1	4	—	—	In entgegengef. Richt. durchgebogen. Zum 13ten Schlage umgekehrt.
13	3	26	3	1⅓	—	—	In entgegengef. Richt. durchgebogen. Zum 14ten Schlage umgekehrt.
14	3	26	1	5	—	—	In entgegengef. Richt. durchgebogen. Zum 15ten Schlage umgekehrt.
15	3	30	8	6⅔	—	—	In entgegengef. Richt. durchgebogen. Zum 16ten Schlage umgekehrt.
16	3	36	2	2⅓	—	—	In entgegengef. Richt. durchgebogen. Zum 17ten Schlage umgekehrt.
17	3	36	3	6⅔	—	—	In entgegengef. Richt. durchgebogen. Zum 18ten Schlage umgekehrt.
18	3	36	2	3⅔	—	—	In entgegengef. Richt. durchgebogen. Zum 19ten Schlage umgekehrt.
19	3	36	3	7⅓	—	—	In entgegengef. Richt. durchgebogen. Zum 20ten Schlage umgekehrt.
20	3	36	—	—	—	—	Bruch. Bruchfläche, fehlerfreies Material, sehr rein bei mittelfeinem Korn.

Bei einem andern Versuche wurde aus einer für die k. k. privilegirte Staats-eisenbahn-Gesellschaft in Wien bestimmten Sendung Gußstahl-Achsen ein Stück ausgewählt, welches kleinere äußere Mängel zeigte, und deßhalb zur Versendung nicht zugelassen wurde.

Es waren dabei, außer den Oberbeamten des Bochumer Vereins, der Ober-maschinenmeister der k. preuß. Ostbahn, Hr. Rohrbeck aus Bromberg und Hr. Bau-inspector Schelle hierselbst anwesend, welche Herren das Protokoll mitunterzeichneten.

Dicke der Achse in der Mitte 3″ 9½‴·
Dicke auf 1½′ von der Mitte 4″ 4½‴.
Gewicht des Fallklotzes 1403 Pfund.

Nummer des Schlags.	Entfernung der Unterlager.	Fallhöhe des Klotzes.	An der geschlagenen Stelle				Bemerkungen.
			bleibende Durchbiegung.		elastische Durchbieg.		
			Zoll.	Linien.	Zoll.	Lin.	
1	3	3	—	2½	—	2½	
2	3	6¼	—	6½	—	—,	Weiter durchgebogen. Zum 3ten Schlage umgekehrt.
3	3	6¼	—	4½	—	—	Gerade gerichtet.
4	3	12½	1	3½	—	—	In entgegenges. Richt. durchgebogen. Zum 5ten Schlage umgekehrt.
5	3	12½	—	7½	—	—	In entgegenges. Richt. durchgebogen. Zum 6ten Schlage umgekehrt.
6	3	25	2	6½	—	—	In entgegenges. Richt. durchgebogen. Zum 7ten Schlage umgekehrt.
7	3	25	—	11½	—	—	In entgegenges. Richt. durchgebogen. Zum 8ten Schlage umgekehrt.
8	3	36	3	7½	—	—	In entgegenges. Richt. durchgebogen. Zum 9ten Schlage umgekehrt.
9	3	36	1	3½	—	—	In entgegenges. Richt. durchgebogen. Zum 10ten Schlage umgekehrt.
10	3	36	3	5/2	—	—	In entgegenges. Richt. durchgebogen. Zum 11ten Schlage umgekehrt.
11	3	36	1	3½	—	—	In entgegenges. Richt. durchgebogen. Zum 12ten Schlage umgekehrt.
12	3	36	3	4½	—	—	In entgegenges. Richt. durchgebogen. Zum 13ten Schlage umgekehrt.
13	3	36	—	—	—	—	Bruch. Bruch gleichmäßig, Bruchfl, fehlerfreies Material, mittelfeines Korn.

Chemische und chemisch-technische Untersuchung der Steinkohlen Sachsens; von Prof. W. Stein.

Von der unter vorstehendem Titel erschienenen Schrift (Leipzig 1857, 98 Seiten in gr. 4.) geben wir hier einen gedrängten Auszug der Hauptresultate, da ihr Inhalt ein treffliches Seitenstück zu der Untersuchung preußischer Steinkohlen von Brix [17] bildet. Während indessen der letztere nur die Heizkraft der Kohlen auszumitteln beabsichtigte, erstrecken Stein's Untersuchungen sich auch auf die chemische Zusammensetzung und auf das Verhalten bei der Destillation (Koks- und Gasausbeute), wodurch sie ein um so umfassenderes Interesse in Anspruch nehmen.

1. Chemische Zusammensetzung. — Zur Bestimmung des Wassergehalts wurden die bereits vollkommen lufttrockenen (d. h. längere Zeit an trockenem Orte aufbewahrten) Kohlen so lange in warmer Luft von 100 bis 105° C. gelassen, bis bei zwei auf einander folgenden Wägungen keine Gewichtsabnahme mehr zu bemer-

---

[17] Polytechn. Journal, 1854, Bd. CXXXI S. 64

ken war. Die Ermittelung des Kohlenstoff= und Wasserstoffgehalts, so wie der Aschenmenge, geschah durch Verbrennung der Proben auf einem Porzellanschiffchen im Sauerstoffgasstrome; die Bestimmung des Stickstoffs durch Glühen der Kohle mit Natronkalk und Auffangung des entwickelten Ammoniaks in Schwefelsäure. Zur Bestimmung des Schwefels wurden die Proben mit chlorsaurem Kali und Salzsäure bis zur vollständigen Oxydation gekocht, worauf man die saure Flüssigkeit abdampfte, durch Chlorbarium fällte und den Niederschlag auf bekannte Weise weiter behandelte. Neben der so in Erfahrung gebrachten Gesammtmenge des Schwefels wurde noch der in der Asche verbleibende Theil desselben ausgemittelt, und dieser von der Gesammtmenge abgezogen ergab die Menge des „schädlichen" Schwefels, d. h. des= jenigen, welcher beim Verbrennen der Kohle mit verbrennt und zerstörend auf die geheizten Kessel 2c. einwirkt.

Bei der Ausführung der Analysen ging die Absicht dahin, nicht nur im Allge= meinen die Elementarzusammensetzung jeder Kohlenart zu bestimmen, sondern auch zu ermitteln: 1) ob und in welchem Grade die Aschenmengen, 2) ob und in welchem Grade die Zusammensetzung der aschenfreien Kohlensubstanz, selbst bei einer und derselben Kohle variiren könne, und endlich 3) durch möglichst genaue Ermittelung der durchschnittlichen Zusammensetzung dieser letztern den Praktikern die Möglichkeit zu gewähren, durch eine bloße Aschenbestimmung die Elementarzusam= mensetzung einer von ihnen benutzten Kohle zu berechnen. Aus diesem Grunde sind die Kohlenproben in doppelter Weise für die Untersuchung vorbereitet worden. Zuerst wurden aus der ganzen zu Gebote stehenden Menge verschiedene Stücke ausgesucht, welche dem äußern Ansehen nach die mittlere Beschaffenheit der Kohlensorte darstellten und dem Gewichte nach etwa ein Viertel der ganzen Probe betrugen. Diese Stücke wurden mit dem Hammer sorgfältig so zerkleinert, daß ein Verstäuben nicht stattfinden konnte und daß Stückchen von der Größe eines Pfeffer= korns und darunter entstanden. Hiervon wurden nun mehrere Analysen, bis zu acht an der Zahl, ausgeführt um die vorkommenden Verschiedenheiten in der Zusam= mensetzung kennen zu lernen, welche in der That auch öfters sehr bedeutend waren. Hierauf wurde — mit Ausnahme einiger Probestücke — der ganze Kohlenvorrath, die eben genannten Proben mit eingeschlossen, mit destillirtem Wasser befeuchtet in einem Mörser gepulvert, das Pulver durch ein Sieb geschlagen, noch feucht innig gemengt, und eine Probe zur Analyse davon abgenommen. Da im letzten Falle die Kohlenmenge stets $1/5$ bis $1/4$ Centner betrug, so kann man wohl annehmen, daß das Resultat der Analyse die wirkliche durchschnittliche Zusammensetzung der Kohle darstellt.

Bezüglich der Aschen ist noch zu erwähnen, daß bei der Elementaranalyse nur ihre Menge festgestellt wurde. Durch Einäscherung unter der Muffel sind andere Proben in größeren Quantitäten dargestellt worden, um 1) den Schwefelgehalt der= selben (s. oben), 2) die Menge der in Wasser löslichen und in Wasser unlöslichen Bestandtheile, so wie deren Qualität, endlich 3) den Grad ihrer Schmelzbarkeit vor dem Löthrohre zu bestimmen. Diese letzte Beobachtung sollte dem Praktiker Andeu= tungen über das Verhalten der Asche auf dem Roste geben. Die Bestandtheile der Asche waren im Allgemeinen bei allen Kohlen dieselben, nämlich Kieselerde, Thon= erde, Eisenoxyd (und gewöhnlich etwas Schwefeleisen), Gyps, geringe Mengen von Bittererde und Kochsalz. Der Gypsgehalt ist immer ziemlich bedeutend und beträgt oft die Hälfte bis drei Viertel des Gewichts.

2. Verhalten der Kohlen beim Vergasen, und Kohksmenge. — Um über diese Punkte Aufschluß zu erhalten, wurden in dem Versuchofen der Dres= dener städtischen Gasanstalt Destillationen vorgenommen. Die zu jedem Versuche verwendete Kohlenmenge betrug 20 Pfund, und jeder Versuch wurde doppelt — in zwei neben einander liegenden Retorten desselben Ofens — angestellt. Zur Schätzung der Leuchtkraft der gewonnenen Gase wurde deren specifisches Gewicht ermittelt, und zwar durch Beobachtung der Ausströmungsgeschwindigkeit. Man ließ nämlich in allen Versuchen bei gleichen Temperatur und gleichem Drucke jedesmal ein gleich großes Volumen von Luft und von dem zu untersuchenden Gase — deren Feuchtigkeitszustand durch längere Berührung mit dem Sperrwasser derselbe war — aus einem zu diesem Zwecke eingerichteten Gasometer ausströmen, und berechnete dann aus dem Quadrate der Ausströmungszeiten das betreffende specifische Gewicht.

Die Bestimmung von Menge und Qualität der Koks ist theils mit den Gas=
versuchen zusammen, theils durch besondere Versuche im Kleinen (in einem bedeckten
Porzellantiegel) ausgeführt worden. Die auf letzterem Wege gewonnenen Resultate
über die Koksmenge können nur dienen, das Verhältniß der verschiedenen Kohlen
unter einander festzustellen, nicht aber die im Großen zu erwartende Menge anzu=
zeigen.

3   Der Heizeffect der Kohlen wurde theoretisch aus ihrer chemischen
Elementarzusammensetzung berechnet, hiervon aber zwei Drittel als derjenige
praktische Heizeffect angesehen, welchen man bei der Anwendung in gewöhn=
lichen guten Feuerungsanlagen nutzbar machen kann. Zum Ausdruck für die Heiz=
kraft in diesem Sinne ist angegeben, wie viel Pfund Wasser von 0° durch 1 Pfund
Kohle in Dampf von 80° R. verwandelt werden.

Bevor wir dazu schreiten, die wichtigsten Resultate aus der ungemein müh=
samen und zeitraubenden, dabei höchst gründlich erledigten Arbeit des Hrn. Prof.
Stein tabellarisch zusammenzustellen, wird es erforderlich seyn gedrängte Notizen
über die Fundorte und die äußere Beschaffenheit der untersuchten Kohlen mitzu=
theilen:

**A.   Kohlen der Hainichen=Ebersdorfer Formation, oder sächsische
Kulmkohle.**

Nr. 1.   Kohle von Berthelsdorf aus dem niedern Windmühlenschachte. Ein
unreiner, weicher, schwarzer Schiefer, hier und da mit wenig Rußkohle gemengt.

Nr. 6.   Kohle von Ebersdorf aus dem Maschinenschachte. Mehr ein von
Kohlensubstanz durchdrungener Thonschiefer, als wirkliche Kohle.

B.   Kohlen von Zwickau und Niederwürschnitz.

1.   Von Oberhohndorf und Bockwa.

Nr. 25.   Kohle aus dem 3½elligen Pechkohlenflöze, Helbig's u. Comp.
Schacht. Eine schöne, aus theils lebhaft glänzenden, theils matten Schichten be=
stehende schiefrige Pechkohle.

Nr. 26.   Kohle aus dem 2elligen Pechkohlenflöze, Helbig's und Comp.
Schacht. Eine der vorigen ähnliche Pechkohle mit wenig Rußkohle.

Nr. 23.   Kohle aus dem Scherbenkohlflöz, von August Käftner's Grund=
schacht. Fettglänzende vollkommene Pechkohle von sehr gleichartiger Beschaffenheit.

Nr. 24.   Kohle aus dem Lehkohlflöz, von Ehrler's Schacht zu Vereinigt
Feld. Fettglänzende schiefrige Pechkohle mit wenig Rußkohle.

Nr. 22.   Kohle aus dem Zachkohlenflöz von Heinrich Ehrler's Schacht.
Sehr schiefrige, aus glänzenden und matten Schichten bestehende Pechkohle.

Nr. 28.   Schichtenkohle. Eine schiefrige, fettglänzende, leicht zerbröckelnde
Pechkohle von veränderlicher Zusammensetzung.

Nr. 21.   Steinkohle aus dem Rußkohlenflöze, aus dem Schachte von Christoph
Günther's Erben in Bockwa. Sehr schiefrige Pechkohle mit sehr viel Rußkohle.

Nr. 27.   Kohle aus den Dreckschichten, vom Jungen Wolfgangsschachte.
Schiefrige, aus glänzenden und matten Schichten bestehende Pechkohle mit wenig
Rußkohle, von etwas veränderlicher Zusammensetzung

2.   Von Planitz

Nr 38.   Schichtenkohle aus dem Planitzer Werke. Schiefrige, aus glän=
zenden und matten Schichten bestehende Pechkohle mit Rußkohle.

Nr. 43.   Kohle aus der obern Abtheilung des tiefern Planitzer Flözes
vom Planitzer Werke. Schiefrige Pechkohle mit wenig Rußkohle, von ziemlich gleich=
förmiger Zusammensetzung.

Nr. 41.   Kohle aus der tiefern Abtheilung des tiefern Planitzer Flözes
von der östlichen Seite. Kleinmuschelige schiefrige Pechkohle mit wenig Rußkohle.

Nr. 42. Kohle vom Neufundflötz (welches noch nicht abgebaut wird). Eine ganz schiefrige Pechkohle, welche aus gänzlich matten und dünnen glänzenden Schichten nebst wenig Rußkohle besteht.

Nr. 39. Kohle vom Rußkohlenflötz. Schiefrige Pechkohle mit Rußkohle, von ziemlich gleichförmiger Zusammensetzung.

Nr. 40. Gewaschene Kohle vom Planitzer Werke, welche zu etwa $9/_{10}$ aus Kohle der obern Abtheilung des tiefern Planitzer Flötzes und zu $1/_{10}$ aus den übrigen Pechkohlen, zum Theil auch Rußkohlen, besteht.

3. Von Zwickau.

Nr. 15. Kohle vom Ludwigflötze oder dem obern Flötze, aus dem Segen-Gottes-Schachte des erzgebirgischen Steinkohlen-Actienvereins. Eine sehr schöne vollkommene Pechkohle.

Nr. 14. Kohle aus dem Segen-Gottes-Flötz oder dem tiefern Flötze des Segen-Gottes-Schachtes. Schiefrige, lebhaft glänzende Pechkohle mit Rußkohle.

Nr. 72. Kohle aus dem obern Flötze des Segen-Gottes-Schachtes. Eine sehr reine kleinmuschelige Pechkohle mit sehr wenig Rußkohle.

Nr. 17. Gewaschene Kohle aus dem Ludwigflötze des Segen-Gottes-Schachtes. (Soll durch Waschen 10 bis 15 Proc. Abgang haben.)

Nr. 16. Kohle aus dem obern Flötze des Hoffnung-Schachtes. Schiefrige Pechkohle mit matten und glänzenden Schichten.

Nr. 18. Kohle aus dem tiefen Pechkohlenflötze des Hoffnung-Schachtes. Eine schiefrige Pechkohle, aus matten und glänzenden Schichten bestehend, mit wenig Rußkohle.

Nr. 20. Kohle aus dem Rußkohlenflötze des Hoffnung-Schachtes. Pechkohle, geschichtet mit Rußkohle.

Nr. 19. Waschkohle aus dem Hoffnung-Schachte.

Nr. 29. Kohle von dem obern Flötze des Bürgergewerkschaft-Schachtes. Eine schiefrige, lebhaft glänzende Pechkohle mit wenig Rußkohle.

Nr. 30. Kohle vom niedern Flötze des Bürgergewerkschaft-Schachtes. Eine ziemlich vollkommene Pechkohle mit wenig Rußkohle.

Nr. 35. Rußkohle aus dem Vereinsglück-Schachte. Schiefrige Pechkohle mit Rußkohle.

Nr. 34. Kohle vom tiefen Flötze des Vereinsglück-Schachtes. Schiefrige, lebhaft glänzende Pechkohle mit Rußkohle.

Nr. 37. Waschkohle des tiefen Flötzes des Schachtes Vereinsglück.

Nr. 36. Schichtenkohle vom Aurora-Schachte. Eine schiefrige Pechkohle.

Nr. 45. Kohle aus dem 10 Lachter unter dem zweiten Flötz des Vereinsglück-Schachtes erteuften Flötze. Eine stark glänzende schiefrige Pechkohle.

4. Von Niederwürschnitz und Lugau.

Nr. 31. Pechkohle vom Albrecht-Schachte zu Niederwürschnitz. Schiefrige Pechkohle mit wenig Rußkohle.

Nr. 82. Reinste Pechkohle aus der untern Abtheilung des C-Flötzes, östlich vom Albrecht-Schachte, westlich von der Tagesstrecke. Ein besonders ausgesuchtes, nur 8 Loth schweres Probestück.

Nr. 32. Rußkohle vom Albrecht-Schachte. Ein Gemenge aus Rußkohle und Pechkohle, sehr leicht zerbröckelnd.

Nr. 81. Kohle vom B-Flötze des Höselschachtes. Eine Pechkohle mit Rußkohle, so vollkommen schiefrig, daß sie ganz das Ansehen eines Kohlenschiefers hat.

Nr. 73. Kohle aus dem C-Flötze des Höselschachtes. Wenig glänzende, sehr schiefrige Pechkohle mit Rußkohle.

Nr. 80. Kohle vom nördlichen fallenden Stoße des A-Flötzes in Gühne's Maschinenschacht. Schiefrige, leicht zerbröckelnde Rußkohle mit wenig Pechkohle.

Nr. 74. Kohle vom zweiten Flötze des Gühne'schen Werkes. Eine stark zerklüftete, vollkommen schieferähnliche Pechkohle mit viel Rußkohle.

Nr. 76. Kohle vom dritten Flötze im Meinertschachte. Eine ganz schieferähnliche zerklüftete Pechkohle mit Rußkohle, der vorhergehenden sehr ähnlich.

Nr. 78. Kohle vom tiefen Flöze des Nachelschachtes. Der vorhergehenden ähnlich.

Nr. 79. Kohle von dem jüngst erteuften Flöze (wahrscheinlich dem B = Flöze) im Karlschachte. Den beiden vorhergehenden ähnlich.

C. Kohlen von Flöha und Gückelsberg.

Nr. 70. Kohle von Gückelsberg, von C. G. Morgenstern. Ein schwarzer, stark glänzender, weicher Schiefer.

Nr. 5. Kohle vom Struthwalde bei Flöha, aus Thieme's Werk. Ein grauer harter Schiefer.

Nr. 2. Kohle vom obern Flöz aus dem Sandsteinbruche von C. Anke. Ein harter grauer Schiefer.

Nr. 3. Kohle von beiden Flözen zusammen, wie sie gleichzeitig abgebaut und verkauft werden.

Nr. 4. Kohle aus dem Flöze im untern Kohlensandstein des Forstbachgrabens von J. G. Eichler. Ein grauer harter Schiefer.

D. Kohlen der Plauen'schen Formation.

1. Von Hänichen

Nr. 7. Weicher Schiefer mit wenig Rußkohle, aus welchem durch Klopfen und Sortiren die Gas = und Schmiedekohle gewonnen wird.

Nr. 8. Mittelkohle, ein Gemenge von weichem Schiefer und harter Kalkkohle.

Nr. 9. Waschkohle zur Koksbereitung.

2. Von Potschappel.

Nr. 11. Weicher Schiefer.

Nr. 13. Kalkkohle, die geringste Sorte des Werks.

Nr. 12. Gaskohle. Ein stark glänzender, der Pechkohle ähnlicher weicher Schiefer mit sehr wenig Rußkohle.

Nr. 10. Rußkohle, das gewöhnliche Material zur Stubenfeuerung; ein Gemenge von hartem und weichem Schiefer.

3. Von Gittersee.

Nr. 44. Glasschiefer aus dem Moriz = Schachte. Sehr hart, pechkohlenähnlich, mit braunem Strich.

Nr. 46. Weicher Schiefer aus dem Moriz = Schachte.

Nr. 48. Harter Schiefer aus dem Moriz = Schachte, mit etwas bräunlichem Strich.

4. Von Burgk.

Nr. 49. Weicher Schiefer vom Wilhelminen = Schachte.

Nr. 50. Grauer harter Schiefer aus demselben Schachte.

Nr. 51. Schwarzer harter Schiefer aus demselben Schachte.

Nr. 52. Waschkohle zur Koksbereitung.

Nr. 53. Weicher Schiefer vom Augustus = Schachte.

Nr. 54. Grauer harter Schiefer aus demselben Schachte.

Nr. 55. Schwarzer harter Schiefer aus demselben Schachte.

Nr. 56. Waschkohle aus demselben Schachte.

5. Von den königlichen Werken.

Nr. 57. Weicher Schiefer vom Oppelt = Schachte.

Nr. 58. Harter Schiefer aus demselben Schachte.

Nr. 59. Waschkohle aus demselben Schachte.

Nr. 60. Kohle vom dritten Flöze, dem sogenannten Fuchs Ein steinharter grauer Schiefer.

Tabelle I.

Ueber die Beschaffenheit der vorstehend namhaft gemachten Steinkohlen im völlig lufttrocknen Zustande (längere Zeit an einem trocknen Orte gelagert).

Bezeichnung und Fundorte der Kohlen.	Specifisches Gewicht.	Wasser-gehalt. Procent.	Aschen-gehalt. Procent.	Praktisch nutzbare Heizkraft: Pfund Wasser von 0° in Dampf von 800° verwandelt durch 1 Pfd. Kohle.	Äußeres Ansehen.	Kohks. Procente vom Gewicht der Kohle. Im Kleinen.	Im Großen.
A. Kulmkohle.							
Nr. 1. Berthelsdorf	1,217	3,26	27,64	5,4	gebacken	67,40	—
" 6. Ebersdorf	1,632	2,76	41,70	3,8	wie die Kohle selbst	81 85	—
B. Zwickauer Kohle.							
Nr. 25. Oberhohndorf . .	1,204	4,58	2,84	7,8	gebacken	63 55	50
" 26. " . .	1,202	5,37	1,78	7,4	gebacken	58,86	55
" 23. " . .	1,167	4,75	0,70	7,6	gebacken	48,17	—
" 24. " . .	1,234	6,20	7,40	7,0	gebacken	66,64	—
" 22. " . .	1,254	6,10	8,06	6,6	gesintert	68,61	—
" 28. " . .	1,221	6,52	16,25	6,4	gesintert	71,16	—
" 21. Bockwa . . .	1,226	6,61	6,50	7,6	gesintert	71 15	—
" 27. " . . .	1,229	6,78	7,96	6,8	gebacken	64,55	—
" 38. Planitz . . .	1,165	4,85	4,05	7,6	gebacken	64,48	—
" 43. " . . .	1,163	5,99	2,29	7,8	gesintert	61,60	—
" 41. " . . .	1,167	7,67	2,14	8,4	wie die Kohle selbst	69,90	61
" 42. " . . .	1,173	5,16	8,22	7,8	gesintert	62,90	60
" 39. " . . .	1,095	4,88	2,77	7,2	gesintert	67,09	—
" 40. " . . .	—	—	5,11	—	gebacken	60,84	—
" 15. Zwickau . . .	1,294	6,38	2,47	6,6	gebacken	67,47	55

Bezeichnung und Fundorte der Kohlen.	Specifisches Gewicht.	Wasser-gehalt. Procent.	Aschen-gehalt. Procent.	Praktisch nutzbare Heizkraft: Pfund Wasser von 0° in Dampf von 80°R. verwandelt durch 1 Pfd. Kohle.	Kohle. Aeußeres Ansehen.	Procente vom Gewicht der Kohle. Im Kleinen.	Im Großen.
Nr. 14. Zwickau	1,492	5,81	7,98	8,0	gebacken	66,50	—
" 72. "	1,192	5,60	4,07	8,0	gesintert	62,67	—
" 17. "	1,269	6,65	5,75	—	gebacken	71,45	35 (?)
" 16 "	1,255	7,26	2,96	7,2	gebacken	58,25	55
" 18. "	1,282	6,33	4,30	7,2	gesintert	64,64	—
" 20. "	1,275	5,82	3,32	6,6	gesintert	85,48	—
" 19. "	1,272	7,01	9,22	—	gebacken	80,04	—
" 29. "	1,250	5,08	11,86	6,4	gebacken	77,83	55
" 30. "	1,243	6,30	2,87	6,6	gesintert	78,05	56 2/3
" 35. "	1,217	5,19	4,67	7,4	gebacken	70,88	—
" 34. "	1,215	5,07	5,69	7,0	gebacken	58,30	—
" 37. "	—	6,43	6,22	—	gebacken	65,31	—
" 36. "	1,209	5,69	5,98	7,2	gebacken	63,40	—
" 45. "	1,248	5,91	1,48	7,2	wie die Kohle selbst	70,05	—
" 31 Niederwürschnitz	1,143	7,53	4,55	7,0	sandig	70,64	—
" 82. "	1,173	6,45	1,51	7,2	gebacken	67,00	—
" 32. "	1,205	6,44	9,36	7,6	sandig	74,07	—
" 81. "	1,218	8,11	2,22	7,8	gesintert	66,86	—
" 73. "	1,112	9,11	3,03	7,0	schwach gesintert	62,61	—
" 80. "	1,228	8,48	14,48	5,6	bröckelnd	66,80	—
" 74. "	1,252	7,15	7,74	6,4	bröckelnd	74,42	—
" 76. "	1,210	8,48	3,03	6,6	bröckelnd	63,49	—
" 78. "	1,279	12,66	7,90	5,6	kaum gesintert	66,27	—
" 79. Lugau	1,252	8,78	5,19	6,8	gebacken	54,41	—

C. Kohle von Flöha und Stückelsberg.							
Nr. 70. Stückelsberg	1,438	4,17	25,15	5,2	wie die Kohle selbst	94,27	—
„ 5. Flöha	1,492	2,18	53,29	3,5	wie die Kohle selbst	95,46	—
„ 2. „	1,772	3,72	53,92	3,2	wie die Kohle selbst	89,69	—
„ 3. „	1,719	4,15	50,11	—	wie die Kohle selbst	94,76	—
„ 4. „	2,086	3,22	55,01	3,4	wie die Kohle selbst	95,66	—
D. Kohle des Blauen'schen Grundes.							
Nr. 7. Hänichen	1,353	4,21	12,08	6,6	gesintert	71,31	60 bis 65
„ 8. „	1,376	4,08	29,52	5,9	gesintert	68 16	unb
„ 9. „	1,306	4,49	6,98	—	gesintert	70,28	75,38
„ 11. Potschapel . . .	1,340	3,38	14,03	6,0	gebacken	78,47	
„ 13. „	1,360	3,49	23,06	6,4	gesintert	78,96	75,9 bis
„ 12. „	1,310	4,40	10,62	—	gebacken	77,88	78 1
„ 10. „	1,307	3,67	15,25	—	gebacken	62,52	
„ 44. Gitterse	1,508	2,54	19 13	5,6	gesintert	69,14	60, 74,
„ 46. „	1,285	2,84	9,66	7,2	gebacken	70,80	unb
„ 48. „	1,683	2,39	35,50	4,8	unvollkom. gebacken	88,19	65 bis 70
„ 49. Burgk	1,324	3,90	12,53	6,6	gebacken	73,17	67,5 bis
„ 50. „	1,452	3,59	34,14	3,9	unvollkom. gebacken	73,38	70
„ 51. „	1,341	2,69	24,59	5,6	gesintert	71,29	
„ 52. „	—	3,88	10,86	—	gebacken	75,21	
„ 53. „	1,316	1,54	17,78	6,6	gebacken	71,92	67,5 bis
„ 54. „	1,692	2,49	36,85	4,4	wie die Kohle selbst	80,27	76,8
„ 55. „	1,392	1,03	30,60	4,8	bröckelnd	74,93	
„ 56. „	1,344	2,76	21,67	—	gebacken	64,40	
„ 57. Königl. Werke .	1,278	4,28	14 63	6,4	gesintert	63,00	55, 73,5
„ 58. „ „ . . .	1,388	4,93	23,42	5,6	wie die Kohle selbst	73,93	unb
„ 59. „ „ . . .	—	3,23	12,92	—	schwach gebacken	61,33	55 bis
„ 60. „ „ . . .	2,037	3,50	57,67	2,2	schwach gebacken	88,50	57,5

Tabelle II.

Ueber die Gasausbeute aus verschiedenen Kohlen.

	Bezeichnung der Kohlen.	Gas aus 1 Pfund Kohle. Kubikfuß.	Specifisches Gewicht des Gases.	Kohlsausbeute. Procent.
Aus dem Zwickauer Becken.	Pechkohle aus dem 2elligen Pechkohlenflöze zu Oberhohndorf	4,4	0,616	50
	Pechkohle aus dem 3elligen Flöze daselbst .	3,9	0,601	50
	Beste Gaskohle aus diesen beiden Flözen .	4,8	0.709	55
	Schichtenkohle vom Hoffnungsflöze d. Hoffnungs-Schachtes	4,8	0,549	55
	Pechkohle aus der untern Abtheilung des tiefen Planitzer Flözes	3,0	0.626	60
	Schmiedekohle aus der obern Abtheilung desselben Flözes	3,0	0.509	60
	Kohle vom Amandusflöze	4,5	0,623	55
	Kohle vom 2ten Flöze des Bürgergewerkschaft-Schachtes	4,1	0.614	56
	Kohle vom obern Flöze desselben Schachtes	·3,7	0,611	55
Aus dem Plauen'schen Becken.	Gaskohle vom Hänichener Schachte . . .	3,7	0,611	62½
	Weicher Schiefer vom Oppelt-Schachte . .	4,3	0,609	55
	Gaskohle vom Moriz-Schachte in Gittersee :	3,6	0,581	60
	„ v Reinhold-Schachte am Windberge	3,6	0,595	68¾
	Kohle vom Döhlener Kunstschachte . . .	4.0	0.598	56¼
	„ vom Augustus-Schachte in Burgk .	3,9	0 578	68¾
	„ vom Wilhelminen-Schachte . . .	3,7	0,611	67½
	„ vom Albert-Schachte . . .	3,4	0 566	61¼
	Gaskohle vom Windberg-Schachte	4,3	0,613	65

(Aus den Mittheilungen des hannoverschen Gewerbevereins, 1857 S. 152.)

Für Besitzer von Kupferhütten.

Von einem Zutrauen verdienenden, durch gediegene wissenschaftliche Arbeiten bekannten Chemiker wird uns eine neue Methode angekündigt, nach welcher geglühtem Eisenoryde ($Fe^2 O^3$) oder Antimonoryd ($Sb O^3$) beigemischtes Kupferoryd (CuO) sich vollständig und vollkommen rein abscheiden läßt, und zwar mit äußerst geringen Kosten. Die Scheidungskosten bleiben sich gleich, mag der Kupfergehalt in der Mischung sehr bedeutend oder sehr gering seyn.

Zur Gewinnung von metallischem Kupfer muß daher diese Methode, wo Kupferkiese, deren Gemische mit Schwefelkies, Buntkupfererze, oder reine Antimonfahlerze in Eisenoryd, Antimonoryd und Kupferoryd durch oxydirende Röstung umgewandelt werden können, ein neues, außerordentlich vereinfachtes, Brennmaterial und Kosten überhaupt ersparendes Verfahren gestatten, welches für England nach den Verhältnissen dieses Landes besonders vortheilhaft seyn muß.

Die Anwendbarkeit des Verfahrens wird dadurch bedingt, daß das Eisen nach dem Rösten als Oryd, und nicht in einer andern Orydationsstufe sich vorfinde.

Der Erfinder wünscht das Eigenthumsrecht auf seine Methode käuflich abzutreten. Personen, die bestimmte Anträge zu stellen wünschen, können bei der Redaction des polytechnischen Journals Erkundigung einziehen.

Der Zinkguß der Gebrüder Miroy in Paris.

Die Bronzefabrikanten Gebrüder Miroy in Paris haben der Société d'Encouragement einige Proben gegossener Gegenstände vorgelegt, die sie jetzt in großer Menge liefern. Diese Gegenstände, Nachahmungen kunstreicher Bronzen, sind von Zink, einem Metall, dessen Wohlfeilheit, verbunden mit der Leichtigkeit, die es im Vergleich zur Bronze bei der Bearbeitung bietet, es gestattet, die so gegossenen Gegenstände zur Hälfte des Preises ganz gleicher Bronzen zu liefern.

Sich nach der Größe der Stärke richtend, wenden die Genannten zwei verschiedene Verfahrungsarten beim Guß an. Für große Gegenstände bedienen sie sich wie bei den Bronzen der Sandform und verwenden dazu gehörig zubereiteten Sand. Für kleine Stücke, wie z. B. für Statuetten von 50 bis 60 Centimeter Höhe, bedienen sie sich metallener, aus auf einander passenden Stücken bestehender Formen. Gewöhnlich bereitet man solche Formen aus Bronze oder Gußeisen, und da dieselben mit der größten Vorsicht gegossen, ciselirt und vollendet werden müssen, so erfordern sie viel und schwierige Arbeit und kommen sehr theuer zu stehen. Die Gebrüder Miroy fertigen diese Formen aus Zink, die weniger kosten, lange Zeit dienen und eine, man könnte sagen, unbegränzte Menge Abgüsse zu machen gestatten, was natürlich einen großen Vortheil gegen das Gießen in Sand bietet.

Bei den meisten in Zinkformen gegossenen Stücken wenden jene Fabrikanten ein Verfahren an, das der Gießerei hohler Porzellangegenstände entnommen zu seyn scheint. Die Form, deren einzelne Stücke zusammengepaßt sind, wird wie ein Schlagbaum in die Höhe gehoben und sofort wieder umgestürzt, sobald sie mit dem geschmolzenen Zink angefüllt worden ist, damit die noch nicht erstarrten Metalltheile aus der Form wieder ablaufen können. Mit Hülfe dieses Verfahrens, das, bei der sehr kurzen Zeit, der es bedarf, um die Form vom Guß abzunehmen und wieder zusammenzusetzen, oft wiederholt werden kann, liefert man hohle, sehr dünne und billige Güsse.

Man hat nicht nöthig die Zinkform anzuwärmen. Noch neu wird sie mit Graphit ausgeschmiert. Durch den ersten Abguß, der gewöhnlich mangelhaft ausfällt, wird sie warm. Wird sie zu heiß, so wirft man sie ins Wasser, wodurch sich ein leichter Oxydüberzug darauf bildet, der für die Folge alles Ausschmieren entbehrlich macht.

Die Zusammensetzung der Gegenstände, die wegen ihrer eigenthümlichen Form nicht in einem Stück gegossen werden können, das Ausbessern der etwa im Guß vorgekommenen Fehler u. s. w., alles dieß wird mit Hülfe eines aus Zinn und Blei bestehenden Loths bewerkstelligt. Das Bronziren wird auf gewöhnliche Art dadurch vollbracht, daß die Oberflächen der Stücke einen galvanischen Ueberzug von Kupfer oder Messing erhalten. Auf diese Weise theilt man dem Zink das mannichfaltige Aussehen der ächten Bronze mit. (Deutsche Gewerbezeitung, 1857 S. 150.)

Platingeräthe von W. C. Heraeus in Hanau.

Dieser Besitzer einer Scheide-Anstalt für Platin, Palladium, Gold und Silber, liefert verarbeitetes Platin 20 Proc. billiger als es bisher in Deutschland üblich war, nämlich das Kilogramm zu 466⅔ Gulden oder das Loth Kölnisch zu 6 fl. 52 kr., außerdem bei Bestellung auf ein ganzes Kilo 3 Proc. und bei drei Kilo 5 Proc. Rabatt. Auch das Façonniren wird billigst berechnet. Tiegel z. B., welche

Wasser fassen	8	15	30 Grm.
wiegen	¹⁰/₁₆	1	2 Loth Köln.
kosten	5 fl. 42 kr.	8 fl. 16 kr.	11 fl. 30 kr.

Schalen, welche			
Waſſer faſſen	18	30	60 Grm.
wiegen	8/16	14/16	24/16 Loth Köln.
koſten	4 fl. 8 kr.	6 fl. 56 kr.	11 fl. 30 kr.

(Poggendorff's Annalen der Phyſik und Chemie, 1857 Nr. 8.)

Künſtliche Elfenbeinfurnüre.

Künſtliche Elfenbeinfurnüre (die Elfenbein = und Knochenfurnüre für eingelegte Arbeit vertretende gefärbte und ungefärbte Platten) werden fabricirt aus Geiß= und Schafknochen und aus Fahl= und Wildlederabfall.

Die Knochen werden mit Chlorkalk 10 — 14 Tage lang gebeizt, dann in reinem Waſſer ausgewaſchen und getrocknet. Iſt dieß geſchehen, ſo kommen ſowohl die Knochen als der Fahl= und Wildlederabfall in einen Keſſel und werden mit Dampf aufgelöſt, ſo daß eine flüſſige Maſſe gebildet wird. In dieſe Maſſe kommt auf 10 Pfd. ¼ Pfd. Alaun und zwar über dem Feuer, damit ſich der Alaun mit der Maſſe vereinigt; ſodann werden die ſchaumigen Theile, welche ſich oben anſetzen, abgeſchöpft, bis die Maſſe ganz hell und rein iſt. Wenn alles dieſes geſchehen, ſo werden der Maſſe, ſo lange ſie noch lauwarm iſt, die beliebigen Farben beigemiſcht, hiernach wird dieſelbe durch ein reines Leinwandtuch geſeiht und in die dazu erfor= derliche Form gegoſſen, in welcher ſie ſtehen bleibt, bis ſie gehörig erkaltet iſt, ſo daß die gegoſſene Maſſe auf einen mit Leinwand überzogenen Rahmen gelegt wer= den kann, auf welchem ſie in der Luft getrocknet wird.

Iſt nun die Maſſe ganz trocken, ſo wird ſie in reinem kälten Alaunwaſſer 8 — 10 Stunden lang gebeizt, bis ſie ihre gehörige Härte erhalten hat. Zu dieſer Beize braucht man auf 1 Pfund Furnür ½ Pfund Alaun.

Wird das Furnür aus der Beize genommen, ſo muß es mit friſchem Waſſer abgewaſchen und nochmals auf beſagtem Rahmen getrocknet werden. (Bayeriſche Gewerbezeitung.)

Die Zucker=Erzeugung und Beſteuerung im Zollverein
vom 1. April 1856 bis 30. März 1857.

I. Menge des zum Eingang verzollten Zuckers und Syrups.

	Ctr.
Brod=, Hut=, Candis= ꝛc. Zucker	1,628
Farin	1,442
Rohzucker für inländiſche Siedereien	685,218
Syrup	31,630
II. Menge der zur Zuckerbereitung verſteuerten Runkel= rüben	27,346,500
III. Der Eingangszoll zur Ziffer I betrug . . .	3,543,496 Rthlr.
IV. Rübenzuckerſteuer	5,469,300 „
Summe von III. und IV.	9,012,796 „
Hievon geht ab: Rückvergütung für ausgeführten, reſp. zur Ausfuhr niedergelegten Zucker . . .	865,562 „
Bleiben	8,147,234 „

Zu vergl. die im polytechn. Journal Bd. CXLI S. 78 enthaltene Ueberſicht über die Zuckererzeugung in früheren Jahren. (Preuß. Handelsarchiv, 1857, Nr. 33.)

Einige kosmetiſche Geheimmittel; von Ferd. Carl.

1) **Dr. Suin de Boutemart's aromatiſche Zahnpaſta** iſt nach Herrn Stein eine aus Oelſeife, Stärkemehl, Kugellack, kohlenſaurem und ſchwefelſaurem Kalk und Bimsſtein beſtehende, ſchmutzig ziegelrothe, ſtark nach Pfefferminzöl rie=

chende Paste, wovon das Päckchen von nicht ganz 2 Loth zu dem enormen Preis von 21 kr. verkauft wird.

2) Dr. Borchardt's Kräuterseife. Eine feste, bräunlicholivengrüne, 2½ Unzen wiegende Seife von angenehm aromatischem Geruche. Eine gewöhnliche, mit einem Farbstoff imprägnirte Seife, parfümirt mit Lavendel-, Bergamott-, Zimmt- und Pfeffermünzöl. Trefflich sagt hierüber Frickinger: Meines Erachtens darf das deutsche Publicum, um sich nicht länger dupiren zu lassen, sondern die Anpreisungen für das zu erkennen was sie sind, nur einerseits auf den Thatbestand hingewiesen, andererseits darauf aufmerksam gemacht werden, daß Niemand anders als Gold-berger in Berlin der Fabrikant der Dr. Borchardt'schen Kräuterseife, der sog. Dr. Koch'schen Kräuter-Bonbons und der Dr. Suin de Boutemart'schen Zahn-pasta ist. Warum Goldberger bei allen diesen Annoncen seinen Namen aus dem Spiele läßt, ist unschwer zu errathen. Die Rheumatismusketten und Ableiter, durch welche sich Goldberger bereichert hat, sind dem Publicum noch zu frisch im Gedächtniß. Würde er sich offen als Fabrikant dieser Mittel nennen, so wäre es von vornherein um deren Absatz geschehen.

3) Lilionese. Ein Schönheitsmittel. Besteht aus einer gesättigten Lösung von kohlensaurem Kali, mit etwas Zimmt- und Rosenöl versetzt. Dieses durchaus nutzlose Fabricat hat höchstens 3 Sgr. Werth, wird aber für 25 Sgr. verkauft.

4) Aurora-Pomade. Wird als ein unfehlbares Mittel geschildert, die Transpiration der Haut zu befördern, eine schöne Wangenröthe zu erzeugen, die mit der Temperatur des Körpers zu- und abschwillt. (Hört!) Kletzinsky, Chemiker in Wien, hat dieses Geheimmittel einer Untersuchung unterworfen, und als dessen Bestandtheile Veilchenwurzelpulver und Kakaobutter nachgewiesen. Das Töpfchen enthält 2 Quentchen und kostet 1 fl. Hier ist der Preis nicht mehr zu bewundern, als die Unverschämtheit, welche der Veilchenwurzel eine solche Wirkung andichten läßt. (Württembergisches Gewerbeblatt.)

Prüfungsmittel des Thrans für Rothgerbereien.

Der hohe Preis des Thrans veranlaßt häufig eine Beimischung von anderen Fettstoffen, welche nicht darunter gehören; ich glaube darum, den Rothgerbern einen Dienst zu erzeigen, wenn ich ihnen ein wenig kostendes, überall zu habendes Probe-mittel an die Hand gebe, um ächten von verfälschtem Thran unterscheiden zu können, wobei eine Täuschung gar nicht möglich ist. Man vermischt in einem Gläschen 1 Theil Thran und 2 Theile Schwefeläther; hierin löst sich der ächte Thran vollkommen ohne Rückstand, während alle übrigen darin befindlichen Fett-stoffe ungelöst zurückbleiben. A. Riecker, Apotheker in Backnang. (Württem-bergisches Gewerbeblatt, 1857, Nr. 39.)

Mäusegift.

Nach einer Mittheilung im sächsischen Amts- und Anzeigeblatt Nr. 2 d. J. hat sich das chromsaure Bleioxyd (das sogenannte Chromgelb) als Gift für Mäuse be-währt, das zwar nicht schnell, aber sicherer wirkt, als diese Thiere begierig darnach gehen. Es wurden zu den damit im chemischen Laboratorium zu Möckern angestellten Versuchen 2 Pfd. Roggenkörner mit gewöhnlichem Kleister durch Kneten mit den Händen überzogen und dann in ein aus ½ Pfund chromsaurem Bleioxyd und ¼ Pfund Weizenmehl gemengtes Pulver gebracht, bis sich die Körner ganz damit be-deckt hatten und mit einer trockenen gelben Kruste überzogen erschienen. Es wird als zweckmäßig bezeichnet, die Körner durch nochmaliges Einkneten und Einpulvern stärker zu incrustiren, auch zur Verwendung auf dem Felde, angerathen, dem Kleister etwas Leim beizusetzen, um die Kruste dadurch fester zu machen.

Die Circulation der Luft in Drainröhren; von C. E. Kielmann, Director an der Ackerbauschule zu Hansenfeld.

Wir wissen, daß die Luft jeden Raum, der nicht mit einem andern Körper, wie z. B Wasser angefüllt ist, einnimmt.' Demnach steht auch fest, daß die Drainröhren, so weit sie nicht Wasser enthalten, mit Luft angefüllt sind. Ist dieß der Fall — und es wird nur da nicht der Fall seyn, wo die Röhren gänzlich mit Wasser gefüllt sind — so circulirt die Luft in sämmtlichen Drainröhren, und zwar von einem Ende bis zum andern. Diese Einwirkung der Luft auf die Erde ist aber eine Erscheinung, die so Manches erklärt, was uns bei gedraintem Lande auffällt, so z. B. das frühe Abtrocknen und Aufthauen des gedrainten Ackers, die Wärme desselben und mehreres Andere. Wenn die Annahme, daß die Luft in die Röhren dringe, noch einem Zweifel unterliegen sollte, so möchte dieser durch meine Beobachtungen, gänzlich gehoben werden.

Vom 1. December 1852 an habe ich nämlich täglich die Temperatur des ausströmenden Drainwassers ermittelt und mit der Durchschnitts=Temperatur der Luft verglichen.

Es ergab sich daraus als unzweifelhaft, daß die Temperatur der Luft stets die Temperatur des Wassers umändert, oder mit andern Worten: die Wärme des Wassers steigt mit der Wärme der Luft und umgekehrt; nur steigt die Wärme des Wassers — eben durch die Einwirkung der Luft — 12 bis 24 Stunden später als die der Luft. Diese durch eine Menge Zahlen dargethane Erscheinung kann aber nur durch die Circulation der Luft in den Drainröhren entstehen, und diese Circulation ist daher eine unter keinen Umständen abzuläugnende Erscheinung. Zur richtigen Würdigung dieser Erfahrung füge ich noch folgende nothwendige Bemerkung bei. — Die Erde hat ihre bestimmte Wärme, die sie bei eintretendem Frost selbst da, wo dieser einwirkt, möglichst festhält. So zeigen meine Beobachtungen, daß das Wasser in der Brunnen=stube + 3, das aus den Röhren fließende + 2 und das in offenen Gräben laufende + 1 Grad Reaumur hat. Daher auch die Erscheinung, daß bei eintretendem Froste die Wärme der Erde überwiegend blieb, so daß die Temperatur des Wassers nicht unter + 2 fiel. Sobald aber die Wärme der Luft zunahm, stieg auch die des Wassers; eine ganz erklärliche Erscheinung, da die Luft stets und überall das Be=streben hat, sich ins Gleichgewicht zu setzen, und die (in den Drainröhren) über das Wasser hinstreichende Luft also auch dem Wasser die ihr selbst innewohnende Wärme (theilweise, so weit es die Kälte [oder um mit den Chemikern zu reden, der Mangel an Wärme] des Wassers zuließ) mittheilen muß. — Das Verhältniß des Wassers in der Brunnenstube (+ 3) zu dem aus den Röhren ausfließenden (+ 2) und eben so dem in offenen Gräben befindlichen (+ 1) erklärt sich darnach ganz von selbst.

Die Einwirkung der Luft auf den Acker durch unterirdische Circulation in den Drainröhren ist nach dem hier Angeführten nicht mehr zu bezweifeln, und spielt wahrscheinlich hier, namentlich im Sommer, wenn die Drains versiegen, eine be=deutendere Rolle, als wir bis jetzt anzunehmen geneigt sind. —

Hr. Director Kielmann legt hier das vorzüglichste Gewicht der Wirkung der Luftströmung in der Drainröhre auf die Erhöhung der Erdwärme. Wir glauben, daß die Luft auch durch ihre chemische Einwirkung auf den Boden große Wirkungen hervorbringe, indem sie die Zersetzung der Bodenarten, die Verwitterung und die Lösung der Nahrungsbestandtheile der Pflanzen beschleunigt. (Stamm's Wochen=schrift „die neuesten Erfindungen", 1857 Nr. 37.)

Buchdruckerei der J. G. Cotta'schen Buchhandlung in Stuttgart und Augsburg.

Polytechnisches Journal.

Achtundbreißigster Jahrgang.

Zwanzigstes Heft.

XVIII.

Dampfmaschinen = Condensator, welchen sich William Rennie zu Belfast in Irland am 10. October 1856 patentiren ließ.

Aus dem London Journal of arts, Juli 1857, S. 28.

Mit einer Abbildung auf Tab. II.

Diese Erfindung bezieht sich auf eine Methode, ein Vacuum in den Cylindern der Hoch = oder Niederdruckdampfmaschinen zu erzeugen, wobei die Anwendung der gewöhnlichen Luftpumpe wegfällt, und mithin die Kosten der Maschine bedeutend vermindert werden.

Fig. 15 stellt den Condensationsapparat in Anwendung auf eine Hochdruckmaschine von 16 Pferdekräften im Aufrisse dar. a ist der Dampf= cylinder, b die direct nach dem Deckel des Condensators c führende Röhre. Dieser Condensator ist in einer Höhe von ungefähr 35 Fuß über dem Warmwasserbehälter d angeordnet, mit welchem er durch die Ausflußröhre e in directer Verbindung steht. f ist die Injectionsröhre und g der Hahn zur Absperrung oder Regulirung der Injection. Die Länge der Röhren b und f hängt von der Lage der Maschine rücksichtlich ihrer Höhe über dem Warmwasserbehälter ab. Befindet sich z. B. der letztere in beträchtlicher Tiefe unter der Maschine, so kann auch der Condensator näher beim Cy= linder angeordnet werden, und folglich werden die Röhren b und f ver= hältnißmäßig kürzer ausfallen. Ehe man die Maschine in Gang setzt, läßt man den Dampf durch die Röhren blasen, um die Luft auszutreiben und auf diese Weise ein Vacuum herzustellen. Das Wasser des Behälters d steigt alsdann in Folge des atmosphärischen Druckes in der Röhre e bis zu einer Höhe von ungefähr 33 Fuß, d. h. bis in die Nähe des Con= densators, und bleibt in dieser Höhe so lange stehen als der letztere luft=

leer ist. Das Injectionswasser und das Condensationswasser fließt, sowie es in den Condensator tritt, sogleich in den Warmwasserbehälter d. ab. Die Schwerkraft allein ist es, welche ohne Hülfe einer Luftpumpe den Condensator leer erhält.

XIX.

Verbessertes Control-Manometer; beschrieben von Hrn. Prof. Dr. Rühlmann.

Aus den Mittheilungen des hannoverschen Gewerbevereins, 1857, S. 143.

Mit Abbildungen auf Tab. II.

Ueber Control-Manometer, und namentlich deren Anwendung, um sich mittelst derselben von der Richtigkeit der gewöhnlichen Feder-Manometer zu überzeugen, habe ich bereits früher Einiges mitgetheilt (polytechn. Journal Bd. CXLIII S. 403), als dessen Fortsetzung und beziehungsweise Vervollständigung gegenwärtiger Artikel betrachtet werden kann. Die HHrn. Buddenberg und Schäfer in Magdeburg haben es nämlich verstanden, eine Verbesserung an den von mir beschriebenen Etalon- oder Control-Manometern anzubringen, wofür ihnen Dank und Anerkennung von Seiten der Betheiligten gewiß nicht fehlen wird.

Bei der früher in Bd. CXLIII auf Tab. VI Fig. 14 abgebildeten Zusammenstellung des Control-Manometers mit dem Kessel-Manometer muß ersteres mittelst Zwingen (Fig. 19 und 20 a. a. D.) an der Flantsche angeschraubt werden, womit letzteres besonders ausgerüstet ist.

Um diese Verbindung herzustellen, sind stets mindestens zwei Personen erforderlich, eine, welche vorläufig das Control-Manometer an der rechten Stelle festhält, die andere, welche die Knaggen anschraubt und wohl auch das Verschieben der zwischengelegten Gummi-Dichtungsscheiben verhindert. Bei manchen Dampfschiffs-Manometern, besonders wenn solche unmittelbar über den Maschinen angebracht sind, ist diese Operation, wenn sie während der Fahrt erfolgt, eben so unbequem wie gefährlich, nicht zu gedenken, daß sie hier wie auch bei feststehenden Kesseln unter allen Umständen mit nicht geringem Zeitaufwande verknüpft ist.

Die Anordnung, welche zu gedachtem Zwecke von den HHrn. Buddenberg und Schäfer getroffen wurde — Fig. 21 bis 24 Tab. II abgebildet — vereinigt Zweckmäßigkeit mit Sicherheit und Schnelligkeit beim Gebrauche in überraschender Weise.

Fig. 21 zeigt die wesentlichsten Theile der fraglichen Anordnung im Durchschnitte; Fig. 22 die Zusammenstellung mit dem Control-Manometer in der Vorderansicht, jedoch mit Weglassung der (Fig. 21 punktirt angegebenen) Flantsche M zur Verbindung mit dem Kessel-Manometer; Fig. 23 die Hinteransicht und Fig. 22 den betreffenden Grundriß.

Der durchbohrte Körper B zwischen dem Halse A des Control-Manometers und dem Flantschrohre M des Kessel-Manometers, in Verbindung mit dem verschiebbaren Knaggenpaare G, G, F, F bildet den Hauptgegenstand der Verbesserung.

Wie mittelst der Knaggen G, G das Control-Manometer an der Flantsche des Rohres M zum Kessel-Manometer befestigt werden kann, erhellt ohne Weiteres aus der gleichzeitigen Betrachtung von Fig. 21 und Fig. 24, wobei nur noch nöthig seyn wird, auf den fest in die Scheibe C eingesprengten Gummiring D aufmerksam zu machen, der das Zwischenlegen einer gewöhnlichen Gummischeibe unnöthig macht. Beide Knaggen G sitzen mit ihren hintern Enden F an dem Umfange eines Cylinders E, welcher die Mutter einer durch den Flügel J umzudrehenden Schraube H bildet. Um der Schraube H allein eine Drehbewegung, jedoch keine fortschreitende Bewegung zu gestatten, ist die cylindrische Fortsetzung a der Spindel bei b in bekannter Weise mit einer halbkreisförmigen Hohlkehle versehen, in welche ein gehörig abgerundeter Stift faßt, der einer seitlich angebrachten Schraube c angehört.

Um beim Anbringen des Control-Manometers das Herabrutschen der Flantsche C an der correspondirenden Flantsche des Rohres M zu verhindern, ist oben auf C mittelst einer Schraube d eine Kappe f befestigt. Daß ferner g der Canal ist, welcher die Communication von M mit A möglich macht, sowie e eine Bleiplatte als Dichtungsmittel zwischen A und B, bedarf wohl höchstens der Erwähnung.

Sämmtliche Theile B, D, E, H.. sind für gewöhnlich unter sich und mit dem Control-Manometer A so fest vereinigt und als ein fertiges, zur beabsichtigten Prüfung bereites Ganzes in einem gut angeordneten Kästchen verpackt, daß die Controle ohne Weiteres rasch und sicher vorgenommen werden kann, sobald das zu untersuchende Kessel-Manometer nur mit einem Flantschrohre und Dreiweghahne in der Art versehen ist, wie bereits beschrieben und durch Abbildungen erläutert wurde.

XX.

Die verticale Doppelturbine des kaiserl. russ. Oberstlieutenants des Bergingenieur=Corps, Hrn. W. v. Raschkoff; beschrieben von C. R. Bornemann.

Aus dem Civilingenieur, 1857, Bd. III S. 152.

Mit Abbildungen auf Tab. II.

Nach einer an Hrn. Bergrath Weisbach gelangten brieflichen Mittheilung vom 5. Januar 1855 hat der kaiserlich russische Oberstlieutenant im Bergingenieur=Corps, Hr. W. v. Raschkoff, mehrfach zu großer Befriedigung verticale Doppelturbinen nach Jonval's (Henschel's) System gebaut, deren eigenthümliche Construction sehr beachtenswerth erscheint, so daß wir uns freuen, die Zeichnung einer seit Monat Mai 1854 auf dem Münzhofe in Catharinenburg im Gange befindlichen derartigen Doppelturbine mittheilen zu können.

Figur 8 gibt einen verticalen Durchschnitt,

Figur 9 die Seitenansicht und

Figur 10 den Grundriß

dieser Turbine, und man ersieht hieraus, daß das Wesentlichste dieser neuen Construction darin besteht, daß an einer horizontalen Welle zwei nach entgegengesetzter Seite gewendete Jonval=Turbinen sitzen, welche ein gemeinschaftliches Zuflußrohr, aber zwei besondere Abflußrohre haben.

Das Zuflußrohr A mündet in ein cylindrisches Mittelstück B, zu dessen beiden Seiten die Turbinengehäuse C und D liegen. In diesen Gehäusen befindet sich zunächst am Mittelstück der Leitschaufelapparat E und F der beiden dahinter liegenden Jonvalturbinen G und H, dann diese Turbinen selbst und endlich der Ansatz zu den vertical abwärts geführten Abflußröhren I und K, an deren unterem Ende die Schützenringe L und M angebracht sind. Das Mittelstück ruht mittelst eines gußeisernen Trägers a auf einem 6 Fuß über der Sohle des Abfluß-canals gelegten Zimmergerüste N; die Abflußröhren werden durch Winkeleisen b, b auf demselben Gerüste befestigt und hängen übrigens frei. Am unteren Ende der aus Blech gefertigten Röhren ist ein äußerlich abgedrehter gußeiserner Ring c, d angeschraubt, über welchem sich der ausgebohrte gußeiserne und mit Stopfbüchse e, f versehene Schützenring

L, M bewegt. Letzterer wird durch zwei ſchmiedeiſerne Stangen und eine auf dem Turbinengehäuſe befeſtigte Schraube g mit Schwungkurbel h gezogen, und ſteht beim Schluſſe auf einem abgedrehten gußeiſernen Ringe k am Boden des Abflußcanales auf.

Der Leitſchaufelapparat und die Turbinenräder ſind wie bei allen Jonvalturbinen eingerichtet, ſitzen aber an einer horizontalen Welle O, welche durch Stopfbüchſen l, m in den Böden der beiden Turbinengehäuſe hindurch geht und außerhalb derſelben in horizontalen Lagern ruht. Dieſe Welle nimmt auch die Vorgelegsräder auf, durch welche die Uebertragung der Kraft bewirkt wird.

Da ſowohl das Mittelſtück B, als die beiden Turbinengehäuſe mit abnehmbaren Bodenplatten verſehen ſind, ſo kann man die Turbinen ganz bequem beſuchen, die Zapfen der Welle liegen ganz frei, und eben ſo zugänglich ſind die Vorgelegsräder, wozu nur Stirnräder und keine coni‐ ſchen Räder erfordert werden. Dieß und die große Reinlichkeit der Auf‐ ſtellung, die Bequemlichkeit der Bewegungsübertragung und der dazu benöthigte, verhältnißmäßig geringe Raum ſind Vorzüge dieſer Turbinen‐ conſtruction, welche den Beifall des Praktikers finden werden.

In theoretiſcher Beziehung hat dieſe Turbine vor anderen horizon‐ talen Turbinen den Vorzug, daß bei ihr die Wirkung des Waſſers in der oberen Radhälfte genau dieſelbe iſt, wie in der unteren Radhälfte, was namentlich bei geringen Gefällen zu beachten iſt; zweitens daß das ganze Gefälle benutzt wird, und nicht die halbe Radhöhe am Gefälle ver‐ loren geht; endlich daß hierbei die Unreinlichkeit und Störung durch das am Umfange austretende Waſſer gänzlich beſeitigt iſt. Da bei der Jonval‐ turbine der Weg des Waſſers viel gerader iſt als bei der Combes'ſchen oder anderen in ähnlicher Weiſe aufgeſtellten Turbinen, und da die Lei‐ tung des Strahles eine vollkommenere iſt, ſo wird man auch einen höheren Nutzeffect erwarten können, auch werden ſie kleiner ausfallen und mehr Umgänge machen, als andere Turbinen.

Vergleicht man dieſe verticale Doppelturbine mit der einfachen Jonval‐ turbine, ſo wird es, wie ſchon erwähnt, zunächſt als ein Vorzug hervor‐ zuheben ſeyn, daß man hier liegende ſtatt der ſtehenden Zapfen bekommt, daß ſich dieſe Zapfen im Trockenen und nicht im Waſſer befinden, und daß Stirnräder ſtatt der coniſchen Vorgelege angewendet werden können; und ferner iſt in theoretiſcher Beziehung zu erwähnen, daß bei gleicher Aufſchlagswaſſermenge die Doppelturbine ungefähr 1½ mal ſo viele Um‐ gänge macht, bei gleichem Durchmeſſer und Umgangszahl aber die doppelte Aufſchlagsmenge conſumiren kann; jedoch iſt nicht zu vergeſſen, daß eine

Doppelturbine mindestens 1½ mal so viel kosten wird als eine gleichstarke einfache Jonvalturbine.

Schließlich sey noch bemerkt, daß Brémsversuche an einem Modell= rade dem Erfinder einen Nußeffect von 67 Procent ergeben haben.

———

XXI.

Ununterbrochen wirkender Dampf=Kochapparat für Papier= fabrikanten 2c. und Dampf=Waschrad, von Cranstoun, Young und Lowell in Berwickshire.

Aus dem Practical Mechanic's Journal, Juli 1857, S. 85.

Mit Abbildungen auf Tab. II.

Die gewöhnlichen Kessel oder Kufen, welche man zum Kochen von Garn, Zeugen, Hadern für die Papierfabrication 2c. verwendet, sind im Allgemeinen zweierlei Art: die einen sind oben offen, die anderen hingegen mit Deckeln versehen, welche jedoch durch Dampf-Abzugsröhren mit der Atmosphäre in Verbindung stehen. Auf letztere Classe von Kesseln ist unsere Vorrichtung anwendbar. In solchen Kesseln wirkt der Dampf auf die Art, daß er die Flüssigkeit durch ein weites Rohr hinauftreibt, von welchem aus sie sich über die Waare im Kessel ergießt, oder der Dampf zieht unter einem durchlöcherten falschen Boden ein, steigt durch denselben hinauf und durchzieht das Wasser oder die sonstige Flüssigkeit, so wie das zu behan= delnde Material, welche sich über dem falschen Boden befinden, wodurch der Inhalt des Kessels zum Kochen kommt. Alle, auf diese Weise durch den Dampf eingeführte Wärme steigt, nachdem die Flüssigkeit den Siede= punkt erreicht hat, in Form von Dampf auf die Oberfläche, mit Aus= nahme derjenigen, welche durch Ausstrahlung der Kesselwände verloren geht. Bisher ließ man den auf diese Weise durch den Inhalt des Kessels emporsteigenden Dampf durch das Dampfabzugsrohr in die Atmosphäre entweichen; nach der vorliegenden Erfindung wird aber dieser Dampf weiter benutzt.

Die Erfindung ist besonders da anwendbar, wo eine Reihe solcher Kochkessel gleichzeitig benutzt wird; es werden alsdann die Kessel durch Röhren so miteinander verbunden, daß der gewöhnlich unbenutzt entwei= chende Dampf des ersten Kessels verwendet wird, um im zweiten Kessel das Sieden hervorzubringen. Der aus dem Inhalt des zweiten Keſſels ſich entwickelnde Dampf wird dem dritten Keſſel zugeführt, um dort die Siedhitze hervorzubringen u. ſ. f. Aus dem letzten Keſſel der im Betriebe ſtehenden Reihe entweicht der Dampf nicht in die Atmoſphäre, ſondern er geht durch gewundene, von Waſſer umgebene Röhren, um ſich zu conden̄ſiren, oder er geht direct in das Waſſer, welches zur Speiſung der Keſſel verwendet wird; dadurch erlangt das Speiſewaſſer eine höhere Temperatur, was ebenfalls eine Brennmaterialerſparung veranlaßt.

Bei einer Anordnung der Erfinder gehen von einer Verbindungs= röhre, die ſich über die ganze Keſſelreihe erſtreckt, Zweigröhren ab, durch welche der Dampf in die verſchiedenen Keſſel gelangt. Mit jener Röhre ſind auch die Austrittsröhren verbunden, durch welche der Dampf die Keſſel verläßt. Jede Eintritts = und jede Ausgangsröhre iſt mit einem Hahn verſehen, und an der Verbindungsröhre iſt auch ein Hahn zwiſchen der Ein= und Ausgangszweigröhre jedes Keſſels angebracht. Eine von dem Dampfkeſſel ausgehende Dampfröhre iſt mittelſt Zweigen, die mit Hähnen verſehen ſind, mit jedem Eintritts=Zweigrohre, oder mit jedem Keſſel verbunden.

Bei dieſer Einrichtung kann entweder die ganze Reihe der Keſſel mit einander verbunden und gleichzeitig im Betriebe ſeyn, oder es können einige davon abgeſondert und außer Betriebe ſeyn. Im erſteren Falle ſind alle Hähne an der Verbindungsröhre geſchloſſen, die Hähne an den Eingangs = und Ausgangszweigröhren aber geöffnet; eben ſo ſind alle Hähne, durch welche Dampf aus dem Generator herbeiſtrömt, geſchloſſen, mit Aus= nahme eines einzigen, welcher dem erſten Keſſel Dampf zuführt. Auf dieſe Weiſe wird im erſten Keſſel Siedhitze erzeugt, und der Dampf zieht aus dieſem Keſſel durch ſeine Ausgangsröhre, dann durch einen Theil der Verbin= dungsröhre und hierauf durch die Eingangsröhre des zweiten Keſſels in letztern Keſſel. Auf gleiche Weiſe gelangt der Dampf aus dem zweiten Keſſel in den dritten u. ſ. f. durch die ganze Reihe.

Wenn man findet, daß der aus irgend einem der Keſſel ausſtrömende Dampf zu ſchwach iſt, um in dem folgenden Keſſel gehörig wirken zu können, ſo wird der mit dem Dampfkeſſel in Verbindung ſtehende Hahn jenes Keſſels etwas geöffnet, um noch friſchen Dampf zuſtrömen zu laſſen. Verſchließt man die Eingangs = und Ausgangsröhre an einem Keſſel, und öffnet den Hahn am Verbindungsrohr, zwiſchen den erwähnten Röhren, ſo wird dieſer Keſſel von den übrigen iſolirt; der aus dem vorhergehenden Keſſel entweichende Dampf wird mittelſt des Verbindungsrohrs über den iſolirten Keſſel weg zum nächſtfolgenden geführt. Eben ſo kann durch entſprechende Adjuſtirung der Hähne welche zwiſchen dem Verbindungs=

rohr und dem Dampfkeſſel communiciren, direct friſcher Dampf in irgend
einen von den Keſſeln der Reihe zugelaſſen werden.

Will man nach dieſem Princip eine Anzahl von Dampf-Waſchrädern
betreiben (in welche bekanntlich der Dampf eingeführt wird, um das
Kochen des Inhalts zu bewirken), alſo den Dampf aus einem Rade in
das andere der Reihe nach leiten, ſo müſſen die Räder mit einer ähnlichen
Anordnung von Röhren verſehen ſeyn, wie ſie vorher beſchrieben wurde.

Fig. 1 iſt ein äußerer Aufriß von vier ſolchen Kochkeſſeln, wie
ſie zum Kochen der Materialien bei der Papierfabrication
angewendet werden. Dieſe vier Keſſel gehören einer langen Reihe
ſolcher Keſſel an, von denen einer im ſenkrechten Durchſchnitt dargeſtellt iſt;

Fig. 2 iſt ein Grundriß dieſer vier Keſſel.

Fig. 3 iſt ein Seitenaufriß von einem Paar Waſchräder, welche
ebenfalls einen Theil von einer ganzen Reihe nach dieſem Princip eingerichteter Waſchräder repräſentiren;

Fig. 4 iſt ein Querdurchſchnitt von einem der Waſchräder, woraus
man die innere Einrichtung erſieht;

Fig. 5 iſt ein Grundriß der Waſchräder.

Fig. 6 iſt eine Seitenanſicht der Anordnung zum Erwärmen von
Waſſer mittelſt des überflüſſigen oder des entweichenden Dampfes, und

Fig. 7 iſt ein der Fig. 6 entſprechender Grundriß.

Die Keſſel A, Fig. 1 und 2, ſind mit einem fortlaufenden Dampf-
rohr B verſehen, mittelſt deſſen ihnen der Dampf von dem Keſſel zugeführt wird. C ſind Zweigröhren, welche das Rohr B mit den Eingangs-
röhren D verbinden. Jede Zweigröhre C iſt an ihrer Verbindung mit
der Röhre D mit einem Hahn verſehen. Die Eingangsröhre D und die
Ausgangsröhre E ſind Arme der fortlaufenden Röhre F und beiderſeits
mit Hähnen verſehen, mittelſt deren die Verbindung mit den Kochkeſſeln
hergeſtellt oder unterbrochen werden kann.

Die Eingangsröhre D wird in den Keſſel bis unter deſſen Siebboden G hinabgeführt, durch deſſen Löcher der Dampf in die im Keſſel
enthaltene Flüſſigkeit hinaufzieht. Wenn die Temperatur dieſer Flüſſigkeit
den Siedepunkt erreicht hat, ſo entwickelt ſich von deren Oberfläche Dampf,
welcher durch die Ausgangsröhre E, längs der Röhre F in die Eingangsröhre D des nächſten Keſſels hinabzieht, deſſen Flüſſigkeit er ebenfalls
erwärmt, worauf er in den dritten Keſſel der Reihe u. ſ. f. geht. Nachdem der Dampf ſeine Leiſtung im letzten Keſſel vollendet hat, gelangt er
durch das Ausgangsrohr in ein Schlangenrohr, welches in einem mit
kaltem Waſſer gefüllten Raum angebracht iſt; dieſes Waſſer wird zur
Speiſung der Keſſel verwendet.

Die Keſſel ſind ſo angeordnet, daß man, wenn es erforderlich iſt, einen oder mehrere außer Betrieb ſetzen kann, indem man die an den Eintritts = und Ausgangsröhren D, E befindlichen Hähne ſchließt. — Falls der aus einem Keſſel entweichende Dampf unzureichend iſt, um den Inhalt des folgenden Keſſels zum Kochen zu bringen, ſo hilft man ſich dadurch, daß man den Hahn über jenem Keſſel in der Zweigröhre C theil= weiſe öffnet, ſo daß ein Dampfſtrom direct aus dem Generator herbei= gelangen kann, wodurch die Temperatur der Flüſſigkeit raſch ſteigt.

Die Einrichtung des nach dem neuen Princip conſtruirten Waſch= rades wird durch die Figuren 3, 4 und 5 erläutert. Jedes Rad hat eine liegende, hohle Welle H, welche durch Stopfbüchſen, die zu beiden Seiten des Rades J angebracht ſind, geht und ſich in den Zapfenlagern I dreht. Zu beiden Seiten des Rades J iſt eine ſtarke gabelförmige Stütze K angebracht, welche ſich auf der Welle H dreht. Die eine Stütze iſt mit einem Winkelrade verbunden, welches in ein anderes greift und mittelſt Wellen und weiterer Räderwerke mit einer Dampfmaſchine oder einem ſonſtigen Motor verbunden iſt, der das Waſchrad umtreibt. Im Innern eines jeden Waſchrades ſind zwei Scheiben oder Scheider L parallel mit ſeinen Seiten angebracht, und jede iſt mit einer Anzahl von Löchern ver= ſehen, wie Fig. 4 zeigt. Dieſe Löcher beginnen an der Peripherie der Scheider L und ſind radial nach dem Mittelpunkte derſelben gerichtet. Der Dampf wird durch die Eingangsröhre M (welche die ganze Reihe der Waſchräder entlang geht, parallel deren vordern Seite) in das Innere des erſten Rades der Reihe geführt. Von dieſer Einführungsröhre M gehen die ſenkrechten Zweigröhren N ab, deren jede mit einem Hahn ver= ſehen iſt, mittelſt deſſen Dampf direct von dem Generator in eines von den Rädern eingelaſſen werden kann. Die hohle Welle H iſt mit der äußern Dampfeinführungsröhre M durch eine Flantſche verbunden, und im Innern des Rades läuft die hohle Welle in zwei Röhren O aus; dieſe Röhren gehen bis zum untern Theil des Waſchrades hinab, und zwar innerhalb des Raumes zwiſchen den Seitenwänden und den Schei= dern L. Die unteren Enden der Dampfröhren O ſind verſchloſſen, aber der Dampf entweicht durch zahlreiche Löcher in dem untern Theile dieſer Röhre. Der Dampfeinführungs=Canal in der hohlen Welle H geht nicht ganz durch dieſelbe, ſondern iſt gerade hinter der zweiten verticalen Dampf= röhre O abgeſperrt. Dadurch wird der Dampf verhindert zu dem Aus= gangsrohr zu gelangen, ehe er ſeine Wärme an den Inhalt des Waſch= rades abgegeben hat.

Der Dampf ſtrömt aus dem Generator durch die Leitröhre M in die Röhre N des erſten Waſchrades, und durch die hohle Welle H in die

Röhren O hinab, von denen aus er in das Wasser oder die sonstige
Flüssigkeit im untern Theile des Waschrades gelangt. Das Wasser in
dem Waschrade fließt durch die Löcher in den Scheidern L und kommt
auf diese Weise mit dem durch die Löcher in den Röhren O ausströmenden Dampfe in Berührung. Wenn die Temperatur der Flüssigkeit in
dem ersten Waschrade, durch die von dem Dampf mitgetheilte Wärme,
bis zum Siedepunkt gestiegen ist, so entwickelt sich Dampf von der Oberfläche der Flüssigkeit. Dieser Dampf dient zur Erwärmung der Flüssigkeit in dem zweiten Waschrade, und so fort durch die ganze Reihe dieser
Räder.

Der so gebildete Dampf steigt in den obern Theil des Rades hinauf,
strömt durch die Löcher in den Abtheilungen oder den Scheidern L, und
entweicht durch die Ausgangsröhre P, deren unteres Ende mit einem
Hahn versehen ist, um das Condensationswasser abziehen zu können. Die
Ausgangsröhre P ist aufwärts geführt und unter einem rechten Winkel
gebogen; sie geht nämlich zwischen den Waschrädern durch und über
deren obern Theil; dann ist sie wieder unter rechtem Winkel gebogen,
um sie in eine parallele Richtung mit der vordern Seite des zweiten
Waschrades zu bringen, an welchem sie niederwärts geführt ist, um in
dieses zweite Rad, bei der Verbindung der senkrechten Dampfröhre N mit
der hohlen Welle H, einzutreten. Auf diese Weise ist man im Stande
eine weitere Dampfmenge direct aus dem Generator in irgend eines von
den Waschrädern sammt dem aus dem vorhergehenden Rade einströmenden Dampfe gelangen zu lassen, indem man den Dampfhahn an den
Ausgangsröhren N, etwas öffnet. Die beschriebene Anordnung der Röhren P
ist bei allen Waschrädern angebracht und jede dieser Röhren ist auch mit
einem Hahn versehen, damit man ihre Verbindung mit irgend einem von
den Rädern nach Belieben absperren kann. Die Ausgangsröhre P von
dem letzten Rade der Reihe geht in den Kaltwasserbehälter Q, Fig. 6
und 7, oder ist mit dem Schlangenrohre R in diesem Behälter verbunden.

Bezüglich der Leistungen des hier beschriebenen Systems, können
wir als praktisches Ergebniß mittheilen, daß in den Chirnside Bridge
mills der HHrn. Y. Trotter und Sohn, wo 10 Hadern-Kochkessel
vorhanden sind, die Dampfmenge welche früher zur Erhitzung eines jeden
derselben aufgewendet wurde, jetzt für 5 dieser Kessel vollkommen hinreicht;
und wenn man in den 6ten Kessel noch eine geringe Menge frischen
Dampf einströmen läßt, so werden alle 10 Kessel gehörig erhitzt.

Das Wasser in dem oben erwähnten Behälter, welches nur durch
den Dampf vom letzten Kessel erwärmt wird, hat gewöhnlich eine Tem-

peratur von 170 bis 180⁰ F. (77 bis 82⁰ C.); dasselbe ist auch zum Speisen aller Kessel stets mehr als ausreichend. Das Abschließen eines oder mehrerer Kessel, um sie zu füllen oder zu entleeren, ist eine höchst einfache Operation. Die Ersparung an Alkali, in Folge der Einführung des neuen Processes, beläuft sich auf 35 Proc. der früher angewendeten Menge. Diese Ersparung rührt daher, daß Alkali aus einem Kessel der Reihe in den andern (mechanisch) übergeführt wird, und somit auf den Inhalt eines jeden einwirkt, während es früher aus jedem Kessel mit dem Dampf entwich. Hinsichtlich des Brennmaterialverbrauchs bei dem neuen Verfahren theilen wir die Resultate der nachstehenden vergleichenden Versuche mit:

1. Kochen nach dem alten Verfahren.

18 Tonnen 15 Ctr.: Therm. 11 Uhr Vorm. 34⁰ F., Therm. 10 Uhr Abends 32⁰ F.
18 „ 12 „ „ „ „ 31⁰ „ „ „ 28⁰
37 Tonnen 7 Ctr.

2. Kochen nach dem neuen Verfahren.

15 Tonnen 6 Ctr.: Therm. 11 Uhr Vorm. 31⁰ F., Therm. 10 Uhr Abends 28⁰F
14 „ 11 „ „ „ „ 30⁰ „ „ „ 28⁰
29 Tonnen 17 Ctr.

Der Kohlenverbrauch beim alten Verfahren war . . . . 37 Tonnen 7 Ctr.
„ „ „ neuen „ „ . . . 29 „ 17 „
Es wurden also in 48 Stunden erspart . . . . 7 Tonnen 10 Ctr.

Dieser Kohlenverbrauch ist der gesammte in der Papierfabrik zu allen Arbeiten, mit Einschluß des Lumpenkochens.

Frühere Versuche hatten ergeben, daß bei dem alten Verfahren täglich (in 24 Stunden) beiläufig 5 Tonnen Kohlen zum Lumpenkochen erforderlich waren. Da nun die ganze Differenz von 7 Tonnen 10 Ctr. beim Lumpenkochen erspart wird, so erfordert das neue Verfahren wenig mehr als ein Fünftel von den Kohlen, welche beim alten Verfahren erforderlich waren. Am ersten Tage der Versuche mit dem neuen Verfahren wurden 15 Ctr. Kohlen mehr als am zweiten Tage verbraucht, weil das Speisewasser im erwähnten Behälter beim Beginn der Versuche kalt war.

XXII.

Die amerikanische Kanone, welche von hinten geladen wird.

Aus dem Mechanics' Magazine, 1857, Nr. 1772.

Mit Abbildungen auf Tab. II.

Im Jahre 1853 erhielt der Amerikaner Eastman ein Patent für eine Erfindung, bei welcher der hintere Theil der Kanone mit Hülfe einer an ihm selbst befindlichen Schraube und einer am Lauf angebrachten Schraubenmutter an den letzteren befestigt wird. Von beiden Schrauben ist nämlich ein Theil so hinweggeschnitten, daß die Schwanzschraube in den Lauf geschoben werden kann, um sodann mittelst einer kurzen Drehung an den Lauf befestigt werden zu können. Die Erfindung besteht im Wesentlichen in einer Methode, die Schwanzschraube von dem Lauf loszuschrauben und herauszuziehen, dann so in die Höhe zu drehen, daß ihre Kammer in eine verticale, zum Laden geeignete Lage gelangt, dieselbe wieder in den Lauf zu schieben und beide fest mit einander zu vereinigen. Alle diese Bewegungen werden von dem Kanonier durch Vermittlung geeigneter Verzahnungen, Haken und Federn, durch die Bewegung eines einzigen Hebels ausgeführt.

Die Erfindung umfaßt eine sehr wichtige Anwendungsweise der Schraube, um den hinteren Theil mit dem Lauf zu verbinden. Diese besteht darin, daß die Fuge vor der Ladung angebracht wird, so daß das Schwanzstück als ein Geschütz für sich zu betrachten ist. Dadurch ist eine Schwierigkeit beseitigt, welche bei den seitherigen Geschützen, die von hinten geladen werden, empfunden wurde, nämlich die Schwierigkeit eine dichte Fuge zu erhalten. Denn die durch die Explosion erzeugten Gase können nicht eher die Fuge erreichen, als bis ihre Spannkraft sich bereits bedeutend gemindert hat. Dieses Resultat ist von großer Wichtigkeit und bildet die Grundlage aller übrigen Verbesserungen des Erfinders. Wir lassen nun die Beschreibung der von der englischen Regierung gekauften und kürzlich im Arsenal zu Woolwich ans Land gebrachten sechs gußeisernen Geschütze folgen.

Wenn man an das Ende des hinteren Theils der Kanone eine Schraube a, Fig. 16, und ins Innere des Laufes eine entsprechende Schraubenmutter b, Fig. 17, schneidet, diese Schrauben in sechs Abschnitte theilt und die Gänge der Abtheilungen abwechselnd, wie z. B. c, c' durch einen Einschnitt unterbricht, so ist klar, daß die Schwanzschraube, indem man ihr eine solche Lage gibt, daß die Abtheilung a der Schraube dem

Einschnitte c′ des Laufes gegenüber zu liegen kommt, leicht in den letzteren hineingeschoben werden kann. Gibt man nun der Schwanzschraube
⅙ Drehung, so greifen ihre Gänge in die Muttergänge des Laufes und
beide Theile werden dadurch fest und dicht an einander gedrückt. Diese
Erläuterung genügt zur Erklärung wie Schwanzschraube und Lauf mit
einander verbunden werden.

Fig. 18 stellt eines der zu Woolwich angelangten Geschütze im
Grundriß, Fig. 19 im Seitenaufrisse dar. A ist die Schwanzschraube;
B der Lauf; C ein die Schwanzschraube umgebender Kragen; D sind die
Schildzapfen. Mit dem Kragen C sind die Getriebe d, d verbunden,
welche auf den mit den Seiten des Geschützes fest verbundenen Zahn-
stangen e, e laufen. Die Schwanzschraube läßt sich innerhalb des Kragens
um einen Bogen drehen; diese Bewegung wird durch die Aufhälter s, s
eingeschränkt. In der Traube f befindet sich ein Loch g zur Aufnahme
des Endes h des in Fig. 20 abgebildeten Hebels. Die Getriebe d, d
sind mit Zapfen versehen, um sie mit Hülfe von Hebeln längs den Zahn-
stangen e, e bewegen zu können. Angenommen nun, das Geschütz sey
abgefeuert worden, so steckt der Kanonier den Hebel Fig. 20 in das
Loch g der Traube und dreht damit die Schwanzschraube A so weit,
daß die Schraubengänge außer Eingriff kommen. Hierauf setzt er die
Getriebe d, d in Bewegung und zieht dadurch die Schwanzschraube A
aus dem Lauf. Das hintere Ende der Schwanzschraube wird endlich
hinabgedrückt und dadurch das vordere Ende in die Höhe gerichtet, um
die Ladung aufnehmen zu können. Ist dieses geschehen, so nimmt man
die entgegengesetzten Operationen vor. Das Geschütz ist jetzt zum Abfeuern
bereit.

Das ganze Gewicht einer solchen Kanone beträgt 16½ Tonnen.
Die Schwanzschraube allein wiegt 5 Tonnen, kann jedoch rasch und leicht
durch vier Manu gehandhabt werden. Die Länge der Bohrung beträgt
12 Fuß, und das Kaliber von drei der obigen Geschütze 8¼ Zoll und
von drei anderen 6¼ Zoll. Das Innere jedes Laufes besitzt fünf Züge
von der nämlichen Breite wie ihre Zwischenräume. Diese Kanonen sind
aus dem besten amerikanischen mit Holzkohlen erzeugten Gußeisen angefertigt, und so construirt, daß das Kaliber mit geringen Kosten für Ver-
suchszwecke bedeutend vergrößert werden kann. Die durch ein solches
Geschütz abzufeuernde Patrone wiegt 170 Pfund. [18]

---

[18] Die bis jetzt mit diesen Geschützen vorgenommenen Proben, worüber jedoch
kein Bericht der Oeffentlichkeit übergeben wurde, fielen so günstig aus, daß der brit-
tische Kriegsminister Lord Panmure den Erfinder belohnt und ihm sein Patent
abgekauft hat.   A. d. Red.

XXIII.

Ueber die Benützung von elektrischen und Volta'schen Apparaten zum Zünden von Sprengladungen und Minenöfen; von Professor Carl Kuhn in München.

(Fortsetzung von S. 43 des vorhergehenden Heftes.)

Mit einer Abbildung auf Tab. II.

Was endlich die Anwendung des magnetoelektrischen Inductionsapparates für Zündzwecke betrifft, so möchte die complicirte Einrichtung, selbst die eines kleineren Apparates, die Benützung dieses Mittels in Frage stellen. Die Behandlung dieses Apparates ist zwar so einfach, daß man jeden Arbeiter mit derselben vertraut machen kann, aber der Beschädigungen halber, die er durch äußere Einflüsse erfahren kann, kann man derartige Apparate nur solchen Arbeitern anvertrauen, deren Zuverlässigkeit eine sorgfältige Behandlung verbürgen läßt. Außerdem ist aus früheren Erörterungen bekannt, daß die Leistungsfähigkeit der magnetoelektrischen Inductionsapparate für Zündzwecke der aller bisher genannten Zündapparate nachsteht, und hiezu wird bemerkt, daß man unter gewöhnlichen Umständen kein Mittel besitzt, um die Wirkung eines solchen Apparates zu verstärken, wenn man dieselbe nicht durch Anwendung einer Volta'schen Batterie unterstützen kann, und daß sogar die Wirkung desselben nicht bloß mit der Zeit nicht wächst, sondern sogar durch häufigen Temperaturwechsel, durch heftige Erschütterungen ꝛc. nach und nach bedeutend abnehmen kann. — Ist aber einmal eine solche Abnahme der Wirkung des magnetoelektrischen Apparates eingetreten, so lassen sich Verbesserungen an demselben nur durch einen mit derartigen Arbeiten gut vertrauten Mechaniker vornehmen.

Die Unterhaltungskosten eines derartigen Apparates können zwar nicht in Anschlag gebracht werden, jedoch ist der Preis eines solchen von der kleinern Gattung, wenn er zweckgemäß construirt seyn soll, immer noch höher, als der einer Elektrisirmaschine der größeren Gattung.

Nachdem nun die in Nr. 1 bis Nr. 3 genannten Umstände einer näheren Betrachtung unterzogen worden sind, so sollen nunmehr auch die übrigen Umstände, welche zur Erörterung der vorliegenden Fragen in Rücksicht zu kommen haben, einer näheren Untersuchung unterworfen werden.

Handelt es sich darum einen Apparat zu wählen, mit welchem man bei jeder beliebigen Entfernung des Minenherdes vom Minenofen eine

größere Anzahl von Ladungen, z. B. 8, 10, 12 ꝛc. gleichzeitig und mit
Sicherheit zünden kann, und kömmt bei der vorzunehmenden
Wahl kein anderer Umstand in Betracht, so möchte es nicht
schwer seyn, eine bestimmte Entscheidung hierüber vornehmen zu können.
Da man nämlich für bedeutend größere Entfernungen als ⅓ Stunde,
wenn mehrere Minen, z. B. 6, gleichzeitig gezündet werden sollen, eine
Volta'sche Batterie von mehr als 24 Elementen, die einen großen Raum
einnimmt [19] und nicht mehr von einem Manne getragen werden kann,
nöthig hätte, da ferner die gleichzeitige Zündung mehrerer Objecte mit=
telst des Inductionsstromes manchen Unsicherheiten unterliegt, und deßhalb
bei der Benützung des Inductionsapparates eine Vorrichtung in die Leitung
eingeschaltet werden muß, durch welche man die unabhängig von einander
eingelegten Zündobjecte in sehr kurzen Zeitintervallen hinter einander zünden
kann, die Elektrisirmaschine aber jenen Anforderungen vollkommen Genüge
leistet, so wird man in allen solchen Fällen, wo nur die genannten Be=
dingungen zu erfüllen sind, sich für die Wahl des elektrischen Zünd=
apparates entscheiden.

Müssen aber bei der Wahl des Zündapparates noch andere Um=
stände, als jene in Erwägung gezogen werden, so dürfte die Beantwortung
dieser Frage manchen Schwierigkeiten unterliegen, die man nur dann zu
beseitigen im Stande ist, wenn man die sämmtlichen zu berücksichtigenden
Umstände unter einander abwiegt, jedem das ihm zukommende Gewicht
beilegt, und mit den mittelst solcher Wägungen erhaltenen Zahlen die Lei=
stungsfähigkeit eines jeden einzelnen Zündapparates zu vergleichen sucht. —
Es kann nicht meine Absicht seyn, eine derartige Untersuchung vorzu=
nehmen, indem dieselbe rein praktischer Natur ist, nach den speciellen
Zwecken, für welche die Sprengungen vorgenommen werden sollen, sich
richtet, und deßhalb dem mit der Anlegung einer Zündung betrauten Prak=
tiker überlassen bleiben muß.

Für Zündungen aber, wie dieselben bei Kriegszwecken vorkommen
müssen, läßt diese Frage einige nähere Erörterungen zu, die innerhalb
gewisser Gränzen maaßgebend seyn dürften. — Vor Allem ist es von Wichtig=
keit zu wissen, welches die in der Regel vorkommenden Entfernungen des
Minenherdes vom Minenofen sind, oder welches die größte hiebei gewählte

---

[19] Der Kasten, der eine aus 25 Elementen zusammengesetzte Kette nach meiner
Construction faßt, ist 1 Fuß 2 Zoll lang und breit und 1 Fuß hoch, die unter
demselben angebrachte Wärmevorrichtung hat die Höhe von 2,3 Zoll; jedoch sind in
demselben die zur Zusammensetzung und Reinigung der Batterie nöthigen Utensilien
nicht angebracht.

Distanz seyn dürfte, in welcher ein Object, oder mehrere Objecte gleich=
zeitig gezündet werden sollen, und wie groß die Zahl der Objecte im Ma=
rimum seyn könnte, die eine gleichzeitige Sprengung bewirken sollen. Es
ist zwar in den letzten 20 Jahren manche gründliche Beurtheilung über die
Zündung von Minenöfen durch Elektricität zur öffentlichen Kenntniß ge=
kommen, allein bestimmte Anhaltspunkte über jene Elemente sind bis jetzt
keine angegeben worden.   Bei den in Rußland im J. 1837 angestellten
Versuchen sollen die größten Entfernungen des Herdes vom Minenofen
unter Anwendung Volta'scher Batterien 800 Meter [2741 bayer. Fuß]
gewesen seyn [20]; aus derselben Quelle [21], der wir diese Angabe entnehmen, ist
zu ersehen, daß zur Vertheidigung des Glacis unter allen Umständen die
Distanzen von 75 bis 100 Meter [257 bis 343 Fuß] ausreichend sind;
aus einer anderen Quelle geht hervor, „daß die Entfernung, in welcher
eine Volta'sche Batterie noch zünden soll, auf 200, höchstens 300 Dresdner
Ellen (411 — 617 Fuß) angenommen werden kann, so daß man den
Apparat vollkommen gesichert gegen das feindliche Feuer sowohl, als gegen
die Wirkung der Minen selbst aufstellen kann" [22]; endlich entnehmen
wir einer dritten Quelle [23], daß selbst der Operationsraum eine Entfer=
nung von mehr als 200 Metern (686 Fuß), in welcher mehr als zwei oder
drei Oefen gleichzeitig gezündet werden sollen, erfordern könnte.   Da nun
schon in diesen Angaben die Distanzen um mehr als 400 Fuß von einander
differiren, und die Differenzen sogar noch weit größer ausfallen können, so
kann ich es nicht wagen, auf dieselben weitere Conclusionen zu basiren.
Um nun meinen Erörterungen eine sachgemäße Bedeutung beilegen zu
dürfen, benütze ich vor Allem die von einem sachkundigen Officiere in
dieser Beziehung durch gründliche Untersuchungen erforschten Resultate.

Hr. Oberlieutenant Frhr. v. Massenbach [24] hatte die Güte aus
den Resultaten seiner Untersuchungen mir Nachstehendes mitzutheilen:

„1. Länge der Leitung. Größte Entfernung des Minenofens vom Minen=
herde, d. i. Länge der Feuerführung 250 Fuß in gewöhnlichen Fällen. Ein
Apparat, der dieser gleichsam als Einheit zu betrachtenden Bedingung ent=

---

[20] Archiv für die Officiere des k. preuß. Artillerie= und Ingenieur=Corps
Bd. IX S. 121.

[21] Deßgleichen S. 121.

[22] Archiv für die Officiere 2c. Bd. XVIII S. 1.

[23] Polytechn. Journal Bd. CXXX S. 112.

[24] Hr. Oberlieutenant Baron v. Massenbach hat sich nicht bloß selbst früher
(im J. 1852) mit Zündversuchen mittelst der Kohlenzinkkette beschäftiget, sondern hat
auch an allen über Minenzündung im k. Cadeten=Corps ausgeführten praktischen
Versuchen den thätigsten Antheil genommen.

spricht, soll sich für außergewöhnliche Fälle vervielfältigen lassen, d. h. es soll durch Zusammenstellung mehrerer solcher Apparate zur gemeinschaftlichen Wirkung auch auf größere Entfernungen gezündet werden können.«

„2. Größte Zahl der gleichzeitig zu zündenden Oefen. Die Kleeblatt= mine, d. i. eine Verbindung von drei Oefen, an den Spitzen eines gleich= seitigen Dreieckes liegend, erscheint als das Maximum der Zahl, welche wirklich momentan gleichzeitig zu spielen hat. Viel häufiger wird jedoch die TMine, d. i. eine Verbindung von zwei Oefen, in dieser Beziehung maaß= gebend seyn.“

„3. Entfernungen innerhalb dieser Verbindungen behufs des gleichzeitigen Zündens. In gewöhnlichen Fällen wird die Seite des unter (2) erwähnten gleichseitigen Dreieckes eine Länge von 25 Fuß, in außerordentlichen Fällen aber 36 Fuß nicht übersteigen.“

„4. Zahl der unmittelbar in äußerst kurzen Zeitzwischenräumen nach einander zu zündenden Oefen. Bei einzelnen Oefen, die gleich= zeitig zur Zündung vorbereitet und nach einander gezündet werden, ist die Zahl sehr variabel, doch dürfte selbe 6 nicht übersteigen, bei diesen ist es aber auch durchaus gleichgültig, ob die Zeitdifferenz zwischen den verschiedenen Momenten ihres Spielens 1 oder 5 Minuten beträgt, daher dieser Fall zu jenen gerechnet werden dürfte, wo ein und derselbe Apparat ohne besondere Vorrichtungen nach einander mit den verschiedenen Leitungsdrähten in Ver= bindung gebracht werden kann.“

„Bei Demolitionen wird eine Zahl von 6 Kleeblattminen schon eine Wir= kung von solchem Umfange erzielen, daß man sich hiemit befriediget erklären kann. Hier reducirt sich aber auch die Zahl der in möglichst kurzen Zeit= intervallen zu spielenden Ofengruppen auf die Hälfte, da zuerst drei [unter sich verbundene a, c, e] und dann erst, wenn deren Wirkung erfolgt, die drei übrigen Gruppen b, d, f gezündet werden.“

„Auch bei diesen sogenannten gleichzeitigen Zündungen ist innerhalb gewisser Gränzen die Zeitdifferenz zwischen dem Spielen der Ofengruppen a, c und e und beziehungsweise b, d und f von keinem großen Belang, und es wird durch eine einfache mechanische Vorrichtung leicht zu erzielen seyn, daß ein und derselbe Apparat in etwa einem Zeittheile von 1—2 Minuten zuerst die Ofengruppen a, c und e, und dann vielleicht einige Minuten später die übrigen in gleicher Weise zur Zündung bringt.“

„Hiebei muß bemerkt werden, daß gerade derlei Demolirungen es sind, wo ausnahmsweise größere Entfernungen als unter (1) angegeben, vorkommen können, wo also mehrere einzelne Apparate vereint zur gemeinschaftlichen Wirkung bestimmt sind.“

(gez) Franz Frhr. v. Massenbach.

Aus dem vorstehenden Gutachten läßt sich entnehmen, daß wenn man bloß die normalen und nicht die außergewöhnlichen Fälle berücksich= tiget, daß jeder der oben genannten Zündapparate für militärische Zwecke benützt werden kann; hält man aber die Vortheile, welche die Anwendung der Volta'schen Batterie gewährt, mit den Nachtheilen, die sie der Elektrisir=

maschine und dem Inductionsapparate gegenüber darbietet, zusammen, und berücksichtiget, daß für alle normalen Fälle eine Kupferzinkbatterie, die aus w e n i g e r als 10 Zellen besteht, vollständig ausreicht, so wird man finden, daß der Benützung Volta'scher Batterien für militärische Anwendungen manche Vorzüge eingeräumt werden dürften.

Um aber mit größerer Sicherheit über diese Frage urtheilen zu können, hat man noch einige andere wesentliche Punkte ins Auge zu fassen. Die Anwendung der Volta'schen Batterie setzt die Benützung einer Kupferdrahtleitung von 1 Linie Dicke voraus, während die Anwendung von Messing- und Eisendrähten hier als unzulässig erscheint, die Benützung der Bodenleitung ist hier nicht in allen Fällen möglich, jedoch ist die Anlegung einer sorgfältig isolirten Leitung ganz und gar unnöthig. Bei Anwendung der übrigen Apparate aber kann man Messing- und Eisendraht, und zwar von beliebiger Dicke, benützen, man kann stets den Erdboden als einen Theil des Schließungsleiters einschalten, aber eine sorgfältige Isolirung einer der beiden Drähte ist unter allen Umständen für die Elektrisirmaschine sowohl, wie für den Inductionsapparat eine unumgänglich nothwendige Bedingung, wenn der Erfolg mit Sicherheit eintreten soll.

Da ein Kupferdraht von 1 Linie Dicke sich sehr leicht auf Spulen aufwinden, weit leichter, ohne zu zerreißen, für Leitungen benützen läßt, als Drähte aus Messing und Eisen von geringer Dicke, so hat man bei Bestimmungen über die Leitung bloß die Transportabilität der letzteren und die Kosten derselben zu berücksichtigen, und es möchte nicht schwer seyn zu entscheiden, daß in allen Fällen der Anwendung, wenn diese sogar die oben angegebenen Normalen noch um Mehreres überragen, die Leitung kein erhebliches Hinderniß der Anwendung der Volta'schen Batterie entgegenstellen dürfte.

Uebrigens wollen wir noch einige andere Punkte berühren, die hier vielleicht noch von Wichtigkeit seyn dürften. Der erste betrifft das Zündmittel, mit welchem die Patrone oder das Zündobject gefüllt seyn muß, wenn die Zündung mit Erfolg eintreten soll. Die Anwendung der Elektrisirmaschine erfordert einen äußerst leicht entzündlichen und erplodirbaren Zündstoff und vollkommene Trockenheit desselben, sie ist sogar von diesem Zündmittel ganz und gar abhängig, und wenn dasselbe fehlt, so kann man mit den gewaltigsten elektrischen Zündapparaten keinen Erfolg zu Stande bringen. Bei gleichzeitigen Zündungen mittelst des Inductionsapparates ist dieß ebenfalls eine unabweisbare Nothwendigkeit, während bei einfachen Zündungen mittelst dieses Apparates das gewöhnliche Mehlpulver als Zündsatz ausreicht. Die Volta'sche Batterie aber ist streng genommen, und zwar in keinem einzigen Falle, von dem Zündmittel abhängig; es ist zwar wünschenswerth, daß die bei Volta'schen Zündungen benützten Patronen mit einer leicht entzündlichen Masse gefüllt sind, insbesondere bei gleichzeitigen Zündungen, aber nothwendig ist dieß zur sicheren Erlangung eines Erfolges nicht, ja es dürfte sogar das Zündpulver e t w a s f e u c h t (nur darf es nicht naß) seyn, und die Entzündung desselben würde dennoch erfolgen, nur wird dieselbe im letzteren Falle etwas später eintreten, als wenn die Zündobjecte in ganz normalem Zustande sich befinden.

Der zweite Punkt, den wir noch betrachten wollen, betrifft die weitere Verwendbarkeit, welche der Zündapparat noch zuläßt, und durch welche er eine erhöhte Brauchbarkeit für den praktischen Dienst erhält.

Den elektrischen Zündapparat so wie die elektromagnetischen Inductionsapparate für die Praxis zu einem anderen Zwecke zu gebrauchen, als zum Zünden von Minen, ist bis jetzt noch nicht gelungen, obgleich für den letzteren Apparat in dieser Beziehung noch manche praktische Anwendungen in Aussicht stehen dürften. Die Brauchbarkeit der Volta'schen Batterien aber für die verschiedenartigsten Anwendungen ist ganz außer Zweifel gestellt, und es ist nicht nöthig, hierüber weitläufige Beweisgründe bei dieser Gelegenheit aufzuführen. Jedoch wollen wir einige praktische Anwendungen, die für den Minendienst und den Dienst in Festungen nicht unwichtig sind, hier hervorheben.

Bekanntlich bedarf man bei der Einrichtung der Zündungen in Minengallerien 2c. einer künstlichen Beleuchtung; die hiefür verwendeten Mittel sind aber stets mehr oder weniger für die mit der Einrichtung des Minenofens 2c. beschäftigten Personen gefährlich, und es ist stets ein nicht sehr heimlicher Aufenthalt in Gängen, die mit den stärksten Pulverladungen oft angefüllt seyn können, da ja der schwächste Funke hier die größten Verheerungen herbeiführen kann. Für die bei Anlegung der Zündungen nothwendige Beleuchtung ist aber selbst eine ganz schwache Flamme ausreichend, wenn sie nur in günstigem Zustande erhalten werden kann. Ich glaube, daß sich dieses Beleuchtungsmittel mit großem Nutzen und ohne beträchtliche Kosten durch die Volta'sche Batterie ersetzen ließe. Da man nämlich mittelst einer Volta'schen Batterie aus 10 Zellen noch mit Sicherheit bei einer eingeschalteten Leitung von 900 Fuß Kupferdraht 6 Objecte gleichzeitig zum starken Rothglühen, sogar zum Hellrothglühen bringen kann (Bd. CXLV S. 352), so unterliegt es keinem Zweifel, daß man mehrere Platindrähte, von welchen jeder etwa $\frac{1}{10}$ Linie Durchmesser und 1 bis 2 Zoll Länge hat, unter Anwendung eines Schließungsdrahtes von 10 bis 15 Fuß Länge gleichzeitig zum starken Rothglühen, und selbst zum Hellrothglühen bringen könnte. Wenn man daher einen recht einfachen Apparat, der vielleicht in einem kurzen Glascylinder von etwa 3 Zoll Weite und einer entsprechenden Länge besteht, und der mit einem kleinen Reflector, wie sie bei Minenlampen benützt werden, versehen ist, so anordnet, daß innerhalb derselben mehrere Glühdrähte mittelst Zweigleitungen angebracht werden können, so kann man mit derselben Stromquelle, die man für die Minenzündung später benützen will, nämlich mit einer aus 10 Elementen zusammengesetzten Kupferzinkbatterie der früher gedachten Construction, wenn man den Beleuchtungsapparat in die Kette einschaltet, eine Beleuchtung hervorbringen, die vollständig ausreichen dürfte, um die zum Anlegen der Minenzündung dienenden Minenlampen zu ersetzen. Eine solche Volta'sche Beleuchtung würde aber ohne alle Gefahr für die Anwesenden benützt werden können, man kann dieselbe durch Schließen oder Oeffnen der Kette jeden Augenblick und nach Belieben herstellen und vernichten; ein und dasselbe Leuchtmaterial kann man sehr oft benützen, ohne daß es unbrauchbar wird, und sollte einmal einer der Drähte abschmelzen, so bleibt das abgeschmolzene Drahtstück in dem Beleuchtungsapparate liegen, ohne daß hierdurch eine Zündung der feuergefährlichen Objecte möglich gemacht werden kann, und man kann so mit weit größerer Ruhe die Minenarbeiten ausführen, wenn auch die Beleuchtung eine schwächere ist, als dieß unter gewöhnlichen Umständen der Fall seyn dürfte.

Wie wichtig der telegraphische Verkehr in Festungen, und wie nützlich derselbe sich erweisen dürfte, möchte keines Beweises bedürfen. Eine durchaus nicht complicirte Einrichtung würde ausreichen, um eine telegraphische Verbindung zwischen verschiedenen Minengallerien, zwischen diesen und den Wohnungen des Commandanten ꝛc. herzustellen, und man könnte mittelst einer nur aus 6—8 Elementen zusammengesetzten Batterie die wichtigsten telegraphischen Correspondenzen zu jeder beliebigen Zeit vermitteln. Mittelst eines solchen Telegraphen kann man, wenn einfache Weckerapparate eingeschaltet werden, innerhalb der kürzesten Zeit nach beliebigen Richtungen bestimmte Zeichen gelangen lassen, welche die Ausführung eines ertheilten Befehles oder die Unterlassung derselben angeben könnten, und man könnte auf diese Weise sogar manche feindliche Ueberraschung unschädlich machen.

Wie wichtig es zuweilen seyn dürfte, an verschiedenen Punkten einer und derselben Festung ꝛc. übereinstimmende Uhren zu haben, mag wohl am besten von den Sachkundigen beurtheilt werden. Wie leicht es aber seyn dürfte, mittelst einer einzigen Hauptuhr, die vielleicht in der Wohnung des Commandanten angebracht seyn könnte, eine große Zahl elektrischer Uhren von nicht complicirter Einrichtung in Gang zu erhalten, die mit den Angaben der Hauptuhr eine genügend übereinstimmende Zeit anzeigen, wenn man hiezu einer zweckmäßigen Volta'schen Kette sich bedient, ist nicht weiter auszuführen nothwenbig.

Man sieht also hieraus, daß die Volta'sche Batterie nicht bloß für Zündungen ein wichtiger Apparat ist, sondern daß sie für viele militärische Zwecke von großem Nutzen seyn dürfte, und daß sie daher für die Militär- technik eine größere Beachtung verdient, als dieß bis jetzt der Fall war. Ich möchte sogar die Behauptung wagen daß, so lange es nicht gelingt die Hybroketten durch andere elektrische Apparate überall zu ersetzen, die Volta'sche Batterie zum Gebrauche in Festungen und bei manch anderen militärischen Anwendungen in nicht sehr langer Zeit eine der unentbehr- lichsten Waffen werden dürfte.

Wenn ich nun es versucht habe über die Zweckmäßigkeit der Volta'- schen Batterie zum militärischen Gebrauche einige Erörterungen zu geben, so muß ich andererseits wieder zugestehen, daß zuweilen die elektrischen Zünd- apparate (Elektrisirmaschinen nämlich) bedeutende Vortheile erlangen lassen, die nur mit größerer Umständlichkeit und mit größerem Zeit- und Kosten- aufwand mit anderen Apparaten erreicht werden können.

Es ist dieses namentlich der Fall, wenn man Sprengladungen auf bedeutend große Entfernungen zünden muß, welche noch die Herstellung einer Leitung zulassen; deßhalb dürfte der elektrische Zündapparat, ins- besondere in der Einrichtung, wie ihn die österreichische Armee schon seit längerer Zeit eingeführt hat, von großem Nutzen seyn, um in außerordent- lichen Fällen jede nur nothwendige Operation schnell durchführen zu können.

Bei sehr großen Distanzen des Minenherdes vom Minenofen kann man übrigens ebenfalls die Volta'sche Batterie zur Zündung anwenden, ohne hiezu die Kette so voluminös zu machen, daß ihre Behandlung lästig und die Kosten ihrer Unterhaltung zu groß werden, nur wird dabei die Ein- richtung der Leitung selbst etwas zusammengesetzter, als unter gewöhn- lichen Umständen. Wenn man nämlich sehr lange Leitungen in die Kette einschalten muß, so kann die zur Zündung nothwendige Kette schon bei einer Distanz von 6000 Fuß (etwa $\frac{1}{4}$ Meile) aus 24 Elementen zusammenge- setzt seyn müssen (Bd. CXLV S. 352), um nur ein einziges Object zu zün- den, und es müßte dieselbe noch viel zusammengesetzter seyn, wenn man mit derselben gleichzeitige Zündungen von mehreren Objecten vornehmen wollte. Wenn man aber hier eines ähnlichen Hülfsmittels sich bedient, wie dieß bei den Telegraphenapparaten schon seit längerer Zeit in An- wendung ist, so reichen in den meisten Fällen, die zu den abnormen ge- hören, ebenfalls 10 bis 12 Elemente aus, um die Batterie zündfähig zu machen und selbst noch gleichzeitige Zündungen bis zu 6 Objecten mit der- selben sicher vornehmen zu können.

Auf den Telegraphenstationen werden nämlich im Allgemeinen zweierlei
Batterien angewendet, von welchen die eine, Linienbatterie genannt, bloß
dazu dient, das abwechselnde Schließen und Oeffnen einer zweiten Batterie
(der Localbatterie) zu bewirken, die an der die Nachricht empfangenden
Station bloß den Telegraphenapparat in Thätigkeit zu versetzen hat. Es
wird dieses durch einen Apparat vermittelt, der mit dem Namen Relais
bezeichnet wird. Diese Relais müssen natürlich bei Telegraphenapparaten
in der sorgfältigsten Weise angeordnet seyn, wenn sie ihrem Zwecke entsprechen sollen, bei Anwendungen der vorliegenden Art aber reicht eine
Einrichtung aus, die sehr leicht ausgeführt werden kann, und mit den
Batterien in Verbindung gesetzt, die besten Dienste leisten wird.

Gesetzt man wolle von A aus in B eine Zündung vornehmen, und
die Distanz A B wäre 1 Meile, so wähle man zwischen B und A in der
Nähe von B einen Punkt C, der etwa 500 bis 700 Fuß von diesem
entfernt ist, versetze in C eine Batterie aus 10 bis 12 Elementen in den
Boden, um sie gehörig gegen jede Beschädigung zu sichern, lege die Zündung eben so an, als ob der Herd in C wäre, die Batterie in C setze
man aber mit einem kleinen Elektromagneten M, vielmehr mit einem
Uförmig gebogenen Eisencylinder, der mit einer gehörigen Anzahl von
Windungen isolirten Kupferdrahtes umgeben ist, in Verbindung, so daß
der eine Polardraht der Batterie mit dem Eisenkern selbst in gut metallische
Verbindung kömmt, sobald die Kette in C geschlossen werden, die Zündung
nämlich erfolgen soll. Hiezu ist es also nur nothwendig, daß man die
Leitung mit dem Eisenkern selbst in feste metallische Verbindung bringt,
den genannten Polardraht der Zündbatterie aber in eine kupferne Feder
ausgehen läßt, die an einer Seite mit einem Eisenplättchen belegt ist,
welches an der Feder angelöthet oder angenietet seyn kann, und das durch
die federnde Kupferplatte unmittelbar über den Polflächen von M und von
diesen etwa in einer Entfernung von $\frac{1}{2}$ — 1 Linie erhalten wird. Verlängert man die Enden der Drahtwindung von M durch eine Doppelleitung, wie sie zum Zünden selbst verwendet wird, bis zum Punkte A,
setzt die Enden dieser Leitung mit den Polen einer bei A angebrachten
schwachen Batterie, etwa aus 4 bis 6 Zellen, in Verbindung, so wird,
sobald die in A befindliche Batterie in Thätigkeit versetzt wird, die Kette
in C mittelst des Relais M geschlossen, und die Zündung in B wird dann
in eben so sicherer Weise erfolgen, als ob dieselbe mittelst einer großen
Batterie von A aus bewerkstelliget worden wäre. Das Schema stellt in
Fig. 11 auf Tab. II eine Anordnung dieser Art vor.

Hierin bedeutet A die sogenannte Linienbatterie, L bedeutet die längere Leitung von A bis zu C, die beim Schließen der Kette mit den

Polen von A in Verbindung gesetzt werden muß. C ist die Zwischen=
station, wo die Hauptbatterie angebracht ist, der Pol n dieser Batterie
ist mit dem Eisenkern des Elektromagneten M mittelst der Leitung L 2c.
bei N metallisch verbunden, der Pol p desselben geht in den federnden
Anker p, b aus, der unmittelbar über die Polflächen a, a des Elektro=
magneten M, jedoch nicht in Berührung mit denselben angebracht ist;
L_1, L_2 ist die von der Hauptbatterie ausgehende Leitung, die bei l_1 und l_2
mit den nach den Objecten O_1, O_2 und O_3 führenden Zweigleitungen in
Verbindung steht. Wird daher in A die Kette geschlossen, so wird M
magnetisch, die Platte p, b wird von den Polen a, a angezogen, die Kette
in C sohin ebenfalls geschlossen, und es muß daher die Zündung der Ob=
jecte erfolgen. Es wird dieß eben so rasch erfolgen, als ob die Leitung
eine kürzere und nur eine Batterie vorhanden wäre, da die Geschwindig=
keit der Stromausbreitung für Leitungen von mehreren Meilen Länge als
unendlich groß angenommen werden kann.

Daß bei einer derartigen Anordnung die in A angebrachte Batterie
nur sehr schwach zu seyn braucht, geht schon daraus hervor, daß beim
telegraphischen Gebrauche eine Daniell'sche Kette aus nur 15 kleinen Ele=
menten auf Entfernungen von 8 Meilen ausreicht, ferner auf 1 Weg=
stunde eine Batterie von 3 Elementen ausreichend ist, um mit Sicherheit
die telegraphischen Correspondenzen vornehmen zu können [25], um so mehr
wird hier auf 1 Meile eine Batterie aus 4 Elementen genügend seyn,
da dieselbe bloß das einmalige Schließen der Kette in C zu bewirken
hat. Da aber eine Batterie aus 15 bis 16 Elementen durchaus noch
keine voluminöse genannt werden kann, so ersieht man hieraus, welche
Wirkungen man bei Minenzündungen selbst unter Anwendung von Ketten,
die geringen Raum einnehmen, zu erzielen im Stande ist.

Ich habe nunmehr die Grundsätze entwickelt, nach welchen die Ein=
richtung von Minenzündungen mittelst elektrischer und Volta'scher Apparate
ausgeführt werden kann, ferner die Mittel bezeichnet, durch welche man
im Stande ist zu beurtheilen, welche von den einzelnen Zündungsmethoden
in jedem besonderen Falle sich am vortheilhaftesten zeigen könnte; dabei
habe ich es auch nicht unterlassen, diejenigen Punkte andeutungsweise
zu berücksichtigen, welche zur weiteren Ausbildung der elektrischen und
Volta'schen Zündungsmethoden beitragen dürften, und ich werde daher
zum Schlusse meiner Betrachtungen nur noch einige Punkte besprechen, die

---

[25]. Steinheil, Abhandlungen der mathem. phys. Classe der k. bayer. Akademie
der Wissenschaften, Bd. V, Abhandl. III, S. 779 — 840.

bei der Ausführung von Zündungen in Beziehung auf die Einrichtung der dazu dienenden Apparate und die Anlegung der Leitungen von einigem Nutzen seyn könnten, während die Entscheidung der Frage bezüglich der Wahl des Zündapparates für jeden einzelnen in der Praxis vorkommen= den Fall, in welchem Sprengungen ausgeführt werden sollen, in dieser Abhandlung ein Gegenstand speciellerer Erörterungen nicht seyn kann.

(Der Schluß folgt im nächsten Heft.)

XXIV.
Der atlantische Telegraph.
Aus dem Civil Engineer and Architect's Journal, August 1857, S. 245.

Die größte Länge der projectirten transatlantischen Telegraphenlinie von einer Station zur andern, nämlich von der Südostküste Neufundlands bis zur Westküste von Irland, beträgt ungefähr 2000 englische Meilen. Die eine Hälfte des isolirten Drahtes wurde durch die HHrn. Newall zu Birkenhead, die andere Hälfte durch die HHrn. Glasse und Elliot zu Greenwich angefertigt. Die durch jedes dieser Etablisse= ments angefertigte Drahtlänge beläuft sich indessen in Anbetracht der unvermeidlichen Abweichungen aus der directen Linie und der Uneben= heiten des Meergrundes, auf 1225 Meilen. Der metallische Leiter, durch welchen der elektrische Strom entsendet werden soll, besteht aus einer kupfernen Drahtschnur, welche aus sieben einzelnen Drähten von Nr. 25 zusammengesetzt ist. Der Durchmesser der zusammengedrehten Drahtschnur beträgt nur $\frac{1}{16}$ Zoll, welches ungefähr die Dicke des zwischen England und Frankreich gelegten unterseeischen Telegraphendrahtes ist. Diese kupferne Schuur ist durch drei Ueberzüge von Gutta=percha, zusam= men $\frac{1}{8}$ Zoll dick, isolirt. Ueber die Gutta=percha ist ein Ueberzug von getheertem Garn gewunden, welches die Gutta=percha gegen Zerstörung schützen und zugleich die Isolirung erhöhen soll. Dieses isolirende Tau wird wiederum durch ein Seil von dünnem Eisendraht geschützt; der Draht, woraus diese äußere Hülle besteht, ist sehr dünn und zu einer Schnur gedreht; achtzehn dieser Schnüre bilden den Strang, welcher das Tau umhüllt. Der Zweck dieses Drahtüberzuges ist, die isolirenden Materialien gegen die Abreibung während der Einsenkung ins Meer zu schützen. Das auf diese Weise construirte Tau ist beinahe so biegsam, wie ein hänfenes Seil von gleicher Dicke. An jedem Ende ist der isolirte

Draht auf eine Strecke von 25 Meilen mit einem weit stärkeren Eisen=
draht umhüllt, um ihn gegen die größeren Gefahren, denen er in der
Nähe des Ufers ausgesetzt ist, zu schützen.

Der kupferne Leitungsdraht der Londoner Abtheilung wurde in der
Gutta=percha=Fabrik in City=road mit seinem dreifachen isolirenden Ueber=
zuge versehen, die übrigen Umwicklungen von getheertem Garn und von
Eisendraht erhielt derselbe in der Fabrik der HHrn. Glasse und Elliot,
deren Maschinen jede 2½ Meilen per Tag lieferten. In dem Maaße,
als die Bildung des Taues vor sich ging, wurde dasselbe in den Hof=
raum der Fabrik geleitet, und dort sorgfältig in weiten Windungen auf=
geschichtet. Jede dieser Schichten enthielt 200 bis 300 Meilen des Tele=
graphentaues, und im Laufe seiner Anfertigung wurde das Tau beständig
mittelst eines gut construirten elektrischen Apparates geprüft, um sich zu
überzeugen, ob keine Unterbrechung des Stromes statt finde, und ob die
Isolation vollkommen sey.

Der Agamemnon, eines der schönsten Schiffe der brittischen Marine,
wurde der atlantischen Telegraphen=Compagnie für die Aufnahme der zu
East Greenwich angefertigten Abtheilung des Taues zur Verfügung gestellt.
In gleicher Weise stellte die Regierung der Vereinigten Staaten den
Niagara, den Stolz ihrer Marine, unter das Commando der Gesell=
schaft. Beide Schiffe wurden ausgeräumt, damit das Tau in Windungen,
deren Durchmesser der ganzen Breite jedes Schiffes gleichkam, aufgerollt
werden konnte. Der Agamemnon lag im Flusse ungefähr 200 Yards von dem
Etablissement der HHrn. Glasse und Elliot entfernt. Die Communica=
tion zwischen dem Schiffe und dem Ufer wurde mit Hülfe verankerter, mit
Bretern belegter Barken hergestellt. Auf den Barken und am Flußufer
waren Stangen errichtet, die an ihren oberen Enden große Rollen ent=
hielten, welche das im Hofraum aufgeschichtete Tau aufnahmen. Das
Tau lief über ein endloses Band, welches durch eine kleine am Schiffe
befindliche Dampfmaschine in Thätigkeit gesetzt wurde. Im Schiffsraume
wurde das Telegraphentau durch Arbeiter in sorgfältig über einander
gelagerten Windungen gelegt, um eine Drehung derselben zu verhüten.
Die Operation der Befrachtung ging ohne Unterbrechung mit einer Ge=
schwindigkeit von 50 Meilen per Tag vor sich. Zur Ermittelung dieser
Geschwindigkeit diente ein mit dem endlosen Bande in Verbindung
stehender Registrirapparat, welcher die Anzahl der an Bord aufgenom=
menen Achtelmeilen, Meilen, Hunderte von Meilen anzeigte.

Der Agamemnon hatte am 21. August vollständig aufgenommen,
und segelte am 23. ab, um sich im Hafen von Cork mit dem Niagara

zu vereinigen. Es war nrsprünglich die Bestimmung getroffen, daß die Schiffe mit einander absegeln und in der Mitte des atlantischen Oceans die Enden der beiden Tauhälften vereinigen sollten. Darauf sollten sie das eine nach Osten, das andere nach Westen steuernd, das Tau so schnell wie möglich versenken. Der Agamemnon sollte nach dem Hafen von Valencia an der Westküste von Irland segeln, der Niagara das andere Ende des Taues mit der Telegraphenlinie zu Neufunbland verbinden. Man erachtete es jedoch in der Folge für besser, die Versenkung des Taues von Valencia aus zu beginnen und beide Schiffe mit den begleitenden Lichterschiffen die Fahrt nach Neufunbland gemeinschaftlich machen zu lassen. Dadurch wurde man in Stand gesetzt, das Fortschreiten der Arbeit von dieser Seite des atlantischen Meeres aus von Minute zu Minute zu verfolgen.

Im Hinblick anf den dünnen Strang, welcher die elektrischen Signale auf eine Strecke von 2000 Meilen fortpflanzen soll, möchte es nach den gewöhnlichen Begriffen von der Leitungsfähigkeit der Drähte scheinen, als ob die Dicke desselben für den fraglichen Zweck viel zu gering sey. Dem widersprechen jedoch die Resultate besonderer Versuche. Hr. Whitehouse, welchem in Verbindung mit Hrn. Bright die physikalisch-elektrische Abtheilung des Unternehmens anvertraut wurde, war lange Zeit mit Versuchen beschäftigt zur Ermittelung der besten Methoden, den elektrischen Strom unter der See auf eine solche Entfernung hin fortzupflanzen; und im Laufe dieser Untersuchungen wurden hinsichtlich der Bedingung der elektrischen Entladung mehrere neue und merkwürdige Thatsachen ermittelt. Die Hauptschwierigkeit, welche sich darbot, war der elektrische Rückstand in dem unterseeischen Drahte. Es hat sich nämlich selbst bei verhältnißmäßig kurzen Strecken der unterseeischen und unterirdischen Telegraphen in Europa herausgestellt, daß der mit Gutta-percha überzogene und von Wasser umgebene Leitungsdraht die elektrische Ladung einige Secunden lang behält, und daß es, um den Draht von der Elektricität zu befreien, nöthig ist den Strom umzukehren. So läßt man z. B. nach jeder Transmission eines positiven Stroms einen negativen Strom den Draht durchlaufen, um die positive Elektricität zu neutralisiren, worauf ein zweiter positiver Strom entsendet werden kann. Man fürchtete indessen, diese Methode den Draht zu entladen, möchte auf größere Entfernungen nicht wirksam seyn, und stellte auf Versuche gegründete Rechnungen an, um die Nothwendigkeit eines sehr dicken, in eine dicke Gutta-percha-Hülle eingeschlossenen Leitungsdrahtes darzuthun, wenn man den Uebelstand des Zurückhaltens der Elektricität auf ihrem Wege über das atlantische Meer besiegen wolle.

Die Resultate der Versuche des Hrn. Whitehouse beseitigen diese Befürchtung. Bei seinen Versuchen mit 1000 Meilen Länge des atlantischen Taues wurde der positive Strom durch den negativen vollständig neutralisirt. Mittelst einer Modification des Morse'schen Telegraphen war er im Stande 4 unterscheidbare Signale in 1 Secunde zu geben — eine Geschwindigkeit, welche derjenigen des gewöhnlichen Betriebes mit Morse's Apparat nicht nachsteht.

Man wird sich der Magnet-Elektricität bedienen, aber anstatt eines permanenten Magneten soll der Elektromagnetismus das unmittelbare Agens seyn. Zu diesem Zwecke wurde ein elektrischer Apparat von gigantischen Verhältnissen construirt. Der Elektromagnet ist 5 Fuß lang und wird durch 10 oder mehrere mächtig große Zellen einer Smee'schen Batterie in Thätigkeit gesetzt. Der dünne isolirte Kupferdraht, welcher die inducirte Magnetelektricität fortleitet, ist Nr. 25, und obgleich viele Meilen desselben um den Elektromagneten gewickelt sind, so ist doch die Zahl der Umwickelungen im Verhältniß zu der Strecke nicht so groß, wie bei der Ruhmkorff'schen Inductionsspirale. Der Apparat zur Herstellung und Unterbrechung des Contactes ist eine gewichtige Maschine, die von dem kleinen Schlüssel des Morse'schen Apparates allerdings sehr verschieden ist. Diese vergrößerte Dimension wurde in Anbetracht der bei Anwendung obiger Zellen sich entwickelnden Hitze für nothwendig befunden; denn ein gewöhnlicher Apparat würde bei Herstellung der Berührung geschmolzen seyn.

Whitehouse's Versuchsapparat zeigte genau die zur Transmission eines elektrischen Stroms durch 1000 Meilen Drahtlänge des atlantischen Taues erforderliche Zeit. Ein Streifen Papier wurde durch das Uhrwerk eines Instrumentes bewegt, welches drei Spitzen enthielt, deren jede durch einen besondern elektrischen Strom bewegt wurde. Einer dieser Ströme wurde durch ein Secundenpendel in Thätigkeit gesetzt, so daß, wenn der Papierstreifen durch das Instrument gezogen wurde, abwechselnd Striche und helle Zwischenräume, jeder ungefähr ½ Zoll lang, hervorgebracht wurden. Diese Striche zeigten auf dem Papier Secunden an, und dienten zur Angabe, wie viele Striche per Secunde durch die beiden anderen Stifte, welche mit den tausend Meilen Draht und einer Kette von nur wenigen Yards verbunden waren, gemacht wurden.

Secunden ▬▬▬   ▬▬▬   ▬▬▬   ▬▬▬
Tausend Meilen . . . . ▬ ▬ ▬ ▬   ▬ ▬ ▬ ▬
Kurze Kette . . . ▬ ▬ ▬ ▬ ▬ ▬   ▬ ▬ ▬ ▬

In der vorstehenden, von einem der Versuchsstreifen copirten Skizze zeigen die Striche in der obern Reihe die Secunden an. Die Striche ber mittleren Reihe wurden durch das Instrument markirt, nachdem der Strom 1000 Meilen Drahtlänge zurückgelegt hatte, und die Striche der untern Reihe sind in den nämlichen Zeitintervallen, jedoch nur durch eine kurze Kette entstanden.

Man bemerkt in obiger Skizze die höchst interessante Thatsache, daß die Striche der mittleren Reihe ungefähr um $2/3$ Secunden hinter denen der untern zurückstehen, obgleich die Signale in beiden gleichzeitig erfolgten. Dieser Unterschied bezeichnet daher die bei der Transmission des elektrischen Stromes durch 1000 Meilen Draht verflossene Zeit.

Hr. Reid zu Gresham-house hat dem Vernehmen nach eine Entdeckung gemacht, durch welche die Kosten der telegraphischen Communication mit entfernten Stationen außerordentlich vermindert werden. Die transatlantische Telegraphencompagnie hat zu Greenwich eine Riesenbatterie construirt, bestehend aus 40 Paaren platinirter Silberplatten und Zinkplatten, welche der elektromotorischen Flüssigkeit eine ungeheure Oberfläche darbieten, und 2500 Pfd. Sterl. kosten. Aus einer Reihe von Versuchen des Hrn. Reid geht aber hervor, daß ein einziges Plattenpaar das Nämliche leistet, indem er mit seiner einfachen Batterie durch 1250 Meilen des Telegraphentaues zu Birkenhead elektrische Ströme gehen ließ. Die Kosten dieser Batterie belaufen sich auf 3 Pence, ein wunderbarer Contrast mit dem Apparate der Gesellschaft. Eine Batterie von 504 Platten war zur Untersuchung des Taues in beständiger Thätigkeit gewesen; das Ganze erwies sich als vollkommen. Hr. Reid aber war begierig, einige weitere Versuche anzustellen, um die Kraft verschiedener Batterien zu prüfen. Sein Assistent steckte eine Platin- und eine Zinkplatte, jede $3/16$ Quadratzoll groß, in den Mund, und als der dadurch erzeugte Strom die 1250 Meilen des Telegraphentaues durchlief, wurde das Galvanometer um 8^0 abgelenkt. Dieser Versuch wurde oft wiederholt und immer zeigte sich das gleiche Resultat.

XXV.

Ueber das transatlantische Telegraphentau.

Aus dem Cosmos, Revue encyclopédique, August 1857, t. XI p. 170.

Das Mechanics' Magazine vom 8. August, Nr. 1774, bringt uns sehr interessante Details bezüglich der Einsenkung des transatlantischen Telegraphentaues. Am 30. Juli vereinigte sich die ganze Flottille, bestehend aus dem Niagara, dem Susquehana, dem Agamemnon, dem Cyclope und dem Leopard in dem Hafen von Queenstown (Irland), 17 französische Meilen von Dublin. Der Agamemnon war erst am Morgen angekommen, weil er, von Greenwich absegelnd, den Auftrag erhalten hatte, sich durch praktische Versuche unter der Leitung des Hrn. Bright von dem guten Zustande der zur Einsenkung des Taues dienlichen Maschinen und Apparate zu überzeugen. Man setzte mittelst der kleinen an Bord befindlichen Dampfmaschine die Rollen und Winden in Thätigkeit, mit deren Hülfe das Tau aus dem Schiffe geleitet und ins Meer versenkt wird. Die Einsenkung geschah, nachdem man an dem Tauende eine schwere Kugel befestiget hatte, während zugleich das Schiff 2, 3, 4 bis 6 Knoten in der halben Stunde zurücklegte. Alle Bewegungen waren so regelmäßig, daß man kaum ein leichtes Geräusch an Bord hörte. Nachdem die Maschine in dem zum Entrollen des Taues nöthigen Sinne längere Zeit gearbeitet hatte, gab man ihr die entgegengesetzte Bewegung, um das Tau wieder aufzuwinden. Auch diese Operation ging eben so glücklich wie die erste von statten, und eine nähere Beaugenscheinigung des aus dem Wasser gezogenen Taues ergab, daß dasselbe den Boden erreicht und sich auf dem Sande ausgebreitet habe.

Während dieser Zeit machte Hr. Charles Bright mit dem besten Erfolg einen Versuch mit dem elektrischen Log, einem von ihm erfundenen Apparat, um mittelst der Elektricität sehr genau die Geschwindigkeit von Schiffen zu messen. Das von dem Hintertheil des Schiffes an einer Schnur herabhängende Log nimmt, indem es in das Wasser herabgelassen wird, einen mit Gutta-percha überzogenen doppelten Leitungsdraht auf, welcher mit einer galvanischen Batterie und einem Elektromagneten in Verbindung steht. Letzterer bildet einen Theil eines zweiten Apparates, welcher auf der Brücke angeordnet ist, und Indicator genannt wird. Das Log ist mit einem Rad versehen, dessen Umdrehungen der Geschwindigkeit des Schiffs proportional sind. Bei jeder Umdrehung wird die galvanische Kette unterbrochen, und diese Unterbrechung läßt einen durch den Elektromagneten bewegten Zeiger um einen Grad weiter rücken. Dieser Zeiger registrirt demnach die Anzahl der Umdrehungen und zugleich die von dem Schiff zurückgelegte Strecke, sowie die Geschwindigkeit, womit dieselbe durchlaufen wurde.

Freitag den 30. Juli legte sich der Agamemnon in der Nähe von ungefähr 500 Meter neben dem Niagara vor Anker. Gegen Mittag sandte er an Bord des Niagara eines der Enden seines Taues, während der Niagara ihm ein Ende des seinigen schickte. Die Enden der beiden Taue wurden auf dem Niagara vereinigt, so daß man ein 2500 engl. Meilen (4000 Kilometer) langes Ganze hatte, dessen freie Enden sich an Bord des Agamemnon befanden. Das eine dieser Enden wurde mit dem den elektrischen Strom erzeugenden Apparat, das andere Ende mit einem sehr empfindlichen Galvanometer in Verbindung gesetzt; in dem Augenblick wo die Kette geschlossen wurde, erfolgte eine Ablenkung des Galvano= meters. Die Leitungsfähigkeit und Isolirung des Taues ließen demnach nichts zu wünschen übrig. Am Magneto=Elektrometer des Hrn. White= house gemessen, wurde die an dem zweiten Ende des Taues ausgeübte elektrische Wirkung durch die Anziehung oder das Heben eines Gewichtes von 25 Grains (1,625 Grm.) repräsentirt. Da nun eine Anziehung von 3 Grains (0,2 Grm.) hinreicht, um ein deutliches Signal am empfan= genden Apparat hervorzubringen, so war der Beweis geliefert, daß der Strom selbst nach dem Durchlaufen dieser ungeheuren Strecke eine noch weit größere Intensität haben wird, als für eine telegraphische Correspon= denz nothwendig ist.

Am andern Morgen setzte man die beiden Taue durch eines ihrer Enden mit der Erde in Verbindung, während von den beiden anderen Enden das eine mit einem zeichengebenden, das andere mit einem zeichen= empfangenden Apparat verbunden wurde, und gab dann Signale wie auf einer gewöhnlichen Telegraphenlinie. Alsbald bemerkte man, daß eine gewisse, verhältnißmäßig ziemlich lange Zeit verfloß, nämlich 1¾ Secun= den, bevor der Strom von dem einen Ende bis zum andern gelangte. Man überzeugte sich jedoch bald, daß man dennoch drei vollkommen ver= ständliche Signale in 2 Secunden befördern konnte, was für die Bedürf= nisse einer täglichen und regelmäßigen Correspondenz gewiß hinreicht. Hr. Whitehouse hat bei seinen Versuchen die von ihm bereits auf kürzeren Linien beobachtete wichtige Thatsache bestätigt gefunden, daß in einer sehr langen ununterbrochenen und vollständig isolirten Kette mehrere elektrische Wellen gleichzeitig existiren können, und daß jede dieser Wellen an den Ort ihrer Bestimmung gelangen und ein vollkommen deutliches Signal hervorbringen kann.

Die von Hrn. Whitehouse angewandte Batterie besteht aus 40 Elementen nach Smee'schem System, d. h. jedes Element besteht aus einer Zinkplatte und einer verplatinirten Silberplatte, jede von ungefähr 20 Quadratcentimeter Oberfläche. Die erregende Flüssigkeit ist verdünnte Schwefelsäure. Die directe Wirkung dieser Batterie war stark genug, um in wenigen Minuten ein 7 bis 8 Centimeter langes und 1 Centimeter dickes Eisenstäbchen, welches zwischen beide Pole gebracht wurde, zu schmelzen und zu verbrennen.

Der Batteriestrom wird übrigens nicht unmittelbar zur Erzeugung der Signale angewandt; man bedient sich desselben nur, um durch Vermittelung eines magnet-elektrischen Apparates oder dicker Inductionsspulen einen Strom von hoher Spannung zu erzeugen, der sich zur Ueberwältigung so großer Entfernungen weit besser eignet.

Der zeichenempfangende Apparat wird abgeändert werden müssen, um ihn diesem ganz neuen Dienste anzupassen. Seither hat man sich zu diesem Zwecke eines dem Morse'schen ziemlich ähnlichen Apparates bedient.

Nachtrag.

Hinsichtlich des Verlaufes der Fahrt der Flottille und des Unfalles welcher diesesmal das Unternehmen vereitelte, theilen wir aus dem Mechanics' Magazine vom 29. August (Nr. 1777) den Bericht mit, welchen Hr. E. T. Bright, Ingenieur der Compagnie, deren Directoren erstattete:

„Nachdem wir am 7. August Abends Valencia verlassen hatten, ging das Abwickeln und Versenken des Taues von dem Niagara aus höchst genügend von Statten; aber in acht (englischen) Meilen Entfernung von der Abfahrtstelle verwickelte sich das dicke Ende des Taues mit der Maschinerie und brach an dieser Stelle; die Ausbesserung oder Wiedervereinigung desselben wurde jedoch mit bestem Erfolg bewerkstelligt. Bis 4 Uhr Morgens am 8ten hatte sich das Auslaufen des Taues von selbst hinreichend verzögert durch die Kraft welche erforderlich war, um die Abwickelungs-Maschinerie in etwas schnellerer Bewegung zu erhalten, als die Geschwindigkeit des Schiffes betrug; als aber das Wasser tiefer wurde, war eine weitere Bremsung des Taues nothwendig, weßhalb man auf die mit den Nuthen der Taurolle verbundenen Frictionstrommeln einen Druck ausübte, welcher von Zeit zu Zeit allmählich und vorsichtig vergrößert wurde, wie es die Geschwindigkeit des Taues, verglichen mit derjenigen des Schiffes und der Tiefe der Sondirungen, erforderlich zeigte. Um 4 Uhr Morgens am 10ten stieg die Tiefe des Wassers rasch von 550 Faden auf 1750 innerhalb einer Entfernung von acht Meilen. Bis zu dieser Zeit waren 7 Centner Bremsung hinreichend gewesen, um die Geschwindigkeit des Taues derjenigen des Schiffes nahe genug zu erhalten; als aber das Wasser tiefer wurde, nahm die verhältnißmäßige Geschwindigkeit des Taues zu, und man mußte den Druck stufenweise erhöhen, bis bei der Tiefe von 1700 Faden der Indicator eine Bremsung von 15 Centnern zeigte, während das Tau und Schiff respective 5½ und 5 Knoten zurücklegten.“

„Mittags am 10ten trat ein zunehmendes Aufwallen der See ein, worauf später am Tage ein starker Wind erfolgte. Wir hatten nun 2000 Faden Wassertiefe erreicht und mußten die Bremsung auf 20 Centn. steigern, wodurch die Geschwindigkeit des Taues in geeignetem Verhältniß zu derjenigen des Schiffes erhalten wurde.

Um 6 Uhr Abends entstand eine Schwierigkeit dadurch, daß das Tau aus den Rinnen oder Nuthen der Rolle trat, weil der Theer und das Pech in denselben erhärtet und ein großer Spalt auf denselben entstanden war; diesem Umstand half man dadurch ab, daß man noch mehr Leitkränze befestigte und den Theer mit Oel erweichte. Man mußte hierzu das Schiff vor Anker legen und dann das Tau durch Stopper halten, bis es wieder gehörig um die Rolle angeordnet war. Dieser Vorfall ist beachtenswerth, denn er zeigt die Möglichkeit, bei tiefem Wasser vor Anker zu liegen, ohne daß man das Ablaufen des Taues fortsetzt — ein Punkt, welcher häufig bezweifelt worden ist. Bald nachher wurde die Geschwindigkeit des Taues beträchtlich größer als diejenige des Schiffes, und um 9 Uhr Abends lief das Tau mit 5½ bis 5¾ Knoten per Stunde ab, während die Geschwindigkeit des Schiffes nach dem Log beiläufig 3 Knoten betrug. Die Bremsung wurde dann auf 25 Centn. erhöht; als aber der Wind stärker wurde, die See höher ging und gleichzeitig eine Strömung das Tau von der directen Linie des Schifflaufes unter einem Winkel ablenkte, fand man jene Bremsung unzureichend, weil das Tau um Mitternacht 2½ Knoten mehr zurücklegte als das Schiff. Um die Abwickelung des Taues zu verzögern, verstärkte man daher um 2 Uhr Morgens die Bremsung auf 30 Centn., und nachher, da seine Geschwindigkeit fortwährend größer blieb als man sie zulässig erachtete, auf 35 Ctnr. Dadurch wurde die Geschwindigkeit des Taues auf nahezu 5 Knoten gebracht, und dieselbe dauerte stätig fort bis um 3 Uhr 45 Minuten (Morgens am 11. August), wo das Tau zerriß, von welchem in diesem Zeitpunkt 335 engl. Meilen Länge abgelaufen waren. Ich hatte bis dahin die Regulirung der Bremsen persönlich überwacht, da ich aber fand, daß Alles in Ordnung verlief und ich es für nothwendig erachtete mich zeitweise von dem Abwickelungs=Mechanismus zu entfernen, um die Geschwindigkeit des Schiffes zu ermitteln und auch den die elektrischen Apparate beaufsichtigenden Mechanifer zu besuchen, so überließ ich die Ueberwachung jenes Mechanismus in so lange einem Arbeiter, welcher schon bei der Ausführung und Aufstellung der Maschinerie verwendet worden und daher mit ihrer Behandlung bekannt war. Ich schritt dem Vordertheil des Schiffes zu, als ich gewahr wurde, daß die Maschinerie still stand; ich rief sogleich dem Arbeiter zu, die Bremsen zu lösen und der Dampfmaschine des Schiffes die entgegengesetzte Bewegung zu geben; als ich aber den Platz erreichte, war das Tau abgerissen. Bei der Untersuchung der Maschinerie, welche übrigens in vollkommener Ordnung war, fand ich, daß die Bremsen nicht nachgelassen worden waren, und diesem Umstande oder demjenigen, daß das Handrad der Bremsen in unrechtem Sinne gedreht wurde, dürfte der Stillstand der Maschinerie und der nachfolgende Bruch des Taues zuzuschreiben seyn. Ich sehe wohl ein, daß ich bei der nächsten Gelegenheit mich mit einem zahlreicheren Personal versehen muß, damit das verwendete bei eintretender Erschöpfung sogleich durch die Reservemannschaft abgelöst werden kann, und daß zur Ueberwachung der Bremsen ein intelligenterer Mechanifer angestellt werden muß. Die Veranlassung des Unfalls war ohne Zweifel die eingetretene zu starke Bremsung des Taues; wäre aber die Maschinerie damals gehörig behandelt worden, so hätte derselbe unmöglich stattfinden können. Es wurde mehrseitig die Ansicht geäußert, daß die Abwickelungs=Maschinerie zu massiv und gewichtig sey. Die Erfahrung, welche ich mit derselben machte, widerlegt dieses aber hinreichend; in den drei Tagen, wo sowohl seichtes als tiefes Wasser durchgeschifft wurde, auch ein rascher Uebergang von dem einen in das andere stattfand, hätte die Leistung der Maschinerie nicht vollkommener seyn können; da sie ihre Arbeit so sanft und wirksam bei den kleineren Tiefen verrichtete, wo die Reibung und der

Widerstand des Taues durch dessen Gewicht weniger überwunden werden konnten, so kann man kaum sagen, daß sie für tiefes Wasser zu schwer ist, wo man wegen des vergrößerten Gewichts des Taues dessen rasche Bewegung mittelst beträchtlicher Vermehrung seiner Reibung zu beschränken genöthigt ist. Ich gebe zu, daß die Maschinerie verbessert werden kann durch eine zweckmäßigere Form der Rinne oder Nuth in der Rolle, durch einen vollkommeneren Mechanismus zum Adjustiren der Bremsen und andere kleine Abänderungen; ich bin aber überzeugt, daß bei gehöriger Behandlung der Maschinerie, ohne alle Abänderung derselben, die ganze Länge des Taues sicher hätte gelegt werden können. Nachdem der Unfall eingetreten war, unternahm Lieutenant Dayman Sondirungen, und fand die Tiefe zu 2000 Faden (12000 Fuß). Ich sehe in unserer gegenwärtigen Lage keinen Grund zur Entmuthigung, sondern habe im Gegentheil ein größeres Vertrauen als je zu dem Unternehmen. Es hat sich als unzweifelhaft herausgestellt, daß unserm endlichen Erfolg kein Hinderniß im Wege steht. Die Construction des Taues hat allen meinen Erwartungen entsprochen, und ich könnte keine Abänderung desselben empfehlen, da es sich den Anforderungen ganz entsprechend erwies."

XXVI.

Das elektrische Leitungsvermögen von Kupferdrähten.

Aus dem Mechanics' Magazine, Juli 1857, Nr. 1770.

Professor W. Thomson erhielt beim Messen des Widerstandes von Drähten, welche für unterseeische Telegraphen fabricirt worden waren, das überraschende Resultat, daß verschiedene Proben bedeutende Unterschiede zeigen, wodurch ihr Werth für den beabsichtigten Zweck wesentlich modificirt wird. Anfangs glaubte er die Erklärung dieser Unterschiede im Drehen des Drahtes zu einer Schnur und Ueberziehen derselben mit Gutta-percha suchen zu müssen. Eine sorgfältige Prüfung von Kupferdraht-Schnüren, theils überzogenen, theils nicht überzogenen, dann solchen die mit Kautschuk gefirnißt und anderen welche durch Glühen in einer heißen Flamme oxydirt worden waren, ergab jedoch, daß keiner dieser Umstände einen merklichen Einfluß auf den ganzen Widerstand hervorbrachte, und daß, während die von derselben Fabrik gelieferte Drahtsorte sich ziemlich constant erweist, dagegen das Erzeugniß einiger Fabriken demjenigen von andern Fabriken weit überlegen ist. Ein unterseeischer Telegraph, zu dessen Herstellung Kupferdraht einer Fabrik von nur $\frac{1}{21}$ Zoll Durchmesser, mit Guttapercha zu einem Durchmesser von einem Viertelzoll überzogen, verwendet worden ist, kann mit derselben elektrischen Kraft und denselben Instrumenten, eine größere telegraphische Leistung hervorbringen, als ein solcher Telegraph, ausgeführt mit Kupferdraht einer anderen Fabrik, von $\frac{1}{16}$ Zoll Durchmesser, mit Gutta-percha zu einem Durchmesser von einem Drittelszoll überzogen. Worin der Grund dieser Verschiedenheiten im elektrischen Verhalten besteht, dieß ist eine Frage von eben so großer praktischer Wichtigkeit als hohem wissenschaftlichem Interesse. Der Versuch ergibt, daß der größte Grad von Sprödigkeit, welcher durch Spannung hervorgebracht werden kann, das Leitungsvermögen des Metalls nicht ganz um ein halbes Procent verändert. Ein ähnlicher Versuch ergab, daß ein Kupferdraht, dadurch daß man ihn platt hämmerte, sein Leitungsvermögen nicht merklicher änderte.

XXVII.

Apparat zur Versenkung des unterseeischen Telegraphentaues, welchen sich Robert Stirling Newall zu Gateshead am 14. Mai 1855 patentiren ließ.

Aus dem London Journal of arts, August 1857, S. 81.

Mit einer Abbildung auf Tab. II.

Fig. 25 stellt diesen Apparat im Durchschnitte dar. a ist ein hölzerner oder eiserner auf seiner äußeren Seite glatter Conus, welcher an den Boden des Schiffes befestigt ist und mindestens bis zur Höhe des aufgerollten Taues reicht. Diesen Conus umgibt ein Cylinder oder eine Reihe an Boden und Deck befestigter Stangen oder Stützen m, welche das rings um den Kegel aufgerollte Tau unverrückbar an seiner Stelle halten. Diese Stützen werden durch einen um sie gelegten eisernen Reif n fest zusammengehalten. Ueber dem Kegel ist eine Rolle angeordnet, deren eine Seite mit der Achse desselben in einer Linie sich befindet.

In einem geeigneten Abstande zwischen dem Kegel und dem Stern des Schiffes ist eines oder es sind zwei Bremsräder angeordnet, je nach dem Gewichte des über den Stern herabhängenden Taues und der Wirksamkeit des Bremsrades. Letztere muß groß genug seyn, um das Tau zu verhindern sich abzurollen, wenn das Schiff über der größten Wassertiefe segelt. Wird die Bremse ausgelöst, so entrollt sich das Tau ungefähr mit der nämlichen Geschwindigkeit, mit welcher das Schiff über den Boden hinwegſegelt. Der Durchmeſſer des Bremsrades ſollte 8 bis 9 Fuß betragen. Das Tau wird in horizontalen Lagen ſorgfältig um den Conus gewunden, und zwar von außen nach dem Conus zu. Iſt der Raum einer Lage ausgefüllt, ſo wird das Seil nach der äußerſten Windung zurückgeführt und eine neue Lage begonnen.

Behufs der Verſenkung des Taues deckt man auf den Conus eine conoidiſche Spitze und hängt rings um dieſe mehrere eiſerne Reiſe c auf.

Dieſe Reiſe verhüten das Auseinanderfliegen der Seilbiegungen in Folge der Centrifugalkraft, wenn die Operation mit großer Geſchwindig= keit vor ſich geht, und machen eine Verwicklung des Taues unmöglich. Die beiden Reiſe nächſt den Windungen können bis zu einer Höhe von beziehungsweiſe 6 Zoll und 1 Fuß über den letzteren herabgelaſſen werden.

Soll nun die Verſenkung des Taues vor ſich gehen, ſo führt man das Ende desſelben durch die Reiſe aufwärts über die Rolle und mehrere Mal um das erſte Bremsrad, wodurch die nöthige Abhäſion erzielt wird, dann um das zweite Rad und über den Stern des Schiffs nach dem Ufer wo man das Tau befeſtigt. Das Schiff ſegelt ſodann ab und das Telegraphentau entrollt ſich, wobei die Bremsräder hinreichende Reibung darbieten, um das Tau geſpannt zu erhalten.

XXVIII.

Verbeſſerungen an elektriſchen Telegraphentauen, welche ſich Samuel S t a t h a m und Willoughby S m i t h am 15. Auguſt 1855 für England patentiren ließen.

Aus dem London Journal of arts, Auguſt 1857, S. 77.

Mit Abbildungen auf Tab. II.

Vorliegende Erfindung beſteht darin, daß man einen oder mehrere flache oder runde Drähte ſpiralförmig um den mit iſolirendem Material überzogenen Kern eines Faſerſtoffes, oder um einen Kern von Gutta= percha legt, und dieſe Drähte durch mehrere Ueberzüge von Gutta=percha iſolirt. Die Drähte werden in kaltem Zuſtande um den Kern gelegt, oder ſie werden erwärmt, damit ſie ſich in den Kern einbetten.

8 *

Fig. 12 stellt ein Telegraphentau in der äußeren Ansicht dar. Um die Construction deutlicher zu zeigen, sind einzelne Theile desselben hinweggelassen. Der innere Kern a besteht aus Gutta-percha, um welche drei Drähte spiralförmig gelegt sind. Diese Drähte sind wieder mit einem isolirenden Material überzogen, um welches sechs Drähte b spiralförmig gewunden sind. Auch diese Drähte sind mit einem isolirenden Ueberzug bekleidet. Letzterer ist von mehreren Geflechten c von Eisendraht umwickelt, und diese umgibt wieder eine isolirende Hülle, wodurch das Tau die Gestalt d annimmt. Jeder der Theile a, b oder c kann für sich als Telegraphentau dienen.

Fig. 13 ist der Längendurchschnitt und Fig. 14 der Querschnitt eines Taues, welches bei einem geringen Durchmesser dreizehn vollständig gegen einander isolirte Drähte enthält. Sechs solcher Drähte sind spiralförmig um einen siebenten gewunden, und in die Zwischenräume zwischen diesen sechs Drähten sind sechs andere Drähte gelegt. Das Ganze ist schließlich durch eine oder mehrere Gutta-percha-Hüllen isolirt.

XXIX.

Schwimmer-Bürette; von Professor L. O. Erdmann.

Aus dem Journal für praktische Chemie, 1857. Bd. LXXI S. 193.

Mit Abbildungen.

Mohr's Quetschhahn-Bürette, deren zweckmäßige und bequeme Einrichtung die älteren Büretten immer mehr verdrängt, theilt mit den letzteren noch den Uebelstand, daß ein genaues Ablesen der Scalentheile auch bei Anwendung des von Mohr empfohlenen Verfahrens sehr schwierig ist. Ich habe versucht, mittelst eines in die Bürette gebrachten Schwimmers die Ablesung genauer zu machen. Die in Folgendem beschriebene Einrichtung der Schwimmer-Bürette macht die Ablesung sowohl von den durch die Krümmung der Oberfläche der Flüssigkeit, als von den durch die Parallaxe veranlaßten Fehlern unabhängig. Dieselbe ist im Laboratorium der Universität zu Leipzig seit einem Jahre eingeführt, und hat sich bei fortwährendem Gebrauche so gut bewährt, daß ich glaube, durch Beschreibung derselben einen nützlichen Beitrag zur Vervollkommnung des Titrirverfahrens zu liefern.

Der Schwimmer ist ein hohler Glaskörper von beistehender Form. In der Mitte seiner Höhe ist um denselben eine ringförmige Linie mit

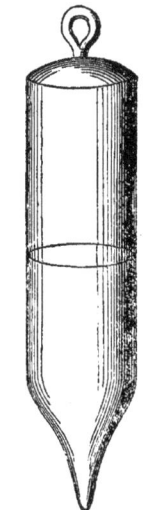

dem Diamant eingeschnitten. Oben ist er mit einem Oehr versehen, welches dazu dient, den Schwimmer mittelst eines Drahtes aus der Bürette herauszuziehen zu können, wenn dieselbe mit einer anderen Flüssigkeit gefüllt werden soll. Der Schwimmer muß der Weite der Bürette so angepaßt seyn, daß, wenn er in die gefüllte Röhre eingesetzt ist, er beim Ablaufen der Flüssigkeit mit derselben ohne Schwan= kungen herabsinkt, und, wenn er in der Flüssigkeit der ge= schlossenen Bürette mittelst eines Glasstabes oder Drahtes niedergedrückt worden ist, langsam wieder emporsteigt. Die Schwere des Schwimmers muß so regulirt seyn, daß, wenn er in die gefüllte Röhre eingesetzt ist, die Flüssigkeit mit seinem oberen Rande ringsum gleichförmig abschneidet. Die Regulirung geschieht durch etwas Quecksilber, das man in den Schwimmer einschmilzt. Bei kleinen Schwimmern für sehr enge Büretten läßt sich die Regulirung auch ohne Queck= silber durch die Glasmasse allein bewirken. Das wesentlichste Erforderniß

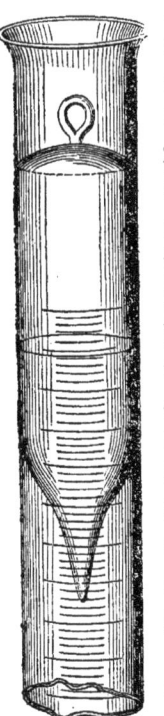

des Schwimmers ist, daß die Achse des Schwimmers mög= lichst genau mit der des Büretten=Rohres zusammenfällt, und daß demnach die Theilstriche der Bürette mit der Kreis= linie des Schwimmers stets parallel sind. Die Herstellung passender Schwimmer wird am besten bei Anfertigung der Büretten erfolgen, indem man zu beiden die in einander passenden Röhren auswählt. Es ist aber auch leicht, zu schon vorhandenen Büretten passende Schwimmer zu er= halten, wenn man aus gut cylindrischen Röhren von etwas kleinerem Durchmesser als die Büretten eine Anzahl Schwim= mer vor der Lampe herstellen läßt, aus diesen die passenden aussucht und dann erst mit der Kreislinie versieht. Um die Schwere zu reguliren, öffnet man die Spitze vor dem Löthrohr und bringt die erforderliche Menge von Quecksilber hinein, die man leicht durch einige Versuche findet, wäh= rend welcher man die Spitze mit etwas Wachs verschließt, bis sie zuletzt nach Ermittelung der richtigen Schwere wieder zugeschmolzen wird.

Die nebenstehende Figur stellt den Schwimmer nach der Einsetzung in die gefüllte Bürette dar. Das Quecksilber ist in der Zeichnung nicht angegeben. Wenn nach dem

Einsetzen an dem unteren in eine stumpfe Spitze auslaufenden Ende des Schwimmers Luftblasen sich zeigen, so drückt man ihn mittelst eines Glasstabes in die Bürette hinab, bis die abhärirenden Luftblasen nach oben entwichen sind.

Die Art des Gebrauches der mit Schwimmer versehenen Bürette ergibt sich ohne Weiteres. Der Schwimmer wird in die bis über 0 gefüllte Bürette eingesetzt und so viel Flüssigkeit durch den Quetschhahn abgelassen, bis die Kreislinie des Schwimmers mit dem Nullpunkte oder irgend einem Theilstriche zusammenfällt. Dabei muß zugleich die nach dem Auge zugekehrte Hälfte der Kreislinie des Schwimmers die andere Hälfte decken. Dasselbe muß der Fall seyn beim Ablesen nach Beendigung des Versuchs. Auf diese Weise wird der Fehler der Parallaxe vermieden und eine Schärfe der Ablesung erreicht, wie sie bei dem gewöhnlichen Verfahren nicht möglich ist. Selbst bei Anwendung weiterer Büretten, die bei der gewöhnlichen Länge 100 Kubikcentim. fassen und in $\frac{1}{5}$ Kubikcentim. getheilt sind, kann man $\frac{1}{10}$ Kubikcentim. mit völliger Sicherheit ablesen, ohne daß es einer besonderen Einübung bedürfte.

Hr. Mechanikus Hugershoff in Leipzig liefert Büretten zu 50 bis 60 Kubikcentim. Inhalt in Zehntel=Grade getheilt mit Schwimmer zum Preise von $1\frac{1}{2}$ Thlr. [26]

XXX.

Ueber die Einwirkung des kohlensauren Natrons auf Gußeisen bei hoher Temperatur; von Ch. Tissier, Director der Aluminium=Fabrik zu Amfreville=la=Mi=Voie.

Nach dem Technologiste, Juli 1857, S. 357, durch das polytechnische Central=blatt 1857, S. 1255.

Verschiedene Personen hatten ihre Verwunderung darüber ausgesprochen, daß die Masse der schmiedeisernen Röhren, welche bei der Fabrication des Natriums angewendet werden, niemals in Gußeisen über-

---

[26] In den Annalen der Chemie und Pharmacie, September 1857, bemerkt Hr. Prof. v. Liebig über dieses Instrument: „Jedermann, der den Schwimmer zum Ablesen kennen gelernt hat, wird Hrn. Prof. Erdmann für diese wahre Verbesserung der Quetschhahn=Pipette Dank wissen; letztere wird dadurch zu einem in jeder Hand genauen und sicheren Instrumente." A. d. Red.

geht, obschon das zur Natriumdarstellung dienende Gemenge sehr reich an
Kohlenstoff ist. Der Verf. stellte in Folge dessen Versuche an, bei denen
er sich überzeugte, daß Eisen durch die Einwirkung dieses Gemenges bei
der hohen Temperatur, bei welcher das Natrium entsteht, durchaus keine
Veränderung erleidet. Er gelangte sogar, indem er Stücke von Gußeisen
einer langen Einwirkung dieses Gemenges aussetzte, dahin, dieselben ohne
Formveränderung in Stahl und darauf in Schmiedeisen zu verwandeln.
Diese Ergebnisse veranlaßten ihn, die Wirkung des kohlensauren Natrons
auf Schmiedeisen und Gußeisen bei dem Schmelzpunkte des letzteren zu
untersuchen, und er fand dabei bestätigt, daß das kohlensaure Natron auf
das Schmiedeisen nicht einwirkt (was für die Darstellung des Natriums
ein glücklicher Umstand ist), daß es aber dem Gußeisen den Kohlenstoff
und das Silicium entzieht und es dadurch in nicht mehr schmelzbares
dehnbares Eisen verwandelt. Wenn man graues Roheisen (das von dem
Verf. angewendete enthielt 6, 6 Proc. Silicium und graphitartigen Kohlenstoff) mehrere Stunden lang in einem Ueberschusse von kohlensaurem
Natron, welches in einem Tiegel bei lebhafter Rothglühhitze geschmolzen
ist, erhält, so beobachtet man Folgendes:

Wenn die Hitze hinreichend gestiegen ist, kocht die Masse auf und
es entwickeln sich große Blasen von Kohlenoxydgas, die mit gelblicher
Flamme brennen. Die gelbe Farbe ist nicht so lebhaft, daß eine Reduction
von Natrium anzunehmen wäre. Wenn sich kein Kohlenoxydgas mehr
entwickelt, hört man mit dem Feuern auf, nimmt das Eisen mit einer
Zange aus dem geschmolzenen kohlensauren Natron heraus und reinigt
es mittelst eines Hammers oder durch Wasser von der ihm anhängenden
geringen Menge dieses Salzes. Es zeigt nun eine vollkommen abgebeizte
Oberfläche, die Stücke sind nicht verunstaltet, sie biegen sich unter dem
Hammer und lassen sich in der Kälte und in der Hitze schmieden; der
körnige Bruch des Gußeisens ist verschwunden und durch eine faserig-
krystallinische Textur ersetzt; die Masse ist ferner blasig geworden und die
Höhlungen sind mit weißen Kügelchen von kieselsaurem Natron gefüllt,
dessen Kieselsäure aus dem Silicium des Roheisens entstanden ist.

Das so behandelte Eisen wird von Salzsäure in der Kälte kaum
angegriffen und auch in der Wärme nur sehr langsam gelöst. Verdünnte Salpetersäure wirkt zwar energischer darauf, aber doch auch viel
weniger lebhaft als auf gewöhnliches Schmiedeisen und namentlich auf
Gußeisen. Begreiflich erstreckt sich die Einwirkung des kohlensauren
Natrons nicht bloß auf Kohlenstoff und Silicium, sondern auch Phosphor
und Schwefel müssen durch dasselbe dem Eisen entzogen werden. Vielleicht nimmt (was der Verf. noch zu untersuchen gedeutt) das Eisen etwas

Natrium auf und wird dadurch nicht nur nicht verſchlechtert, ſondern erlangt ſogar Eigenſchaften, wegen deren die Händler die zur Natriumbereitung benutzten unbrauchbar gewordenen Cylinder gerne kaufen. Wenn dieß nicht der Fall ſeyn ſollte, ſo müßte man annehmen, daß eine dem entwickelten Kohlenoxydgaſe äquivalente Menge waſſerfreies Natron entſteht.

Bekanntlich kann man Gußeiſen durch Cementiren mit Stoffen, die reich an Eiſenoxyd ſind, in ſchmiedbares Eiſen verwandeln, und dieſes Verfahren wird von mehreren franzöſiſchen Fabrikanten für kleine gußeiſerne Gegenſtände, u. A. für die Hähne der Gewehrſchlöſſer, täglich angewendet. Vielleicht könnte man denſelben Zweck leichter und beſſer durch Einwirkung von ſchmelzendem kohlenſauren Natron erreichen, wenigſtens wäre dieſes Verfahren inſofern vorzuziehen, als man den Gegenſtand jederzeit aus der geſchmolzenen Maſſe herausziehen könnte, um zu ſehen, ob er lange genug behandelt wäre, was bei Anwendung des Cementtirpulvers nicht thunlich iſt. Der Verf. hoffte die Behandlung von Gußeiſen mit kohlenſaurem Natron auf große Gegenſtände, die bisher nur durch Schmieden hergeſtellt werden konnten, anwenden zu können; aber die Langſamkeit, mit welcher bei etwas beträchtlicher Dicke der Gegenſtände die Operation erfolgt, und die Poroſität des ſo erhaltenen Eiſens, welche die Bearbeitung mittelſt des Hammers nöthig machen würde, um die Theile einander zu nähern, erfordern, daß an dem Verfahren noch irgend eine Modification angebracht werde, welche dieſen beiden Uebelſtänden abhelfen könne. Jedoch iſt anzuführen, daß gußeiſerne Gegenſtände, namentlich ſolche, welche nicht ſehr groß ſind, durch die Behandlung mit kohlenſaurem Natron, indem dabei an ihrer Oberfläche eine mehr oder weniger dicke Schicht von zähem Eiſen entſteht, eine große Feſtigkeit erlangen, ſo daß ſie nun dem Zerſpringen nicht mehr unterworfen ſind. Dieſe Umwandlung könnte wohl am beſten in einem Flammofen mit vertieftem Herde, auf welchem das kohlenſaure Natron geſchmolzen würde, bewirkt werden. Der Verbrauch an kohlenſaurem Natron iſt, wenn man in geeigneter Weiſe operirt, unbedeutend. Man muß aber reines kohlenſaures Natron anwenden, oder, wenn man das gewöhnliche Sodaſalz benutzen will, daſſelbe zuvor mit etwas Kohle glühen, um das darin enthaltene ſchwefelſaure Natron in Schwefelnatrium zu verwandeln, denn ſchwefelſaure Alkalien greifen bei ſtarker Hitze das Eiſen ſehr an, und vorzüglich dieſer Wirkung iſt es zuzuſchreiben, daß die bei der Natriumbereitung angewendeten eiſernen Rührhaken ſich ſo raſch abnutzen.

XXXI.

Ueber die chemiſchen Veränderungen, welche das Roheiſen während ſeiner Umwandlung in Stabeiſen erfährt; von Prof. F. Crace Calvert und Richard Johnſon.

Aus dem Philosophical Magazine, September 1857, S. 165.

Mit einer Abbildung.

Wir wünſchten einige Verbeſſerungen in der Eiſenfabrication zu machen und gingen daher die bisherigen Analyſen von Roheiſen und Stabeiſen genau durch; wir fanden aber, daß ſich zwiſchen deren Reſul= taten keine Vergleichung anſtellen läßt, weil die analyſirten Proben von verſchiedenen Quellen herſtammten, auch keine Analyſe bezüglich der ver= ſchiedenen chemiſchen Veränderungen welche das Roheiſen während des Puddelproceſſes erfährt, bisher veröffentlicht worden iſt. Wir entſchloſſen uns daher, dieſe Unterſuchung vorzunehmen, in der Hoffnung einiges Licht über dieſe wichtige Operation bei der Eiſenfabrication zu verbreiten, und dadurch die Eiſenhüttenmänner in Stand zu ſetzen diejenigen Ver= beſſerungen im Puddeln des Eiſens zu machen, welche in mehrfacher Hinſicht ſo wünſchenswerth ſind.

Um die allmählichen Veränderungen welche das Roheiſen während ſeiner Umänderung in Stabeiſen erfährt, zu erforſchen, nahmen wir, nach= dem das Roheiſen im Puddelofen geſchmolzen war, nach jedesmaligem Verlauf von fünf bis zehn Minuten Proben aus demſelben und ermittelten dann deren chemiſche Zuſammenſetzung. Die analytiſchen Verfahrungs= arten, welche wir befolgten, um die Beſtandtheile des Roh = und Stab= eiſens, ſowie der während des Puddelns aus dem Ofen gezogenen Proben zu beſtimmen, wollen wir vor Allem ausführlich beſchreiben; auf die Genauigkeit der von uns angenommenen analytiſchen Methoden mußten wir uns ganz verlaſſen können, weil im Roheiſen die fremdartigen Beſtand= theile größtentheils nur in geringer Menge enthalten ſind, und von ihrer allmählichen Entfernung oder Abnahme die Güte des erzeugten Stabeiſens abhängt.

Eiſen. — Um das Eiſen quantitativ zu beſtimmen, löſten wir 1 Gramm der Eiſenprobe in reiner Salzſäure auf, reducirten die Löſung durch Zuſatz von ein wenig reinem Zink vollſtändig zu Orydulſalz, und beſtimmten dann den Eiſenbetrag nach Margueritte's Verfahren. [27]

---

[27] Im polytechn. Journal Bd. C S. 380.

Kohlenstoff. — Nach vielen Versuchen fanden wir, daß das beste Verfahren zur Bestimmung desselben darin besteht, das Eisen in sehr feines Pulver zu verwandeln, entweder durch Pulverisiren oder mittelst einer Feile, und dann den Kohlenstoff mit Hülfe der Rothglühhitze durch einen langsamen Strom von reinem und trocknem Sauerstoffgas zu verbrennen. Dazu wendeten wir folgenden Apparat an:

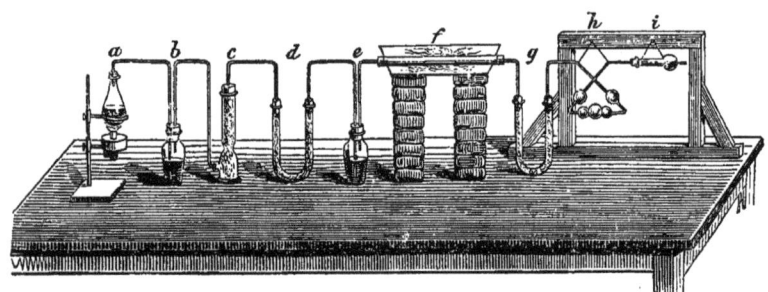

a Kolben, enthaltend ein Gemenge von chlorsaurem Kali und Kupferoxyd, welches durch gelindes Erhitzen einen regelmäßigen Strom von Sauerstoff liefert.

b Flasche, enthaltend eine concentrirte Lösung von Aetzkali, um alles Chlor und jedes Oxyd desselben, welche etwa erzeugt wurden, zurückzuhalten.

c Röhre, gefüllt mit Bimsstein, welcher mit Aetzkalilösung befeuchtet wurde; sie dient zu demselben Zweck wie die vorhergehende Flasche.

d ist eine U förmige Röhre, welche mit Stücken von geschmolzenem Aetzkali gefüllt ist und ebenfalls zu demselben Zwecke dient.

e Flasche, welche concentrirte Schwefelsäure enthält, um alle im Sauerstoffgas etwa enthaltene Feuchtigkeit zurückzuhalten.

f Porzellanrohr, in welches ein Porzellanschälchen gestellt wurde, worin sich das pulverisirte Eisen befand.

g Rohr, gefüllt mit kleinen Stücken von Bimsstein, welche mit concentrirter Schwefelsäure befeuchtet sind, damit sie jede Feuchtigkeit zurückhalten.

h Kugelapparat, gefüllt mit concentrirter Kalilauge, um die Kohlensäure zu bestimmen, welche durch die Vereinigung des Sauerstoffs mit dem Kohlenstoff des Eisens erzeugt wurde.

i kleine Röhre mit Stücken von Aetzkali, um jede Spur von Kohlensäure zurückzuhalten, welche im Kugelapparat etwa nicht absorbirt wurde.

Damit die Absorption der Kohlensäure vollständig erfolgt, ist es nothwendig die Operation sehr regelmäßig und langsam zu leiten; es sind

daher beiläufig zwei Stunden erforderlich, um allen Kohlenstoff zu verbrennen welcher in beiläufig 3 Grammen Eisen enthalten ist.

Nach dieser Methode ergab sich bei zwei Analysen derselben Probe
selten eine größere Differenz als 0,05. Wir gebrauchten auch die Vorsicht, das nach der Verbrennung erhaltene Eisenoxyd aufzulösen, um uns
zu überzeugen daß es kein Wasserstoffgas entwickelte und folglich kein
metallisches Eisen zurückblieb.

Silicium. — Das im Roheisen enthaltene Silicium ist sehr schwierig
mit Genauigkeit zu bestimmen, und erst nachdem wir verschiedene Verfahrungsarten vergeblich versucht hatten, nahmen wir die folgende an,
welche uns sehr genügende und übereinstimmende Resultate gab. 5 Gramme
des Eisens wurden in Königswasser aufgelöst, welches überschüssige Salpetersäure enthielt, worauf man das Ganze zur Trockne verdampfte und
in einem Platintiegel mit seinem dreifachen Gewicht eines Gemenges von
reinem kohlensaurem Kali und kohlensaurem Natron schmolz. Die erhaltene Masse wurde in Wasser aufgelöst und mit Königswasser gekocht,
bis sämmtliches Eisenoxyd in Lösung übergegangen war, worauf man
wieder zur Trockne verdampfte und den Rückstand sorgfältig auf beiläufig
200° C. erhitzte. Die Masse wurde dann mit Salzsäure und Wasser
behandelt, die Kieselerde auf einem Filter gesammelt und mit verdünnter
Salzsäure ausgewaschen, bis sie vollkommen weiß war, dann getrocknet
und geglüht, worauf ihr Gewicht den Siliciumgehalt des analysirten
Eisens ergab.

Schwefel. — Da der Schwefel nur in sehr geringer Menge im
Roheisen und Stabeisen vorkommt, so ist es ziemlich schwierig, sein Verhältniß genau zu bestimmen; dazu kommt noch, daß uns keine der bisher
empfohlenen Methoden genügende Resultate gab. So schlug uns z. B.
die Methode den Schwefel in Form von Schwefelwasserstoff zu bestimmen,
deßhalb fehl, weil es schwierig ist, die letzten Spuren von Schwefelwasserstoff zu entfernen, welche die Flüssigkeit zurückhält, worin das Eisen
aufgelöst ist und in welcher das Gas erzeugt wurde. Das Verfahren
hingegen, welches darin besteht, das Eisen in Königswasser aufzulösen,
den größern Theil der Säure kochend zu verjagen, und dann der Lösung
salpetersauren Baryt zuzusetzen, kann nicht mit Sicherheit befolgt werden;
denn einer von uns [28] hat gezeigt, daß schwefelsaurer Baryt in sauren
Flüssigkeiten löslich ist, besonders in den salpetersäurehaltigen, und zwar

---

[28] Calvert, im Journal für praktische Chemie Bd. LXVIII S. 305.

oft in solcher Menge, daß dadurch eine größere Differenz zwischen den Analysen zweier Proben desselben Eisens entsteht, als die wirkliche Schwefel= Differenz bei zwei Eisenproben von verschiedenen Erzen beträgt. Diese Betrachtungen veranlaßten uns das letzterwähnte Verfahren in folgender Weise abzuändern: — 5 Gramme der zu analysirenden Eisenprobe wurden in feines Pulver verwandelt, welches wir allmählich und langsam in ein stark orydirendes, aus 4 Th. rauchender Salpetersäure und 1 Th. Salz= säure bestehendes Königswasser eintrugen. Nachdem sich das Eisen auf= gelöst hatte, wurde die Lösung zur Consistenz eines dünnen Syrups abgedampft, dann allmählich mit ihrem vierfachen Gewicht eines Gemenges von reinem kohlensaurem Kali und Natron gemischt, und eine Stunde lang in einem Platintiegel zum Rothglühen erhitzt. Die geschmolzene Masse wurde hierauf mit reinem kochendem Wasser erhitzt, bis der ganze lösliche Antheil aufgelöst war. Diese Flüssigkeit machten wir mit Salz= säure schwach sauer, verdampften sie dann zur Trockne, und erhitzten den Rückstand auf 200° C., um die Kieselerde unlöslich zu machen. Das Ganze wurde hierauf mit Wasser behandelt, welches mit Essigsäure schwach angesäuert war, und nach dem Absondern der Kieselerde durch Filtriren, wurde der Gehalt an Schwefelsäure, und folglich an Schwefel, aus dem Gewicht des erhaltenen schwefelsauren Baryts bestimmt.

Phosphor. — Wir haben auch die genaue Bestimmung dieses Körpers als sehr wichtig betrachtet, weil derselbe, wie der Schwefel, nur in kleiner Menge vorhanden zu seyn braucht, um höchst schädlich zu seyn; schon einige Tausendtheile Phosphor mehr, oder weniger, ändern den Werth des Eisens für viele Zwecke gänzlich. Zur Bestimmung des Phosphors haben wir ein ähnliches Verfahren wie für den Schwefel befolgt, mit dem Unterschied, daß wir die auf 200° C. erhitzte Masse mit Wasser behandelten, welches mit Salzsäure (anstatt mit Essigsäure) versetzt war und dann der Flüssigkeit, woraus wir die Kieselerde abgesondert hatten, Ammoniak in Ueberschuß zusetzten. Diese Flüssigkeit ließen wir stehen, um zu sehen ob sich Thonerde aus ihr abschied; war dieses nicht der Fall, so setzten wir Salzsäure in Ueberschuß zu, dann reines Chlor= calcium, und hierauf wieder Ammoniak, welches phosphorsauren Kalk, entsprechend der Formel PO⁵ 3 Ca O, fällte, aus dem die Menge des Phosphors berechnet wurde. Dabei waren wir stets besorgt, vor dem Zusatz von Chlorcalcium die Flüssigkeit so zu verdünnen, daß kein schwefel= saurer Kalk gefällt werden konnte, auch wuschen wir den Niederschlag rasch aus, damit sich kein kohlensaurer Kalk bilden konnte. Von der Verläßlichkeit dieser Methode haben wir uns während unserer Analysen mehrmals auf die Art überzeugt, daß wir den Gehalt unserer Nieder=

schläge an Kalk und Phosphorsäure nach Reynoso's Verfahren [29] bestimmten.

Aluminium. — Wenn solches vorhanden war, schied es sich bei der vorhergehenden Analyse auf angegebene Weise ab und sein Betrag konnte also bestimmt werden. Wir haben auch mehrmals Eisen in Königs=wasser aufgelöst, die Lösung zur Trockne abgedampft und den Rückstand mit einem Gemenge von kohlensauren Alkalien geschmolzen, welchem wir ein wenig caustisches Alkali zugesetzt hatten. Uebrigens fanden wir in dem von uns analysirten Eisen entweder kein Aluminium oder bloß Spuren desselben.

Mangan. — 5 Gramme Eisen wurden in Königswasser aufgelöst, das Ganze zur Trockne verdampft und den Rückstand mit kohlensauren Alkalien geglüht. Die geschmolzene Masse wurde mit kochendem Wasser behandelt, und in die Lösung wurden kleine Stücke schwedisches Papier gegeben, um das mangansaure Alkali zu reduciren. Das Eisen und Mangan wurden dann auf einem Filter gesammelt, gut ausgewaschen und hierauf in Salzsäure aufgelöst. Diese Lösung wurde wieder abge=dampft, und der Rückstand hinlänglich erhitzt um die Kieselsäure unauf=löslich zu machen. Derselbe wurde dann mit ein wenig schwacher Salz=säure behandelt, und die Lösung filtrirt um die Kieselerde abzusondern. Dann wurde frisch bereiteter kohlensaurer Baryt zugesetzt um das Eisen=oxyd zu fällen; dieses wurde abfiltrirt, und der Flüssigkeit schwefelsaures Natron nebst ein wenig Salzsäure zugesetzt, um den aufgelösten Baryt abzuscheiden; endlich wurde das Mangan durch ein wenig Aetzkali gefällt, ausgewaschen, getrocknet, geglüht, und sein Betrag bestimmt.

Wir müssen in Kürze die physischen Veränderungen beschreiben, welche das Roheisen während seiner Umwandlung in Stabeisen erfährt. Nach dem ersten Erhitzen im Puddelofen bildet es eine dicke, teigige Masse, welche allmählich dünn, und so flüssig wie Quecksilber wird. Wenn es diesen Punkt erreicht hat, kommt es in heftiges Aufkochen, ohne Zweifel in Folge der Oxydation des Kohlenstoffs und des Entweichens des dabei entstandenen Kohlenoxydgases. Während dieser Periode der Operation schwillt die Masse bedeutend auf, und der Puddler rührt die geschmolzene Masse rasch um, in der Absicht die Oxydation des Kohlenstoffs zu erleich=tern. Nach einer kurzen Zeit setzt sich die Masse allmählich; der Puddler wechselt dann sein hakenförmiges Werkzeug, womit er das Eisen durch=gearbeitet und gewendet hat, und schreitet zum eigentlichen Puddeln; er

---

[29] Im Journal für praktische Chemie Bd. LIV S. 261.

sucht nämlich die in der geschmolzenen Schlackenmasse schwimmenden Klümpchen oder Kügelchen hämmerbaren Eisens in größere Klumpen, sogenannte
Ballen, zu vereinigen; zu dem Ende wird ein Klümpchen, das hierbei
gleichsam als Kern dient, auf der weichen Masse hin und her gerollt,
wobei die Klümpchen zusammenschweißen, sich von der Schlacke trennen
und nach und nach durch Anhäufung große Klumpen, sogenannte Ballen,
von beiläufig je 80 Pfd. Gewicht bilden, von welchen die Schlacke ausfließt.
Dieser Theil der Operation erfordert von Seite des Pubblers große Geschicklichkeit; denn es ist nahezu sämmtlicher Kohlenstoff oxydirt worden,
daher, wenn der Luftstrom nicht mit großer Sorgfalt regulirt wird, das
Eisen selbst oxydirt (verbrannt) wird, wodurch nicht nur der Verlust an
hämmerbarem Eisen größer wird, sondern auch das Eisen, weil es eine
gewisse Menge Eisenoxyd enthält, sich spröde und von schlechter Qualität
zeigt.

Wir wollen nun die verschiedenen chemischen Veränderungen untersuchen, welche das Roheisen während seiner Umwandlung in Stabeisen
erfährt.

Das Roheisen, welches wir für unsere Versuche wählten, war ein
gutes Staffordshirer, mit kaltem Winde erblasenes, und zwar graues
Nr. 3, welches man zur Anfertigung von Eisendraht benutzt. Seine Zusammensetzung war folgende:

	Erste Analyse.	Zweite Analyse.	Mittel.
Kohlenstoff . . .	2,320	2,230	2,275
Silicium . . .	2,770	2,670	2,720
Phosphor . . .	0,580	0,710	0,645
Schwefel . . .	0,318	0,288	0,301
Mangan und Aluminium	Spuren	Spuren	
Eisen	94,059	94,059	94,059
	100,047	99,957	100,000

224 Pfd. solchen Roheisens wurden am 4. April 1856 um 12 Uhr
in einen Puddelofen gebracht, welcher mit kleinen Brocken hämmerbaren
Eisens ausgereinigt worden war. Nach dreißig Minuten begannen die
Flossen zu erweichen und ließen sich leicht zerbröckeln; nach weitern zehn
Minuten fingen sie an zu schmelzen. Die erste Probe wurde um 12 Uhr
40 Minuten aus dem Ofen genommen; man schöpfte sie aus der Mitte
der geschmolzenen Masse mit einer großen eisernen Schaufel und goß sie
zum Abkühlen auf eine Steinplatte. Bis zu dieser Zeit war die Klappe
auf der Esse offen gehalten worden, nun aber schloß man sie nahezu, so
daß die Verbrennungsproducte durch die Thür des Ofens und andere
Oeffnungen austraten, während wenig oder nichts von denselben aus der
obern Essenmündung entwich.

Aeußeres Ansehen der ersten Probe.

Die aus dem Ofen genommene Probe hatte auf dem Bruch nicht mehr das Ansehen von grauem Roheisen Nr. 3, sondern derselbe war silberweiß und metallisch, ähnlich demjenigen des Feineisens. Das rasche Abkühlen der Probe war ohne Zweifel die Ursache dieser Veränderung, denn sie enthielt noch eben so viel Kohlenstoff wie das angewendete Roheisen, und überdieß in einem sehr ähnlichen Zustande, da in beiden Fällen eine große Menge schwarzer Flocken von Kohlenstoff in der sauren Flüssigkeit schwamm, worin das Eisen aufgelöst worden war. Diese Probe enthielt an Kohlenstoff und Silicium in 100 Theilen:

	Erste Analyse.	Zweite Analyse.	Mittel.
Kohlenstoff	2,673	2,780	2,726
Silicium	0,893	0,938	0,915

Diese Resultate sind sehr interessant, weil sie zeigen, daß das Eisen während der vierzig Minuten die es im Ofen war, zwei entgegengesetzte chemische Veränderungen erfuhr; denn während das Verhältniß von Kohlenstoff zunahm, hat der Siliciumgehalt rasch abgenommen. Diese merkwürdige Thatsache zeigt sich noch auffallender bei der Probe welche wir um 1 Uhr Nachmittags aus dem Ofen nahmen, also zwanzig Minuten später als die vorhergehende Probe, wie man aus folgender Tabelle ersieht:

	Kohlenstoff.	Silicium.
Angewendetes Roheisen	2,275	2,720
1ste Probe, herausgenommen um 12 Uhr 40 Min.	2,726	0,915
2ie Probe, herausgenommen um 1 Uhr 0 Min.	2,905	0,197

Der Kohlenstoff hatte also um 0,625 oder 21,5 Proc. seines respectiven Gewichts zugenommen, und das Silicium hatte in dem großen Verhältniß von über 90 Proc. abgenommen. Es ist wahrscheinlich, daß diese entgegengesetzten chemischen Wirkungen bezüglich des Kohlenstoffs dem Umstand zuzuschreiben sind, daß dieser Körper im Ofen im Ueberschuß und in sehr zertheiltem Zustande oder im Entbindungsmoment vorhanden ist, und daß er sich deßhalb unter dem Einfluß der hohen Temperatur mit dem Eisen verbindet, für welches er eine große Verwandtschaft hat, während das Silicium und ein kleiner Antheil von Eisen oxydirt werden und sich mit einander zu kieselsaurem Eisenoxydul verbinden, aus welchem die während dieser ersten Periode des Puddelns erzeugte Schlacke besteht und das eine so wichtige Rolle bei den späteren Erscheinungen des Puddelprocesses spielt.

Zweite Probe, aus dem Ofen genommen um 1 Uhr.

Diese Probe enthielt folgende Quantitäten von Kohlenstoff und Silicium:

	Erste Analyse.	Zweite Analyse.	Mittel.
Kohlenstoff . . .	2,910	2,900	2,905
Silicium . . .	0,226	0,168	0,197

Sie hatte dasselbe weiße, silberähnliche Ansehen wie Nr. 1, dagegen war sie schwach hämmerbar, während Nr. 1 spröde war. Die Schlacke war nach dem Erkalten der Masse auf deren Oberfläche, und nicht mit dem metallischen Eisen gemengt, wie bei den nachfolgenden Proben.

Dritte Probe, herausgenommen um 1 Uhr 5 Minuten.

Als die Masse im Ofen sehr flüssig geworden war und anfing aufzuschwellen oder in den Zustand des sogenannten „Aufkochens" zu kommen, wurde eine kleine Quantität ausgeschöpft. Nach dem Erkalten war dieselbe von den beiden vorhergehenden ganz verschieden, denn sie bestand aus Kügelchen welche einander anhafteten und mit der Schlacke gemengt waren; die Masse war daher nicht compact, wie die vorhergehenden, sondern leicht und schwammig; ihr äußeres Ansehen war schwarz, und die kleinen Kügelchen zeigten auf dem Bruch einen starken Metallglanz, während sie sich unter dem Hammer sehr spröde erwiesen. Die Trennung der Schlacke von den Eisenkügelchen verursachte uns anfangs Schwierigkeiten; dann fanden wir aber, daß wenn das Ganze während langer Zeit pulverisirt wird, die Schlacke sich in ein unfühlbares Pulver verwandelt, worauf sie durch Sieben von dem Eisen abgesondert werden kann, welches viel weniger zerreiblich ist. Das so von seiner Schlacke gereinigte Eisen gab uns folgende Resultate:

	Erste Analyse.	Zweite Analyse.	Mittel.
Kohlenstoff . . .	2,466	2,421	2,444
Silicium . . .	0,188	0,200	0,194

Vierte Probe, herausgenommen um 1 Uhr 20 Minuten.

Sobald die letzte Probe herausgenommen war, wurde die Klappe auf der Esse ein wenig gehoben, um einen schwachen Luftstrom zuzulassen, der den Rauch beseitigte welcher aus der Ofenthür austrat, wodurch der Puddler eine klare und lebhafte Flamme herstellte. Dieß geschah ohne Zweifel, um die Oxydation des im Eisen enthaltenen Kohlenstoffs zu erleichtern, und um diese Wirkung noch zu verstärken, rührte der Puddler die Masse rasch um. Unter diesen Umständen schwoll die Masse rasch auf, wobei ihr anfängliches Volum wenigstens vier- bis fünfmal größer wurde; um 1 Uhr 20 Minuten; wo die Masse in vollem Aufkochen war, wurde diese vierte Probe herausgenommen. Während des Abkühlens derselben brachen aus verschiedenen Theilen kleine blaue Flammen von Kohlenoxyd hervor, ohne Zweifel in Folge der Verbrennung von Kohlenstoff durch den Sauerstoff der Atmosphäre. Diese Erscheinung, welche bei den vorhergehenden Proben nicht beobachtet wurde, ist wahrscheinlich folgenden Ursachen zuzuschreiben: 1) daß das Gußeisen, nachdem es durch das Aufkochen in einen sein zertheilten Zustand versetzt worden ist, der Einwirkung des Sauerstoffs der Luft eine große Oberfläche darbietet, wodurch die Vereinigung des Sauerstoffs mit dem Kohlenstoff des Eisens erleichtert wird; und 2) daß in dieser Periode der Kohlenstoff wenig oder keine Verwandtschaft für das Eisen zu besitzen scheint, denn einer von uns hatte oft beobachtet, daß beim Puddeln von graphitreichem Roheisen der Kohlenstoff von dem Eisen frei gemacht wird; taucht man nämlich eine kalte Eisenstange in die Masse geschmolzenen Eisens im Puddelofen, so überzieht sie sich mit Eisen und einer Menge glänzender Schuppen von Graphit-Kohlenstoff.

Das äußere Ansehen dieser Probe Nr. 4 war höchst interessant; sie ist so leicht und besteht aus so kleinen Körnchen, daß sie einem Ameisennest gleicht. Die Theilchen haben keine Abhärenz zu einander, denn die Masse zerfällt durch bloßes Angreifen in Stücke. Dieß rührt daher, weil jedes Eisentheilchen innig mit Schlacke gemengt ist. Die Eisenkörnchen sehen äußerlich schwarz aus und sind unter dem Hammer sehr spröde; ihr Bruch ist glänzend, silberweiß, metallisch. Die Schlacke wurde nach der oben für Nr. 3 beschriebenen Methode abgesondert; die Quantitäten von Kohlenstoff und Silicium, welche das Eisen enthielt, waren folgende:

	Erste Analyse.	Zweite Analyse.	Mittel.
Kohlenstoff . . .	2,335	2,276	2,305
Silicium . . .	0,187	0,178	0,182

Fünfte Probe, herausgenommen um 1 Uhr 35 Minuten.

Diese Probe ist eine sehr wichtige in der Reihe, denn sie ist die erste, worin das Eisen hämmerbar ist und sich mit dem Hammer platt schlagen läßt. Man schöpfte sie aus dem Ofen unmittelbar nach beendigtem Aufkochen, als die geschwollene Masse sich zu setzen begann. Die Klappe an der obern Essenmündung war aufgezogen, so daß ein sehr rascher Zug durch den Ofen hergestellt war. Der Puddler schritt auch zum Formiren der Ballen.

Nach dem Erkalten hat diese Probe das Ansehen von Nr. 3 und 4; die Masse ist nämlich schwammig und spröde, wie bei Nr. 4, aber weniger gekörnt, und besteht wie Nr. 3 aus getrennten Kügelchen, welche mit der Schlacke gemengt sind. Die Körnchen sind äußerlich schwarz, aber platt geschlagen glänzend und metallisch. Die Analyse dieser Kügelchen beweist, daß die Eisenmasse im Ofen während der Viertelstunde, welche seit dem Herausnehmen der Probe Nr. 4 verlief, einen großen Theil ihres Kohlenstoffs, entsprechend 20 Procent seines Gewichts, verloren hat, wogegen der Siliciumgehalt nahezu unverändert blieb.

	Erste Analyse.	Zweite Analyse.	Mittel.
Kohlenstoff . . .	1,614	1,681	1,647
Silicium . . .	0,188	0,178	0,185

Sechste Probe, herausgenommen um 1 Uhr 40 Minuten.

Der Grund, weßhalb diese Probe nur fünf Minuten nach der letzten Probe herausgenommen wurde, war, daß die Masse im Ofen sich rasch in zwei verschiedene Producte umwandelte, nämlich einerseits die Schlacke, und andererseits kleine Kügelchen von hämmerbarem Eisen. Wir legten einige Wichtigkeit auf diese Probe, weil der Puddler auf dem Punkt war das Formiren der Ballen zu beginnen, welche unter dem Stirnhammer gezängt und dann zu Stäben gewalzt werden.

Während die für die Analyse herausgenommene Masse abkühlte, brachen kleine blaue Flammen von Kohlenoxyd aus ihr hervor; sie waren ähnlich den bei Nr. 4 und 5 beobachteten, aber nicht so reichlich. Das äußere Ansehen dieser Probe war der letzten sehr ähnlich, mit der Ausnahme, daß die Schlacke mit den Eisenkügelchen nicht so innig gemengt war, und daß diese größer waren und beim Hämmern schwach zusammenschweißten. Der Gehalt an Kohlenstoff und Silicium war folgender:

	Erste Analyse.	Zweite Analyse.	Mittel.
Kohlenstoff . . .	1,253	1,160	1,206
Silicium . . .	0,167	0,160	0,163

Vergleicht man diese Zahlen mit denen der vorhergehenden Analyse, so sieht man, daß, während der Siliciumgehalt nahezu unverändert bleibt, der Kohlenstoffgehalt rasch abnimmt; denn in den fünf Minuten, welche zwischen dem Herausnehmen der zwei Proben verflossen, hatte der Kohlenstoffgehalt um 28 Proc. seines Gewichts abgenommen. Diese rasche Abnahme des Kohlenstoffs im Eisen dauert während der übrigen zehn Minuten des Puddelns fort; das Eisen verlor nämlich in einer Viertelstunde, von 1 Uhr 35 Minuten bis 1 Uhr 50 Minuten, 50 Proc. des Kohlenstoffs, welchen es um 1 Uhr 35 Minuten enthielt.

Siebente Probe, herausgenommen um 1 Uhr 45 Minuten.

Diese Probe wurde genommen, nachdem der Puddler das Formiren der Ballen begonnen hatte. Das äußere Ansehen dieser Probe ist zwar der letzten ähnlich, sie unterscheidet sich aber von ihr dadurch, daß die Körnchen größer sind, und nahezu von der Schlacke getrennt, welche über und unter der Masse eine Schicht bildet. Diese Körnchen sind auch viel hämmerbarer, denn sie lassen sich unter dem Hammer leicht platt schlagen. Letztere Thatsache erklärt sich durch ihren geringen Kohlenstoffgehalt; wir fanden nämlich in denselben:

	Erste Analyse.	Zweite Analyse.	Mittel.
Kohlenstoff	1,000	0,927	0,963
Silicium	0,160	0,167	0,163

Achte Probe, herausgenommen um 1 Uhr 50 Minuten.

Man nahm diese Probe wenige Minuten bevor die Ballen aus dem Ofen gezogen werden konnten, um sie unter dem Hammer zu zängen; sie war ein Theil von einem solchen Ballen. Man beobachtete, daß aus der Masse während ihres Abkühlens keine blaue Flamme ausbrach. Das äußere Ansehen der Probe zeigte, daß die Masse des Ballens noch schwammig war, und gekörnt ähnlich den vorhergehenden. Der einzige Unterschied bestand darin, daß die Körnchen einander so anhafteten, daß eine gewisse Kraft zu ihrer Trennung erforderlich war, ferner daß sie viel hämmerbarer waren. In 100 Theilen derselben fand man:

	Erste Analyse.	Zweite Analyse.	Mittel.
Kohlenstoff	0,771	0,773	0,772
Silicium	0,170	0,167	0,168

Wir müssen hier bemerken, daß der schwarze Ueberzug der Eisenkörnchen, selbst der Probe Nr. 8, das Eisen vollkommen gegen Oxydation schützt; denn keine der Proben oxydirte sich während der neun Monate, wo sie im Laboratorium der mit verschiedenen sauren Dämpfen geschwängerten Atmosphäre ausgesetzt blieben. Der schwarze Ueberzug besteht wahrscheinlich aus einer salzartigen Eisenoxydverbindung.

Neunte Probe. — Gepuddelte Stange.

Die aus dem Ofen gezogenen Ballen wurden mittelst des Hammers gezängt (um die eingeschlossene flüssige Schlacke auszupressen und die Theile des Eisens durch Schweißung zu vereinigen), und dann zu Stangen ausgewalzt. In letztern fanden wir:

	Erste Analyse.	Zweite Analyse.	Mittel.
Kohlenstoff . . .	0,291	0,301	0,296
Silicium . . .	0,130	0,110	0,120
Schwefel . . .	0,132	0,126	0,134
Phosphor . . .	0,139	. . . .	0,139

Zehnte Probe. — Drahteisen.

Die gepuddelten Stangen wurden in Stücke von beiläufig 4 Fuß Länge zerschnitten, in einem Ofen zum Weißglühen erhitzt, und dann zu Drahteisen gewalzt. Der Gehalt desselben an Kohlenstoff, Silicium, Schwefel und Phosphor war folgender:

	Erste Analyse.	Zweite Analyse.	Mittel.
Kohlenstoff . . .	0,100	0,122	0,111
Silicium . . .	0,095	0,082	0,088
Schwefel . . .	0,093	0,096	0,094
Phosphor . . .	0,117	. . . .	0,117

Endlich analysirten wir auch noch die Schlacke, welche im Puddel-ofen zurückblieb, nachdem die Ballen aus demselben gezogen waren; sie hatte folgende Zusammensetzung:

Kieselerde	16,53
Eisenoxydul	66,23
Schwefeleisen	6,80
Phosphorsäure	3,80
Manganoxydul	4,90
Thonerde	1,04
Kalk	0,70
	100,00

In der Schlacke finden sich also das Silicium, der Phosphor, Schwefel und das Mangan, welche im Roheisen vorhanden waren; der Phosphor und das Silicium werden vom Eisen wahrscheinlich dadurch abgeschieden, daß sie mit seinem Oxyd schmelzbare Verbindungen bilden.

Schließlich stellen wir unsere Resultate in einer Tabelle zusammen, woraus die allmähliche Abnahme des Kohlenstoffs und Siliciums ersichtlich ist.

	Zeit.	Kohlenstoff.	Silicium.
Angewendetes Roheisen . .	—	2,275	2,720
Probe Nr. 1	12 Uhr 40 Min.	2,726	0 915
„ „ 2	1 „ 0 „	2,905	0,197
„ „ 3	1 „ 5 „	2,444	0 194
„ „ 4	1 „ 20 „	2 305	0,182
„ „ 5	1 „ 35 „	1,647	0,183
„ „ 6	1 „ 40 „	1,206	0,163
„ „ 7	1 „ 45 „	0,963	0,163
„ „ 8	1 „ 50 „	0,772	0,168
Gepuddelte Stange, Nr. 9 . .	. . . . . .	0,296	0,120
Drahteisen, Nr. 10	. . . . . .	0,111	0,088

XXXII.

Ueber die Entdeckung und Bestimmung kleiner Quantitäten von Arsenik in Verbindung mit einem großen Ueberschuß von Kupfer; von Fr. Field.

Aus der Chemical Gazette, August 1857, Nr. 357.

Professor Bloram hat in seiner Abhandlung „über Trennung von Zinn, Antimon und Arsenik" gezeigt [30], daß der Arsenik, wenn er in Kupferlegirungen in sehr kleinem Verhältniß enthalten ist, durch Digeriren der gefällten Schwefelmetalle mit Schwefelammonium oder Schwefelkalium nicht abgeschieden werden kann. Er sagt: „es wurde kein Arsenik in der Schwefelammonium-Lösung gefunden, bei den Analysen von Gemengen, welche respective enthielten:

$$\begin{array}{rl} & 1,00 \text{ Kupfer,} \\ & 0,01 \text{ Arsenik,} \\ \text{und } & 0,90 \text{ Kupfer,} \\ & 0,01 \text{ Arsenik;} \\ \text{wenn aber } & 0,50 \text{ Kupfer} \\ \text{vorhanden war mit } & 0,01 \text{ Arsenik,} \end{array}$$

---

[50] Quarterly Journal of the Chemical Society, vol. V p. 119; Annalen der Chemie und Pharmacie Bd. LXXXIII S. 180.

so wurde letzteres Metall in der Schwefelammonium-Lösung entdeckt, auch wurde es stets aufgefunden, wenn kleinere Quantitäten von Kupfer vorhanden waren."

Aus diesen Versuchen geht also hervor, daß wenn Arsenik im Verhältniß von 1 Proc. vorhanden ist, er bei den nach dieser Methode ausgeführten Analysen gänzlich übersehen wird, vorausgesetzt, daß Kupfer die übrigen 99 Proc. ausmacht; wie man sieht, entgeht selbst 1 Theil Arsenik auf 90 Theile Kupfer der Entdeckung. Ob sämmtlicher Arsenik oder nur ein Theil desselben erhalten wird, wenn sein Verhältniß zum Kupfer 1 zu 50 ist, erfahren wir nicht. Beim Kupferhüttenbetrieb ist es oft von großer Wichtigkeit, den Arsenik welcher im Schwarzkupfer und seinem Stein enthalten ist, nicht nur entdecken, sondern auch quantitativ bestimmen zu können, besonders bei gewissen Schmelzprocessen, wo kein Rösten angewendet wird. Folgende Methode wird man sehr vortheilhaft zur Auffindung und Bestimmung kleiner Spuren von Arsenik finden; man entdeckt ihn durch dieselbe unfehlbar, wenn er nicht in so geringem Verhältniß vorkommt, daß er unberücksichtigt bleiben kann.

Nach Wackenroder erzeugt Oralsäure in der Auflösung eines Kupferoxydsalzes einen pulverförmigen bläulichgrünen Niederschlag, und selbst verdünnte Lösungen, welche überschüssige Säure enthalten, werden durch Oralsäure gefällt. Wie ich gefunden habe, fällt die Oralsäure auch aus stark sauren Lösungen oralsaures Kupfer, sogar beim Siedepunkt. Versetzt man eine Auflösung von Kupfer in Salpetersäure vorsichtig mit diesem Reagens, so wird nahezu alles Metall als oralsaures Salz niedergeschlagen, wie folgende Resultate zeigen:

10 Gran Kupfer, in einem großen Ueberschuß von Salpeter-
    säure aufgelöst, gaben nach dem Zusatz überschüssiger
    Oralsäure in der filtrirten Flüssigkeit . . . .   0,068 Kupfer
10 Gran   „   „   „   „   „ . . . .   0,057 „

Eine Auflösung von Arseniksäure liefert mit Oralsäure keinen Niederschlag.

Daraus geht hervor, daß über 99 Procent des Kupfers aus sauren Lösungen dieses Metalles durch Zusatz von Oralsäure abgeschieden werden können.

50,00 Gran Kupfer und 0,50 arsenige Säure = 0,756 Proc. Arsenik, wurden mit überschüssiger Salpetersäure gekocht, bis sich keine rothen Dämpfe mehr entwickelten. Oralsäure wurde in schwachem Ueberschuß zugesetzt, und der Niederschlag zwei bis drei Stunden absetzen gelassen. Nach dem Filtriren enthielt die Lösung, welche farblos war, so wenig Kupfer, daß Ammoniak nur eine sehr schwache blaue Färbung veranlaßte. Schwefelammonium ertheilte ihr eine bräunlich-schwarze Farbe, und in kurzer Zeit setzte sich ein schwarzer Niederschlag von Schwefelkupfer ab. Dieser wurde abfiltrirt, und dem Filtrat überschüssige Salzsäure zugesetzt, welche beim Erwärmen einen reichlichen Niederschlag von Fünffach-Schwefel-Arsen, gemengt mit Schwefel, lieferte. Nachdem die Flüssigkeit einige Zeit auf dem Sandbad digerirt worden war, wurde dieser Niederschlag abfiltrirt, in einer kleinen Quantität Salpetersäure aufgelöst, durch schweflige Säure desoxydirt, gekocht, und abkühlen gelassen. Ein Strom von Schwefelwasserstoff fällte nun reines Dreifach-Schwefel-Arsen. Die erhaltene Quantität war 0,600 = 0,365 Arsenik.

Ich habe auch noch kleinere Antheile von Arsenik entdeckt.

20,00 Gran Kupfer und 0,10 arsenige Säure, in derselben Weise behandelt, gaben einen deutlich gelben Niederschlag von Fünffach-Schwefel-Arsen.

40,00 Gran Kupfer und 0,10 arsenige Säure gaben eben so entscheidende Resultate. Bei diesem letzten Versuch war der Arsenik nur in dem Verhältniß von 0,189 Procent. Somit kann ein Fünftel der Quantität, welche bei der gewöhnlichen Methode der Beobachtung entgeht, vermittelst Oralsäure leicht erkannt werden.

Die Anwendung dieses Reagens ist jedoch mit einer großen praktischen Schwierigkeit verbunden, welche im Abfiltriren des gefällten oralsauren Kupferoxyds von der arsenhaltigen Lösung besteht. Das Pulver ist so außerordentlich fein, daß es theilweise durch ein doppeltes und sogar dreifaches Filter geht. Nach vielen Versuchen gelang es mir, durch folgende Methode diese Schwierigkeit großentheils zu umgehen. Die salpetersaure Lösung von Arsenik und Kupfer wurde mit Ammoniak versetzt, bis das Kupferoxyd gefällt, aber nicht wieder aufgelöst war; dann wurde überschüssiges oralsaures Ammoniak zugesetzt, bis das Ganze aufgelöst war, welches nun eine klare dunkelblaue Lösung von oralsaurem Kupferoxyd-Ammoniak bildete. Aus dieser fällte Salpetersäure oder Salzsäure das oralsaure Kupfer als ein Pulver, welches sich leicht filtriren und auswaschen ließ; auf diese Weise erfolgt auch die Fällung des Kupfers noch vollständiger. In einigen Fällen vermochte sogar Schwefelammonium keine dunklere Färbung hervorzubringen, und auf Zusatz von Salzsäure schlug sich reines Fünffach-Schwefel-Arsen nieder. Die Abscheidung ist jedoch sehr selten so genügend.

Um das Kupfer zu bestimmen, braucht man nur das oralsaure Kupferoxyd auszutrocknen und nachher zu glühen; es entsteht dann metallisches Kupfer, welches augenblicklich in das schwarze Oxyd umgewandelt wird; sollte die Oxydation desselben unvollständig seyn, so genügt es, einige Tropfen Salpetersäure zuzusetzen, abzudampfen und zu glühen. Will man sämmtliches Kupfer bestimmen, so scheidet man nachträglich die kleine Quantität desselben, welche der Fällung durch Oralsäure entging, mittelst Schwefelkalium oder Schwefelammonium ab, löst den Niederschlag in ein wenig Salpetersäure auf und setzt diese Lösung dem Kupferoxyd, vor seinem letzten Glühen, zu. Die Resultate sind sehr vollkommen.

Oralsaures Kupferoxyd, bei einer Temperatur unter 100° C. getrocknet, enthält stets Wasser.

39,30 Gran dieses Salzes, nachdem sie einige Tage einer Temperatur von nahezu 93° C. ausgesetzt gewesen waren, gaben beim Glühen 18,50 Kupferoxyd; das wasserfreie Salz hätte 20,68 liefern müssen.

10 Gran, auf 121° C. erhitzt, gaben 5,03 Kupferoxyd; die Berechnung, das Salz als wasserfrei betrachtet, ergibt 5,26 Kupferoxyd.

Es ist deßhalb immer sicherer, das oralsaure Kupferoxyd zu glühen und aus dem erhaltenen Kupferoxyd den Betrag des Kupfers zu berechnen.

XXXIII.

Ueber die Trennung von Jod, Brom und Chlor, und über den relativen Verwandtschaftsgrad dieser Elemente zum Silber; von Fr. Field.

Aus der Chemical Gazette, August 1857, Nr. 357.

Obgleich sowohl das Bromsilber als das Jodsilber durch die Einwirkung von Chlor bei erhöhter Temperatur zersetzt werden, so wird doch das Chlorsilber durch Bromkalium vollständig zersetzt, und sowohl das Bromsilber als das Chlorsilber durch Jodkalium. Selbst heiße starke Salzsäure hat nur wenig Einfluß auf das Jodsilber; es ist ein viele Tage fortgesetztes ununterbrochenes Sieden zu seiner gänzlichen Zersetzung erforderlich. Die Chemiker waren meines Wissens bisher der Meinung, daß das Chlor eine größere Verwandtschaft zum Silber besitzt als alle anderen einfachen Körper, und in Gmelin's Handbuch der Chemie heißt es, daß alle Silbersalze, selbst die unauflöslichen, durch Auflösungen von Chlormetallen in Chlorsilber umgewandelt werden. Aus folgenden Versuchen geht aber hervor, daß Brom eine größere Verwandtschaft zum Silber hat als Chlor, und Jod eine noch größere Verwandtschaft als Brom.

Wenn man eine gemischte Auflösung von Bromkalium und Chlor=
natrium allmählig einer Lösung von salpetersaurem Silber zusetzt, aber
nicht in Ueberschuß, so wird keine Spur von Chlorsilber gefällt, so lange
noch etwas Bromkalium in Lösung verbleibt.

Versetzt man eine Lösung von salpetersaurem Silber mit einer Mi=
schung von Jodkalium, Bromkalium und Chlornatrium, so bilden sich
Jodsilber und salpetersaures Kali, indem das Bromkalium und Chlor=
natrium unzersetzt bleiben.

Gießt man Bromkalium auf Chlorsilber, so erfolgt eine gänzliche
Zersetzung, indem Bromsilber und Chlorkalium entstehen.

Wenn man Jodkalium dem Chlorsilber zusetzt, so bilden sich Jodsilber
und Chlorkalium; eine ähnliche Zersetzung erfolgt, wenn Jodkalium dem
Bromsilber zugesetzt wird, indem das Jod das Brom ersetzt.

Wird überschüssiges Chlorsilber mit einer Lösung von Jodkalium ge=
schüttelt und einige Stunden lang erwärmt, so kann man in der Lösung
keine Spur von Jod entdecken; wenn jedoch Chlornatrium auf Jodsilber
gegossen wird, so erfolgt keine Zersetzung, und das Chlornatrium wirkt
auch gar nicht auf Bromsilber ein; und wenn Bromkalium dem Jodsilber
zugesetzt wird, so erfolgt keine Aenderung in der Verbindung der Elemente.

Auf Grund dieser Versuche habe ich folgende einfache Methode zur
Trennung von Chlor, Brom und Jod ermittelt: Nachdem man drei
gleiche Portionen der zu analysirenden Salze abgewogen hat, bringt man
sie in drei Flaschen mit eingeriebenen Glaspfropfen, und setzt jeder bei=
läufig eine Unze Wasser zu; dann wird jeder salpetersaures Silber in
schwachem Ueberschuß zugesetzt, worauf man sie wieder verpfropft und jede
Flasche heftig schüttelt. Die Niederschläge setzen sich in wenigen Minuten
ab, werden einzeln abfiltrirt und mit heißem Wasser ausgewaschen. Nr. 1
wird getrocknet und gewogen. Nr. 2 wird mit Bromkalium digerirt, ge=
trocknet und gewogen. Nr. 3 wird mit Jodkalium digerirt, getrocknet und
gewogen.

Um die Methode zu prüfen, habe ich eine Mischung von 5 Gran
Jodkalium, 5 Gran Bromkalium und 5 Gran Chlornatrium gemacht.
Ich erhielt folgende Resultate:

	Versuch.	Theorie.
Jod	3,69	3,81
Brom	3,51	3,34
Chlor	2,92	3,02

Ich habe diese Methode zur Analyse mehrerer in Chili aufgefundener
Silbererze benutzt, welche Chlor=, Brom= und Jodsilber enthalten und
deren Formeln ich beifüge:

Chlorsilber	Ag Cl.
Chlorbrom = Silber . . .	2 Ag Cl, Ag Br.
Chlorbrom = Silber . . .	3 Ag Cl, 2 Ag Br.
Chlorbrom = Silber . . .	Ag Cl, 3 Ag Br.
Bromsilber	Ag Br.
Jodsilber	Ag I.

XXXIV.

Untersuchung einer aschenreichen Kohkssorte; von **Dr. C. Stölzel** in Nürnberg.

Bei Untersuchungen von Brennmaterialien auf ihren Heizwerth ist man in neuerer Zeit mehr und mehr davon abgekommen, die Berthier'sche Probe als maaßgebend zu betrachten, und hat sich besonders auf die organische Elementaranalyse gestützt. Es zwang hierzu bekanntlich die doppelte Erfahrung, daß diese Methode den Brennwerth stets zu niedrig angab, indem beim Erhitzen des zu untersuchenden Materiales mit Bleiglätte aus demselben gasförmige Producte entweichen, welche sich namentlich anfänglich, ehe die ganze Masse die gehörige Temperatur erreicht hat, bei aller Vorsicht der Oxydation theilweise entziehen, und zweitens daß der Wärmeeffect sehr verschieden ist, je nachdem der Sauerstoff den Kohlenstoff oder Wasserstoff eines Brennmaterials sich aneignet, was bei Berthier's Methode ganz unberücksichtigt bleibt, da sie nur die im Ganzen erhaltene Bleimenge, einerlei welcher Antheil davon durch die reducirende Wirkung des Kohlenstoffs, und welcher durch die des Wasserstoffes entstand, als maaßgebend betrachtet.

Trotzdem wird das so bequeme und rasch ausführbare Verfahren bei Untersuchungen von Kohks praktischen Werth behalten, denn da diese fast nur Kohlenstoff als wärmeerzeugendes Element enthalten, so wird fast ausschließlich nur durch diesen aus der Bleiglätte das Blei ausgeschieden, während überhaupt nur geringe Mengen von Kohlenwasserstoffen sich entwickeln können, und dadurch die Fehlerquelle fast ganz wegfällt, welche bei Holz, Torf, Braunkohlen und Steinkohlen vorhanden ist.

Man findet zuweilen die Angabe, daß Berthier's Methode vermöge eines constanten Fehlers gegen die organische Analyse, den Brennwerth um etwa $1/9$ zu niedrig anzeige; geht man indessen auf den Grund von deren Fehlerhaftigkeit zurück, so kann dieß höchstens nur bei

einer gewiſſen Claſſe ähnlich zuſammengeſetzter Brennmaterialien Geltung
haben, während im Allgemeinen ſich die auf dieſem Wege erhaltenen
Reſultate um ſo mehr den durch die Elementaranalyſe erhaltenen nähern
müſſen, je kohlenſtoffreicher das Material iſt mit dem man es zu thun
hat. Daher iſt ſie für die meiſten Heizſtoffe von ganz untergeordnetem
Werthe, für Kohks ſehr ſchätzbar. — Vor einiger Zeit habe ich mehrere
Kohksſorten mittelſt Elementaranalyſe und Berthier's Probe unter‐
ſucht, und gab mir letztere den Heizwerth derſelben gegen erſtere nur etwa
um $\frac{1}{25}$ und noch weniger zu gering an. Es möge hier aber beſonders ein
Fall Erwähnung finden, bei dem mir angeblich aus Stockheimer Kohlen
bereitete Kohks mit ſehr bedeutendem Aſchengehalte vorlagen, und wo
gerade das dem ſonſt gewöhnlichen entgegengeſetzte Reſultat eintrat, nämlich
durch Berthier's Probe der Heizwerth ſich etwas höher als durch
die Elementaranalyſe herausſtellte.

I. Qualitative Unterſuchung.

Die Kohksaſche enthielt zunächſt die gewöhnlichen Beſtandtheile:
Eiſenoryd, Thonerde, Kalkerde, Spuren von Magneſia und Natron, dann
Kieſelſäure, Schwefelſäure, Schwefel und Salzſäure; außerdem aber
nicht unbedeutende Mengen von unterſchwefliger Säure. Wurde im
wäſſerigen Auszuge mit ſalpeterſaurem Silberoryde auf Salzſäure reagirt,
ſo entſtand deßhalb wegen der Löslichkeit des Chlorſilbers in unter‐
ſchwefligſauren Salzen anfänglich kein Niederſchlag, während bei Zuſatz
von mehr Silberlöſung die charakteriſtiſche Reaction auf unterſchweflige
Säure eintrat; andererſeits war in der ſalpeterſauren Löſung der Aſche
nach geſchehener Orydation der unterſchwefligen Säure ſogleich Salzſäure
nachweisbar.

Die mit Waſſer gekochten Kohks ſelbſt gaben einen gelb gefärbten
ſchwach alkaliſch reagirenden und ſchwach nach Schwefelwaſſerſtoff riechen‐
den Auszug, der bei weiterm Abdampfen an der Luft neutral wurde,
die Farbe verlor, dann keine Schwefelmetalle mehr enthielt, dagegen mit
Salzſäure, ſalpeterſaurer Silber‐ und Queckſilberorydullöſung und dadurch,
daß nicht unbedeutende Mengen von Chlorſilber ſich in ihm löſen konnten,
anſehnlichen Gehalt an unterſchwefliger Säure zeigte. Bei weiterer
Concentration ſchied ſich neben Gyps gelber Schwefel durch Zerſetzung
von unterſchwefligſaurer Kalkerde aus, und der durch Eindampfen erhaltene
Rückſtand entwickelte mit Schwefelſäure ſtark ſchweflige Säure.

Zur Entſcheidung der Frage, ob der unterſchwefligſaure Kalk urſprüng‐
lich in den Kohks enthalten oder etwa erſt durch das Kochen aus ſchweflig‐
ſaurem Kalke und Schwefel entſtanden war, wurde eine andere Menge

Kohks auf einem Trichter mit kaltem Wasser ausgezogen, indem man die Flüssigkeit unmittelbar in Chlorbariumlösung tröpfeln ließ. Der dadurch entstehende Niederschlag bestand aus schwefelsaurem, schwefligsaurem und unterschwefligsaurem Baryt, wovon der letztere durch Behandeln mit viel kochendem Wasser entfernt und in der Flüssigkeit die unterschweflige Säure nachgewiesen werden konnte, während der Rückstand mit Schwefelsäure schweflige Säure entwickelte.

Die vorliegenden Kohks enthielten demnach außer den gewöhnlichen mineralischen Bestandtheilen etwas Schwefelcalcium und bedeutende Mengen von schwefligsaurem und unterschwefligsaurem Kalke. Auch in anderen Sorten von geringerem Aschengehalte habe ich wenigstens Spuren dieser Salze gefunden, und sind diese wohl fast in allen gypshaltigen Kohks vorhanden, da die Bedingungen zu ihrer Bildung bei der Verkohkung der Steinkohlen gegeben sind.

Eine größere Menge Kohks, durch Kochen mit Wasser von den darin löslichen Bestandtheilen befreit und sodann mit Alkohol ausgezogen, gaben beim Abdampfen dieses Auszuges einen harzigen, mit leuchtender Flamme verbrennlichen Rückstand.

II. Quantitative Untersuchung.

Hierzu wurden stets die bei 100° C. getrockneten Kohks verwendet.

1) Die Aschenbestimmung geschah einmal durch Einäscherung im Platintiegel; ein anderesmal durch Wiegen des bei der organischen Analyse mittelst Verbrennen im Sauerstoffstrom im Schiffchen erhaltenen Rückstandes, und wurden dadurch 35,95 Proc. und 36,46 Proc. mineralischer Bestandtheile gefunden.

2) Zur Bestimmung des Schwefels verbrannte man eine Probe mit einem Gemenge gleicher Theile Soda und Salpeter, und wog die gebildete Schwefelsäure schließlich als schwefelsauren Baryt. Es fanden sich 4,7 Proc. Schwefel.

3) Für die Kohlenstoff- und Wasserstoffbestimmung führte ich eine erste Elementaranalyse durch Verbrennen mit chromsaurem Blei, eine zweite nach der Wöhler'schen Methode durch Verbrennen der Substanz im Platinschiffchen mit gekörntem Kupferoxyd im Sauerstoffstrome aus, unter Anbringung eines Röhrchens mit Bleisuperoxyd zwischen Chlorcalcium- und Kaliapparat zur Zurückhaltung der schwefligen Säure. Hierdurch wurden gefunden a) 54,26 Proc. C und 54,17 Proc. C; b) 0,64 Proc. H und 0,63 Proc. H, und zeigten die auf verschiedenem Wege erhaltenen übereinstimmenden Resultate, daß nicht etwa kleine Mengen

der schwer verbrennlichen Kohks der Verbrennung entgangen und dadurch
die Kohlenstoffbestimmung zu niedrig ausgefallen war.

In 100 Theilen der bei 100° C. getrockneten Kohks sind demnach
enthalten:

	I.	II.	Mittel.
Kohlenstoff	54,26 Proc.	54,17 Proc.	54,22 Proc
Wasserstoff	0,64 „	0,63 „	0,64 „
Sauerstoff			
Schwefel	9,15 „	8,74 „	8,94 „
Stickstoff			
Asche	35,95 „	36,46 „	36,20 „
	100,00 „	100,00 „	100,00 „

4) Schließlich wurde die Berthier'sche Probe in der Art vorgenommen, daß man etwa ½ Gr. der getrockneten Kohks mit einem
großen Ueberschusse eines Gemenges von 3 Theilen Bleiglätte und 1 Theil
Chlorblei erhitzte. Es schieden bei 2 Versuchen 1 Theil Kohks 19,78
und 19,79 Theile Blei aus.

Berechnet man sich nach der organischen Elementaranalyse die Menge
Blei welche ausgeschieden werden mußte, so verlangen 100 Th. Kohks,
da 1 Theil Kohlenstoff 2,66 Theile Sauerstoff, 1 Theil Wasserstoff 8
Theile Sauerstoff zur Verbrennung nöthig haben: 54,22.2,66 + 0,64.8
= 149,34 Theile Sauerstoff oder 1 Theil Kohks 1,49 Sauerstoff,
welche aus Bleiglätte genommen 19,32 Theile reducirtes Blei hinterlassen würden. Diese berechnete Bleimenge stellt sich sogar noch etwas
niedriger, weil die Kohks selbst Sauerstoff enthalten, welcher zur Verbrennung dient und nicht aus der Bleiglätte genommen zu werden
braucht. [31]

Der Grund warum bei aschenreichen Kohks wie den vorliegenden
durch die Berthier'sche Methode der Brennwerth etwas höher als
durch die organische Analyse gefunden wird, was den gewöhnlichen
Erfahrungen ganz widerspricht, ist einfach in der Menge und Natur der
Aschenbestandtheile zu suchen, welche durch einen Gehalt an Schwefelcalcium, schwefligsaurem und unterschwefligsaurem Kalke reducirend wirken,
und dadurch die aus Bleiglätte ausgeschiedene Menge des Bleies um
etwas vermehren können. Es würde aber selbst in diesem Falle unzweck-

---

[31] Die im Mittel erhaltenen 8,94 Proc. Sauerstoff, Schwefel und Stickstoff
lassen sich hier nicht ohne beträchtlichen Fehler als Sauerstoff überhaupt berechnen,
und von der Sauerstoffmenge in Abzug bringen, welche die Kohks im Ganzen zur
Verbrennung brauchen, da ein wesentlicher Theil davon Schwefel ist und dieser selbst
wieder Sauerstoff zur Oxydation beansprucht.

mäßig seyn, wenn man der weitläufigen organischen Analyse unbedingt den Vorzug geben wollte. Sie berechnet den Sauerstoffgehalt der Kohks durch Abzug des gefundenen Kohlenstoffs, Wasserstoffs und der Asche vom Ganzen; beträgt die Aschenmenge der Kohks nur wenige Procente, so kann dieß ohne wesentlichen Fehler geschehen; ist diese dagegen bedeutend, so nimmt die Genauigkeit des Resultates sehr ab, und der sonst überwiegende Werth der organischen Analyse gegen Berthier's Probe wird sehr herabgesetzt, indem die Kohks die mineralischen Bestandtheile in anderer Verbindungsweise und anderen Mengen enthalten als ihre Asche; dort sind sie in nach Umständen möglichst reducirter, hier in möglichst orydirter Form vorhanden.

XXXV.

Verfahren um dem Garancin die beim Färben schädlichen Unreinigkeiten (Pektin, Pektinsäure, Harze 2c.) zu entziehen; von James Higgin zu Manchester. — Patentirt am 28. November 1856.

Aus dem London Journal of arts, Septbr. 1857, S. 134.

Der Krapp und die meisten im Handel vorkommenden Präparate desselben, wie Garancin, Garanceur 2c., enthalten außer dem Farbstoff noch gewisse Bestandtheile, wie Pektin, Pektinsäure, Harze 2c., welche nicht als eigentliche Farbstoffe wirken, aber während des Färbeprocesses sich den Beizen anhängen, und auch Verbindungen mit Farbstoff bilden, welche sich theilweise auf den weißen oder ungebeizten Stellen des Zeuges befestigen, weßhalb weitere Operationen erforderlich sind, um lebhafte und reine Farben nebst einem guten Weiß zu erhalten. [32] Ich nehme mit dem Krapp und dessen Präparaten eine Behandlung vor, wodurch die schädlichen Wirkungen der erwähnten nachtheiligen Bestandtheile verhütet werden; ich entferne dieselben nämlich ganz oder theilweise mittelst Substanzen welche sie aufzulösen vermögen, oder die mit ihnen in Wasser unauflösliche Verbindungen bilden, wo sie dann während des Färbens nicht mehr wir-

---

[52] P. Schützenberger fand im Garancin über 16 Proc. Pektinsäure, größtentheils frei, zum Theil an Kalk gebunden; man vergl. polytechn. Journal Bd. CXL S. 55. A. d. Red.

ken können. Meine Verfahrungsarten sind auf den Krapp anwendbar, wenigstens wenn derselbe mittelst Gährung gereinigt worden ist; sie eignen sich aber vorzugsweise für die Präparate welche durch Behandlung des Krapps mit Säuren dargestellt sind, nämlich für das Garancin, Garanceur und sogenannte Krappertract.

Ich nehme Garancin oder Garanceur, welches auf bekannte Weise durch Kochen oder Dämpfen des Krapps mit Schwefelsäure dargestellt worden ist, und wasche es mit Wasser vollständig aus. Um Zeit zu ersparen, pflegt man die letzten Antheile von Säure, welche im Garancin zurückbleiben, durch Waschen desselben mit schwach alkalischem Wasser zu neutralisiren; ich ziehe es aber vor, dasselbe bloß mit Wasser zu waschen, bis es von Säure befreit ist. Dann bringe ich das Garancin in ein Gefäß welches erhitzt werden kann, gebe so viel Wasser zu, daß es in eine ziemlich flüssige Masse verwandelt wird, setze hierauf die Substanz zu, welche ich mit seinen Unreinigkeiten zu verbinden wünsche, und erhitze das Gemisch so stark und so lange Zeit, als es für das angewendete Krapp-Präparat erforderlich ist; in der Regel liefert eine dem Siedepunkt des Wassers entsprechende Temperatur und eine zweistündige Dauer der Operation ein gutes Resultat; natürlich wechselt auch die erforderliche Menge des Reinigungsmittels bei verschiedenen Präparaten. Nach beendigter Operation läßt man das Gemisch abkühlen, gibt es dann auf ein Filter und wascht das Product mit Wasser, bis die löslichen Unreinigkeiten hinreichend beseitigt sind. Das so gereinigte Garancin kann unmittelbar zum Färben verwendet werden; oder es wird gepreßt, getrocknet und zu feinem Pulver gemahlen.

Als Reinigungsmittel des Garancins und der anderen Krapppräparate benutze ich Alkalien, alkalische Erden oder solche Salze derselben, welche beim Kochen mit Pektinsäure sich mit derselben vereinigen und mit ihr in Wasser lösliche oder unlösliche Verbindungen bilden; dabei kommt in Betracht, daß diejenigen Substanzen welche sich mit der Pektinsäure verbinden, sich in der Regel auch mit den gefärbten Stoffen, welche keine wirklichen Farbstoffe sind, wie Harz ꝛc., vereinigen. Es ist jedoch rathsam, keine solchen Salze der Alkalien und alkalischen Erden zu benutzen, welche leicht Sauerstoff abgeben, also oxydirend wirken. Ueberhaupt eignen sich zu obigem Zweck alle Substanzen welche beim Kochen oder Erhitzen mit Pektinsäure sich mit derselben verbinden, daher auch mehrere organische Körper, wie Pflanzenschleim, Thierleim, Zucker ꝛc.

Zum bessern Verständniß meines Verfahrens will ich die Methode beschreiben, welche ich für türkischen Krapp bester Qualität anwende. Nachdem ich denselben in gewöhnlicher Weise mittelst Schwefelsäure in

Garancin verwandelt und die angewandte Säure sorgfältig ausgewaschen habe, gebe ich von diesem eine Quantität, welche 5 Etrn. Krapp entspricht, in eine Kufe, setze beiläufig 200 Gallons (2000 Pfd.) Wasser und eine Auflösung von arsenigsaurem Natron zu; dann lasse ich die Mischung eine Stunde lang kochen; nach dem Erkalten bringe ich sie auf ein Filter und wasche den Rückstand mit 200 Gallons Wasser aus, oder so lange bis alles arsenigsaure Salz ausgezogen ist. Das Garancin kann dann unmittelbar verbraucht, oder getrocknet und gemahlen werden. Um die erwähnte Auflösung von arsenigsaurem Natron darzustellen, koche ich 17 Pfd. krystallisirte Soda, in Wasser aufgelöst, mit überschüssiger arseniger Säure, eine halbe Stunde lang, filtrire die unaufgelöste arsenige Säure ab und verwende nur die klare Flüssigkeit.

Bei der Behandlung von Garanceur ist es rathsam nur beiläufig die Hälfte des für das Garancin vorgeschriebenen Reinigungsmittels anzuwenden, übrigens in gleicher Weise zu verfahren. — Bei Behandlung von sogenanntem Krappertract, welches keine Pflanzenfaser enthält, reicht eine viel geringere Wassermenge hin.

XXXVI.

Untersuchung einiger Sorten württembergischer Weine; von Dr. Paul Bronner in Stuttgart.

Aus dem Wochenblatt für Land- und Forstwirthschaft, 1857, Beilage 13.

Die neuere chemische Literatur enthält eine große Zahl von Untersuchungen europäischer und außereuropäischer Weine, namentlich spanischer, französischer, ungarischer, Pfälzer und Rheinweine. Ueber württembergische Weine ist mir dagegen keine vollständigere Arbeit bekannt geworden, wohl aber sind Bestimmungen des specifischen Gewichtes, des Zucker- und Säuregehalts von Weinmosten vorhanden. Es schien mir deßhalb kein ganz unnützes Beginnen zu seyn, württembergische Weine aus guten Lagen auf ihren Alkohol-, Säure-, Extract- und Zuckergehalt zu untersuchen. Das Material wurde mir durch die Munificenz der kgl. Hofkammer aus deren Keller zur Verfügung gestellt. Nr. 3 war in Flaschen, alle übrigen in Fässern.

Durch diese Untersuchung suchte ich mir zugleich Gewißheit zu verschaffen, ob die Balling'sche saccharometrische Weinprobe hinreichend genaue Resultate liefert, um wenigstens für die Praxis — namentlich die **Weinveredlung** — anwendbar zu seyn. Die unten folgende Tabelle enthält nun:

a) Das specifische Gewicht des frischen Weins bei 12,5° R. = 15,6° C.

b) Das specifische Gewicht des auf etwa ⅓ eingekochten und mit Wasser wieder bis zum ursprünglichen Gewicht verdünnten Weins.

c) Den Alkoholgehalt in Gewichtsprocenten ausgedrückt, durch Destillation bestimmt. 100 Kubikcentim. Wein wurden unter Zusatz von etwas Kreide (um die etwa vorhandene Essigsäure zurückzuhalten) auf etwa ⅓ abbestillirt, das Destillat mit Wasser wieder auf 100 Kubikcentim. und auf die Temperatur 15,6° C. gebracht und nun das specifische Gewicht desselben bestimmt. Offenbar hat der so erhaltene verdünnte Weingeist genau denselben Gehalt an absolutem Alkohol, wie der Wein. Die Tabelle von **Drinkwater** (**Muspratt's** technische Chemie S. 271) gibt die dem specifischen Gewicht entsprechenden Gewichtsprocente an absolutem Alkohol an. Ich wählte die **Drinkwater**'schen Bestimmungen, weil diese durch die Zahlen von **Fownes** (das. S. 281) vollkommen bestätigt worden sind, während die Tabelle von **Meißner** mit den Beobachtungen Anderer weniger genau übereinstimmt.

d) Den Alkoholgehalt, durch Rechnung aus a und b gefunden. Bekanntlich drückt, wenn a und b die oben angegebene Bedeutung haben, 1 + a — b das specifische Gewicht eines Weingeists aus, der denselben Gehalt an absolutem Alkohol besitzt wie der Wein. Die Zahlen c und d mußten also übereinstimmen; da dieß bei vier Bestimmungen hinreichend genau der Fall war, so habe ich das fernere Destilliren unterlassen.

e) Den Alkoholgehalt, nach **Balling's** Formeln berechnet. Bezeichnet m die Saccharometeranzeige des frischen Weins, n die des gekochten und wieder auf sein ursprüngliches Volumen gebrachten, c die Attenuationsdifferenz, so ist der Alkoholgehalt $A = (n - m) c$.

f) Den Extractgehalt, direct bestimmt. 20 Kubikcentim. Wein wurden im Wasserbad eingedampft, der Rückstand noch 2 Stunden lang der Temperatur des kochenden Wassers ausgesetzt, unter eine Glasglocke über concentrirte Schwefelsäure gebracht und nach 6 bis 8 Stunden die Menge des Extracts bestimmt.

g) Den Extractgehalt nach **Balling**; es ist die Saccharometeranzeige n des gekochten Weins.

h) Die Menge des Zuckers, oder, richtiger gesagt, die Menge sämmtlicher auf alkalische Kupferlösung reducirend einwirkenden Substanzen des Weins, als wasserfreier Traubenzucker berechnet. Zur Erkennung der Beendigung der Reaction mußte die **Kersting**'sche Probe (Blutlaugenfalzpapier und verdünnte Säure) zu Hülfe genommen werden, da die überstehende Flüssigkeit stets gelblich oder bräunlich gefärbt war. Nur bei ziemlichem Überschuß an caustischer Natronlauge konnten übereinstimmende Resultate erlangt werden. Trotzdem ist die Bestimmung des Zuckers nicht ganz zuverlässig.

i) Die Menge der freien Säure, als Weinsäurehydrat berechnet. Die Bestimmung geschah durch Titriren mit kohlensäurefreier Natronlauge, die auf Zehntelnormalweinsäure gestellt war. Jeder Kubikcentimeter dieser Zehntelnormal= Natronlauge entsprach daher 0,0075 Grm. Weinsäurehydrat. Die Beendigung der Reaction ist, der dunkeln Färbung wegen, die der Wein annimmt, nicht mit Lackmustinktur, sondern mit Lackmuspapier zu erkennen.

k) Das specifische Gewicht des Weinmostes (die Grade an der Fingelbach'schen Mostwaage), in den betreffenden Jahrgängen bestimmt.

Nr.	Specifisches Gewicht		Alkohol in Gewichtsprocenten			Extract in Procent		Zucker in Proc.	Freie Säure in Proc.	k
	a des frischen Weines	b des gekochten Weines	c durch Destillation	d durch Rechnung aus a u. b	e nach Balling's Formel	f direct	g nach Balling	h als wasserfreier Traubenzucker	i als Weinsäurehydrat	Specifisches Gewicht des Weinmostes
Nr. 1. 1783r Carmeliter, dunkelgelb	0,9971	1,0085		6,69	6,96	2,25	2,12	0,18	0,70	94° = 1,094
Nr. 2. 1811r Steinheppacher, weiß	0,9971	1,0093		7,23	7,47		2,32	0,20	0,77	90° = 1,090
Nr. 3. 1846r Unterürtheimer Rißling	0,9944	1,0092	9,20	9,05	9,12		2,30	0,21	0,58	92° = 1,092
Nr. 4. 1854r " "	0,9941	1,0086		8,84	8,91		2,15	0,13	0,67	86° = 1,086
Nr. 5. 1855r " "	0,9938	1,0079	8,55	8,55	8,66	1,98	1,97	0,09	0,73	80° = 1,080
Nr. 6. 1855r " gemischt, weiß	0,9944	1,0070		7,50	7,74		1,75	0,08	0,65	80° = 1,080
Nr. 7. 1855r Mundelsheimer Rißling	0,9944	1,0078	7,92	8,06	8,24	2,82	1,95	0,11	0,69	87° = 1,087
Nr. 8. 1855r " gemischt, weiß	0,9951	1,0084		7,99	8,17		2,10	0,16	0,65	82° = 1,082
Nr. 9. 1855r " "	0,9951	1,0084		8,13	8,29		2,10	0,16	0,65	80° = 1,080
Nr. 10. 1856r Clevner	0,9980	1,0115		7,37	7,60		2,87	0,20	0,56	79° = 1,079
Nr. 11. 1856r Clevner	0,9981	1,0105					2,62	0,16	0,90	80° = 1,080
Nr. 12. 1856r Trollinger	0,9982	1,0117	8,80	8,13	8,30		2,92	0,13	0,75	92° = 1,092
Nr. 13. 1856r Unterürtheimer Rißling	0,9937	1,0084		8,98	9,04		2,10	0,11	0,70	80° = 1,080
Nr. 13. 1856r Mundelsheimer Rißling	0,9941	1,0083		8,62	8,71		2,07	0,13	0,83	84° = 1,084

Aus dieser Zusammenstellung lassen sich nun, wie mir scheint, folgende Schlüsse ziehen:

a) In Bezug auf die Weine selbst.

Die rothen Weine haben ein größeres specifisches Gewicht und, damit zusammenhängend, einen größeren Extractgehalt als die weißen. Bei Nr. 1 und 2 ist das specifische Gewicht durch das Alter und die damit verbundene Concentration (in den Fässern) größer geworden, als es ursprünglich war.

Auffallend ist der geringe Alkoholgehalt der beiden ältesten Weinsorten 1 und 2; ohne Zweifel war derselbe ursprünglich größer, denn nur stärkere Weine konnten sich so lange Zeit gut erhalten. Der Alkoholgehalt hat also durch das Zehren bedeutend abgenommen; es verhalten sich demnach die Wände der Fässer durchaus nicht in gleicher Weise zum Wein wie die Thierblase (in den bekannten Sömmering'schen Versuchen). Es wäre durch Versuche zu entscheiden, ob dem Zehren durch äußerliches Ueberziehen der Fässer mit Wasserglas entgegengewirkt werden könnte, ohne dadurch der Qualität des Holzes zu schaden, d. h. ohne es zum „Ersticken" zu disponiren.

Wenn man von Nr. 1 und 2, als abnormen Qualitäten, absieht, so erkennt man, daß die besseren württembergischen Weine einen Gehalt an freier Säure zwischen 0,5 und 0,8 Proc. und einen Alkoholgehalt von über 8 Gewichtsprocenten zeigen. Beim Veredeln der Weine ist demnach hierauf Rücksicht zu nehmen.

Der Zucker macht nur einen kleinen Theil des Extracts aus, in obigen Weinen höchstens $1/11$ desselben. Uebrigens scheint es mir zweifelhaft, ob der Körper, welcher auf alkalische Kupferlösung reducirend wirkt, wirklich Zucker ist; denn es ist schwer einzusehen, wie sich eine so geringe Zuckermenge neben einer verhältnißmäßig bedeutenden Menge hefebildender Stoffe, die in jedem nicht sehr alten Wein immer noch vorhanden sind, unzersetzt hätte erhalten sollen. Setzt man nämlich zu abgelagerten Weinen (denen sogar durch mehrmalige Schönung ein beträchtlicher Theil ihrer hefebildenden Substanzen entzogen werden kann) käuflichen Traubenzucker (d. h. mittelst Schwefelsäure bereiteten Stärkezucker) zu, so geräth der Wein bei geeigneter Temperatur früher oder später in erneuerte Gährung. Nr. 4 enthielt noch so viel hefebildende Stoffe, daß $1/10$ seines Gewichts an Traubenzucker, den ich innerhalb 10 Tagen nach und nach zusetzte, vollständig vergohr; möglich, daß die gährungerregende Kraft des Weins dadurch nicht erschöpft war, denn ich führte den Versuch nicht zu Ende.

10 *

b) In Bezug auf die Untersuchungsmethoden.

Die Zahlen c und d stimmen, wie zu erwarten stand, gut überein. Die Zahlen e nach Balling's Formeln sind dagegen, mit Ausnahme von Nr. 3, sämmtlich zu hoch. Der Unterschied ist jedoch unbedeutend und nicht größer als der Unterschied zwischen d und denjenigen Zahlen, die man bei Zugrundelegung der Meißner'schen Tabelle statt der Drinkwater'schen erhalten haben würde. Man wird daher, wenigstens für die Praxis, die durch ihre große Einfachheit sich auszeichnende Balling'sche Methode anwenden können.

Die Uebereinstimmung zwischen f und g ist ebenfalls vollkommen befriedigend. Eine genaue directe Bestimmung des Extractgehalts ist äußerst zeitraubend; sobald nämlich das Extract Syrupconsistenz angenommen hat, hält es mit großer Hartnäckigkeit Wasser zurück, so daß nur eine über 100⁰ C. steigende Temperatur oder mehrstündiges Erhitzen im Wasserbad und darauf folgendes längeres Verweilen über Schwefelsäure zu constanten Zahlen führt. Es wird deßhalb der Extractgehalt zweckmäßiger nach Balling, als direct bestimmt.

Aus der Anzahl der Grade, die der Weinmost an der Kinzelbach'schen Waage zeigt, kann, wie man sieht, der Alkoholgehalt des künftigen Weins nicht mit Sicherheit abgeleitet werden, denn die Zahl, mit welcher man diese Gradanzahl zu multipliciren hat, um den Alkoholgehalt zu bekommen, schwankt in den einzelnen Nummern zwischen 0,092 und 0,102. Die Formel, welche Balling angegeben hat, um die ursprüngliche Mostconcentration zu berechnen: $p = \dfrac{n-m}{q-1} + n$, wo n und m die bei e) angegebene Bedeutung haben und q den Attenuationsquotienten vorstellt, ist nicht richtig. Balling addirt zwar zu dieser Formel noch die constante Größe 0,5, um so dem Einfluß des Weinsteins auf Vergrößerung des specifischen Gewichts des Weinmosts, welch ersterer sich bei der Gährung und dem Lagern zum größten Theil ausscheidet, einigermaßen Rechnung zu tragen; allein auch die so corrigirte Formel gibt Resultate, die mit der directen Beobachtung keineswegs übereinstimmen. Man erhält nämlich mittelst dieser Formel für das specifische Gewicht des Mosts

bei Nr. 3 1,0810 statt beobachteter 1,094
bei Nr. 4 1,0784   „   „   1,092
bei Nr. 5 1,0756   „   „   1,086 u. s. w.

Es ist dieser Mangel an Uebereinstimmung auch leicht erklärlich; denn Balling hat den sicherlich ganz bedeutenden Einfluß der im Traubensaft enthaltenen hefebildenden Stoffe auf Vergrößerung seines specifischen Gewichts nicht berücksichtigt, deßhalb sind seine Zahlen stets zu niedrig.

Man sieht, daß die für die Praxis allerdings nicht besonders wichtige, aber wissenschaftlich interessante Aufgabe, aus einem gegebenen Wein dessen ursprüngliche Mostconcentration zu bestimmen, noch nicht gelöst ist.

In Bezug auf die von Kletzinsky in der Wiener medicinischen Wochenschrift aufgestellte Behauptung, daß die Menge der Phosphorsäure im Wein ein ganz richtiges Maaß zur Beurtheilung seiner Güte abgebe, besser noch als die Menge des Extracts und Alkohols, untersuchte ich Nr. 1 auf Phosphorsäuregehalt. 100 Kubikcentim. Wein wurden mit Salmiak und Ammoniak vermischt, wodurch jedoch nicht reine phosphorsaure Ammoniak-Magnesia, sondern ein Gemenge derselben mit einem flockigen dunkelroth-braunen Niederschlag abgeschieden wurde, das, gewaschen und geglüht, 0,067 Grm. wog. Dieß beträgt, als reine phosphorsaure Ammoniak-Magnesia angenommen, nahezu 0,07 Proc. — eine Menge, die so gering ist, daß eine fernere Bestimmung der Phosphorsäure (oder vielmehr der phosphorsauren Magnesia) in den übrigen Weinsorten als sehr überflüssig erscheinen mußte.

XXXVII.

Ueber gegypste Weine; von Hrn. Hugouneng in Lodève.

Aus dem Journal de Pharmacie et de Chimie, April 1857, S. 262.

Hr. Sanguinetti zu Bastia (Corsica) entdeckte in Weinen von Trauben, welche wegen des Schimmelpilzes geschwefelt worden waren, Schwefelwasserstoff und Schwefelwasserstoff-Schwefelkalium. Wenn die Gegenwart wenigstens des erstern auch keinem Widerspruch unterliegt und sich sogar manchmal schon durch den Geruch kund gibt, so lassen sich doch dadurch noch nicht alle chemischen Reactionen solcher Weine erklären, die unserer Ansicht nach von einem schwefelsauren Salze herrühren. Man stelle nur einmal mit einer und derselben geschwefelten Weinsorte Versuche zur Zeit des Ablassens aus den Kufen und dann sechs Monate später an; in ersterem Falle erhält man mit Metalllösungen einen Niederschlag von Schwefelmetall; im letztern aber keine Spur davon, hingegen mit Chlorbaryum einen Niederschlag von schwefelsaurem Baryt, der zwar etwas stärker ist, als bei gewöhnlichen Weinen, doch nicht so, daß man daraus auf den Zusatz eines auflöslichen schwefelsauren Salzes, etwa Alaun, schließen könnte, vorausgesetzt daß der Wein lediglich geschwefelt worden ist.

In Folge des Schimmelpilzes kam, außer der Schwefelung, noch ein anderes Verfahren — das Gypsen — in Aufnahme, welches gefährlicher ist, und seit einigen Jahren sich im südlichen Frankreich sehr verbreitete.

Während des Eintretens der Trauben wird der gemahlene Gyps auf dieselben geworfen, daher er beim Beginn der Gährung mit dem Most in Berührung ist. Diesen Umstand haben diejenigen Chemiker nicht berücksichtigt, welche erklärten, daß der Gyps im Wein nicht auflöslicher sey als im Wasser; ihr Irrthum entstand dadurch, daß sie versuchten den Gyps im fertigen Wein aufzulösen, anstatt ihn, wie die Weinbauer, mit dem Most in Berührung zu bringen.

Vielfache Analysen gegypster Weine überzeugten mich, daß sie manchmal eine beträchtliche Menge schwefelsauren Kalks aufgelöst enthalten, dem die von ihnen hervorgebrachten üblen Zufälle, wie ich glaube, mit Recht zugeschrieben werden. Ein solcher Wein enthielt zweimal so viel Gyps aufgelöst, als destillirtes Wasser von 28° R. auflösen kann.

Dieser Gypszusatz, oder vielmehr der durch denselben veranlaßte Gehalt des Weins an Schwefelsäure, verleitete schon öfters zu der Annahme, daß sich Alaun im Wein befinde, während derselbe keine anderen Thonerdesalze enthielt, als die in seinem Normalzustande ohnedieß darin befindlichen, nämlich weinsteinsaure und phosphorsaure Thonerde.

Während im gegypsten Wein durch Chlorbaryum ein reichlicher Niederschlag (in Folge der Schwefelsäure) hervorgebracht wird, gibt das oralsaure Ammoniak nur einen sehr geringen Niederschlag von Kalk. Die Ursache hievon ist wohl folgende. Wie ich mich überzeugt habe, wird die Auflösung des Gypses durch die Gährung befördert; aber das doppeltweinsteinsaure Kali tauscht mit demselben sehr bald die Base aus und es setzt sich weinsteinsaurer Kalk ab, während schwefelsaures Kali in der Flüssigkeit aufgelöst bleibt; dieser Vorgang findet hauptsächlich während der Gährung statt und hört erst einige Zeit nach derselben auf, wo dann der Wein vollkommen klar ist, weil, während sich der Bodensatz bildet, der weinsteinsaure Kalk alle in der Flüssigkeit schwebenden Substanzen mit niederreißt. Wirklich geben die gegypsten Weine bald nach der Lese mit Barytsalzen und oralsaurem Ammoniak reichliche Niederschläge, während ein halbes Jahr später der durch das letztere Reagens erzeugte Niederschlag nur unbedeutend ist und man, wenn der Wein sich in einer Flasche befand, auf dem Boden derselben einen beträchtlichen Absatz von weinsteinsaurem Kalk findet.

Sehr zu vermeiden ist also bei der Untersuchung gegypster Weine die voreilige Annahme, daß sie Alaun enthalten. Um den Alaun im Wein zu erkennen, hat Laffaigne eine sehr genaue Methode angegeben, [33] welche manchmal zu umständlich ist. Ich empfehle, um die Thonerde leicht und rasch zu bestimmen, folgendes Verfahren.

Man nimmt 500 bis 1000 Gramme des verdächtigen Weines, setzt ihm Chlorbaryum zu, bis kein Niederschlag mehr entsteht, filtrirt durch ein sehr kleines Filter, versetzt die filtrirte Flüssigkeit mit oralsaurem Ammoniak in geringem Ueberschuß, filtrirt abermals und gibt in die klare Flüssigkeit eine hinreichende Menge vollkommen ausgewaschener Thierkohle. Bei öfterem Umrühren entfärbt sich die Flüssigkeit sehr bald, worauf man sie mit Ammoniak in schwachem Ueberschuß fällt. Die im Wein enthaltene Thonerde, sowohl die normale, als die von einem betrügerisch zugesetzten auflöslichen Thonerdesalze herrührende, scheidet sich in ihrer gallertartigen Gestalt ab; man filtrirt nun die Flüssigkeit ab, wascht das Filter mit destillirtem Wasser aus, trocknet es und wägt die Thonerde nach dem Glühen.

Die Vortheile und Nachtheile der Anwendung des Gypses, bemerkt die Redaction des Journal de Pharmacie in einem Zusatz, werden aus Hugouneng's Abhandlung einleuchtend. Der Gyps macht den Wein klar; aber er hat zugleich den großen Uebelstand, anstatt des weinsteinsauren Kalis schwefelsaures Kali in die Flüssigkeit zu bringen, so daß der Wein seine Säuerlichkeit anstatt durch zweifach-weinsteinsaures Kali, nun durch zweifach-schwefelsaures Salz erhält, von welchem wir nicht wissen, ob es für die Gesundheit unschädlich ist.

Was die Analyse anbelangt, so dürfte die Anwendung der Thierkohle nicht zu empfehlen seyn. Noch so gut ausgewaschen, kann dieselbe noch phosphorsauren Kalk enthalten und abtreten, welchen man dann als Thonerde annimmt. Am besten dürfte es wohl seyn, den Wein zur Syrupsconsistenz abzudampfen, den Rückstand mit einem gleichen Volum Salzsäure zu verdünnen, die Flüssigkeit zum Kochen zu bringen und ihr nach und nach chlorsaures Kali in Ueberschuß beizugeben. Auf diese Weise erhielte man eine von jeder organischen Verbindung freie Flüssigkeit, in welcher man die Schwefelsäure, den Kalk und die Thonerde nach den gewöhnlichen Methoden bestimmen könnte.

---

[33] Polytechn. Journal Bd. CXL S. 62.

Miscellen.

Anwendung der Photographie zur Reduction der Karten im brittischen topographischen Bureau; vom Obersten James.

Nachdem die englische Regierung entschieden hatte, daß die Plane der cultivirten Districte Großbritanniens im Maaßstab von $1/_{2500}$, oder von $25^{344}/_{1000}$ Zoll auf eine englische Meile gezeichnet werden sollen; und daß diese Plane, sowie auch die Plane der großen Städte, auf den Maaßstab von 6 Zoll auf eine Meile, nach welchem die uncultivirten Districte gezeichnet sind, reducirt werden sollen, damit die Karten aller Grafschaften auf einen gleichförmigen Maaßstab gebracht werden, worauf sie wieder auf den Maaßstab von 1 Zoll für die Generalkarte zu reduciren seyen; da war es offenbar von höchster Wichtigkeit, das in der kürzesten Zeit und mit den geringsten Kosten zum Ziele führende Verfahren anzuwenden, um die Plane von dem größern auf den kleinern Maaßstab zu reduciren.

Ich stellte daher im vorigen Jahr, während ich mich zu Paris aufhielt, Versuche über die Möglichkeit an, Plane durch Photographie zu reduciren, und nachdem ich mich überzeugt hatte, daß man auf diesem Wege genaue Reductionen ohne Schwierigkeit erzielt, ließ ich zwei mich begleitende Sappeure in der Photographie unterrichten; seitdem haben wir mit so vollkommenem Erfolg alle Reductionen nach dieser Methode gemacht, daß wir selten mehr ein anderes Verfahren anwenden.

Die Vortheile, welche die Einführung dieser Methode gewährt, werden Jedem einleuchten, welcher mit den bisher angewendeten umständlichen und langwierigen Verfahrungsarten, vermittelst des Pentagraphen oder Eidographen, oder des Proportionalzirkels ꝛc. vertraut ist; der Plan einer großen Stadt, welcher im Maaßstab von $1/_{500}$ gezeichnet ist, kann nun mittelst der Photographie, zuerst auf den Maaßstab von $1/_{2500}$, und von diesem auf den Maaßstab von 6 Zoll auf die engl. Meile in sehr kurzer Zeit reducirt werden und zwar mit bloß dem hundertsten Theil der Kosten, welche wir früher für diese Arbeit aufwenden mußten. So hat während der letzten Woche ein Mann mit Beihülfe eines Druckers und eines Arbeiters 32,000 Acres von dem Maaßstab von 25 Zoll auf den von 6 Zoll per engl. Meile reducirt und drei Copien von 45 Blättern, also 135 Abbrücke angefertigt, Alles in sechs Tagen; hundert Zeichner hätten aber diese Arbeit nicht zu Stande gebracht (Civil Engineer and Architect's Journal, Septbr. 1857, S. 307.)

Teleskop von versilbertem Glas, nach Léon Foucault.

Das astronomische Fernrohr hat im Vergleich mit dem Teleskop von den nämlichen Dimensionen den Vortheil, mehr Licht zu geben; der Strahlenbüschel, welcher auf das Objectiv fällt, geht zum größeren Theil hindurch und wird beinahe vollständig zur Bildung des Bildes im Brennpunkte verwendet, während auf dem Metallspiegel nur ein Theil des Lichtes in einem convergenten Strahlenbüschel reflectirt wird, der noch dadurch einen Verlust erleidet, daß er durch eine zweite Reflexion dem Beobachter zugeführt wird. Da indeß das Teleskop wesentlich von der Aberration in Folge der Brechbarkeit befreit ist, da die Reinheit der Bilder nur von der Vollkommenheit einer einzigen Oberfläche abhängt, da es bei gleicher Brennweite einen größeren Durchmesser als das Fernrohr gestattet, so bringt es zum Theil die Verluste wieder ein, welchen das Licht bei der Reflexion unterworfen ist, und einige Beobachter, besonders in England, haben ihm den Vorzug über das Fernrohr zur Erforschung himmlischer Gegenstände eingeräumt. Gewiß ist, daß gegenwärtig, trotz aller Vervollkommnungen die man bei der Anfertigung großer Gläser angebracht hat, das mächtigste Instrument, welches man gegen den Himmel gerichtet hat, ein Teleskop mit Metallspiegel, das Teleskop von Lord Rosse von 6 engl. Fuß Durchmesser und 55 Fuß Brennweite ist. Vielleicht würden die Reflectionsinstrumente selbst die Oberhand bekommen haben, wenn sich das Metall so gut wie Glas bearbeiten ließ, wenn es eine eben so dauerhafte Politur annähme, und wenn es nicht viel schwerer wäre.

Indem man so die beiden Arten von Instrumenten in Parallele stellt, gelangt man zu der Ansicht, daß es sehr vortheilhaft seyn würde, ein Teleskop in Glas zu construiren, wenn man dem Spiegel, nachdem er einmal geschliffen und polirt, einen solchen metallischen Glanz mittheilen könnte, daß man dadurch eben so helle Bilder als die der Gläser erhielte. Diese Ansicht hat sich auf sehr befriedigende Weise verwirklicht.

Wenn das Glas von einem geschickten Optiker geschnitten und gründlich polirt worden ist, ist es sehr geeignet durch das Verfahren von Drayton eine dünne und gleichförmige Schicht von Silber anzunehmen. Diese metallische Schicht, wenn sie aus dem Bade hervorgeht, worin sie gebildet worden ist, erscheint matt und dunkel, hellt sich aber durch Reiben mit weichem Leder und etwas Englisch=Roth auf, und erlangt dabei in wenig Augenblicken einen sehr lebhaften Glanz. Durch dieses Verfahren versilbert sich die Oberfläche des Glases und wird stark reflectirend, ohne daß die feinsten Untersuchungen die geringste Formveränderung verrathen. Nachdem der Spiegel so versilbert war und eine vollkommene Politur erlangt hatte, bildete Foucault daraus ein Teleskop von 10 Centimeter Durchmesser und 50 Centimeter Brennweite. Dieses kleine Instrument verträgt sehr gut ein Ocular, welches die Vergrößerung auf 200 steigert, und, verglichen mit einem Fernrohr von einem Meter, einen merklich höheren Effect gibt.

Die Vergleichung der Intensität eines von einer so präparirten Oberfläche reflectirten Strahlenbüschels mit dem Strahlenbüschel, welcher durch ein Objectiv von gleicher Oberfläche hindurch gegangen ist, fällt zu Gunsten des neuen Teleskops aus. Der auf dem versilberten Glase reflectirte Strahlenbüschel beträgt ungefähr 90 Proc. des Büschels, welcher durch ein Objectiv mit vier partiellen Reflexionen gegangen ist, so daß das neue Instrument den Vortheil eines Ueberschusses an Licht bietet, welcher vermöge des größeren Spiegeldurchmessers auf sehr kräftige Weise zur Bildung des Focalbildes beiträgt.

Bei gleichem Durchmesser ist das Glas=Teleskop um die Hälfte kürzer als das Fernrohr, und gibt den Bildern beinahe eben so viel Licht und mehr Reinheit. Bei gleicher Länge verträgt es den doppelten Durchmesser und sammelt $3\frac{1}{2}$ Mal mehr Licht.

Von einem anderen Gesichtspunkt betrachtet, unterscheidet sich die neue optische Combination dadurch, daß sie ihre volle Wirkung hervorbringt, ohne den Zusammenfluß zahlreicher Bedingungen zu erheischen, denen man bisher genügen mußte, sollte ein Instrument, Fernrohr oder Teleskop, mit einer gewissen Vollkommenheit ausgestattet werden. Das Fernrohr besonders erfordert, daß der Constructeur sich gleichzeitig beschäftigt mit der Gleichartigkeit der beiden Glassorten, die das Objectiv bilden, mit ihrer brechenden und zerstreuenden Kraft, mit der Combination der Krümmungen, der Centrirung und der Herstellung von vier sphärischen Oberflächen. Bei dem neuen Teleskop dagegen kommt das Glas nicht als brechendes Mittel in Betracht, sondern nur als Träger einer dünnen metallischen Schicht. Die Gleichartigkeit der Masse wird keineswegs erfordert, und das gewöhnlichste Glas, bei hinlänglicher Dicke mit Sorgfalt geschliffen, kann eine concave Oberfläche vertreten, die, versilbert und polirt, für sich allein und durch Reflexion sehr gute Bilder gibt.

Man hat den Spiegelteleskopen vorgeworfen, daß sie sich mit der Zeit oxydiren und bei Berührung mit der Luft matt werden. Seit sechs Wochen hat der Verfasser versilberte Spiegel, ohne daß sie eine merkliche Veränderung erfahren hätten; wird dieser Conservationszustand von langer Dauer seyn? Die Erfahrung ist noch zu neu, um dieß in dem einen oder anderen Sinn zu beantworten; aber selbst wenn der Spiegelglanz sich schwächen sollte, würde nichts verhindern ihn durch dasselbe Mittel wie ursprünglich, nämlich Reiben mit einem Ballen, wieder zu beleben; wenn endlich das Silber sich in seiner Dicke ändern sollte, so ist das Verfahren, woburch man es auflegt, von so leichter und schneller Ausführung, daß man es leicht wiederholen könnte.

Kurz zusammengefaßt, das neue Instrument gewährt, im Vergleich mit dem astronomischen Fernrohr, bei viel geringeren Kosten mehr Licht, mehr Reinheit, und ist als Teleskop von jeder Aberration in Folge der Brechung befreit. (Aus den Comptes rendus t. XLIV. p. 339, durch das polytechnische Centralblatt, 1857. S. 571.)

Ueber die Erkennung des Fluors, von J. Nicklès.

Hr. Nicklès beweist in einem ersten Aufsatz über diesen Gegenstand, daß bei dem gewöhnlichen Verfahren das Fluor nachzuweisen, indem man die Probe mit Schwefelsäure übergießt und den aufsteigenden Dampf auf eine mit Wachs überzogene Glasplatte wirken läßt, in deren Wachsüberzug man Schriftzüge einradirt hat, auch ohne Gegenwart von Fluor die Schriftzüge bloß durch die Wirkung des Dampfes von rauchender Schwefelsäure ins Glas schon schwach eingeätzt werden. Alle Mineralsäuren verhalten sich in dieser Beziehung gleich. Soll die Entscheidung für Fluor zuverlässig seyn, so muß man den Dampf auf eine Bergkrystallplatte wirken lassen, denn diese wird von anderen Säuren nicht angegriffen und bloß vom Fluorwasserstoff angeätzt.

Seitdem hat Nicklès gefunden, daß die käufliche Schwefelsäure bisweilen Flußsäure enthält, welche durch den zur Oxydation des Schwefels angewendeten Salpeter hineinkommt. Behufs obiger Probe muß daher auch eine von Flußsäure gereinigte Schwefelsäure angewendet werden.

Reinigung der Schwefelsäure von Flußsäure. — Man gibt die zu reinigende Schwefelsäure in eine Porzellanschale, oder, noch besser, in den Bauch einer zerbrochenen Retorte, und verdünnt sie mit ihrem zweifachen Volum Wasser. Man stellt das Gefäß in ein Sandbad (oder in ein Bad von Eisenfeile oder Gußeisen-Drehspänen), und erhitzt bis man eine schwache Bewegung im Innern der Flüssigkeit bemerkt. Man ersetzt das Wasser in dem Maaße als es verdampft, und läßt die Flüssigkeit erst dann sich concentriren, wenn man die Operation als beendigt betrachtet, was nach fünfzehn Stunden der Fall seyn kann.

Bevor man jedoch diese Säure als rein betrachtet, muß man sie auf folgende Weise prüfen:

Prüfung der Schwefelsäure. — Man gibt dreißig Gramme dieser Säure in einen Platintiegel, welcher geräumig genug ist, um beiläufig das Doppelte dieser Quantität zu fassen; man setzt zehn Gramme Wasser zu und bedeckt den Tiegel sogleich mit der Bergkrystallplatte. Diese Platte muß auf folgende Weise zubereitet worden seyn: nachdem man sie auf einer ihrer Seiten mit Wachs überzogen hat, zeichnet man auf diese Seite einige regelmäßige Figuren, welche man später leicht erkennt. Nachdem diese Platte auf dem Tiegel angebracht ist, muß man dieselbe mittelst einer Wasserschicht, welche man oft erneuert, gut abkühlen. Durch die Wärme, welche sich in dem Augenblick entwickelte wo das Wasser und die Schwefelsäure in Berührung kamen, wurde ein Theil des Wassers verdampft, welcher sich natürlich an der Oberfläche der abgekühlten Platte verdichtete. Diese Bedingung muß nothwendig erfüllt werden, weil der schwache Thau, den man so erhält, das Fluorwasserstoffgas auffangt, welches bekanntlich in Wasser sehr löslich ist, und ohne Feuchtigkeit weniger lebhaft auf das Glas einwirkt.

Nachdem die Säure hinreichend verdünnt ist, um sich durch Zusatz einer neuen Quantität Wasser nicht mehr zu erhitzen, bringt man sie auf die Weingeistlampe oder in ein Sandbad und erhöht die Temperatur so weit, daß die Hand die unmittelbare Berührung des Tiegels nicht erträgen kann. Nach zweistündiger Dauer dieser Behandlung kann man die Operation als beendigt betrachten. Man nimmt dann die Bergkrystallplatte weg, schmilzt das Wachs weg, wischt sie ab und läßt sie erkalten; wenn man mit bloßem Auge von der Zeichnung nichts gewahr wird, macht man die Oberfläche der Platte matt, indem man sie dem Athem aussetzt; wenn auch nur die geringste Aetzung stattgefunden hat, werden die in die Wachsschicht radirten Figuren dann zum Vorschein kommen und so lange sichtbar bleiben, als die durch die Condensation des Athems erzeugte Dampfschicht andauert. (Comptes rendus t. XLIV p. 679 und t. XLV p. 250.)

Anwendung des Wafferglaſes zur Bereitung eines Papiers, welches das bisher gebräuchliche Wachspapier erſetzt; von Prof. Dr. W. Artus.

Von einer auswärtigen Geſellſchaft für Technik beauftragt, einen ausführlichen Bericht über die beſte techniſche Verwendung des Wafferglaſes zu liefern, ſind in meinem Laboratorium eine Reihe von Verſuchen angeſtellt worden, um ſowohl das Beſtehende zu prüfen und zu verbeſſern, als auch neue Verſuche vorzubereiten und auszuführen, zu denen auch die Verwendung des Wafferglaſes zur Bereitung eines Papiers gehört, welches ſtatt des bisher gebräuchlichen Wachspapiers zur Verpackung von Salben und Pflaſtern hiermit dem pharmaceutiſchen Publicum, theils ſeiner Zweckmäßigkeit, theils ſeiner Wohlfeilheit wegen zu empfehlen iſt.

Die Bereitung des Papiers zu dem gedachten Zwecke iſt einfach folgende: Es wird ein mäßig ſtarkes Schreibpapier zweimal mit einer Wafferglaslöſung von 1,12 bis 1,15 ſpec. Gewicht (16 bis 20″ Baumé) überſtrichen, doch ſo, daß der erſte Ueberzug gehörig getrocknet iſt. Mit 1 Pfd. einer ſolchen Wafferglaslöſung können viele Bogen überſtrichen werden, und man erhält ein Papier, welches zu obigen Zwecken vollſtändig genügt. Mit einer concentrirteren Löſung erhält man zwar einen ſchöneren glasartigen Ueberzug, allein das Papier läßt ſich dann nicht rollen, ohne Brüche zu bekommen. (Chemiſches Centralblatt, 1857, Nr. 47.)

Ueber die Darſtellung des rothen Blutlaugenſalzes mittelſt gebundenen ozoniſirten Sauerſtoffes; von Prof. C. F. Schönbein.

Das braune Wismuthſuperoryd, wie man es aus dem Oryd nach Kaiſer mit gelöſtem unterchlorigſaurem und cauſtiſchem Natron gewinnt, enthält einen Theil ſeines Sauerſtoffs ſo, daß derſelbe das gelbe Blutlaugenſalz beinahe eben ſo leicht in das rothe verwandelt, als dieß der freie ozoniſirte Sauerſtoff thut. Schüttelt man eine kalte nahezu wafferhelle Löſung des gelben Cyanürs mit dem beſagten Superoryde zuſammen, ſo erſcheint ſie ſchon nach wenigen Minuten ſtark roth gefärbt und liefert mit reinen Eiſenorydulſalzen einen tiefblauen Niederſchlag. Noch raſcher aber erfolgt die Zerſetzung des Salzes bei der Siedhitze des Waffers, wobei das Superoryd zu Oryd reducirt, der vierte Theil des Kaliums des Cyanürs in Kali und eben dadurch das gelbe Blutlaugenſalz in das rothe übergeführt wird.

Da bekanntlich das freie Kali in der Wärme zerſetzend auf das gelöſte Cyanid einwirkt und dadurch wieder die Erzeugung von gelbem Cyanür unter Ammoniak= bildung veranlaßt, ſo kann dieſe ſchädliche Wirkung dadurch leicht verhindert werden, daß man durch die ſiedende Löſung des mit Wismuthſuperoryd behandelten gelben Blutlaugenſalzes einen Strom von Kohlenſäure gehen läßt.

Bringt man eine zureichende Menge Superorydes mit der ſiedenden Löſung des Cyanürs zuſammen und hält man beide Materien mittelſt Umrührens in gehöri= ger Berührung, ſo erfolgt die Ueberführung des gelben Salzes in das rothe in kurzer Zeit, und es iſt kaum nöthig zu ſagen, daß die Erzeugniſſe dieſer Einwirkung rothes Cyanid, kohlenſaures Kali und Wismuthoryd ſind.

Da erſteres Salz ſehr leicht kryſtalliſirt, ſo läßt es ſich auch ohne alle Schwierig= keit vom Kalicarbonat trennen und man erhält ſchon bei der erſten Kryſtalliſation ein ſchönes Product, bei der zweiten aber ein ſo ausgezeichnetes, wie es ſich wohl kaum durch eine andere Darſtellungsweiſe erhalten läßt.

Bei ſorgfältiger Behandlung werden aus 100 Theilen des gelben Salzes 71—75 Theile des rothen Cyanides erhalten, alſo nahezu ſo viel als die Rechnung verlangt.

Was nun die beſchriebene Bereitungsweiſe des rothen Blutlaugenſalzes betrifft, ſo müſſen die Fabrikanten entſcheiden, ob ſie im Großen anwendbar, d. h. öko= nomiſch ſey. Daß ſie mehr Cyanid und ſchöneres liefert als die gewöhnliche, welche nur etliche ſechzig Procente gewinnen läßt, daß das dabei gewonnene kohlenſaure Kali werthvoller als das ſalzſaure iſt, daß das Wismuthoryd ſich immer wieder leicht in Superoryd verwandeln läßt und daher nur einmal angeſchafft zu werden braucht, und endlich daß ſie den Arbeiter durchaus nicht beläſtigt, ſind Umſtände, welche die volle Berücksichtigung des technischen Chemikers verdienen. (Abhandl. der naturwissenschaftl.-techn. Commission der bayer. Akademie der Wissensch. in Mün=chen, Bd. 1 S. 224.)

Jünnemann's Methode der Erzeugung schöner, weißer und harter Unschlittkerzen, welche mit einer großen und hellen Flamme brennen und wobei der Docht sich selbst verzehrt.

Das Unschlitt wird in einer mit einem Rührer versehenen Kufe, in welche man das gleiche Gewicht an Wasser gegeben hat, durch Dampf geschmolzen Sodann werden (je nach der Härte des Kalkes) 14 bis 20 Procente Aetzkalk, welcher mit Wasser zu Kalkmilch angemacht wurde, in kleineren Portionen nach und nach zuge=geben und fortwährend mit dem Rührer in Bewegung erhalten. Nach Verlauf von 4 Stunden ist die Verseifung soweit gediehen, daß der Rührer nicht mehr bewegt werden kann; man läßt noch 1 bis 2 Stunden Dampf einstreichen, bis die Masse wie Gries aussieht; sodann sperrt man den Dampf ab und läßt das am Boden der Kufe stehende, gelbliche, süß schmeckende Wasser, worin das Glycerin gelöst ist, ablaufen. Nachdem die Seife erkaltet ist, wird sie herausgenommen und zwischen zwei eisernen gerippten Walzen zu Pulver gemahlen.

Die gepulverte Seife kommt hierauf in eine ebenfalls mit Dampf geheizte Kufe, welche aber ganz mit Bleiblech ausgeschlagen seyn muß und in welche früher 28 bis 30 Procente concentrirte 66gradige englische Schwefelsäure mit so viel Wasser gegeben wurde, daß dieselbe 25° B. zeigt. Man läßt 4 Stunden kochen, binnen welcher Zeit der Kalk der Seife sich mit der Schwefelsäure zu Gyps verbunden hat und zu Boden gesunken ist, die Fettsäuren aber gelblich gefärbt obenauf schwim=men. Die frei gewordenen Fettsäuren werden in eine oder mehrere kleine Kufen gegeben, und wenn sie schon sehr abgekühlt sind, 3 Procent salpetrige Säure unter beständigem Umrühren zugegeben und mit dem Umrühren so lange fortgefahren, bis die Fettsäuren gänzlich erstarrt sind.

Die salpetrige Salpetersäure wird hierzu folgendermaßen erzeugt. Zu concen=trirter Salpetersäure wird so lange Wasser zugesetzt, bis dieselbe 22° B. stark ist diese kommt nun in Woulf'sche Flaschen, welche mit einer gußeisernen Retorte durch ein Gasverbindungsrohr communiciren. In die Retorte werden 5 Proc. fein gepul=verter Zucker und 20 Proc. verdünnte Salpetersäure gegeben und so lange erhitzt, bis keine rothen Dämpfe mehr übergehen, während welcher Zeit sich die in den Flaschen vorgeschlagene und in Abkühlung erhaltene Säure durch die Absorption von salpetri=ger Säure nach und nach blau, grün bis dunkelgrün gefärbt hat, welches der rechte Augenblick ist, die Operation zu unterbrechen und die Säure dem Fette beizumischen. Das mit der Säure vermengte Fett wird sammt einigen Zinkstreifen in eine Kufe gegeben und mittelst Dampf 1 bis 2 Stunden lang gekocht, während dieser Zeit der Dampfhahn 3 bis 4mal durch 5 bis 10 Minuten abgesperrt, endlich, wenn man durch herausgenommene Proben bemerkt, daß das Fett eine dunkelgelbe Farbe und eine bedeutende Härte erlangt hat, werden einige Eimer Wasser zugegeben, das Ganze ½ Stunde gekocht und dann der Ruhe zum Abstehen überlassen.

Die Fettsäuren kommen endlich in einen Destillationsapparat, werden hier unter dem Einflusse eines reichlichen Stromes überhitzten Wasserdampfes destillirt und hier=auf in einer durch Dampf geheizten Kufe mit durch ¼ Proc. Oxalsäure angesäuer=tem Wasser einigemale ausgewaschen, dann der Ruhe überlassen und endlich durch dicken Wollenstoff oder Filz filtrirt.

Die Fettsäuren haben nach diesen Vorgängen ihr ursprüngliches Aussehen ver=loren und erscheinen nun als eine weiße, sehr harte, nur wenig fettig sich anfüh=lende Masse, welche bei 88 Proc. des angewendeten Unschlitts beträgt und sehr schöne Kerzen 2. Qualität liefert, welche sparsamer wie Unschlitt, und doch dabei mit einer äußerst weißen, großen Flamme brennen und deren Dochte sich selbst ver=zehren.

Zur Erzeugung von Lichtern 1ster Qualität werden die destillirten Fettsäuren erst kalt, dann heiß gepreßt. Die ausgepreßten Kuchen betragen bei 70 Proc. vom angewendeten Unschlitt, kommen in ihren äußern Eigenschaften mit der Stearinsäure überein und unterscheiden sich von ihr nur durch einen um einige Grade niederen Schmelzpunkt.

Zum Gießen der Kerzen werden die Modelle erwärmt und die Masse erst hineingegossen, wenn sie unter beständigem Umrühren anfängt milchicht zu werden. Wachs wird keines zugesetzt. Die Dochte sind dreizöpfig geflochten und werden durch 10 Minuten langes Kochen im Wasser, in welchem früher auf 100 Pf., 20 Loth glasige Phosphorsäure und 3¹⁄₃ Loth Borarsäure aufgelöst wurden, gebeizt, und sodann langsam getrocknet. (Böttger's polytechn. Notizblatt, 1857, Nr. 20.)

Ueber die Verunreinigungen des Carmins.

Die schöne Farbe, welche allgemein unter dem Namen Carmin bekannt ist, wird gewöhnlich dargestellt, indem man Cochenille mit Wasser oder einer alkalischen Salzlösung auszieht und den Farbstoff durch eine schwache Säure oder ein saures Salz fällt. Hierzu wendet man entweder Sauerkleesalz (saures oxalsaures Kali) oder eine Mischung von Weinstein und Alaun an; die Abscheidung des Niederschlags wird häufig durch Hinzufügung von Gelatine oder Eiweiß befördert, daher gewöhnlich zwei Sorten bereitet werden. Die erste Sorte, unter Mitanwendung von Eiweiß dargestellt, läßt sich schwer zerreiben, bleibt stets etwas körnig und findet ihre Hauptanwendung zum Färben der Bonbons, zur Bereitung der rothen Tinte und als Malerfarbe. Die zweite Sorte, mit Gelatine dargestellt, ist sehr zertheilbar, und wird in der feinen Malerei, besonders der Miniaturmalerei, gebraucht.

Der Carmin bildet ein leichtes, geruch- und geschmackloses Pulver von prächtig rother Farbe, welches auf einem Löffel erhitzt, unter Ausstoßung eines dem verbrannten Horne ähnlichen Geruches verkohlt und beim Verbrennen fast ganz verschwindet. Hinterläßt bei diesem Vorgange der Carmin einen weißen Rückstand, so enthielt er Thonerde oder Zinnoryd und ist dann eigentlich Carminlack. Ein solcher löst sich auch nicht vollständig in Aetzammoniakflüssigkeit auf und deßhalb ist auch überhaupt dieses das beste Erkennungsmittel für die verschiedenen Verfälschungen des Carmins, wie z. B. Alaun, Zinnober, Kartoffelstärke, die zuweilen an 50 Proc. betragen. Die Stärke läßt sich mittelst Jodtinctur, welche die Stärke blau färbt, erkennen; die Thonerde im Alaun, durch ihre Löslichkeit in heißer Kalilauge, und der Zinnober durch Auflösen in Königswasser in der Siedhitze und Fällen der Lösung mittelst Jodkalium, wodurch ein schöner rother Farbstoff (Quecksilberjodid) entsteht. (Chevalier's Wörterbuch der Verunreinigungen.)

Ostermann's Fabrication von Siegellack mit Docht.

Zur Darstellung dieses Siegellack verwendet man folgende Composition: 6 Loth ächte Bolognefer Kreide, 6 Loth Magnesia, 1 Pfund 12 Loth Zinnober, 30 Loth venetianischen Terpenthin, 1 Pfund 29 Loth blonden Schellack, 7 Loth Terpenthinöl, 3 Loth Terpenthinöl mit Mastix, 3 Loth peruvianischen Balsam. Netto-Gewicht des Ganzen = 5 Pfunde.

Zuerst wird der venetianische Terpenthin in einem irdenen Gefäße langsam über Kohlenfeuer in Fluß gebracht, hierauf der Schellack zugesetzt und bei fortwährendem Umrühren in gelinder Wärme auf möglichst dünnflussige Beschaffenheit gebracht. Nun wird der schon früher sehr fein geriebene und mit der Bolognefer Kreide und Magnesia aufs gleichmäßigste vermengte Zinnober eingetragen und nach bewirkter in der Wärme erfolgter Vermischung mit den Harzen etwas abkühlen gelassen. Endlich schüttet man die drei oben zuletzt genannten Substanzen dazu, wärmt es nochmals unter fortwährendem Rühren mit einem Holzstäbchen, und kann dann nach 5 Minuten das fertige Siegellack in beliebige Formen gießen. Um eine andere Farbe, wie die des Zinnobers, dem Siegellacke zu geben, substituirt man z. B. für Schwarz: fein präparirtes Elfenbeinschwarz, für Blau: feinstes Ultramarin, für Gelb: fein präparirtes Chromgelb.

Was die Dochte anbelangt, so werden dieselben aus 6 bis 10 Fäden Baumwollgarns, welches mit Wachs oder Stearin getränkt wird, bereitet. Um sie in die Siegellackstangen einführen zu können, bedient sich der Erfinder eigener Formen, welche aus zwei nach der gewünschten Gestalt des Siegellacks ausgehöhlten Metallplatten bestehen, deren sich berührende Flächen auf einander geschliffen sind. An dem einen Ende der Höhlung befindet sich eine kleine Oeffnung zum Einlegen des Dochtes, während dessen anderes Ende durch einen Steg geht, welcher an der oben behufs Eingießens offen gelassenen und trichterförmig erweiterten Form eingelegt wird.

Vor dem Gebrauche werden die beiden Modellhälften handwarm gemacht und schwach mit einem Oele benetzt. (Stamm's neueste Erfindungen, 1857, S 269.)

Neue Masse für Streichriemen, zum Schärfen der Messer.

Man nehme gereinigte Gutta-percha, erwärme sie in heißem Wasser und knete so viel Smirgelpulver, Graphit, Zinn- und Bleiasche hinein, als dieselbe, ohne ihre Consistenz zu verlieren, annehmen kann, oder man löse Gutta-percha in Schwefelkohlenstoff auf und vermische eine concentrirte Lösung davon mit den genannten Ingredienzen. Aus dieser mit den Schärfpulvern gemengten Masse bildet man in einer erwärmten und ausgeölten Form mittelst einer Presse Platten, aus welchen dann Riemen geschnitten werden. Zu den schwarzen Riemen, welche bloß zum Schärfen aber nicht zum Poliren geeignet sind, wird das oben genannte Gemenge genommen; für die rothen Riemen, die aus feinen geschlämmten Pulvern bestehen, setzt man statt des Graphits Eisenoxyd (sogenannten Colcothar) hinzu. Die durch Schwefelkohlenstoff gemachte Lösung der Gutta-percha mit den gemischten Pulvern wird in Formen gegossen und nach der vorsichtigen Abdampfung des Schwefelkohlenstoffs in Riemen geschnitten. Das Mischungsgewicht für die schwarzen Riemen ist: 4 Theile Smirgel, 1 Theil Zinn- und Bleiasche, $\frac{1}{2}$ Theil Graphit; für die rothen: 3 Theile Smirgel, 2 Theile Zinn- und Bleiasche, 1 Theil Eisenoxyd. Nachdem die Riemen gehörig zubereitet sind, werden sie entweder auf convexe oder gerade Holzflächen mittelst Leim oder Gutta-percha-Lösung befestigt. (Blätter für Landwirthschaft und Gewerbewesen in der Pfalz)

Ueber Wallosin, ein Ersatzmittel für Fischbein; von G. Vöckler, Kaufmann in Leipzig.

Der Verfasser hat in dem von ihm mit dem Namen „Wallosin" belegten Stoff einen Körper aufgefunden, welcher nicht nur das Fischbein in allen Verwendungen zu ersetzen vermag, sondern auch vor demselben namentlich in Bezug auf den Mangel der hygroskopischen Eigenschaften wesentliche Vorzüge hat, und dabei wohlfeiler geliefert werden kann. Der wesentliche Bestandtheil desselben ist Gutta-percha mit einem Zusatz von Kautschuk oder Mintawa. Da es jedoch nicht möglich ist diesen Körpern auf chemischem Wege neben ihrer Zähigkeit und Elasticität auch diejenige Steifheit zu geben, welche von dem Fischbein verlangt wird, so mußten dieselben mit einem Körper auf mechanischem Wege verbunden werden, welcher diese Eigenschaft in dem erforderlichen Grade besitzt, und zu diesem Zwecke hat sich das unter dem Namen Indisches Rohr im Handel bekannte Holz als am geeignetsten herausgestellt. Sobald dieses Rohr von seiner festen kieselhaltigen Schale befreit ist, zeigt es in seiner Längenrichtung jene furchige Beschaffenheit, welche dem natürlichen Fischbein eigenthümlich ist. Zugleich ist es wie letzteres leicht spaltbar. Das

Schälen und Beschneiden des Rohrs geschieht durch zwei Maschinen, die, wie über=
haupt das Verfahren, in unserer Quelle näher beschrieben sind.

Die geschälten Rohrstangen werden durch Eisenbeize und Blauholzabsud schwarz
oder mittelst heller Farben blau, grün, roth ꝛc. gefärbt, und durch Auskochen die
überflüssig anhängenden Farbemittel, welche der Festigkeit der Fasern schaden wür=
den, entfernt. Auch haben die angestellten Versuche gelehrt, daß durch nachherige
Behandlung des Rohrs mit Wasserdämpfen von 2 bis 3 Atmosphären Druck die
Zähigkeit der Fasern und ihre Widerstandsfähigkeit gegen Zerbrechen wesentlich er=
höht wird. Nach geschehener Dämpfung wird das gefärbte Rohrproduct in einem
warmen Luftstrome vollständig getrocknet..

Nach dieser Vorbereitung wird das Rohr mit dem Kautschuk und der Gutta=
percha vereinigt. Dieß geschieht durch ein mehrmaliges gewaltsames Einpressen der
Lösung dieser letztgenannten Stoffe in Steinkohlentheeröl mittelst hydraulischen Druckes
und vorsichtiges Trocknen des so zubereiteten Rohrs. Da aber Gutta-percha und
Kautschuk bei einer niedrigen Temperatur hart werden und zum Theil ihre Elasti=
cität verlieren, welcher Umstand für viele Verwendungen der so gewonnenen Wallosin=
Stäbe hinderlich seyn würde, so ist es nothwendig, daß diese Stoffe entweder vor
oder nach ihrer Verbindung mit dem Rohre vulcanisirt werden, und so ihre Elasti=
cität auch bei niederer Temperatur beibehalten. Als das einfachste und zweckmäßigste
Verfahren der Vulcanisation des Kautschuks und der Gutta-percha für die vorliegen=
den Zwecke hat sich eine Vereinigung der Lösungen dieser Stoffe, sowie einer solchen
von Schwefel in Steinkohlenöl, und nachherige Verdampfung des Oels herausge=
stellt. Nach der Verdampfung des Oeles bleibt der Kautschuk ꝛc. mit Schwefel ver=
bunden zurück, und man erhält so eine innigere Verbindung, als durch irgend eine
andere der sonst angewandten Vulcanisationsmethoden. Durch nachherige Behandlung
in einem Strom auf 2 Atmosphären gespannter Wasserdämpfe wird die Masse voll=
kommen elastisch. Sind die präparirten Stäbe vollständig getrocknet und mit Wasser=
dämpfen behandelt, so werden sie gewalzt, wodurch ihre Elasticität noch bedeutend
vermehrt und ihre Porosität vollständig beseitigt wird. (Kunst= und Gewerbeblatt
für Bayern, 1856, S. 659.)

Ueber den Werth des englischen Patentfleisches; von Prof. Dr. E. Harleß in München.

Die Methode, das englische Patentfleisch zu gewinnen, besteht darin (man
vergl. polytechn. Journal Bd. CXXXVII S. 159), daß man nach dem Schlag auf
die Stirne oder nach der Knickung. rechts und links mittelst eines Trockart einen
Einstich in die Brusthöhle macht, sodann mit einem starken doppelten Blasebalg Luft
in sie hineinpreßt, die Oeffnung schließt, und das Thier 1—2 Stunden liegen läßt,
ehe man die Halsgefäße anschneidet.

Prof. Harleß hat auf Veranlassung der k. bayer. Regierung über das nach
diesem Schlachtverfahren gewonnene Fleisch im Vergleich mit dem nach dem gewöhn=
lichen Verfahren gewonnenen eine ausführliche Untersuchung angestellt, welche in
den „Abhandlungen der naturwissenschaftlich=technischen Commission bei der königl.
bayer. Akademie der Wissenschaften zu München“, Bd. I S. 85 — 120, abgedruckt ist.
Indem wir hinsichtlich des Näheren auf diese Quelle verweisen, theilen wir im Nach=
stehenden die Resultate mit, welche der Verf. am Schlusse seiner Untersuchung zu=
sammengestellt hat.

1) Das Einblasen der Luft in den Brustraum und deren Compression darin
kürzt weder den Todeskampf der Thiere ab, noch ändert es wesentlich dessen Er=
scheinungen.

2) Durch das Lufteinblasen wird nur aus den Lungen das Blut verdrängt, nicht
aus dem Herzen und den übrigen großen Gefäßen der Brusthöhle.

3) In den Lungen von Thieren, nach der neuen Methode geschlachtet, sind
3,725 Mal weniger Blut dem Volum nach als in denen von Thieren nach der alten
Methode geschlachtet.

4) Die Menge des aus den Lungen verdrängbaren Blutes beträgt circa 2 Pfund.

5) Unter Voraussetzung, daß diese 2 Pfd. dem Fleisch allein zu Gute kämen, würde das Pfund Fleisch circa $^1/_5$ Loth an Gewicht gewinnen.

6) Die Mengen der einzelnen bei dem Sieden des Fleisches gewonnenen Bestandtheile zeigen keinen Unterschied.

7) Größere Weichheit oder Härte rührt nicht von dem Schlachtverfahren, sondern von der Individualität des Thieres vor dem Tode her.

8) Röthere Färbung des Fleisches rührt, wo nicht wirkliche Sugillationen in Folge des Liegenlassens oder der traumatischen Verletzung vorhanden sind, nicht von größerem Blutreichthum, sondern von größeren Mengen des eigenthümlichen Muskelfarbstoffes her.

9) Der höhere Eisengehalt bei einem nach der alten Methode geschlachteten Thier kann nicht von Vergrößerung des Blutreichthums überhaupt herrühren, weil die Mengen der coagulablen Bestandtheile keine entsprechenden Differenzen in anderen Muskeln der gleichen Thiere auffinden ließen.

10) Frühere Fäulniß ist kein constantes Vorkommen bei dem Patentfleisch.

11) Die bei der chemischen Analyse des Patentfleisches gefundenen Mehrgehalte an coagulablen Bestandtheilen können nicht auf Rechnung der Blutverdrängung durch die Compression der Luft im Thorax gebracht werden; denn es entsprechen ihnen nicht gleichzeitige Zunahmen des nicht coagulablen Saftes.

12) Die Differenzen der procentischen Mittelwerthe zweier Fleischsorten von den nach beiden Methoden geschlachteten Thieren sind nicht größer, als die Differenzen bei zwei Fleischproben von Thieren, welche nach der gleichen Methode geschlachtet wurden.

13) Der größere Spielraum der Schwankungen in den Gewichtswerthen der einzelnen Stoffe bei dem Patentfleisch sind nicht Folgen der mechanischen Deplacirung des Blutes durch die Gewalt der Luftverdichtung, sondern können nur auf Rechnung des Stoffaustausches durch Diffusion vor dem Anschneiden der Halsgefäße gebracht werden.

14) So weit der Harnstoff einen wesentlichen Inder für die Energie und Ausgiebigkeit des Stoffumsatzes in dem ganzen Organismus abgeben kann, erleiden seine Mengenverhältnisse keine Aenderung durch den Genuß des Patentfleisches im Gegensatz zu dem des gewöhnlichen Fleisches. Ebenso bleibt im Durchschnitt das spec. Gewicht des Harns ganz gleich.

15) Das Patentfleisch verdient keinen Vorzug als nahrhafterer oder leichter verdaulicher Stoff.

16) Alle aufzufindenden Unterschiede sind nicht sowohl von der Methode des Schlachtens als von der Individualität der Thiere abhängig. Es gibt keine constanten Unterschiede.

17) Der vorausgesetzte höhere Blutgehalt kann das Fleisch nur weniger dauerhaft machen, nicht aber seinen Nahrungswerth beträchtlich erhöhen.

18) Vollkommen überflüssig ist die Oeffnung der Brusthöhle und das Einblasen von Luft in dieselbe. Der ganze Gewinn ist, daß das Fell um 36 kr. an Werth verliert.

19) Alle etwa zu statuirenden Unterschiede rühren von dem Liegenlassen des Thieres her.

20) Auch dieser Theil der Methode ist wegen der Verkehrsstörung in großen Schlachthäusern und des geringen Gewinnes an Gewicht, sowie wegen Begünstigung der Fäulniß, zu verwerfen.

21) Das ganze Verfahren entspricht nicht dem vorausgesetzten Gewinn und ist weder praktisch noch wissenschaftlich gut zu heißen.

Buchdruckerei der J. G. Cotta'schen Buchhandlung in Stuttgart und Augsburg.

XXXVIII.

Neue Art, eine rotirende Bewegung fortzupflanzen; von den HHrn. Claparède, Leloup-Ruel und Delisle.

Aus Armengaub's Génie industriel, September 1857, S. 135.

Mit Abbildungen auf Tab. III.

Dieser Mechanismus hat den Zweck, zwei parallele Achsen, welche sich in entgegengesetzten Richtungen drehen sollen, mit einander zu verbinden, weßhalb seine Anwendung in der Industrie voraussichtlich eine vielfache seyn wird; namentlich hat man ihn bereits zum Kuppeln der beiden Treibachsen von Schiffen mit zwei archimedischen Schrauben benutzt.

Es ist bekannt, daß bei dieser Art von Schiffen, welche besonders zum Befahren der Flüsse bestimmt sind, die Treibschrauben nicht vollständig untergetaucht seyn können, wie dieß bei Seeschiffen mit einer einzigen Schraube der Fall ist, und daß man genöthigt ist, die zwei Schrauben sich in entgegengesetzten Richtungen drehen zu lassen, um die Seitenwirkungen aufzuheben, welche das Schiff von seinem Lauf abzulenken streben; selbstverständlich sind auch die beiden Schrauben in entgegengesetzten Richtungen gewunden.

Als Ersatzmittel des Rädersystemes, welches in diesem Falle gewöhnlich angewandt wird, hat man vorgeschlagen, jede der beiden parallelen Achsen mit einem Krummzapfen zu versehen, und die Warzen derselben durch eine starke, hinreichend steife Zugstange zu verbinden, deren Länge der Achsenentfernung gleichkommt; dieß ist offenbar selbst dann noch thunlich, wenn sich die beiden Kurbeln oder Krummzapfen in entgegengesetzter Richtung drehen.

Hierbei hat man zu berücksichtigen, daß beim Uebergang über die todten Punkte, das heißt wenn die Zug- oder Verbindungsstange in der Ebene der beiden Achsen liegt, sie sich nicht parallel mit sich selbst bewegt, wie dieß bei der gewöhnlichen Zugstangenkuppelung der Fall ist, sondern sich förmlich wie ein um seine Achse schwingender Balancier verhält, so daß das eine Zugstangenende aufwärts geht, während das andere sich ebenso abwärts bewegt. Diese Schwingung ist in der Nähe der todten Punkte der Balancierbewegung am ähnlichsten; weicht aber am meisten davon ab, wenn die Zugstange rechtwinkelig zu den Kurbeln steht, also wenn die ganze Kraftrichtung mit der Zugstangenrichtung zusammenfällt und die Wendepunkte der Schwingung eingetreten sind.

In Folge dessen ist es bei der praktischen Ausführung unumgänglich nöthig, der Zugstange ungefähr in der Mitte ihrer Länge einen Stützpunkt zu geben. Da aber der Mittelpunkt der Zugstange eine Lemniscate (eine der Ziffer 8 ähnliche Curve) beschreibt und es keinen festen Punkt gibt, durch welchen die Achse der Zugstange in allen ihren Lagen geht, so mußte man natürlich den Stütz- oder Drehungspunkt der Zugstange beweglich oder verschiebbar machen.

Nachdem nun das Princip des neuen Mechanismus erklärt ist, sollen mit Hülfe der Figuren 7—9 die Hauptanordnungen beschrieben werden, welche eine praktische Anwendung ermöglichen, in der Voraussetzung daß man die Verbindung von zwei Schraubenpropellern beabsichtigt.

Fig. 7 ist eine graphische Darstellung der Bewegungen der einzelnen Theile; Fig. 8 ist eine Seitenansicht und Fig. 9 ein horizontaler Durchschnitt des vollständigen Mechanismus.

A und B bezeichnen die Achsen der Treibschrauben, welche sich in entgegengesetzten Richtungen bewegen, wie dieß die Pfeile in Fig. 7 anzeigen. C und D sind Kurbeln, welche auf die Achsenenden aufgekeilt oder gleich aus einem Stücke mit denselben geschmiedet sind, und deren Warzen durch die Zugstange E verbunden werden. Diese Zugstange geht frei durch eine Hülse F, und ist deßhalb auf dem größten Theile ihrer Länge vollkommen cylindrisch, um sich in der Hülse leicht verschieben zu können. Diese letztere schwingt um eine Achse G, welche durch eine Art von Halsband H mit der Mitte der Hülse verbunden ist. Die Achse G demnach ist es, welche der schwingenden Zugstange als Stützpunkt dient, nur kann dieser Stützpunkt keine feste Lage haben.

Verbindet man die Punkte 1, 1′, 2, 2′, 3, 3′ ꝛc. durch gerade Linien, wodurch man die einzelnen Lagen der Zugstange erhält, und bestimmt auf jeder dieser Linien die Mitte, so bekommt man eine Reihe von Punkten a, b, c, d ꝛc., welche in einer Lemniscate liegen, die von der Mitte der Zugstange beschrieben wird, während deren beide Enden in Kreisen geführt werden.

Man bemerkt hiebei, daß die geraden Linien 1, 1′, 2, 2′, 3, 3′ ꝛc. die Horizontale AB nicht in einem einzigen Punkte schneiden, sondern daß im Gegentheil die Schnittpunkte der Zugstangenachse mit der Linie AB an verschiedene Stellen kommen. Es ist deßhalb unumgänglich nöthig, daß die Achse G sich während der Drehung der Kurbeln um eben so viel auf der Linie A B verschiebt, damit die Verlängerung dieser Achse und die Achse der Zugstange sich beständig schneiden. Zu diesem Zweck liegt die Achse G in Schiebern I, J, und diese selbst gleiten in den doppelten Schieberbahnen K, K'. Da wegen der Zerlegung der Kräfte die Bewegung der Zugstange nicht hinreichen würde, um die Schieber K, K' gehörig zu verschieben, so kam man auf den Gedanken, die Achse G durch ein Excentricum L zu bewegen, welches auf eine der Achsen A, B aufgesteckt ist.

Die Achsen A, B erhalten ihre Bewegung durch irgend einen Motor, z. B. durch die beiden Kolben einer Dampfmaschine, welche so angeordnet ist, daß während der eine Kolben auf halbem Hube steht, der andere seinen Hub vollendet hat. Auch ein einzelner Cylinder, welcher eine Achse treibt, würde hinreichen, da letztere durch die Zugstange ihre Bewegung auch der zweiten Achse mittheilt.

Das eben beschriebene, in der verschiebbaren Achse bestehende Mittel ist nicht das einzige, welches bei dem neuen Transmissionssysteme anwendbar ist; es ist einleuchtend, daß sich durch andere mechanische Anordnungen dasselbe Resultat erreichen ließe; man könnte z. B. die Schieber vertical, statt horizontal gehen lassen, und das Excentricum könnte dann durch einen Winkelhebel die Schieber bewegen.

XXXIX.

Neue, sehr einfache Art rotirender Dampfmaschinen, von F. Sch.

Mit einer Abbildung auf Tab. III

Das Princip dieser neuen Dampfmaschine, bei welcher sich weder ein ausgebohrter Cylinder, noch irgend eine Art von Kolben vorfindet, welche keinen Steuerungs- oder Vertheilungsschieber besitzt, und bei welcher überhaupt keine gleitende Reibung, mit Ausnahme der Achsenlager für die Schwungradwelle vorkommt, ist höchst einfach, und wird sich durch wenige Worte unter Bezugnahme auf die beigegebene Zeichnung [34], Fig. 15, erklären lassen.

---

[34] Da perspectivische Ansichten von Maschinen in der Regel sehr mangelhaft und unrichtig ausfallen, wenn solche nicht mühsam construirt, sondern nur gezeichnet werden, so hat der rühmlichst bekannte Photograph Hr. Albert in Augsburg den Versuch gemacht, eine perspectivische Zeichnung des Modelles der neuen Dampfmaschine mittelst Photographie herzustellen; Fig. 15 ist eine Copie der photographischen Abbildung.

Auf einer Schwungradwelle, welche wie gewöhnlich in zwei Lagern liegt, auf die aber, außer dem durch das Gewicht des Schwungrades und der Welle verursachten, kein weiterer Druck kommt (wie z. B. bei den gewöhnlichen Dampfmaschinen der Druck oder Zug der Bleuelstangen), befindet sich außer dem Schwungrade A eine mit zwei vorspringenden Rändern versehene Scheibe B fest aufgekeilt. Zwischen diesen Rändern liegt auf der cylindrischen Oberfläche der Scheibe ein elastischer Kautschukschlauch, welcher die ganze Scheibe umgibt und dessen beide Enden durch das Plättchen C fest mit der Scheibe verbunden werden. Die beiden Schlauchenden sind demnach verschlossen, und der Dampf muß durch eine seitlich angebrachte Röhre D eingeführt werden, deren eines Ende dampfdicht mit der hohlen Schwungradwelle verbunden ist. Daß die hohle Schwungradwelle mit dem Dampfkessel in Verbindung steht, braucht wohl nicht erwähnt zu werden. Am anderen Ende des die Scheibe umgebenden Schlauches sind seitlich zwei Oeffnungen E angebracht, durch welche der Dampf entweichen kann, nachdem er dem Umfange der Scheibe entlang durch den Schlauch gegangen ist. Der Durchgang durch den Schlauch ist aber nicht frei, da sonst keine Bewegung möglich wäre, sondern der Schlauch wird durch eine Rolle F, welche mittelst eines Gewichtshebels beständig gegen die Scheibe B gepreßt wird, so zusammengedrückt, daß zwischen der Rolle F und der Scheibe B kein Dampf durchgehen kann. Der vom Kessel herkommende Dampf wird also das zwischen der Platte C und der Rolle F liegende Schlauchstück aufblähen, und ebenso auch einen Druck gegen die beiden zugeklemmten Schlauchstellen ausüben. Da nun die Stelle C in Folge der Rotation der Scheibe B nachgeben kann, so wird das zwischen der Rolle F und der Platte C liegende Schlauchstück immer länger werden, das heißt, es wird sich die Scheibe B so drehen, daß sich die Platte C immer mehr von der Rolle F entfernt. Nach einer ganzen Umdrehung wird auch der ganze Schlauch mit Dampf gefüllt seyn; derselbe kann aber in dem Augenblicke ungehindert durch die Oeffnungen E entweichen, in welchem die Rolle F über die Platte C weggeht und der Anfang des Schlauches aufs neue zugeklemmt wird. Daß auf diese Weise eine ununterbrochene, rotirende, sehr rasche Bewegung erzielt wird, ist leicht begreiflich, und es ist hier nur noch zu erwähnen, daß bei doppelter Breite der Scheibe B und der Rolle C die beiden Schlauchenden neben einander vorbei geführt werden können, um keine Stelle mehr zu haben, an welcher die Rolle F nicht abschließt. Ebenso könnten auf allmählich schief zulaufenden Flächen die beiden Schlauchenden der Achse zugeführt seyn, so daß sowohl der Dampfeintritt, als auch sein Austritt durch die Achse erfolgt. An einem Achsenende könnte also der Dampf eintreten, am andern wieder abgeleitet werden, und die Achse wäre dann nur an der Stelle undurchbohrt, an welcher sich die Scheibe B befindet. Zur Vergrößerung der Wirkung können zwei oder mehrere Schläuche auf einer oder mehreren Scheiben angewendet werden.

Es wurde oben erwähnt, daß die Schwungradwelle wenig Reibung habe, da zum Gewichte derselben nicht auch noch der Zugstangendruck kommt, welcher dem Dampfdruck auf den Kolben gleich ist. Es könnte nun bei der Betrachtung der neuen Maschine der Einwurf gemacht werden, daß dagegen der Druck der Rolle F auf die Schwungradwelle in Betracht kommt, welcher ihre Reibung vermehrt. Diesem Uebelstande ist jedoch einfach dadurch abgeholfen, daß die Scheibe B nahe an das Schwungrad gelegt, und der Hebel so angeordnet wird, daß er die Rolle F von unten nach oben drückt. Hiedurch wird ein Theil des Schwungradgewichtes aufgehoben, und die Reibung im Lager um eben so viel vermindert, als die Reibung der Rolle F selbst beträgt.

XL.

Ueber das neue Dampfmaschinensystem von Séguin sen. in Paris.

Aus dem Civilingenieur, 1857, Bd. III S. 198.

Seit einiger Zeit beschäftigen sich die französischen Journale (Armengaud's Génie industriel u. s. w.) lebhaft mit einem neuen Dampfmaschinensystem, welches dem Erfinder, Hrn. Séguin sen. in Paris, unter dem 12. December 1854 patentirt worden ist und darauf abzielt, diejenige Wärmemenge zu ersparen, welche bei der gewöhnlichen Dampfmaschine dadurch verloren geht, daß die Wasserdämpfe nach Vollendung ihrer Arbeit noch in dampfförmigem Zustande in die Luft austreten. In der That geht bei der gewöhnlichen Dampfmaschine diejenige Wärmemenge verloren, welche erforderlich ist, um das Wasser in Dämpfe zu verwandeln, und eine Maschine, bei welcher dem gebrauchten Dampfe durch Mittheilung von Wärme seine ursprüngliche Expansivkraft wiedergegeben werden könnte, würde eine ansehnliche Ersparniß an Brennmaterial realisiren, weil hierzu eine weit geringere Wärmemenge erforderlich ist, als zur Bildung neuen Dampfes.

Auf diesem Princip beruht das Séguin'sche Dampfmaschinensystem, bei welchem nicht gesättigter, sondern überhitzter Dampf zur Speisung der Cylinder verwendet, und nach jedem Spiele der gebrauchte Dampf durch neue Erwärmung auf seine ursprüngliche Expansivkraft zurückgeführt und von Neuem als Motor benutzt wird.

Denken wir uns, um einen Begriff von der Einrichtung dieser Maschine zu erlangen, eine liegende Dampfmaschine mit zwei einfach wirkenden, an derselben Schwungradwelle arbeitenden Cylindern. Die Dampfkolben sind mit hohlen und mit einem schlechtleitenden Körper (z. B. Kohle) gefüllten Aufsätzen versehen, und vor den Cylindern liegt ein Röhrenapparat zur Erhitzung der Dämpfe. Durch einen von der Maschine bewegten Schieber ist die Einrichtung getroffen, daß der in einem gewöhnlichen Dampfkessel erzeugte gesättigte Wasserdampf nach Durchströmung des Röhrenapparates, wobei er bis auf 8 Atmosphären Spannung erhitzt wird, beim positiven Hube hinter den Dampfkolben tritt und diesen vorwärts treibt, beim negativen Hube aber (wo also der Dampfkolben des anderen Cylinders arbeitet) wieder in den Röhrenapparat bei dessen vorderem Ende ausströmt, um sich daselbst wieder zu erhitzen und zum neuen Spiele vorzubereiten. Denken wir uns nun die Dampfcylinder mit einer Flüssigkeit umgeben, deren Temperatur so bemessen ist, daß eine geeignete Abkühlung der Dämpfe eintritt, während sie arbeiten, so haben wir die Idee von der ersten von Séguin zu seinen Versuchen erbauten Maschine.

Lassen wir nun den Erfinder selbst von seinen Versuchen und Erfahrungen Rechenschaft ablegen, indem wir den von ihm bei der Akademie der Wissenschaften eingereichten Bericht in der Hauptsache wiedergeben:

„Ich habe die Ehre gehabt, der Akademie unter dem 3. Januar 1855 über ein Project Mittheilung zu machen, welches ich für eine Dampfmaschine nach einem neuen Principe entworfen hatte, indem ich die Wärme und Bewegung als Kundgebungen einer und derselben Ursache unter verschiedenen Formen ansah, und die Möglichkeit voraussah, zur Erzeugung einer Bewegung nur diejenige Wärmemenge aufzuwenden, welche der erzielten Arbeit genau entspricht.

Man bedient sich bekanntlich bei den Dampfmaschinen des gesättigten Wasserdampfes, welchen man dann in die Luft ausströmen oder condensiren läßt, wobei die ganze Wärme verloren geht, welche zur Umwandlung des Wassers in Dampf aufgewendet worden ist. Da nun diese Wärmemenge in Vergleich zu derjenigen, welche zu weiterer Erhöhung der Temperatur des Dampfes, also zur Steigerung seiner Expansivkraft erforderlich ist, ſehr bedeutend iſt, ſo folgt daß, wenn man eine Maſchine conſtruiren könnte, in welcher derſelbe Dampf immer wieder benutzt und ihm nur diejenige Wärme immer wieder mitgetheilt würde, welche durch die verrichtete Arbeit aufgezehrt worden iſt, daß man dann einen enormen Wärmeverluſt vermeiden und genau nur ſo viel Wärme und Brennmaterial brauchen würde, als der geleiſteten Arbeit gleich kommt.

So unvollkommen meine Verſuche über die zur Erhitzung des Dampfes beim Contact an heißen Flächen erforderliche Zeit waren, ſo hatten ſie mich doch gelehrt, daß dieſelbe ſehr ſchnell vor ſich gehe. Da man jedoch den Gaſen allgemein eine ſehr ſchlechte Wärmeleitungsfähigkeit zuſchreibt, ſo hielt ich es für nöthig, zur Erhitzung der Dämpfe zwei Heizrohre anzuwenden, in der Art, daß wenn der Dampf in dem einen ſich erhitzt und dann ſeine Arbeit gethan hätte, er ſodann in das zweite Heizrohr ausſtrömen und dort wieder Wärme aufnehmen ſollte. Ehe ich jedoch die ganze Maſchine ausführen ließ, ließ ich zu vorläufigen Verſuchen erſt einen Heizapparat anfertigen, welcher aus zwei ſchmiedeiſernen Röhren von 3 Meter Länge, 8 Centimeter lichter Weite und 1 Centimeter Wanddicke beſtand, welche an dem einen Ende knieförmig verbunden und in eine 6 Centimeter ſtarke gußeiſerne Schale eingeſchloſſen waren.

Nachdem dieſes ſchwierige Stück in den Ateliers von Hrn. Farcot nach manchem verunglückten Verſuch endlich hergeſtellt worden war, konnte ich am 15. December 1855 mit einer ausführlichen Verſuchsreihe beginnen. Der Apparat, welcher 1800 Kilogramme wog, wurde nach Art der Gasretorten eingemauert, indem der Feuerraum mit einem Ziegelgewölbe überſpannt war, in welchem Oeffnungen angebracht waren, um die Flamme hindurchſchlagen und den Apparat umſpülen zu laſſen. Der Ofen ſtand in der Nähe eines auf 10 Atmoſphären Spannung geprüften Dampfkeſſels. Auf der oberen Seite des Apparates waren in das Metall Löcher von 2 Centimeter Durchmeſſer und Tiefe eingedreht, welche Zinn=, Blei= und Zinkſtückchen aufnahmen, um nach dem Schmelzen dieſer Metalle wenigſtens annäherungsweiſe die Temperatur dieſes, am wenigſten erhitzten Theiles des Apparates abſchätzen zu können. Vor den Löchern waren im Ofen Oeffnungen mit Verſatzziegeln angebracht. Um die Spannung der Dämpfe an verſchiedenen Punkten des Apparates ableſen zu können, war der Dampfkeſſel mit einem Bourdon'ſchen Manometer und der Heizapparat mit einem ähnlichen und genau juſtirten Manometer verſehen worden.

Man beſtimmte die Verdampfungsfähigkeit des Keſſels durch einen mehrſtündigen Verſuch bei wohlgenährtem Feuer und conſtantem Waſſerniveau im Keſſel, und fand im Mittel 100 Kilogramme pro Stunde,

was einer Dampfproduction von 170,000 Litern unter der atmosphärischen
Preſſung entſpricht.

Die Verſuche wurden meiſt bei einer Temperatur vorgenommen, bei
welcher die Metalle eingeſchmolzen und der untere Theil des Apparates
dunkel rothglühend geworden war — eine Temperatur, die ich auf 800° Celſ.
ſchätze. Um die Widerſtandsfähigkeit des Guß = und Schmiedeiſens bei
dieſer Temperatur zu ermitteln, wurde mit einem gußeiſernen Stabe von
9 Millimeter im Quadrat, also von 81 Quadratmillimeter Querſchnitt
ein Zerreißungsverſuch in folgender Weiſe vorgenommen. Der Stab wurde
in einem Schmiedefeuer ſo befeſtigt, daß das eine Ende feſtgehalten, das
Mittel dem heftigſten Feuer ausgeſetzt und das andere Ende durch einen
Winkelhebel mit einer Zugkraft von 93,8 Kilogrammen oder 1,16 Kilo=
grammen pro Quadratmillimeter angeſpannt war. Man gab dann lang=
ſam Hitze bei Holzkohlen bis der Stab riß, worauf er raſch herausgezo=
gen und kirſchroth bis hellroth glühend befunden wurde, was einer
Temperatur von 800 bis 1000 Grad entſprechen dürfte. Bei einem
ähnlichen Verſuche mit einem 5 Millimeter ſtarken Eiſendrahte erfolgte
bei gleicher Temperatur der Bruch unter einer Belaſtung von 2,1 Kilo=
grammen pro Quadratmillimeter. Sind auch dieſe und die folgenden
Experimente nicht mit derjenigen Genauigkeit angeſtellt, wie ſie bei wiſſen=
ſchaftlichen Fragen erforderlich iſt, ſo haben wir uns doch bei der großen
Zahl zu erörternder Gegenſtände und bei unſerer beſchränkten Zeit auf
ſolche Näherungsreſultate beſchränken müſſen, welche genügende Sicherheit
innerhalb der Gränzen unſerer Verſuche verſprechen. Da nun der Heiz=
apparat an den ſchwächſten Stellen mit einem 6 Centimeter ſtarken guß=
eiſernen Mantel umgeben war, alſo incluſive der eigenen Blechſtärke 7
Centimeter Wandſtärke beſaß, und da die Spannung nicht über 10
Atmoſphären getrieben werden ſollte, ſo gewährte der Apparat die voll=
ſtändigſte Sicherheit, wenn man auch nur 1 Kilogramm Druck pro
Quadratmillimeter zulaſſen will. Man fing nun an den Apparat anzuheizen, und nach 48 Stunden
waren die Probemetalle geſchmolzen. Es wurden nun 50, dann 100,
150, endlich ſogar 300 Gramme Waſſer eingelaſſen, um die Dichtheit
des Apparates zu prüfen und eine die Dichtheit deſſelben befördernde
Roſthaut darin zu erzeugen, und nachdem ſich alle Theile bei 10 Atmo=
ſphären Druck dicht gezeigt hatten, ſchritt man zum Einlaſſen von Dämpfen.
Da der Dampfkeſſel ſtündlich 170,000 Liter oder 47 Liter Dampf pro
Secunde liefern und der Heizapparat 30 Liter aufnehmen konnte, ſo hielt
ſich der Dampf nur $\frac{30}{47} = 0{,}63$ Secunden darin auf. Man beobachtete

bei einem Versuche am 10. December 1855 die Temperatur des Dampfes an dem Thermometer auf dem kupfernen Verbindungsrohre zwischen dem Kessel und dem Apparate zu 87 Grad, die Spannung der Dämpfe im Kessel zu 1½ Atmosphären, die Spannung der Dämpfe im Apparate zu 1 Atmosphäre und die Temperatur beim Austritt aus dem Apparate zu 221 Grad. Es geht hieraus hervor, daß die Thermometer, ob sie gleich in wohlverwahrten halbrunden Bechern an dem Rohre festgemacht waren, die Temperatur des Dampfes nicht richtig anzeigten, denn der Spannung von 1½ Atmosphären entspricht eine Temperatur von 110 Graden, und man suchte daher die Temperatur des austretenden überhitzten Dampfes dadurch genauer zu bestimmen, daß man in kleinen an der Oberfläche des Rohres angebrachten Vertiefungen Zinn-, Blei- und Zinkstückchen unter einer Decke von Colophonium niederlegte, woraus sich auch erkennen ließ, daß diese Temperatur über 230 Grad betrug, ja sogar 334 Grad erreichte, weil das aus Zink gefertigte Austrittsrohr einmal wegschmolz. Im austretenden Dampfe schmolz Zinn wie lange dünne Eissplitter in der Nähe eines starken Feuers, das Metall löste sich in ganz dünnen Häutchen ab und wurde vom Dampfe mit fortgerissen, jedoch geschah dieß nur auf der Seite, welche dem Strome ausgesetzt war. Von der Mündung weg nahm die Temperatur bis zu 8 Meter Entfernung, wo sie noch 100 Grad betrug, regelmäßig ab.

Bei höheren Spannungen von 2, 3, 4, 5, 6 Atmosphären erhält man ungefähr dieselben Resultate. Wenn die Dämpfe längere Zeit, 1, 2, 3 Secunden, im Heizapparate verweilten, so nahmen sie dennoch keine höhere Temperatur an, was bewies, daß die Zeit von ⅔ Secunden völlig hinreicht, um Dämpfen durch die Berührung mit glühenden Flächen so viel Wärme mitzutheilen, als sie aufzunehmen im Stande sind.

Hatte man auf diese Weise eine obere Gränze für die Zeit, welche zur Erhitzung der Dämpfe nöthig ist, erhalten, so schien es auch nöthig, eine untere Gränze für diese Zeitdauer aufzusuchen, und zu diesem Zwecke wurde ein anderer Heizapparat erbaut, welcher ebenfalls aus zwei schmiedeisernen, communicirenden und in einen gußeisernen Mantel eingeschlossenen Röhren bestand, aber bei 27 Millimeter Rohrdurchmesser und 0,96 Meter Länge nur einen Fassungsraum von einem halben Liter besaß. Man bestimmte die Dampfmenge, welche ihn durchströmen sollte, durch eine dreistündige gelinde Feuerung unter dem Dampfkessel, wobei 45 Kilogramme Wasser verdampft wurden, so daß die Dampfproduction 7 Liter pro Secunde betrug. Der Heizapparat wurde am unteren Theile dunkel rothglühend erhitzt und nachdem die drei Probemetalle am oberen Ende eingeschmolzen waren, ließ man die Dämpfe eintreten. Da der aus-

tretende Dampf nur die Zinnkörner zum Schmelzen brachte, so konnte
man ihm eine Wärme von 230 Grad beimessen, und da er nur
$\frac{0,5}{7} = 0,071$ Secunde im Heizapparate verweilte, so kann man schließen,
daß zur Erhitzung der Dämpfe eine Zeitdauer von 0,07 bis 0,63 Sec.
erforderlich ist.

Aus Allem ging hervor, daß die Anwendung mehrerer Heizapparate
nicht nur völlig unnöthig sey, sondern daß die rasche Erhitzung der Dämpfe
sogar manche unvorhergesehene Schwierigkeiten und Hindernisse verursachen
möchte. Wir hatten uns daher nunmehr mit den Mitteln zu beschäftigen,
wie dem Dampfe schnell seine Wärme zu nehmen oder wie er in den
Zustand des gesättigten Dampfes zurückzuführen sey, wo sein Volumen
und seine Expansion nur halb so groß seyn sollte, als im überhitzten
Zustande.

Diese Condensation hätte während des negativen Hubes, welcher
ungefähr eine Secunde Zeit dauerte, vollzogen werden müssen, eine Zeitdauer, innerhalb welcher der Dampf Zeit hatte, sich mehr als einmal
zu überhitzen und abzukühlen, wenn er im Heizapparate nicht eine viel
höhere Wärme angenommen hatte, als nöthig war. Wegen der geringen
verbrauchten Wärmemenge war es unwesentlich, den Heizapparat deßhalb
abzuändern, aber die Art und Weise der Abkühlung verdiente die höchste
Aufmerksamkeit. Sollte man bei jedem Spiele eine kleine Menge Wasser
einspritzen, welches durch die Wärme der Dämpfe in Dampf verwandelt
und dann zum Ersatz etwaiger Dampfverluste verwendet werden konnte,
was am einfachsten und für den Effect, Gang und die Behandlung der
Maschine am günstigsten zu seyn schien? Oder sollte man nach Watt's
Vorgange während des negativen Hubes eine Communication zwischen
dem Cylinder und einem mit Wasser umgebenen und mit der Einspritzvorrichtung versehenen Condensator herstellen, um die Dämpfe darin in
den Zustand gesättigter Dämpfe zurückzuführen? Diese Fragen erschienen
wichtig genug, um sie der experimentellen Prüfung zu unterwerfen.

Um den vorhandenen Apparat zu benutzen, führten wir in den oberen
Schenkel des Heizapparates ein 5 Millimeter weites Kupferrohr mit
Brause ein, dessen anderes Ende mit einer Injectionspumpe von 3 Centimeter Kolbendurchmesser in Verbindung stand, um in einem passenden
Momente durch einen kräftigen Druck Wasser in die Heizröhren spritzen
zu können. Die eintretenden Dämpfe hatten 5 Atmosphären Spannung,
wie sich am Manometer des Heizapparates ablesen ließ, und wenn die
Communication mit dem Kessel unterbrochen worden war, wurde Wasser
eingespritzt, was aber kein merkliches Sinken des Manometers bewirkte.

Wir glaubten, daß das Einspritzwasser vielleicht zu schnell die rothglühen=
den Wände des Heizapparates erreiche und sich daher schneller in Dampf
verwandle, als daß es die Wärme des überhitzten Dampfes aufnehme,
und wechselten daher für die Brause eine durch die ganze Röhre frei hin=
durchgehende Rinne aus dünnem Kupferblech ein, in welche sich das
Injectionswasser ergoß, allein beim Versuch zeigte sich, daß zwar im
Momente des Einspritzens am Manometer ein ganz leichtes Sinken ein=
trat, daß es aber hierauf nur höher stieg, als vorher. Da möglicher
Weise die Rinne vorher selbst eine sehr hohe Temperatur angenommen
und dadurch eine Verdampfung des Wassers herbeigeführt haben konnte,
so machten wir den Versuch, ob unter Verhältnissen, wo Nichts der Art
einwirken konnte, dieselbe Erscheinung eintrete. Es wurde eine Gasretorte
von 25 Centimeter Durchmesser und 1,4 Meter Länge in verticaler Stel=
lung in einen Ofen eingemauert, am Boden eine Schale von sehr dün=
nem Kupferblech aufgestellt und am oberen Ende eine Einspritzvorrichtung
angebracht, übrigens aber jede Vorsichtsmaaßregel gegen das Zerspringen
getroffen. Nachdem der Apparat rothglühend geworden war, wurden
Dämpfe von 5 Atmosphären Spannung eingeleitet, der Dampfhahn
geschlossen und Wasser eingespritzt, aber ebenfalls ohne Erfolg, obgleich
man die Spannung der Dämpfe, die Temperatur des Apparates, die
Einspritzwassermenge und die Art der Einspritzung mehrfach abänderte.
Es schien also unmöglich auf diesem Wege den vorgesteckten Zweck zu
erreichen, und man mußte zu einer Condensation nach Art der Watt'schen
Maschinen schreiten.

Wir stellten daher möglichst nahe neben dem Heizapparate einen
Condensator auf, welcher mittelst eines Hahnes mit weiter Bohrung damit
communicirte und aus einem gußeisernen, 18 Centimeter weiten und hohen
und 5 Centimeter dicken Cylinder bestand. Er faßte etwas über 4 Liter
und stand in einem mit Wasser gefüllten Kühlgefäß von 6 Liter Inhalt.
Sobald der Dampf eingetreten war, wurde der Dampfhahn geschlossen
und der Condensatorhahn geöffnet, wodurch sogleich ein beträchtliches
und andauerndes Sinken des Manometers am Heizapparate hervorgerufen
wurde. Das Kühlwasser erhitzte sich andererseits immer mehr, je öfter
der Versuch wiederholt wurde, und nahm zuletzt 100 Grad Wärme an;
jedoch stand die Verminderung der Condensation nicht im Verhältniß der
Temperaturzunahme des Kühlwassers, vielmehr erfolgte dieselbe mit solcher
Schnelligkeit, daß eine Art Decripitiren und ein Geräusch eintrat, wie
wenn glühendes Eisen in Wasser abgelöscht wird, und das Wasser wurde
in Folge der starken Dampfbildung immer höher und höher hinaufgeschleu=
dert. Man wiederholte diese Versuche, auf deren Gelingen allerdings der

ganze Erfolg des Systemes beruht, sehr vielfach, bald mit Wasserzutritt, bald mit verschiedener Temperatur des Kühlwassers, oder des Heizapparates und der Dämpfe und dergleichen, und erhielt natürlich sehr verschiedene Resultate. Als Mittelwerth von 20 am 4. Februar angestellten Versuchen ergab sich bei niedrigerem Drucke eine Abnahme der Spannung um 2,7 bis 3 Atmosphären und bei höherem Drucke ein Sinken von 6 auf 4 Atmosphären. Am 11. und 12. März beobachteten wir bei 60 Versuchen im Mittel die Abnahme von 5 auf 3½ Atmosphären und von 9 auf 5 Atmosphären.

Ein anderer Condensator, bestehend aus einem 1,6 Meter langen, 4,2 Centimeter weiten, plattgedrückten Kupferrohre von 2 Liter Inhalt, welches in einem Kühlgefäße von 10 Liter Inhalt stand, gab nicht wesentlich verschiedene Resultate, eben so wenig zeigten sich bei beiden Condensatoren große Unterschiede, je nachdem man die Kühlgefäße leer ließ oder mit Wasser füllte, immer aber erfolgte die Condensation um so vollständiger, rascher und regelmäßiger, je höher gespannt die Dämpfe waren, woraus folgt, daß hochgespannte Dämpfe und weite Communicationsrohre vortheilhaft seyen.

Ueberhaupt ergaben diese Versuche, daß es möglich war sich des Dampfes in dieser Weise zu bedienen, indem man ihn alternirend in den Zustand der Ueberhitzung und Condensation treten ließ. Die Möglichkeit einen Heizapparat zu ersparen, vereinfachte die projectirte Maschine, weil nun der Schieberapparat ausfiel, durch welchen die Dämpfe abwechselnd in den einen oder anderen Apparat gewiesen werden sollten, und das Problem schien seiner Lösung näher als je, aber dennoch waren, wie bei jeder neuen Erfindung, noch große Hindernisse zu besiegen, und erst nach vielem Probiren war eine solche Construction der Maschine gefunden, daß die Resultate dem entsprachen, was ich beabsichtigte.

Diese neue Maschine besitzt einen hohlen gußeisernen Kolben von 1,5 Meter Länge und 40 Centimeter Durchmesser, dessen Kolbenstange mittelst einer Lenkerstange auf die Kurbel einer 10 Centimeter starken Schwungradwelle mit einem 3000 Kilogramme schweren Schwungrade wirkt. Er bewegt sich im Cylinder mit einem Spielraum von ½ Millimeter und geht an dessen vorderem Ende durch eine Stopfbüchse. Zwischen dem Cylinder und dem Heizapparate liegt ein Ventilgehäuse mit zwei durch Klappenventile geschlossenen Ausgängen nach den beiden Rohren des Heizapparates; die obere Klappe öffnet sich nach außen und gestattet beim negativen Hube dem Dampfe den Austritt nach dem Heizapparate, während die untere Klappe sich nach innen öffnet und den überhitzten Dämpfen am Anfange des positiven Hubes den Eintritt in den Cylinder gestattet. Hinter der oberen Klappe führt ein 5 Centimeter weites Rohr nach dem 12 Liter Fassungsraum besitzenden Condensator, welcher in einem weißblechernen Kühlgefäße steht. In den Communicatiosrohren zwischen dem Heizapparate und dem Condensator und dem Dampfkessel befinden sich weite Hähne, welche mittelst Excentrics von der Maschine bewegt werden und die einzigen Steuertheile sind, welche die Maschine zu bewegen hat.

Durch Manometer wurde während des Ganges der Maschine der Druck auf den Kolben ermittelt, auch wurden an der Maschine die Versuche über Condensation des überhitzten Dampfes wiederholt, wobei man beobachtete, daß bei Dämpfen von 7 bis 7½ Atmosphären Spannung eine Reduction auf 3½ und 3¾ Atmosphären eintrat. Während des Ganges mußte bei jedem Hube eine kleine Quantität frischer Dampf zugelassen werden, welcher entweder zum Ersatz entwichenen Dampfes, oder zur Vertreibung der Luft aus dem Condensator, oder zu sonst irgend einem Zwecke, von welchem das gute Arbeiten der Maschine abhängt, erforderlich seyn mochte.

Natürlich läßt sich aus so unvollkommenen Angaben die Arbeit der Maschine nicht ableiten, auch begnüge ich mich anzugeben, daß bei einer Anfangspressung von 7½ Atmosphären am Ende des positiven Hubes noch 3 Atmosphären übrig blieben, daß beim negativen Hube die Spannung 2½ Atmosphären betrug, daß also die wirksame Pressung

$$\frac{7 + 3}{2} - 2\tfrac{1}{2} = 2\tfrac{1}{2}$$ Atmosphären zu setzen ist, was einem constanten

Drucke von 1¼ Kilogrammen pro Quadratcentimeter während des ganzen Spieles entspricht. Um diese Kraft zu erzeugen, braucht nur gesättigter Wasserdampf von 3½ Atmosphären Spannung oder 140 Grad Wärme auf die Temperatur von 400 bis 500 Grad erhitzt zu werden, was einen Kohlenaufwand verursacht, den ich leider an meinem Apparate nicht ermitteln konnte, der aber nur sehr gering seyn kann, da die Dämpfe trotz des sehr kurzen Aufenthaltes im Heizapparate doch sehr schnell seine Temperatur annahmen, ohne daß auch nur die geringste Wärmeabnahme am Heizapparate zu bemerken war. Ferner ist die kleine Quantität frischer Dampf in Ansatz zu bringen, womit der Apparat bei jedem Spiele gespeist werden muß, welche aber sicher nicht ein Zehntel von demjenigen Dampfvolumen beträgt, welches eine gleich starke Watt'sche Maschine consumirt. Beachtet man nun noch, daß die Dämpfe sehr schnell ihre Wärme an das Condensationswasser abtreten, wenn dieses eine Temperatur von 100 Grad hat, so wird man durch Vergrößerung der condensirenden Fläche und durch Anwendung von etwas Einspritzwasser sicher sehr leicht dahin gelangen, bie mit einer Temperatur von 400 bis 500 Grad eintretenden Dämpfe mittelst eines Wassers zu condensiren, welches 150 bis 160 Grad Wärme besitzt, und aus welchem sich gesättigte Dämpfe von derjenigen Spannung entwickeln, wie sie zur Speisung der Maschine erfordert werden; es wird also dann das Condensationswasser in Dampf zur Speisung der Maschine verwandelt.

Nach diesen neuen Bedingungen lasse ich meine Maschine umbauen, worauf sie wirklich als Arbeitsmaschine fungiren soll, damit es möglich sey, genau und sicher zu ermitteln, welche Vortheile das neue System besitze."

XLI.

Neue Ofen-Einrichtung, von Hrn. Wilhelm Siemens.

Aus dem Civil Engineer and Architect's Journal, August 1857, S. 265.

Diese Einrichtung ist hauptsächlich da anwendbar, wo große Hitzgrade erforderlich sind, denn sie bezweckt die Benutzung eines großen Antheiles der gewöhnlich in die Esse entweichenden Hitze. Die Verbrennungsproducte müssen bei diesem System durch eine Masse von durchlöcherten Ziegelsteinen strömen, nämlich durch den sogenannten „Regenerator," welcher eine ausgedehnte Heizoberfläche darbietet. Derjenige Theil der Ziegelsteine, auf welchen die Hitze zuerst einwirkt, erhält die höchste Temperatur, während dieselbe bei den nachfolgenden Theilen immer mehr abnimmt; auf diese Weise wird den Verbrennungsproducten fast alle Hitze entzogen, ehe sie die Esse erreichen. Die Richtung des Luftstroms wird in Zwischenräumen von ungefähr einer Stunde umgekehrt, mittelst eines Ventils an dem untern Ende der Esse; die vorher von dem ersten Regenerator absorbirte Hitze wird dann von der frischen Luft aufgenommen, welche nun zur Verbrennungsstelle sehr erhitzt gelangt und eine Flamme von weit größerer Intensität erzeugt, als sie mittelst kalter atmosphärischer Luft hervorgebracht werden könnte. Die intensive Hitze der so erzeugten Flamme wird dem zweiten Regenerator mitgetheilt, in derselben Weise wie vorher beschrieben, und die Verbrennungsproducte gelangen in die Esse verhältnißmäßig kalt. Durch Wiederholung dieses Verfahrens, die Richtung des Zuges durch den Ofen umzukehren, kann man die höchsten Temperaturgrade erzielen und die Ersparung an Brennmaterial steht dabei mit dem verlangten gesteigerten Hitzgrade in Verhältniß.

Ein nach dieſem Princip eingerichteter Ofen war in den letzten drei Monaten in dem Werke von Marriott und Atkinſon zu Sheffield zum Wärmen von Stahl und Eiſen im Betriebe, und es wurden mittelſt desſelben gegen die gewöhnlichen Glühofen, bei gleicher Arbeit, 79 Proc. an Brennmaterial erſpart.

Das Regenerations-Princip wurde ſpäter auch zu anderen Zwecken angewendet; ſo wurde zu Bolton kürzlich ein darnach conſtruirter Pub= delofen in Betrieb geſetzt und die damit erlangte Brennmaterial-Erſpa= rung war diesſelbe wie die zu Sheffield.

Auf die Anwendung dieſes Regenerationsprincips bei den Oefen ver= fiel zuerſt Hr. Fr. Siemens, es wurde aber von beiden Brüdern gemeinſchaftlich ausgeführt. Hr. Atkinſon bemerkte bei der Beſprechung dieſes Syſtems in der Verſammlung der mechaniſchen Ingenieure zu Mancheſter, daß das Reſultat ſeiner Verſuche mit dem neuen Ofen darin beſtand, daß derſelbe während ſechs Tagen, welche mit dem 13. Juli (1857) begannen, 1 Tonne 10 Ctr. Steinkohlen verbrauchte, während bei dem alten Ofen der Verbrauch 7 Tonnen betrug, und die Leiſtung in beiden diesſelbe war. Die Dauer des neuen Ofens wurde auf die dreifache von derjenigen der gewöhnlichen Oefen berechnet.

XLII.

Darſtellung der zu Ebenſee abgeführten Verſuche über die Reproducirung der im Waſſerdampf gebundenen Wärme durch Waſſerkraft behufs ihrer Verwendung zum Ab= dampfen der Salzſoole ꝛc.; von P. Rittinger, k. k. Sectionsrath. [35]

Mit Abbildungen auf Tab. III.

A. Princip. [36]

Der Waſſerdampf iſt eine Verbindung des Waſſers mit Wärme= ſtoff im conſtanten Verhältniſſe; zur Bildung von einer Gewichtseinheit

---

[35] Der Hr. Verfaſſer hatte die Gefälligkeit der Redaction des polytechn. Journals einen Abdruck dieſes Berichtes zu überſenden.

[36] Die im Jahre 1855 unter dem Titel: „Neues Abdampfverfahren" von dem Verf. herausgegebene und im Verlage von Fr. Manz in Wien erſchienene Abhandlung enthält eine umſtändliche Darſtellung des zu Grunde liegenden Princips, ſowie eine vollſtändige Berechnung des Apparates.

Wafferdampf oder zur Verdampfung von 1 Kilogr. Waffer find nämlich erfahrungsmäßig ungefähr 650 Wärmeeinheiten nothwendig, b. h. die hiezu verwendete Wärme vermag von 650 Kilogr. Waffer die Temperatur um 1° C. zu erhöhen.

Nach den neueften genaueren Verfuchen von Regnault nimmt die Bildung von 1 Kilogr. Dampf richtiger

$$606,5 + 0,305 \ t \ \text{Wärmeeinheiten}$$

in Anspruch, wenn t die Temperatur des Dampfes bezeichnet.

Die an das Waffer behufs der Dampfbildung übergegangene und von demfelben aufgenommene Wärme bringt eine doppelte Wirkung hervor:

1) fie ändert den Aggregationszuftand des Waffers, indem fie dasfelbe aus einem flüffigen in einen ausdehnfamen Körper verwandelt, und

2) fie vergrößert deffen Volum mit einer beftimmten, von der Temperatur des Dampfes abhängigen Spannung; fo z. B. nimmt der bei 100° C. unter dem atmofphärifchen Druck entwickelte gefättigte Dampf ein 1695 Mal größeres Volum ein, als das Waffer, aus welchem er entftanden ift.

Letztere Wirkung der Dampfbildung, welche als eine active Eigenfchaft des Dampfes bezeichnet werden kann, wird in der praktifchen Mechanik bekanntlich in der Art äußerft vortheilhaft benützt, daß man den fich bildenden Dampf gegen den beweglichen Kolben der Dampfmafchine wirken läßt, und die von ihm aufgenommene Arbeit zu beliebigen Zwecken dann weiter fortpflanzt und verwendet.

Wird umgekehrt gefättigter Dampf in einen Cylinder mittelft eines beweglichen Kolbens zufammengepreßt, fo wird derfelbe nach den vorhandenen Umftänden ein doppeltes Verhalten äußern:

1) Ift nämlich der Cylinder fammt Kolben nach Außen durchaus mit fchlechten Wärmeleitern umgeben, vermag alfo der abgefchloffene Dampf nach Außen weder Wärme abzugeben noch aufzunehmen, fo wird bei fortfchreitender Zufammendrückung mittelft des Kolbens feine Preffung und mit diefer gleichzeitig feine Temperatur zunehmen. Er wird alfo nach einander folgende Preffungen und Temperaturen annehmen:

Bei der Preffung von 1 Atmofphäre die Temperatur 100° C.

"	"	"	"	2	"	"	"	121° "
"	"	"	"	3	"	"	"	135° "
"	"	"	"	4	"	"	"	145° "

und

| " | " | " | " | 15 | " | " | " | 200 " |

2) Sind dagegen die Umfangswände des Cylinders sowie dessen weitere Umgebung gute Wärmeleiter, so wird der zusammengepreßte Dampf seine in Folge der Pressung augenblicklich gestiegene Temperatur nicht lange beibehalten, sondern dieselbe wird vielmehr in Folge des Entweichens der Wärme nach Außen wieder auf ihren ursprünglichen Stand herabsinken.

Dadurch, daß der Dampf einen gewissen Antheil seines Wärmestoffes verliert, ändert sich theilweise sein Aggregationszustand, d. h. es schlägt sich im Cylinder aus dem Dampfe Wasser nieder. Das Volum des Dampfes nimmt ab, die Pressung dagegen bleibt sich gleich. Die auf den Kolben ausgeübte mechanische Arbeit bewirkt demnach eine Trennung des Wärmestoffes vom Wasser, und äußert sich daher dampfvernichtend, während umgekehrt eine Verbindung des Wärmestoffes mit Wasser dampferzeugend wirkt und eine mechanische Arbeit hervorruft. Dieses Verhalten des Dampfes beim Zusammenpressen im geschlossenen Raum kann demnach als eine passive Eigenschaft desselben bezeichnet werden. Es spricht sich auch hier in der Physik und Mechanik das allgemein bekannte und vielfach angewendete Princip der Gleichheit zwischen Wirkung und Gegenwirkung deutlich aus, dem zufolge man z. B. jede durch Wasser oder Wind betriebene Kraftmaschine in eine Arbeitsmaschine und letztere umgekehrt in eine Kraftmaschine umwandeln kann; so erhält man durch Umkehrung der Bewegung aus dem Wasserrade ein Schöpfrad, aus der Wassersäulenmaschine eine Pumpe, aus dem Windrade einen Ventilator u. s. w., und umgekehrt. Dem Vorausgeschickten zufolge wird durch Bindung der Wärme ans Wasser unter Vermittlung einer Dampfmaschine mechanische Arbeit erzeugt, und umgekehrt durch Einwirkung mechanischer Arbeit auf den Dampf aus diesem die Wärme freigemacht. Man hat es daher mit einer umgekehrten Dampfmaschine zu thun.

In allen Fällen des Abdampfens, in welchen die Dampfbildung bloß den Zweck hat, einen in Wasser aufgelösten Stoff aus diesem auszuscheiden, geht eine wesentliche Wirkung der Verdampfung, nämlich die Hervorbringung einer mechanischen Arbeit gänzlich verloren, indem die ganze an den Dampf gebundene Wärme mit diesem unbenützt entweicht. Diese Wärme wieder nutzbar zu machen, sie gewissermaßen aus dem Dampf zu reproduciren und neuerdings zum Abdampfen zu verwenden, ist nun der Zweck des neuen Abdampfsystems. Es ist allerdings zulässig, die Wärme des entwickelten Dampfes durch bloßen Contact mit neuen Partien der zum Abdampfen bestimmten Flüssigkeit an diese zu übertragen, indem man den Dampf durch ein Röhrensystem hindurchstreichen läßt, welches

von der damit zu erwärmenden Flüffigkeit allfeitig umgeben ift und der-
felben hinreichende Oberfläche darbietet.   Allein auf diefem Wege der
Dampfheizung gelingt es bloß, größere Partien der Flüffigkeit vorzu-
wärmen und nur allmählich abzubampfen, weil die Dampfbildung in
letzterer bei einer geringen Temperatur bloß oberflächlich vor fich geht.
So z. B. kann man mit einem Kilogramm Dampf von 100⁰ C. vermöge des Anfatzes

$$(x + 1) \; 50 = 606{,}5 + 30{,}5 = 637$$

$$x = \frac{637}{50} - 1 = 11{,}3 \; \text{Kilogr.}$$

im günftigften Falle 11,3 Kil. Waffer von 0 auf 50⁰ C. vorwärmen und
oberflächlich zum langfamen Abbampfen bringen, alfo um 10,3 Kilogr.
mehr, als man behufs des eigentlich continuirlichen Abbampfens braucht.
Die wiederbenützte Wärme wird dabei auf große Maffen dilatirt, ohne
deren Temperatur genügend zu fteigern und ein energifches Abbampfen
durch die ganze Maffe der Flüffigkeit zu ermöglichen.

Wird dagegen der beim Abbampfen erzeugte Dampf auf künftliche
Weife mittelft einer wohlfeilen disponiblen Kraft, etwa durch Wafferkraft, zufammengepreßt, fo läßt fich deffen Temperatur nach Be-
fchaffenheit der Seitenwände des Dampfraumes beliebig fteigern, und
daher abermals zur energifchen Dampfbildung durch die ganze Maffe verwenden, wenn man dabei die Röhren, in welchen die Zufammenpreffung
vor fich geht, mit der abzubampfenden Flüffigkeit umgibt.

Die Dampfbildung wird daher in diefem Falle unter Benützung der-
felben in Kreislauf gefetzten Wärmemenge vor fich gehen, und an
neuer Wärme wird nur gerade fo viel zugeführt werden müffen, als zum
Erfatze der unvermeidlichen Wärmeverlufte erforderlich ift.   Die Wärme
verhält fich dabei gegen das Waffer ähnlich wie das von einem Babe-
fchwamm aufgefaugte Waffer, welches durch Zufammenpreffen des Schwam-
mes diefen verläßt und in einen neuen Schwamm abermals übergehen kann.

Die Wände, welche die Wärme beim Zufammenpreffen des Dampfes
durchbringt, fpielen gewiffermaßen die Rolle eines Filtrums, durch welches
das Waffer zurückgehalten wird.

B.   Einrichtung des zu Ebenfee aufgeftellten Verfuchs- Abbampf-Apparates.

Dieß vorausgefetzt, foll nun die Einrichtung des zu Ebenfee auf-
geftellten Verfuchs-Abbampfapparates näher befchrieben werden;
dabei ift die Anwendung des neuen Abbampffyftems auf einen fpeciellen
Fall, nämlich auf das Abbampfen der Salzfoole erfichtlich gemacht.

Die Figuren 1 bis 6 stellen den ganzen Apparat übersichtlich dar.

A ist der blecherne Abdampfkessel, 8' hoch und 4' weit; derselbe läuft nach unten conisch zu und ist nach oben mit einer gußeisernen Kuppel geschlossen, bis zu welcher die darin enthaltene und abzudampfende Soole reicht. Diesen Kessel umgibt nach allen Seiten ein dickes Ziegelmauerwerk B, in welchem fünf verticale Züge a behufs der Beheizung des Kessels durch ein Rost- oder Pultfeuer angebracht sind. An den letzten Zugcanal schließt sich die Esse D an, durch welche die Verbrennungs-Producte abziehen. Zur Regulirung des Zuges befindet sich in der Esse eine Drosselklappe bei a.

In den Soolenraum des Kessels tauchen 2 blecherne Cylinder b und c mit doppelten Wänden nebst einem mittleren Rohre d, welches mit den beiden hohlen Cylindern oben und unten durch Knieröhren e in Verbindung gesetzt ist, und bei der Kesselkuppel herausragt. Diese hohlen Cylinder b und c sind dazu bestimmt, den im Kessel bei f entwickelten Siededampf nach dessen Beseitigung und Zusammenpressung aufzunehmen, und bilden daher den Dampfheizraum.

Zum Aufsaugen und Zusammenpressen des Siededampfes dient aber die horizontal liegende Dampfpumpe E, 16" im Durchmesser und 36" Kolbenhub, welche ähnlich einem doppeltwirkenden Gebläsecylinder mit 2 Saug- und 2 Druckventilen versehen ist, wie dieß aus der Detailzeichnung Fig. 4 ersehen werden kann. Diese Pumpe wird durch ein Wasserrad in Bewegung gesetzt, an dessen Welle W das Getriebe p aufgekeilt ist, welches in das Getriebrad q eingreift und so die Kurbelwelle r in Umdrehung versetzt. Die Kurbel i wirkt auf die Lenkstange s und ertheilt sofort der Kolbenstange und dem Kolben der Dampfpumpe die hin- und hergehende Bewegung. Bei t befindet sich die Geradführung.

Durch die Röhren g und h steht die Dampfpumpe einerseits mit dem Sieberaume f und andererseits mit dem Dampfheizraume b, c, d in Communication. Der Siededampf in f tritt bei jedem Rückgange des Kolbens durch das Rohr g in den Cylinder der Dampfpumpe, wird nach Schluß des Saugventils durch den Kolben darin zusammengepreßt und sofort durch das Rohr h in den Dampfheizraum d, c, b gedrückt. Der gepreßte Dampf nimmt zwar im letzteren augenblicklich eine höhere Temperatur an, verliert jedoch dieselbe alsbald, weil er seine freie Wärme an die Wände des Dampfheizcylinders und weiter an die sie umgebende und abzudampfende Soole abgibt, wodurch neue Partien der letztern in Dampf verwandelt werden. In Folge dieses Wärmeverlustes schlägt sich ein Theil des Dampfes im Dampfheizraum nieder und sammelt sich da-

selbst zu unterst an.   Um nun dieses Condensationswasser zu entfernen,
dient das dünne Röhrchen k, welches bis nahe an den Boden des
Mittelrohres d reicht, und durch dessen obere Kuppel hindurchgeht; an
dasselbe schließt sich das heberförmige Rohr l an, welches an seinem
Ende mit einem Hahne m versehen ist.   Durch letzteren läßt sich der
Abfluß des Condensationswassers in der Art reguliren, daß dasselbe im
Dampfheizraum nicht hoch ansteigt.

Der Wärmeausstrahlung ist beim Cylinder der Dampfpumpe mit
einem Mantel und bei den Dampfröhren g und h mit einem Stroh=
geflecht thunlichst vorgebeugt.

In Folge der continuirlichen Dampfbildung im Kesselraum fallen
aus der Soole Salzkrystalle nieder und sammeln sich an der Spitze des
kegelförmigen Kesselbodens.   Von dort werden sie mittelst eines inter=
mittirend sich öffnenden Hahnes partienweise in die Rinne R abgelassen.

Die Einrichtung dieses vorläufig mittelst der Hand zu drehenden
Hahnes sammt Zugstange zeigt die Fig. 5.   Die Rinne R_1 ist um die
Achse β drehbar, und man kann daher die darin mit dem Salzsande
ausfließende Soole durch das Neigen nach rückwärts in die Rinne T ab=
laufen lassen, von welcher sie alsdann in die Vorwärmerinne R gelangt.
Der Salzsand aber läßt sich aus der Rinne R_1 mittelst einer Krücke nach
vorn herausziehen.

Zum gleichmäßigen Speisen des Kessels mit neuer Soole dient eine
S p e i s e p u m p e , deren Einrichtung mit der bei Dampfmaschinen üblichen
Speisepumpe ganz übereinstimmt.   Sie wird gleichfalls von der Kurbel=
welle der Dampfpumpe in Bewegung gesetzt, zu welchem Ende an dem
Getriebrade q eine Warze angebracht ist.   Die Speisepumpe entnimmt
die Soole aus der Rinne R, in welche dieselbe aus den beiden Vorraths=
bottichen S (Fig. 2 und Fig. 6) zeitweise abgelassen wird.   Zum Vor=
wärmen dieser Soole dient das auf den Siedepunkt erhitzte Condensations=
wasser, welches man in Röhren u, die sich an l anschließen, durch die
Soole in R leitet und es am Ende bei m' durch einen Hahn in den
Bottich K ausfließen läßt.   Es muß daher der Hahn bei m geschlossen
werden, um das Condensationswasser in das Vorwärmerohr u abzulenken.
Da die Rinne R die Soole aus dem Bottich S empfängt und bis zur
Soolpumpe leitet, so nimmt die Soole in der Rinne R gegen das Con=
densationswasser in den Röhren u einen entgegengesetzten Weg.

Die Speisepumpe drückt durch das Rohr w die Soole in den untersten
conischen Theil des Kessels; sie tritt daselbst tangential ein, um die Soole
im Kessel in eine drehende Bewegung zu versetzen und darin zu erhalten.
Dadurch sollen die aus der Soole sich ausscheidenden Salzkrystalle ver=

hindert werden, sich an dem conischen Boden des Kessels anzuhäufen und die Bodenöffnung zu verlegen.

Der mit dem Kessel in doppelter Communication stehende Cylinder M enthält einen Schwimmer, welcher den Wasserstand im Kessel anzeigt.

Der Siederaum sowohl als der Dampfheizraum ist übrigens jeder mit einem besonderen Thermometer und Manometer versehen, um über den Zustand des Dampfes in jedem Augenblicke stets in Evidenz zu bleiben. Ueberdieß sind beide Räume mit den gesetzlichen Sicherheits-ventilen ausgestattet.

Der Apparat wirkt demnach auf die in denselben durch das Rohr w eintretende Soole in der Art, daß er den einen Bestandtheil der-selben, nämlich das Salz, mit einem geringen Antheil Soole bei der Spitze y des Abdampfkessels ausscheidet, dagegen den andern Bestand-theil, nämlich das Wasser, in welchem das Salz aufgelöst war, durch das Rohr k, l und u als Condensationswasser absondert.

C. Resultate der im Frühjahre 1857 abgeführten Versuche. Programm für deren Fortsetzung.

Die Versuche wurden mit dem Abdampfen des süßen Wassers be-gonnen, um ohne weitere Berirrungen die physikalischen und mechanischen Bedingungen näher zu studiren, unter welchen die Wirkung des Appa-rates sich am günstigsten herausstellt. Nach einer Reihe von sieben solchen Versuchen wurde erst zur Anwendung des neuen Principes auf einen speciellen Fall, nämlich auf das Abdampfen der Salzsoole über-gegangen.

Die Resultate des siebenten und letzten Versuches mit süßem Wasser sind in der beiliegenden Tabelle übersichtlich zusammengestellt; als prak-tisch wichtig müssen daraus folgende Punkte hervorgehoben werden:

a) daß der Apparat 7,8 Kubikfuß Wasser in der Stunde ver-dampft;

b) daß auf ein Pfund lufttrockenes Holz 13,8 Pfund verdampftes Wasser entfallen;

c) daß die dabei erforderliche Betriebskraft 12,7 Pferdekräfte aus-macht.

Da nun bei directer Feuerung im günstigsten Falle mit einem Pfunde lufttrockenen Holzes nur 4½ Pfd. Wasser verdampft werden kön-nen, so folgt, daß die unter dem Einflusse des neuen Principes bewirkte Verdampfung das Dreifache der sonst theoretisch möglichen er-reicht.

Dabei muß noch berückfichtigt werden, daß die Temperatur des Rauches in der Effe 162° C. betrug, und daß überdieß das als Neben-product erhaltene Condenfationswaffer auf 95° C. erwärmt wurde; diefe beiden Nebenwirkungen des Apparates können zu verfchiedenen Zwecken nutzbar ausgebeutet werden.

Die in diefem Jahre erhaltenen Refultate ftellen fich ohne Vergleich günftiger, als jene des vorigen Jahres; der Grund hievon liegt theils in den Abänderungen und Verbefferungen des Apparates, theils in der Steigerung der Spannung des Siedampfes bis über den atmofphäri-fchen Druck, nämlich bis auf 1,34 Atmofphären. Daburch wurde näm-lich nicht bloß das Eindringen der atmofphärifchen Luft in den Keffel-raum verhindert, fondern auch das ftünbliche Aufbringen wefentlich ge-fteigert.

Als eine in wiffenfchaftlicher Beziehung ganz befriedigende Erfchei-nung muß auch der Umftand hervorgehoben werden, daß die wirklich er-forderliche Betriebskraft mit der theoretifch im Voraus berechneten genau übereinftimmt, und daß überhaupt alle Verhältnißgrößen des Apparates und der Mafchine in einem fo guten Einflange ftehen, daß felbft bei einem Umbaue keine Aenderungen darin vorgenommen werden könnten.

Nachbem biefe principiellen Verfuche die Bedingungen des günftigften Betriebes in der Hauptfache feftgeftellt hatten, wurden vier Verfuche mit dem Abbampfen der Salzfo'ole (mit 18¼ Pfund Salz in 1 Kubiffuß) abgeführt.

Bei diefen Verfuchen gelang es alle Hinderniffe zu befeitigen, welche von Fachmännern als vorausfichtlich bezeichnet wurden; barunter gehört insbefondere das Abfetzen und Anhäufen von Salzkryftallen an den coni-fchen Boden des Abbampfkeffels, und das Verftopfen der Ablaßöffnung für die Salztrübe dafelbft. Erfteres wurde verhindert durch das tangen-tiale Einleiten der Soole in den unterften conifchen Theil des Keffels, letzteres durch das zeitweife Einleiten eines bünnen Strahles des Conden-fationswaffers in den Hals der Bodenöffnung.

In den erften Stunden des normalen Ganges traten die Salzkryftalle in kleinen Körnchen von der Größe eines kleinen Sandes in größerer Menge mit einem entfprechenden Antheil heißer Soole bei der Boden-öffnung des Abbampfkeffels regelmäßig heraus. Die Salztrübe hatte da-bei bis auf die Farbe viel Aehnlichkeit mit der Pochtrübe vom Feinpochen. Allmählich verminderte fich jedoch die in der abgelaffenen Soole enthaltene Menge des Salzfandes, fo zwar, daß ungefähr von der fechften Stunde des normalen Ganges angefangen der Salzabfall beiläufig nur 1 Proc. des der Verdampfung entfprechenden Salzes betrug. Nach einem zwölf-

stündigen normalen Gange wurde endlich der Betrieb des Apparates ein=
gestellt und man schritt zur Untersuchung des Innern des Abdampfkessels
nach dem schleunigen Ablassen der darin enthaltenen Soole.

· Es ergab sich, daß die Oberfläche der Soole im Kessel von jeder
Kryſtallkruſte ganz frei war, daß aber alles Salz, welches der reichlich
verdampften Soole entſprach, an ſämmtlichen von der Soole be=
netzten Wänden des Abdampfkeſſels ſich in ſehr feſten Kryſtallen mit
ſtrahligem Gefüge angeſetzt hatte; deren Härte war ſo bedeutend, daß
ihre Lostrennung ſelbſt einem ſcharfen Meißel ſtarken Widerſtand leiſtete.
Die Dicke dieſer Kryſtallkruſte betrug im Durchſchnitte ½ Zoll und war
in den obern Niveaur etwas ſtärker, nämlich bis 1 Zoll dick. Das An=
legen der Kryſtalle fand gleichmäßig an alle Körper ſtatt, die ſich in der
Soole eingetaucht befanden, ſo z. B. an Bindfaden, Blech·, Draht 2c.
Im Bruch zeigte die Kryſtallkruſte ein ſtrahliges Gefüge (ähnlich dem
Arragonit) und an der Oberfläche waren die hexaedriſchen Ecken mit
ſcharfen Kanten ſelbſt bis zu zwei Linien Länge ſichtbar. Nur an den
horizontalen Flächen des Keſſels, insbeſondere aber an den geneigten
Bodenwänden deſſelben war das Gefüge der Kryſtallkruſte mehr feinkörnig.

Dieſes Reſultat iſt ein ganz unerwartetes; es ſteht auch nicht im
Einklange mit den bisher allgemein als richtig anerkannten Kryſtalliſations=
geſetzen, denen zu Folge zum Anſchießen von Kryſtallen die Ruhe der
Flüſſigkeit poſtulirt wird; denn die im Abdampfapparate enthaltene Soole
befand ſich immerfort in einer ſehr heftig kochenden Bewegung.

Es ſtimmt auch nicht überein mit den beim gewöhnlichen Sudproceſſe
wahrgenommenen Erſcheinungen, denen zu Folge die aus der Soole aus=
geſchiedenen Kryſtalle an darein getauchte und vertical ſtehende Bleche ſich
entweder gar nicht oder nur ſo leicht anlegen, daß ſie ohne merklichen
Widerſtand ſich beſeitigen laſſen; ein eigentliches Anſchießen zu einer com=
pacten im Gefüge ſtrahligen Maſſe findet dabei nicht ſtatt.

In letzterer Beziehung wurden nicht bloß in den gewöhnlichen Sud=
pfannen zu Ebenſee beſondere Gegenverſuche angeſtellt, ſondern es wurde
auch in dem Abdampfapparate ſelbſt nach Oeffnung der beiden Mann=
löcher an ſeiner Kuppel ein Abdampfungsverſuch, bei atmoſphäriſcher
Spannung des Dampfes, alſo bei einer Temperatur der Soole von 108
—110º C. bloß unter dem Einfluſſe der directen Feuerung vorgenommen.

Der Grund der ganz eigenthümlichen Kryſtallbildung bei dem neuen
Abdampfverfahren mag vielleicht in dem Umſtande liegen, daß in dem
neuen Apparate das Abdampfen bei einer höheren Temperatur der Soole
(118 bis 120º C.) vor ſich geht, als in einer offenen Pfanne, wo ſie

bloß 108—110° C. erreichen kann; ferner daß die Dampfentwicklung in größerer Menge und daher mit größerer Heftigkeit stattfindet.

Die beim Abdampfen der Soole mit und ohne Dampfpumpe, also mit und ohne Reproduction der Wärme erhaltenen Zahlenrefultate find gleichfalls in der nachfolgenden Tabelle enthalten.

Man entnimmt auch hieraus eine fehr günstige Wirkung des Reproductionsprincips:

a) die Verdampfung in der Stunde betrug 5,5 Kubiffuß Soole;

b) ein Pfund lufttrockenes Holz verdampfte 16,2 Pfund Soole oder 11,9 Pfund reines Waffer;

c) die erforderliche Betriebskraft ergab fich mit 12,7 Pferdekräften.

Da nun bei besteingerichtetem Salinenbetriebe mit einem Pfund Holz 6½ Pfund Soole verdampft werden, so ergibt fich die Leistung des neuen Apparates Zwei ein halbmal größer als sonst.

Die Wirkung des Reproductionsprincipes zeigt fich aber am Auffallendsten durch Vergleichung des IV. Verfuches mit dem V., bei welchem bloß eine directe Feuerung stattgefunden hat.   Statt 5,5 Kubiffuß Soole wurden dabei bloß 2,2 Kubiffuß Soole in einer Stunde verdampft, und statt 16,2 Pfund Soole entfallen bloß 3 Pfund Soole auf 1 Pfund verbrauchten Brennmaterials, also bloß ein Fünftel jener Menge, welche die directe Feuerung in Verbindung mit der Reproduction der Wärme durch Zusammenpreffen des entwickelten Dampfes mittelst Wafferkraft zu liefern im Stande ist.

Die Aufgabe der fortzufetzenden Verfuche wird nun hauptfächlich darin bestehen, die Bedingungen genau zu erforschen, unter welchen die angeführte Kryftallbildung vermindert oder aber gänzlich befeitigt werden könnte.   Nachstehende phyfikalische Vorkehrungen und Thatfachen stellen in dieser Beziehung einen günstigen Erfolg einigermaßen in Ausficht:

a) das Abdampfen bei einer niederen Temperatur;

b) eine heftige mechanische Bewegung des Siedewaffers;

c) vorzüglich aber das rechtzeitige Einführen von feinem Salzmehl in den Abdampfkeffel, um den aus der Soole fich bildenden Salzkryftall-Atomen fogleich eine genügende Menge von Körperchen darzubieten, an welchen fie fich weiter fortbilden können, statt an die Keffelwände fich anzulegen.

Es wurde daher mit Rückficht auf die vorstehenden allgemeinen Andeutungen behufs der Fortfetzung der Verfuche ein detaillirtes Programm entworfen, nach welchem diefelben fortgefetzt werden.

Die bisher mit dem neuen Apparate erzielten Resultate sind für das Salinenwesen bereits von nicht unerheblicher praktischer Brauchbarkeit, nämlich in allen jenen Fällen, in welchen die abzudampfende Soole noch nicht gesättigt ist, in denen sie also vorerst einer Concentration durch den Siedeproceß unterzogen werden muß.

Durch seine bedeutende Ersparniß an Brennmaterial wird das neue Abdampfverfahren dabei wesentliche Dienste leisten.

In das Versuchsprogramm wurden daher auch Versuche mit armer Soole aufgenommen, um dabei zugleich zu beobachten, in welcher Weise die Ausscheidung der Salzkrystalle aus einer solchen Soole vor sich geht.

Schließlich muß noch einer Erscheinung erwähnt werden, welche bei allen mit der Dampfpumpe abgeführten Versuchen beobachtet wurde.

Es ist dieß die Ueberhitzung des Dampfes im Dampf= pumpencylinder und in den Röhren h, welche den gepreßten Dampf aufnehmen. Die Größe dieser Ueberhitzung ist gleichfalls in der nachfolgenden Tabelle ersichtlich gemacht; die Temperatur des gepreßten Dampfes betrug:

beim VII. Versuche 135—142° C. statt 127° (wegen 2,36 atmo= sphärischer Spannung);

beim IV. Versuche 140—148° C. statt 126° (wegen 2,33 atmo= sphärischer Spannung).

Der Grund dieser Erscheinung liegt in der Beschaffenheit der Wände der Dampfpumpe und in den Dampfröhren gegenüber den Kesselwänden; nicht bloß daß erstere aus Gußeisen bestehen, sind dieselben auch noch mit schlechten Wärmeleitern umgeben; die Steigerung der Temperatur in Folge der Zusammenpressung theilt sich den Wänden mit, die Wärme kann jedoch durch diese nur langsam durchdringen und entweichen; im eigentlichen Dampfheizraume dagegen dringt die Wärme durch die Blechwände des Kessels leicht durch und es stellt sich darin eine gewisse Spannung her, welche auch jener Dampf annimmt, der in den Röhren h enthalten ist. Da nun dieselben eine höhere Temperatur besitzen, so bildet sich ein überhitzter Dampf.

Bei einer geringeren Spannung des Siededampfes, und jemehr die= selbe unter den Druck einer Atmosphäre herabsinkt, steigt die Ueberhitzung immer mehr und es erreicht der gepreßte Dampf in der Dampfpumpe selbst die Temperatur von 220° C. bei einer Spannung von 3 Atmosphären, wenn die Spannung des Siededampfes auf 0,3 Atmosph. gehalten wird. Dabei tritt jedoch bei den unvollkommen schließenden Mannlöchern ziemlich viel Luft in den Siederaum ein.

Wien, im Juli 1857.

Fortsetzung der Abdampfversuche

Dauer der Beobachtung.	Aufschlagwasser - Füllzeit.	Umgänge der Kurbel per 1 Minute.	Neußere Temperatur.	Speise-Wasser Temperatur.	Speise-Wasser Verbrauch.	Siede- Temperatur t_1	Condensations- Temperatur t_2	Condensations- Menge.	Siede-Dampf Temperatur t_3/t'_3	Spannung s_1.	Heiz-Dampf An der Kuppel Temperatur t_4	Spannung s_2	Am Ventilkasten Temperatur t_5	Relativdruck s_3.	Brennmaterial.	Essentemperatur t_6
Stdn.	Sec.	Zahl.	Grad.	Grad.	Kubf.	Grad.	Grad.	Kubf.	Grad.	Atmf.	Grad.	Atmf	Grad.	Pfd.	Pfd.	Grad.
									VII. Versuch mit süßem							
									Normaler Gang.							
6	31	20	21	16	32,5	106	95	25,2	$\frac{112}{108}$	1,17	136	2,29	131	13	150 im Feuerraume 876	164
									Normaler Gang.							
5	27,8	22	22	15	39,2	111	95	31,5	$\frac{113}{111}$	1,34	142	2,36	135	14	160	162
									IV. Versuch mit Soole.							
									Normaler Gang.							
4½	28	26	23,0	50	21,10	120	95	18,4	$\frac{120}{113}$	1,36	134	2,30	133	13	125	161
									Normaler Gang.							
6	28	21	25,1	62,5	33,4	118	95	29,6	$\frac{118}{111}$	1,24	140	2,33	148	15	140	134
									V. Versuch mit bloß directer Heizung der							
									Normale							
11	—	—	20	19	24,0	110,5	—	—	$\frac{102}{100}$	—	—	—	—	—	545	162

Anmerkung. Die Stellen, an welchen die Temperatur t_1, t_2 ꝛc. und Spannungen s_1, s_2 beobachtet zu Ebensee im Jahre 1857.

Betriebskraft.	Ausfälle per 1 Stunde.						Auf 1 Pfd. Brennmaterial.			Differenz zwischen der			
	Speisewasser (Soole).	Speisewasser (Soole) per 1 Pferdekraft.	Condensations-Wasser.	Brennmaterial.	Verdampft 1 Quadratfuß Spiegelfläche.	Auf 100 Pfund Speisewasser Condensations-Wasser.	Soole.	Speisewasser.	Condensations-Wasser.	Spannung	Temperatur		
										des Heiz- und Siededampfes	des überhitzten und satten Dampfes	des Rauch- und Siededampfes	
Pferdek.	Kubf.	Pfd.	Kubf.	Pfd.	Kubf.	Kubf.	Pfd.	Pfd.	Pfd.	Atmf.	Grad.	Grad.	Grad.

Wasser. (Am 5. Juni 1857)

I. Periode.

Betriebskraft.	Ausfälle per 1 Stunde.						Auf 1 Pfd. Brennmaterial.			Spannung	Temperatur		
11.45	5,42	26.7	4,2	25	0,44	77	—	12,2	9,47	1,12	$\frac{24}{28}$	5	$\frac{52}{56}$

II. Periode.

| 12,7 | 7,84 | 34,8 | 6,30 | 32 | 0,65 | 80 | — | 13,8 | 11 1 | 1,02 | $\frac{29}{31}$ | 7 | $\frac{49}{51}$ |

(Am 20. Juni 1857.)

I. Periode.

| 12,7 | 4,96 | 19,5 | 4,35 | 29,41 | 0,41 | 98,3 | 11,48 | 8,44 | 8,30 | 0,94 | $\frac{14}{21}$ | 1 | $\frac{41}{48}$ |

II. Periode.

| 12,7 | 5,56 | 21,88 | 4,93 | 23,3 | 0,46 | 100 | 16,2 | 11,9 | 11,9 | 1,09 | $\frac{22}{29}$ | 8 | $\frac{16}{23}$ |

Soole. (Am 23. und 24. Juni 1857.)

Verdampfung.

| — | 2,2 | — | — | 49 | 0,18 | — | 3,00 | 2,2 | — | — | — | — | — |

wurden, sind auf den Figuren 1—3 mit gleichlautenden Buchstaben bezeichnet

XLIII.

Verbesserter Apparat zur Wasserheizung.

Aus dem Mechanics' Magazine, 1857, Nr. 1769.

Mit einer Abbildung auf Tab. III.

Die Patent-Röhren-Gesellschaft zu Birmingham hat eine verbesserte Methode der Wasserheizung eingeführt, welche in Fig. 16 dargestellt, und eben so einfach, als wirksam und ökonomisch ist. Die Wärme wird in einem Schlangenrohr erzeugt, das über irgend einer Feuerstelle, in einer Küche oder in einem Zimmer, angebracht ist. Das in der Schlange erwärmte Wasser steigt in den Röhren in der Richtnng der eingezeichneten Pfeile in die Höhe und setzt seine Wärme an die Röhren ab. Es sinkt bis zu dem tiefsten Punkte nieder, und gelangt wieder in die Schlange, um dort abermals erhitzt zu werden. Das Wasser bleibt in steter Circulation, mag die Länge der Röhren noch so bedeutend seyn und diese entwickeln mittelst der ausstrahlenden Windungen B eine Temperatur von 200° F. (93° C.), oder weniger, je nach Erforderniß. Auf dem Herde, der das Schlangenrohr A umgibt, muß dazu ein gewöhnliches Feuer unterhalten werden.

Man hat gefunden, daß bei der Circulation heißen Wassers in einer Reihe von Röhren, welche an beiden Enden verschlossen sind, sich mancherlei Nachtheile und Unbequemlichkeiten zeigen; dahin gehört besonders das unangenehme Krachen und Knistern beim Eintreten von Luft und beim Freiwerden der bei übermäßiger Hitze erzeugten Gase. Dieß ist bei dem verbesserten Apparate vermieden.

Die kleine Cisterne C, welche nur so viel Wasser enthält, als erforderlich ist, um die Ausdehnung und Zusammenziehung des in der Röhrenreihe befindlichen zu vermitteln, ist (wenigstens 4 Fuß) über der obersten Reihe angebracht. Sie wirkt als ein Regulator-Ventil, indem sie einen für das Circulationsvermögen des Apparates hinreichenden Druck unterhält. Die enge Röhre D wirkt als Sicherheitsventil von dem untersten Niveau aus, wodurch jedes Hinderniß einen leichten Abzug findet und in die Cisterne C gelangt, daher durch die ganze Röhrenreihe stets ein vollkommenes Gleichgewicht des Druckes stattfindet.

Die eigenthümliche Einrichtung der erwähnten, mit Rost versehenen Feuerstelle besteht darin, daß sie, wie man bei E und F sieht, eine doppelte Rückwand hat, durch welche die für das Schlangenrohr A erforderliche

Hitze regulirt werden kann. Ist eine Steigerung derselben nöthig, so wird das Register G geschlossen und die Flamme zieht durch die Schlange A, wie die Pfeile zeigen, um durch die Oeffnung H in die Esse zu gelangen. Ist dagegen eine Verminderung der Hitze wünschenswerth, so wird das Register zurückgeschoben, so daß es die Oeffnung H verschließt, und die Flamme zieht dann auf dem gewöhnlichen Wege in die Esse.

Es darf natürlich nur reines Regenwasser (oder destillirtes Wasser) zum Füllen des Apparates angewendet werden, um den Absatz von Stein in den Röhren zu verhindern.

Zur Heizung von drei oder vier Schlangenröhren in besonderen Zimmern ist ein gewöhnliches Ofenfeuer hinreichend; nach diesem Princip ist die Warmwasserheizung für jedes Gebäude, welches einer regelmäßigen Erwärmung bedarf, ausführbar, um die Kosten mehrfacher Feuerstellen zu ersparen und die Feuersgefahr zu vermindern.

XLIV.

Beiträge zur theoretischen Photographie; von Dr. J. Schnauß in Jena.

Aus Horn's photographischem Journal, 1857, Nr 7 und 8.

Bis zur einstigen Erreichung des uns jetzt noch so fern liegenden Zieles, die natürlichen Farben im Verlauf des photographischen Processes zu fixiren, können wir nur geringe Verschiedenheiten zwischen den photographischen Substanzen, hinsichtlich ihrer besondern Art und Weise die Eindrücke des Lichts in sich aufzunehmen, nachweisen. Dennoch vermögen wir in dieser Beziehung dieselben in zwei wesentlich von einander abweichende Classen einzutheilen, deren resp. Glieder unter einander eine große Uebereinstimmung ihrer Wirkungsart zeigen. Immerhin wird man dabei einigermaßen an die in der Lehre von der elektro-chemischen Theorie angenommene Eintheilung von + und — erinnert, wie die nachstehende Abhandlung zeigen wird.

Die eine Classe, in der elektro-chemischen Theorie der elektronegativen Reihe, also dem Sauerstoff und den Säuren entsprechend, wird im Allgemeinen durch Jodsubstanzen, deren Analogon wir unter den „entwickelnden" Körpern in der Gallussäure, nach Umständen auch in der Pyrogallussäure zu suchen haben, repräsentirt; die andere, die der

Basen, der Alkalien (der + Reihe) in der elektro-chemischen Eintheilung, durch die Bromsubstanzen, welchen der Eisenvitriol als Entwickler zur Seite steht, in Betracht der großen Aehnlichkeit ihrer photochemischen Wirkung.

Betrachten wir nun diese beiden photographisch so wichtigen Classen etwas näher:

Die Jodverbindungen bieten das Eigenthümliche dar, daß sie zur Erregung ihrer Molecüle einer bestimmten Intensität der Lichtschwingungen bedürfen, die erhaltenen Eindrücke aber so fest halten, daß der Entwickler Zeit behält, eine hinreichende Menge Silber darauf niederzuschlagen, oder anders gesagt: die belichteten Stellen üben eine quantitativ größere Anziehung aus auf die Silberatome. Daher kommt die große Kraft der bloß mit Jodsalzen dargestellten Bilder (namentlich solcher mit alkalischer Basis), denen es aber in den Schattenpartieen leicht an Harmonie fehlt, eine Folge des oben Gesagten, daß nämlich die bis zu einem gewissen Grade geschwächten Lichtschwingungen keinen Eindruck mehr auf die Jodsalze ausüben. Am stärksten zeigt sich diese Eigenschaft an den Jodsalzen mit alkalischer Basis, was jedoch nur seinen Grund in der leichten Zersetzbarkeit derselben hat, vermöge deren das frei werdende Jod eigentlich erst die genannten Wirkungen ausübt. Ich spreche hier von Auflösung genannter Verbindungen in dem Collodion, in welcher Gestalt auch die leichtere Zersetzbarkeit derselben, resp. das Freiwerden von Jod bedingt ist, wodurch gleicherweise die Empfindlichkeit verringert, die Kraft der Negativs aber erhöht wird. Je dauerhafter die Jodverbindung, je inniger der Zusammenhang des Jods mit seinem Radical, desto farbloser das damit bereitete Jodcollodion, und desto empfindlicher ist dasselbe. Zugleich aber verliert es an Kraft in den negativen Schwärzen, mit einem Wort: das Bild entsteht fast augenblicklich und in allen seinen Theilen sehr gleichmäßig, aber schwach bis zur Monotonie. Ein Beispiel ist das Jodcadmium. Derartige Jodverbinduugen nähern sich in ihrer Wirkung schon dem Bromsalzen. Beide üben sogar noch eine reservirende Kraft auf die zugleich in der ätherischen Lösung befindlichen alkalischen Jodmetalle aus.

Die Bromsalze zeigen gegen das Licht ein denen der Jodsalze entgegengesetztes Verhalten. Sie empfangen leicht auch die schwächsten Lichteindrücke, doch gleichsam nur auf der Oberfläche, insofern die damit erzeugten Negativs einen durch nichts zu verbessernden Mangel an Kraft, dagegen eine große Gleichmäßigkeit in den Schatten- und Lichtpartieen darbieten. Den Bromsalzen, resp. dem Bromsilber fehlt das Vermögen, das durch den Entwickler reducirte Silber in gehöriger Menge anzuziehen und zu verdichten, sie bedecken sich nur mit einer unendlich dünnen, also sehr durchsichtigen Schichte des oxydirten Silbers.

Merkwürdig und schwer zu erklären ist auch die Wirkung einiger Bromsalze, namentlich des Bromcadmiums, die Zersetzung der (alkalischen) Jodsalze im Collodion auf längere Zeit zu verhindern, worin sie gewissen Chlorverbindungen, z. B. dem Chlorammonium, Chlornatrium, auffallend ähneln. Wenn eine geringe Menge der letzteren zum Jodcollodion gesetzt wird, so entfärbt sich letzteres bald vollständig und bleibt lange Zeit unverändert. (Beiläufig zeigt ein solches durch eine Chlorverbindung entfärbtes Collodion zuletzt einen eigenthümlich starken Anis ähnlichen Geruch.) Eine doppelte Zersetzung zwischen den Jod = und Chlorverbindungen läßt sich deßhalb in diesem Falle nicht annehmen, weil ja das Chlorammonium die besprochene Wirkung auch hervorbringt, wenn das Jodcollodion bloß Jodammonium enthält.

Gehen wir zur Eintheilung der Hervorrufungsflüssigkeiten über. Wir nehmen auch hier eine große Verschiedenheit in der Wirkung wahr, die uns an die so eben besprochene der Jod = und Bromverbindungen erinnert. Im Allgemeinen kann man den Grundsatz aufstellen, daß die negativen Schwärzen um so kräftiger ausfallen, je langsamer die Reduction, resp. Ablagerung des Silbers, und also die Erscheinung des verborgenen negativen Bildes stattfindet, natürlich als unabhängig gedacht von der veränderlichen Lichtstärke während der Aufnahme, oder indem man eine mittlere Lichtstärke als Norm bei der Vergleichung der Entwickler annimmt. Säuren verlangsamen die Reduction, daher dieselben, namentlich Essigsäure, ein vortreffliches Mittel an die Hand geben, die Negativs kräftiger erscheinen zu lassen, indem man sie entweder zu dem Entwickler, oder zum Silberbade, ja selbst zum Jodcollodion (woselbst sie aber eine theilweise Zersetzung hervorbringen) setzen kann. In den beiden letzten Fällen ist die Wirkung am kräftigsten. Was die Säuren in genannter Beziehung für das Silberbad und für die Entwickler, das ist das freie Jod für das Jodcollodion. Man hat also viele Mittel an der Hand, nach Belieben kräftigere Negativs zu erhalten, selbst wenn man mit einem farblosen, stark Bromsalz = und Cadmium haltigen Collodion arbeitet.

Von allen Entwicklern übt die Gallussäure die langsamste Wirkung aus; daher sind ihre Negativs die kräftigsten, sie verlangt aber als Vehikel der photographischen Substanzen einen Körper, welcher der freiwilligen Reduction derselben einen größeren Widerstand entgegensetzen kann, als das Collodion. Daher ist die Gallussäure am zweckmäßigsten auf Albumin, Stärke, oder Papier anzuwenden.

Dagegen wirkt eine alkoholische, ziemlich concentrirte Lösung dieser Säure sehr energisch auf die erscheinenden Collodion=Negativs, weßhalb nun wegen der Schnelligkeit der Wirkung der entgegengesetzte Fall eintritt und die Negativs kraftlos, von grünlicher Färbung sind.

Die Wirkungen der Pyrogallussäure auf die Collodion=Negativs sind am bekanntesten, sie lassen sich durch mehr oder weniger Zusatz von Essigsäure oder Alkohol zu der Säure bedeutend modificiren. Je älter übrigens diese Auflösung, desto langsamer reducirt sie, desto undurchsichtiger werden daher die negativen Schwärzen, während die Schattenpartieen immer weniger herauskommen. Es ist dieß eine Folge der theilweisen Verbrennung, d. h. Oxydation der Pyrogallussäure, und liefert einen Beitrag zur Bestätigung meiner Ansicht, daß die Wirkungen des Sauerstoffs auf die photographisch thätigen Substanzen wie die der Säuren eine verlangsamende (also die Kraft des Negativs vermehrende) sey. Um gute, gleichmäßige Resultate zu erhalten, sollte man nie mit einer Pyrogallussäure arbeiten, die älter als drei Tage ist.

Der Eisenvitriol nähert sich, wie gesagt, in seiner Wirkung den Bromsalzen, er gibt schnell ein in allen seinen Theilen sehr gleichmäßig erscheinendes, aber oft zu schwaches Negativ, das gewöhnlich noch der Kräftigung bedarf. Wenn der Eisenvitriol etwas Oxyd enthält, so gibt er kräftigere Bilder, ebenso auf Zusatz einer Säure (Essig = oder Salpetersäure).

Es läßt sich aus diesen so eben mitgetheilten Beobachtungen leicht eine dynamische Eintheilung der photographischen Substanzen entwerfen, welche auch für die Praxis von Nutzen ist; hier möge eine solche versuchsweise ihren Platz finden:

I.

Solche Substanzen, welche entweder direct, oder indirect die photographische Wirkung verlangsamen, folglich die Erzeugung kräftiger Negativs begünstigen:

1) Sauerstoff, durch höhere Oxydation der Pyrogallussäure, des Eisenvitriols, des im Silberbade enthaltenen Alkohols u. s. w.
2) Jod, im freien Zustande (vielleicht auch Chlor) oder als Salzbildner in solchen Salzen, welche sich leicht zersetzen (namentlich in denen der Alkalien) sowohl im Collodion, wie im Papier bei der Talbotypie.
3) Säuren, Salpetersäure, namentlich Essigsäure, sowohl als Zusatz zum Silberbad, wie zum Entwickler. Hieher wären auch ihrer photographischen Wirkung nach die Gallus = und Pyrogallussäure

zu rechnen, obwohl sie kaum Säuren zu nennen und ohne Zusatz einer stärkeren Säure (Essigsäure) nicht anzuwenden sind.

II.

Solche Substanzen, welche die photographischen Wir‑ kungen beschleunigen, und sehr gleichmäßige, aber wenig kräftige Negativs erzeugen.

1) Bromsalze im Collodion, und als Bromsilber im Silberbade.

2) Alle freien Alkalien und alkalischen Erden, welche durch Bindung freier Säuren, und als Salzbildner, die denselben entgegen‑ gesetzten photographischen Wirkungen zeigen, sowohl im Collodion, wie im Silberbade.

3) Eisenvitriol, möglichst oxydfrei.

4) Fluorsalze und Fluorsilber.

Die sub. I. bezeichnete Gruppe hat einen mehr negativ‑elektrischen Charakter; die sub. II. angeführten Alkalien dagegen sind positiv‑elektrisch, die übrigen Körper dieser Gruppe aber sind neutrale Salze.

Man wendet schon längst mit Vortheil neben den Jodsalzen Brom‑ verbindungen an, um durch die Vereinigung ihrer verschiedenen Eigen‑ schaften vollkommenere Resultate zu erzielen. Dagegen ist der Gedanke, auch diesen Vortheil durch Vermischung oder auf einander folgende Ein‑ wirkung verschiedener Hervorrufungsflüssigkeiten zu erreichen, noch ziemlich neu, und doch erhält man auf diese Art die schönsten Bilder, die keiner Retouche bedürfen. Nachstehend das von mir seit einem halben Jahre eingeschlagene Verfahren:

Man entwickelt die Negativs durch eines der bekannten Eisenvitriol‑ bäder, wäscht ab und gießt darauf eine Lösung von Pyrogallussäure und etwas Silberlösung. Diese verstärkt die Negativs in den Schwärzen außer‑ ordentlich, und da durch den Eisenvitriol schon alle Details von Schatten und Licht hervorgebracht werden, so erhält man ein Bild von größter Harmonie und Kraft.

———————

In der neuesten Zeit wird der bisher so räthselhafte Vorgang des „Hervorrufens" wieder häufig erörtert; es möge mir daher gestattet seyn, zum Schluß meine Ansicht hierüber mitzutheilen:

Schon in meiner vor vier Jahren erschienenen ersten Abhandlung über die Photographie, betitelt: „Ueber die chemischen Vorgänge bei der

Erzeugung von Photographien" (siehe Archiv der Pharm. Bd. CXXIV
S. 6 und 7), [37] bezeichnete ich diese Erscheinung als einen besondern Act
elektrischer Anziehungskraft, während zu jener Zeit noch die Ansicht
allgemein gültig war, daß das Jodsilber selbst in seiner chemischen Zu=
sammensetzung verändert werde. Ich dagegen stellte von Anfang an die
Ansicht auf, daß das Jodsilber in chemischer Beziehung unverändert
bleibe und nur durch die Bestrahlung (d. h. durch die dasselbe treffenden
Lichtwellen) auf eine gewisse Zeit hin die Eigenschaft erhalte, die redu=
cirten Silbertheilchen anzuziehen, vermöge einer eigenthümlichen
elektrischen Spannung! Ich kann mich daher rühmen, der Erste
gewesen zu seyn, der diese Hypothese öffentlich ausgesprochen hat, und
freue mich, daß jetzt auch so berühmte Namen, wie Davanne, Monck=
hoven ꝛc. derselben Ansicht huldigen.

Es ist dieser Vorgang noch der am wenigsten aufgeklärte in der
ganzen Photographie und zugleich der wichtigste. Geht man demnach von
der Annahme aus, daß er in nichts anderem bestehe als in der eigen=
thümlichen Erregung der Jodsilbermolecüle durch die Aetherschwingungen
(durch das Licht), so wird man unwillkürlich zu der weiteren Folgerung
veranlaßt, anzunehmen, daß das so eigenthümlich erregte Jodsilber während
dieses Zustandes fähig seyn müsse, auch andere sein zertheilte, chemische
im Status nascens befindliche Niederschläge anzuziehen, daß es folglich
möglich sey, auch andere als silberne Negativs zu erzeugen. Wirklich
weisen auch manche der neuesten Beobachtungen auf diese Möglichkeit hin,
und es ist zu hoffen, daß aus ferneren derartigen Versuchen die wichtigsten
Resultate für die praktische Photographie entspringen werden, wodurch
eine völlige Umwälzung in diesem Theile der Praxis vor sich gehen
dürfte.

---

[37] Im Auszug im polytechn. Journal Bd. CXXX S. 75.

XLV.

Ueber die Benützung von elektrischen und Volta'schen Apparaten zum Zünden von Sprengladungen und Minenöfen; von Professor Carl Kuhn in München.

(Schluß von S. 104 des vorhergehenden Heftes.)

Mit Abbildungen auf Tab. III.

III.

Bemerkungen über die specielle Anwendung einiger Zündungsmethoden.

A. Ueber die Anwendung der Elektrisirmaschine als Zündapparat.

Soll eine Elektrisirmaschine als Zündapparat für Sprengzwecke tauglich seyn, so muß sie möglichst einfach in ihrer Construction, in ihrer Einrichtung und für die Behandlung seyn, sie darf keine unbequeme räumliche Ausdehnung haben, und muß außerdem allen Anforderungen entsprechen, wie sie in den bisherigen Betrachtungen schon öfters erwähnt wurden. [38]

In sehr hohem Grade besitzt diese Eigenschaften der Ebner'sche Minenzündungsapparat [39], von welchem ich bei mehreren Gelegenheiten schon einige Andeutungen machte, und der auch deßhalb überall, wo man die Elektrisirmaschine als Zündapparat benützen will, als Muster zur Anfertigung derartiger Apparate betrachtet werden dürfte; jedoch möchten einige nicht wesentliche Aenderungen in der Construction solcher Apparate hier noch eine kurze Betrachtung finden dürfen.

---

[38] Eine nicht unwesentliche Verbesserung dürfte der elektrische Zündapparat vielleicht mit der Zeit dadurch erfahren, daß statt der Scheiben aus Glas solche aus Kautschuk, wie sie in der Reithoffer'schen Gutta-percha- und Gummi-Elasticum-Fabrik zu Wien in vortrefflicher Weise angefertigt werden, zur Benützung kommen können. Auch dürfte es nicht unmöglich seyn, die der Beschädigung so leicht ausgesetzten Leidener Flaschen aus Glas durch Gutta-percha-Flaschen zu ersetzen, wenn man nur einmal eines Mittels sich versichert hat, um die Reinheit und Güte der Gutta-percha nach ihrem inneren Gefüge ꝛc. gehörig beurtheilen zu können. Es bedarf natürlich keiner weiteren Auseinandersetzung, daß solche Elektrisirmaschinen wegen ihrer einfachen Behandlungsweise und geringeren Zerbrechlichkeit für den praktischen Dienst den Glas-Elektrisirmaschinen vorgezogen werden müßten, wenn man ihre Leistungen auf einen gewissen Grad gebracht haben wird.

[39] Ueber die Anwendung der Reibungs-Elektricität zum Zünden von Sprengladungen; Sitzungsberichte der mathematisch-naturwissenschaftl. Classe der k. k. Akademie der Wissensch. zu Wien, Bd. XXI S. 85.

13 *

Ich halte es als ein Haupterforderniß einer wirksamen Elektrisir=
maschine, daß die Isolation der Scheibe von den Bestandtheilen, mit denen
sie in Verbindung. zu stehen kömmt, eine möglichst sorgfältige seyn muß,
wenn während des Drehens der Scheibe kein Uebergang der positiven
Elektricität auf die Reibzeuge, sowie auf die Lager ꝛc. eintreten soll. Bei
einem solchen Zündapparate, der für das königliche Genieregiment zu In=
golstadt unter meiner speciellen Leitung vom Mechanikus Dietsche dahier
nach einem älteren österreichischen Minen=Zündapparate ausgeführt wurde,
besteht die Elektrisirmaschine aus zwei Scheiben mit vier Reibzeugen; die
Isolation der Scheiben unter sich sowohl, als auch von den Reibzeugen
habe ich dadurch bewerkstelligt, daß ich statt einer eisernen eine gläserne
Wellachse benützte.　Fig. 10 auf Tab. III stellt die horizontale Projection
der Scheibenachse in ¼ der wirklichen Größe vor.

Hierin ist a, c die gläserne Achse; sie besteht aus einer etwa 1½ Linien
dicken Glasröhre, in deren Höhlung ein gut ausgetrockneter hölzerner Kern
sich befindet, der mit der Glasröhre dadurch in feste Verbindung gesetzt
ist, daß der zwischen dem cylindrischen Kern und der inneren Röhren=
wand befindliche Zwischenraum mit Schellackfirniß ausgefüllt wurde. Beide
in b, b angebrachten Scheiben sind unter sich durch die gefirnißten Holz=
stücke h, h′, h mittelst Gutta=percha=Fütterung mit einander und mit den
Lagern verbunden, wo die Achse, von dicken Schichten aus geschmolzener
Gutta=percha umgeben, sich befindet.　Die beiden Tragsäulen selbst sind
an ihren Enden mit gut gefirnißten Fassungen aus Holz versehen, bestehen
aus massiven Glasstäben, und sind mit ihren Fassungen mittelst Gutta=percha
verbunden. — Da die sämmtlichen Verbindungsstücke hier also aus den
schlechtesten Elektricitätsleitern gewählt sind, so wird, wenn dieselben nicht
feucht werden, die Isolation die sorgfältigste seyn, die man zu benützen
im Stande ist. — Die obige Anordnung gestattet auch, mehr als zwei
Scheiben an einer und derselben Achse, vollkommen isolirt von einander,
anzubringen, und so mit Benützung von Scheiben mit kleineren Durch=
messern Elektrisirmaschinen in sehr compendiöser Form, von bedeutend er=
höhter Wirksamkeit herzustellen.

Da ferner zur erklecklichen Wirksamkeit einer Elektrisirmaschine das
geeignete Anschließen der Reibzeuge an die Scheiben eine wesentliche Be=
dingung ist, so müssen die Reibzeuge auf ihrer Rückseite mit Federn ver=
sehen seyn, damit der Druck gegen die Scheiben gehörig regulirt werden
kann.

An der oben genannten Elektrisirmaschine wurde dieser Anforderung
dadurch zu genügen gesucht, daß man eine Anordnung der Reibzeuge
wählte, wie diese in Fig. 11 dargestellt, und deren Einrichtung — schon

bei älteren Maschinen dem Principe nach zu finden — ohne jede Erläuterung klar seyn wird, wenn ich hiezu bemerke, daß r, r die horizontale Projection der Reibzeuge in ¼ wirklicher Größe, a, b, c breite Messingfedern, b, b Verbindungsschrauben, ꝛc. bedeuten.

Wie man bei Benützung des elektrischen Zündapparates eine Zündungseinrichtung anlegt, wurde schon oben, so weit dieser Gegenstand hieher gehört, näher besprochen; es sind daher nur einzelne wenige Punkte noch zu berühren.

Bei Ausführung gleichzeitiger Zündungen darf man, ohne den Erfolg irgendwie zu beeinträchtigen, die sämmtlichen Objecte unter sich, nämlich hinter einander verbinden, also von dem Ende des einen Leitungsdrahtes einen wohl isolirten Draht ausgehen lassen, der mit dem Ende des einen Drahtes des ersten Objectes leitend verbunden ist, das andere Drahtende dieses Objects mit dem einen Drahte des zweiten verbinden u. s. f., und zuletzt das zweite Drahtende des letzten Objectes mit dem zweiten Leitungsdrahte durch einen isolirten Draht in Verbindung setzen. Wenn man hierauf die Entladung an der Elektrisirmaschine vornimmt, so wird die gleichzeitige Entzündung sämmtlicher Objecte erfolgen, wenn dieselben in gehöriger Weise angefertigt und im trokenen Zustande erhalten worden sind. Sollte aber die Zündung eines oder des anderen Objectes nicht erfolgen, so hat dieß keinen Einfluß auf die Zündung der übrigen Objecte, wenn nur in jedem Objecte die in demselben eingeklemmten Drahtspitzen nahe genug an einander, etwa ¼ — ⅓ Linie von einander entfernt sind.

Benützt man dabei eine Doppelleitung, so wird dieselbe aus einem Drahtseile bestehen, an welchem die beiden Leitungsdrähte wohl von einander isolirt erhalten werden. Von solchen Drahtseilen windet man Längen von etwa 350 bis 400 Fuß auf eine feste hölzerne oder eiserne Spule, die mit einer Achse versehen wird, um den Draht von derselben leicht abwickeln und nach dem Gebrauche denselben wieder aufwinden zu können. (Zweckmäßige Einrichtungen hiefür sind in der vom Frhrn. v. Ebner verfaßten Denkschrift [39] näher beschrieben, und es dürfte hiezu der in Fig. 10 oder der in Fig. 11 auf Taf. III jener Denkschrift abgebildete Apparat vollständig ausreichen.) Sind dann für einzelne Zwecke längere Leitungen als die einer Spule nöthig, so kann man leicht die Enden der Drahtseile zweier Spulen ꝛc. mit einander verbinden, und so die Leitung beliebig weit verlängern.

Will man aber den einen der Drähte durch den Erdboden ersetzen, so ist es nicht nothwendig die Enden der Drähte je zweier Patronen mit einander zu verbinden; es reicht nämlich dann auch aus, wenn die Enden einzelner Patronen bloß in den Boden gesteckt, und hier mittelst eines

kurzen eisernen Stabes mit dem Erdboden in Verbindung gebracht, die
übrigen Enden aber theils unter sich, theils mit der Leitung verbunden
werden.

Sollen mehrere Ofengruppen hinter einander, also nicht gleichzeitig
gezündet werden, so hat man die Enden der Hauptleitung an einer Stelle,
und zwar an zwei wohl von einander isolirten Punkten zu befestigen, von
hier aus nach jeder Ofengruppe eine Zweigleitung gehen zu lassen, und
eine Vorrichtung an einem dieser Knotenpunkte anzubringen, durch welche
man nach Belieben die eine oder die andere Ofengruppe innerhalb beliebiger Zeitintervalle zu zünden vermag.   Daß diese sogenannte Wechsel-
vorrichtung so angeordnet werden kann, um dieselbe von dem Minenherde
aus in Thätigkeit versetzen zu können, braucht hier nicht besonders aus
einander gesetzt zu werden.

B. Ueber die Anwendung der Volta'schen Batterie als Zündapparat.

Es ist bekannt, daß man jede Volta'sche Batterie zum Minenzünden
verwenden kann, jedoch gewährt manche Combination gegen die übrigen
bedeutende Vortheile, wie dieß schon oben (S. 38) näher aus einander
gesetzt worden ist. Bei den Besprechungen, die ich jetzt noch vornehmen
werde, halte ich mich an diejenige Einrichtung der Kupferzinkbatterie, wie
ich sie bei einer anderen Gelegenheit beschrieben habe, und die aus den
Figuren 12 — 14 für eine aus zehn Zellen zusammengesetzte Kette ersehen
werden kann. Hierin bedeutet nämlich Fig. 12 und 13 den Batteriekasten
in zwei verschiedenen Projectionen [40] und in 1/3 der wirklichen Größe, Fig. 14
enthält zwei Ansichten der Verbindungsschrauben (in wirklicher Größe),
welche den Kupferstreifen eines Elementes an den Zinkstreifen des andern
Elementes klemmt. Für jedes Element der Batterie ist in dem Kasten
eine eigene Zelle, in welcher ein Cylinderglas [41] steht, das drei Kupferringe enthält, von welchen der äußerste mit einem Boden versehen, jeder
der beiden inneren aber an verschiedenen Stellen durchlöchert ist. In dem
innersten Kupferringe steht der poröse Thoncylinder, und in diesem endlich
sind sechs Zinkstäbe enthalten, die unter sich mittelst angelötheter Drähte
durch die Schraube s, s in der Höhlung a, b, c, d (Fig. 14) verbunden sind.
Dieselbe Schraube dient zur Aufnahme der an die Kupferringe angelotheten

---

[40] Fig. 13 ist der Durchschnitt des Batteriekastens in der Richtung x y.
[41] Bei der Darstellung der in den Zellen enthaltenen Bestandtheile wurden in
Fig. 12 die wirklichen Maaße nicht genau berücksichtigt.

Streifen des nächsten Elementes, und diese werden bei m, n, n', m' durch die Schraube r (Fig. 12) geklemmt. Ueber die Füllung, sowie über die Behandlungsweise der Batterie wurde schon früher das Nöthige erwähnt; es wird daher nur noch bemerkt, daß wenn jeder einzelne Zinkstab sorg= fältig amalgamirt worden ist, die Wiederholung des Amalgamirens erst nach etwa 20 bis 30maligem Gebrauche wieder vorzunehmen ist; jedoch müssen nach jedem Gebrauche die Zinkstäbe durch Abreiben mit einem nassen Lappen gereinigt werden. Wenn man das Cylinderglas eines jeden Ele= mentes nach dem Füllen der Batterie mit warmem Wasser (von etwa 40° R.) anfüllt, die Zwischenräume in jeder Zelle mit Sand ausfüllt, und den Batteriekasten verschließt, so reicht diese Erwärmung bei nicht zu raschem Temperaturwechsel auf mehrere Stunden aus; durch Unterstellen einer Weingeistflamme in den Erwärmungsraum kann man bei ½ stündiger Er= wärmungsdauer zu jeder Zeit die nöthige Temperaturerhöhung wieder her= vorbringen. — Während des Transportes kann der Batteriekasten, wie man aus Fig. 12 ersieht, alle nöthigen Utensilien fassen, und man kann in diesem (in dem Erwärmungsraum nämlich) sogar die für normale Fälle nöthigen Leitungsseile, sowie eine größere Anzahl von Zündern unterbringen.

Da man bei Zündungen mittelst der Volta'schen Batterie jeden Augenblick ersehen kann, ob die ganze Einrichtung der Leitung ꝛc. sich in dem gehörigen Zustande befindet, so wird man jede Zündungsvorrichtung auch mit einem gewöhnlichen Galvanometer für technische Zwecke versehen. — Um ferner beim Untersuchen der Leitung keine besondere Batterie von schwacher Stärke nöthig zu haben, statte man den Apparat noch außerdem mit einer oder mehreren Widerstandsrollen aus, im Falle keine ausreichen= den Drahtlängen der Seile, wie sie für die Leitung benützt werden, hiefür zur Disposition stehen. Eine solche Widerstandsrolle kann sehr einfach angeordnet seyn, und kann leicht angefertiget werden. In einen Cylinder aus gut ausgetrocknetem harten Holze lasse man schraubenartige Vertiefungen, und zwar so viele einschneiden, daß man auf dieselben etwa 150 Fuß Eisendraht von ⅓ Linie Dicke winden kann. Ein solcher Draht wird beiläufig einer Kupferdrahtlänge des normalen Drahtes von 8100 Fuß äquivalent seyn; da aber eine Batterie von 10 Elementen bei Benützung einer solchen Leitung nicht mehr zündfähig ist, so kann man ohne alle Gefahr die Kette schließen, sobald diese Rolle eingeschaltet ist, und man kann dann aus den Angaben des Galvanometers auf die Güte der Leitung ꝛc. schließen. Uebrigens reichen hiefür auch Rollen von übersponnenem Neu= silberdraht von sehr geringer Dicke aus, und diese Rollen sind außerdem von sehr geringen Dimensionen. (Eine Widerstandsrolle, die mit dünnem Neusilberdraht umwunden ist, so daß die Windungen durch eine wollene oder seidene Umspinnung von einander isolirt sind, kann beiläufig 3 Zoll hoch und 3 Zoll dick seyn, wenn der umsponnene Draht einer Länge von 50000 bis 60000 Fuß Normaldraht entspricht; um so mehr werden für die vorliegenden Zwecke solche Rollen nur sehr klein ausfallen.)

Sollte man die Güte der zur Zündung angelegten Leitung er= mitteln wollen, ohne daß hiezu ein Galvanometer zu Gebote steht, so kann man hiezu auch einen einfachen Wasserzersetzungs=Apparat be= nützen. Man schaltet zu diesem Zwecke in die Leitung zwei von ein= ander isolirte Platindrähte oder Platinplättchen so ein, daß dieselben in ein mit verdünnter Schwefelsäure gefülltes Glasgefäß nahe an ein= ander eintauchen. Man wird dann beim Schließen des Zündapparates eine Wasserzersetzung an der Platinelektrode wahrnehmen müssen, wenn die Kette überall geschlossen und der eingeschaltete Widerstand nicht zu groß ist. Bei der Einschaltung eines solchen Wasserzersetzungsapparates ist die Anwendung einer Widerstandsrolle nicht nothwendig, nur muß man, wenn diese aus der Kette ausgeschlossen bleibt, die eingetauchten Platin= enden weit genug von einander entfernen, damit ein Zünden der Mine nicht eintreten kann. Da der Leitungswiderstand der verdünnten Schwefel= säure von 1,2 Dichte schon gegen 700000mal größer ist als der des Kupfers unter sonst gleichen Umständen, so kann man hiernach die Distanz der Platinelektroden beiläufig ermessen. Jedoch ist der Wasserzersetzungsapparat durchaus nicht empfindlich genug, um die Leitung in der Weise prüfen zu können, wie dieß oben (S. 40) erörtert wurde.

Da die Anwendung der Volta'schen Batterie einen vollkommenen Contact aller Stellen der Kette, an welchen Verbindungen von Drähten 2c. sich befinden, erfordert (eine Bedingung, welche die elektrischen Zündapparate in so sorgfältiger Weise nicht voraussetzen, obgleich die Erfüllung der= selben auch hier bei praktischen Anwendungen wünschenswerth seyn dürfte), so hat man vor der Herstellung der sämmtlichen Verbindungen das Ende eines jeden Drahtstückes sorgfältig mittelst Abfeilen zu reinigen. Ferner sollen die Verbindungen entweder durch Löthen oder mittelst geeigneter Schraubenklemmen hergestellt werden. Geeignete Schraubenklemmen sind die in Fig. 14 dargestellten, indem man mittelst derselben Drahtenden in innige Berührung bringen kann, wenn sie die in a b c d dargestellte Ver= bindungsweise, streifenförmige Enden aber, wenn sie die in m, n, m,'n' an= gegebene Verbindungsweise zulassen. — Zum Schließen der Kette selbst ist an dem offenen Pole die Anbringung einer Schraubenklemme nicht nöthig; man bewirkt vielmehr das Schließen der Kette am besten mittelst einer einfachen Vorrichtung, die dem Schlüssel der bekannten Telegraphenapparate ähnlich seyn kann.

Was die Leitung selbst betrifft, so wählt man, wenn die Umstände nicht sehr günstig sind, immer einen Doppeldraht, und schaltet nur unter den günstigsten Umständen die Bodenleitung ein. Der Doppeldraht wird dann in Form eines Drahtseiles benützt, und muß so angeordnet seyn, wie dieß schon früher besprochen wurde.

Sollen mittelst der Volta'schen Batterie gleichzeitige Zündungen vorgenommen werden, so benützt man am zweckmäßigsten solche Leitungen, die unter sich unabhängig sind. In der Nähe des Minenofens, etwa an einer Stelle, die von allen Objecten nahezu gleichweit entfernt ist, befestiget man zwei Stäbe oder Pflöcke, und bringt an dem einen das eine Ende, an dem anderen das andere Ende des Leitungsseiles an, sorgt aber dafür, daß diese Enden nicht mit einander in Berührung kommen können. An jedes Drahtende werden nun so viele Drähte angelöthet (oder mittelst Klemmen gut befestiget), als wie viele Objecte gleichzeitig gezündet werden sollen, und von diesen Drähten müssen wenigstens die von einer Stelle ausgehenden mit isolirenden Substanzen überzogen oder umpreßt seyn; es ist übrigens zweckmäßig, für die Zweigleitungen nur solche Drähte zu wählen, die mit Gutta=percha umpreßt sind. Werden dann die Enden je zweier Drähte, von welchen der eine mit dem einen, der andere mit dem anderen Leitungsdrahte des Drahtseiles in metallischer Verbindung steht, mit den Drahtenden eines Objectes metallisch verbunden, so ist die Zündung vorbereitet. Es ist eine nicht unwesentliche Bedingung, daß die Zweigdrähte dicker seyn sollen, als die Drähte der Leitung; jedoch ist es ausreichend, hiefür Drähte von 1½ Linien, höchstens 2 Linien Dicke zu nehmen, oder in Ermangelung solcher dicken Drähte, für jedes Stück der Zweigleitung zwei Drahtstücke von geringerer Dicke durch Zusammendrehen mit einander zu verbinden, und diesen zweifachen Draht mit einem Gutta=percha= oder Kautschukrohr zu umgeben.

München, im Juni 1857.

Nachtrag. Es wurde oben schon erwähnt, daß es nicht unmöglich seyn dürfte, die Glasscheiben bei den gewöhnlichen Elektrisirmaschinen bald durch ein anderes Material ersetzen zu können, welches in manchen Beziehungen dem Glase vorzuziehen wäre, und wodurch insbesondere die praktische Brauchbarkeit der Elektrisirmaschinen sich erhöhen würde. [42] Es sey mir nun gestattet, hier noch einige Worte hierüber anfügen zu dürfen.

---

[2] Man sehe auch hierüber: Frhr. v. Ebner, über die Anwendung der Reibungselektricität 2c., S. 17.

Durch die Güte des Hrn. Reithoffer in Wien erhielt ich schon gegen Ende Juli d. J. eine Kautschukscheibe zur näheren Prüfung derselben auf ihre Eigenschaften als Elektricitätserreger. — Diese Scheibe hat einen Durchmesser von etwa 1,09 Fuß und eine Dicke von 2 Linien, ist sehr schön polirt, und so hart, ohne dabei spröde zu seyn, daß sie mehr Aehnlichkeit mit dem Holze, als mit Kautschuk hat, indem sie diese Härte und ihren Glanz bei allen Temperatur-Aenderungen, innerhalb welchen sie den Versuchen unterzogen wurde, beibehält.

Mit Flanell sowohl, wie mit Pelzwerk gerieben, wird die Scheibe positiv elektrisch (ebenso wie Glas durch amalgamirtes Leder angeregt), jedoch ist der Elektricitätsgrad im letzteren Falle stärker wie im ersteren; ferner ist unter sonst gleichen Umständen die an dieser Kautschukscheibe durch Reiben mit Pelzwerk erregte Elektricitätsmenge so groß, als die an einer Glasscheibe durch Reiben mit amalgamirtem Leder erhaltene. Jedoch ist es nothwendig, daß man nur fein- und kurzhaarige Pelzstücke als Reibzeuge verwendet, und diese so anordnet, daß dieselben die Elektricität der Scheibe während des Reibens nicht vermindern können.

Ein sehr mangelhaftes Modell, welches ich nach Art der gewöhnlichen Scheibenmaschinen mittelst jener Kautschukscheibe zusammenstellte, ließ mir derartige Wirkungen sowohl in elektroskopischer Beziehung, als auch beim Laden von Leidener Flaschen wahrnehmen, daß ich nicht in Zweifel stellen kann, daß es den sachkundigen Mechanikern gelingen wird, von diesem neuen Materiale zur Anfertigung der Elektrisirmaschinen eine vortheilhafte Anwendung machen zu können. [43]

---

[43] In dieser Abhandlung sind folgende Druckfehler zu berichtigen:
In Bd. CXLV S. 206 Zeile 5 von Oben lese man: „feiner" statt „so einer"

„	„	„ 286	„ 13	„	„	„	„	„eingerechnet"	„ „eingeschaltet"
„	„	„ 351	„ 12	„	„	„	„	„kommen"	„ „gekommen"
„	„	„ 356	„ 2	„ Unten	„	„	„	„sein"	„ „fein"
„	„	„ 403	„ 14	„ Oben	„	„	„	„A, B, K, H"	„ „A, B, E, F"
In Bd. CXLVI S.	36	„ 16	„	„	„	„	„größeren"	„ „größten"
„	„ 37	„ 5	„	„	„	„	„Leitungs-"	„ „Leitung"

XLVI.

Vorrichtungen zur Benutzung der aus den Eisenhohöfen entweichenden Gase, von Friedr. Levick, Eisenwerksbesitzer und Joh. James, Hohofenaufseher auf den Cwm Celyn- und Blaina-Eisenwerken in Südwales.

Aus dem Repertory of Patent-Inventions, Sept. 1857, S. 177.

Mit Abbildungen auf Tab. III

Diese am 17. December 1856 patentirte Erfindung besteht in einer bessern Benutzung der aus der Hohofengicht entweichenden Gase, 1) zum Puddeln, Schweißen und Glühen des Eisens, so wie gleichzeitig auch zur Erhitzung der Gebläseluft; 2) zur Dampfkesselfeuerung, nachdem die Gichtgase bereits in den Puddel- oder Schweißöfen gewirkt haben.

In Fig. 17 bis 22 ist der Ofen abgebildet, mit dessen Hülfe der erste Theil der Erfindung, die Erhitzung der Gebläseluft, ausgeführt wird.

Fig. 17 ist ein Seitenaufriß dieses Lufterhitzungsofens;

Fig. 18 eine Endansicht;

Fig. 19 ein senkrechter Längendurchschnitt;

Fig. 20 ein rechtwinkelig auf Fig. 19 stehender Querdurchschnitt;

Fig. 21 und 22 sind Querdurchschnitte nach den Linien 1, 2, 3 und 4 in Fig. 19.

Der Ofen besteht im Wesentlichen aus einem Raume A, der die Windröhren a, a... enthält, und aus einem Raume B darunter, in welchem der Puddelproceß bewirkt wird. Die Gichtgase werden von dem Hohofen mittelst einer Röhre C herbeigeführt und gelangen durch die senkrechte Röhre b in den Puddelofen B; ein Ventil in der Röhre b regulirt die Menge der einströmenden Gase. In dieser Röhre b werden dieselben mit einem Luftstrom vermischt, der ihr Volum vergrößert und die zu ihrer Verbrennung erforderliche Sauerstoffmenge liefert. In der Kappe des Puddelofens und in seiner einen Endwand sind Oeffnungen angebracht, durch welche die heißen Luftströme aus dem Puddelofen B in den Raum A gelangen, welcher die Lufterhitzungsröhren a, a enthält. Diese bestehen aus Gußeisen und ihre obern Enden hängen an Klammern, welche mit den Seitenwänden des Ofens verbunden sind. Zu dem Puddelofen führt ein Canal, der das flüssige Roheisen direct vom Hohofen durch den Herd gelangen läßt. Es können nach Umständen mit jedem

Hohofen mehrere Puddel = und Lufterhitzungsöfen verbunden und die Gebläseluft kann in mehrern solchen Oefen erhitzt werden.

Um mit den Gichtgasen puddeln und schweißen, und zugleich auch einen Dampfkessel feuern zu können, wenden die Erfinder die in Fig. 23 dargestellte Vorrichtung an, welche hier im Längendurchschnitte abgebildet ist.

A ist der Dampfkessel mit einer hindurchgehenden Feuerröhre; derselbe ist von einem zweckmäßigen Ziegelsteinofen B, B umgeben, und hat noch einen Zug unter dem Boden, der die Verbrennungsproducte zu der Esse führt. C ist der Puddelofen, welcher in directer Verbindung mit der Feuerröhre im Innern des Kessels steht. Die Gichtgase werden dem Ofen durch die Röhren D und E zugeführt, und es sind dieselben mit den gehörigen Vorrichtungen zur Regulirung der Gasmenge und zur Beimischung der erforderlichen Luftmenge versehen. Auch sind Vorrichtungen vorhanden, um das flüssige Roheisen sogleich auf seinen Herd leiten zu können.

XLVII.

Verbesserungen in der Eisen = und Stahlfabrication, von Robert Mushet, Hütteningenieur zu Coleford in Gloucestershire.

Aus dem Repertory of Patent-Inventions, August 1857, S. 155.

Der Erfinder hat zwei Patente auf die nachstehend zu beschreibenden Verbesserungen genommen, das erste unter dem 16. und das zweite unter dem 22. September 1856; wir beschreiben hier, wie es auch in unserer Quelle geschehen, das letztere zuerst.

Wenn Roheisen (nach Martien's oder Bessemer's Verfahren) durch Einblasen von Luft in dessen flüssige Masse gefeint oder entkohlt worden ist, so wird es zwar, wenn auch nicht gänzlich, von dem Silicium (oder dessen Oxyd, der Kieselerde) und einigen andern Stoffen befreit, es hält aber schwer, dasselbe in Eisen oder Stahl zu verwandeln. Durch Gießen in verschiedene Formen gebracht, kann dieses gefeinte Roheisen manchmal durch Schmieden oder Walzen gestreckt werden; aber wenn dieses auch der Fall ist, so haben die auf diese Weise dargestellten Stäbe so viele Quer = und Längenrisse, daß sie gar nicht verwendbar sind. In anderen Fällen läßt sich solches Eisen zu Stäben ausschmieden und auswalzen, welche ein ganz gutes Aeußere haben und schweißbar, hingegen oft rothbrüchig sind; in manchen Fällen sind sie dadurch charakterisirt, daß sie einen kryftallinischen, aber weder körnigen noch fasigen Bruch haben, und kaltbrüchig sind. Die aus so gefeintem Roheisen gegossenen Zaine oder Stäbe haben gewöhnlich eine blasige und poröse Structur, welche sich auf den Bruchflächen zeigt, wodurch nicht allein die Tendenz dieser Zaine, Risse zu bekommen, gesteigert, sondern auch die Festigkeit und Dichtigkeit derselben sehr beeinträchtigt wird.

Um nun diese Mängel des, mittelst Einwirkung der Luft gefeinten Eisens zu verbessern und dasselbe in schmiedbares Eisen und schmiedbaren Stahl zu verwandeln, setzt Mushet demselben eine dreifache Verbindung, bestehend aus Eisen, Mangan und Kohlenstoff, zu, und ändert diese Verbindung ab, um entweder Stabeisen oder Stahl darzustellen. Nachdem dieselbe in einem Ofen geschmolzen worden ist, setzt man sie dem gefeinten Roheisen in seinem flüssigen Zustande zu, worauf das Ganze in Formen ausgegossen wird.

Mushet hat durch Erfahrung gefunden, daß es hinreichend ist, dem gefeinten Roheisen etwa $\frac{1}{50}$ bis $\frac{1}{33}$ seines Gewichts von der Verbindung zuzusetzen, d. h. etwa 2 bis 3 Proc., wenn man Stabeisen erzeugen will; man setzt $\frac{1}{33}$ bis $\frac{1}{20}$, d. h. 3 bis 5 Proc. vom Gewicht des gefeinten Roheisens zu, wenn man Halbstahl, und etwa $\frac{1}{20}$ bis $\frac{1}{5}$, d. h. 5 bis 20 Proc., wenn man weichen, halbharten und harten Stahl darstellen will.

Diese dreifache Verbindung von Eisen, Kohlenstoff und Mangan kann wohlfeil dadurch erlangt werden, daß man Roheisen in einem Schachtofen mit Spatheisenstein (manganhaltigem Eisenerz) mittelst Kohks oder Holzkohlen zusammenschmelzt. Mushet wendet am liebsten Siegensches Spiegeleisen an, welches sehr manganhaltig ist und sich durch seine Reinheit auszeichnet, indem es nur sehr geringe Menge von Schwefel, Phosphor und Silicium enthält.

Der Erfinder bemerkt hinsichtlich seines Verfahrens folgendes: Wenn das zu behandelnde Roheisen in dem Ofen oder Herd mittelst der durch seine flüssige Masse getriebenen Gebläseluft gänzlich oder fast gänzlich entkohlt ist, so wird es in einen vorher erhitzten Ofen oder ein Gefäß abgelassen, worin sich die Verbindung von Eisen, Kohlenstoff und Mangan im geschmolzenen Zustande befindet, mit welcher es sich nun ebenfalls verbindet. Die entstandene Verbindung wird alsdann in zweckmäßige Formen abgestochen.

Die Mischung von Eisen, Kohlenstoff und Mangan wird am zweck=
mäßigsten in Kupolöfen oder Flammöfen mittelst Holzkohlen oder ganz
schwefelfreier Steinkohlen, oder auch in Tiegeln zusammengeschmolzen.
Zur Beförderung der Mischung ist in allen Fällen ein Umrühren mit
eisernen Haken nothwendig.

Das erstgenommene Patent unterscheidet sich von dem letztgenommenen,
welches wir im Obigen beschrieben haben, im Wesentlichen nur dadurch,
daß er als Zusatz zum gefeinten Roheisen ein Kohlenstoff und Mangan
enthaltendes Gemenge anwendet, welches er auf die Art bereitet, daß er
in einem eisernen Kessel über Feuer Pech zum Schmelzen bringt, demsel=
ben dann fein gepulverten Braunstein einverleibt und die flüssige Masse
behufs des Erkaltens auf einen Stein ausgießt.

XLVIII.

Verfahren zum Härten und Anlassen des Stahls, so wie zum Härten des Gußeisens und Stabeisens; von Horaz Vaughn zu Providence in den Vereinigten Staaten.

Aus dem Repertory of Patent-Inventions, Sept. 1857, S. 211.

Diese Erfindung, welche am 29. December 1856 für England paten=
tirt wurde, besteht darin, die zu härtenden und anzulassenden Artikel in
einem, aus chemischen Agentien bestehenden, feurig=flüssigen Bade zu
erhitzen und die hinreichend heißen Artikel alsdann in Wasser, Oel oder
gewissen Lösungen auf gewöhnliche Weise abzulöschen.

Jene chemischen Stoffe bestehen für Artikel von Stahl aus doppelt=
chromsaurem Kali, Kochsalz und Blutlaugensalz, welche in dem Verhältniß
von 2 Pfd. des erstern auf 12 Pfd. des zweiten und 4 Pfd. des letztern
mit einander vermischt werden. Die Menge des Blutlaugensalzes kann
dadurch vermindert werden, daß man den erwähnten Ingredienzien etwas
Knochenpulver oder gepulverte thierische Kohle zusetzt. Nachdem nun die=
selben pulverisirt und miteinander vermengt sind, werden sie in einen
eisernen Tiegel gethan, welchen man in einen Windofen setzt, woselbst
er erhitzt wird. Die Ingredienzien werden mit Holzkohlepulver bedeckt,
um das Entweichen der Gase während des Erhitzungsprocesses zu ver=
hindern. Der Tiegel wird so lange der Hitze ausgesetzt, bis sich die
Substanzen im feurigen Flusse befinden, so daß sie ein Bad bilden, in

welches die zu härtenden und anzulassenden Artikel gesteckt werden, um so lange darin zu bleiben, bis sie hinreichend erhitzt sind; die Zeit, welche dieses Erhitzen erfordert, hängt von der Größe der Artikel ab. Nachdem dieselben gleiche Temperatur mit dem Bade erlangt haben, werden sie herausgenommen und in Wasser, Oel oder gewissen Lösungen abgelöscht, worauf wieder andere Artikel in das Bad kommen u. s. f.

Für ein Bad zum Härten von Stabeisen nimmt der Erfinder 25 Proc. Blutlaugensalz, 65 Proc. Kochsalz und 10 Proc. doppelt-chromsaures Kali, und setzt diesen Ingredienzien Knochenpulver oder thierische Kohle oder ein Gemenge von beiden zu. Alle diese Substanzen müssen pulverisirt werden, worauf man sie in einen Tiegel bringt und schmelzt. Die zu härtenden Artikel werden alsdann in das Bad gesteckt und das Ganze wird mit Holzkohlenpulver bedeckt, um das Entweichen von Gasen zu verhindern. Nachdem die Artikel in dem Bade eine hinreichende Temperatur erlangt haben, nimmt man sie heraus und härtet sie in Wasser oder einer härtenden Lösung ab. Bei der Zusammensetzung des Bades kann ein Theil von dem Blutlaugensalz durch thierische Kohle, und die Hälfte des chromsauren Kalis durch (5 Proc.) Borax ersetzt werden. Sobald die zu härtenden Artikel aus dem Bade herausgenommen worden sind, werden sie durch andere ersetzt.

Sollen Artikel aus Gußeisen oder aus getempertem Gußeisen gehärtet werden, so wird das Bad auf dieselbe Weise wie beim Stabeisen zusammengesetzt, jedoch weniger Knochenkohle und mehr Kochsalz genommen.

Die zu härtenden Artikel können zur Beschleunigung des Processes auch vorgewärmt werden, ehe man sie in das Bad steckt.

Diese Methode des Härtens und Anlassens gewährt folgende Vortheile:

1) die zu bearbeitenden Artikel werden, statt sie während des Erhitzens dem directen Einflusse der Verbrennungsproducte auszusetzen, wie es bei der gewöhnlichen Härtung der Fall ist, in ein Bad gesteckt und daher gegen die Luft geschützt; sie werden daher in allen Theilen gleichzeitig erwärmt und sind frei von den Nachtheilen welche die ungleiche Erhitzung bei dem gewöhnlichen Verfahren veranlaßt;

2) die Temperatur des Bades kann nach dem gewünschten Grade der Härtung abgeändert werden; die Artikel erlangen nach hinreichendem Verweilen in dem Bade alle dieselbe Temperatur, und müssen daher auch, wenn sie in der Härtungsflüssigkeit abgelöscht wurden, alle gleich hart werden;

3) nur in höchst seltenen Fällen ist, um einen recht hohen Härtegrad zu erlangen, bei stählernen Artikeln ein zweites Härten erforderlich;

4) da die Substanzen, aus denen das Bad besteht, auf die zu härtenden Artikel von Stahl, Stabeisen oder Gußeisen chemisch einwirken, so theilen sie denselben einen gewissen Grad von Zähigkeit mit, was in den meisten Fällen sehr vortheilhaft ist;

5) Gegenstände von Schmied= und Gußeisen erhalten auf diese Weise eine weit tiefer gehende Härtung, als nach dem gewöhnlichen Verfahren der Einsatzhärtung;

6) durch das neue Verfahren wird viel Zeit erspart, weil der Tiegel oder das Gefäß, welches das Bad aufnimmt, groß genug seyn kann, um eine ziemliche Menge von zu härtenden Artikeln zu fassen und weil die zum Ablöschen herausgenommenen sogleich durch andere ersetzt werden.

Beim Härten polirter Artikel von Stahl muß weniger chrom= saures Kali angewendet, oder dasselbe ganz weggelassen und durch ein Gemenge von gleichen Theilen kohlensaurem Kali und Borax ersetzt wer= den, weil das chromsaure Kali die polirten Flächen angreift.

XLIX.

Neues Verfahren zur Bestimmung des Silbers im silber= haltigen Bleiglanz; von Hrn. C. Mène.

Aus den Comptes rendus, Octbr. 1857, Nr. 14.

Dieses Verfahren gründet sich einerseits auf die Löslichkeit des Silber= oxyds in Aetzammoniak, andererseits auf die Unlöslichkeit der Bleisalze in überschüssigem Aetzammoniak. Ich operire daher auf nassem Wege, und zwar folgendermaßen.

Ich wiege von der zu analysirenden Probe, nachdem sie gut pulverisirt worden ist, 20 Gramme ab, gebe sie in eine Porzellanschale und behandle sie kochend mit Salpetersäure, welche mit ihrem drei= bis vierfachen Volum Wasser verdünnt ist. Nach kurzer Zeit scheidet sich aller Schwefel als solcher ab, und das Blei löst sich auf. Die filtrirte Flüssigkeit wird durch einen großen Ueberschuß von Ammoniak gefällt. Die Flüssigkeit wird dann wieder filtrirt, und zwar rasch, indem man den Rückstand im Filter mit ammoniakalischem Wasser auswäscht. Durch das Ammoniak werden zuerst alle Oxyde gefällt, und dann gehen diejenigen, welche sich in demselben wieder aufzulösen vermögen, durch den Ueberschuß in die

Probeflüſſigkeit über. Letztere wird mit überſchüſſiger Salzſäure [44] verſetzt, in welcher alle dieſe Oxyde auflöslich ſind, ausgenommen das Chlorſilber; dieſes wird folglich abgeſchieden und aus ſeinem Gewicht berechnet man das Silber.

Nach dieſer Methode habe ich wiederholt den Silbergehalt von Bleiglanz, Bleiglätte ꝛc. beſtimmt; ſo ergab:

		Silbergehalt.
Bleiglanz von Conflens (Ariége)	. . . . .	0,0013
„ „ Seix (Ariége) . .	. . . .	0,0008
„ „ Maſſat (Ariége)	. . . .	0,0005
„ „ Vialard (Gard)	. . . .	0,0030
„ bei Baden (Deutſchland)	. . . .	0,0016
Bleiglätte, gelbliche von Poulaouen (Finiſtère)	. .	0,0004
„ röthliche „ „	.	0,0002
„ gelbliche von Pontgibault (Puy-de-Dôme)	.	0,0003
„ gelbliche aus Deutſchland	. . . .	0,0007
Käufliches Blei (Gasröhren)	. . . .	0,0004
„ „ (Herkunft unbekannt)	. . .	0,0006
Glaſurerz, zu Marſeille gekauft	. . . .	0,0012
„ (Herkunft unbekannt)	. . . .	0,0009

Das beſchriebene Verfahren iſt in allen Fällen ohne Ausnahme anwendbar, welche Beſtandtheile die zu analyſirende Probe enthalten mag. Angenommen z. B., es ſey ein Bleiglanz zu probiren, welcher aus Schwefelblei, Schwefelſilber, Schwefelarſenik und Schwefelantimon, Schwefelzink, Schwefelkupfer und Schwefeleiſen, beſteht und als Gangart Schwerſpath, Quarz und Thon enthält: ſo werden durch das Kochen in Salpeterſäure alle Schwefelmetalle zerſetzt; der Schwefel ſcheidet ſich entweder als ſolcher oder in oxydirtem Zuſtande ab, die Metalle löſen ſich auf oder bleiben als Oxyde zurück, während die Gangart nicht angegriffen wird (nur die Thonerde des Thons löst ſich zum Theil auf). Filtrirt man die Flüſſigkeit und fällt ſie mit Ammoniak, ſo beſteht der Niederſchlag aus den Oxyden, welche aufgelöst waren. Durch den Ueberſchuß von Ammoniak wird aber das Silberoxyd, ein wenig Arſenſäure oder arſenige Säure, nebſt dem Zinkoxyd und Kupferoxyd wieder aufgenommen. [45] Nach dem Filtriren ſättigt man die Flüſſigkeit mit Salzſäure (wie gewöhnlich mit Salpeterſäure geſchärft), um die in derſelben ent-

---

[44] Welche mit einigen Tropfen Salpeterſäure gemiſcht iſt; dieſer Zuſatz iſt zur vollſtändigen Fällung des Chlorſilbers zu empfehlen.

[45] Ein ſchwaches Kochen, oder bloß ein gutes Auswaſchen mit ammoniakaliſchem Waſſer führt zu demſelben Reſultat.

haltenen Metalle in auflösliche Chloride zu verwandeln, wobei nur das Chlorid desjenigen Metalles, welches man zu bestimmen beabsichtigt, näm= lich des Silbers, als Niederschlag verbleibt.

L.

Destillationsproducte verschiedener Rohmaterialien zur Ge= winnung von Photogen und Paraffin.

Der Aufforderung des Hrn. Ingenieur P. Wagenmann im zweiten Augustheft dieses Journals (Bd. CXLV S. 309) entsprechend, theile ich einige meiner Untersuchungen verschiedener Rohstoffe zur Gewinnung von Photogen und Paraffin mit.

Name und Fundort.	Theer.		Rohe Essenz bis 0,850 spec. Gew. Procente.	Rohes Oel v. 0,850—0,900 sp. G. Procente.	Rohes Paraffin. Procente.
	Procente.	spec. Gew.			
Braunkohle von Tscheitsch in Mähren (holzig)	4³/₄	1,095	0,43	1,37	0,15
„ „ eben daher (ältere Format.)	3½	1,050	0,32	1,89	0,18
„ „ Eger in Böhmen . . .	7½	0,915	0,55	3,75	0,50
„ „ Krzemusch in Böhmen .	6½	0,920	1,08	3,22	0,33
„ „ Herbitz „ „ .	5³/₄	0,900	1,15	2,41	0,30
„ „ Schöbritz „ „ .	4³/₄	0,900	1,04	2,20	0,20
Glanzkohle von Groß=Priesen in Böhmen 1stes Flöz	2³/₄	0,910	—	—	—
Deßgl. „ . . „ 2tes Flöz mit Erdpech durchzogen	6—7	0,905	—	—	—
Rohe Naphtha aus Galizien	—	0,890	79,50	11,50	2,75
Deßgl. aus Siebenbürgen .	—	0,895	61,20	22,50	6,10
Torf von Preßnitz im Erzgebirge . . .	5,7	0,902	0,35	3,95	0,35
Deßgl. von Wiesenthal im Erzgebirge .	5,3	0,905	0,35	3,85	0,40

Von sämmtlichen Braunkohlenarten gibt nur die obenanstehende Sorte von Tscheitsch gut backende Koks, die sich nur durch ihre größere Leichtig= keit vom Steinkohlenkoks unterscheiden lassen; die Glanzkohle von Groß= Priesen gibt zwar sehr dichte, aber sehr schwach backende Koks; welche mit großer Intensität verbrennen.

Die wässerigen Destillationsproducte enthalten in den meisten Fällen neben essigsaurem Ammoniak freie Essigsäure; nur bei den Groß-Priesener Kohlen ist das Ammoniak als kohlensaures und sind von der Essigsäure bloß Spuren vorhanden.

Schöbritz, den 24. Sept. 1857.

Carl Müller, Fabrikdirector.

LI.

Ueber die fabrikmäßige Verarbeitung der Braunkohlen auf Photogen, Paraffin u. s. w.; von B. Hübner, preuß. Apotheker 1. Classe, Director der Bitterfelder Photogen- und Paraffin-Fabrik.

In den letzten Jahren wurde mir eine Anzahl der verschiedenartigsten Materialien, besonders sächsischer Braunkohlen zugeschickt, damit ich solche auf die Ausbeute an technisch wichtigen Producten der trockenen Destillation prüfe.

Darauf bezügliche Untersuchungen, sowie die Anlage der Photogen- und Paraffin-Fabrik der Gesellschaft F. L. Baurmeister und Comp. in Bitterfeld, womit ich betraut war und in welcher unter meiner Leitung die Kohlen des daselbst vorkommenden mächtigen Kohlenflötzes besonders auf Photogen, schwere Oele und Paraffin verarbeitet werden, führten mich zu einer Reihe von Beobachtungen und praktischen Erfahrungen, welche die Grundlage des Systemes bilden, nach dem ich Braunkohlen fabrikmäßig auf obige Producte verarbeite.

Die Braunkohle erleidet bekanntlich, in verschlossenen Räumen einer höheren Temperatur ausgesetzt, wie jede organische Substanz, eine Zersetzung der Art, daß sich ihre Bestandtheile zu neuen, von ihr selbst ganz verschiedenen Producten vereinigen, die in ihrer Mannichfaltigkeit Theer, Gase und Wasser bilden.

Als Rückstand bleibt eine sehr kohlenstoffreiche Materie, welche ihre äußere Beschaffenheit von derjenigen des Materials, aus dem sie gebildet worden, entlehnt und die den der Menge nach sehr verschiedenen anorganischen Bestand der Kohle enthält. Sie steht auf derselben Stufe der Entstehung wie die Kohks der Gasanstalten, und liefert, mit etwas frischer Kohle gemischt, meist ein treffliches Heizmaterial für die Retorten.

Der Theer ist das Material, aus welchem die werthvollen Producte: Photogen, Paraffin u. s. w. gewonnen werden, und eine möglichst große

14 *

Menge desselben von guter Beschaffenheit aus den zu seiner Darstellung verwendeten Stoffen zu erzielen, ist demnach Hauptaufgabe. Die wichtigsten Momente bei der Theerfabrication sind, daß man die zu seiner Erzeugung dienenden Substanzen einer möglichst niederen Temperatur aussetzt, und daß man die Zersetzungsproducte aus den Räumen, in denen sie gewonnen werden, möglichst schnell und ohne ihnen einen großen Widerstand entgegenzusetzen, abführt. Letzteres erreicht man durch Benutzung nicht zu enger Leitungsröhren für die Destillationsproducte, durch möglichste Umgehung von hydraulischen Sperrungen und durch zweckmäßige Construction der Kühlapparate.

Ich verfahre, um guten Theer zu erzielen, wie folgt:

Die trockne Destillation der Kohlen nehme ich in ⬭förmigen gußeisernen Retorten von 8 Fuß Länge, 27 Zoll Breite und 10 Zoll Höhe vor. Sie gewähren bei übrigens gleichen Vortheilen wie die ⌂förmigen noch den, daß man sie, wenn man den mit dem Abzugsrohre für die Theerdämpfe versehenen hintern Deckel durch Verschraubungen bewegbar macht, ohne weitere Veränderungen umdrehen kann, wenn sie durch die fortwährende Einwirkung des Feuers auf der einen Seite schadhaft geworden sind.

Das erwähnte Abzugsrohr befindet sich an dem von dem Feuerraume abgewendeten Ende der Retorte im obern Theile derselben, und gebe ich ihm da, wo es sich an diese anlegt, um eine möglichst weite Durchgangsöffnung zu erzielen und einer der Hauptbedingungen einer zweckmäßigen Theerfabrication zu genügen, eine ⬭ 8″ Form.

Ein rundes Rohr von demselben Flächeninhalt würde ungefähr 6¼ Zoll Durchmesser haben müssen, es würde noch so hoch angebracht nur 3¾ Zoll vom Boden der Retorte entfernt liegen und Unbequemlichkeiten beim Füllen derselben bieten, indem leicht Kohle in dasselbe eingeworfen werden könnte und so eher Veranlassung zu Verstopfungen gegeben wäre, als bei der von mir gewählten Form.

Das Rohr selbst ist übrigens knieförmig und an dem Knie mit einer Reinigungsöffnung versehen, die durch Deckel, Bügel und Schraube geschlossen ist und jederzeit sehr leicht geöffnet werden kann.

Zwei solcher Retorten lege ich über ein Feuer, dessen Gluth durch ein Gittergewölbe aus feuerfesten Steinen auf dieselben einwirkt. Ihren oberen Theil besonders schütze ich vor der directen Einwirkung der Hitze durch etwas aufgelegte Asche; ein Doppelgewölbe überspannt beide auf die Weise, daß sie, ohne den Ofen selbst zu zerstören, bequem eingesetzt und entfernt werden können.

Ich bemerke, es werden in den hier in Sachsen bestehenden Pho-
togen=Fabriken vielfältig mehretagige Retortenöfen in Anwendung gebracht,
der Art, daß mehrere Retorten neben einander gelegt und die Feuerungen
an der Längs=Ausdehnung der vordersten angebracht werden; die Flamme
streicht dann unter diesen hin, schlägt hinter der letzten der ganzen Reihe
nach oben, bespült die Decke der untern und den Boden einer eben solchen
darüber gelegten, und entweicht nun erst in den Fuchs. Man wählt
dann gewöhnlich kastenförmige sehr niedrige Retorten, packt diese ganz voll
Kohlen und läßt die Hitze von unten und oben auf sie wirken. Den
Kohlen in den oberen läßt man mehr Zeit zur Destillation, als denen in
den unteren. Solche Einrichtungen werden getroffen, um Brennmaterial
zu ersparen und um in kürzester Zeit möglichst viel Material zu verarbeiten. Bei einer Prüfung des mehretagigen Systems fand ich das von
mir beschriebene, welches sich ja auch anderweitig in der Praxis bewährt
hat, in Bezug auf Quantität und Qualität des erzielten Theeres bei
weitem vortheilhafter, und bei zweckmäßiger Feuerungsanlage sind auch in
diesen Oefen der Bedarf an Brennmaterial, so wie die zur völligen Zersetzung relativer Kohlenmengen nöthige Zeit im allgemeinen recht befriedigend.

Die Mängel der mehretagigen Retortenöfen jeder Einrichtung liegen
sehr nahe. Es ist eine durch vielfache Erfahrung bestätigte Thatsache,
daß eine Kohle um so mehr und um so werthvollere Destillationsproducte
liefert, je niedriger die Verkohlungstemperatur gehalten wird. Setzt man
nun die untere Reihe der Retorten eines mehretagigen Ofens gerade nur
der Temperatur aus, die zum Verkohlen nöthig ist, so wird die obere
keine genügende Hitze bekommen und die Zeit kann den Mangel daran
nicht ersetzen. Entweder also die Kohle in den oberen oder von der Feuerstätte entfernt liegenden Retorten wird unvollkommen und schlecht zersetzt,
oder aber sie wird zersetzt, dann erleidet man Verluste an den Producten
der unteren, der Feuerstätte näher liegenden Retorten, die mehr Hitze
bekommen als ihnen zuträglich ist.

Selbst bei Anwendung der zweiretortigen Oefen kann man die von
mir gewählten Längs = und Breitendimensionen der Retorten nicht gut
überschreiten, da eine gleichmäßige Wirkung des Feuers nur auf eine verhältnißmäßig kleine Fläche erzielt werden kann. Ganz zu verwerfen aber
sind die von unten und oben erhitzten mit Kohle ganz angefüllten niederen Retorten; es soll eine Verkohlung von unten und oben nach der
Mitte zu erfolgen. Dabei ist nicht bedacht, daß das Volumen derselben
sich beim Erhitzen sehr bald vermindert, daß sie zusammensinken und der
Einwirkung der glühend gewordenen Retortendecke entrückt werden. Nur

die· gebildeten Theerdämpfe sind dieser wie derjenigen einer verhältniß=
mäßig hohen glühenden Kohlenschicht ausgesetzt, und eine reichliche Gas=
und Naphthalinbildung auf Kosten von leichten Oelen und Paraffin sind
die Folge davon.

Jede meiner Retorten fülle ich mit drei preußischen Scheffeln Kohle,
die etwas abgetrocknet· circa 250 Pfund wiegt.　Die Höhe der Schicht,
die dadurch gebildet wird, beträgt 3 — 4 Zoll.　Es bleibt demnach ein
freier Raum zur Entwickelung der Theerdämpfe, und nur Theile davon
passiren die kaum glühenden Retortendecken.　Die zur vollständigen Ver=
kohlung nöthige Zeit ist übrigens bei verschiedenem Material verschieden.
Sie variirt zwischen acht und zehn Stunden.　Bei Anlage von 50 Re=
torten können demnach in 24 Stunden 450 bis 360 Scheffel oder 37,500
bis 30,000 Pfund Kohle verarbeitet werden.

Im allgemeinen dauert der Verkohlungsproceß bei pulverförmiger
Kohle länger als bei Stückkohlen,· und ist es vortheilhaft erstere in Stücke
geformt, ähnlich wie sie hier in der Provinz·Sachsen auch als Brenn=
material gebraucht werden, zur Destillation zu verwenden.　Die Hitze ge=
langt dann gleichmäßiger und besser· durch die gebildeten Zwischenräume
zu allen Theilen der Kohle.

Wo, wie hier in Bitterfeld, diese schon ein Gemisch von Stücken
und grobem Pulver ist,· trennt man beide zweckmäßig durch·eine Sieb=
vorrichtung, wählt die ersteren zur Destillation, und benutzt das letztere
zur Feuerung.　Sehr vortheilhaft, besonders bei Verarbeitung klarer
Kohle, fand ich es, während der Destillation eine geringe Menge sehr
wenig·gespannter Wasserdämpfe so durch die Retorten zu leiten, daß man
das fein durchlöcherte Zuführungsrohr derselben auf den Boden dieser
legt.　Der Dampf·durchdringt die glühende Kohlenschicht und führt·die
gebildeten Destillationsproducte schnell durch sie hinweg.　Auf diese Weise
wurden in meinem früher in Halle bestehenden Laboratorium auch von
anderen Chemikern klare Kohlen mit bestem Erfolg destillirt.

Das Verfahren erwarb sich bald Freunde und wurde von diesen im
allgemeinen — da ich den Dampf anfänglich erst noch durch ein Röhren=
system leitete, welches durch dasselbe Feuer,· das die Retorte heizte, er=
hitzt wurde, eine Methode die ich später verließ — Destillation vermit=
telst überhitzter Wasserdämpfe oder auch,· sehr unbezeichnend, Destillation
mittelst indirecten Feuers genannt.

Ich verwahre mich aber gegen die Ansicht, daß ich Braunkohlen,
um zu gedachtem Zwecke Theer daraus zu gewinnen, nur vermittelst über=
hitzter Wasserdämpfe auf ähnliche Weise habe verkohlen wollen, wie man
z. B. das Holz zur Bereitung der Rothkohle für gewisse Schießpulver=

forten verkohlt. Es würde dieß ein nutzloses, höchst kostspieliges Unter=
nehmen seyn. Denn einmal liegt die Zersetzungstemperatur für Braun=
kohlen, um dieß mit Vortheil bewerkstelligen zu können, meist viel zu hoch,
und anderseits ist man bei der Unzulänglichkeit der Mittel, so hohe Tem=
peraturen genau zu messen, durchaus nicht davor geschützt, daß man die
zur Erzeugung des besten Theers gerade nothwendige nicht doch über=
schreitet.

Und was würde die Unterhaltung und Bedienung des dazu nöthigen
Dampferzeugers und der Retorten, was würden die zum Ueberhitzen der
Dämpfe nöthigen Röhren, die, man wähle welches Material man wolle,
der Zerstörung dabei so sehr ausgesetzt sind, was die Condensationsappa=
rate für Kosten verursachen, welche Umständlichkeiten beim Arbeiten wür=
den herbeigeführt werden! So kostspielige Anlagen macht der neue in
Rede stehende Industriezweig, welcher überall auf die einfachsten Princi=
pien zurückgeführt, mit den einfachsten Apparaten betrieben seyn will,
wenn er sich verallgemeinern und Nutzen bringen soll, nicht bezahlt.
Gewiß gewährt in andern industriellen Fächern unter andern Verhält=
nissen und Absichten der überhitzte Wasserdampf großen Vortheil; zum
Verkohlen von Braunkohlen, um Theer zur Photogen= und Paraffinfabri=
cation zu gewinnen, ist er aber mit Vortheil sicherlich nicht zu gebrauchen.

Die Abzugsrohre meiner sämmtlichen Retorten münden in ein ge=
meinschaftliches, um es leichter reinigen zu können, mit Mannlöchern ver=
sehenes Rohr von 18 Zoll lichter Weite und führen die Verkohlungspro=
ducte zunächst in dieses. Durch auflaufendes Wasser wird es gekühlt;
Theer und Wasser schlagen sich zum größten Theil darin nieder und nur
ein geringerer davon wird mit den Gasen weiter geführt. Um diese da=
von zu befreien und um besonders die letzten in ihnen enthaltenen Theer=
theile zu gewinnen, leite ich sie durch ein System von Condensatoren.
Ein solcher besteht aus einem Rohr, das von einem andern in geringem
Abstand ringförmig umgeben wird. Die Gase bewegen sich durch den so
gebildeten Raum, und indem der innere Cylinder auf seiner Innenwand,
der äußere auf seiner Außenwand stets naß erhalten wird, erfolgt durch
Anwendung von mehreren solchen eine hinlängliche Enttheerung derselben.
Je größer man, natürlich in gewissen Gränzen, die Durchmesser der
Röhren wählt, desto schmäler kann, ohne gegen die Gesetze einer zweck=
mäßigen Theerfabrication zu sündigen, der gebildete Ring werden, und
desto besser und leichter erfolgt die Kühlung.

Da wo die Gase aus den Condensatoren austreten, werden sie am
zweckmäßigsten der Wirkung eines gut ziehenden Schornsteins ausgesetzt,
und je nach der Menge in der sie erzeugt werden, zur Feuerung einiger

Retorten und des Dampfkessels benutzt. Der Schornstein ersetzt in diesem Falle und bei vorgedachter Einrichtung des ganzen Theerapparates (wo nur eine höchst mäßige, durch die Gefahr beim Verbrennen der Gase und beim Oeffnen der Retorten — was auf gleiche Weise wie in den Gas-anstalten geschieht — bedingte hydraulische Sperrung und die Reibung der sich an den Wandungen der Sammel- und Kühlröhren fortbewegenden Gase, einen äußerst geringen Widerstand den abziehenden Destillations-producten entgegensetzen, in Verbindung mit den fortwährend durch die-selben strömenden wenig gespannten Wasserdämpfen) vollständig den hier und da in Anwendung gebrachten, durch Anlage und Betrieb so kostspie-ligen Erhaustor. Zur Beschaffung eines Erhaustors ist man aber ge-nöthigt, wenn man die Gase zum Heizen der Destillationsapparate (was zweckmäßig nur bei Anwendung eines Gasometers erfolgen kann) oder zu Beleuchtungszwecken benutzen will, wo dann außer demselben noch ein Reinigungsapparat zur Entfernung des Schwefelwasserstoffs, der Kohlen-säure u. f. w. erforderlich ist; alle diese Apparate vermehren jedoch ebenso wie mit Koks und Eisenfeile gefüllte Condensatoren, den Druck auf die Retorten und geben dadurch Veranlassung zu Verlusten und zur Bildung werthloser und durch die Reinigung oft schwierig zu entfernender Producte.

Die erwähnten Condensatoren gruppire ich übrigens um ein ver-schlossenes eisernes Bassin, so daß dieses das aus jenen Gewonnene eben so aufnimmt, wie die Producte aus dem Hauptsammelrohr, welche die Temperatur des Bassins auf einer Höhe erhalten, bei der eine fast vollständige Trennung derselben in Theer und ammoniakalisches Wasser erfolgt.

Indem ich die Pumpen zur Entfernung des Theeres so anbringe, daß deren Saugrohre ein wenig über den einige Zoll vom Boden des Bassins entfernt liegenden Hähnen, die einen genügenden Theerstand er-kennen lassen, enden, gelingt es mir den Theer fast wasserfrei in die Destillationsapparate zu schaffen.

Bitterfeld bei Halle a. S. im October 1857.

(Die Fortsetzung folgt.)

LII.

Darstellung des Krappertracts zum Färben und Drucken der Zeuge; von Fr. Aug. Verdeil zu Paris, und Edm. Michel zu Puteaur in Frankreich.

Aus dem London Journal of arts, Octbr. 1857, S. 233.

Das Verfahren besteht im Wesentlichen darin, daß man die gemahlene Krappwurzel mit einer alkalischen Flüssigkeit extrahirt und aus dieser hernach den Farbstoff durch eine Säure niederschlägt. Der so erhaltene rohe Farbstoff wird in Alkohol oder Holzgeist aufgelöst und die Lösung destillirt, um den Alkohol oder Holzgeist wieder zu gewinnen; der reine Farbstoff bleibt dann in der Retorte zurück.

Wir wollen nun das Verfahren im Detail beschreiben. Man weicht die Krappwurzel in Wasser ein, welches schwach mit Schwefelsäure angesäuert ist, damit sie aufschwillt; dann läßt man sie behufs des Zerreibens ein Walzwerk passiren, und hierauf preßt man sie mittelst einer hydraulischen Presse, um so viel Flüssigkeit als möglich abzusondern. Nach dem Pressen kommt der Krapp in ein geeignetes Gefäß mit einer Auflösung von Aetzkali oder Aetznatron, welche 2 bis 4 Grad an Baumé's Aräometer zeigt; von der alkalischen Lösung setzt man so viel zu, daß der Krapp von ihr gerade bedeckt wird, und läßt ihn darin 48 Stunden lang weichen; er kommt dann wieder in die hydraulische Presse und die erhaltene Flüssigkeit wird gesammelt. Der Krapp wird hierauf nochmals, wie vorher, in einer alkalischen Flüssigkeit eingeweicht, welche beiläufig die Hälfte der Stärke von der zuerst angewandten hat, und die Flüssigkeit wird wieder ausgepreßt. Die alkalischen Flüssigkeiten, welche die zwei Pressungen lieferten, werden zusammengemischt und mit einer hinreichenden Menge Schwefelsäure versetzt, um allen Farbstoff zu fällen. Der Niederschlag wird auf einem Filter gesammelt und gut gepreßt, dann getrocknet und in kochendem Alkohol oder Holzgeist aufgelöst. Nachdem die Lösung durch Filtriren klar gemacht worden ist, bringt man sie in eine Blase und destillirt den Alkohol oder Holzgeist über; bei dieser Destillation darf die Hitze nicht höher gesteigert werden als es nothwendig ist, damit der Farbstoff nicht benachtheiligt wird. Letzterer ist dann zum Gebrauch geeignet.

Um mit diesem Extract einen Zeug zu färben, braucht man es nur in Wasser aufzulösen, und in die Lösung den, wie gewöhnlich gebeizten

Zeug zu tauchen; das Färben ist in sehr kurzer Zeit beendigt. Will man das Extract zum Drucken anwenden, so löst man es in Wasser auf und fällt es mit Schwefelsäure; der Niederschlag wird getrocknet, mit einem geeigneten Vehikel gemischt, und der Zeug damit bedruckt. — Patentirt in England am 13. Januar 1857.

LIII.

Ueber die Anwendung des Thonerdehydrates und der Thonerdesalze in der Analyse von Pflanzentheilen; von Prof. Rochleder in Prag.

Aus den Sitzungsberichten der k. k. Akademie der Wissenschaften, Bd. XXIII.

Es gibt eine Anzahl organischer Materien, die aus ihren Lösungen durch Thonerdehydrat gefällt werden. Dieses Verhalten ist längst bei einigen Farbstoffen beobachtet worden; aber auch viele andere, wenig gefärbte oder farblose Körper verhalten sich in dieser Beziehung wie Farbstoffe. Andererseits gibt es Farbstoffe, die durch Thonerde nicht gefällt werden. Das Thonerdehydrat gibt also ein Mittel an die Hand, eine Anzahl Stoffe aus ihrer Lösung zu fällen, während andere in der Lösung zurückbleiben. Die Anwendung der Thonerde hat viele Vorzüge vor der Benutzung von Bleioxydhydrat, welches zu ähnlichen Zwecken gebraucht und anempfohlen wurde. Es ist beinahe unmöglich, chemisch reines Bleioxydhydrat darzustellen, es enthält, wenn auch kleine Mengen der Säure, aus welcher es gefällt wurde, in Form eines sehr basischen Salzes beigemengt. Nichts ist aber leichter, als durch Anwendung von Schwefelammonium reines Thonerdehydrat darzustellen. Die Schwierigkeit, dieses zu waschen, indem es die Poren des Filters verstopft, kommt bei den Niederschlägen nicht mehr in Anschlag, welche aus Thonerde und organischen Substanzen bestehen, die sich mit einander verbunden haben. Diese sind viel weniger gelatinös und daher leicht auszuwaschen.

In manchen Fällen kann geradezu eine Lösung von Alaun den Pflanzenauszügen zugesetzt und dann durch Ammoniak die Thonerde in Verbindung mit fällbaren organischen Stoffen ausgeschieden werden. Ein Beispiel dieser Art will ich hier anführen. Ein wässeriges Decoct von Kastanienrinde, mit Alaunlösung und Ammoniak etwas in Ueberschuß versetzt, gibt einen rehfarbenen Niederschlag. Die davon abfiltrirte Flüssigkeit ist blaß weingelb gefärbt. Durch einige Tropfen Essigsäure neutralisirt und auf freiem Feuer eingedampft, bis sich eine Salzhaut bildet, dann im Wasserbade vollends verdunstet, bleibt ein Rückstand der aus schwefelsaurem Kali und Ammoniak und kleinen Mengen essigsauren Ammoniaks besteht. Alles Aesculin ist in dieser Salzmasse enthalten. Durch Auskochen mit wenig starkem Weingeist und Filtriren trennte man die schwefelsauren Salze von dem Aesculin, welches nach Verdunsten der kleinen Menge Weingeist auskrystallisirt, zwischen Löschpapier gepreßt und nach einmaligem Umkrystallisiren völlig rein erhalten wird. Man erhält so bedeutend mehr Aesculin und mit viel weniger Mühe, in viel kürzerer Zeit und mit bedeutend weniger Auslagen, als auf eine der bis jetzt gebräuchlichen Arten der Darstellung.

Aus dem Thonerdeniederschlag ist durch Lösen im essigsäurehaltigem Wasser und Filtriren, Fällen des Filtrats mit einer Bleisalzlösung und Zersetzen des Salzes mit Schwefelwasserstoff, die Gerbsäure leicht darzustellen.

Bei der Untersuchung der chinesischen Gelbschoten, welche M. v. Orth im hiesigen Laboratorium vor einigen Jahren ausführte, gelang es ihm nicht, zwei Farbstoffe und den Gerbstoff ganz genau von einander zu trennen. Hr. Lorenz Mayer, der die Untersuchung auf meine Veranlassung wieder aufgenommen hat, konnte mit Hülfe der Thonerde leicht die Trennung dieser Körper bewirken. Die Anwendung des Thonerdehydrates wird die Darstellung mancher Substanzen zu wohlfeilen Preisen gestatten, die bis jetzt keine Anwendung wegen zu hohem Preise gefunden haben, der nur in dem Verfahren ihrer Darstellung liegt.

LIV.

Ueber die Fettflecken welche auf der Seide entstehen; von A. Glenard, Professor an der medicinischen Schule zu Lyon.

Aus dem Journal de Pharmacie et de Chimie, Sept. 1857, S. 215.

Seit einigen Jahren zeigt sich bei den zu Lyon fabricirten Seidenstoffen ein sonderbarer und großer Uebelstand; nach mehr oder weniger langer Zeit entstehen nämlich auf denselben anscheinend fettige Flecken von verschiedener Größe und Gestalt, welche manchmal sehr zahlreich und stets unregelmäßig auf dem ganzen Zeugstück zerstreut sind. [46] Anfangs entstanden diese Flecken nur selten, und man legte diesem Umstand keine große Wichtigkeit bei; seit einiger Zeit zeigt sich aber dieser Uebelstand allgemein, er ist eine constante Thatsache geworden. Die Seidenstoffe werden fast alle fleckig; die aus den besten Fabriken hervorgehenden, wo die geschicktesten Färber die Seide mit der größten Sorgfalt behandeln, ebenso wie die anderen.

Die Fettflecken welche man auf den Seidenstoffen bemerkt, bestehen nach dem Verf. aus einer fetten Substanz; sie werden durch eine auf der Seide befestigte Seife veranlaßt. Diese Seife ist eine Kalkseife, welche sich in dem Seifenbad auf Kosten der im Wasser enthaltenen Kalksalze gebildet hat und von der Seide in Form sehr zarter, zwischen deren Fäden eingeschlossener Theile mitgenommen worden ist. Insbesondere wird die Palmölseife wegen ihrer geringen Auflöslichkeit in Wasser bei einer Temperatur unter 80° C., beim Waschen der Seide zurückgehalten. Die Seide muß um so mehr Kalkseife aus dem Seifenbade mitnehmen, je trüber dieses Bad und je weniger gedreht der Seidenfaden ist.

Die auf dem Seidenfaden befestigte Seife zersetzt sich, wenn die Seide mit sauren Beizen behandelt wird. Die Basis der Seife wird nämlich abgezogen und das Seifentheilchen folglich an seinem Platze in ein Fettsäure-Theilchen umgewandelt. Letzteres wird bei geeigneter Temperatur flüssig, bringt in den Stoff und erzeugt auf demselben einen Fettflecken, welcher je nach der Größe des ursprünglichen Kerns mehr oder weniger breit ist.

Gegen den fraglichen Mißstand kann man sich aber leicht sichern, man braucht nur die auf dem Gewebe befestigte Seife abzuziehen. Um die von der Seide zurückgehaltenen Seifetheilchen zu beseitigen und folglich die spätere Bildung der Fettflecken auf den Zeugen zu verhindern, empfiehlt Hr. Glenard:

1) die Seide nach dem Kochen und nachdem sie so gut als möglich vom Seifenwasser gereinigt worden ist, mit Salzsäure zu behandeln, welche so verdünnt ist daß die Seide dadurch nicht benachtheiligt werden kann;

2) die Seide dann zu waschen und hierauf in ein Bad von kohlensaurem Natron (krystallisirter Soda) zu tauchen, hernach wie gewöhnlich fertig zu machen.

---

[46] Wir verweisen auf die frühere Notiz hierüber, von L. Roux, im polytechn. Journal Bd. CXL S. 137.   A. d. Red.

LV.

Kalk=Eisenorydul=Seife als Kesselstein; von Dr. Renner.

Zur chemischen Untersuchung wurde mir ein Kesselstein übergeben, welcher in seinem Aeußern eine von andern Kesselsteinen durchaus abweichende Beschaffenheit zeigte. Innerhalb vier Wochen seiner Bildung in einem Cylinderkessel von geringen Dimensionen, der mit drei Feuerzügen in seinem Innern versehen war, hatte er in einer Mächtigkeit von 1½ Zoll rhein. so die unteren Kesselplatten und theilweise die Feuerzüge überzogen, daß ein Durchbrennen der über dem Feuerraum befindlichen Kesselfläche die Folge war. Ein Riß in ihr von ungefähr 5 Zoll Länge zwang zur Einstellung der Arbeit, glücklicherweise noch ehe eine verheerende Explosion, deren Möglichkeit nahe lag, eingetreten war.

Der Kesselstein selbst war eine graubraune, wie Bimsstein poröse Masse, fettig anzufühlen, von eigenthümlichem, ranzigem Geruche, leicht zerreibbar, in Wasser unlöslich, von 1,145 spec. Gewicht.

Vor dem Löthrohre verbrannte er mit anfangs röthlicher, dann gelber, rußender Flamme; die bei ihrem Verlöschen weiter entweichenden Dämpfe erinnerten durch ihren Geruch an den, welchen verbrennende Seifen verbreiten; die Asche war porös, gelb, ins Rothbraune spielend.

In siedendem Wasser schmolz die Masse zu einem teigigen Klumpen zusammen; mit Chlorwasserstoffsäure gekocht, trennte sich von ihr ein auf der Lösung oben aufschwimmendes Oel, das bei 24° C. fest 2c. wurde.

Nach Beendigung der qualitativen Analyse wurde die procentische Zusammensetzung nach bekannten Methoden ermittelt; die Analyse ergab:

Aschenbestandtheile auf 100 Kesselstein berechnet.

Eisenorydul	3,60043
kohlensaurer Kalk	15,00380
schwefelsaurer Kalk	19883
Kieselerde	1,81666
Chlorverbindungen	Spuren
Aschenbestandtheile	20,619 Proc.

nach welchen sich die

chemische Constitution des Kesselsteins in Procenten

wie folgt ergibt:

Verbrennliche Stoffe: ein in Aether lösliches, mit
Aetznatronlauge vollständig verseifendes, fettes

Oel	. . . .	75,16456
Aetzkalf ⎫ Seife	. . . .	8,41954
Eisenorydul ⎭	. . . .	3,60042
schwefelsaurer Kalk	. . . .	0,19883
Kieselerde	. . . .	1,81666
Chlorverbindungen	. . . .	Spuren
Wasser	. . . .	10,80000

Kesselstein 100,0

Die außergewöhnliche Bildung dieses Kesselsteins, oder vielmehr dieser
Kalk-Eisenorydul-Seife fand leicht ihre Erklärung. Der Maschinenwärter
sparte beim Angehenlassen der Maschine, um die Reibung des Kolbens
im Cylinder möglichst zu vermindern, nicht im geringsten das Maschinenöl;
er goß es vielmehr in überreichlicher Menge in den Dampfcylinder. Mit
den entweichenden, durch frisches kaltes Wasser verdichteten Dämpfen gelangte das Oel in ein sogenanntes Retour d'eau, aus welchem die
Speisung des Kessels erfolgte.

Das zur Condensation der Dämpfe angewendete, nun mit Oel be-
ladene Wasser enthält aber unter anderen Bestandtheilen doppelt-kohlen-
sauren Kalk. Es ist eine bekannte Thatsache, daß kohlensaure, selbst
doppelt-kohlensaure, fire Alkalien — unter den Metalloryden außer Zink-
oryd und Bleioryd: Eisenorydul- und Manganorydulhydrat — die Oele
langsam und bei anhaltendem Kochen in Seifen umwandeln. Die zweifach-
kohlensauren Alkalien werden nämlich durchs Kochen zersetzt, worauf das
gewöhnliche kohlensaure Alkali das Oel zuerst zu einer emulsionartigen
Lösung aufnimmt, sich aber später durch Seifenbildung allmählich zur
Hälfte in Seife und zum andern Theile in doppelt-kohlensaures Salz
verwandelt, das von Neuem während des Kochens unaufhörlich zersetzt
wird.

In Uebereinstimmung mit den eben angeführten Thatsachen war also
unter gleichen Bedingungen die Bildung einer Kalk-Eisenorydul-Seife
(wozu der eiserne Kessel das bezügliche Material bot) möglich geworden,
die in der Form von Kesselstein mit ihren Folgen auf empfindliche Weise
den Fehler einer normalen Speisung und die Unachtsamkeit des Maschinen-
wärters verrieth.

Hamburg, den 27. October 1857.

LVI.

Verfahren zum Reinigen des Wassers; von Henry Medlock, analytischer Chemiker in London. — Patentirt am 21. Jan. 1857.

Aus dem Repertory of Patent-Inventions, Octbr. 1857, S. 313.

Meine Erfindung besteht in einer Methode Wasser zu reinigen und gesünder zu machen, welches entweder bloß organische Substanz oder deren Zersetzungsproducte aufgelöst enthält, oder worin überdieß unorganische Substanzen aufgelöst sind. Die Reinigung bewerkstellige ich dadurch, daß ich aus dem Wasser einen Theil dieser organischen Substanz absondere, und deren Rest unschädlich mache; und in dem Falle wo das Wasser auch unorganische Substanzen aufgelöst enthält, dadurch daß ich einen Theil derselben aus dem Wasser absondere.

Zur Ausführung dieser Erfindung bringt man das Wasser, vor dem Filtriren desselben, in einen Behälter von geeigneter Größe, und läßt es darin in Berührung mit gewissen Metallen, welche ihm eine große Oberfläche darbieten, 24 Stunden oder länger verweilen, je nach der Menge des Wassers im Vergleich mit der Fläche welche ihm das Metall darbietet, überhaupt bis die durch solchen Contact veranlaßte Fällung organischer Substanz aufhört, worauf man das Wasser nur in gewöhnlicher Weise zu filtriren braucht, um den in demselben etwa noch suspendirten, durch jenen Proceß erzeugten Niederschlag abzusondern.

Unter den zu meinem Zweck geeigneten Metallen ziehe ich das Eisen vor, weil das Wasser durch dessen Anwendung wenig benachtheiligt wird. Ich verwende das Eisen (Stabeisen) in Form von Schnitzeln, Drehspänen, Draht oder Blech, um eine hinreichende Fläche desselben mit dem Wasser in Berührung zu bringen.

Ich verfahre folgendermaßen: In dem Behälter welcher das zu reinigende Wasser enthält, hänge ich an quer durch denselben befestigten Eisenstangen lockere Bündel von Eisendraht auf; dieser Draht ist beiläufig $\frac{1}{16}$ Zoll dick und ich rechne von demselben 1 Pfd. auf 1000 Pfd. Wasser. Ich lasse das Wasser 24 bis 48 Stunden lang mit dem Eisendraht in Berührung, je nach der Schnelligkeit womit die durch solchen Contact veranlaßte Fällung organischer Substanz stattfindet, und dann filtrire ich das Wasser, um den gebildeten Niederschlag abzusondern, wozu ein gewöhnliches Sandfilter ausreicht. Wenn das Wasser Stickstoff in irgend einer Form enthält, so werden bei seinem Contact mit dem Metalle die organische Substanz und das Ammoniak, welche im Wasser enthalten sind, zersetzt oder oxydirt, wodurch ein gewisser Theil der organischen Substanz und des Ammoniaks in salpetrige Säure (NO^3) oder Salpetersäure (oder beide) verwandelt wird, durch welche der Rest der organischen Substanz unauflöslich gemacht wird. Die salpetrige und Salpetersäure verbinden sich endlich mit dem Eisen (oder sonstigen Metall), oder mit einigen der unorganischen Basen, wenn solche im Wasser enthalten sind, und die unauflöslich gemachte organische Substanz wird nebst einem Theil der unorganischen Substanz, wenn solche im Wasser vorhanden ist, gefällt.[47] — Sollte das Wasser Phosphide oder Sulfide enthalten, so werden erstere durch Oxydation in phosphorigsaure oder phosphorsaure Salze, letztere in schwefligsaure oder schwefelsaure Salze umgewandelt, welche sämmtlich verhältnißmäßig unschädlich sind.

---

[47] Man vergleiche Hrn. v. Sicherer's Abhandlung im polytechn. Journal Bd. CXLIV S. 284. In seinem dort im Auszug mitgetheilten Bericht „über die Wirkung des Bleies auf das Quell- und Flußwasser" äußert sich Medlock folgendermaßen über die organischen Bestandtheile des Wassers (Philosophical Magazine, September 1857, S. 206):

„Die organischen Substanzen, welche das Wasser aufgelöst enthält und die also durch Filtriren nicht abgesondert werden können, sind zweierlei Art: solche welche keinen Stickstoff enthalten, und solche die Stickstoff enthalten. Erstere bestehen aus Kohlenstoff, Sauerstoff und Wasserstoff, und verwandeln sich während der natürlichen Zersetzung (Fäulniß) in Kohlensäure und Wasser; die andere Classe enthält außerdem noch Stickstoff, Schwefel und Phosphor. Diese Elemente verbinden sich im Verlauf der Zeit mit Wasserstoff, und bilden Ammoniak, Schwefelwasserstoff und Phosphorwasserstoff. Das Ammoniak, welches sich stets in beträchtlicher Menge bildet, wird zuletzt durch Vereinigung mit Sauerstoff in salpetrige Säure und Wasser umgesetzt, nach der Gleichung: $NH^3 + 6O = NO^3 + 3HO$. — Wenn man Themsewasser, welches bekanntlich eine große Menge stickstoffhaltiger organischer Substanz enthält, einige Zeit in einem offenen Gefäß der Luft ausgesetzt stehen läßt, so verbindet sich der Stickstoff der organischen Substanz zuerst mit Wasserstoff zu Ammoniak; später wird aber ein Theil dieses Ammoniaks nach vorstehender Gleichung in salpetrige Säure umgesetzt, welche sich mit einem Aequivalent Ammoniak vereinigt und im Wasser als salpetrigsaures Ammoniak aufgefunden werden kann. Letztere Veränderung findet im Wasser bei warmer Witterung in wenigen Tagen statt, und durch Anwendung von Wärme kann sie fast augenblicklich bewirkt werden."

Medlock's Versuche über die Wirkung des Eisens auf das Quell- und Flußwasser, worauf sich obiges Patent gründet, sind noch nicht veröffentlicht worden.   A. d. Red.

LVII.

Zur Essigfabrication; von Carl Balling, Professor der Chemie, in Prag.

Aus Stamm's neuesten Erfindungen, 1857, Nr. 41.

Die Ansichten, Erklärungen oder Theorien, welche man sich von den Vorgängen macht, welche bei der Ausführung chemischer Proceſſe vor sich gehen, haben ohne Zweifel einen großen Einfluß auf die Art dieser Ausführung und auf die dadurch erzielten Erfolge.

Ein Fall dieser Art kömmt bei der Essigfabrication vor.

Man weiß durch die genauesten Nachweisungen, daß, wenn der Alkohol sich in Essigsäure umwandelt, sich bei der Essigbildung mit 1 Atom Alkohol (57,5 Gewichtstheile) 4 Atome Sauerstoff (40 Gewichtstheile) verbinden, und daß dadurch 1 Atom Essigsäure-Hydrat (75 Gewichtstheile) und 2 Atome Wasser (22,5 Gewichtstheile) gebildet werden.

Die englische Essigfabrication liefert den Beweis, daß dieses Resultat chemischer Combination mit der Erfahrung bis auf geringe Unterschiede durch kleine Verluste, die bei der Essigfabrication unvermeidlich sind, übereinstimmt.

Der Alkohol besteht aus:

4 Atomen Kohlenstoff,
5 „ Wasserstoff,
1 Atom Sauerstoff und
1 „ Wasser.

Das Essigsäure-Hydrat besteht aus:

4 Atomen Kohlenstoff,
3 „ Wasserstoff,
3 „ Sauerstoff und
1 Atom Wasser.

Wenn nun der Alkohol bei der Essigbildung in Essigsäure-Hydrat übergehen soll, so müssen dem ersteren vorerst 2 Atome Wasserstoff entzogen und dann 3 Atome Sauerstoff zugefügt werden. In diesem Vorgange besteht der chemische Theil des Essigbildungs-Proceſſes.

Man pflegt nach Liebig anzunehmen, daß dem Alkohol jene zwei Atome Wasserstoff entzogen werden durch zwei Atome Sauerstoff, welche aus der atmosphärischen Luft hinzutreten, und damit 2 Atome Wasser bilden. Luftzutritt ist dabei nämlich unumgänglich nothwendig. Den dabei entstandenen neuen Körper hat man Aldehyd genannt. Dann treten noch 2 Atome Sauerstoff aus der atmosphärischen Luft hinzu, wodurch aus dem Aldehyd Essigsäure-Hydrat entsteht.

Diese Theorie von dem Essigbildungsprocesse ist die gegenwärtig herrschende. Sie übt den ihr zukommenden Antheil an dem Verfahren bei der Essigfabrication aus.

Ich habe in meinem Werke: „Die Gährungschemie," Band II, Theil 2, bei der Behandlung der Essigfabrication eine von der vorstehenden etwas verschiedene Theorie des fraglichen Processes aufgestellt. Sie wurde hervorgerufen durch das Studium der chemischen Wirksamkeit der Essigfermente.

Man ist gegenwärtig darüber einig, daß fertiger Essig, mithin die Essigsäure selbst das wichtigste Essigferment sey, und daß alle anderen Körper, die man früher als Essigfermente verwendete und empfahl, als: Essigmutter, mit Essig getränktes Schwarzbrod, Essiggeläger, Sauerteig rc nur durch ihren Gehalt an Essigsäure auf die Essigbildung einwirken und sie einleiten.

Otto, in der neuen zweiten Auflage seiner Essigfabrication 1857, schreibt den stickstoffhaltigen Bestandtheilen des Essiggutes dabei auch eine Wirkung zu. Allein bei der Erzeugung des Branntweinessigs, die jetzt allgemein verbreitet ist, sind keine solchen Stoffe (Proteinkörper) vorhanden, sie können demnach dabei an dem Essigbildungs-Processe keinen nachweisbaren Antheil nehmen.

Es frägt sich nun, wie wirkt der Essig oder vielmehr die darin enthaltene Essigsäure als Essigferment?

In meinem oben genannten Werke (S. 269) habe ich darüber die nachstehende Erklärung gegeben:

1 Atom Alkohol und 1 Atom Essigsäure-Hydrat enthalten zusammen die Elemente von 2 Atomen Aldehyd und 2 Atomen Wasser.

$$C_4 H_5 O, \ HO + C_4 H_3 O_3, \ HO = 2 (C_4 H_3 O, \ HO) + 2 HO,$$
$$\text{Alkohol} \qquad \text{Essighydrat} \qquad \text{Aldehyd} \qquad \text{Wasser.}$$

2 Atome Aldehyd gehen durch Aufnahme von 4 Atomen Sauerstoff aus der atmosphärischen Luft in 2 Atome Essigsäure-Hydrat über.

$$2 (C_4 H_3 O, \ HO) + 4 O = 2 (C_4 H_3 O_3, \ HO)$$
$$\text{Aldehyd} \qquad \text{Sauerstoff} \qquad \text{Essigsäurehydrat.}$$

Man sieht, 1 Atom Alkohol erfordert, wie vordem angegeben wurde, zur Umwandlung in Essigsäure 4 Atome Sauerstoff, daran wird nichts geändert, aber die Erklärung des chemischen Vorganges ist dennoch eine theilweise verschiedene.

Während die frühere Erklärung die Entziehung von 2 Atomen Wasserstoff aus dem Alkohol dem Sauerstoffe der atmosphärischen Luft zuweiset,
erkläre ich diese Entziehung einfach aus der Vermischung des Alkohols
mit Essigsäure im Essig, welcher letztere als saures Ferment dem Essiggute
zugesetzt wird.

Durch die bloße Vermischung dieser beiden Flüssigkeiten wird allerdings noch kein Aldehyd erzeugt, so wie auch durch die bloße Berührung
des Essiggutes mit der atmosphärischen Luft noch kein Aldehyd entsteht;
aber es bildet sich in den Essigbildern unter den darin gegebenen der
Essigbildung günstigen Umständen.

Während nach der älteren Erklärung aus 1 Atom Alkohol nur
1 Atom Aldehyd entsteht, welches durch Aufnahme von noch 2 Atomen
Sauerstoff aus der atmosphärischen Luft in Essigsäure übergeht, würden
nach der neuen Erklärung 2 Atome Aldehyd entstehen, und zwar 1 Atom
aus dem Alkohol und das zweite Atom aus der Essigsäure des dem Essiggute zugesetzten Essigs, und diese 2 Atome Aldehyd nehmen dann aus
der atmosphärischen Luft die benannten 4 Atome Sauerstoff auf, um sich
in Essigsäure zu verwandeln.

Das Aldehyd geht aber nicht unmittelbar in Essigsäure über, sondern zuerst in einen Zwischenkörper, den man Aldehydsäure genannt
hat, weil er schon saure Eigenschaften besitzt.

Diese Aldehydsäure besteht aus:

4 Atomen Kohlenstoff,
3 „ Wasserstoff,
2 „ Sauerstoff und
1 Atom Hydratwasser.

Die Aldehydsäure ist nicht flüchtig, während das Aldehyd sehr flüchtig
ist; sie oxydirt sich sehr leicht durch Aufnahme von 1 Atom Sauerstoff
aus der atmosphärischen Luft zu Essigsäure.

Vermischt man 1 Atom Alkohol (57,5) mit 3 Atomen Essigsäure
(225), so enthalten diese zusammen die Elemente von 4 Atomen Aldehydsäure.

$$(C_4 H_5 O, HO) + 3 (C_4 H_3 O_3, HO) = 4 (C_4 H_3 O_2, HO)$$
Alkohol   Essigsäure-Hydrat   Aldehydsäure.

4 Atome Aldehydsäure nehmen aus der atmosphärischen Luft noch
4 Atome Sauerstoff auf und verwandeln sich in 4 Atome Essigsäure-Hydrat:

$$4 (C_4 H_3 O_2, HO) + 4 O = 4 (C_4 H_3 O_3, HO).$$

Auch hier kommen auf 1 Atom in Essigsäure umzuwandelnden Alkohol
4 Atome Sauerstoff, welche aus der Luft aufgenommen werden.

Setzt man demnach dem Essiggute eine große Menge schon fertig ge=
bildeten Essig zu, so führt man die Möglichkeit herbei, daß nicht erst
Aldehyd, sondern sogleich Aldehydsäure entstehen könne, und dadurch
würde nicht nur die Essigbildung beschleunigt, sondern auch den Ver=
lusten vorgebeugt, welche bei derselben durch Verflüchtigung von Al=
dehyd gewöhnlich entstehen.

Diese Ansicht von der Wirkung der Essigsäure als
Essigferment und die sich darauf gründende Theorie der
Essigbildung stehen mit den Erfahrungen, die man bei der
Essigfabrication gemacht hat und täglich macht, im vollen
Einklange.

Die erste Bildung von Essigsäure in gegohrenen alkoholhaltigen
Flüssigkeiten (Wein, Bier, Branntweinmaische) wird dadurch nicht erklärt,
und hier mögen den ersten Anstoß dazu die in der Flüssigkeit enthaltenen,
in Umsetzung befindlichen Proteinsubstanzen geben. Die Art und Weise
ihrer Wirkung ist noch nicht ermittelt.

Hat sich aber in einer solchen Flüssigkeit auch nur die geringste
Menge von Essigsäure gebildet, so schreitet die Essigbildung, da nun schon
das wirksamste Essigferment vorhanden ist, unaufhaltsam und zwar in zu=
nehmender Progression vorwärts, und es kann die Neutralisation der ge=
bildeten freien Essigsäure und Aldehydsäure den Proceß zwar verzögern
aber nicht aufhalten, weil von den Uebergangskörpern des Alkohols in
Essigsäure auch etwas Aldehyd in der Flüssigkeit verbleibt, welches durch
Basen nicht neutralisirt werden kann, und seine fortschreitende Umwand=
lung in Essigsäure durch Oxydation fortsetzt, wodurch immer wieder freie
Essigsäure in die Flüssigkeit gebracht wird, so lange noch eine Spur von
Alkohol in derselben enthalten ist.

Man säuert die Grabirfässer und Essigbilder der Essigfabriken mit
starkem, heißem Essig ein; man tränkt die Buchenholz=Hobelspäne, Holz=
stückchen, Weinkämme, weiche Holzkohlen ꝛc., welche in die Essigbilder
oder Grabirfässer gebracht werden, mit starkem Essig; man setzt dem in
Essig umzuwandelnden Essiggute Essig hinzu, um die Umwandlung des
Alkohols in Essigsäure — die Essigbildung zu befördern. Ueberall dabei
wirkt die angewendete Essigsäure als Essigferment; sie wirkt als Essig=
ferment wahrscheinlich in dem oben angezeigten Sinne.

Je stärkeren Essig man zum Ansäuern anwendet, je mehr und stär=
keren Essig man dem Essiggute zusetzt, desto schneller, desto kräftiger geht
die Essigbildung vor sich. Sie geht vor sich unter den dazu günstigen
Bedingungen. Dazu gehören: angemessene Temperatur, nicht unter 15°
bis 25° Reaumur, und möglichste Berührung der säuernden Flüssigkeit

mit der atmosphärischen Luft. Beide Bedingungen sind bei den gewöhn=
lichen Methoden der Essigerzeugung, sowohl bei der verbesserten·Boer=
have'schen (der Grabir=Methode), als bei der Schnelleffig=Fabrication ge=
geben, aber in Bezug auf die Menge des zugesetzten Essigfermentes, des
fertigen Essigs, wird in den meisten Fällen noch gefehlt; man wendet
meistens zu wenig davon an, und dadurch wird nicht nur die Essigbildung
verzögert, sondern es finden auch Verluste durch Verflüchtigung von Al=
dehyd und Alkohol dabei statt, es wird ein schwächeres Product erzeugt.

Die Erfahrung lehrt, daß bei der Schnelleffigfabrication mit einer
Gruppe von drei Essigbildern die Essigbildung im ersten Bilder am
schwächsten erfolgt, stärker im zweiten und am stärksten im dritten Essig=
bilder, in dem Maaße nämlich, als der Gehalt an Essigsäure in der
Flüssigkeit zunimmt. Ebenso ist die Bildung von Aldehyd und der Ge=
ruch nach demselben, so wie auch der Verlust durch Verflüchtigung von
Aldehyd im ersten Essigbilder am stärksten, geringer im zweiten und am
geringsten im dritten Essigbilder.

Alle diese Erfahrungen stimmen mit der neuen Theorie der Essig=
bildung vollkommen überein, und würden darauf hinweisen, daß man
dem Essiggute bisher zu wenig Essig als Ferment zusetzte, und daß man
diesen Zusatz nicht leicht zu groß machen könne. Es geht von diesem Zu=
satze nichts verloren, denn der als Ferment zugesetzte Essig wird in dem
neu erhaltenen vollständig wieder gewonnen.

Die neue Theorie fordert, wenn Verlusten möglichst vorgebeugt wer=
den soll, daß dem Essiggute so viel fertiger Essig zugesetzt werde, als zur
Bildung von Aldehydsäure nothwendig ist.

Dieß ist eine weitere Folgerung, welche aus der neuen Anschauung
von dem Essigbildungsprocesse gezogen werden muß; ihre Anwendung ist
es, welche in dem sich auf diese Anschauung gründenden Verfahren bei
der Essigerzeugung Platz greifen müßte.

Ohne Zweifel wird dadurch an dem bisher üblichen Verfahren bei
der Essigfabrication und bei der Behandlung der Grabirfässer und Essig=
bilder, namentlich in Bezug auf die Zeit, wann das Ueberziehen des
Essiggutes von einem Grabirfaß auf das andere — welche gekürzt werden
müßte — stattzufinden hat, dann bei den Schnelleffigbildern in Bezug
auf die Menge des in derselben Zeit durchträufelnden Essiggutes —
welches zu vermehren seyn möchte — manches zu ändern seyn, allein der
rationelle Essigfabrikant, diese neue Theorie festhaltend, wird sich dabei
wohl bald zurecht zu finden wissen und überall das rechte Maaß einzu=
halten lernen.

Insbesondere will ich hier noch darauf aufmerksam machen, daß bei Anwendung der Grabirmethode ein vollständigeres Abziehen des Essig= gutes von dem zu entleerenden Grabirfaß, als dieß bisher üblich ist, sich nützlich erweisen müßte (S. 206—210, dann S. 220 meines oben ge= nannten Werkes), weil doch nur an der Oberfläche der in dem Grabir= faß befindlichen starren Körper die Essigbildung des sie benetzenden Essig= gutes vor sich geht und diese Oberfläche dadurch eine bedeutend größere wird; dann bei Anwendung der Schnelleffigbilder finde ich zu bemerken, daß ein so sorgfältiges, beinahe ängstliches Zurichten der Siebböden in denselben, um dadurch ein gleichförmiges und langsames Durchtröpfeln des Essiggutes zu erzielen, nicht so dringend nothwendig seyn möchte, als man wohl allgemein annimmt.

Auch hier ist es nur die Oberfläche der in den Schnelleffigbilder eingebrachten starren Körper, an welcher die Umwandlung des ihr anhän= genden Essiggutes in Essig erfolgt, weniger in den herabfallenden Tropfen; und weil zum Vorgange des Essigbildungsproceffes eine gewiffe Zeit noth= wendig ist, so kann das ununterbrochene Abwaschen dieser starren Körper durch das fortwährend herabträufelnde Essigut selbst störend auf den Fortgang des Essigbildungsproceffes einwirken, weil das Essigut dann zu kurze Zeit mit der atmosphärischen Luft in Berührung bleibt.

Meine Ansicht hierüber ist demnach die, daß bei den Essigbildern die so mühsame und sorgfältige Zurichtung der Siebböden nicht absolut nothwendig sey, und daß man durch ein in bestimmten berechneten Zeit= räumen erfolgendes Aufgießen und schnelles Durchlaffen des Essiggutes dasselbe Resultat wahrscheinlich beffer erreichen werde, weil dem Essig= gute, welches der Oberfläche der starren Körper im Essigbilder (Späne, Kohlen x.) anhängt, Zeit belaffen wird sich vollkommen in Essig umzu= wandeln und das zeitweilige nun raschere Durchlaffen des Essiggutes durch den Siebboden doch keinen andern Zweck hat, als den an der Oberfläche der Späne x. gebildeten Essig abzuschweifen und sie mit einer neuen Schichte von zu säuerndem Essigute zu benetzen.

Ueberhaupt ist es nicht nothwendig, immer eine Gruppe von je zwei Grabirfäffern, oder eine Gruppe von zwei bis drei Schnelleffigbildern zusmmenzustellen, weil der Essig in einem einzelnen Grabirfaß oder Essig= bilder, durch Abziehen deffelben von unten und wiederholtes Aufgießen von oben, auch fertig gemacht werden kann, wobei jedes Essigbildungs= gefäß für sich arbeitet.

Um allen Alkohol im Essigute zur Aldehydbildung zu disponiren, ist eine Mischung von nahezu gleichen Raumtheilen von verdünntem Brannt=

wein und Essig, von gleichen Procentgehalten an Alkohol (dem Volumen nach) und Essigsäure=Hydrat (dem Gewichte nach) nöthwendig.

Zur Bildung von Aldehydsäure wäre das dreifache Inhaltsmaaß an Essig gegen den verdünnten Branntwein erforderlich.

Ich will aber hiemit durchaus nicht behaupten, daß diese meine Ansicht vom Essigbildungsprocesse die richtige sey, und daß die vorgeschla= genen Veränderungen bei der Ausführung der Essigfabrication wirklich besser seyen und sich vollkommen bewähren werden. Es möchte jedoch die Mühe lohnen, im Großen Versuche in dieser Richtung vorzunehmen, wozu mir die Gelegenheit fehlt, damit, wenn sich meine Vorschläge bewäh= ren sollten, sie zum Nutzen der Essigfabrication Gemeingut werden könnten.

Nur in diesem Sinne wünsche ich die vorstehenden Mittheilungen aufgefaßt zu sehen.

Prag, im September 1857.

LVIII.

Firnisse, um den Kautschuk undurchdringlich zu machen, von der Gesellschaft Pellen und Comp. in Paris.

Aus Armengaub's Génie industriel, Oct. 1857, S. 193.

Diese Firnisse bestehen aus stärkmehlartigen Substanzen, Inulin, Lichenin, arabischem Gummi, Traganth, Pflanzenschleimen, Dextrin, Traubenzucker, Eiweiß, Collodium (ohne Aether bereitet), Leim (Hausen= blase oder Mundleim). In der Regel sind diese Firnisse mit reinem Wasser oder mit Alkohol verdünntem Wasser dargestellt; sie müssen sehr klar und durch ein Sieb getrieben worden seyn, um kleine, nicht hin= reichend aufgelöste Stücke verschwinden zu machen; es kommt hauptsäch= lich darauf an, daß der Firniß auf dem Ballon oder sonstigen Gegenstand eine undurchdringliche Schicht bildet, die aber so leicht als möglich ist. — Der Firniß wird auf dem Ballon oder sonstigen Gegenstand aufge= tragen, nachdem derselbe mit Gas gehörig aufgeblasen ist, um die Poren des Kautschuks genau zu verschließen und sie vollständig mit einem Häut= chen zu bedecken, welches unveränderlich und für das Wasserstoffgas un= durchdringlich ist.

Die erwähnten Substanzen, aus welchen die Firnisse zusammengesetzt werden, löst man in Wasser oder verdünntem Alkohol auf, aber niemals in Fetten welche den Kautschuk auflösen könnten. Bloß das Collodium wird mit einer sehr kleinen Menge Ricinusöl gemischt, weil es sonst auf dem Ballon ein sprödes Häutchen erzeugt.

Wenn man den Firniß mit Gummi und Zucker macht, so nimmt man 32 Proc. Gummi, 60 Proc. Wasser zum Auflösen desselben, und 8 Proc. Zucker. Dieses Verhältniß ändert man ab, je nachdem man den Firniß für den Ballon mehr oder weniger weich machen will; weniger Zucker macht den Firniß härter.

Wird der Firniß mit Dertrin dargestellt, so nimmt man beiläufig folgende Verhältnisse: 28 Proc. Dextrin, 60 Proc. Wasser und 12 Proc. besten Leim. Diese Verhältnisse werden ebenfalls abgeändert, je nachdem man einen mehr oder weniger weichen Firniß erhalten will; je mehr Dertrin er enthält, desto härter wird er.

Um einen sehr weichen, aber weniger dauerhaften Firniß zu erhalten, wendet man bloß Leim an, in 60 bis 70 Proc. Wasser aufgelöst.

Der Collodium=Firniß muß 5 bis 6 Proc. Ricinusöl enthalten, und das Collodium darf nicht mit Aether bereitet seyn.

Wir wollen noch eine Composition angeben:

weißer Wein	700 Gramme,
arabisches Gummi	200 „
Melasse	150 „

Das Ganze wird eine halbe Stunde lang gekocht, dann läßt man es abkühlen und setzt hierauf noch 300 Gramme Alkohol zu; endlich treibt man die Mischung durch ein Seidensieb und bringt sie unmittelbar in Flaschen.

Miscellen.

Technisch-chemische Untersuchungen im Laboratorium zu Clausthal.

1) Torf vom Bruchberge bei Clausthal, neben Holzkohlen beim Rothehütter Eisenhohofenbetriebe als Brennmaterial verwandt. a. Aelteste Sorte, dunkelbraun, dicht und mit liniendicken Stengeln. b. Mittlere Sorte, hellbraun, dichtfaserig ohne gröbere Stengel. c. Jüngste Sorte, hellbraun, locker, aus dünnen Fasern bestehend.

	a.	b.	c.
Aschengehalt . . .	4,2	0,74	1,3
Schwefelgehalt in der Asche .	0,0096	0,002	0,032
Phosphorgehalt „ „ „ .			

2) Torf von der Wolfswarte enthielt 12—13 Proc. hygroskopisches Wasser und gab 1—3 Proc. Asche, 18—27 Proc. Kohle und 71—80 Proc. flüchtige Bestandtheile. 1 Theil Torf reducirte 11—13 Theile aus Glätte.

3) Torf vom Prinzenteiche bei Clausthal gab bei

8 Fuß Tiefe 27 Kohle, 7½ Asche, 14 hygroskopisches Wasser,
9 „   „   32 „   4   „ .15   „   „
10 „   „   27 „   3   „ 17   „   „
13 „   „   33 „   4   „ 16   „   „
16 „   „   28 „   3½ „ 15   „   „

4) Gepreßter Torf: (a) und Torfkohle (b), nach Dr. Streng.

	a.	b.
Aschengehalt	2,41	3,18
Schwefelgehalt	0,09	0,09
Schwefelgehalt der Asche	3,98	2,99
Phosphorgehalt „	—	0,42
Specifisches Gewicht	—	1,42—1,49

5) Messing von Ofer, nach A. Streng.

Kupfer	62,24
Zink	37,27
Eisen	0,12
Blei	0,59
	100,22

6) Stempelschuhe in der Lautenthaler Pulvermühle.

Das öftere Vorkommen von Explosionen in der Lautenthaler Pulvermühle, wo ein Theil des für den Oberharzer Bergbau erforderlichen Grubenpulvers aus 62,31 Proc. Salpeter, 21,28 Proc. Kohle und 16.41 Proc Schwefel fabricirt wird, fand ich hauptsächlich begründet in dem früher üblichen Verfahren der Salpeterraffination und der Beschaffenheit der Stempelschuhe der Stampfwerke.

Letztere waren aus einer Art Speise dargestellt, welche zu Altenauer Silberhütte durch Reduction nickelhaltiger Kupfergaarschlacken und Verblasen des dabei erhaltenen Regulus im kleinen Gaarherde bei Zusatz von mehr oder weniger Glimmerkupfer erhalten war. Einen solchen Stempelschuh fand ich zusammengesetzt aus:

Kupfer	64,9
Antimon	19,3
Blei	11,1
Nickel und Eisen	5,5
	100,8

Derselbe zeigte Erhabenheiten und Vertiefungen, also härtere und weichere Stellen.

Die Salpeterraffination bestand in Lautenthal früher darin, daß man ziemlich reinen Rohsalpeter in Fässern mit kaltem Wasser behandelte und dadurch die Chlor-alkalien auswusch. Bei diesem Verfahren wurden während des Transportes hinein-gekommene fremde Substanzen (Sand, kleine Nägel ꝛc.) aus dem Salpeter nicht entfernt. Kamen dieselben dann bei der Pulverbereitung unter die stellenweise harten Stampfen, so waren alle Bedingungen zur Entstehung von Explosionen vorhanden.

Seitdem man die Stempelschuhe aus Bronze hergestellt hat, den Salpeter durch Auflösen, Filtriren, Krystallisiren ꝛc. reinigt und die Verkohlung des Ellernholzes, statt in mit Hecke bedeckten Meilern, in gußeisernen Kesseln vornimmt, sind Explo-sionen nicht vorgekommen. Veranlassung dazu kann jedoch bei aller Vorsicht die Eigenschaft des Holzkohlenpulvers geben, Gase zu absorbiren und dabei sich bis zur Selbstentzündung zu erwärmen. (Erdmann's Journal für ökonom. und technische Chemie Bd. X S. 324; Bd. XII S. 467; Erdmann's Journal für prakt. Chemie Bd. IX S. 101.) Von Einfluß auf diese Entzündung ist die Verkohlungsart, die Masse des zusammengehäuften Kohlenpulvers, besonders aber die Frische der Kohlen. Man muß deßhalb die Kohlen nach ihrer Bereitung erst längere Zeit liegen lassen, damit sie Luft und Feuchtigkeit aufnehmen; in Belgien läßt man wohl durch die frisch bereiteten Kohlen Wasserdampf gehen.

Ein Zusatz von Salpeter und Schwefel benimmt zwar der Kohle die Eigenschaft sich freiwillig zu entzünden, allein es finden immer noch Gasabsorption und Er-hitzung statt, die durch die Stempelschläge bis zur Entzündung des Pulvers ge-steigert werden kann.

Wie die Erfahrung in der Lautenthaler Pulvermühle ergeben hat, pflegt der Moment die Entzündung zu begünstigen, wo man die trocken gestampften Pulverkruften befeuchtet hat und die Stempel wieder anläßt. Das gehörige Feuchterhalten der Masse unter den Stampfen ist ein Haupterforderniß.

7) Mansfelder Grubenpulver enthält nach A. Streng:

Salpeter	66,36
Kohle	20,95
Schwefel	11,75
Wasser	0,93
	100,00

8) Harzer Grubenpulver aus der Lautenthaler Pulvermühle:

	a.	b.	c.	d.	e.
Salpeter . . .	63,12	62,00	63,87	61,94	64,32
Kohle	19,18	20,53	18,52	20,04	17,76
Schwefel . . .	26,44	15,91	16,24	16,56	16,24
Wasser	1,30	1,54	1,35	1,33	1,67
	100,04	99,98	99,98	99,87	99,99

a. Nach Bierwirth, grobes und Mittelkorn, stärkste Sorte. b. Nach Bruns, grobes Gemenge. c. Nach Bruns, Mittelkorn. d. Nach Kuhlemann. e. Nach Oberbeck, feinstes Korn (Staub), schwächste Sorte bei der Prüfung mittelst der Stangenprobe.

9) Dreide oder Droit, eine goldähnliche Legirung, zu einem Theelöffel verarbeitet, enthielt nach Bruns:

Kupfer	68,21
Zink	13,52
Zinn	0,48
Eisen	0,24
	100,45

Specifisches Gewicht: 8,79.

10) Zinnloth enthielt 30 Proc. metallisches Zinn.

11) Gypsanalysen nach Jüngst und zwar a. von Wienrode bei Blankenburg, b. von Walkenried, c. von Osterode.

	a.	b.	c.
Kalkerde . . .	31,87	32,25	32,62
Thonerde und Eisenoxyd .	0,60	Spur	0,50
Schwefelsäure . .	45,76	46,96	45,95
Kieselsäure . .	2,80	0,80	0,42
Wasser . . .	19,90	20,60	20,70
	100,95	100,61	100,17

12) Gyps aus dem Schwarzehütter Bruche bei Osterode enthält variable Mengen von wasserhaltigem Gyps und von Anhydrit.

a. Härteste Sorte, ostwärts im Bruche anstehend und zu den sogenannten Banksteinen in Anwendung, zwei Handstücke mit 28,2 und 93,3 Proc. Gyps.

b. Drei Handstücke aus der südwestlichen Ecke des Bruches mit 9,5, 47,3 und 98 Proc. Gyps.

c. Probe von der nordwestlichen Seite des Bruches mit 98 Proc. Gyps.

Der wasserhaltige, zur Mörtelbereitung allein taugliche Gyps scheint nur oberflächlich, wo die Atmosphärilien einwirkten, vorzukommen; tiefer in den Bruch hinein aber Anhydrit. Da die Nagelprobe (Anhydrit wird vom Fingernagel nicht, wohl aber Gyps geritzt) nicht immer sicher ist, so kann man sich von der Qualität des Gypses durch einen einfachen Versuch der Wasserbestimmung Kenntniß verschaffen, da reiner wasserhaltiger Gyps beim Erhitzen bis zur Rothgluth 20,9 Proc. Wasser abgibt.

13) Kalkstein- und Cementanalysen nach Jüngst. Zwei Sorten Kalkstein, a. und b., vom Kupferberge bei Ellrich, aus denen das Cementpulver c. zusammengesetzt:

	a.	b.	c.
Kieselerde . . .	25,90	21,50	15,60
Kalkerde . . .	19,60	22,28	42,56
Magnesia . .	2,31	2,57	17,14
Thonerde und Eisenoxyd .	20,44	18,40	14.50
Wasser und Kohlensäure .	32,00	34,00	10,20

14) Hydraulische Kalke von Goslar, nach Streng.

	a.	b.	c.
Kieselerde · · · ·	21,05	26,32	12,57
Thonerde · · ·	5,70	14,42	4,73
Eisenoxyd · · ·	15,55	5,50	9,46
kohlensaure Kalkerde ·	40,20	37,33	50,48
kohlensaure Magnesia ·	17,33	16,16	22,96
Kali · · · · ·	1,93	2,28	1,99
	101,76	102,01	102,19

15) Thon von Goslar, nach Streng.

Kieselerde · · · ·	39.20
Thonerde · · · ·	11,57
Eisenoxyd · · · ·	4,86
kohlensaure Kalkerde ·	41,51
kohlensaure Magnesia ·	1,04
Kali · · · · ·	2,21
	101,29

16) Formsand, zu Rothehütte iu Anwendung, vom Lindenstiege (a) und von Blankenburg (b), nach Streng.

	a.	b.
Kieselerde · · · ·	10,00	12,62
Thonerde · · ·	2,11	3,05
Eisenoxyd · · ·	2,53	2,64
Kalferde · · · ·	Spur	0,50
Alkalien · · · ·	Spur	Spur
Wasser · · · ·	2,68	2,65
Quarz · · · ·	81,61	77,46
	98,93	98,92

17) Chlorzinkdarstellung aus Oberharzer Zinkblende. — Eisenbahnschwellen werden behufs ihrer Conservation wohl mit Chlorzinklösung getränkt, welche man durch Auflösen von metallischem Zink oder zinkoxydhaltigen Producten (z. B. den zinkischen Ofenbrüchen der Unterharzer Bleischmelzöfen) in Salzsäure bereitet. Die Ansicht, daß Grubenhölzer mit Chlorzinklösung getränkt eine längere Dauer haben würden, als nicht getränkte Hölzer, hat einen größeren Versuch der Chlorzinkdarstellung aus Oberharzer Zinkblende auf Clausthaler Silberhütte veranlaßt. Die in einem Flammofen möglichst vollständig abgeröstete Blende wurde unter stetem Umrühren allmählich in Salzsäure eingetragen. Noch ehe letztere gesättigt war, verdickte sich die Lösung, ihr Volumen nahm bedeutend zu und es entstand eine gallertartige Masse, aus der sich weder durch Absetzenlassen noch durch Filtriren eine genügende Menge Chlorzinklösung erhalten ließ. Die Ursache dieser Erscheinung liegt in dem Kieselsäuregehalte der Zinkblende, welcher bei deren Röstung die Bildung eines Zinksilicates veranlaßt, das beim Behandeln mit Salzsäure gelatinirt. Versuche im Kleinen haben ergeben, daß Gemenge von Zinkoxyd und Kieselsäure schon nach nicht sehr starkem Glühen, mit Säure eine Gallerte erzeugen. Da Zinkblende behufs ihrer gehörigen Abröstung einer höheren Temperatur ausgesetzt werden muß, so wird sich dabei eine solche Silicatbildung nicht vermeiden lassen und in Folge dessen die Darstellung von Chlorzink aus quarzhaltiger Blende keinen Vortheil versprechen.

Die auf der Grube Caroline bei Clausthal versuchsweise verwandten Grubenhölzer, welche auf dem Göttinger Bahnhofe mit Chlorzinklösung getränkt worden, haben noch nicht hinreichend lange gestanden, um über ihre Dauer im Vergleich zu gewöhnlichen Hölzern schon jetzt ein bestimmtes Urtheil haben zu können. Es wurden 12 Abschnitte von solchen getränkten Hölzern auf einen Zinkgehalt untersucht. Während ein 20 Zoll an der Spitze des Stammes abgeschnittenes Stück am Rande gegen 2 Proc. und in der Mitte 0,1 Proc. Zink enthielt, wurde in den weiter nach der Spitze abgeschnittenen Abschnitten weniger Zink wahrgenommen. (Mitgetheilt vom Hüttenmeister Bruno Kerl in der Berg- und hüttenmännischen Zeitung, 1857, Nr. 24.)

Prüfung der käuflichen Schwefelsäure auf einen Gehalt an Salpetersäure und Untersalpetersäure.

Zu dieser Prüfung benutzt man gewöhnlich die Methode von Desbassins, indem man die Schwefelsäure auf Eisenvitriol, als Pulver oder in Auflösung, reagiren läßt; man darf jedoch dieses Reagens nur in gewissen Verhältnissen anwenden, wenn man eine rosenrothe, rothe, bläulichrothe oder rothbraune Farbe erhalten will. Um diese Schwierigkeit zu vermeiden und die Operation zu einer sehr einfachen zu machen, schlage ich vor, das schwefelsaure Eisenoxydul durch die gewöhnliche Eisenfeile zu ersetzen.

Ein Paar Finger voll Eisenfeile in einige Gramme concentrirte Schwefelsäure (von 1,84 spec. Gew. = 66° Baumé) geworfen, veranlassen nämlich in derselben, wenn sie Salpetersäure oder Untersalpetersäure enthält, eine rosenrothe, rothe, bläulichrothe oder veilchenblaue Färbung, je nach dem Grade ihrer Reinheit. — Ab. Vincent, Oberapotheker der Marine zu Brest. (Journal de Chimie médicale, September 185., S. 522.)

Färben und Drucken der Zeuge mit Murerid.

G. White in London ließ sich am 3 Februar 1857 Verbesserungen im Färben und Drucken der Gewebe mit Murerid als Mittheilung patentiren; das Octoberheft des Repertory of Patent-Inventions enthält S. 303 die Beschreibung seines Patents, wornach wir jedoch den Mittheilungen über diesen Gegenstand im polytechn. Journal Bd. CXLIV S. 68 und Bd. CXLV S. 137 und 156, nichts wesentlich Neues beifügen können.

Zum Drucken der Kattune mit Handformen verwendet er als Druckfarbe eine Lösung von Quecksilberoxydsalz (Sublimat), mit Gummiwasser verdickt und mit ein wenig Murerid geblendet. Um das Quecksilberoxyd auf der bedruckten Waare zu befestigen, passirt er dieselbe durch eine schwache Auflösung von Ammoniak, worauf die Waare wie gewöhnlich vom Verdickungsmittel 2c. gereinigt und gespült wird, um endlich in einer warmen Auflösung von Murerid gefärbt zu werden. Die Waare wird dann wieder gewaschen und durch Passiren in einer gemischten Auflösung von Quecksilbersublimat, essigsaurem Natron und Essigsäure geschönt.

Auf Seide oder Wolle, welche mit Murerid purpurroth gefärbt worden sind, kann man Gelb ätzen, indem man Pikrinsäure aufdruckt, gemischt mit einer Säure welche das Murerid zu zerstören vermag.

Auf Kattun, welcher mit Murerid glatt purpurroth gefärbt ist, kann man Orange erzeugen, indem man ein saures Zinksalz aufdruckt; und mittelst eines Zinnoxydulsalzes erhält man ein mehr oder weniger dunkles Grau.

Wenn man mit Murerid auf einen indigoblauen Grund färbt, erhält man ein sehr lebhaftes Violett; Türkischroth kann man erhalten, indem man dem Baumwollenzeug zuerst eine gelbe Farbe ertheilt und ihn hernach in Murerid färbt.

White bemerkt schließlich: „Substanzen welche sehr zur Fäulniß geneigt sind, wie z. B. Eiweiß, Casein, Kleber 2c., üben eine eigenthümliche Wirkung auf das mit Alloxantin gemischte Alloxan aus (welches man erhält, wenn man Harnsäure mit verdünnter Salpetersäure zum Sieden erhitzt); druckt man nämlich das Alloxan und Alloxantin, mit Eiweiß verdickt, auf, so entsteht sehr bald ein dunkles Roth, welches dann auf oben angegebene Weise geschönt werden kann.“ Diese Thatsache ist leicht zu erklären, indem das bei der Fäulniß des Eiweißstoffes entstehende Ammoniak sich mit dem Alloxan und Alloxantin zu Murerid verbindet; 1 Aeq. Alloxan + 2 Aeq. Alloxantin + 4 Aeq. Ammoniak = 1 Aeq. Murerid + 6 Aeq. Wasser. Die Redaction.

Ueber die Darstellung des einfachen Bleipflasters mittelst künstlicher Oelsäure; von Prof. Dr. Bolley.

Der Gedanke anstatt des Olivenöls Oelsäure zur Pflastererzeugung zu verwen=den, scheint nicht neu zu seyn; er ist aber auch allzu nahe liegend, als daß nicht zu erwarten wäre, daß ihm schon mancher Praktiker nachgegangen. Stickel [48] empfiehlt „Olein" zu gleichen Theilen mit Olivenöl für die Herstellung des braunen Pflasters oder Mutterpflasters. Wahrscheinlich versteht derselbe aber unter Olein die Oelsäure und nicht das oleinsaure Glyceryl=Oryd, das den Namen Olein trägt. Wenn auch dem so ist, so ist der Vorschlag doch unseres Wissens nicht in allgemeinere Aufnahme gekommen, und es sind zu seiner Begründung einige wesentliche Momente vergessen worden. Es ist bekannt, daß die von der Stearinsäurefabrication abfallende Oelsäure einen sehr übeln Unschlittgeruch hat, und dieser zumeist war wohl der Grund, daß man der Sache nicht recht traute. Dieser Geruch läßt sich durch Schütteln der fetten Flüs=sigkeit mit Chlorkalklösung oder Einleiten von schwefligsaurem Gase etwas verbessern, aber schwerlich ganz beseitigen. Dagegen zeigt sich folgendes Verhältniß als vortheilhaft. Es wurden verschiedene Portionen der käuflichen Oelsäure mit Bleioryd in ähnlichen Gewichtsverhältnissen, wie sie die preußische Pharmakopöe (6 Auflage) für Olivenöl und Bleiglätte zu Bleipflaster vorschreibt, und etwas Wasser gekocht, und immer bemerkt, daß die erzeugte Bleiseife anfangs zwar noch etwas wie die rohe Oelsäure roch, daß aber der Geruch nach wenigen Tagen sich so verbesserte, daß man nicht sagen kann, derselbe sey unangenehm und ein Hinderniß der Anwendung der Oel=säure statt des Baumöls. Bleipflaster auf diese Art gemacht und einige Wochen in einem verschlossenen Glase aufbewahrt, roch ebenso wie älteres Pflaster aus Oli=venöl bereitet.

Die Oelsäure kostet durchschnittlich nur $^3/_4$ von dem Preise des Olivenöls; dieser Preisunterschied an sich wäre aber kein hinreichender Rechtfertigungsgrund zur Verdrän=gung des Olivenöls; dagegen ist wichtig der Umstand, daß die Seifenbildung äußerst leicht, in viel kürzerer Zeit und ohne Schäumen stattfindet Die Ersparniß an Arbeit und angestrengter Aufmerksamkeit und an Brennmaterial fällt nach meiner Meinung ziemlich ins Gewicht bei Beurtheilung des Vorschlags. Was das Product selbst angeht, so ist es etwas gelblicher als frisches Olivenölbleipflaster, aber nicht dunkler als altes. Die Consistenz ist gerade die zum Streichen passende. Es ist zähe und gut klebend, sehr plastisch, keineswegs kurz. Ich bemerke bei dieser Ge=legenheit, daß mich gerade die Frage zum Vornehmenlassen der Arbeit durch Hrn. Grob bestimmte, ob es wohl richtig sey, daß das Pflaster dem Glycerin seine Pla=sticität und Weichheit verdanke. Dem ist nach den gemachten Erfahrungen nicht so, und ich habe auch nie an die, ich glaube von Bartlett aufgestellte Meinung ge=glaubt. Das gemeine Bleiglättepflaster dient weniger selbstständig, denn als Körper zu anderen Pflastern, weßhalb man es gern in größeren Quantitäten macht, älter werden und etwas erhärten läßt, um es dann zu verbrauchen, weil sonst die ge=mengten Pflaster zu weich werden. Ein Versuch, den ich anstellen ließ, deutet darauf hin, daß man beliebige Abstufungen der Härte hervorbringen kann, wenn man etwas stearinsaures Bleioryd, das an sich ein hartes pulverisirbares Salz ist, nach Bedarf zusetzt, oder was dieselben Dienste thut, wenn man in vorher ermittelten Quantitäten Stearinsäure in Oelsäure auflöst und mit Bleiglätte verseift.

Daß das vorgeschlagene Verfahren der Bleipflasterbereitung rationell und einfach ist, wird man leicht zugeben; ob sich aber beim Aufbewahren, Verarbeiten u. s. w. später Nachtheile einstellen, ist freilich mit den gemachten Wahrnehmungen nicht entschieden; ich glaube indessen nicht, daß dieß der Fall seyn werde. (Schweizerische Zeitschrift für Pharmacie, 1857, S. 183.)

---

[48] Archiv der Pharmacie, 2te Reihe Bd. LIII.

Anwendbarkeit des Mehles, welches sich erhitzt hat, zum Brodbacken.

Hr. Morin, Professor an der medicinischen Schule zu Rouen, hat über diesen Gegenstand eine Untersuchung angestellt, aus welcher hervorgeht: 1) daß die im erhitzten Mehl stattfindende Bewegung, welche eine Gährung ist, keinen andern Erfolg hat, als daß sie in demselben eine kleine Menge Säure erzeugt, welche seiner Verwendung zum Brodbacken gar nicht hinderlich ist; 2) daß in dem Mehl auf Kosten des Klebers nur dann Ammoniak erzeugt werden kann, wenn dasselbe in Wasser eingeweicht bei der für jede Gährung erforderlichen Temperatur sich selbst überlassen bleibt; 3) daß das mit erhitztem Mehl dargestellte Brod unmöglich einen ammoniakalischen Geruch und einen scharfen Geschmack besitzen kann (wie in Frankreich behauptet wurde), daher der Consument hinsichtlich dieses Brodes ganz unbesorgt seyn kann, denn der Kleber, welcher einen so großen Einfluß auf die Güte des Brodes hat, erleidet bei der Gährung des Mehles keine merkliche Veränderung. (Journal de Chimie médicale, October 1857, S. 624.)

Weizen aus einem ägyptischen Grabe.

Im Jahr 1849 erhielt Hr. Drouillard durch einen Freund 5 Weizenkörner aus einem alten ägyptischen Grabe, welches in Gegenwart des letztern geöffnet worden war. Hr. D. ließ hinsichtlich der Keimfähigkeit dieses Getreides Versuche anstellen; zu seinem Erstaunen gab jedes dieser Körner in einem Blumentopf eine Ernte, die sich zu demselben verhielt = 1,200:1. Mit dem so gewonnenen Korn wurden im J. 1854 merkwürdige Resultate auf dem Hrn. D. selbst angehörigen Gute Claudy in der Bretagne erzielt. 700 Gramme im Fluge ausgesäeter Weizen ergaben 43 Kilogr., also einen etwa 61½fachen Ertrag, während gewöhnlicher Weizen auf demselben Felde nur den 15fachen gab und der durchschnittliche Ertrag in Frankreich nur 7—8 auf 1 beträgt. Weitere 700 Gramme, welche Korn an Korn in Reihen eingesäet wurden, trugen 219,35 Gram., also 313 auf 1. Im J. 1855 war das Resultat gleich günstig; es ertrug der im Fluge ausgesäete Weizen sogar 556 auf 1. Guérin-Méneville. (Comptes rendus, März 1857, Nr. 9.)

Analysen künstlicher Dünger.

Henneberg's Journal für Landwirthschaft, 1857 Heft 8, theilt aus dem Laboratorium der königl. hannoverschen Landwirthschaftsgesellschaft folgende Analysen mit:

Analyse eines Düngstoffes aus der Berliner Düngepulverfabrik:

phosphorsaurer Kalk	9,51
schwefelsaurer „	7,46
kohlensaurer „	21,77
Chlorkalium	1,92
Chlornatrium	5,61
organische Substanz	23,38
Wasser	6,96
Sand	24,38
	100,99
Stickstoff	1,17

Werth circa 25 Sgr.

Analyse des Urindüngers aus der Fabrik Sandolfi und Comp. in Magdeburg:

Phosphorsäure	4,70
Schwefelsäure	7,35
Kalk	7,68
Alkalien	5,73
organische Substanz . . .	53,43
Wasser	9,21
Sand	11,63
	99,73
Stickstoff als Ammoniak . . .	2,49
Stickstoff in organischer Verbindung .	0,60
	3,09

Werth circa 1½ Thlr.

Dr. Stohmann.

Analysen von Fischguano, von Dr. C. Karmrodt.

Dr. Karmrodt zu St. Nicolas veröffentlicht folgende Analysen von Fisch-guano.

	Fischguano.				Peruguano.	
	1.	2.	3.	4.	1.	2.
Kali	0,240	0,078	0,228	0,437	1,936	2,873
Natron	1,573	0,658	0,377	0,125	0,496	1,636
Phosphorsäure . . .	2,104	0,681	0,487	0,045	3,800	7,456
Chlor	0,631	0,156	0,158	0,105	1,040	1,117
Schwefelsäure . . .	0	0	0,100	0,160	0,620	0
Eisenoxyd	0,750	1,211	0,131	1,151	0,180	0,256
Kalk	9,129	1,685	9,313	6,015	5,108	8,803
Bittererde	1,159	0,592	0,527	0,424	3,686	0,586
Phosphorsäure	2,826	3,211	4,776	6,550	11,024	16,97
Kohlensäure	4,600	0,600	2,100	0,660	0 Spuren	0
Harnsäure	0	0	0	0	10,288	11,600
Ammoniumoxyd . . .	0	0	0	0	14,684	16,578
Org. Substanzen ⎰ .	50,532	66,333	60,988	59,601	28,559	26,245
Stickstoff ⎱ .	6,600	10,200	9,300	10,800	—	—
Sand- u. Kieselerde . .	7,774	2,236	1,255	2,807	1,452	1,148
Wasser	12,082	12,359	13,260	11,120	17,127	14,731
Summa	100,000	100,000	100,000	100,000	100,000	100,000

Die werthvollen Bestandtheile sind:

	Fischguano.				Peruguano.	
	1.	2.	3.	4.	1.	2.
1) In Wasser lösliche phosphor-saure Alkalien ꝛc. . . .	4,548	1,573	1,350	0,871	7,829	13,082
2) Phosphorsaure alkalische Er-den (Kalk, Bittererde) . .	13,114	5,488	11,616	12,989	19,818	14,488
3) Stickstoff in unlöslicher Ver-bindung	6,600	10,200	9,300	10,800	—	—
4) Stickstoff in leicht lösl. Form (als Ammoniak, Harnsäure)	0	0	0	0	11,340	16,874
Summa	24,262	17,261	22,666	24,260	38,987	47,444

Vergleichen wir die Resultate vorstehender Untersuchungen von Fischguano mit denen von Peruguano, so finden wir, daß der Fischguano weit weniger lösliche Alkalien, und darunter namentlich Kalisalze, enthält, als der Peruguano. Am-moniaksalze enthält der Fischguano gar nicht, und aus diesem Grunde allein steht er dem Peruguano sehr nach). Der Stickstoff ist in dem Fischguano, verglichen mit einer gewöhnlicheren Sorte Peruguano, wohl in einer fast gleichen Menge vorhanden, jedoch in einer Form, welche erst den Verwesungsproceß durchmachen muß, um, wenn auch indirect, zur Pflanzennahrung zu werden, und Stickstoffverbindungen, die wie die Harnsäure des Peruguano, welche, beiläufig gesagt, den dritten Theil ihres Gewichtes an Stickstoff enthält, sich so leicht in die günstige Form des kohlensauren Ammoniaks umsetzt, können vielleicht noch einen höheren Werth haben, als fertig gebildetes (kohlensaures) Ammoniak.

Der Peruguano enthält eine fast dreimal größere Menge Phosphorsäure als der Fischguano, und da von dieser ein bedeutender Theil, an Alkalien gebunden, in Wasser löslich ist, so kann sie auch leichter und in größerer Menge von den Pflanzen aufgenommen werden. Außerdem ist der phosphorsaure Kalk und die phosphorsaure Bittererde (Talkerde) in größerer Menge im Peruguano vorhanden.

Die organischen oder verbrennbaren Stoffe sind im Fischguano fast in der doppelten Menge, und oft noch darüber enthalten, und umgekehrt enthält der Fischguano nur halb so viel werthvolle Aschenbestandtheile als der Peruguano.

Es ließen sich noch viele andere Vergleiche anstellen, welche die Vorzüge des Peruguano's vor dem Fischguano bestätigen. Bei alle dem kann indessen dem Fischguano ein gewisser Werth nicht abgesprochen werden, und da der Preis dafür ungefähr nur halb so hoch ist als der einer guten peruanischen Sorte, so würden durch seine Anwendung doch immer noch verhältnißmäßige Resultate zu erzielen seyn. Die Wirkung des Fischguano's möchte jedoch eine viel langsamere seyn, und wohl erst im zweiten Jahre günstige Resultate liefern. Die oben angeführten Fischguanosorten sind gegenwärtig Düngungsversuche im Vergleiche zu Peruguano auf der landwirthschaftlich-chemischen Versuchsstation zu St. Nikolas im Gange, und wird der Verf. seiner Zeit über die beobachtete Wirkung beider Weiteres mittheilen. (Aus der Zeitschrift des landwirthschaftlichen Vereins für Rheinpreußen, durch Wilda's landwirthschaftl. Centralblatt, 1857, S. 250.)

Tabakpapier.

Man bereitet heut zu Tage nicht nur aus Lumpen, sondern auch aus verschiedenen andern Stoffen Papier; es ist daher auffallend, daß noch niemand auf den Einfall gekommen ist aus den Rippen und Stengeln des Tabaks ein Papier fertigen zu lassen, das man statt den theuren Deckblätter zur Umhüllung der Cigarren verwenden könnte. Man wird vielleicht meinen Vorschlag sonderbar finden, dieß war aber auch der Fall als von dem Strohpapier die Rede war, bevor jemand daran dachte solches zu fabriciren und wie viel Ballen werden jetzt davon verfertigt! Es ist Sache der Cigarrenfabrikanten, die ich darauf aufmerksam mache. Die vielen Äcker voll Tabakstengel, die man jetzt sieht, und der Abgang von Rippen würden wohl manchen Centner Deckblatt geben. Das zu diesem Zwecke verfertigte Tabakpapier würde noch den Vortheil darbieten, daß es besser deckt, d. h. die Decke ganz ist, keine Löcher besitzt, wie man solche so oft an den Cigarren findet, so daß man sie nicht rauchen kann; ferner daß es zu besseren Sorten von Cigarren verwendet werden könnte, indem aller Knellergeruch durch die Behandlung rein verloren gienge. Man könnte dasselbe auch, wenn es erforderlich wäre, mit Baumwolle versetzen um ihm mehr Festigkeit zu geben. Ein solches muß eine feine Textur besitzen und dürfte nicht mit Leim versetzt seyn, damit es keinen unangenehmen Geruch verbreitet. Es würde sich noch der Vortheil damit verbinden, daß man die Bezeichnung der Sorte aufdrucken könnte, welches jedoch nicht mit Firniß sondern mit Gummiwasser geschehen müßte. Dr. H.

Buchdruckerei der J. G. Cotta'schen Buchhandlung in Stuttgart und Augsburg.

LIX.

Sleppy's Ketten-Walzschneidwerk.

Mit einer Abbildung auf Tab. V.

Die Anfertigung von Ketten ist, wie bekannt, eine sehr langwierige Arbeit, wenn sie ohne Anwendung einer Maschine geschehen soll. Diesem Uebel abzuhelfen und um überhaupt Ketten billiger und schneller herzustellen, hat der Amerikaner Chr. Sleppy vor Kurzem folgende sinnreiche Maschine construirt und sich patentiren lassen, deren Zeichnung, Fig. 18, dem Scientific American entnommen ist.

In einem eisernen Rahmen A sind durch vier Lager B, B, B, B die vier Walzen D, D, D, D rechtwinkelig zu einander befestigt. Diese Walzen sind durch Kegelräder und zwei Zahnräder C, C so mit einander verbunden, daß sie sich alle nach einer Richtung hin bewegen und im Mittel unter 45 Grad zusammentreffen. Auf die 45 Gradseiten der Walzen sind nun correspondirend eine Reihe Stanzen mit scharfen Kanten eingravirt, die der Größe der anzufertigenden Kettenglieder genau entsprechen, und zwar so, daß der sich berührende Punkt je zweier Kettenglieder genau in dem Berührungspunkt aller vier Walzen liegt, während die zwei Längenseiten eines Gliedes um die Hälfte der Gliedbreite von diesem Punkte entfernt sind, wie die Figur zeigt.

Jede der einzelnen Stanzen a, a, a, a, b, b, b, b, c, c, c, c u. s. w. bildet ein Viertel von einem Kettengliede und beim Umwalzen treffen sich die vier obern Enden von a, a, a, a genau im Mittel der Walzen, während sich unter ihnen schon wieder b, b, b, b zum Anfange eines neuen Kettengliedes rechtwinkelig zu a, weil die Walzenkanten, auf welche die Stanzen eingravirt sind, in einen rechten Winkel auslaufen, vereinigt haben u. s. w. Die Façon der Kette wird sonach von den Peripherien der Walzen, auf die sie gravirt ist, abgewickelt.

Das Walzen selbst geschieht auf folgende Weise: Nachdem vorher auf einem andern Walzwerk dem Eisen, aus welchem die Kette gefertigt werden soll, die in der Abbildung mit E bezeichnete Façon gegeben worden ist, wird es abermals glühend gemacht und zwischen die vier Walzen gebracht, welche im Umdrehen die Stange niederwärts ziehen. In Folge der Stanzen auf den Walzenperipherien wird sie nun in Kettenglieder geschnitten und kommt auf der untern Seite der Walzen als vollständige Kette zum Vorschein. Diese Maschine bildet ein Seitenstück zu Bur=den's Hufeisenmaschine, welche den Hufeisen ebenfalls die Façon durch gestanzte Walzen gibt.   B. H.

LX.

Ueber Construction der Faßhahnen; von Fürstedler.

Aus den Verhandlungen und Mittheil. des nieder=österr. Gewerbevereins, 1857, S. 84.

Mit einer Abbildung.

Die Construction der gegenwärtig bei uns noch allgemein vorkom=menden Hahnen zur Regelung des Abflusses von Flüssigkeiten ist sehr mangelhaft. Bekanntlich wird bei derselben der Verschluß durch einen, entweder in der Richtung der Achse des Hahnens oder rechtwinkelig zu diesem durchbohrten Kern bewirkt, der sich mit starker Reibung in einem Futter dreht. Macht man durch genaues Einschleifen diese Reibung sehr stark, so braucht man einen bedeutenden Kraftaufwand um den Hahnen zu drehen, wodurch derselbe häufig an seiner Verbindung gelockert, oder auch gar aus derselben losgerissen wird. Bei schwacher Reibung ist der Verschluß unvollkommen und die Flüssigkeit entströmt tropfenweise aus dem Hahnen, wobei nach angestellten Versuchen in 24 Stunden 2 Maaß verloren gehen. Die Direction der Dianabad=Actien=Unternehmung in Wien hat, um diese Uebelstände zu vermeiden, seit dem Jahre 1854 in ihrer Anstalt die hier abgebildete Construction von Hahnen eingeführt, welche sich auch auf das Glän=zendste bewährt haben. Der Verschluß wird bei diesen Hahnen durch ein Ventil a bewirkt, welches an seiner unteren Fläche ein Blättchen von vul=canisirtem Kautschuk trägt, das durch ein darüber gelegtes Messingscheibchen von weit kleinerem Durch=messer und eine Schraubenmutter in seiner Lage erhalten wird. Diese elastische Fläche schließt sich bei b, b an einen Reif an, der durch die Erweiterung des Ausflußrohres gebildet wird. Um das Ventil mit starker Pressung an den Reif zu drücken, hat das=selbe einen Zapfen, der durch die Stopfbüchse d geht und hier auf eine ercentrische Scheibe e trifft, welche, wie man aus der Zeichnung sieht, mittelst einer Handhabe um ihre Achse gedreht werden kann. Steht die Handhabe so, wie es in der Zeichnung angedeutet ist, so ist das Ventil verschlossen. Wird dagegen die Handhabe nach abwärts gedreht, so wird vor dem Zapfen der früher durch das Excentricum eingenommene Raum frei, der Druck der Flüssigkeit stößt das Ventil heraus und dieselbe entströmt durch f. Solche Hahnen schließen vollkommen dicht, können mit dem geringsten Kraftaufwande geöffnet und geschlossen werden und sind, wenn sie schadhaft werden sollten, ungemein leicht wieder in Stand zu setzen. Man darf nämlich nur immer die elastischen Plättchen auswechseln, was durch Aufschrauben der Stopfbüchse sehr schnell bewirkt werden kann. Die Plättchen selbst können aus einer Kautschukplatte mittelst eines passenden Locheisens und einer gewöhnlichen Presse billig hergestellt werden. Bei den im Dianabade seit fast drei Jahren fortwährend im strengsten Betriebe befindlichen Hahnen mußten bisher nur an einigen mit dem heißen Wasser (von 50 bis 60° R.) in Berührung stehenden Ventilen die Plättchen ausgewechselt werden. Die Hahnen selbst werden von einem gewöhnlichen Gelbgießer um den Preis von 1 fl. 6 kr. per Pfund geliefert und wiegen 3 bis 3½ Pfund.

LXI.

Neue Beiß= und Kneipzange; beschrieben von Carl Karmarsch.

Aus den Mittheilungen des hannoverschen Gewerbevereins, 1857 S. 150.

Mit Abbildungen auf Tab. V.

In der allgemeinen Form ganz einer gewöhnlichen Zange ähnlich, unterscheidet sich die gegenwärtige, in Fig. 16 und 17 in halber Größe abgebildete, sich nur durch den einen Umstand, daß jeder der beiden Schenkel a, b — zwischen welchen die Feder c liegt — mit einer halb so dicken kreisrunden gehärteten Scheibe d endigt. Die beiden Scheiben liegen mit genauer Berührung flach auf einander und drehen sich beim Oeffnen und Schließen der Zange um den durch ihren Mittelpunkt gehenden Bolzen e. Correspondirende Einschnitte 1, 2, 3, 4, 5 von verschiedener Breite und rund ausgehöhltem Grunde sind in den Scheiben angebracht. Die Folge hievon ist, daß ein Draht, den man in den kleinsten für ihn passenden Einschnitt legt, beim Zusammendrücken der Griffe a, b vermöge einer völlig scherenartigen Wirkung abgeschnitten wird.

Die Vorzüge dieser Einrichtung bestehen in der geringen beim Gebrauche erforderlichen Kraft; in der Reinheit des Schnittes, welcher ohne alle Verquetschung des Drahtes beiderseitig ganz flach ist; endlich in der äußerst großen Dauerhaftigkeit des Werkzeuges, welches nicht wie eine gewöhnliche Kneipzange dem Schartigwerden ausgesetzt ist. Allerdings taugt diese Zange nicht, um einen Draht in unmittelbarster Nähe einer Fläche, aus welcher er hervorragt, abzuschneiden; aber in allen den Fällen, wo es sich um Zertheilung eines Drahtes in Stücke handelt, könnte man kein besseres Mittel finden.

Den Erfinder der hier beschriebenen Zange vermag ich nicht anzugeben. Ich lernte dieselbe aus der unten genannten holländischen Zeitschrift [49] kennen, wo die mit einer kleinen perspectivischen Abbildung begleitete Beschreibung Mr. V. E. (ohne Zweifel Van Eijk, einer der Herausgeber) unterzeichnet ist, und habe ein Exemplar hier in Hannover für die Werkzeugsammlung der polytechnischen Schule durch Hrn. Uhrmacher Möbius anfertigen lassen.

LXII.

Rohde's verbessertes Heft für Holzbohrer; beschrieben von Carl Karmarsch.

Aus den Mittheilungen des hannoverschen Gewerbevereins, 1857 S. 147.

Mit Abbildungen auf Tab. V.

Bei den üblichen Holzbohrern (sowohl Nagelbohrern als größeren), welche an einem Querhefte mit der Hand umgedreht werden, entsteht sowohl bedeutender Zeitverlust als nutzlose Anstrengung und Ermüdung dadurch, daß nach jeder halben Umdrehung das Heft losgelassen und mit

---

[49] De Volksvlijt. Tijdschrift voor Nijverheid, Landbouw, Handel en Scheepvaart, uitgegeven door de Vereeniging voor Volksvlijt; te Amsterdam; 1857, p. 86. (Diese von den HHrn. Bleekrode, Van Eijk, Sarphati und Staring redigirte Zeitschrift zeichnet sich durch interessanten und mannichfaltigen Inhalt aus.) K.

zurückgewendeter Hand neuerdings gefaßt werden muß. Diesen Uebel=
stand zu beseitigen, ist eine Einrichtung erfunden worden, für welche John
Avery zu London am 25. August 1855 in England ein Patent erhielt.
Die Beschreibung hievon ist aus dem London Journal of arts im poly=
technischen Journal (1856, Bd. CXLII S. 404) mitgetheilt, worauf ich
wegen des Näheren verweise. Der Erfinder brachte in dem hohlen, aus
zwei Theilen zusammengesetzten Bohrerhefte ein Gesperr an, vermöge
dessen bei Drehung rechts herum das Heft den Bohrer mitnimmt, wäh=
rend bei entgegengesetzter Drehung das Heft allein sich bewegt und den
Bohrer stillstehen läßt. Demnach ist es nun durchaus nicht mehr nöthig,
das Heft loszulassen so lang das Bohren dauert; sondern die Hand er=
theilt demselben eine wechselweise Drehung rechts und links herum und
bleibt stets unverändert daran liegen. Diese Anordnung hätte, ohne wei=
tere Zugabe, die natürliche Folge, daß der Bohrer mittelst des Hefts gar
nie wieder aus dem gebohrten Loche herausgedreht werden könnte. Deß=
halb wurde an der Achse des Bohrers über dem ersten Sperrrade noch
ein zweites solches, aber in entgegengesetztem Sinne wirksames Rad an=
gebracht, welches — nachdem die erste Sperrung durch einen nichts
weniger als einfachen Mechanismus außer Thätigkeit gesetzt ist — beim
Zurückdrehen des Bohrers wirkt. Das schwach gebaute Gesperr hat außer=
dem räthlich erscheinen lassen, jedes Rad mit zwei Sperrkegeln zu ver=
sehen.

Hr. W. Rohde, Uhrmacher zu Verden, mit der vorgedachten
Beschreibung im polytechnischen Journale bekannt und sowohl das Gute
als die Unvollkommenheiten des Apparats mit Einsicht würdigend, hat
denselben wesentlich vereinfacht, dadurch bedeutend verbessert und einen
von ihm gearbeiteten Bohrer am 27. März d. J. dem dortigen Local=
gewerbevereine vorgelegt, nachher als Geschenk an die Werkzeugsammlung
der hannoverschen polytechnischen Schule abgegeben. Nach diesem Exem=
plare sind die Zeichnungen auf Tafel V. angefertigt.

Fig. 13 ist die innere Ansicht des Bohrerheftes in dem zum Bohren
erforderlichen Zustande;

Fig. 14 deßgleichen in der Anordnung zum Herausdrehen des
Bohrers aus dem Loche;

Fig. 15 die äußere Seitenansicht.

Das hohle Heft ist von Messing= oder Eisenblech zusammengelöthet
und besteht gleich einer kleinen langovalen Schachtel aus der Zarge a, a
und einem flachen Boden b, b; um Staub oder anderen Schmutz abzu=
halten, wird es zweckmäßig durch einen aufgeschobenen Deckel — ganz
gleich einem Schachteldeckel — verschlossen werden. Auf dem Boden ist

außen ein kurzes, aber etwas starkes messingenes, cylindrisch ausgebohrtes Rohr c, d angelöthet. Auf den Schaft h des Bohrers (eines gewöhn= lichen Nagelbohrers) ist das messingene Scheibchen g durch Löthung be= festigt; die weitere Fortsetzung bildet — statt der sonst vorhandenen flachen Angel — ein cylindrischer in das Rohr c, d passender Theil, und was im Innern des Heftes a, b vorsteht, von c bis e, ist ein vierkantiger Zapfen, auf welchem das Zahnrad i, mit 20 nicht abgerundeten und nicht abgeschrägten Zähnen, steckt. Eine über dem Rade aufgeschobene kleine Messingscheibe f und ein Vorsteckstift hindern das Rad sich vom Boden b zu entfernen, und den Bohrer sich vom Hefte zu trennen.

k, l ist der ankerähnliche doppelte (gleich dem Rade i am besten aus Stahl verfertigte) Sperrkegel, dessen Drehpunkt die Schraube m bildet; ein Stift n auf seiner Fortsetzung greift in das gabelförmige Ende o des als Feder dienenden Eisendrahtes o, p, der in dem messingenen flachen, um die Schraube r drehbaren Stiel p, q festgelöthet ist. p, q selbst tritt durch eine etwas geräumige Oeffnung in der Zarge a (siehe bei . t, Fig. 15).

Wenn alle Theile in der durch Fig. 13 angezeigten Lage sich be= finden, also der Zahn l des Sperrkegels zwischen zwei Radzähnen liegt, so bewirkt eine rechts herum gehende Drehung des Heftes a, b, daß l das Rad i mitnimmt und dasselbe (folglich den Bohrer) zur Umdrehung in dem Sinne des Pfeils nöthigt; dagegen kann bei links herum gehen= der Drehung des Heftes der durch den Widerstand im Arbeitsholze fest= gehaltene Bohrer stillstehen und die Feder o, p ein Weghüpfen des Kegels l über die Zähne des Rades gestatten.

Wird aber q (Fig. 13) nach der von dem Pfeile ausgedrückten Richtung ein wenig verschoben, so stellt sich alles wie in Fig. 14; d. h. es erfolgt eine kleine Drehung von p, q um r, die Feder p, o dreht den Anker k, l mittelst des Stiftes n um den Punkt m, und der Kegel k fällt zwischen die Zähne des Rades i. Nun zwingt, eine links um= gehende Bewegung des Heftes vorausgesetzt, k das Rad zur Drehung in dem gleichen Sinne, wie der Pfeil (Fig. 14) angibt; rechts herum aber geht das Heft allein, ohne Rad und Bohrer mitzunehmen. [50]

Um den Anker k, l in der jeweilig ihm angewiesenen Stellung sicher zu halten, dient die kleine Schraube s, welche durch den Hebel p, q ein=

---

[50] Den ankerförmigen doppelten Sperrkegel und das Rad mit gerade einge= schnittenen Zähnen, welches als Sperrrad für beide Drehungsrichtungen dient wenn nur der Kegel gewechselt wird, hat der Erfinder sehr glücklich von dem Federwinder der Uhrmacher entlehnt. K.

geschraubt ist und unterhalb mit einer abgestumpften conischen Spitze endigt; der Boden b des Heftes enthält an den entsprechenden Stellen zwei Grübchen, und in eins oder das andere dieser letzteren stellt sich die Spitze der Schraube, mittelst derjenigen Federkraft, welche p, q gegen den Boden b hin ausübt. Man muß demnach das Ende q dieses Hebels, wenn man es verschieben will, zugleich ein wenig von dem Boden weg= drücken, um die Schraubenspitze aus dem Grübchen zu heben.

Nach der vorstehend beschriebenen, von Hrn. Rohde erdachten und ausgeführten Bauart würde jeder Bohrer sein eigenes beständig mit ihm verbundenes Heft bekommen. Der Kosten wegen erscheint es aber gewiß weit zweckmäßiger, ein gemeinschaftliches Heft für einen ganzen Satz Bohrer zu haben. Um dieß zu erreichen, wird man h (in Fig. 15) nicht als den Bohrerschaft, sondern als eine kurze Hülse zu betrachten haben, welche mit einer vierseitigen Höhlung versehen werden muß, in welche ein jeder der zum Hefte gehörigen Bohrer gleich gut mit seinem vierkan= tigen Endzapfen paßt.

<hr>

LXIII.

Doppelter Schleifstein; sich selbst rund erhaltend.

Aus der Zeitschrift des Vereins deutscher Ingenieure, 1857 S. 112.

Mit Abbildungen auf Tab. V.

Der in Fig. 10 in der Längenansicht, Fig. 11 im Grundriß und Fig. 12 in theilweiser Seitenansicht dargestellte doppelte Schleifstein hat eine derartige Einrichtung, daß die beiden Steine sich gegenseitig rund erhalten, indem ihre Mantelflächen an einer Stelle in Berührung mit einander gebracht sind, und einer der Steine bei der Umdrehung eine kleine hin= und rückgängige Verschiebung in der Achsenrichtung erleidet.

Die zur Ausführung dieses Zweckes getroffene Einrichtung ist folgende: Auf der Oberkante der Längenwände des aus gußeisernen Platten gebil= deten Troges C, C ruhen vier Lager F und F₁ auf schwalbenschwanz= förmigen Führungen, welche durch zwei Schraubenspindeln n, n und m, m in verschiedene Entfernungen von einander gebracht werden können, indem die entsprechenden Muttergewinde an die Lagerkloben F, F, F, F₁ befestigt sind und die Enden der Spindeln Gewinde von gleicher Steigung aber entgegengesetzt umlaufender Windung haben. Zur Bewerkstelligung ihrer gleichmäßigen Drehung haben diese Spindeln in der Mitte ihrer Länge kleine Rädchen g, g, die auf ihrem Umfange Gewindeverzahnung ohne Ende enthalten. In diese Verzahnung greifen zwei kurze Schrauben ein, welche auf einer Achse h, h, die quer durch den Trog zwischen beiden Steinen hindurch geht, fest sitzen. Die hierdurch ausführbare gleichmäßige Drehung der Schraubenspindeln m, m und n, n hat eine gleichmäßige Verschiebung der Lager F in der einen oder anderen Richtung zur Folge.

Beide Paare der sich gegenüber liegenden Lager nehmen Wellen auf, welche die cylindrischen Schleifsteine A und B tragen, und außerhalb des Troges mit den Betriebsriemscheiben D und E versehen sind. Die Welle des Steines A ist auch am anderen Ende verlängert und trägt außerhalb des Troges ein kleines Stirnrädchen a von größerer Breite als das darin eingreifende Stirnrad b von größerem Durchmesser; die Welle des letzteren wird von angegossenen Armen des Lagers F₁ getragen. Die Nabe des Stirnrades b tritt nach der äußeren Seite über die Fläche des Rades hervor und enthält auf seiner Mantelfläche eine Nuth, welche die Nabe in einer Curve umläuft. In diese Nuth greift der Zapfen einer kleinen horizontalen Zugstange c, d ein (Fig. 12), die in dem äußersten Arm des Lagers F₁ geführt wird. Andererseits ist diese Zugstange mit dem unteren Arm eines zweiarmigen Hebels d, f verbunden, welcher bei e seinen festen Drehpunkt findet und mit seinem gabelförmigen Ende f zwischen die Bundringe der Welle des Schleifsteines A eingreift. Indem das Zahnrad a mit der letzteren Welle rotirt, so treibt es das Rad b um, während seine Zähne sich in den Zahnlücken des Rades b verschieben, da die Curvenform der Nuth eine hin- und hergehende Bewegung des Hebels d, f und somit der Schleifsteinwelle bewerkstelligt.

Die Steine halten sich vorzüglich gut und machen das lästige, oft störenden Zeitverlust mit sich führende und nie ohne größeren Verlust am Stein ausführbare Nacharbeiten mit dem Steinmeißel unnöthig.

Der Maschinenfabrikant J. Lehmann in Berlin, welchem ich die vorliegende Zeichnung verdanke, ist mit allen Modellen zur Ausführung dieser Schleifvorrichtung versehen und hat dieselbe bereits mehrfach gefertigt. Der Preis ist 220 Rthlr. In der Maschinenfabrik von F. Wöhlert ist dieser von England bezogene Schleifapparat schon längere Zeit in Gebrauch und hat sich vorzülich bewährt, da die Abnutzung bei weitem geringer ausfällt als früher.

                                        L. Duske.

LXIV.

Mechanische Torfpresse, von Hrn. Hamon zu Paris.

Aus Armengaub's Génie industriel, August 1857, S. 73.

Mit Abbildungen auf Tab. V.

Die große Ausdehnung, welche seit einiger Zeit die Fabrication von Torfziegeln genommen hat, macht es natürlich wünschenswerth, Maschinen zu besitzen, mittelst deren dieses Product schnell und wohlfeil und mit Ersparung der früheren schweren Arbeit dargestellt werden kann.

Bei der Zusammendrückung des Torfes, welcher stets viel Wasser enthält, kommt es hauptsächlich darauf an, zu verhindern daß die leichten Torftheile, welche in der Flüssigkeit suspendirt sind, während der Pressung entweichen, indem dadurch ein wesentlicher Verlust veranlaßt würde. Ferner soll der Apparat einfach und leicht zu transportiren seyn, und die ganze ihm mitgetheilte Kraft benutzen, mag dieselbe nun in menschlicher oder in Elementarkraft bestehen; endlich müssen die einzelnen Organe oder Theile der Maschine auf ihren einfachsten Ausdruck gebracht werden, um so wenig als möglich Arme zu beschäftigen und folglich die Gestehungskosten zu vermindern.

Man muß auch möglichst viel in kurzer Zeit zu produciren im Stande seyn, es soll folglich der Apparat während seiner ganzen Wirkungsperiode benutzt werden können, sowohl bei seiner aufsteigenden als bei seiner niedergehenden Bewegung.

Nach zahlreichen Versuchen glaubt der Erfinder diese Aufgabe durch die neue Maschine vollständig gelöst zu haben; dieselbe ist in Fig. 7 — 9 abgebildet.

Fig. 7 ist ein Längendurchschnitt durch die Treibwelle;

Fig. 8 ist ein senkrechter Aufriß, auf der Seite der Hauptbewegung;

Fig. 9 ist ein Grundriß, oder eine Ansicht der Maschine von oben.

Beim ersten Anblick der Maschine erkennt man, daß, wie schon oben bemerkt wurde, die Presse eine doppeltwirkende ist, d. h. beim Auf= und beim Niedergehen des Kolbens eine Pressung ausüben kann, und zwar mit Hülfe eines einzigen Excentricums A. Dasselbe hat eine kreisrunde Form und ist auf der Mitte der liegenden Welle B angebracht, welche die eigentliche Treibwelle ist und ihre Bewegung von dem Stirnrade C mit sehr starken Zähnen erhält, in welches das Getriebe D eingreift. Letzteres sitzt auf der mittlern eisernen Welle E, die auch mit dem Stirn=

rade F versehen ist, welches außerhalb des Gerüstes sitzt und in welches das kleine Getriebe G am Ende der Welle H greift. Von letzterer Welle aus wird die Bewegung mittelst der Kurbel I durch Menschenhände bewirkt, oder bei Anwendung eines Motors mittelst einer Treibrolle J, neben welcher alsdann eine Leerrolle angebracht wird, um, wenn es erforderlich ist, die Bewegung unterbrechen zu können. In dem einen wie in dem andern Falle fügt man ein Schwungrad K hinzu, durch welches der Gang des Apparates ausgeglichen wird.

Wird nun die Treibwelle H umgedreht, so übertragen die Zahnräder die Bewegung, jedoch unter wesentlicher Verzögerung der Geschwindigkeit, auf die Welle B und das Excentricum, welches alsdann, je nachdem sein excentrischer Theil sich oben oder unten befindet, die eine oder die andere der zwei Rollen L, L' auf- oder niederwärts zu gehen nöthigt. In der in Fig. 7 und 8 angegebenen Stellung befindet sich der hervortretende Theil des Excentricums unten, und es nimmt alsdann die Rolle L' den von dem Mittelpunkte der Welle entferntesten Standpunkt ein; daraus folgt, daß die Preßplatte M', mit welcher diese Rolle verbunden ist, wobei sie sich jedoch frei um sich selbst drehen kann, auch die unterste Stellung einnimmt und daher alles zwischen ihr und dem festen Boden N' befindliche Material zusammengepreßt hat.

Während dieser Druck ausgeübt wurde, hat sich die obere bewegliche Platte M, welche nebst ihrer Rolle L auch niederwärts gegangen ist (weil sie mit der letztern durch die gußeisernen Bügel oder Hälse O verbunden ist), von dem obern, ebenfalls festen Boden N entfernt. Man muß nun in den Raum zwischen diesem Boden und der Platte die hölzerne Tafel einbringen, auf welcher man vorher die Torfmasse ausgebreitet hat, die zusammengepreßt und in Ziegel verwandelt werden soll. Bei dieser Stellung öffnet daher der Arbeiter die vordere Thür P, indem er mit der einen Hand die beiden Haken a, welche sie geschlossen hielten, hebt und sie mittelst des Griffes b um ihre Angeln c dreht; dadurch wird der kastenförmige Raum aufgeschlossen und man kann nun leicht in den Kasten das Bret mit dem Torf einführen, den ein Knabe herbeigebracht und auf der beweglichen Platte abgesetzt hat.

Indem nun die Drehung der Treibwelle fortgeht, wirkt das Excentricum auf die obere Rolle L und nöthigt sie, sich mit ihrer Platte M zu erheben; der Torf wird alsdann gegen den obern festen Boden N gedrückt, bis die Welle einen halben Umgang gemacht hat und folglich der größte Vorsprung des Excentricums sich in der obern verticalen Stellung befindet.

Da nun während dieser Zeit die untere Rolle oder Walze L' und ihre Platte M' in der aufgehenden Bewegung begriffen sind, so wird der untere Kasten frei; man öffnet die Seitenthür P', welche ihn geschlossen erhielt und nimmt die bei dem vorhergehenden halben Umgange gepreßten Torfziegel heraus. Sobald diese Reihe von Torfziegeln herausgenommen ist, wird das von einem Knaben herbeigebrachte Bret mit frischem Torf in den Kasten eingeschoben, während welcher Zeit in dem obern Kasten eine Pressung vollendet wird.

Man sieht demnach, daß mittelst dieser Maschine die Arbeit des Pressens sehr schnell und gewissermaßen ununterbrochen bewirkt wird. Wird die Maschine durch eine Elementarkraft betrieben, so hat der Arbeiter nur die obere und die untere Thür P und P' abwechselnd zu öffnen und zu schließen, indem er ihre Haken a und a' hebt und sie durch ihre Griffe b, b' einen Viertelsumgang um ihre Angeln c und c' machen läßt. Die zur Bedienung der Presse angestellten Knaben haben weiter nichts zu thun, als die mit dem Torf bedeckten Breter herbei= und diejenigen mit den gepreßten Ziegeln wegzuschaffen.

Im Innern der Kasten sind Garnituren von Pferdehaar d, d' angebracht, welche hauptsächlich den Zweck haben, zu verhindern daß Torf mit dem Wasser während des Pressens entweicht. Diese Garnituren liegen auf Tafeln von dünnem Blech, welche zwischen sich und den Seitenwänden, an die sie sich lehnen, kleine Oeffnungen bilden, in denen das Wasser sich sammeln und an den Ecken des Kastens ausfließen kann.

Man ersieht aus den Abbildungen, daß die ganze Maschine auf vier Rädern R ruht, so daß sie leicht von einer Stelle eines Torfstiches zur andern transportirt werden kann.

Der untere Kasten S' liegt auf den eisernen Brücken, welche die Achsen mit einander verbinden, und ist durch zwei starke mit jenen gegossene Ständer T mit dem obern Kasten S verbunden durch die Bolzen= schrauben e, e', mittelst denen man zugleich die Entfernung der beiden Kasten reguliren kann.

Wir haben noch zu bemerken, daß zum Zertheilen der in den Kasten gepreßten großen Torfkuchen in kleinere Stücke, auf den hölzernen Tafeln Scheidewände angebracht wurden, welche in Fig. 7 und 8 zu sehen sind; dieselben sind mit Scharnieren versehen, damit sie sich beim Umstürzen der Tafel nicht krümmen, sondern den allfälligen Stößen nachgeben können.

LXV.

Ueber die von Hrn. Lepreur zu Crouy-sur-Ourcq er-
fundene Maschine zur Gewinnnng des Torfes; Bericht
von Hrn. Hervé Mangon.

Aus dem Bulletin de la Société d'Encouragement, August 1857, S. 513.

Mit Abbildungen auf Tab. IV.

Die Gewinnung des Torfes aus tiefen, mit Wasser angefüllten
Torfstichen wird durch ein Werkzeug bewirkt, welches man den großen
Flügelspaten (grand louchet) nennt; derselbe besteht aus einem
leichten, etwa 1 Decimeter breiten Blatte, welches auf jeder Seite mit
einem rechtwinkelig darauf stehenden schneidenden Blatte versehen ist, so
daß ein Torfprisma auf einmal auf drei Seiten abgestochen wird. Ein
solcher Spaten wird mittelst eines 3, 4, selbst 5 Meter langen Stieles
gehandhabt. Man begreift, welche Kraft und Geschicklichkeit das Arbeiten mit diesem Gezähe erfordert, und erkennt, welcher Verlust an Zeit
und Material dadurch veranlaßt wird.

Hr. Lepreur hat nun dieses mangelhafte Verfahren bei der Torfgewinnung durch eine leicht in Betrieb zu setzende und leicht wirkende
Maschine zu ersetzen gesucht und mit derselben recht gute Resultate erlangt.

Sein Apparat besteht aus einem kleinen, auf vier Rädern ruhenden
Wagen; die Räder desselben stehen und bewegen sich auf einer leichten
Schienenbahn, die am Rande des im Betriebe befindlichen Torfstiches gelegt ist. Auf dem Wagen ist eine Winde angebracht, deren letztes Getriebe in eine lange und starke, senkrechte Zahnstange greift, die in der
Mitte einer Blechplatte befestigt ist, welche bei 0,40 Meter Breite etwas
länger als das auszubeutende Torflager mächtig ist.

Diese Blechplatte bildet den wesentlichen Theil des Apparates und
den Körper des Spatens. An ihrem untern Theil ist sie mit drei Messern versehen, welche ein horizontales Ausschneideisen von 0,40 Met.
Seite bilden. Dieses Werkzeug, welches durch sein eigenes Gewicht, und
nöthigenfalls mit Hülfe der erwähnten Zahnstange niedergeht, trennt natürlich eine Torfmasse ab, welche ein gerades Prisma mit quadratischer
Basis von 0,40 Met. Seite bildet, dessen Länge gleich der Tiefe ist, bis
zu welcher das Gezähe niedergebracht wurde. Man läßt den mechanischen

Flügelspaten auf eine Torfmasse einwirken, welche durch eine vorhergehende Operation schon vertical an zwei auf einander senkrecht stehenden Seiten abgeschnitten worden ist, so daß jedes neu wegzunehmende Prisma nur auf zweien seiner Seiten freigemacht zu werden braucht.

Nun genügt es aber nicht, das Torfprisma in senkrechter Richtung von der Masse abzuschneiden, sondern die weit schwierigere Arbeit ist die Lostrennung desselben in horizontaler Richtung, mehrere Meter unter dem Wasser, und die Emporhebung des Prismas auf den Boden, um es in Ziegel zu theilen, oder es zu zerbröckeln, damit die Torfmasse geformt werden kann.

Hr. Lepreur hat die Schwierigkeiten dieser Aufgabe auf eine einfache und sinnreiche Weise gelöst. Eine senkrechte Eisenstange, welche so von Hülsen gehalten wird, daß sie sich darin drehen kann, ist an der einen Kante der großen Blechplatte angebracht, die den Rücken des Spatens bildet; diese Stange ist an ihrem untern Ende mit einem starken, fast horizontalen Messer versehen, welches unter das Ausschneideeisen des Spatens treten und diese Oeffnung zum Theil verschließen kann. Wenn der Spaten auf die Sohle der Torfablagerung gelangt ist, so genügt es, der Eisenstange mit der Messerklinge eine drehende Bewegung zu ertheilen, um das Torfprisma unten horizontal abzuschneiden und es zu gleicher Zeit so festzuhalten, daß man es, ohne es zu zerbrechen, emporheben kann, was mit Hülfe des Räderwerks und der Zahnstange bewirkt wird.

Die Stange mit welcher das erwähnte Messer verbunden ist, hat ein knieförmiges Gelenk von sehr sinnreicher Einrichtung, wodurch das Messer in den Stand gesetzt wird in etwas schiefer Richtung in die Masse einzubringen, was zum Wegnehmen des folgenden Primas erforderlich ist.

Eines von den kleinen Rädern, welche den Apparat tragen, ist mit 0,40 Met. weit von einander entfernten Einschnitten versehen, so daß der den Apparat bedienende Arbeiter, nachdem er ein Torfprisma herausgeschnitten hat, die Maschine leicht in die genaue Stellung bringt, welche sie einnehmen muß um das folgende Prisma ausstechen zu können.

In den Torfstichen der Umgegend von Paris wird das Brennmaterial in Form von sehr unregelmäßigen Ziegeln verkauft, von denen 1000 Stück 700 bis 800 Kilogr. wiegen und 20 bis 28 Francs kosten. Diese Ziegel werden auf zweierlei Art dargestellt. Das erste Verfahren besteht darin, den Torf in kleine Prismen zu zerschneiden, deren quadratische Basis bei 0,40 Met. Länge etwa 0,10 Met. Seite im frischen Zustande hat. Durch das Trocknen in der Luft und an der Sonne erleiden die

Torfziegel eine sehr beträchtliche Schwindung, und erlangen hinreichende Festigkeit um transportirt werden zu können.

Das zweite Verfahren besteht darin, den frisch gewonnenen Torf zu zerbröckeln und ihn dann auf gewöhnliche Weise in Kasten zu Ziegeln zu formen.

Die Lepreur'sche Maschine paßt zu beiden Verfahrungsarten. Beim zweiten Verfahren wird das Torfprisma in großen Stücken in eine Truhe neben der Maschine geworfen und von einem Arbeiter zerbröckelt, während der Spaten zur Gewinnung eines andern Prismas niedergelassen und wieder emporgezogen wird.

Sollen dagegen die Ziegel direct dargestellt werden, so erhält der Lepreur'sche Apparat noch einen Zusatz, womit das Torfprisma senkrecht auf seine Länge in Stücke von 0,40 Met. zertheilt wird. Diese Würfel werden zu einem Durchschnitt geschafft, welcher sie in 16 vollkommen regelmäßige Ziegel zerschneidet, die man wie gewöhnlich trocknet.

Nach den vom Berichterstatter eingezogenen Erkundigungen kostete im vorigen Jahr zu Meaur die Gewinnung des zum Formen von 1000 Ziegeln erforderlichen Torfs, so wie seine Zerkleinerung 1 Franken, während mit der Lepreur'schen Maschine die Arbeitslöhne für ein gleiches Quantum nur 0,30 Fr. betrugen. Mit der Maschine waren zwei Arbeiter im Stande täglich so viel Torf zu gewinnen, um 40,000 Ziegel zu fabriciren; sie verdienten folglich täglich 12 Francs. Indem man den Arbeitern, welche nur Taglöhner waren, diesen hohen Lohn beließ, blieb immer noch genug übrig um die Ankaufskosten der Maschine, welche 1200 Franken betragen, schnell zu amortisiren.

Die in Gegenwart der Commission der Société d'Encouragement angestellten Versuche haben gezeigt, daß zur Gewinnung eines Torfprismas von 0,40 Met. Seite und 2,70 Met. Höhe, im Durchschnitt 1½ Minuten erforderlich waren; dieß entspricht einem täglichen Gewinnungsquantum von beiläufig 170 Kubikmeter frischen Torf; dieses Resultat nähert sich ziemlich demjenigen der Praxis, welches sich auf 160 K. M. per Tag beläuft.

Der Apparat erfüllt seinen Zweck sehr gut, und gestattet an den Gewinnungskosten des Torfs 70 Proc. zu ersparen. Ueberdieß erfordert er keine besonders geschickten Arbeiter, die auf dem Lande immer seltener werden. Er wird daher bei dem Betriebe der Torfstiche von wesentlichem Nutzen seyn.

Beschreibung der Torfstechmaschine.

Fig. 1, vordere Ansicht der Maschine; dieselbe wird am Rande der zu gewinnenden Torfbank aufgestellt.

Fig. 2, Grundriß der Maschine.

Fig. 3, Seitenansicht.

Fig. 4, andere Seitenansicht und theilweiser Durchschnitt nach X, Y der Fig. 2. (Aus Mangel an Platz konnte der obere Theil des Apparates nicht dargestellt werden.)

Fig. 5, 6 und 7, einzelne Theile; Fig. 6 ist ein horizontaler Durchschnitt nach U, V der Fig. 5.

A, A Boden des Wagens mit vier Rädern; er ist auf Traversen angebracht, die mit den Achsen durch Schraubenbolzen verbunden sind. Auf diesem Breterboden sind alle Theile der Maschine angebracht.

a Räder des Wagens; sie sind mit Spurkränzen versehen und laufen auf den Schienen B, B.

B, B sind auf eichene Bohlen befestigte Schienen, auf denen die Räder der Maschine, am Rande des Torfstiches, stehen und sich auch darauf bewegen können, wie Fig. 1 zeigt; diese Schienen sind leicht und können daher ohne Anstrengung verlegt werden.

C Blechplatte von 0,40 Met. Breite (Fig. 1), senkrecht aufgestellt.

Auf beiden Seiten dieser Platte sind rechtwinkelig zwei andere symmetrische Platten D, D angebracht, welche ebenfalls aus Eisenblech bestehen und nach unten zu breiter sind, wie man aus Fig. 3 und 4 ersieht. Nach unten zu sind diese Platten D, D durch eine vierte Blechplatte E vereinigt, welche weniger hoch und mit der Hauptplatte C parallel ist.

Diese vier vereinigten Platten haben somit unten die Form eines geraden Prismas mit quadratischer Basis (Fig. 2), und bilden einen geschlossenen Spaten, mit dessen Hülfe man, wenn man ihm den erforderlichen Druck ertheilt, um ihn nieder zu treiben, ein Torfprisma ausstechen kann, dessen Höhe nach der Tiefe, auf welche das Gezähe eingetrieben wird, verschieden ist.

b Zahnstange, welche in der Mitte der Blechplatte C und hinter dem Spaten C, D, D, E befestigt ist. Sie steht mit einem Getriebe c im Eingriff, wodurch das Ganze nach Belieben nieder oder aufwärts gedrückt werden kann, indem die Bewegung von dem seitwärts angebrachten Räderwerk ausgeht.

d Zahnrad, welches auf der Getriebwelle c befestigt ist, und mit einem andern Zahnrade e im Eingriff steht.

e Getriebe, welches das Zahnrad d bewegt und von der Kurbel F in Bewegung gesetzt wird.

F Kurbel am Ende der Getriebwelle e, auf welcher sie durch einen Splint festgehalten wird.

f Sperrrad und Sperrkegel auf der Getriebwelle e.

Das Gerüst der Winde besteht, wie Fig. 1 und 3 zeigen, aus zwei parallelen Ständern, zwischen denen sich die Wellen d und e drehen. Diese Ständer sind auf dem Boden A, A mittelst Bolzen befestigt und zwar auf einer Traverse g, welche mit den Radachsen a des Wagens parallel ist (Fig. 2). Das Ganze ist noch mit einer starken Eisenstange h (Fig. 3) befestigt, welche als Strebe dient.

z, z sind zwei Coulissen, zwischen denen die Zahnstange b verschiebbar ist, welcher sie zur Leitung dienen; diese Coulissen werden zwischen zwei horizontalen Stäben y, y, welche mit einem der Gerüstständer der Winde in Verbindung stehen, senkrecht erhalten (Fig. 1).

G Messer in Form eines Sectors, womit das Torfprisma unten abgeschnitten wird, nachdem der Spaten auf die erforderliche Tiefe gelangt ist (Fig. 1, 2, 4, 5 und 6).

H eiserne Stange, mit der Zahnstange durch Hälse verbunden, in denen sie sich drehen kann, während sie den Bewegungen der Zahnstange folgt. Am untern Ende der Stange H ist das Messer G angebracht, welches also ihrer Drehung folgt.

I Griff, mittelst dessen man die Stange H dreht. Will man nun den Apparat in Betrieb setzen, so bringt man ihn in die Fig. 1 darge- stellte Stellung an dem Rande eines Torfstichs, und an einen Punkt wo die Torfmasse bereits rechtwinkelig auf zwei Seiten abgeschnitten ist. Man dreht, wie Fig. 2 zeigt, das Messer G nach auswärts; dann wirft man auf die Kurbel F und läßt den Spaten niedergehen, welcher dabei ein Torfprisma aussticht, dessen Höhe gleich der Tiefe ist, auf welche das Werkzeug niedergieng. Nachdem das Gezähe die gewünschte Tiefe erreicht hat, dreht man die Stange H einwärts, und das Messer schneidet das Prisma unten ab, indem es dasselbe zugleich stützt. Das Gezähe wird alsdann wieder in die Höhe gezogen, während das Messer G in der in Fig. 5 und 6 angegebenen Stellung bleibt.

Da der schneidende Sector G stets unten eine gewisse, an ihm hän- genbleibende Torfmenge mit sich führt, so begreift man, daß seine Dicke zunimmt und daß, wenn das folgende Prisma abgeschnitten werden soll, er dieß nicht so tief bewirken kann, als es nothwendig ist, daher ein beachtenswerther Theil von der Mächtigkeit des Torfmoores ungewonnen bliebe. Dieß ist ein Nachtheil, welchem der Erfinder dadurch abgeholfen hat, daß er das Messer G schief wirken läßt. Ist es nach außen gedreht, so steht es senkrecht auf der Stange H, führt man es aber unter den Spaten, so bringt es schief in die Torfmasse ein. Die Vorrichtung zu diesem Zweck ist aus Fig. 5 und 7 ersichtlich. Man bemerkt, daß das Messer G mit der Stange H mittelst eines knieartigen Bruches verbunden ist, der aus zwei gezahnten, ineinander greifenden Theilen besteht; in Folge dieser Einrichtung befindet sich, wenn das Messer G geschlossen ist, der untere Theil der Stange H nicht mehr in der Verlängerung ihres obern Theiles.

Obgleich das Torfprisma in Folge seines Untertauchens einen Theil seines Gewichtes verliert, so wiegt es doch noch genug, daß es nothwendig ist es in dem Maaße zu zerschneiden, als es über das Wasser empor kommt; dieß ist eine Nebenarbeit, welche mit Hülfe der nachfolgend beschriebenen Vorrichtungen ausgeführt wird.

J ist ein kleines, bewegliches, mit den Achsen der Wagenräder a paralleles Bret, welches eine von diesen Achsen bedeckt (Fig. 1, 2 und 3).

Das eine Ende dieses Bretes liegt auf dieser Achse mittelst eines eisernen Halbkreises i, dessen Durchmesser ihm als Drehungsachse dient. Das andere Ende, von zwei festen Haken o, o gehalten, ruht auf zwei Rollen j, j, welche am Ende des kurzen Armes eines Winkelhebels K angebracht sind.

k ist eine Blechplatte am Ende des Bretes J und so angeordnet, daß sie mit dem Torfprisma, in dem Zeitpunkt wo dasselbe aus dem Wasser tritt, sich in gleicher Linie befindet. Diese Platte wirkt als Messer, und da ihr eine wiederkehrende horizontale Bewegung ertheilt werden kann (mittelst einer Zahnstange, womit sie versehen ist, und mittelst eines Getriebes welches in dasselbe eingreift und das durch eine Kurbel bewegt wird), so zerschneidet sie das Torfprisma in so viele kleine Prismen oder Ziegel als man will.

L ist die Zahnstange und l das Getriebe mit Kurbel, welche zur Bewegung der Blechplatte k dienen.

Jedesmal wenn diese Platte ein Stück Torf abschneidet und an ihren Platz zurückkehrt, nimmt sie dasselbe mit sich. Sobald der die Maschine bedienende Arbeiter das bewegliche Bret J aufhebt, indem er auf den Hebel K drückt, gleitet das Torfstück auf der geneigten Ebene herab und gelangt in einen Laufkarren, der es der Maschine zuführt, welche die Torfwürfel zertheilt.

Soll hingegen der Torf zerkleinert und dann geformt werden, so braucht der Arbeiter das Bret J nicht zu heben, sondern er wirft den

Torf direct in den Kahn, welcher bei M, in der Nähe der Maschine, stehen muß (Fig. 1).

m ist eine senkrechte Stange, die in Hülsen gehalten wird, welche an den Enden der Arme y, y angebracht sind. Sie geht in das Wasser des Torfstichs nieder und dient um den Kahn in einer gewissen Entfernung von dem Spaten zu halten, damit sich derselbe ganz frei bewegen kann.

n, n (Fig. 1, 2, 3 und 4) sind zwei Klauen, welche als Bremsen wirken und deren Zähne in Einschnitte in den Spurkränzen der Räder a greifen, die der Winde am nächsten stehen. Wenn das Torfprisma gehoben worden ist, so hebt der Arbeiter diese Klauen, zieht den Wagen weiter, und wenn die Räder wieder so stehen, daß die Klauen abermals in die Einschnitte treten können, so läßt er sie einfallen. Diese Einrichtung dient als Theilungszeichen, um die Breite des abzustechenden Torfprismas anzugeben.

Maschine zum Zerschneiden der Torfwürfel in Ziegel.

Fig. 8 ist die Ansicht dieser Maschine von vorn.

Fig. 9 ist der horizontale Durchschnitt nach der Linie I, II der Fig. 8.

Fig. 10 ist der senkrechte Durchschnitt durch die Linie III, IV der Fig. 8, und senkrecht auf der Richtung der Radachsen.

Fig. 11 zeigt einzelne Theile.

N Kasten von dickem Blech und von quadratischem Querschnitt; derselbe liegt auf einem vierrädrigen Wagen und nimmt fast die Hälfte von dessen Breite ein.

Dieser Kasten ist oben offen, um einen Kolben von gleichem Querschnitt aufnehmen zu können, der den Torf zusammenpressen und ihn durch einen Rost von schneidenden Klingen treiben muß, welcher den Boden des Kastens bildet.

O Kolben, welcher den Torf zusammendrückt, in Fig. 11 besonders im Grundriß dargestellt

P Rost, der den Boden des Kastens N bildet; er besteht aus sechs schneidenden Klingen, welche Quadrate umschließen (Fig. 9), der Art, daß unter der Wirkung des Kolbens sechzehn Ziegel von ganz gleichen Dimensionen auf einmal geschnitten werden. Die Schneiden sind außerhalb des Kastens festgeschraubt.

Fig. 8 und 10 zeigen, daß der Kolben O mittelst des sich um den festen Punkt Q drehenden Hebels p bewegt wird, und daß dieser Hebel den Kolben mittelst einer Stange hebt, welche mit dem Hebel durch eine

Gabel verbunden ist. Damit der Kolben genau senkrecht niedergeht und einen gleichförmigen Druck ausübt, muß sich der Hebel p stets in derselben senkrechten Ebene bewegen; zu dem Ende wird er in einer Coulisse r geführt, welche ihm am Ende seines Laufs am obern Theil eine Ruhrast darbietet, mit einer kleinen Druckfeder um ihn zu halten.

Der Kolben O ist außerdem mit vier Stäben q versehen, die auf jeder Ecke desselben befestigt sind und sich oben in einem einzigen Stabe q' vereinigen, welcher durch eine Hülse geht, sich mit dem Kolben hebt oder senkt, und ihn bei seinem Laufe senkrecht führt.

Eine von den Seiten des Kastens N ist beweglich und dient als Thür zum Einbringen des Torfes. Diese Thür dreht sich um ihre Ecke R (Fig. 9 und 10) und wird mittelst eines Griffes S gehandhabt, welcher an der entgegengesetzten Ecke angebracht ist.

T ist eine Coulisse, in welcher sich die Thür des Kastens (Fig. 8) bewegt und worin sie, nachdem sie gehoben ist, mittelst einer Ruhrast und einer Feder gehalten wird.

s kleiner Wagen, bestehend aus einer Blechplatte mit Rändern; er ist auf zwei Rollen beweglich und wird mit Hülfe eines Hebels W gehandhabt.

Man verfährt auf folgende Weise: Man bringt den Torf auf die verschiebbare Platte s, hebt die Thür des Kastens N in die Höhe und wirft auf den Hebel W ein, um die Platte in das Innere des Kastens zu schieben; hierauf läßt man die Thür nieder, und indem man den Hebel in der entgegengesetzten Richtung bewegt, wird die verschiebbare Platte zurückgezogen, während das Torfstück zurückbleibt, indem dasselbe von der Thür zurückgehalten wird; man braucht nun bloß noch den Kolben O wirfen zu lassen, und die Ziegel werden sogleich geschnitten und fallen zwischen die Räder des Wagens.

t ist eine Blechplatte, welche die Erde wegstreicht; sie ist, wie Fig. 10 zeigt, an die beiden Räder befestigt, welche sich auf der Seite des Kastens N befinden, und dient auch um zu verhindern daß die Torfziegel außerhalb des Weges fallen, den der Wagen durchläuft.

<hr />

17 *

LXVI.

Ueber das Verhältniß des Torfes zum Holze und zur Braunkohle.

Aus der österreichischen Zeitschrift für Berg= und Hüttenwesen, 1857, Nr. 44.

Wenn in Gegenden, deren Brennstoffmangel Anlaß gibt nach Surro=
gaten zu greifen, der Torf als willkommener Ersatz des fehlenden Holzes
benützt wird, so ist das ganz natürlich. Eben so natürlich ist es, daß
man dort die Beschaffenheit dieses Brennstoffes in jeder möglichen Weise
zu verbessern sucht — durch Pressen, Verkohlen und andere patentirte oder
nicht patentirte Methoden; — allein wenn die Bedeutung des Torfes von
Solchen, welche mit demselben zu thun haben, überschätzt werden will, so
ist es an der Zeit, die Sache näher zu untersuchen, und insbesondere für
den Bergmann, der Stein= oder Braunkohlen baut, und für den Hütten=
mann, der Holz= oder Mineralkohle verwendet, ist es von hohem In=
teresse, das Verhältniß des Brennwerthes und der Verwendbarkeit des
Torfes richtig zu kennen und sich von dem Geschrei, welches vielleicht irgend
ein Torfverbesserer von seinen Erfindungen machen könnte, nicht beirren
zu lassen. Sectionsrath, Director P. Tunner, hat in seinem Jahrbuche
(Jahrgang 1857, S. 129 u. ff.) in einer gediegenen Abhandlung den
Eisenhüttenbetrieb mit Torf beleuchtet und als Resultat gefunden,
daß die Arbeit mit Torf im günstigsten Falle nicht nur um=
ständlicher, sondern auch meist kostspieliger als jene mit Holz,
und noch vielmehr als jene mit Braun= oder Schwarzkohle
ausfällt.

Es dürfte für den Leser dieser Zeitschrift aber auch interessant seyn,
im Allgemeinen einige Anhaltspunkte zur Beurtheilung des Werthes des
Torfs zu erhalten und mit Bezug auf die vielfach besprochene Frage, ob
die Mineralkohle beim Eisenbahnbetrieb nicht zweckmäßiger durch Torf
ersetzt werden könne, ein auf verläßliche Daten gestütztes Urtheil zu er=
langen. Nachstehende Bemerkungen wurden mit Bezug auf den Betrieb
der Linz=Salzburger Bahn geschrieben, und es sind eine Reihe verläß=
licher Erfahrungen und Untersuchungen zu Grunde gelegt.

Die vom königl. preuß. Bergrathe Eisele angestellten Versuche zeigten,
daß bei dem Torfe, welcher im frischen Zustande

12″ lang,

4½″ breit,

5″ hoch

gestochen wurde, vom Torfe der

besten Sorte . . . . 976 Ziegel

mittlern „ . . . . 1302 „

geringern Sorte . . . 1953 „

gegen den Werth einer 30″ weichen Klafter Holzes erforderlich waren.

Der königl. bayer. Forstmeister Moser in Wunsiedel behauptet, daß 100 Kubikf. feste Torfmasse, woraus 1900 bis 2000 Stück Ziegel

à 9″ Länge, 4″ Breite, 3″ Dicke

erzeugt werden, einer Klafter 30″ Föhrenholz gleich zu achten wären.

Die vom k. k. Generalprobirer Hrn. Aler. Löwe mit Buchscheidner Torf (Kärnthen) vorgenommenen Analysen haben folgende Resultate ergeben:

Folgende Torfsorten geben im lufttrocknen Zustande.	Asche in Proc.	Wärme= einheiten.	Davon bilden das Aequivalent einer Klafter 30″ Fichtenholzes.
Fein faseriger Osterbauer Torf . . .	4,5	$\frac{4324}{7820}$	13,3 Ctr.
Rabberger Specktorf	3,5	$\frac{4025}{7820}$	14,9 „
Fein faseriger Rabberger Specktorf .	8,0	$\frac{4025}{7820}$	14,9 „
Gestrichener Osterbauer Torf	14,0	$\frac{3864}{7820}$	15,2 „
	28,5	$\frac{3128}{7820}$	18,3 „

Eine Kubikklafter Torfmoor gibt 10 bis 12 Schaff Torf à 15½ Kubikf. = 155 bis 186 Kubikf. auf dem Moore, oder 8—10 Schaff lufttrocken gemessen an der Hütte gleich 124 bis 155 Kubikf., daher durch= schnittlich 140 Kubikfuß Torf.

Die Ziegel werden in folgenden Dimensionen gestochen: 10″ im Quadrat, 3″ dick, und auf Hiefelstangen getrocknet.

Die Dauer einer Trocknung wechselt von 4 bis 8 Wochen.

Das Gewicht des lufttrocknen Torfes per Schaff ist

beim Fasertorf 120 Pfund,

„ Specktorf 180 „

Da durchschnittlich 15 Centner Torf 1 Klafter 30″ weichen Holzes ersetzen, so sind 10 bis 12 Schaff à 15½ Kubikfuß, gleich 155 bis 186 Kubikf. lufttrocknen Torfes als Aequivalent hiezu nothwendig.

Die Erzeugung 1 Schaffes lufttrockenen Torfes kostet loco Moor 14 kr., daher 10 Schaff 2 fl. 20 kr. ohne Zufuhr zur Magazinschupfe und andern Anlagsspesen.

Zur Erzeugung von 150,000 Schaff werden auf dem Buchscheidner Werke 375 Teichgräber verwendet.

In Bayern am Haspel-Moor, wo 30 Millionen Ziegel jährlich gewonnen werden, kosten 1000 Stück lufttrockene Torfziegel sammt Zufuhr nach den Magazinen 1 fl. 21 kr. [51]   Die Dimensionen dieser Ziegel sind

13″ lang,
5″ breit,
3″ hoch.

Die Torfgewinnung bei Freudenberg in Kärnthen beträgt durchschnittlich jährlich 8 Million. Ziegel, wozu circa 200 Arbeiter erforderlich sind.

Die Dimensionen des gebaggerten Torfziegels sind

14″ Länge,
4″ im Quadrat,

und es kostet das Tausend einschließlich der Trocknung auf den Stellagen 1 fl. 8 kr.

Die weitere Verführung des Torfes zum Eisenpuddlings- und Walzwerke geschieht auf der 3000′ langen Eisenbahn durch Menschen, wozu 4rädrige Förderungswagen à 110 Kubiff. Inhalt verwendet werden.

Meistentheils sind 7 Schaff à 150 Ziegel zur Befrachtung eines Wagens nöthig, wofür per Schaff 4 kr. gezahlt wird.

Das Gewicht eines Schaffes Torf beträgt 120 bis 130 Pfd., und er ist größtentheils Specktorf.

Nach den vom k. k. Generalprobirer Hrn. Alex. Löwe in Wien vorgenommenen Untersuchungen geben die Freudenberger Torfe

Torf im lufttrockenen Zustande.	Asche in Procenten.	Davon bilden das Aequivalent einer Klafter 30″ weichen Fichtenholzes:
Fasertorf bester Güte . . .	4	16,7 Ctr.
„ mittlerer „ . . .	9	17,2 „
Specktorf	8,5	17,9 „

Daher durchschnittlich 17,6 Ctr. Torf = 1 Klafter 30″ Holz, und es werden hiezu 2112 Stück Torfziegel im Preise zu 1000 Stück à

51 Näheres im polytechn. Journal Bd. CXXXVIII S. 65.

1 fl. 8 kr. erforderlich, welche loco Moor . . . . . 2 fl. 16 kr. kosten.

Hiezu kommt noch die Zufuhr von den Stellagen in die Stadeln per 1000 Stück à 9 kr., daher . . . . . — fl. 19 kr.

Ferner die Verzinsung des Anlagecapitals und Amortisirung desselben für 1230 Trockenhütten und 30 Torfstadeln, welche ein Capital von 52,800 fl. repräsentiren, was per 1000 Stück 9 kr., daher . . . . — fl. 19 kr. beträgt

$$\overline{\qquad\qquad 2\ \text{fl. }54\ \text{kr.}}$$

als Aequivalentpreis einer Klafter weichen Holzes, wo der Torf von dem Moore nur auf 3000' Länge per Eisenbahn zu den Stadeln zu verführen war.

Ein anderes Beispiel bietet das k. k. Puddlings- und Walzwerk zu Ebenau bei Salzburg. Die bei Kappl, ¾ Wegstunden von Ebenau entfernt gelegenen Torffelder von circa 40 Joch Fläche bei einer durchschnittlichen Mächtigkeit von circa 10' werden zum Betriebe des k. k. Eisenwerkes Ebenau ausgebeutet und jährlich 2½ Million. Ziegel (Specktorf) geschlagen.

Die Dimensionen eines gebaggerten Ziegels sind 4" im Quadrate und 15" Länge, wofür per 1000 Stück mit Einmagazinirung in lufttrockenem Zustande 1 fl. 6 kr. gezahlt werden.

Dagegen betragen die Kosten von 1000 Stück Ziegel vom Stichtorfe nur 54 kr., wogegen aber der gestochene Ziegel 25 Proc. Zeit mehr zu seiner Trocknung als der geschlagene bedarf, und was die Leistung des letzteren betrifft, so soll sich diese zu dem gestochenen wie 5 : 3 verhalten.

Die Trocknung der Ziegel geschieht auf Stellagen.

Nach einem amtlichen Berichte an das hohe Ministerium kosten loco Hütte 1000 Stück Torfziegel 1 fl. 40 kr. oder 1 Kubikf. lufttrockenen Torfes 1,1 kr.

Nach mehrfachen Beobachtungen schwindet der frisch geschlagene Torfziegel per 240 Kubikzoll auf 80 Kubikzoll, bis er lufttrocken geworden, zusammen.

Da von diesem lufttrockenen Torfe 17 Kubikfuß 7 Kubikf. mäßig gedörrtes Holz ersetzen, und

$$1 \text{ Kubikf. Torf } \quad 6,25 \text{ Pfd.},$$
$$1 \quad \text{„} \quad \text{Holz } 18 \quad \text{„ wägen,}$$

so verhalten sich dem Gewichte nach

$$106 \text{ Pfd. Torf} : 126 \text{ Pfd. Holz}$$

ober 1 Klafter 30" weiches Scheitholz wird 15—16 Ctr. lufttrockenen Torf, gleich 245 Kubikf. ersetzen.

Vergleicht man endlich den Torf mit den Wolfsegg-Traunthaler Kohlen (Braunkohlen des Hausrucks), so ergibt sich Nachstehendes:

Nach den Analysen der k. k. geol. Reichsanstalt vom 12. Mai 1855 hat die Wolfsegg-Traunthaler Kohle in 100 Gewichtstheilen 5 Procent Asche, und ersetzen 15,6 Ctr. eine Klafter 30" weichen Holzes.

Aus den vorstehenden Daten kann von den verschiedenen Torf-gattungen durchschnittlich angenommen werden, daß gleiche Gewichts-theile des Torfes und der Wolfsegg-Traunthaler Kohle sich gegenseitig allerdings zu ersetzen vermögen.

Bezüglich des kubischen Raumes des lufttrockenen Torfes zur Wolfsegg-Traunthaler Kohle findet jedoch ein anderes Verhältniß statt:

Da 1 Kubikklafter, gleich 216 Kubikfuß Wolfsegg-Traunthaler Kohle, aufgeschlichtet 80 Ctr. wiegt, so werden 15,6 Ctr. einen Raum von 42 Kubikfuß einnehmen, während 15,6 Ctr. Torf circa 200—220 Kubikf. Raum benöthigen.

Dem Raume nach verhält sich die Wolfsegg-Traunthaler Kohle zum lufttrockenen Torfe wie 1 : 4¾ — ein Umstand, der beim Betriebe der Locomotive wesentlich zu beachten ist; indem die Tender für die Raum-verhältnisse construirt werden müßten.

Da überdieß der Torf im lufttrockenen Zustande, wenn er vom Regen durchnäßt wird, sich zertheilt und zu Feuerungen nicht verwendbar ist, so müßten die Tender für diesen Brennstoff ganz gedeckt erbaut werden.

Wir versuchen nun eine Berechnung des jährlichen Brenn-stoffbedarfes vom lufttrockenen Torfe auf 10 Bahnmeilen Länge.

Angenommen, die k. k. privilegirte Kaiserin Elisabeth-Bahn-Gesell-schaft würde zunächst der Salzburger Torfmoore diesen Brennstoff für ihren Locomotivbetrieb beziehen und denselben bis zum ersten Wolfsegg-Traun-thaler Kohlen-Magazin in Attnang verwenden, so beträgt diese Entfer-nung circa 10 Meilen.

Da eine Locomotivbahn bei mäßigem Betriebe per 1 Bahnmeile jährlich circa 700 Klafter 30" weiches Scheitholz benöthigt, so entfallen für 10 Meilen 7000 Klafter Holz, oder in Kohlen und Torf 109,200 Ctr.

Um nun den Bahnbetrieb für Torf einzurichten, muß von diesem Gewichtsquantum per 109,200 Ctr. der ¾ Theil in den Schupfen jeder-zeit als Vorrath vorhanden seyn; denn da im Monate October der Torfstich eingestellt und mit Ende Juni erst frisch getrockneter Torf in die Schupfen eingelagert werden kann, so muß für diese Periode per ¾ Jahr ein Quantum von 81,900 Ctr. Torf als Lager gehalten werden.

Nun fordern 15,6 Ctr. Torf 200 Kubikf. Raum, demnach werden 81,900 Ctr. 4860 Kubikklafter Raum bedingen.

Angenommen, eine Schupfe wäre 8⁰ breit und der Torf würde 2½ Klafter hoch aufgeschlichtet, so müßte die Schupfe, um 4860 Kubikklafter Torf zu fassen, 243 Klafter lang seyn.

Werden die Schupfen auf der 10 Meilen langen Bahn vertheilt, so müssen zwölf Schupfen à 20⁰ Länge und 8⁰ breit längs dieser Bahntrace zur Aufnahme des Torfes aufgeführt werden.

Da die Wolfsegg-Traunthaler Kohle, wenn sie drei Monate abgelagert, hinreichend trocken ist, um zum Locomotivbetriebe verwendet werden zu können, so genügen Vorrathsschupfen, welche ⅓ des Jahresbedarfes für den Bahnbetrieb fassen.

Demnach wäre für die Unterbringung von circa 36,400 Ctr. Kohle vorzusorgen, wozu 455 Kubikklafter Rauminhalt gehören, und es würden zwei Kohlenmagazine à 14⁰ Länge, 8⁰ Breite und 2⁰ Höhe für die Bahnstrecke von 10 Meilen von Attnang gegen Salzburg aufwärts genügen.

Da ferner 1800 Stück Torfziegel aus dem Salzburger Moor erzeugt, 15,6 Ctr. Wolfsegg-Traunthaler Kohle oder 1 Klafter weiches Scheitholz ersetzen, so beträgt der einjährige Torfziegelvorrath 109,200 Ctr. oder 12,600,000 Stück Ziegel, und da während dem Transporte und Einschlichten des Torfes in die Schupfen ein 20procentiges Calo entsteht, so stellt sich der Jahresbedarf der zu erzeugenden Ziegel auf 14—15 Million. Stück — ein Quantum, wozu 500 Arbeiter und ein Anlagecapital für Stellagen, Schupfen und Arbeitsgezähe per 90,000 fl. gehören.

A. W.

LXVII.

Challeton's Verfahren der Torfbereitung.

In der Pariser Ausstellung hatte Challeton nach einem ihm eigenthümlichen Verfahren bereitete Torfziegel und Torfkohks ausgestellt, welche die größte Aufmerksamkeit erregten und Alles übertrafen, was vorher von ähnlichen Leistungen bekannt worden war. [52] Der Challeton'sche „condensirte Torf" hatte bei gleichem Volumen fast das doppelte Gewicht des gewöhnlichen guten schwarzen Streichtorfes und äußerte zugleich einen so starken Widerstand gegen das Zerbrechen, Abkrümeln und Verstäuben, daß er selbst bei einem weiteren Transport, wie beim Umladen, wenig leidet. Versuche auf mehreren Eisenbahnen haben ferner bereits dargethan, daß er sich für die Locomotivfeuerung trefflich eignet. Ebenso war auch die Challeton'sche „Torfkohle" nicht bloß schwerer, sondern auch unzerbrechlicher, als gemeine Torfkohle, und ihre höhere Dichtigkeit verrieth sie schon durch den verstärkten halbmetallischen Graphitglanz, in dessen Höhe sie den besten Steinkohlenkohks nur wenig nachstand. Da nun der Werth einer nicht zu aschereichen Torfkohle gegen Holzkohle nur wegen mangelnder Consistenz geringer ist, so läßt sich mit vollem Recht erwarten, daß eine so verbesserte Torfkohle für den häuslichen Bedarf und für die Handwerker fast den Preis der Holzkohle wird bedingen können, und daß sie, sobald durch ihr Volumen keine Unbequemlichkeit mehr entsteht, bei Locomotiven zur Schonung der Kessel und Siederöhren den Steinkohlenkohks unbedingt vorgezogen werden wird.

Die Vorzüglichkeit dieser Producte veranlaßte den landwirthschaftlichen Generalverein für das Herzogthum Holstein, die HH. C. Lütkens auf Bundhorst und Dr. C. Meyn in Uetersen damit zu beauftragen, das sogenannte „Torfconcentrationsverfahren," nach welchem Challeton die ersteren dargestellt, an Ort und Stelle zu prüfen und bezüglich seiner Anwendbarkeit auf Holstein zu begutachten. Von dem in Folge davon erstatteten gutachtlichen Bericht wird im „Chemischen Ackersmann" ein Auszug mitgetheilt, den wir seinem wesentlichen Inhalte nach hier wiedergeben.

Das Princip des Challeton'schen Verfahrens ist, die vorkommenden verschiedenen Torfarten nicht bloß zu vermischen, sondern sie auch bis zur möglichst großen Feinheit zu verkleinern, oder aber die feineren Theile herauszuschlämmen, dann durch Ueberschuß von Wasser in eine so dünne Masse zu verwandeln, daß der Torf wie eine Flüssigkeit an seinen Platz fließt und sich aus dem flüssigen Brei allmählich zu Boden senkt, daher ganz nach den Gesetzen der Schwere sich ablagert, und bei möglich größter Abwesenheit der leeren Räume, vermöge einer Contraction, durch Setzen und Schwinden den höchsten Grad von Dichtigkeit und Festigkeit erreicht, welcher bei diesem Stoffe überhaupt erzielt werden kann.

---

[52] Man vergleiche den Bericht darüber von Hrn. Prof. Dr. Rühlmann, im polytechn. Journal Bd. CXLI S. 69.

Eigentlich ist die ganze Arbeit einer groben Papierfabrication zu vergleichen, und gänzlich nach dem Schema einer solchen eingerichtet. Das Verhältniß des Fabricats zu dem Rohproduct in Dichtigkeit und Festigkeit ist demnach auch ganz dasselbe, wie zwischen dem harten regelmäßig verpackten Papier und den weichen, unregelmäßig aufgebauschten Lumpen. Vielleicht am schnellsten durch diesen Vergleich kann man sich über die ganze Zusammenstellung der Apparate und ihre Wirksamkeit orientiren und die Zweifel beseitigen, welche auftauchen könnten, wenn man hört, daß sich der condensirte Torf lediglich durch Aufschlämmung und durch Bodensatz aus der breiigen Masse bilden soll.

Das Wesentlichste über die Ausführung, so weit diese von den Berichterstattern zu Montanger bei Paris und in dem noch vorzüglicheren und instructiveren Etablissement von Roy in St. Jean bei Neufchatel besichtigt werden konnte, ist Folgendes. Der Moor- oder Wiesentorf, der allein sich zu der in Rede stehenden Behandlung eignet, bildet am ersteren Orte ein Lager von 10 bis 12' Tiefe, welches mit Canälen durchschnitten ist, die mit Kähnen für die Zwecke der Ausbeutung befahren werden. An der Stelle wo man den Torf sticht, wird von der Oberfläche bis auf den tiefsten Untergrund das Ganze auf einmal weggenommen, und da die Wiesenfläche nur etwa 1 bis 2 Fuß über dem Wasserspiegel steht, so geschieht der Stich größtentheils unter Wasser, und zwar so daß man den Torf nicht ketschert, sondern durch ein eigenes Instrument in ziegelähnliche Streifen absticht. Derselbe gelangt dann in einen mit Wasser gefüllten Graben neben der Fabrik, und von hier aus werden mittelst einer Baggermaschine die rohen Torfklötze mit dem Wasser zugleich zu einem hölzernen Trichter emporgehoben und in ihn ausgeschüttet, durch welchen die Masse in die Zertheilungsmaschine gelangt. Diese in einer großen Trommel eingeschlossene Maschine wurde zwar nicht gezeigt, aber es ist kaum anzunehmen, daß der inwendige Bau derselben besondere Eigenthümlichkeit darbiete. Bei der Weichheit des Torfes und der Quantität des vorhandenen Wassers muß es ganz einerlei seyn, ob dabei ein Zerquetschen, Zermalmen, Zerreißen oder Zerkneten der faserigen oder zelligen Theile des Torfes stattfindet, oder endlich, ob nur ein möglichst vollständiges Aufspülen der Masse, etwa durch Bürstenwalzen, vollführt wird, was man nach dem Erhaltungszustande der eingemengten frischen Wurzeln um so eher voraussetzen darf, da die breiige Beschaffenheit des Wiesentorfes kaum etwas anderes zu fordern scheint. Die Aufgabe für diesen Theil der Maschinerie bleibt immer nur die möglichst feine Aufschlämmung der Torfmasse, und für diesen Zweck wird dieselbe doch je nach der Qualität des zu verarbeitenden Torfes abgeändert wer-

ben müffen. Jeder gewandte Mechaniker wird hiefür verschiedenartige
Conftructionen leicht erfinden können. Vorläufig muß man annehmen,
daß bei der ungefähr gleichen Function, welche hier geübt wird, eine den
Holländern der Papierfabriken angenähert ähnliche Einrichtung die vortheilhafteste fey.

Aus diefer Trommel tritt die vorbereitete Maffe in Kufen, welche je
ein metallenes Sieb enthalten, von gleicher Geftalt und etwas kleineren
Dimenfionen, gleichfam eingefchachtelt. Diefes Sieb, mit etwas länglichen
in Blech gefchnittenen Mafchen, läßt den weichgewordenen zertheilten
Moorbrei durchpaffiren, hält aber alle unerweichten Holz- und Rinden-
ftücke, alle langfaferigen Refte und befonders die frifchen Wurzeln zurück.
Um daßelbe beftändig offen zu halten, dreht fich in deffen Mitte eine
Achfe, befetzt mit Armen, welche den innern Wandungen des Siebs
angepaßt find und Bürften von Piaffavafafern führen, durch welche eine
ununterbrochene Reinigung der Mafchine bewirkt wird. Der dünnflüffige
Moorbrei gelangt nun, unten eintretend, in eine größere, ziemlich hohe
Schlämmkufe, in der er durch aufwärts fchraubende Rührarme in fteter,
langfam nach oben gehender Bewegung erhalten wird, doch aber Ruhe
genug findet, um alle fchwereren Theile, als Steine, Sand, Mufcheln ꝛc.
am Boden zu laffen, wo fie auf einer fchiefen Ebene allmählich der feit-
lichen, mit einem Schieber verfchloffenen Oeffnung zurutfchen, aus der
fie gelegentlich ausgezogen werden können.

Der gereinigte dünne Moorbrei fließt oben ab und wird fchließlich
durch hölzerne Gerinne und hanfene Schläuche in etwa eine Quadrat-
ruthe große und 1 Fuß tiefe, am Rande mit Bretern verkleidete und am
Boden mit Matten oder Schilfrohr und Binfen ausgelegte Becken oder
Gruben geleitet. Hat fich das Waffer fo weit in den Untergrund ein-
gezogen, daß die gebildete weiche Torfplatte, die beiläufig 3 Zoll dick ift,
confiftent genug geworden, fo wird fie durch Aufdrücken eines gegitterten
Rahmens in (500) Soden zerfchnitten, die nach einigen Tagen fo zufam-
mengetrocknet find, daß man fie herausnehmen und an der Luft völlig zur
Trockne bringen kann. Mit Hülfe einer Dampfmafchine von 8 Pferdekräften wurden täglich 70 Becken gefüllt, alfo Brei für 35,000 Soden
zubereitet. Bei einer Anzahl von 800 Becken, welche in Montanger
vorhanden find, muß daher in 10 bis 12 Tagen die Trocknung fo weit
feyn, daß die Becken geleert und von Neuem gebraucht werden können.

In St. Jean bei Neufchatel waren nur 9, aber weit größere und
tiefere Becken vorhanden, mit denen jedoch diefelbe, ja eine größere Menge
Torfziegel hergeftellt werden follte, als mit jenen 800 kleinen zu Mon-
ger. Diefe waren über dem Erdboden erbaut, theils mit Backfteinen aus-

gebaut, theils mit Kalkfliesen ausgepflastert, woraus auch die Seitenwände
bestanden. Dazu waren sie unterhalb drainirt und oberhalb mit einem
Zapfloche versehen. Hier läßt man den Torf sich setzen und zapft die
größere Menge Wasser oberhalb ab, während die geringere Menge unterhalb durchzieht und durch die Drainirung sehr leicht entfernt wird. Die
Erfolge dieses ersten schweizerischen Etablissements sind so günstig ausgefallen, daß noch 9 andere solche Anlagen in der Schweiz in der nächsten
Zeit begründet werden sollen.

Das Endurtheil der Berichterstatter geht dahin, daß dieses neue
Verfahren zur gleichzeitigen Reinigung und Concentration des Torfes bei
allen Torfarten von geeigneter Qualität große Vortheile erwarten lasse,
und jetzt schon überall gut rentiren werde, wo die gewöhnliche Torfarbeit
rentirt, in der Folge aber, wenn die noch einer großen Ausbildung fähigen
mechanischen Constructionen, die Maschinerie und die Arrangements der
Theile vervollkommnet seyn werden, ohne Zweifel auch an vielen andern,
der gemeinen Torfarbeit jetzt unzugänglichen Orten, zumal wenn es, was
sehr wahrscheinlich, gelingen sollte, es auch für kleine Handmaschinen
anwendbar zu machen.

Dann erst wird auch die weitere chemische Verarbeitung des Torfes
zu Torfkohks, Photogen, Paraffin, Ammoniak ꝛc. sicher rentabel werden,
während die jetzt vielfach in Umlauf gesetzten handschriftlichen Calcula-
tionen, die einen großen Vortheil aus der Torfdestillation allein heraus-
rechnen, nur mit Mißtrauen aufzunehmen sind. In wie weit Challeton's Berechnungen hierüber mehr Zutrauen verdienen, mußte dahinge-
stellt bleiben, da seine neu projectirte Destillationseinrichtung noch Project
war. Ueber das Princip derselben erfuhren die Berichterstatter, daß die
Oefen eine solche Einrichtung erhalten sollen, um eine allmähliche und
zugleich fractionirte Destillation zuzulassen, wodurch allerdings die nachherige Scheidung der Producte wesentlich erleichtert werden würde. Dieß
glaubt man in der Weise zu erreichen, daß man eine Kette von Wagen,
mit dem Rohmaterial beladen, durch die horizontale oder schwach geneigte
Esse einer Feuerung in bestimmten Pausen ruckweise vorschreiten läßt,
erst dem heißen Luftstrom entgegen zu immer stärkerer Erhitzung, dann
vorbei und von ihm weg zu allmählicher Abkühlung. Bewährt sich diese
Einrichtung, so bezeichnet sie unfehlbar einen wirklichen Fortschritt und
dürfte wesentlich dazu beitragen, auch diese Art der Torfverwerthung, die
zwar ein beträchtliches Anlagecapital, aber (da Abfälle und Gase zur
Feuerung dienen) nur relativ geringe Betriebskosten erfordert, zu einer
lucrativen machen. (Agron. Zeitg.)

Nachtrag.

Das württembergische Wochenblatt für Land- und Forstwiffenschaft, 1857 Nr. 46, enthält bezüglich vorstehender Abhandlung folgenden Bericht über

Die Torfbereitung in Böblingen.

Die in der Nähe von Hohenheim bei Böblingen errichtete Zuckerfabrik besitzt zum Bezug ihres nöthigen Brennmaterials ansehnliche Torfflächen in ihrer Umgebung. Es befinden sich diese Torfgründe, wie der nicht weit davon entfernte Sindelfinger Torfstich, in den Senkungen der dortigen Muschelkalkformation, und die Qualität des Torfs ist, je nach der Beimischung einer größeren oder geringeren Menge Letten und Muscheltrümmern, eine wechselnde. Die reine Torfsubstanz besteht meist aus dichten stark verkohlten vegetabilischen Resten; es fehlen aber auch die jüngern und leichtern Arten Torf nicht. Die beffere Qualität findet sich in der Regel in westlicher Richtung der Vertiefungen und ist hier nur mit mehr oder weniger kohligen Letten vermischt, während der leichtere Torf, mit vielen Trümmern von Schneckenhäusern vermengt, mehr die östlichen Lager ausmacht. [53]

Eine dieser Torfflächen, welche des Waffers wegen bisher nur auf wenige Fuß ausgebeutet werden konnte, wurde im Laufe des verflossenen Winters durch die Anlage einer größeren Dohle bis zu einer Tiefe von 12 Fuß entwässerter gemacht und mit den dazu nöthigen Abzugsgräben durchzogen. Obgleich es gegenwärtig nicht mehr an brauchbaren Vorrichtungen fehlt, aus einer nicht zu entwässernden Vertiefung den Torf zu gewinnen, so durften hier doch die größeren Kosten einer Entwässerung nicht gescheut werden, weil die vorhandenen Torflager fast durchgängig mit einer 2 — 3 Fuß mächtigen Lage der besten Dammerde von den umliegenden Höhen überdeckt sind, was es möglich macht, nach der Entwässerung und dem Ausstechen des Torfs hier die fruchtbarsten Wiesen zu gewinnen.

Während die Förderung des Torfs aus dem entwässerten Grunde durch einfaches Stechen als das vortheilhafteste erschien, machte die Verwerthung der aus den Entwässerungsgräben schon im Laufe des Winters gewonnenen Torfmasse eine geeignete Zubereitung derselben nöthig.

---

[53] Sicher wurden diese Schneckenhäuser durch vorherrschenden Westwind dem östlichen Theile der früheren Sümpfe zugetrieben.

Angestellte Versuche mit dem Schlämmen des Torfs auf ähnliche Weise, wie es in dem vorstehenden Aufsatze angegeben, ließen zwar aus der reineren Torfmasse ein Product gewinnen, welches an Festigkeit dem Holze gleichstand und an Brennkraft es übertraf, allein die Kosten der Präparation standen hier doch nicht im Verhältniß mit den dadurch erlangten Vortheilen, was zu einer Vereinfachung in der Behandlung des Torfs führte, die den beabsichtigten Zweck, vortheilhafte Nutzbarmachung aller Abfälle, auf ganz befriedigende Weise erreichen ließ.

Bevor wir auf diese einfachere Zubereitung näher eingehen, dürfte es von Interesse seyn, das Beachtenswerthere von den angestellten Versuchen anzuführen, da unter anderen Verhältnissen, z. B. bei der Gewinnung des Torfs zum Verkauf und für weiteren Transport, sicher einiger Nutzen daraus zu ziehen ist.

Die zum Verdichten des Torfs so wichtige und zunächst erforderliche vollständige Zerkleinerung des Torfs wurde hier durch die Anwendung einer Rübenreibmaschine in der Zuckerfabrik der technischen Werkstatt zu Hohenheim, wo diese Versuche angestellt wurden, aufs Vollständigste erreicht. Die Leistungsfähigkeit der Maschine zeigte sich dabei so bedeutend im Verhältniß zur erforderlichen Betriebskraft, daß zu dem vorliegenden Zwecke kaum eine geeignetere Vorrichtung zu wünschen bleibt. Die innige Vermischung des auf diese Weise gewonnenen Torfstaubs mit Wasser konnte hier durch die Benutzung einer Bokardusmühle, durch welche man den Brei laufen ließ, noch erleichtert werden. Diese vollständige Zerkleinerung und innige Vermischung mit dem Wasser trug wesentlich dazu bei, später eine recht feste Masse zu erhalten, und zeigte, daß zur dichten Lagerung der Theile eine vollständige Zerstörung alles natürlichen Zusammenhangs nothwendig sey.

Der Mangel an Sand und andern schwereren Theilen in der zu verarbeitenden Torfmasse (die beigemischten Schneckentrümmer zeigten kaum ein größeres specifisches Gewicht als die Torffaser selbst), ferner der Umstand, daß der beigemischte feine Letten diese Theile, selbst in einer größeren Menge Wasser, in fortdauernder Suspension erhielt, machte ein eigentliches Schlämmen zur Befreiung von diesen Verunreinigungen unausführbar. Ebenso verzögerte die lettige Beimischung das Abziehen des Wassers durch die siebartige Unterlage, sowie die Verdunstung der Feuchtigkeit. Dabei zeigte sich die Nothwendigkeit einer sehr allmählichen Austrocknung, die weder durch starken Luftzug noch durch directe Einwirkung der Sonne oder durch eine künstliche Erwärmung zu beschleunigen war, wenn die Entstehung von Rissen und Sprüngen vermieden werden wollte. Endlich zeigte sich auch bei der feineren Masse ein sorgfältiger Schutz

gegen Regen als bringend nöthig, indem gerade die dichteste Masse am
meisten durch Nässe dem Zerfallen ausgesetzt war, wie das schon bei dem
besseren Stechtorfe der Fall ist. Um diesem Uebelstande zu begegnen,
mußte entweder eine Entfernung des Lettens, der hier sicher die Schuld
trägt, erreicht werden, oder man mußte auf die feine Vertheilung und
der dadurch zu erlangenden Festigkeit bis auf einen gewissen Grad ver-
zichten. Für den vorliegenden Zweck blieb nur das letztere zu thun übrig,
indem ein Trocknen unter Dach und Fach bei dem hier zu verarbeitenden
Quantum unausführbar oder vielmehr viel zu kostbar und umständlich,
allein des Transports wegen, erschien.

Den Torf nach Art der Lohkäse, durch einfaches Treten mit den
Füßen zu verarbeiten und dann in Formen zu streichen, wie dieß in
Holland mit der durchs Baggern gewonnenen Torfmasse geschieht, zeigte
sich bei der hier zum Theil schon ausgetrockneten und immerhin ungleichen
Masse gleichfalls als unausführbar. Es war daher sehr erfreulich, durch
Anwendung einer hier in neuerer Zeit zum Mahlen und Quetschen von
Kartoffeln und Rüben für den Brennereibetrieb construirten Stabwalzen-
mühle, ohne größeren Kostenaufwand, eine so feine Masse aus dem Torfe
zu gewinnen, wie sie sich als ganz geeignet für den vorliegenden Zweck
zeigte. Es wurden auf diese Weise aus jenen Abfällen Torfziegel gewonnen, welche eine größere Festigkeit als die gestochenen besaßen, mehr
Heizkraft entwickeln ließen und eben so gut, wie der Stechtorf, im Freien
getrocknet werden konnten, ohne durch Sonne und Regen mehr wie dieser
an seiner Festigkeit zu verlieren.

Der zum Formen bestimmte Torf wird zunächst in einer ausgegra-
benen, nur mit einem Breterboden ausgelegten Vertiefung mit einer hinreichenden Menge Wasser eingeweicht oder eingesumpft, so daß er als
dünner Brei mittelst einer Schapf auf die Mühle zu bringen ist, die durch
2 Mann getrieben werden kann. Die Masse drückt sich bei diesem Mahlen
durch die Stäbe ins Innere der Walzen, aus welchen sie seitwärts
herausfällt und dann zum Formen kommt. Die Form besteht aus einem
4 Fuß breiten, 7 Fuß langen und 2 Zoll hohen Rahmen mit 56 Abtheilungen oder Fächern, so daß damit eine gleiche Anzahl Torfstücke oder
Steine herzustellen ist. Die Masse soll zu diesem Formen die Consistenz
eines dünnen Lehmbreies, wie er zum Mauern verwendet wird, besitzen;
er läßt sich dann sehr leicht in die Vertiefungen streichen. Die Form kann
gleich darauf abgehoben und aufs Neue gefüllt werden.

Die Arbeit geht so rasch, daß durch 8 Mann täglich etwa 10,000
Stück Torfziegel herzustellen sind, wobei das Zuführen in die Grube, das
Durcharbeiten in derselben, das Einschöpfen, Mahlen und Formen von

denselben zu verrichten sind. Die Kosten des Aufsetzens zum Trocknen bleiben dieselben, wie beim Stechtorf, dessen Gewinnungskosten etwa ²/₃ des Formtorfs betragen. Die Mehrkosten von ¹/₃ werden durch die bessere Qualität reichlich aufgewogen, die festere Masse liefert weniger Abfall und gewährt dadurch eine bessere Heizung, bei der sich die Rostöffnungen weniger zusetzen, was ohne heftigen Zug eine bessere Verbrennung erreichen läßt.

Versuche, den Torf durch wiederholtes Mahlen feiner herzustellen, gaben zwar eine um so festere Masse, die aber, aus den schon angeführten Gründen, das Trocknen im Freien weniger zuließ. Das langsamere Trocknen im Schatten und gegen Regen geschützt, wird da die größeren Kosten decken, wo die Nothwendigkeit einer größeren Festigkeit für weiteren Transport und dergleichen die vermehrten Herstellungskosten aufwiegt.

In Böblingen wurde im Laufe des Sommers etwa 1 Million Ziegel solchen Formtorfs theils aus dem erwähnten Grabenausschlage, theils aus den beim Stechen vorkommenden Abfällen gewonnen. Den Brennwerth desselben wird der in nächster Zeit beginnende Betrieb der Fabrik genauer ermitteln lassen. Jedenfalls ist dieser Brennwerth ein größerer, als der des Stechtorfs, und da das verwendete Material nur auf diese Weise nutzbar zu machen war, so ist damit ein bedeutender Vortheil erlangt worden.

C. Siemens.

LXVIII.

Ventilator oder Wetterrad auf den Abercarn-Steinkohlenwerken, entworfen von Ebenezer Rogers.

Aus dem Civil Engineer and Architect's Journal, August 1857, S. 261.

Mit Abbildungen auf Tab. IV.

Die Wetterhaltung bei den brittischen Bergwerken wird größtentheils noch durch Oefen bewirkt, indem der Wetterzug durch die Gruben dadurch erhalten wird, daß man die ausziehende Wettersäule in dem Wetterschacht durch ein auf der Schachtsohle unterhaltenes Feuer verdünnt. In Deutschland, Belgien und Frankreich gibt man den Wettermaschinen den Vorzug, da die Wetteröfen, obgleich sie die wichtigen Vortheile großer Einfachheit und geringer Reparaturbedürftigkeit haben, einige wesentliche

Nachtheile besitzen und in gewissen Fällen so ungenügend sind, daß sie nothwendig durch Maschinen ersetzt werden müssen.

Bei der Wetterversorgung der erst neuerlich in Betrieb gesetzten Gruben zu Abercarn in Südwales, welche auf einigen sehr viel schlagende Wetter entwickelnden Flötzen bauen, wobei Wetteröfen also nicht angewendet werden konnten, fand sich Hr. Rogers veranlaßt, nachdem er sich nach den besten Wetterhaltungsapparaten in Britannien und auf dem Festlande umgesehen hatte, bei einem Ventilator stehen zu bleiben, den Hr. James Nasmyth erfunden hatte [54]; Rogers ließ ihn zu Patricroft von Nasmyth ausführen und zu Abercarn aufstellen.

Die allgemeinen Vorrichtungen am und im obern Theile des Schachtes sind in Fig. 12 bis 14 dargestellt. Fig. 12 und 13 sind senkrechte Durchschnitte, welche die Wetterventile an der Schachtöffnung und die Verbindung des Ventilators mit dem Schacht darstellen. Fig. 14 ist ein söhliger Querdurchschnitt des Schachtes und des Ventilators. Fig. 15 ist ein Seitenaufriß des Ventilators und der Treibmaschine, und Fig. 16 ein senkrechter Durchschnitt des Ventilators.

Der Ventilator A, A, Fig. 16, hat 13½ Fuß im Durchmesser und ist mit acht Flügeln versehen, von denen jeder 3½ Fuß breit und 3 Fuß lang ist. Diese Flügel sind an einer horizontalen Welle B von 8 Fuß 7 Zoll Länge (von Mitte zu Mitte der Lager) befestigt; die Zapfen sind 9 Zoll lang und haben 4½ Zoll im Durchmesser. Die Flügel bestehen aus dünnem Eisenblech und sind an gabelförmigen, schmiedeisernen Armen befestigt, und diese an einer auf der Welle B angebrachten Scheibe C. Diese Flügel sind von einem Gehäuse D, D umgeben, welches aus zwei blechernen Seitenwänden besteht, die durch Stehbolzen auseinander und zusammengehalten werden; an dem Umfange ist dieses Gehäuse überall offen und in der Mitte hat es auf jeder Seite eine kreisrunde Oeffnung von 6 Fuß Durchmesser. Von diesen Oeffnungen gehen blecherne Canäle E, E ab, durch welche die Wetter aus dem Schacht einströmen; die Außenwände dieser Canäle sind durch gußeiserne senkrechte Ständer F, F verstärkt, welche unten auf dem steinernen Fundament G stehen und mit dem Gehäuse verbunden sind. Diese Ständer bilden zugleich die Zapfenlager für die Ventilatorwelle; die Kanten der Flügel sind von den Gehäusewänden 3 Zoll entfernt, so daß ein hinreichender Spielraum

---

[54] Wir haben aus dem Mechanics' Magazine eine kurze Beschreibung des Nasmyth'schen Ventilators im polytechn. Journal Bd. CXXV S. 241 mitgetheilt. Dieser Apparat war damals (1852) an einer Kohlengrube des Grafen Fitzwilliam in Thätigkeit.   A. d. Red.

bleibt. Die beiden Wetterlutten oder Canäle E, E vereinigen sich unter dem Ventilator, wie Fig. 12 zeigt, und sind mit dem Schacht durch eine söhlige Wetterstrecke I verbunden, welche 21 Fuß unter Tage liegt.

Der Ventilator wird durch eine kleine, direct wirkende Hochdruckdampfmaschine K in Betrieb gesetzt, welche an der vordern Seite von einem der gußeisernen Ständer F angebracht und deren Lenkstange mit einer Kurbel an dem einen Ende der Ventilatorwelle B verbunden ist. Der Dampfcylinder hat 12 Zoll Durchmesser und 12 Zoll Hub, und wird mit Dampf aus den Kesseln der Förderungsdampfmaschine des Schachtes gespeist, der mit einem Druck von 13 Pfund auf den Quadratzoll arbeitet. Das Excentricum L für das Schieberventil ist in der einen Wetterlutte E angebracht und bewegt das Ventil mittelst einer kurzen Welle M, die an den Enden mit entsprechenden Hebeln versehen ist.

Der Schacht H, Fig. 14, ist ein Oval von 18 Fuß Länge und 10 Fuß Weite, und hat fast in der Mitte einen Scheider N von Zimmerung, so daß durch das eine Schachttrumm die Wetter einfallen und durch das andere ausziehen können. Zur Förderung dienen beide Trumme und zwar erfolgt sie mittelst Gestellen O, in welche die Förderungen eingefahren werden und die wie gewöhnlich zwischen Leitungen laufen. Die Kunstsätze P sind in dem einfallenden Schachte angebracht.

Damit das Schachttrumm, durch welches die Wetter ausziehen, zur Förderung benutzt werden kann, ist die obere Oeffnung durch eine Wetterklappe oder ein Ventil R verschlossen. Dasselbe besteht aus Bretern, verschließt die Oeffnung möglichst luftdicht und läßt nur eine Oeffnung in der Mitte zum Durchgange des Förderseils. Sobald das Fördergestell O zur Oeffnung gelangt, werden die Klappen R gehoben, so daß jenes passiren kann, und wenn alsdann das Gestell wieder in den Schacht eingeht, wie Fig. 13 zeigt, so fallen die Klappen nieder und verschließen die Schachtöffnung. Während der Zeit ihrer Hebung vertritt der ziemlich an das Schachttrumm anschließende dichte Boden des Fördergestelles ihre Stelle. Auf diese Weise bleibt die Schachtöffnung stets verschlossen und der ausziehende Wetterstrom wird nicht unterbrochen, sondern bleibt möglichst gleichförmig. Die Wetter welche während des Oeffnens und des Verschließens der Wetterklappe und durch den geringen, stets offen bleibenden Theil einfallen könnten, sind so unwesentlich, daß sie um so eher unberücksichtigt bleiben können, da die überflüssige Saugkraft des Ventilators mehr als hinreicht, um die Gegenströmung aufzuheben.

Bei der Aufstellung des Apparats hielt man einen noch dichtern Verschluß für nothwendig, und es wurden dazu die geneigten Klappen

S, S, welche über der Wetterstrecke I angebracht sind, benutzt; dieselben
schließen genau aneinander und lassen nur eine kleine Oeffnung in der
Mitte zum Durchgange des Seiles; das aufgehende Fördergestell öffnete
sie, und nachdem dasselbe hindurchgegangen und ehe noch die Klappen an
der Tageöffnung des Schachtes geöffnet worden, wurden sie durch Gegen=
gewichte sogleich wieder verschlossen.   Beim Niedergange des Förderge=
stelles wurden sie durch einen Hebel von Tage aus wieder geöffnet. Man
fand aber durch Versuche, daß die Klappen R an der Tageöffnung voll=
kommen hinreichend sind, und es wurden dann die Klappen S gar nicht
mehr benutzt.

Die ganze Teufe des Schachtes beträgt fast 300 Yards (à 3 engl.
Fuß), und in einer Teufe von 120 Yards wird ein Theil der frischen
Wetter durch hangende Baue geleitet, auf denen man Steinkohlen und
feuerfesten Thon gewinnt; der größere Theil der Wetter fällt dem Schacht=
tiefsten zu und verbreitet sich in die Baue auf zwei verschiedenen Kohlen=
und einem Eisenstein=Flöze.   Die Gesammtlänge der mit Platten oder
Schienen belegten Förderbahnen beträgt ungefähr 7 engl. Meilen (1½
deutsche) und die Länge der Abbaufronten beträgt wohl das Doppelte.
Die längste Entfernung, welche von einem einzigen Wetterstrome vom ein=
fallenden bis zum ausziehenden Schachttrumme zurückgelegt wird, beträgt
etwa 2 engl. Meilen (eine sehr knappe halbe deutsche Meile). Die Menge
der täglich geförderten Materialien beträgt ungefähr 500 Gewichtstonnen
(etwa 2500 preuß. Gemäßtonnen à 7⅑ Kubikfuß).

Die Geschwindigkeit, womit der Ventilator gewöhnlich betrieben wird,
beträgt beiläufig 60 Umgänge in der Minute, somit die Peripheriege=
schwindigkeit der Flügel 2545 Fuß in der Minute; es strömen daher in
der Minute beiläufig 45,000 Kubikfuß frische Wetter durch die Grube,
wovon etwa ein Drittel die oberen und der Rest die unteren Baue ventilirt.

Die unten mitgetheilte Tabelle I. enthält die Resultate einer Reihe
von Versuchen, welche mit diesem Wetterventilator unter Leitung des
Hrn. Rogers angestellt wurden.   Es geht aus diesen Resultaten her=
vor, daß die ganze Wettermasse, welche bei den Geschwindigkeiten des
Ventilators von 60 bis 80 Umläufen in der Minute geliefert wird,
45,000 bis 56,000 Kubikfuß in derselben Zeit beträgt, mit einer Ge=
schwindigkeit des Stromes von respect. 782 und 1037 laufenden Fußen
in der Minute oder von 9 bis 12 engl. (2 bis 2¾ deutschen) Meilen
in der Stunde; dabei beträgt der Grad der Luftverdünnung in dem aus=
ziehenden Schachttrumme respective 0,5 und 0,9 Zoll Wassersäule.

Tabelle I. — Uebersicht der Versuche mit dem Wetterventilator.

	Barometerhöhe.		Temperatur nach Fahrenheit.				Umläufe d. Ventilators per Minute.	Wassermanometer.	Geschwindigkeit der Wetter in Fußen in der Minute.	Ausfluß Wetter in der Minute.	Dampfmesser am Ventilator.	Theoretischer Kohlenverbrauch in d. Stunde.
	Ueber Tage.	Im Ziehen.	Tageöffnung b. einfallenden Trummes.	Sohle des einfallenden Trummes.	Sohle des ausziehenden Trummes.	Zehn Yards von der Tageöffnung.						
	Zoll.	Zoll.	Grad.	Grad.	Grad.	Grad.		Zoll.			Pfd.	Pfd.
Mittel von zwölf Versuchen } Natürlicher Wetterzug	29,61	30,60	41,10	51,73	55,56	48,00	.....	0,15	446,0	24325	—	—
Mittel von vier Versuchen } Wetterhalt. mit dem Ventilator	29,85	30,85	38,10	50,10	53,93	47,30	60	0,50	781,8	45187	13,0	17,4
Mittel von fünf Versuchen } Wetterhalt. mit dem Ventilator	29,65	30,61	41,40	50,70	55,10	48,70	80	0,90	1037,0	56555	19,3	23,2

Bei diesen Versuchen bestimmte man die Geschwindigkeit der Wetter=
ströme durch Berechnung aus der Differenz des Druckes, welcher mittelst
eines sorgfältig construirten Vacuummessers beobachtet worden war; die
Resultate controlirte man aber noch durch das Anemometer und durch
die Zeit in welcher der Rauch von Pulver durch den Ventilator strömte,
das an bestimmten Distanzen durch Drähte entzündet wurde, die von
einer Volta'schen Batterie an der Schachtöffnung abliefen.

Die Umtriebsgeschwindigkeit des Ventilators wird leicht und augen=
blicklich durch ein Drosselventil in der Dampfröhre der Maschine regulirt;
dasselbe steht unter Aufsicht des Grubeningenieurs und wird nach der
erforderlichen Wetterhaltung adjustirt, die von den Veränderungen des
atmosphärischen Drucks und von dem mehr oder minder häufigen Vor=
kommen brennbarer Gase in den Bauen abhängt. Man hat gefunden,
daß eine Geschwindigkeit von etwa 50 bis 60 Umdrehungen in der Mi=
nute die zweckmäßigste Wetterströmung gibt, während bei 80 Umdrehungen
der Strom so bedeutend ist, daß die Lampen kaum brennen können.

Dieser Ventilator ist jetzt seit zwei Jahren Tag und Nacht in un=
unterbrochenem Betriebe gewesen, ohne daß man ihn jemals wegen irgend
einer Reparatur still stehen lassen mußte, und er ist heute noch in dem=
selben guten Gange als zur Zeit seines Inbetriebsetzens. Offenbar kann
also bei demselben kein Theil außer Ordnung kommen, in Folge seiner
einfachen Construction; die der Abnutzung ausgesetzten Flächen sind näm=
lich groß und dauerhaft hergestellt, und der Dampfcylinder hat einen
massiven Metallkolben. Der Dampfverbrauch für den Betrieb des Ven=
tilators ist so unbedeutend, daß ein geringer Verlust desselben durch die
Fugen ganz unwesentlich ist.

Zu einer vollkommenen Wetterhaltung ist noch ein zweiter Ventilator
erforderlich, welcher jeden Augenblick in Betrieb gesetzt werden kann, so=
bald der erste aus irgend einem Grunde stillstehen muß, oder zugleich mit
ihm wirkt, wenn eine stärkere Wetterführung als gewöhnlich noth=
wendig ist.

Der Constructeur will bei Herstellung eines andern Ventilators dem=
selben einen größern Durchmesser geben, nämlich von etwa 21 Fuß, ihn
aber langsamer umgehen lassen, was seiner Meinung nach zweckmäßiger
und kraftsparender ist. Das Gehäuse würde er dann einfacher und wohl=
feiler machen, nämlich es aus Ziegelsteinen aufführen und eben so die
Wetterlutten. Die Gesammtkosten für zwei Ventilatoren würden dadurch
bedeutend vermindert werden.

Die Wetterhaltung mittelst des Ventilators hat besonders dadurch
einen wesentlichen Vorzug gegen die mittelst Oefen, daß man den Zug

plötzlich und bedeutend steigern kann, was bei Oefen nur langsam und im beschränkten Maaß ausführbar ist und auch nicht von Tage aus bewirkt werden kann.

Ein anderer Vortheil besteht darin, daß die Wetter in dem ausziehenden Schacht der Art sind, daß er zur Fahrung eben so gut wie der einfallende benutzt werden kann, da er frei von der Hitze und dem Rauch ist, die ein Wetterofen auf der Sohle veranlaßt.

Bei einer Maschine fällt auch die Gefahr der Explosionen weg, die durch Hinzuströmen von Gas zum Ofen veranlaßt werden; beim ersten Anhieb eines Flötzes, welches viel brennbares Gas enthält, wie es zu Abercarn der Fall war, kann ein Ofen mit Sicherheit gar nicht eher gefeuert werden, als bis das Gas großentheils abgeleitet worden ist, und auch dann ist es immer noch mit Gefahr verbunden. Mit Hülfe eines Ventilators erleidet der Betrieb gar keinen Verzug und alle Gefahr wird vermieden.

Ein mit einem bretternen Scheider versehener Schacht war in dem vorliegenden Falle wesentliche Bedingung, da das Abteufen in dem harten Gestein sehr kostbar ist und mehrere Schächte daher vermieden werden mußten. Bei einer solchen Verbohnung ist aber ein Wetterofen sehr nachtheilig, da das Holz des Scheiders durch die Wärme fortwährend austrocknet und Undichtheiten veranlaßt, der Rauch auch Schwefeldämpfe enthält und das Eisenwerk angreift.

Wenn man saugende statt blasender Ventilatoren anwendet und dieselben einen großen Durchmesser haben, so erlangt man schon bei mäßiger Geschwindigkeit eine bedeutende Luftverdünnung. Da das Ventilatorgebläse an der ganzen Peripherie offen ist, so können die Wetter ringsum frei entweichen; und wegen der mittleren Scheiberplatte an der Ventilatorwelle können die Wetterströme zu beiden Seiten sich gegenseitig nicht hindern. Der einfache Betrieb mittelst einer direct wirkenden Dampfmaschine, deren Kurbelstange unmittelbar auf die Kurbel an dem einen Ende der Wetterradwelle einwirkt, ist sehr zweckmäßig und es wird dadurch jede Mittheilungsmaschinerie entbehrlich. [55] Da ferner das Wetter-

---

[55] Hr. R. v. Carnall machte zur Beschreibung eines Nasmyth'schen direct in Betrieb gesetzten Wetterrades in der „Zeitschrift für das Berg-, Hütten- und Salinenwesen in dem Preußischen Staate" Bd. I, Abth. B, S. 64 nachstehende Bemerkungen: „In Betracht, daß es bei einem Wetterzuge ganz besonders darauf anzukommen pflegt eine jede, wenn auch noch so kurze Störung zu verhüten, daß bei Zahnrad-Verbindungen durch das Auslaufen der Kämme oder durch das Brechen einzelner Zähne Auswechselungen unvermeidlich sind und, auch wenn man Reservestücke zur Hand hat, dennoch die Auswechselung Zeit verlangt, sowie daß selbst bei

rab über Tage angebracht ist, so hat man dasselbe und seinen Betrieb stets unter Augen, und es ist auch gegen Benachtheiligung durch Explosionen, wenn solche vorkommen sollten, geschützt.

In der Abercarn-Grube sind schlagende Wetter so häufig, daß jetzt in allen Bauen nur Sicherheitslampen angewendet werden und niemals ein bloßes Licht erlaubt ist, ausgenommen an zwei Stellen in der Nähe des Schachtes, wo die Sicherheitslampen angezündet und verschlossen werden. Sehr schwache Explosionen sind mehrere vorgekommen, aber nicht eine einzige derselben hatte nachtheilige Folgen. Eine stärkere Explosion führen wir als Beispiel an, um zu zeigen wie wichtig es ist, plötzlich einen sehr verstärkten Wetterzug herstellen zu können, um Verlust von Menschenleben zu verhindern. In diesem Falle, welcher sich im October 1855 ereignete, nahm ein Arbeiter ein gewöhnliches Licht in einen Abbau, wo sich schlagende Wetter angehäuft hatten; dieser Bau befand sich im Tiefsten und etwa 150 Yards von dem Schacht entfernt. Es erfolgte eine Explosion, die Hr. Rogers vernahm, da er sich in der Nähe der Schachtöffnung befand; er ließ sofort vollen Dampf in den Cylinder der Maschine strömen, so daß das Wetterrad augenblicklich etwa doppelt so rasch umging als gewöhnlich; dadurch wurde nun die Geschwindigkeit des Wetterzuges so erhöht, daß der sogen. after-damp, welcher das Product der Explosionen ist, so rasch von der Belegungsmannschaft der Grube weggeführt wurde, daß sie den Wirkungen desselben nur momentan und ohne alle übeln Folgen ausgesetzt war. Bei der gewöhnlichen Geschwindigkeit des Wetterzuges würden gewiß mehrere von den Arbeitern das Leben verloren haben. Der Mann, welcher die Explosion veranlaßt hatte, war stark verbrannt, erholte sich aber wieder von seinen Beschädigungen.

Fast sogleich, nachdem das Wetterrad in eine schnellere Bewegung gesetzt worden war, trat aus demselben ein Schauer von schwarzen Theilchen, welche aus Kohlenstoff bestanden, der bei der Zersetzung des Kohlenwasserstoffes durch die Explosion als leichter Ruß frei wurde. Nach Rogers' Meinung ist dieser Kohlenstoff die Ursache der nachtheiligen Wir-

_____

einer Bewegung durch Riemen ohne Ende, ganz abgesehen von den Unterhaltungskosten, die Auflegung neuer Riemen nicht immer rasch genug geht: unterliegt es keinem Zweifel, daß eine directe Verbindung des Wetterrades mit der Dampfmaschine vor Zahn- und Riemenverbindungen den Vorzug verdient .... Am allereinfachsten wäre aber die Anwendung eines Dampfreactionsrades auf der Flügelwelle, wie man dergleichen z. B. zum Betriebe von Circularsägen in Walzhütten angewendet findet. Der Dampf strömt durch die — hohle — Welle ein und entweicht aus den in Curven gebogenen vier Armen des Rades, welches mit einem Blechkasten umgeben ist, aus dem der Dampf in eine Röhre abzieht. Die Geschwindigkeit der Umdrehung ergibt sich durch das Dampfzulaßventil." H.

lung des after-damp, indem sich die feinen Theilchen desselben auf der Lunge anhäufen, während man bisher die schädliche Wirkung dieses Dampfes der Kohlensäure und dem Stickstoff zuschrieb, welche durch Verbrennung des Gases und der Luft entstehen. Rogers fand seine Ansicht bei Untersuchung der Lungen durch schlagende Wetter Getödteter bestätigt, indem dieselben mit diesen schwarzen festen Theilchen angefüllt waren. Man hat oft beobachtet, daß Menschen in dem after-damp, welcher auf die Explosion schlagender Wetter folgt, eine Zeit lang leben können, wenn sie die Vorsicht anwenden, Mund und Nasenlöcher mit einem Tuch zu bedecken, so daß die einzuathmende Luft durch dasselbe bringen muß und die in der Luft schwebenden Kohlenstofftheilchen also nicht in die Lunge gelangen können. Hr. Rogers theilt einen Fall mit, wo ein Bergmann Namens John Hall, der jetzt in Abercarn lebt, eine Strecke von einer halben Meile Länge, die mit after-damp erfüllt war, fahren konnte, indem er jene Vorsicht anwendete, und glücklich zum Schacht gelangte.

Eine der explodirbarsten Mischungen, welche in einer Steinkohlengrube entstehen können, besteht aus 5 Volumen Kohlenwasserstoff (Sumpfluft) und 40 Volumen atmosphärischer Luft. Wenn dieses Gemisch explodirt, so entstehen 2 Volume Kohlenstoffdampf, 3 Vol. kohlensaures Gas, 10 Vol. Wasserdampf und 32 Vol. Stickstoffgas. Nach der Explosion nimmt der Kohlenstoff die Form von leichtem, flockigem Ruße an, welcher sehr fein in der ganzen Luft vertheilt ist. Tabelle II erläutert die Ansicht von Rogers hinsichtlich der bei der Explosion erfolgenden Zersetzung und der dadurch entstehenden Verbindungen.

Ein ähnliches Wetterrad, wie das beschriebene, hat Hr. Nasmyth auf dem Skiar-Spring Steinkohlenwerke bei Elsecar aufgestellt und dasselbe wird mit vollständigem Erfolge betrieben. Es ist größer als dasjenige zu Abercarn, indem es 15 Fuß im Durchmesser hat und die Flügel $4\frac{1}{4}$ Fuß breit sind. Es wird von dem Dampf der Dampfkunst betrieben, der eine Pressung von 15 Pfund auf den Quadratzoll hat, und macht 80 Umgänge in der Minute; es liefert eine vollkommen genügende Wetterführung in den Bauen, die über Tage genau controlirt werden kann, und wird durch einen Brennmaterialaufwand im Betriebe erhalten, der sehr gering im Verhältniß zu dem ist, welchen ein Wetterofen erfordert.

Tabelle II. — Tabellarische Uebersicht der Explosion schlagender Wetter.

Vor der Explosion.		Nach der Explosion.			
5 Vol. Kohlenwasserstoff. $5\,CH_2$	40 Vol. atmosphärische Luft. $8\,O + 32\,N$	2 Vol. Kohlenstoffdampf. $2\,C$	3 Vol. kohlensaures Gas. $3\,CO_2$	10 Vol. Wasserdampf. $10\,HO$	32 Vol. Stickstoffgas. $32\,N$
C 1 Vol.		C 1 Vol.			
C 1 „		C 1 „			
C 1 „	{ O ½ Vol. } { O ½ „ }		CO_2 1 Vol.		
C 1 „	{ O ½ „ } { O ½ „ }		CO_2 1 „		
C 1 „	{ O ½ „ } { O ½ „ }		CO_2 1 „		
H 1 „	O ½ „			HO 1 Vol.	
H 1 „	O ½ „			HO 1 „	
H 1 „	O ½ „			HO 1 „	
H 1 „	O ½ „			HO 1 „	
H 1 „	O ½ „			HO 1 „	
H 1 „	O ½ „			HO 1 „	
H 1 „	O ½ „			HO 1 „	
H 1 „	O ½ „			HO 1 „	
H 1 „	O ½ „			HO 1 „	
H 1 „	O ½ „			HO 1 „	
	N 32 „				N 32 Vol.

Bemerkung. — Da das chemische Aequivalent des Sauerstoffes dem Volum nach, oder das Verbindungsvolum des Sauerstoffes ein halbes Volum ist, so repräsentiren die 8 Vol. Sauerstoff, welche in der Luft vor der Explosion im freien Zustande enthalten sind, die 16 Aequivalente (oder 16 halbe Vol.), welche nach der Explosion mit dem Kohlenstoff und Wasserstoff chemisch verbunden sind.

Besprechung dieser Abhandlung im Verein der mechanischen Ingenieure.

Hr. Lloyd, der Vorsitzende, dankte Hrn. Rogers für seinen interessanten und wichtigen Vortrag, da eine wirksame Wetterführung bekanntlich sehr wesentlich für den Steinkohlenbergbau sey, indem davon die Sicherheit und das Leben vieler Menschen abhängen. Erst wenige Monate vorher hatten sich in Wales schlagende Wetter entzündet, wodurch mehr als hundert Menschen in einer Grube getödtet wurden. Die Nothwendigkeit einer sichern und guten Wetterführung, welche nicht durch zufällige Ursachen in Unordnung gebracht werden könne, liege daher klar vor, und der beschriebene Ventilator, um die Aufgabe durch mechanische Mittel zu lösen, scheine im höchsten Grade zweckmäßig zu seyn. Es seyen zwar schon früher Versuche mit Wettermaschinen gemacht worden, sie lieferten aber nicht den guten Erfolg der Nasmyth'schen. Mechanische Mittel seyen seines Wissens in Wales mehr als in andern Kohlen= districten angewendet worden, weil dort häufiger schlagende Wetter vor= kommen; er frage, worin die wesentlichen Unterschiede zwischen den früheren Methoden der Wetterführung und der jetzt beschriebenen bestehen?

Hr. Rogers antwortete, daß die mechanische Wetterhaltung nicht neu, sondern schon seit Jahrhunderten angewendet worden sey, wovon der alte Harzer Wettersatz den Beweis gebe, den man in der neuesten Zeit verbessert habe. Auch rotirende Maschinen verschiedener Art, unter diesen der Ventilator, seyen mit mehr oder weniger gutem Erfolge benutzt worden. Die zweckmäßige und einfache Construction, wodurch sich das Nasmyth'sche Wetterrad auszeichnet, habe ihn veranlaßt dessen Beschrei= bung dem Verein vorzulegen. Die zweit erwähnte Maschine zu Skiar= Spring sey noch besser als die beschriebene, und er zweifle nicht, daß die Erfahrung zu noch weitern Verbesserungen dieses Ventilators führen werde, wohin hauptsächlich die Vergrößerung seines Durchmessers gehöre. Früher habe man die Ventilatoren häufig blasend wirken lassen und sie durch Räderwerk oder Riemen in Bewegung gesetzt, wogegen dieser Wetter= bläser mit der direct wirkenden Dampfmaschine nicht nur ein sehr ein= facher, sondern auch ein sehr dauerhafter Apparat sey, da er nach zwei= jährigem unausgesetztem Betrieb noch keiner Reparatur bedurft habe. Die Betriebskosten seyen gegen die von den Wetteröfen veranlaßten gering, denn es würden durch den Wetterbläser sicher neun Zehntheile des Brenn= materialaufwandes gespart.

Auch die von Gurney vorgeschlagenen Dampfströme kamen zur Sprache, wobei Hr. Rogers deren ungenügende Wirkung nachwies.

In Beantwortung der Frage, ob die Entfernung des Wetterrades von der Schachtöffnung und deren gegenseitige Stellung auf die Leistung des Apparates von Einfluß sey, bemerkte Hr. Rogers, daß die Ent= fernung der Maschine von der Schachtöffnung gar keinen Einfluß habe, vorausgesetzt, daß die zwischen beiden befindlichen Canäle (Wetterstraßen) weit genug und frei von Verengungen und Knieen seyen. Das Haupt= erforderniß bestehe darin, das Wetterrad groß genug zu machen, um bei geringer Geschwindigkeit einen hinreichenden Wetterzug zu bewirken; seiner Erfahrung nach müsse er Windräder von 21 Fuß Durchmesser empfehlen.

Er bemerkt ferner, daß ein sehr wesentlicher Vortheil der Wetter=
räder gegen die Wetteröfen darin bestehe, daß die Leistung jener sehr
leicht gesteigert werden kann, was bei einer Explosion vom größten Werthe
ist, da die meisten Tödtungen nicht sowohl durch die Explosion selbst, als
durch die erstickende Wirkung' des after-damp veranlaßt werden dürften.
Diese können aber durch einen plötzlich gesteigerten Wetterzug sehr ver=
mindert werden, da die Erfahrung zu Abercarne gezeigt habe, daß dieß
von 50,000 auf 70,000 oder 80,000 Kubikfuß thunlich ist, so daß der
durch die Baue getriebene Wetterstrom einem Orkan gleicht und alle durch
die Zersetzung des Kohlenwasserstoffes frei werdenden Kohlenstofftheilchen
aufnimmt und aus der Grube zieht. Wetteröfen können aber den Wetter=
zug nur langsam steigern und selbst durch die Explosionen leicht zerstört
oder in Unordnung gebracht werden.

Einen andern Vorzug der mechanischen Wetterhaltung sieht Hr.
Lloyd darin, daß sie ununterbrochen gleichartig wirkt und daher die
Baue stets mit frischen Wettern versieht, wodurch ein besserer Gesund=
heitszustand der Belegschaft erzielt wird.

Schließlich empfahl Hr. Ramsbottom, um die Leistung der Ma=
schine zu sichern, am andern Ende der Welle einen zweiten Cylinder an=
zubringen, der das Wetterrad dann betreibt, wenn an dem ersten Repa=
raturen erforderlich sind.

LXIX.

Die Darstellung von Cementstahl mit Anwendung von Hoh= ofen=Gasen auf dem k. württemb. Hüttenwerke Friedrichs= thal; von Hütten=Inspector Hermann Reusch.

Mit Abbildungen auf Tab. IV.

Die Benützung der Hohofengase zu technischen Zwecken wurde bekannt=
lich schon zu Anfang dieses Jahrhunderts in Frankreich angeregt, allein
erst nachdem mein hochverdienter Landsmann, der verstorbene Bergrath
Faber, gezeigt hatte daß in zweckmäßig vorgerichteten Apparaten sogar
die zum Puddeln und Schweißen von Eisen erforderlichen Temperaturen
mit Hohofengasen nachhaltig erzeugt werden können, fieng man an, der
Sache die verdiente allseitige Aufmerksamkeit zu schenken.

Zwar sind die Hoffnungen, welche man ursprünglich auf die Ver=
wendung der Gase zum Betriebe von Puddel= und Schweiß=Oefen gebaut

hatte, mit der Zeit beträchtlich herabgestimmt worden, nachdem eine gründliche Prüfung den Beweis geliefert hatte, daß den hiebei erlangten Vortheilen sehr bedeutende Nachtheile für den Hohofenbetrieb gegenüberstehen, weil zur gleichmäßigen Erzielung hoher Temperaturen bei wechselndem Ofengange die Gase tief unter der Gicht abgezogen werden müssen, was einerseits einen namhaften Wärmeverlust für den Hohofen zur Folge hat, andererseits wegen der zerstörenden Wirkung heißer Hohofengase auf fast alle Baumaterialien die Solidität des Kernschachtes in der Nähe der Gasfänge wesentlich beeinträchtigt. Dagegen hat die Verwendung der Hohofengase zu solchen Processen, welchen niedrigere Hitzgrade genügen und wo somit die Gasentziehung in geringer Tiefe unter der Gicht, also auch ohne erheblichen Nachtheil für den Hohofen geschehen kann, einen so umfassenden Boden gewonnen, daß man nachgerade fast auf jeder gut eingerichteten Hohofenanlage, welche mit minder wohlfeilem Brennstoff arbeiten muß, irgend eine ihren Betriebsverhältnissen entsprechende Vorrichtung zur Benützung von Hohofengasen antrifft.

So mannichfaltig übrigens die bis jetzt praktisch gewordene Benützung der Hohofengase auch seyn mag, so ist doch meines Wissens ihre Verwendung zur Erzeugung von Cementstahl noch auf keiner andern Hütte in größerem Maaßstabe versucht und mit dauerndem Erfolge durchgeführt worden. Die günstigen Resultate der hiesigen Versuche und die Erfahrungen eines bald zweijährigen Betriebes dürften deßhalb nicht ohne Interesse seyn und eine Veröffentlichung rechtfertigen.

In Folge der Ausdehnung der Fabrication von raffinirtem Stahle und Stahlwaaren, sowie der Einführung der Gußstahlerzeugung auf dem hiesigen Stahlwerke erhöhte sich der Bedarf an Rohstahl. Da das Erzeugniß an Schmelzstahl, welches bisher in 3 Feuern pro Jahr 6000 bis 7000 Centner betrug, hauptsächlich in Ermangelung weiterer tüchtiger Arbeitskräfte im Augenblicke nicht höher gesteigert werden konnte, so veranlaßte mich der Referent des hiesigen Werkes bei der königl. Centralbehörde zu Stuttgart, Hr. Bergrath Bilfinger, Versuche über die Erzeugung von Cementstahl mit hiesigem Stabeisen zu machen. Dieß brachte mich sofort auf die Idee, zur Ausführung dieser Versuche einen zum Abouciren von geweißtem Roheisen schon im Jahre 1851 von mir erbauten und zur Feuerung mit Hohofengasen vorgerichteten kleinen Versuchsofen mit etwa 8 Centnern Capacität zu verwenden.

Schon der erste Versuch gelang über Erwarten gut, und es wurden sofort vom December 1854 bis September 1855 im Ganzen 10 Brände gemacht, welche die Möglichkeit der Verwendung von Hohofengasen zur Fabrication eines guten gleichförmigen Cementstahles außer Zweifel setzten.

Das Interesse, welches diese Versuche höhern Ortes fanden, machte es möglich, schon im Herbste 1855 einen größern Ofen mit einer Capacität von 50 bis 60 Centnern zu erbauen, welcher sich bereits seit December 1855 in regelmäßigem Betriebe befindet.

Die Figuren 17 bis 19 enthalten drei Durchschnitte dieses eingefäßigen Cementirofens. Die Vorrichtungen zur Fassung der Hohofengase sind als unwesentlich hiebei weggelassen, und bemerke ich hier nur, daß die Gase 6½ Fuß unter der Gicht eines 28 Fuß hohen Holzkohlen=Hohofens, dessen Jahresproduction 15,000 Centner übersteigt, abgefangen werden.

a ist die unmittelbar an den Gasfang sich anschließende, etwas über 1 Quadratfuß Querschnitt haltende Gasleitung; b sind drei auf derselben befindliche Schieber, deren Stangen c wegen möglichst genauer und sicherer Regulirung der Gaseinströmung auf ihre ganze Länge mit bei d eingreifenden Gewinden versehen sind, so daß bei einer jedesmaligen vollen Umdrehung der Schieberstange sich die Schieberplatte um eine Schraubganghöhe vor oder rückwärts bewegt. Ueber den Schiebern liegen die Gasschnauzen e, deren vorderer Theil f leicht abgenommen und mit einer Platte luftdicht geschlossen werden kann, um für den Fall eines undichten Verschlusses des Schiebers, welcher mit der Zeit fast immer eintritt, bei dem Füllen und Leeren des Cementirofens nicht durch die der Gesundheit sehr schädlichen Hohofengase belästigt zu werden.

g sind drei verticalstehende, in gut passenden Führungen sich bewegende Schieber zur Regulirung des Zutrittes der Luft, die mittelst Stellschrauben in jeder Lage befestigt werden können. h ist das Gefäß zur Aufnahme der Eisenstäbe. Dasselbe hat einen Boden von 5 Zoll und Seitenwände von 4 Zoll Stärke, und besteht aus kleinen, stark gebrannten, gut zusammengeschliffenen feuerfesten Steinen, welche mit sehr magerer feuerfester Erde in der Weise gemauert sind, daß die Fugen der Steine auf den Pfeilern der Feuerungscanäle abbinden. Die innern Gefäßwände sind noch mit einer magern, an den Steinen gut haftenden feuerfesten Masse ausgekleidet.

Die Feuercanäle sind nun so angelegt, daß die Gase rings um das Gefäß circuliren müssen. Zuerst gelangen die aus der Gasschnauze f bei k in den Ofen tretenden und sich hier mit Luft vermischenden Gase durch sechs auf der vordern Langseite des Gefäßes befindliche senkrechte Canäle l in die Höhe unter den Gewölberaum m, vertheilen sich an sieben auf der hintern Langseite und vier auf den kurzen Stößen befindliche abwärts führende Canäle n, treten unter dem Gefäße durch die convergirenden Züge o in drei verticale Schlote p und von da in drei von einander getrennte horizontale Canäle q, an deren Ausmündung in den Raum r der Zug, beziehungsweise die Lebhaftigkeit der Verbrennung in jeder der drei Abtheilungen durch vorgelegte Backsteine nach Belieben regulirt werden kann. Aus dem Raume r gelangen die Gase in die unmittelbar damit in Verbindung stehende etwa 30 Fuß hohe Esse, welche zugleich die Gase des daneben befindlichen Warmwindapparates aufnimmt.

Die Sargenwandungen des Ofens bestehen aus einem 5 Zoll starken feuerfesten Gemäuer, an welches sich das nur 1 Fuß starke Rauhgemäuer aus gewöhnlichen Backsteinen ohne Zwischenraum unmittelbar anschließt.

Den Ofenraum bedeckt ein feuerfestes Tonnengewölbe von 1 Fuß Stärke, welches zur Verminderung der Abkühlung noch mit flach gelegten 2½ Zoll dicken gewöhnlichen Backsteinen überdeckt ist.

Auf den kurzen Stößen des Ofens befinden sich die Einsatzöffnungen s, welche während des Betriebes mit doppelter verlorener Mauerung versetzt sind.

Unter den Einsatzöffnungen sind die Probestaböffnungen t angebracht; dieselben werden übrigens jetzt, nachdem man die erforderliche Erfahrung über die Dauer eines Brandes besitzt, nicht mehr benützt. Zur Beurtheilung der Temperatur im Ofen dienen mit Thonpfropfen verschlossene kleine Gucklöcher, welche an sämmtlichen verticalen Quercanälen in bequemer Höhe angebracht sind.

Ferner sind im Niveau der convergirenden Züge o kleine, während des Betriebes luftdicht verschlossene Putzöffnungen u ausgespart, durch welche es möglich ist, den sich daselbst anhäufenden Gichtstaub in die Canäle q hinabzustoßen und sofort durch den Raum r zu entfernen.

An der Gasleitung, so wie an den Gasschnauzen sind gleichfalls überall Putzöffnungen angebracht, um den sich allmählich ansammelnden Unrath bequem herausnehmen zu können, was um so nöthiger ist, weil es bei dem beschränkten Platze auf der Gicht unmöglich war, raumbeengende Vorrichtungen zum Auffangen des Gichtstaubes anzubringen.

Für die Solidität des Ofens ist durch gußeiserne Eckschienen, starke Masseln zur Unterstützung des Gewölbes und zahlreiche Schlaubern so vollständig gesorgt, daß bei dem bisherigen Betriebe auch nicht die Spur eines Risses oder ein Drücken des Gewölbes zu bemerken war.

Als Material zum Cementiren habe ich bis jetzt zwei verschiedene Stabeisensorten verwendet, nämlich entweder Frischeisen aus grauem bis halbirtem Roheisen, welches aus reinen Brauneisensteinen mit einem Zusatze von Rotheisenstein erblasen wurde, oder sogenanntes Renneisen, erzeugt durch Einrennen von Alteisenabfällen, hauptsächlich guten Schmiedeisenbrehspänen, in einem Holzkohlenfeuer. Die Qualität des letzteren, welche bei sorgfältiger Arbeit und reiner Ausschweißung an und für sich schon sehr befriedigend ist, wird nach Möglichkeit noch durch Zusatz der Abfälle von der Stahlraffinerie beim Einrennen verbessert. Namentlich die letztere Qualität habe ich bisher brauchbar gefunden.

Was die Form des Cementstabeisens betrifft, so erhält dasselbe für den Zweck des Raffinirens eine Breite von 2 Zoll und eine Dicke von einem halben Zoll. Wird dagegen der Cementstahl nicht raffinirt, sondern roh verwendet, so richten sich die Dimensionen nach der Gestalt der hieraus darzustellenden Waare.

Als Cementirpulver verwende ich die in den Laubholz-Kohlenscheuern sich ergebenden sonst werthlosen Abfälle, welche zu diesem Zwecke zuerst auf einem Siebe von 2 Linien Maschenweite behandelt werden. Die auf dem Siebe zurückbleibende gröbere und reinere Lösche wird zart gepocht und mit etwas Wasser, in welchem Holzasche aufgelöst ist, angemacht. Die unreine zarte, durch das Sieb gefallene Lösche aber wird mit Lehmwasser vermischt, bis sie eine gut zusammenbackende Consistenz hat.

Nur die erstere dient als unmittelbare Umhüllung der Eisenstäbe im Gefäße, die letztere dagegen wird sowohl auf dem Boden als auch an den Seitenwandungen und als Decke der obersten Eisenschichte fest eingedammt und bildet so eine den Einsatz allseitig umgebende dichtschließende Hülle, welche den Zweck hat, bei etwaigen Rissen am Gefäße die eindringende Luft von der Beschickung möglichst abzuhalten.

Vor jedem Einsatze wird zuerst das Gefäß genau untersucht und die beim vorhergehenden Brande entstandenen Risse werden aufs Sorgfältigste mit magerer Masse ausgestrichen.

Sodann wird auf dem Boden eine etwa 1 Zoll dicke Schichte aus feinem geflößtem Quarzsande ausgebreitet, welcher die etwa während des Brandes am Boden entstehenden Risse ausfüllen und verstopfen soll. Auf diese Sandschichte wird eine ungefähr 1½ Zoll starke Schichte von der mit Lehmwasser angemachten Lösche fest eingedammt. Hierauf wird das Einsetzen der Eisenstäbe in flacher Lage in der gewöhnlichen Weise mit abwechselnden 4 bis 5 Linien starken Schichten von der mit Asche angemachten Lösche bewerkstelligt, dabei aber ringsherum an den Gefäßwänden auf etwa 1½ Zoll Breite von der mit Lehmwasser zubereiteten Lösche verwendet und dieselbe möglichst fest eingedammt. Ist das Gefäß in solcher Weise bis auf 6 Zoll unter dem Rande angefüllt, so wird abermals eine etwa 1½ Zoll dicke Schichte von der mit Lehm angemachten Lösche fest eingestampft, hierauf eine etwa 1 Zoll starke Lage eines dicken Lehmbreies aufgetragen, diese Lehmschichte mit einer 1 Zoll starken

Schichte geflößten Sandes überdeckt, darüber eine Lage alter Ziegel oder Backsteinstücke, deren Fugen gleichfalls mit magerem Lehm ausgegossen und ausgestrichen werden, ausgebreitet und obendrauf eine Sandhaube gegeben.

Die große Sorgfalt, welche nach dem Vorstehenden auf den möglichst vollständigen Abschluß der Luft verwendet wird, ist keineswegs überflüssig, weil bei einer sich selbst überlassenen, von den Zufälligkeiten des Hohofenbetriebes abhängigen Gasfeuerung in der Zuströmung der Gase hin und wieder unvorhergesehene Hindernisse eintreten können, deren nachtheiliger Wirkung nur durch den sorgfältigsten Verschluß des Gefäßes vorgebeugt werden kann.

Nach erfolgter Füllung des Gefäßes werden sämmtliche Feuercanäle, die Gasleitung und der Gasfang gereinigt und sofort die Einsatzöffnungen durch doppelte verlorene Mauerung auf der nach Innen gekehrten Seite mit feuerfesten, nach Außen mit gewöhnlichen Backsteinen geschlossen. Sodann werden die Gase hereingelassen und mit Beobachtung der bekannten Vorsichtsmaßregeln angezündet. So lange die Decke des Einsatzes nicht vollständig abgetrocknet ist, wird nur ein ganz schwacher Gasstrom gegeben. Ist dieß der Fall, was nach Ablauf eines Tages wohl angenommen werden kann, so wird die Gasmenge allmählich verstärkt, bis sie nach Ablauf des zweiten Tages auf die volle Höhe gebracht ist. Der Ofen erreicht alsdann sehr rasch in allen Feuercanälen die Temperatur des schmelzenden Kupfers, was bekanntlich für den Cementirproceß der zweckmäßigste Hitzgrad ist.

Der Gasverbrauch ist hiebei ungemein gering, und es hat diese Gasentziehung notorisch nicht den geringsten merkbaren Einfluß auf den Gang des Hohofens.

Es verdient hier bemerkt zu werden, daß neben dem Cementirofen der gleichfalls mit Hohofengasen gespeiste Erzröstofen voll betrieben werden kann, und daß hiebei immer noch eine vollkommen ausreichende Gasmenge zur Speisung des Warmwindapparates übrig bleibt.

Je nachdem weicher oder harter Stahl verlangt wird, wird der Proceß des Glühens 8 oder 10 Tage lang fortgesetzt. Während dieser Zeit besteht die ganze Arbeit an dem Ofen darin, daß die Gasfeuerung täglich zwei bis dreimal untersucht und nach Bedarf regulirt wird — ein Geschäft, das ich bisher mit Interesse selbst besorgt habe. Hiebei ist das Hauptaugenmerk darauf zu richten, daß stets ein kleiner Gasüberschuß vorhanden seyn muß, was am Zuverlässigsten beim Austritte der Gase in den Raum r beobachtet werden kann.

Nach Vorstehendem wird es vollkommen klar seyn, daß man durch Regulirung des Gaszutrittes an den Schiebern b, durch Regulirung des Luftzutrittes an den Schiebern g, und durch Veränderung des Querschnittes an der Ausmündung der Feuercanäle q mittelst der dort vorgelegten Backsteine, die im Ofen herrschende Temperatur, sowie das relative Verhältniß von Gas und atmosphärischer Luft, somit den ganzen Verbrennungsproceß vollkommen in seiner Gewalt hat.

Soll der Brand beendigt werden, so wird zunächst die aus dem Raume r zur Esse führende Abzugsöffnung luftdicht geschlossen, hierauf werden die Gasschieber zugedreht, die Vordertheile f der Gasschnauzen abgenommen und durch dichtschließende Platten ersetzt, sofort alle Oeffnungen am Ofen aufs Sorgfältigste zugemacht und derselbe bei vollständigem Abschlusse der Luft in einer Atmosphäre unverbrannter Hohofengase einer möglichst langsamen Erkaltung überlassen.

Nach drei Tagen wird in die verlorene Mauerung eine kleine Oeffnung gemacht und zugleich werden die Thonzapfen zum Verschlusse der Putzöffnungen und Gucklöcher herausgenommen.

Am vierten Tage wird die verlorene Mauerung ganz beseitigt und sechs Tage nach Abstellung der Gase kann der Ofen ausgetragen werden. Die Dauer eines Brandes kann somit, Einsetzen und Austragen eingerechnet, zu $15\frac{1}{2}$ bis $17\frac{1}{2}$ Tagen angenommen werden.

Der ausgenommene Stahl zeigt, wenn er den richtigen Härtegrad besitzt, die gewöhnlichen Blasen, ist nach dem Erkalten spröde und hat bei großer Härte um 0,8 Proc. im Mittel um 0,6 Proc. dem eingesetzten Stabeisen gegenüber an Gewicht zugenommen. In seltenen Fällen zeigt sich bei einem Stabe aus der obersten oder untersten Lage die Lösche ganz verzehrt. Solche Stäbe haben gewöhnlich eine Glühspanhaut, sind oberflächlich wieder in Eisen verwandelt und müssen deßhalb beim nächsten Brande wieder eingesetzt werden.

Beim Raffiniren hat sich der nach der vorbeschriebenen Methode erzeugte Cementstahl immer ganz befriedigend gehalten, und zeigt bei wiederholter Raffinade nur eine geringe Härteabnahme.

Wie gering der Aufwand bei diesem Verfahren ist, mag am Besten eine Auseinandersetzung der wirklichen Betriebskosten beweisen. Dieselben betragen:

Aufwand für das Einsetzen.

Für Zurichten der Lösche:
2 Taglöhne à 48 kr. . . . . 1 fl. 36 kr.
Für Abhauen und Geraderichten des Cementstabeisens:
3 Taglöhne à 48 kr. . . . . 2 „ 24 „
Für Chargirung des Ofens und Zumauern der Einsatzöffnungen:
3 Taglöhne à 48 kr. . . . . . . 2 fl. 24 kr.
Für Sand, Lehm, feuerfeste Erde, Abgang an feuerfesten
und ordinären Kalksteinen zur verlorenen Mauerung
per Brand . . . . 1 „ — „

Aufwand während des Betriebes.

Für zweimaliges Putzen, sowie für Schließung des Ofens:
1 Taglohn . . . . — „ 48 „

Aufwand für das Austragen ɔc.

1 Taglohn . . . . — „ 48 „
Für Ausbesserung des Ofens und Gefäßes:
1 Taglohn . . . . — „ 48 „

Summa 9 fl. 48 kr.

Hievon ab der Werth der Gewichtszunahme des erzeugten
Cementstahles auf 50 Ctr. Einsatz à 0,6 Proc. = 30 Pfd.
à 12 fl. pro 100 Pfd. . . . . 3 fl. 36 kr.
bleibt Gesammtkosten für 1 Einsatz . . . 6 fl. 12 kr.

1 Centner roher Cementstahl kommt somit, ungerechnet die Zinsen des Anlagecapitals und die übrigens höchst geringe Abnützung des Ofens, um 7,4 Kreuzer höher zu stehen als 1 Centner Cementstabeisen.

Diese geringen Gestehungskosten dürften wohl die Behauptung recht-fertigen, daß in dem beschriebenen Verfahren ein Mittel gegeben ist, Stahl auf ungewöhnlich billige Weise darzustellen und hiedurch die Stahlver-wendung noch allgemeiner als bisher zu machen.

Schließlich bemerke ich, daß der Aufwand für die Herstellung dieses Cementirofens einschließlich Gasleitung, 760 fl. betragen hat, und daß mit einem geringen Mehraufwande ein Ofen von 100 Centner Capacität hergestellt werden könnte, bei welchem der Gasverbrauch nach meinen bisherigen Erfahrungen sich nur ganz unerheblich steigern würde.

———

LXX.

Ueber Scott's Patent-Cement. — Vom Ingenieur-Capitän H. Y. D. Scott.

Aus dem Civil Engineer and Architect's Journal, August 1857, S. 267.

Als ich Frühjahr 1854 Versuche mit einem Kalksteine anstellte, welcher nur schwache hydraulische Eigenschaften besaß, legte ich bei einer Gelegenheit ein Stück von diesem Stein in das Kaminfeuer eines Speisezimmers, und ließ es in demselben einige Stunden lang, um es zu brennen. Während dem dämpfte eine Person das Feuer mit Staub und Asche vom Herde, und als ich das Kalksteinstück mit Säure probirte, um zu sehen, ob es gehörig gebrannt sey, brauste es so heftig auf, daß ich es wieder auf den Rost warf. Nun konnte aber das Feuer nicht zu lebhaftem Brennen gebracht werden, und bei einem zweiten Versuche brauste der Kalkstein so stark wie vorher. Etwas ungeduldig zerrieb ich den Kalk zu Pulver, um das Löschen zu erleichtern, mischte das Pulver mit Wasser und erwartete nun, daß der gebildete Kuchen zerfallen werde, sah aber zu meinem Erstaunen, daß die Masse allmählich erhärtete und nach 24 Stunden nicht mehr mit dem Nagel geritzt werden konnte.

Nach vielen Versuchen mit Kohks und Steinkohlen, um ähnliche Resultate im großen Maaßstabe zu erzielen, gelangte ich zu der Ueberzeugung, daß die Erscheinung auf die eine oder die andere Weise durch die schweflige Säure, welche sich aus dem Brennmaterial entwickelte, veranlaßt wurde; dieß führte zu dem jetzt von mir angenommenen Verfahren.

Dasselbe besteht darin, daß der auf gewöhnliche Weise in der Rothglühhitze gebrannte Kalk den Dämpfen ausgesetzt wird, welche sich aus Schwefel entwickeln, den man bei beschränktem Luftzutritt verbrennt. Es wird so eine geringe Menge schwefelsaurer Kalk gebildet, und dieser Ursache muß offenbar die außerordentliche Veränderung zugeschrieben werden, welche im Kalke veranlaßt wurde. Er löscht sich nun nicht mehr, in dem gewöhnlichen Sinne des Worts, und wenn er zu Pulver zermahlen und als Cement benutzt wird, bildet er nicht nur einen cementartigen Mörtel, sondern auch ein sehr wohlfeiles, schönes und dauerhaftes Bekleidungsmaterial für innere und äußere Wände.

Das gewöhnliche Verfahren Zimmerwände in Putzkalk zu setzen, hat viele Mängel:

1) Der aus Kalk und Haaren bestehende Putzkalk zieht Blasen, sobald der Kalk nicht gehörig gelöscht worden ist;

2) beim Trocknen reißt er durch das ungleiche Schwinden sehr leicht;

3) nach dem Auftragen einer Schicht Putzkalk muß man längere Zeit verstreichen lassen, ehe man die folgende Schicht aufträgt, was großen Zeitverlust veranlaßt und auch Mühe wegen der Gerüste kostet, die wiederholt aufgestellt und wieder weggenommen werden müssen;

4) eine lange Zeit verstreicht auch, ehe der Putzkalk tapezirt oder bemalt werden kann;

5) er wird niemals hinreichend hart, um einem mäßig starken Stoß, z. B. von Meubles, widerstehen zu können.

Von allen diesen Mängeln ist der neue Cement frei, er wird weder blasig noch rissig; er trocknet so schnell, daß der Tüncher, wenn er mit der einen Putz- oder Tünchelage fertig ist, die nächste aufsetzen kann, so daß also das Gerüst nicht weggenommen zu werden braucht. Sobald die Tünche vollendet ist, kann die Tapete aufgeklebt oder die Farbe aufgetragen werden, und nur im Winter müssen die Wände erst durch Ofenwärme getrocknet werden, weil sie sonst die atmosphärische Feuchtigkeit ansaugen.

Zum Abputz des Aeußern der Häuser wird jetzt der Portland-Cement allgemein angewendet, und wenn er gut zubereitet und gehörig aufgetragen wird, läßt er in Beziehung auf Härte nichts zu wünschen. Einen steten Einwurf gegen diese Cementsorte bildet aber die große Verschiedenartigkeit ihrer Farbe, welche von einem Fasse zum andern wechselt, so daß eine Hausfronte oft wie gestreift erscheint. Der Scott'sche Cement hat dagegen stets eine und dieselbe Farbe, nämlich lichtes Ledergelb. Seine Härte ist nach Verlauf einer Woche dieselbe wie die des Portlandcementes, die Kosten des Putzes mit Scott'schem Cement sind aber um 30 Proc. geringer.

Eine wesentliche Bedingung bei der Benutzung dieses, sowie eines jeden Cements ist die, daß er auf durchaus naß gemachte Wände aufgetragen wird, und daß beim Tünchen mit zwei Schichten die untere wieder befeuchtet wird, wenn die zweite aufgetragen werden soll, weil sonst nicht die gehörige Bindung stattfinden kann. Im Sommer ist es auch zweckmäßig den Putz, etwa zwei Tage nach seiner Vollendung, mit einer Spritze zu befeuchten, wodurch seine Festigkeit rascher zunimmt.

LXXI.

Ueber das Blutlaugensalz, ein Beitrag zur nähern Kenntniß der Schmelzmethode in Flammöfen, und Beschreibung einer neuen Darstellungsweise; von Dr. C. Karmrodt, Director der landwirthschaftlich-chemischen Versuchsstation für Rheinpreußen, zu St. Nicolas, Regbzk. Düsseldorf.

Im Auszug aus den Verhandlungen des Vereins zur Beförderung des Gewerb-fleißes in Preußen, 1857 S. 153.

Mit einer Abbildung auf Tab. V.

1. Ursachen des Verlustes an Cyankalium bei der gewöhn-lichen Schmelzmethode in Flammöfen.

Als Feuerungsmaterial dient vornehmlich Rothbuchenholz; Weiß-buchenholz ist weniger geeignet, weil es keine gute Flamme gibt. Das Holz muß so trocken als möglich seyn, namentlich dasjenige, welches während der Periode des Eintragens der Thierstoffe zur Heizung dient. Ich habe mich durch mehrjährige Erfahrungen überzeugt, daß wenn nicht ganz trocknes Holz und sogar unter Umständen in besondern Räumen getrocknetes Holz zum Schmelzen verwendet wurde, die Ausbeute an Blut-laugensalz stets um einige Procente geringer war; daraus muß man schließen, daß die Wasserdämpfe welche bei der Verbrennung von feuchtem Holze über das gebildete Cyankalium geführt werden, dasselbe zerlegen. Der directe Versuch Wasserdämpfe über glühendes Cyankalium zu leiten, bestätigt dieß. Es entweicht dabei eine große Menge Ammoniak und der geglühte Rückstand enthält kein Cyan mehr. Jedenfalls bewirken aber auch die übrigen, beim Verbrennen des Holzes auftretenden Gase, wenn sie über schmelzendes Cyankalium geführt werden, Zersetzungen, die der Fabrikant nicht vermeiden kann, und die offenbar bedeutende Verluste herbeiführen.

Ich muß mich hier über die Entstehung des Cyankaliums in der Schmelze und die Bildung des Blutlaugensalzes näher auslassen, weil bei diesen Bildungsprocessen viele Fehlerquellen entspringen, welche Verluste veranlassen.

Wenn thierische Stoffe, welche Stickstoff enthalten, in die geschmol-zene Potasche gebracht werden, so werden sie verkohlt und entwickeln dabei gasförmige Producte, unter denen sich kohlensaures Ammoniak befindet,

welches zur Bildung eines kleinen Theiles Cyankalium dient. Es hinter=
bleibt eine stickstoffhaltige Kohle, welche betrachtet werden kann als eine
Verbindung von Kohlenstoff + Cyan (Kohlenstoff + Stickstoff). Der
freie Kohlenstoff wirkt reducirend auf das geschmolzene kohlensaure Kali,
es wird Kalium gebildet, welches sich mit der vorhandenen Kohlenstickstoff=
verbindung, dem Cyan, zu Cyankalium vereinigt, und dieß ist der Haupt=
proceß. Die Potasche ist aber nicht reines kohlensaures Kali, die Thier=
stoffe nicht bloß Verbindungen von Kohlenstoff mit Stickstoff; es müssen
daher noch viele andere Processe stattfinden. Die Potasche enthält schwe=
felsaures Kali, Kieselerde, Chlorkalium u. s. w. Aus dem schwefelsauren
Kali wird durch die Einwirkung der Kohle Schwefelkalium. Das Schwe=
felkalium hat namentlich in der Schmelzhitze die Eigenschaft, Eisen aufzu=
lösen und mit ihm ein leicht schmelzbares Doppelsalz zu bilden; daher
werden die eisernen Schmelzgeräthe stark abgenutzt, natürlich um so mehr,
je mehr Schwefelkalium vorhanden ist, je mehr schwefelsaures Kali vor=
handen war. Man gibt daher, um die eisernen Geräthe, die Schmelz=
schale namentlich, zu schonen, noch Eisen zu der Schmelze in Form von
Bohr= oder Drehspänen, Hammerschlag rc. Wäre nicht genug Eisen vor=
handen, so wird auch Schwefelcyankalium gebildet, welches eine spätere
Ausbeute an Blutlaugensalz verringern würde. Dieß hat man indessen
nicht zu befürchten, wenn man den Zuschlag von Eisen einmal spart,
auch schon nicht, weil man in einem eisernen Gefäße schmelzt; ich habe
öfters Schmelzen, denen kein Eisen zugesetzt war und welche mit neuer
Potasche bereitet waren, auf Schwefelcyankalium geprüft, aber nur Spuren
darin entdecken können. Ein größerer Verlust an Cyankalium entsteht
durch die Bildung von cyansaurem Kali durch die Einwirkung der atmo=
sphärischen Luft auf geschmolzenes Cyankalium. Indessen, wenn die
Feuerung gut angelegt ist, so daß das Brennmaterial den ganzen Rost
bedeckt, und wenn das Schürloch so eingerichtet ist, daß die Krücke durch
die kleine Thüröffnung eingebracht und bewegt werden kann, so ist das
schmelzende Cyankalium nur dann dem stärkern Einflusse der Luft ausge=
setzt, wenn neue Portionen thierischer Stoffe eingetragen werden. Wäre
es möglich, daß nach einem unlängst gemachten Vorschlage Brunn=
quell's [56] Gas zur Heizung des Schmelzofens angewendet würde, so
könnte man nach dessen Angabe die Flamme zu einer reducirenden machen,
und somit wäre die Entstehung von cyansaurem Kali noch mehr beschränkt.
Ist cyansaures Kali einmal gebildet, so wird es durch vorhandenen Koh=
lenstoff nicht wieder reducirt, d. h. in Cyankalium zurückverwandelt.

---

[56] Polytechn. Journal B. CXLI S. 47.

Wie ich vorhin von den zerstörenden Wirkungen der Wasserdämpfe vom verbrennenden Holze gesagt habe, so sind es auch die Wasserdämpfe der verbrennenden thierischen Rohstoffe, wenn sie unverkohlt angewendet werden, welche die Verluste an Cyankalium vermehren, und in diesem Falle kann dem Verluste zum Theil vorgebeugt werden, wenn die Thierstoffe verkohlt verschmolzen werden.

Wenn die Schmelze ausgefüllt und in den Füllschalen erstarrt ist, so wirkt feuchte Luft, wie sie sich in den Fabriklocalen stets vorfindet, auf das darin befindliche Cyankalium zersetzend ein; es ist mehr oder weniger der Geruch nach Ammoniak wahrzunehmen, und deßhalb ist stets ein trockner Ort zum Aufbewahren der Schmelze anzurathen.

Bis jetzt findet man bekanntlich noch gar kein Blutlaugensalz in den Schmelzen vor; es entsteht erst beim Auflösen derselben in Wasser, indem das Cyankalium Schwefeleisen auflöst. Drei Atome Cyankalium und 1 Atom Schwefeleisen werden getheilt in 1 Atom Blutlaugensalz und 1 Atom Schwefelkalium. Beim Auflösen der Schmelzen ist zu beachten, daß weder heiße Schmelzen mit kaltem Wasser, noch kalte Schmelzen mit heißem Wasser behandelt werden, weil sich in diesen Fällen viel mehr Ammoniak entwickelt, als wenn die gehörig erkalteten Schmelzen mit Wasser von fast gleicher Temperatur zusammengebracht werden. Stets aber, sowohl beim Auflösen der Schmelzen, als beim Verdampfen der Blutlaugensalzlauge, ist der Geruch nach Ammoniak wahrnehmbar. Die Verluste, welche übrigens nicht bedeutend zu seyn scheinen, lassen sich in keiner Weise vermeiden; selbst beim Verdunsten im Destillirapparate (wo also die Luft fast gar keinen Einfluß auf die Blutlaugensalzlauge ausüben kann) findet eine Zerlegung derselben statt, welche sich hier durch den Geruch nach Blausäure zu erkennen gibt. Ganz reine Blutlaugensalz-Lauge reagirt vollkommen neutral, und es zeigt sich, wenn dieselbe an der Luft gekocht wird, bald der Geruch nach Ammoniak und die Flüssigkeit fängt an alkalisch zu reagiren.

II. Ausbeute an Blutlaugensalz mit verschiedenen Thierstoffen bei der gewöhnlichen Schmelzmethode in Flammöfen.

Um diese kennen zu lernen, habe ich Versuche gemacht, bei welchen alle möglichen Vorsichtsmaßregeln genommen wurden; sie gaben folgende Resultate:

Zu jeder der folgenden Schmelzen wurden 500 Pfund Potasche (oder 400 Pfd. Blausalz und 100 Pfd. Potasche, oder 350 Pfd. Blausalz und 150 Pfd. Potasche) genommen. Das Gewicht der Thierstoffe ist bei jeder Reihe angegeben. Die Schmelzen wiegen im Durchschnitt 500 Pfd.

1. **Schmelzen mit trocknen besten Wolllumpen, 500 Pfd. zu jeder Schmelze.**

10 solcher Schmelzen ergaben im Mittel: 15,22 Proc. Blutlaugensalz.
In diesen 10 Schmelzen wurden producirt = 761 Pfund.
Nach dem Stickstoffgehalte der Lumpen (zu 16 Proc.) hätten erhalten
werden können . . . . = 4000 Pfd.
Der angewandte Stickstoff betrug . . . = 800 „
Der im Blutlaugensalze enthaltene . . . = 152 „
Es wurde also ungefähr $\frac{1}{6}$ des Stickstoffs gewonnen.

2. **Schmelzen mit reinem Horn (Abfälle aus Kamm- und Knopfmacherwerkstätten 2c.), 500 Pfd. zu jeder Schmelze.**

10 Schmelzen ergaben im Mittel = 16,26 Proc. Blutlaugensalz,
es wurden also producirt = 813 Pfd.
Nach dem Stickstoffgehalte des Horns zu 16 Proc. hätten erhalten werden
können . . . . = 4000 Pfd.
Der angewandte Stickstoff betrug . . . = 800 „
Der im Blutlaugensalze enthaltene . . . = 162,6 „
hier also auch nur ungefähr $\frac{1}{5}$ des ganzen Stickstoffs.

3. **Schmelzen mit Kuh- und Kälberhaaren, 500 Pfund zu jeder Schmelze.**

10 Schmelzen ergaben im Mittel = 119,4 Proc. Blutlaugensalz,
producirt wurden daher = 597 Pfund „
Haare zu 16 Proc. Stickstoff
hätten liefern können . . = 4000 „
Der angewandte Stickstoff betrug: 800 „
der im Blutlaugensalze enthaltene = 119,4 „
Nur ungefähr $\frac{1}{7}$ des angewandten Stickstoffs!

4. **Schmelzen mit Leder-Abfällen (nicht mit sogenannten Schlappen), 600 Pfund zu jeder Schmelze.**

10 Schmelzen ergaben im Mittel . . . . = 13,52 Proc.
Im Ganzen wurden producirt . . . . = 676 Pfd.
Leder, zu 7 Proc. Stickstoff gerechnet, hätte liefern können = 2100 „
Der angewandte Stickstoff betrug . . . = 420 „
davon im Blutlaugensalze erhalten . . . = 135,2 „
Ungefähr $\frac{1}{3}$ des angewandten Stickstoffs.

5. **Schmelzen mit Kohle von gutem Horn,[57] zu jeder Schmelze 400 Pfund Kohle.**

10 Schmelzen ergaben im Mittel　　　16,23 Proc. Blutlaugensalz.
Erhalten wurden　．　．　．　．　811,5 Pfd.　　　„
Die Kohle zu 7 Proc. Stickstoff hätte
　geben sollen: ·　　　　　　　　1400 „　　„

Angewandt waren 280 Pfd., wieder erhalten 162,3 Pfd. Stickstoff, ungefähr 4/7 des ganzen Stickstoffs.

Da bei jeder Schmelze 400 Pfd. Kohle angewandt wurden, welche 800 Pfd. Horn entsprechen, so hätten, wenn das Horn verschmolzen worden wäre, erhalten werden können: 1280 Pfd. Blutlaugensalz; hiernach würde die gewonnene Stickstoffmenge nur 1/5 betragen von der angewandten Menge oder 20 Proc., während aus der Kohle 57 Proc. zur Cyanbildung verwendet werden.

6. **Schmelzen mit Kohle von Lumpen.**

Gute wollene Lumpen wurden verkohlt, so daß sie 75 Proc. braune Kohle lieferten (mit 12,5 Proc. Stickstoff). Angewandt für Schmelze 425 Pfd.,

10 Schmelzen ergaben im Mittel 17,57 Proc. Blutlaugen-
　salz, im Ganzen also　．　．　．　．　878,5 Pfd.
Es konnten erhalten werden　．　．　．　．　2656　　„
Der angewandte Stickstoff betrug 531 Pfd., der im Blut-
　laugensalze erhaltene　．　．　．　．　175,7　　„

also ungefähr 1/3 des ganzen Stickstoffs wurde zur Cyanbildung verwendet. Wäre die dieser Kohle entsprechende Menge Lumpen verschmolzen worden, so hätten diese liefern können 4528 Pfd. Blutlaugensalz, und der erhaltene Stickstoff würde nicht ganz ein Fünftheil betragen.

III. **Vortheile des Verkohlens der Thierstoffe für den Schmelzproceß.**

Von einer gegebenen Menge Stickstoff kam der größte Theil, wie aus vorstehenden Versuchen zu entnehmen ist, in der 50 procent. Hornkohle zur Wirkung. Die Kohle enthält also den assimilirbarsten Stickstoff, und die ammoniakalischen Gase welche

---

[57] Horn liefert 50 Procent Kohle. Die Verkohlung geschah in gußeisernen Cylindern von 1 Fuß Durchmesser und 5 Fuß Länge, deren je 2 Stück in einer überwölbten Feuerung lagen. In 3 bis 4 Stunden war die Verkohlung von ungefähr 100 Pfd. Horn beendet.

beim Schmelzen mit rohen Thierstoffen auftreten, verwenden nur in geringem Maaße ihren Stickstoffgehalt zur Cyanbildung. Einige Verſuche werden dieß beſtätigen.

Es wurde eine Schmelze gemacht von beſter Hornkohle. Nachdem dieſelbe beendet war, wurde eine Probe davon ausgeſchöpft, mit aller Vorſicht durch Auflöſen nnd Digeriren derſelben mit Waſſer die Bildung des Blutlaugenſalzes bewirkt nnd daſſelbe genau beſtimmt. In dieſe Schmelze wurde nun gleich nach · dem Ausſchöpfen der Probe noch ein Gemenge von Holzkohle und 50 Pfund trocknem kohlenſaurem Ammoniak in etwa 20 Portionen zugeſetzt. Nachdem wieder eine Probe aus dem Schmelzofen genommen nnd das Cyankalium in Blutlaugenſalz übergeführt worden, ergab es ſich, daß nur eine ſehr geringe Menge (kaum ½ Proc.) Blutlaugenſalz mehr gebildet war. Derſelbe Verſuch wurde noch mehreremale mit Variationen wiederholt, die Reſultate waren aber ſich alle gleich — d. h. ſehr ungünſtig. Die ammoniakaliſchen Gaſe können im Schmelzofen nur in ſehr geringer Menge · zur Cyanbildung beitragen, weil der heftige Zug des Ofens ihnen keine Zeit verſtattet aſſimilirt zu werden.

Um aber zu zeigen, daß ſowohl kohlenſaures Ammoniak, als auch die ammoniakaliſchen Gaſe, welche bei der Verkohlung von Thierſtoffen auftreten, Cyan bilden können, will ich einige kleine Verſuche beſchreiben.

Fünfzig Theile erbſengroße Holzkohlenſtückchen wurden mit einer Löſung von 40 Theilen Potaſche imprägnirt und nach dem Zumiſchen von 10 Theilen feiner Eiſenfeile zur Trockne gebracht. 50 Grm. dieſes Kohlenkalis wurden in einem weiten Büchſenlaufe bis zum heftigen Rothglühen erhitzt und das Gas von 25 Grm. trocknem kohlenſaurem Ammoniak darübergeleitet, welches in dem verlängerten Theile des Büchſenlaufs befindlich war. Nachdem keine Gaſe mehr aus dem Rohre entwichen (unter dieſen befand ſich Ammoniak), wurde die Oeffnung verſchloſſen und das Feuer entfernt. Nach dem Behandeln des Rohrinhalts mit Waſſer u. ſ. w. erhielt ich 5,5 Grm. Blutlaugenſalz. Ein zweiter ebenſo ausgeführter Verſuch ergab 4,75 Grm., ein dritter 5,2 Grm., ein vierter 6,0 Grm. reines Blutlaugenſalz. 25 Grm. kohlenſaures Ammoniak mit 22 Proc. Stickſtoff hätten liefern ſollen: 27,5 Grm. Blutlaugenſalz, lieferten aber im Mittel nur 5,36 Grm. — Auch hier konnte nur ⅕ des ganzen Stickſtoffgehalts zur Cyanbildung verwendet werden.

In demſelben Apparate wurden die Verbrennungsproducte von 29 Grm. reiner Schafwolle über ebenſo wie oben bereitetes Kohlenkali geleitet.

Aus den Gasen erhielt ich nach dem Behandeln des Rohrinhaltes mit Waffer 2c.

3,56 Grm. Blutlaugensalz . . . . . = 12,27 Proc. Blutlaugensalz.
Die rückständige Kohle wog 9,67 Grm.
   und gab beim Schmelzen mit kohlen=
   faurem Kali in einem eifernen, bedeck=
   ten Tiegel, nach dem Auslaugen mit
   Waffer 2c., noch 1,15 Grm. . . . = 3,97 „
In Allem erhielt ich aus 29 Grm. Wolle
   4,71 Grm. . . . . = 16,24 Proc. Blutlaugensalz,
Wolle enthält 16 Proc. Stickstoff und hätte liefern können 80 Proc. Blut=
laugensalz. Auch hier ist nur 1/5 des Stickstoffs zur Wirkung gekommen.

Es wurden in einem andern Versuche 29 Grm. Wolle mit 1/4 Theil ihres Gewichtes Potasche gemengt, und deren Verbrennungsproducte über starkrothglühendes Kohlenkali geleitet.

Aus den Gasen erhielt ich hier nur 1,34 Grm. Blutlaugensalz 4,62 Proc.
Die rückständige Kohle gab noch   3,03 „   „ .   10,45 „
                           in Allem = 15,07 Proc.

Demnach wurde noch weniger als 1/5 des ganzen Stickstoffs erhalten.

Aus diesen Versuchen ist zu entnehmen:

1) daß ammoniakalische Gase Cyanbildung bewirken können, wenn sie in guter Rothglühhitze mit Kohle und kohlensaurem Kali zusammen= treffen;

2) daß die Gase der für sich verkohlten Thierstoffe, über glühendes Kohlenkali geleitet, mehr Cyankalium bilden, als wenn die Thier= stoffe mit einem gewiffen Antheile Potasche gemengt zum Verkohlen gebracht werden;

3) daß die Kohle, welche beim Verkohlen thierischer Sioffe für sich resultirt, weniger Cyankalium gibt, wenn sie mit kohlensaurem Kali verschmolzen wird, als wenn sie mit einem gewiffen Antheile Potasche gemengt zum Verkohlen gebracht wird, um sie später in der eben beschriebenen Weise mit Potasche zu verschmelzen.

Ueberhaupt aber ist es rathsam, die Thierstoffe für den Schmelz= proceß zu verkohlen und die Gase zur Salmiakfabrication zu verwenden. Ueber die Vortheile kann kein Zweifel seyn, wenn man erwägt, daß z. B. 100 Pfd. Wolle, oder Horn, 16 Pfd. Stickstoff enthalten, welche ungefähr 80 Pfd. Blutlaugensalz liefern könnten, aber nur 16 Pfund liefern.

Der Stickstoff, welcher in den fehlenden 64 Pfd. Blutlaugensalz enthalten wäre, geht beim Schmelzen mit Rohstoffen nutzlos durch den Schornstein, oder kommt höchstens einer in der Umgebung des Etablissements liegenden Vegetation zu Gute. Den größten Theil hiervon kann aber der Fabrikant zu seinem Nutzen verwerthen, wenn er die Stoffe verkohlen läßt. 100 Pfd. Horn u. s. w. mit 16 Pfd. Stickstoff geben, oder sollen geben, 50 Pfd. Kohle, welche noch 7 Proc. Stickstoff enthält; also bleiben von 16 Pfd. Stickstoff noch 3½ Pfd. in der Kohle. Die übrigen 12½ Pfd. können dem Fabrikanten beispielsweise 50 bis 56 Pfd. kohlensaures Ammoniak liefern, aus welchem Salmiak, schwefelsaures Ammoniak u. s. w. fabricirt werden kann.

Die Hornkohle enthält noch 57 Proc. assimilirbaren Stickstoff, es werden von 3½ Pfd. desselben fast genau 2 Pfd. im Blutlaugensalze gewonnen, und verloren geht im Ganzen nur noch 1½ Pfd. Stickstoff, vorausgesetzt, daß aller Stickstoff in Form von (kohlensaurem) Ammoniak erhalten würde, was in Wahrheit wohl aber nicht der Fall ist.

100 Theile Horn (mit 16 Theilen Stickstoff) geben

1) roh verschmolzen		2) als Kohle verschmolzen	
Gewinn.	Verlust.	Gewinn.	Verlust.
3,5 Theile St.	12,5 Theile St.	2 Theile St.	1,5 Theile St.

wobei (ad 2) die fehlenden 12,5 Theile Stickstoff zur Bildung von kohlensaurem Ammoniak gedient haben, oder zur Salmiakfabrication verwendet wurden.

IV. Neue Darstellungsweise des Blutlaugensalzes.

Um möglicherweise den Bildungsproceß des Cyankaliums aus den ammoniakalischen Gasen mit dem Schmelz- oder Glühprocesse mit Stickstoffkohle zu combiniren, construirte ich am 20. Februar 1854 folgenden Ofen:

An ein 4 Fuß langes, an beiden Enden offenes, einen Zoll starkes gußeisernes Rohr A (das Glührohr) von 6 Zoll innerm Durchmesser, welcher nach unten hin etwas zunimmt, sind, wie aus Fig. 1 auf Tab. V zu ersehen ist, vier Rohre a, b, c, d von 2 Zoll innerm Durchmesser und 15 Zoll Länge angegossen. Das eine Ende eines der obern Rohre b ist mit einer Flantsche versehen, vermittelst welcher es mit einem birnförmigen Gefäße, dem Verkohlungsgefäße B, von ungefähr 1 Fuß lichter Weite verbunden ist. Das senkrecht unter diesem Rohre angegossene Röhrenstück d mündet in einen gemauerten Canal e, welcher vor dem Verkohlungsgefäße in den Feuerabzugscanal f mündet. Die beiden diesen an dem Glührohre diametral gegenüberliegenden Rohre a und c dienen zum Reinigen der beiden andern Rohre und sind gewöhnlich durch eiserne, mit Lehm verstrichene Bolzen verschlossen. Das Glührohr sowohl, wie der Verkohlungskessel, müssen beide luftdicht durch Deckel verschlossen wer= den können. An dem untern Ende des Glührohres ist ein viereckiger Rahmen angegossen, in dessen Nuthen ein Schieber g sich horizontal be= wegen läßt; ungefähr 1 Fuß hoch über dem Schieber umgibt ein ring= förmiger Rost h den Cylinder. Wenn der Glühcylinder mit Kohlenkali (siehe unten) gefüllt ist, so beginnt die Feuerung mit Holzkohlen und, wenn durch einen eisernen Deckel die Feuerung i oben geschlossen ist, geht der Feuerabzug durch den Canal, in welchem das Verbindungsrohr b des Verkohlungsgefäßes B mit dem Glühcylinder A freiliegt, so daß sowohl diese Verbindungsröhre, als der Verkohlungskessel, durch die abziehende Flamme geheizt wird und bis zum schwachen Rothglühen kommt. Ist der Inhalt des Cylinders im lebhaften Rothglühen, so bringt man in das Verkohlungsgefäß die Thierstoffe rc. und schließt rasch mit dem Deckel, den man mit Lehm luftdicht verstreicht. Die Gase, welche nun bei der Verkohlung auftreten, strömen durch das Verbindungsrohr b und werden unter einem gewissen Drucke durch den Glühcylinder nach unten gepreßt. Durch das unter dem Verbindungsrohre liegende Gasabzugsrohr d treten die Gase in den unter das Verkohlungsgefäß mündenden Canal, werden dort entzündet und diese Flamme dient nun die Hitze in dem Verkohlungs= gefäße um vieles zu steigern. Durch diese Einrichtung ist die Verkohlung im Anfange schwach und nimmt in bestimmtem Maaße zu, bis sie beendet ist. Die gesammten Verbrennungsproducte des Kohlenfeuers und der Gase vereinigen sich hinter dem Verkohlungsgefäße und treten in den Schornsteincanal f, oder werden zum Abdampfen der Laugen benutzt. Bei solcher Operation war nicht im mindesten der unangenehme Geruch be= merkbar, wie er in so hohem Grade bei den Schmelzoperationen mit rohen Thierstoffen wahrzunehmen ist. Eine Glühoperation erforderte eine Zeit von $3/4$ bis $1\frac{1}{4}$ Stunde.

Ist die Verkohlung beendet und haben die Gase in dem Glührohre die Bildung von Cyankalium veranlaßt, so wird der Schieber g aufge= zogen und der Inhalt des Rohres fällt nun in ein darunter gestelltes und mit einem Deckel gut verschließbares eisenblechernes Gefäß. In diesem läßt man erkalten und gibt sodann die Masse nach und nach in kaltes Wasser. Wollte man die ganze Masse auf einmal in Wasser schütten, oder umgekehrt Wasser über die Cyankaliumkohle gießen, so würde eine heftige Erhitzung eintreten, welche einen bedeutenden Verlust an Cyan= kalium hervorriefe. Nach dem Einbringen der Cyankaliumkohle in Wasser wird langsam bis auf 75^0 oder 80^0 C. erwärmt und die Kohle auf einem eisenblechernen Siebe von der Blutlaugensalzlauge getrennt, welche dann auf gewöhnlichem Wege zur Concentration gebracht wird. Die gut ausgewaschene Kohle kann nun entweder von Neuem zur Darstellung von Kohlenkali dienen, oder man läßt sie trocken werden und benutzt sie als Feuerungsmaterial, aus dessen Asche man dann sehr gute Laugen erhält, die sich bei einer gewissen Concentration vortrefflich zur Darstellung des Kohlenkalis eignen.

Das Kohlenkali wird bereitet, indem man in einem eisernen Kessel 20 Theile gute russische Potasche in dem halben Gewichte Wasser löst und hierzu den feuchten, aber ausgewaschenen Niederschlag von 8 Thln. Eisenvitriol mit 6 Thln. Potasche gibt. Zu diesem Gemenge werden 30 Theile haselnußgroße Holzkohlenstückchen gebracht und die ganze Masse bei mäßigem Feuer gut getrocknet. Kohks hätten vielleicht einige Vorzüge vor der Holzkohle, allein sie waschen sich schwerer aus, geben daher mehr Laugen, und die Asche, welche die Kohks beim spätern Verbrennen hinterlassen, ist weit schlechter, ja oft unbrauchbar. Das schwefelsaure Kali, welches man bei der Bereitung des Eisenvitriol-Niederschlags erhält, findet eine Anwendung z. B. in der Alaunfabrication.

In dem so construirten Ofen und auf die beschriebene Weise machte ich Versuche, deren Resultate ich kurz folgen lasse.

1. Bei Anwendung von jedesmal 3 Pfund kohlensaurem Ammoniak (rohes mit 21 Proc. Stickstoff).

Blutlaugensalz,		Stickstoff,	
aus 3 Pfd. erhalten.	aus 100 Th. kohlensaur. Ammoniak.	von 100 besf. werden gewonnen.	Ungefähre Zahl d. gewonnenen Stickstoffs.
1. 32 Loth.	33,3 Proc.	31,74 Theile.	1/3
2. 40 „	41,5 „	39,68 „	2/5
3. 36 „	37,5 „	35,71 „	1/3

Daß bei diesen Versuchen mehr Stickstoff assimilirt wurde, als bei den oben beschriebenen kleineren Versuchen im Büchsenlaufe, mag seinen Grund darin haben, daß hier den Gasen eine größere Oberfläche geboten wurde, und auch daß sie unter einem gewissen Drucke von oben nach unten den Glühcylinder passiren.

2. Bei Anwendung von Thierstoffen.

Das Kohlenkali zu diesen Versuchen war bereitet aus 30 Pfd. Hornkohle (mit 7 Proc. Stickstoff) und 20 Pfd. Potasche. Nach dem Hinzufügen des gewaschenen Niederschlags aus 8 Pfd. Eisenvitriol mit 6 Pfd. Potasche wurde das Gemenge gut getrocknet und wog 44 Pfd.

Zu jeder Operation wurden 10 Pfd. dieses Kohlenkalis verwendet, welche 6,8 Pfd. Hornkohle entsprechen. Darüber wurden die Gase von jedesmal 3 Pfd. Horn (mit 16 Proc. Stickstoff) geleitet.

Der angewandte Stickstoff betrug:

a) in der Kohle des Kohlenkalis . . . . . 15,23 Loth,
b) des Hornes im Verkohlungsgefäße . . . 15,36 „

in Allem 30,59 Loth.

Diese hätten liefern können in Summa 4,78 Pfd. Blutlaugensalz.

Blutlaugensalz,	Stickstoff,	Ungefähre Zahl des nutzbar gemachten Stickstoffs.
erhaltene Menge aus 3 Pfd. Horn.	v. 100 Thln. werden gewonnen.	
1. 49,3 Loth.	32,4 Theile.	$\frac{1}{3}$
2. 42,5 „	27,9 „	$\frac{1}{3}$
3. 45,6 „	30,0 „	$\frac{1}{3}$

Von diesen drei Versuchen restirten aus dem Verkohlungsgefäße 77 Loth Kohle, welche mit Potasche geschmolzen 6,55 Loth Blutlaugensalz lieferten. In Allem wurden hierbei erhalten:

1. 49,3 Loth Blutlaugensalz = 9,86 Loth Stickstoff.
2. 42,5   „   „   = 8,50   „   „
3. 45,6   „   „   = 9,12   „   „
4.   6,5   „   „   = 1,30   „   „

143,9 Loth Blutlaugensalz = 28,78 Loth Stickstoff.
In Anwendung waren gewesen 30,59 × 3 = 91,77 Loth Stickstoff.

3. Bei Anwendung von Thierstoffen und Kohlenkali aus 30 Thln. Holzkohle, 20 Thln. russischer Potasche und dem Niederschlage aus 8 Pfd. Eisenvitriol mit 6 Pfd. Potasche.

Zu jeder Operation wurden 10 Pfd. Kohlenkali verwendet und darüber die Gase von 3 Pfd. Horn geleitet.

Die Resultate waren:

1. 36,75 Loth Blutlaugensalz = 7,35 Loth Stickstoff.
2. 29,50   „   „   = 5,90   „   „
3. 29,25   „   „   = 5,85   „   „
4. 10,0   Loth aus der rückständigen Kohle von 9 Pfd. Horn aus
           allen drei Versuchen = 2,00 Loth Stickstoff.

105,50 Loth Blutlaugensalz = 21,10 Loth Stickstoff.
In Anwendung waren gekommen von 9 Pfd. Horn 46,08   „   „

Mithin ist hier fast die Hälfte der angewandten Stickstoffmenge zur Bildung von Blutlaugensalz nutzbar gemacht.

Wenn man nun annimmt, daß in der zweiten Versuchsreihe mit Stickstoff-Kohlenkali und derselben Menge Horn, wie in der dritten Versuchsreihe, auch dieselben Mengen von Blutlaugensalz wie hier producirt worden sind, so ergibt sich aus dem plus von 38,4 Thln. Blutlaugensalz (in der zweiten Versuchsreihe), daß diese Mehrausbeute von dem Stickstoff-Kohlenkali herrührte.

Zieht man aber die Menge in Betracht, welche resultiren sollte, so ergibt sich, daß von dem Stickstoffe des Stickstoff-Kohlenkalis nur ungefähr $\frac{1}{6}$ zur Wirkung kam. Denn 20,4 Pfd. Hornkohle (mit 7 Proc. Stickstoff) enthält 45,69 Loth Stickstoff, welcher liefern sollte: 228,45 Loth Blutlaugensalz, er hat aber nur geliefert 38,4 Loth Blutlaugensalz. [58]

Wenngleich nun diese Darstellungsmethode des Blutlaugensalzes noch lange nicht das Gepräge der Vollkommenheit an sich trägt, so ist doch aus den beschriebenen Versuchen zu entnehmen, daß diese Methode einige Vorzüge vor der Schmelzmethode hat.

1) Es wird ein weit größerer Theil des Stickstoffs nutzbar gemacht.

2) Werden die Laugen und zuletzt das Blausalz bei Weitem nicht so verunreinigt, als bei der Schmelzmethode.

3) Gehen so gut wie keine Kalisalze verloren, was bei der Schmelzmethode in bedeutendem Maaße stattfindet.

4) Sammeln sich nicht große Mengen von Rückständen an.

Um nach der beschriebenen Methode einen Fabrikbetrieb einzurichten, müssen mehrere solcher Oefen neben einander gestellt werden. Durchschnittlich gibt ein Ofen täglich 24 Pfund Blutlaugensalz.

Wenn man nun die Dimensionen des Apparates etwas vergrößerte, und je zwei und zwei, oder vier Glühcylinder in einem Ofen oder einer Feuerung anbrächte, so würde es leicht zu erreichen seyn, daß in vier Glühcylindern täglich 1 Cntr. Blutlaugensalz producirt werden könnte;

---

[5] Wenn ich in allen angeführten Zahlenverhältnissen der Vergleichung halber Ausdrücke gebraucht habe, aus denen man entnehmen möchte, daß z. B. aus angegebenen Procenten gefundenen Blutlaugensalzes die angeführten Quantitäten wirklich am Ende der Arbeit erhalten seyen, so bemerke ich, daß dieß nicht der Fall ist. Es gehen beim besten Arbeiten gewisse Antheile verloren.

Ebenso ist z B der angebene Stickstoff verschiedener Thierstoffe nicht genau ausgedrückt. Die Zahlen sind nur Mittelzahlen. Den Stickstoffgehalt des Blutlaugensalzes habe ich, der bequemeren Rechnung halber, allenthalben zu 20 Proc. angenommen, obgleich derselbe nur 19,87 Proc. beträgt.

auch fiele dann die theure Holzkohlenfeuerung weg, da durch einen seitlich liegenden Feuerraum die Heizung vermittelst der Stichflamme sehr gut bewirkt würde.

LXXII.

Ueber den Sandgehalt der Knochen welche zur Fabrication von Thierkohle aus den Plata-Staaten bezogen werden; von Hrn. Moride.

Aus den Comptes rendus, Octbr. 1857, Nr. 14.

Die zum Klären des Zuckers bestimmte Thierkohle, welche man mit gewöhnlichen Küchenknochen darstellt, enthält nie mehr als $\frac{1}{2}$ bis $1\frac{1}{2}$ Procent Kieselerde und Sand. Die Knochen aus den Abdeckereien enthalten oft mehr, weil sie fast immer aus der Erde oder aus kalkhaltigen Gemengen genommen wurden, in welche man sie legte um sie von dem Muskelfleisch, womit sie überzogen sind, zu befreien. Aber die Knochen von Buenos-Ayres, von Monte-Video, aus Brasilien ꝛc., welche in großer Menge in England eingeführt werden, und jetzt sogar in Frankreich, zeichnen sich durch eine solche Reinheit aus, daß Niemand einen Sandgehalt derselben vermuthen würde. In den aus den alten saladeros (Pökelanstalten) im Innern kommenden Knochen findet man keine Spur von Gallerte, denn die Gährung an der Luft und bei einer hohen Temperatur hat sie zerstört, und der andauernde starke Regen hat diese Knochen so ausgewaschen, daß die mineralische Substanz so zu sagen isolirt und rein zurückblieb. Sie sind daher sauber, sehr weiß und haben eine beträchtliche Dichtigkeit; ihre Verkohlung ist schwierig, liefert aber eine vortreffliche Kohle, welche niemals die Klärsel roth färbt, was mit neuer Knochenkohle geschieht, wenn dieselbe, wie ich mich davon sehr oft überzeugen konnte, Cyanide und Sulfuride von Alkalien oder Eisen enthält. In der durch Pulverisiren der neuen Thierkohle erhaltenen feinen Kohle findet man jedoch einen zarten Sand von schwach bläulicher Farbe, welcher höchst zertheiltem Granit ähnlich ist. Da der Zuckersieder, für welchen ich solche Knochenkohle untersuchte, vermuthete, daß der Sand bei ihrer Darstellung betrügerischerweise zugesetzt werde, so begab ich mich zu dem Fabrikant, untersuchte die von ihm angewendeten Knochen, seine Verkohlungsöfen, seine Mahlmühle und Beutelmaschine, ich zerbrach verkohlte und nicht verkohlte Knochen, und mein Erstaunen war groß, als ich in fast allen kleinen Ochsenknochen einen feinen Sand antraf, welcher deren Markhöhlungen ausfüllte, ohne daß äußerlich ein zufällig entstandener Spalt vorhanden war, durch welchen der Sand hätte hineingelangen können.   Die Menge des Sandes in den nicht verkohlten und verkohlten Knochen variirte zwischen 10 und 15 Procent!   Die flachen oder runden großen Knochen, welche weich und porös sind, zerschlagen oder nicht zerschlagen, enthielten keinen Sand.   Wie kam er nun in die fraglichen kleinen Knochen?   Da die weißen Knochen in unversehrtem Zustande sind und am Bezugsort der Arbeitslohn ein sehr hoher ist, so kann man nicht annehmen daß Löcher in die Knochen gebohrt und hernach verkittet worden sind.   Dreht man jedoch einen solchen Knochen in mehreren Richtungen, so entdeckt man bald kleine Canäle, welche nicht weiter als die durch eine Nadelspitze hervorgebrachten Löcher sind und die uns das Räthsel lösen müssen.

Es scheint daß diese am Ufer der Flüsse gelagerten Knochen daselbst unaufhörlich von einem bewegten Wasser bespült sind, dessen Wellen einen außerordentlich zertheilten Sand suspendirt enthalten; das Wasser dringt durch die ernährenden Löcher ein und setzt seinen Sand in den Zellen ab, welche früher das Mark ausfüllte, die Sonnenwärme verdampft dann das Wasser, andere Wellen wirken wieder eben so, bis endlich die großen Höhlungen ausgefüllt sind.

Wenn die Knochen welche Sand enthalten, in einer Schiffsladung sehr zahlreich sind, so kann die mit denselben dargestellte Thierkohle bis 5, 6 und 8 Procent Sand enthalten.

LXXIII.

Untersuchungen über einige beim Raffiniren des Zuckers beobachtete Thatsachen; von Hrn. Bobierre.

Aus den Comptes rendus, Octbr. 1857, Nr. 16.

Ich war bemüht die Ursachen zu ermitteln, welche die eigenthümliche Trübung gewisser Syrupe der Raffinerien veranlassen, und den Grund der Verschiedenheiten zu entdecken, welche man, hauptsächlich im Sommer, im äußern Ansehen der erhaltenen Brode bemerkt.

Das Blut geht bekanntlich bald in Fäulniß über, die mit den Fil=
tern in Verbindung stehenden kupfernen Leitungsröhren schwärzen sich,
und gegen das Ende der Wiederbelebung der Knochenkohle entwickelt sich
nicht unbedeutend schweflige Säure; diese Umstände veranlaßten mich vor
allem zu untersuchen, ob nicht die Gegenwart von Schwefel in den Sy=
rupen die Ursache der beobachteten Erscheinungen ist.   Meine Versuche,
welche ich in einer der (französischen) Akademie der Wissenschaften einge=
reichten Abhandlung zusammengestellt habe, führten zu folgenden Re=
sultaten:

Die Syrupe welche mittelst Blut geklärt worden sind, das schon in
Fäulniß überging und dessen Albumin bereits eine Veränderung erlitten
hat, ertheilen der Knochenkohle nachtheilige Eigenschaften, welche ein oft
wiederholtes Wiederbeleben derselben sehr auffallend macht.

Die Kohle, in welcher sich die Schwefelmetalle anhäufen, kann die
Klarheit und die Nüance der Zuckerlösungen verändern und zur Vermeh=
rung der sich bildenden Melasse beitragen.

Durch Anwendung von Salzsäure und Bestimmung des Schwefels
in Form von Schwefelkupfer ist man im Stande Sorten von Knochen=
kohle zu vergleichen und im Voraus zu beurtheilen, welche bei ganz glei=
chem Ansehen in den Raffinerien nothwendig sehr verschiedene Resultate
geben würden.

Ich gehe nun auf die Mittel über, wodurch man diesen großen
Uebelständen abzuhelfen vermag.

Das Waschen der Knochenkohle mit Salzsäure von 4 Grad Baumé
in einem geeigneten Apparat würde die Schwefelmetalle mit Entwicklung
von Schwefelwasserstoff zersetzen.   Im Kleinen gelingt diese Operation
vollkommen; aus den Flüssigkeiten, worin saurer phosphorsaurer Kalk
aufgelöst ist, könnte nachher durch Zusatz von Kalkmilch basisch phosphor=
saurer Kalk gefällt werden, welcher als Düngmittel leicht zu verwerthen
ist.   Damit keine Säure in den Poren der Knochenkohle zurückbleibt,
braucht man dieselbe nachher nur mit reinem lauwarmem Wasser zu
waschen, oder mit einem durch kohlensaures Natron schwach alkalisch ge=
machten Wasser.   Auf diese Weise gelang es mir im Kleinen die Knochen=
kohle vollständig zu entschwefeln.

Ich will aber noch ein anderes Mittel vorschlagen; es besteht darin,
die wiederbelebte Knochenkohle im Sommer so wenig als möglich anzu=
wenden, nämlich in die Filter so viel neue Kohle zu geben, als sich nur
immer mit der Oekonomie der Fabrication verträgt.   Diese neue Kohle
mengt man nicht der im Filter enthaltenen Kohlenmasse bei, sondern man
bringt sie in den untern Theil des Filters, wo dann die Syrupe, welche

durch die obere Kohle theilweise ihres Farbstoffs entledigt wurden, jedoch noch mit den Fäulnißproducten des Bluts imprägnirt sind, eine vollständige Reinigung erfahren werden, bevor sie in die zu ihrer Aufnahme bestimmten Leitungen gelangen.

Schließlich will ich bemerken, daß jene Versuche auch meine früheren Angaben bestätigen, nämlich:

1) daß die Raffinerien das Blut während des Sommers dadurch conserviren sollten, daß sie ihm eine berechnete Menge der zur Klärung bestimmten feinen Knochenkohle einverleiben;

2) daß man der neuen Knochenkohle, welche für den Bedarf der Landwirthschaft aus dem Ausland eingeführt wird, nur eine geringe Menge gepulverten Gyps zuzusetzen braucht, um sie für die Raffinerien ganz unbrauchbar zu machen.

LXXIV.

Anwendung der Thonerde als Ersatzmittel der Thierkohle in den Zuckerraffinerien; von Hrn. C. Mène zu Creusot.

Aus dem Journal de Chimie médicale, Novbr. 1857, S. 678.

Das Thonerdehydrat besitzt bekanntlich die Eigenschaft sich mit den Farbstoffen zu verbinden und mit denselben Lacke zu bilden. Dieß veranlaßte Hrn. Mène das Thonerdehydrat zur Entfärbung einiger in der Industrie benutzten organischen Körper anzuwenden. Er bereitete hierzu das Thonerdehydrat durch Zersetzung des Alauns mit kohlensaurem Natron, Waschen und Filtriren des Niederschlags. Wird dasselbe mit Carmin oder Lackmus gekocht, so liefert es einen gefärbten Niederschlag, von welchem die Flüssigkeit farblos abfiltrirt. Kocht man dieses Thonerdehydrat mit Syrupen oder Melassen, so werden dieselben sogleich entfärbt und so vollständig, daß Hr. Mène den Vorschlag macht die Knochenkohle der Raffinerien durch dasselbe zu ersetzen. Um die Säfte und Syrupe zu entfärben, läßt man sie bekanntlich sehr langsam durch Filter laufen, welche die Knochenkohle enthalten; diese Operation dauert mehr oder weniger lange, je nachdem die Syrupe mehr oder weniger dicht und gefärbt sind und die Knochenkohle alt oder neu ist; mit dem Thonerdehydrat ist ein Kochen nothwendig, der gefärbte Lack begibt sich auf den Boden und der Zucker krystallisirt sogleich; man kann, wenn man will, ein Filtriren vornehmen.

Die Wiederbelebung des Thonerdeſalzes iſt ohne Vergleich einfacher als diejenige der Thierkohle. Die Verſuche gaben folgende Reſultate:

10 Gr. Lackmus werden entfärbt durch   125 Gr. Thierkohle.
10   —   —   —   15 Thonerde.
250 Gr. Melaſſe werden entfärbt durch   125 Gr. Thierkohle.
250   —   —   —   7 Thonerde.
250 Gr. gefärbter Syrup (Honig) werden entfärbt durch 200 Gr. Thierkohle.
250   —   —   —   11 Thonerde.

Offenbar muß ein ſolches Verfahren vortheilhaft ſeyn; man bringt dabei in die Flüſſigkeiten keine Subſtanz, welche das Product zu verändern vermag, weil die Thonerde, wie die ſich bildenden Thonerde-Verbindungen, vollkommen unauflöslich iſt. [59]

LXXV.

Ueber das Conſerviren des Getreides vermittelſt gebrannten Kalks; von Hrn. J. Perſoz.

Aus den Comptes rendus, Juni 1857, Nr. 22.

Die widerſprechenden Anſichten über die Aufbewahrung des Getreides in Silos in unſern Climaten ſind dem Umſtand zuzuſchreiben, daß der Sinn des Wortes: trocknes Getreide nicht genügend definirt worden iſt. Ich habe mich überzeugt, daß der Waſſergehalt des Getreides von 8½ bis 18½ Procent variiren kann. [60]

Es können ſonach bei den als trocken betrachteten Getreideſorten Diffe-renzen im Waſſergehalt vorkommen, die ſich bis auf 10 Proc. belaufen; dieſe Differenzen modificiren auch die Eigenſchaften des Getreides, wornach

---

[59] Bekanntlich hat Howard ſchon im J. 1813 die Anwendung des Thonerde-hydrats als Klärmittel des Rohzuckers ſich patentiren laſſen (polytechn. Journal Bd. XIX S. 384).   A. d. Red.

[60] Bei den betreffenden Austrocknungsverſuchen habe ich folgende Thatſache beobachtet. Bis zur Gränze von etwa 7 Procent Waſſergehalt zieht das Getreide beim Trocknen, indem es ſein Waſſer fahren läßt, ſich zuſammen und nimmt, wie zu erwarten war, an ſpecifiſchem Gewicht zu. Von dieſer Gränze ab verliert es aber ſein Waſſer, ohne das Volum zu verändern, und nimmt folglich beſtändig an Dichtigkeit ab. Bei zwei Getreideſorten von geringem ſpec. Gewicht kann alſo letzteres bei dem einen von überſchüſſiger Feuchtigkeit, und beim andern von über-mäßiger Trockne herrühren.

sich dasselbe in zwei Kategorien theilen läßt: 1) solches, das mehr als 9 Procent Wasser enthält, und 2) solches, das 9 Procent oder darunter enthält.

Bringt man Getreide beider Kategorien in Fläschchen mit eingeriebenen Stöpseln und setzt letztere an gewissen Punkten der strahlenden Einwirkung der umgebenden Körper aus, so tritt eine Erscheinung ein, welche wir Ausdünstung oder Schwitzen nennen können. Auf den der einwirkenden Wärme direct entgegengesetzten innern Wänden sieht man Wasser in Form von Tröpfchen sich verdichten, daher die von demselben befeuchteten Getreidekörner an gewissen Punkten abhäriren. Da die Wärmequelle immer dieselbe bleibt und in gleicher Richtung fortwirkt, so kann man diese Erscheinung nach Belieben, je nachdem man das Fläschchen stehen läßt oder anders stellt, an einem Punkt verstärken oder sie verschwinden und an den verschiedenen Theilen des Gefäßes wieder zum Vorschein kommen lassen.

Das Getreide der ersten Kategorie schwitzt bei niederen Temperaturgraden und um so leichter, je mehr Wasser es enthält. Es versteht sich mithin, daß es nur bei niederen Temperaturen und gleichbleibender Einwirkung derselben sich unversehrt conserviren kann, indem die geringste Temperatur-Verschiedenheit zur Folge hat, einen Antheil des Wassers auf einen Punkt zu übertragen und daselbst anzuhäufen, wo es endlich eine Zersetzung veranlaßt, die sich in die ganze Masse fortpflanzt. So beobachtete ich, daß in Fläschchen mit eingeriebenem Stöpsel eingeschlossenes Getreide, welches nur 15 Proc. Wasser enthielt, in ein paar Wochen verdarb.

Das Getreide der zweiten Kategorie schwitzt niemals bei niederen Temperaturen; es ist dazu die Wirkung der Sonnenstrahlen nothwendig, und dann erscheint, statt der Wassertröpfchen, ein leichter Duft an der innern Glaswand; niemals aber hängt sich das Getreide an.

Aus diesen Versuchen hinsichtlich der Conservirung des Getreides ist zu folgern, daß man die Ausdünstung oder das Schwitzen verhüten und seine Wirkung nöthigenfalls durch ein kräftiges, leicht zu beschaffendes, vermöge seines geringen Preises überall anwendbares Mittel bekämpfen muß, welches, nachdem es seine Dienste zur Conservirung des Getreides gethan, noch im Feldbau verwendet werden kann. Ich habe zu dem Kalk, als alle diese Vorzüge in sich vereinigend, meine Zuflucht genommen.

Ich begnüge mich zu bemerken:

1) daß es mir mittelst des Kalks gelungen ist, Getreide unter Umständen zu conserviren, die seinem Verderben so günstig waren, daß dasselbe Getreide in Fläschchen mit eingeriebenen Stöpseln sich kaum einen

Monat lang conferviren konnte, wogegen dieses mittelst Kalk conforvirte Getreide nach ungefähr 29 Monaten an Güte gar nicht eingebüßt hatte und noch seine völlige Keimkraft besaß;

2) daß Getreide, welches man hatte keimen lassen, nachdem es mit Kalk vermengt worden war, sogleich zu keimen aufhörte, dann gesiebt und ventilirt, durch den Geschmack sich gar nicht verändert zeigte;

3) daß endlich bei einem Getreide im Zustand der Zersetzung, nachdem es ebenso mit gebranntem Kalk behandelt worden war, die Gährung bald aufhörte, und daß dieses Getreide gesiebt, ventilirt, gewaschen und getrocknet, bis zu einem gewissen Grade mit gewöhnlichem Getreide verwechselt werden konnte, obwohl es ungefähr 25 Procent seines Gewichts durch die Gährung verloren hatte.

Schließlich bemerke ich, daß durch das Siebwerk und die ventilirende Reinigungsmaschine das Getreide stets von dem ihm anhängenden Kalk befreit wird. Ein so conservirtes Getreide zeigt nur den Nachtheil, daß es ungemein hart und trocken ist, daher unter den Mühlsteinen zu Pulver wird, statt sich platt zu drücken; dieses Plattdrücken ist aber wegen der leichteren Trennung der Kleie vom Mehle nöthig, und man kann jenem Uebelstande leicht dadurch abhelfen, daß man das Getreide durch Zusatz einer gewissen Menge Wassers, ehe man es zwischen die Steine bringt, aufschwellen läßt.

Nachtrag. Hr. Doyère nimmt in den Comptes rendus, Juli 1857, Nr. 2 die Priorität der Anwendung des Kalks zum Conserviren des Getreides in Anspruch, indem er seine Versuche darüber schon im September 1850 begonnen, und im J. 1852 in einer Abhandlung „über den Kornwurm" mit aller Ausführlichkeit das Verfahren und die anzuwendenden Apparate veröffentlicht hat, also lange vor Hrn. Perfoz. „So vortreffliche Resultate ich aber, bemerkt Doyère schließlich, mit dem Kalk erhalten habe, würde ich doch die Anwendung desselben zu diesem Zwecke nur ausnahmsweise anrathen, weil ich eine Aufbewahrung des Getreides in Silos ermittelt habe, die bei weitem nicht so hoch zu stehen kommt und minder umständlich ist. Ich construire die unterirdischen Silos ganz hermetisch, wodurch der Kalk und jede andere Vorbereitung des Korns fast für alle Fälle unnöthig wird (man s. polytechn. Journal Bd. CXXXIX S. 453). Ist ein Getreide auch zu feucht, um sich darin auf unbestimmte Zeit zu conserviren, so erhält es sich doch so lange ohne merkliche Veränderung, als dieß für die meisten Verwendungen erforderlich ist. In den sehr seltenen Fällen, wo ein Trocknen desselben vorausgehen muß, ist es für große Massen in jeder Hinsicht vorzuziehen, dasselbe in Trockenräumen vorzunehmen."

Miscellen.

Die amerikanische Dampf=Orgel.

Seit ungefähr einem Jahre erregt eine Dampf=Orgel (steam organ) „Kalliope„ genannt, in den Vereinigten Staaten von Nordamerika allgemeines Aufsehen. Nach= dem sie alle größeren Städte der Reihe nach besucht und die lauschende Menge im Norden, Süden, Osten und Westen mit ihren grellen Tönen erfreut hat, nahm sie jetzt in den Räumen des Krystallpalastes zu New=York während der neunundzwanzigsten Ausstellung des Franklin=Instituts einen mehrwöchentlichen Aufenthalt und hilft den Besuchern die gegenwärtige Geldkrisis vergessen, denn sobald ihre dumpfe Stimme erschallt, drängt sich Alt und Jung in ihre Nähe, um sich keinen ihrer süßen Laute entgehen zu lassen, obgleich ihre Töne bis in die äußersten Winkel des Palastes laut und vernehmlich dringen.

Leider eignet sich die Kalliope weniger zur Aufspielung heiterer Weisen, als z. B. des Yankee doodle, der unharmonischen Nationalhymne, die, wie bekannt, das gesammte Muskelsystem der Amerikaner, so oft sie gespielt wird, förmlich elek= trisirt und ihren Körper in eine eigenthümliche lebhaft hüpfende Bewegung versetzt, als vielmehr zu ernster Musik. Es ist deßhalb der Vorschlag gemacht worden, die Dampf=Orgel in großen Kirchen in Anwendung zu bringen und zu diesem Zwecke hat sich eine Dampfmusik=Actiengesellschaft (American Steam Music Company) in Worchester im Staate Massachusetts gebildet, deren Agent A. S. Denny daselbst ist.

Die Einrichtung der Dampforgel ist übrigens sehr einfach: Auf eine starke Dampfröhre, welche mit einem Dampfkessel in Verbindung steht, ist eine Anzahl nach der Tonleiter gestimmter Dampfpfeifen aufgeschraubt. Jede dieser Dampfpfeifen ist mit einem Ventil, auf welches eine Feder wirkt, verschlossen. An dem Ventile sind Drähte befestigt, welche durch Hebel auf einer Seite mit Tasten verbunden sind, auf der andern mit einer drehbaren Stiftwalze in Communication gesetzt werden können, so daß man entweder Melodien abnehmen oder nach Belieben auf der Claviatur spielen kann; das Instrument ist also zugleich Leierkasten und Orgel.

Ein Vortheil der Kalliope besteht jedenfalls darin, daß ihre Töne von einer bedeutenden Menschenmenge auf einmal gehört werden können. B. H.

Beseitigung zerbrochener Kohlenwagen von den Eisenbahngeleisen in Amerika.

Wenn auf den Kohlenbahnen ein Unglücksfall eintritt, so wird der erste umgestürzte Wagen an den Schwellen so fest als möglich verankert und der hinterste Wagen mit einem Seil an die Locomotive befestigt, und mit letzterer vorwärts ge= zogen. Auf diese Weise werden sämmtliche zerbrochene Wagen kopfüber vom Geleise weggeschafft und hierdurch so zerbrochen, daß die noch im Wege liegenden Trümmer leicht auf die Seite geworfen werden können.

Der Grund zu diesem Lynchverfahren ist, daß die Zerstörung einiger Kohlen= wagen und der Verlust ihrer Ladungen weniger Schaden verursacht, als der durch regelrechtes Wegräumen der Wagen entstehende Aufenthalt der nachfolgenden ge= ladenen Kohlenzüge. B. H.

Die Uchatius'sche Stahlerzeugung und ihre neuesten Fortschritte.

Die Beilage zu Nr. 327 der Allg. Zeitung vom 23. Nov. d. J. enthält in diesem Betreff von einem Correspondenten in Wien folgende verläßliche Mit= theilungen:

„Mit Beschreibung des Uchatius'schen Stahlerzeugungsprocesses halten wir uns hier nicht weiter auf. [61] Bekanntlich wurde das Uchatius-Patent sowohl in England als in Frankreich und in jüngster Zeit endlich auch in Oesterreich selbst durch den Gesellschafter und Bevollmächtigten des verdienten Hauptmanns, Hrn. K. Lenz, wie es scheint, unter sehr vortheilhaften Bedingungen, veräußert, während die preußische Patent-Gesetzgebung einem ähnlichen Schritt im Zollverein bisher noch nicht zu überwindende Schwierigkeiten entgegenstellte. Sogleich nach dem Verkauf des Patents in England bemühte sich Hr. Lenz die Uchatius-Methode in einigen englischen Werken einzuführen. Der Erfolg, wenigstens nach den mannichfachen Proben zu urtheilen welche nach Wien gebracht wurden (wo man bereits früher die verschiedensten Sachen, und zumal schöne Schneidewerkzeuge, aus Uchatius-Stahl verfertigt hatte), entsprach mehr und mehr allen Erwartungen.

Vor allem waren, in England noch zwei wichtige Hindernisse zu beseitigen, nämlich einmal die Methode auf die Verwendung von Kohkseisen statt Holzkohleneisen auszudehnen; sodann das durch die Beimischung von Oxyden zu den (dem Uchatius'schen Verfahren eigenthümlichen) Eisenkörnern verursachte schnelle Abschmelzen der Tiegel zu verhindern. Die Versuche in beiden Richtungen führten schließlich zu dem gewünschten Erfolg.

Wie man weiß, wird in allen stahlerzeugenden Ländern nur Holzkohleneisen, mindestens für die mittleren und feineren Stahlsorten, verwendet. So besitzen heute noch das schwedische, russische, rheinpreußische, steierische und in neuester Zeit das an der französisch-piemontesischen Gränze erzeugte Holzkohleneisen den ausschließenden Vorzug zu Stahl verarbeitet zu werden, und es stehen darum die Preise solcher Eisensorten an manchen Orten doppelt so hoch als die bei Kohks erzeugten. Beim Uchatius-Verfahren auch Kohkseisen vollkommen verwenden zu können, ist mithin von ganz besonderem Vortheil für England, welches bekanntlich gar kein Holzkohleneisen mehr erzeugt. Das von Hrn. Lenz mit Erfolg verwendete Kohkseisen war aus Spatheisensteinen erzeugt. Die dabei gebrauchten Kohks waren sehr hart und fast gänzlich schwefelfrei, und hatten kaum 4 Procent Aschengehalt. Der Zuschlag zu den Erzen, welche natürlich etwas verwittert waren, bestand aus ziemlich phosphorfreiem Kalk. Es war daher voraussichtlich aus diesem Material ein gutes schwefel- und phosphorfreies Eisen zu bekommen, und dieß sind wesentliche Bedingungen des Erfolgs.

Der Stahl, aus solchem Kohkseisen bei Anwendung von gleichen Verhältnißmengen entkohlender Stoffe erzeugt, ist, wie auch leicht zu begreifen, um ein geringes härter als jener aus Holzkohleneisen. Dieß ist jedoch der einzige Unterschied welcher sich bisher herausgestellt hat. Eine Sendung von 11 Centnern solchen Stahls, bestehend in einer 300 Pfund schweren Eisenbahnwagenachse, 30 Dutzend Feilen verschiedener Größe, einigen Federn und Stahlstäben zu Werkzeugen, ist hier in Wien angekommen, und bei den gegenwärtigen Patenteigenthümern für Oesterreich, den HHrn. Kreeft und Lenz, zu besichtigen. Auch im niederösterreichischen Gewerbeverein, wo diese Proben großentheils ausgestellt waren, gab Hr. Lenz darüber die befriedigendsten Aufschlüsse.

Ein anderer wichtiger Uebelstand, an welchem der Stahlfabricant Hr. Fr. Hut in Hagen, der die Einführung des Uchatius-Verfahrens im Zollverein übernommen hatte, vorübergehend gescheitert zu seyn scheint, betraf das schon oben erwähnte Abschmelzen der Tiegel, welches bisher auch bei andern verbesserten Methoden der Stahlfabrication die größten Schwierigkeiten bewirkt hat. Auch diesem Uebel wurde, nach Versicherung des Hrn. Lenz, alsbald vollkommen gesteuert.

Tiegel aus Graphit erzeugt, sind den Einflüssen der Oxyde viel weniger unterworfen als Thontiegel. Indeß ist die Verfertigung der ersteren, an vielen Plätzen wo man Graphit aus weiter Ferne herbeischaffen muß, eine kostspieligere. Wir legen daher den größten Werth auf die Anfertigung vollkommen entsprechender Thontiegel. Nähere Einzelnheiten über die Art und Weise wie die HHrn. Uchatius und Lenz das Abschmelzen der Thontiegel verhindern, sind wir außer Stande zu geben. Jedoch

---

soll dieselbe theilweis in einer Präparation der entkohlenden Stoffe, so wie in einer Mischung von gewissen Thonsorten mit Graphit bestehen. Hier liegt vorläufig für uns noch der dunkle Punkt. Jedenfalls scheint gewiß zu seyn, daß die gedachten Uebelstände gegenwärtig gänzlich gehoben sind, und sonach der Anwendung der Uchatius-Methode für Stahlbereitung nirgends mehr etwas im Wege steht. Daß es andern welche bei der neu auftauchenden Erfindung alsbald Versuche in gleicher Richtung anstellten, noch nicht gelungen ist alle Schwierigkeiten hinwegzuräumen — was oft genug an einer Kleinigkeit hängen mag — kann natürlicherweise jener Thatsache keinen Abbruch thun, und es zeigt sich nun daß die auch hier schon lautgewordene Schadenfreude verfrüht war. Die vervollkommnete Präparirung der Thontiegel zur Stahlbereitung dürfte übrigens auch andern Methoden zu gute kommen.

Wie oben schon angedeutet, ist im verflossenen September das österreichische Patent des Uchatius-Stahlbereitungsverfahrens von einer aus Engländern und einigen Oesterreichern bestehenden Gesellschaft angekauft worden. Außer dem Hrn. Lenz gehören zu dieser Gesellschaft auch mehrere Engländer, welche gleichfalls an demselben Unternehmen in England betheiligt sind, und dort bereits Versuche im Großen ausgeführt haben. Die gedachte Gesellschaft befindet sich gegenwärtig in Unterhandlung mit der kaiserl. Staatsverwaltung wegen Pachtung oder Ankaufs des ganz neu angelegten ärarischen Stahlwerks zu Reichenau an der südlichen Staatsbahn. Dieses in wenigen Stunden von Wien aus zu erreichende Werk ist mit mehreren Hämmern, Walzgarnituren, Oefen und allen Maschinen versehen, groß genug um 40 — 60,000 Centner Stahl jährlich erzeugen zu können."

Verfahren zur Trennung des Eisens vom Mangan; von Fr. Field.

Wenn man ein Eisenoxydsalz mit Bleioxyd oder kohlensaurem Blei bei mäßiger Temperatur digerirt, so wird sämmtliches Eisen gefällt; in der Wärme erfolgt die Zersetzung rascher. Auflösungen der Manganoxydulsalze werden hingegen bei dieser Behandlung nicht zersetzt. Wenn man die Auflösung des käuflichen Braunsteins in Salzsäure mit Bleioxyd (Bleiglätte) kocht, so wird die Flüssigkeit nach wenigen Minuten farblos, und es schlägt sich ein basisches Eisensalz nieder. Es ist jedoch nothwendig, das Blei von dem Mangan zu trennen, was am besten dadurch geschieht, daß man vor dem Filtriren einen schwachen Ueberschuß von schwefelsaurem Natron zusetzt; dem Filtrat setzt man dann noch ein wenig Schwefelwasserstoff Wasser zu (oder leitet das Gas hinein), denn es ist fast unmöglich alles Blei mittelst Schwefelsäure oder eines auflöslichen schwefelsauren Salzes abzuscheiden.

Um die Genauigkeit dieser Methode zu erproben, wurden 10,0 Gran Eisen und 1,0 Gran Manganoxyd-Oxydul in verdünnter Salpetersalzsäure aufgelöst. Nachdem das Eisen vollständig auf das Maximum der Oxydation gebracht war, wurde die Lösung abgedampft, um die überschüssige Säure größtentheils auszutreiben, und dann mit beiläufig 100 Gran Bleiglätte gekocht. Nach dem Erkalten wurde eine Auflösung von schwefelsaurem Natron in Ueberschuß zugesetzt, die Flüssigkeit hierauf filtrirt und der Niederschlag vollkommen ausgewaschen.

Man leitete nun einen schwachen Strom Schwefelwasserstoffgas durch die Flüssigkeit, welches einen geringen Niederschlag von Schwefelblei veranlaßte. Nach vorherigem Filtriren wurde dann die Flüssigkeit gekocht, um den überschüssigen Schwefelwasserstoff auszutreiben, worauf das Mangan mit kohlensaurem Natron gefällt und nach dem Auswaschen und Trocknen zum Rothglühen erhitzt wurde, um es in Manganoxyd-Oxydul umzuwandeln.

Man erhielt 0,97 Gr. Manganoxyd-Oxydul ($Mn^3 O^4$), während 1,00 Gr. angewandt worden war. Dasselbe war vollkommen rein. Die kohlensauren Alkalien fällten aus seiner Auflösung schneeweißes kohlensaures Manganoxydul. Schwefelammonium fällte reines fleischfarbiges Schwefelmangan, ohne die geringste Schwärzung, und Blutlaugensalz bewirkte nicht die geringste blaue Färbung. Ein eben so günstiges Resultat lieferte die Bestimmung des Eisens.

Die Anwendung von Schwefelwasserstoff ist bei diesem Verfahren nicht zu umgehen. Wenn man nämlich Eisenchlorid und Bleioxyd mit schwacher Salzsäure kocht, so entsteht auf Zusatz von Schwefelsäure oder Glaubersalz kein Niederschlag. Beim Abkühlen der Flüssigkeit bilden sich große Kryſtalle von Chlorblei, und wenn man dieselbe durch Abdampfen concentrirt, so erhält man mehr von diesem Salz. Es entsteht also kein schwefelsaures Blei. Kocht man schwefelsaures Eisenoryd und Chlorblei mit Salzsäure, so löst sich alles auf, und beim Abkühlen scheidet sich Chlorblei ab.

Man kann der beschriebenen Methode den Vorwurf machen, daß ein drittes Metall behufs der Trennung der zwei schon vorhandenen eingeführt wird; dagegen kommt in Betracht, daß man, um reines Manganoryd aus dem käuflichen Braunſtein zu erhalten, stets einen Strom Schwefelwasserstoff durch die saure Flüssigkeit leiten muß, um vorhandene Spuren von Kupfer ꝛc. zu fällen. Bei der beschriebenen Methode wird der Schwefelwasserstoff erſt nach der Abscheidung des Eisens eingeleitet, anstatt vorher, und es werden daher mit der kleinen Menge von Blei, welches der Fällung durch Schwefelsäure entging, zugleich Spuren von Kupfer ꝛc. abgesondert. (Chemical Gazette, October 1857, Nr. 359.)

Neue Quelle für Selen.

Nach einer Mittheilung des Hrn. Apotheker L. Gisetz in Eisleben (Archiv der Pharmacie Bd. CXL S. 298) wird auf dem Entſilberungswerke der Mannsfelder Gewerkschaft Selen in solcher Menge gewonnen, daß es zu 8 Rthlr. pro Unze verkäuflich ist und der Verfasser den Vertrieb übernommen hat.

Es findet sich das Selen als Flugstaub in dem hohen Schornstein der Röſtöfen, in denen die aus dem Kupferschiefer gewonnenen Kupfer- und Spursteine der gelinden Röſtung behufs der nachmaligen Silberertraction mittelſt Wasser unterworfen werden. Der Flugstaub fällt von Zeit zu Zeit herab und wird beim jedesmaligen Kaltlegen der Oefen gesammelt. Er besteht aus fein vertheilter Kohle, schwefelsauren Salzen, freier Schwefelsäure und fein vertheiltem Selen. Dr. Böttger gewinnt letzteres daraus auf folgende Art: Nach erfolgtem Abschlämmen wird die Lauge filtrirt, der getrocknete Rückstand mit einem gleichen Theil Potasche oder calcinirter Soda im hessischen Tiegel geschmolzen und die pulverisirte Schmelze auf einem Colatorium mit heißem Wasser ausgelaugt.

Aus der dunkelbraunrothen Colatur läßt man an der Luft das Selen sich ausscheiden, trocknet dieses, destillirt es aus einer Porzellanretorte, schmilzt das Destillirte in einem Porzellantiegel und gießt es in Stengelform. (Journal für praktische Chemie, 1857, Nr. 16.)

Mittel gegen den schädlichen Einfluß des Schwefelkohlenſtoffs auf die Gesundheit bei der Verarbeitung des Kautschuks.

Hr. Delpech hat bereits die Aufmerksamkeit der französischen Akademie der Wissenschaften auf die Gefahren gelenkt, welchen die Gesundheit der Arbeiter durch die Schwefelkohlenſtoff-Dämpfe beim Vulcaniſiren des Kautschuks ausgesetzt ist (polytechn. Journal Bd. CXXXIX S. 79). Der Schwefelkohlenſtoff wirkt zwar langsam, aber sehr schädlich, es tritt eine sehr große Schwäche ein, die Gesichtsfarbe wird leichenartig, das Gedächtniß verschwindet ꝛc.

Nach der Science pour tous hat die Erfahrung bereits bewiesen, daß eine Auflösung von kohlensaurem Eisenoxydul in Wasser ein wirksames Mittel gegen diese Folgen ist. Es genügt hierzu, Nägel oder Eisenfeile in Wasser liegen zu lassen, um ein Eisenwasser zu erzeugen und dasselbe dann mit Selterwasser gemischt zu trinken.

Verfahren, um behufs der Fabrication geistiger Flüssigkeiten den Rohrzucker in Fruchtzucker umzusetzen; von Ch. Garton und J. Parsons
in Bristol.

100 Pfd. Rohrzucker werden in so viel Wasser aufgelöst, daß ein Syrup von
30 bis 33° Baumé entsteht; diesem setzt man 1 bis 2 Pfd. concentrirte Schwefelsäure (von 1,84 spec. Gewicht) zu und erhält die Lösung 48 bis 96 Stunden lang
auf einer Temperatur von 54 bis 82° C. (44 bis 66° R.) Nach Verlauf dieser Zeit
ist die gewünschte Veränderung in der Zusammensetzung und den Eigenschaften des
Rohrzuckers bewerkstelligt; man kann sich davon mittelst des Polariskops überzeugen,
indem der Zucker, welcher vorher das polarisirte Licht nach rechts ablenkte, es nun
nach links ablenkt; man sollte jedoch diese Umsetzung nicht weiter treiben, als auf
12 bis 15° nach dem Zeiger des Polariskops. Man neutralisirt nun die Säure mit
Kreide, läßt den gebildeten Gyps sich absetzen oder filtrirt ihn ab; dann kann man
die Flüssigkeit noch abdampfen um den Zucker zu körnen.

Will man den Syrup entfärben, so filtrirt man ihn auf gewöhnliche Weise
durch Thierkohle. Sollte nach dem Neutralisiren der Schwefelsäure überschüssiger
Kalk zurückbleiben, so kann er aus dem Syrup durch Weinsteinsäure, Citronensäure
oder einen großen Ueberschuß von Weinstein abgeschieden werden. — Patentirt in
England am 2. November 1856. (London Journal of arts, Oct. 1857, S. 212.)

Verfahren zur Flachsveredlung oder zum Vorbereiten des Flachses für
das Bleichen; von J. G. Marshall in Leeds.

Der Erfinder bereitet zu dieser Behandlung des Flachses eine eigenthümliche
Seife, deren Lösung er Steinkohlentheeröl oder Terpenthinöl beimischt, um die den
Fasern anhängenden gummigen oder harzigen Substanzen aufzulösen.

Zur Bereitung der erwähnten Seife dient die durch Destillation von Fetten erhaltene Oelsäure, welche in gewöhnlicher Weise verseift wird; die so erzeugte Seife
wird mit oder ohne Ueberschuß von Alkali angewendet. Man kann derselben auch
eine Quantität Glycerin zusetzen. Der Flachs wird mit dieser Seife nach dem
Princip behandelt, welches sich Fr. Montgomery Jennings am 15. Novbr. 1852
patentiren ließ (man s. polytechn. Journal Bd. CXXXV S. 72). Das mit der
Seife zu benutzende Steinkohlentheeröl oder Terpenthinöl wird in rohem Zustande
derselben zugesetzt und durch Umrühren beigemischt, unmittelbar vor dem Eintauchen
der Faser in die Mischung. Das Verhältniß von flüchtigem oder wesentlichem Oel,
welches man der Seife beimischt, kann ein sehr verschiedenes seyn und hängt von
der Beschaffenheit des zu behandelnden Materials ab. — Patentirt in England am
22. Januar 1857. (London Journal of arts, Octbr. 1857, S. 231.)

Steinkohlengewinnung und Verbrauch in Europa.

Dem Bericht des östereichischen Handels- und Gewerb-Statistikers Hrn. Noback
über die Pariser Ausstellung entnehmen wir nachfolgende Zusammenstellung und
Notizen.

Die gesammte Kohlenproduction in Großbritannien im Jahre 1854 auf 2397
    Werken betrug 64,661,401 Tonnen oder . . . 1,313,971,397 Zoll-Ctr.
Belgien producirte 1853 über 7 Mill. Tonnen, genauer 143,431,000 „
Frankreich producirte 1852 auf 286 Steinkohlengruben 98,078,518 „
Preußen producirte 1854 auf 392 Steinkohlengruben 136,250,000 „
    überdieß an Braunkohlen auf 384 Werken . . . 25,000,000 „

Sachsen producirte 1853 . . . . 17,783,706 Zoll-Ctr.
Oesterreich producirte 1853 (Stein- u. Braunkohlen)
circa . . . . 9,000,000 „
Im übrigen Europa (wovon über 1 Mill. auf Hessen
und etwa ½ Mill. auf Hannover kommen) . . 4,420,000 „

Von den in Großbritannien gewonnenen Kohlen wurden 3,680,000 Ton. ausgeführt und blieben beinahe 61 Millionen Tonnen für den einheimischen Verbrauch, wovon mindestens 6 Millionen bei der Eisenindustrie verwendet werden. Den Verbrauch der Gaswerke schätzte man schon im Jahre 1850 auf 1,100,000 Ton. woraus in 775 Gasbereitungsanstalten 9000 Millionen Kubikfuß Leuchtgas erzeugt wurden, wovon aber nach Abzug des Verlustes durch Entweichen ꝛc. nur 7200 Millionen von den Consumenten zu bezahlen waren. Hierdurch wurden etwa 33 Millionen Gallons Brennöl ersetzt, die 13 Millionen Pfd. St. gekostet hätten, während das Gas nur 1½ Millionen Pfd. St. kostete.

Bei der Kohlengewinnung waren im Jahre 1854 etwa 230,000 Arbeiter, bei dem Kohlentransport etwa 60,000 (meist Matrosen) Menschen und 8000 Schiffe beschäftigt.

Von Belgien wurden 1854 über 2½ Millionen Tonnen (à 20 Zollcentner) meistens auf Canälen nach Frankreich ausgeführt.

Frankreich führte im Jahre 1852 überhaupt 62 Millionen Zollcentner Kohlen ein, wovon 42½ Millionen aus Belgien, 13 Millionen aus England, 6½ Millionen aus Rheinpreußen. Aus Mittelfrankreich wurden nur 827,200 Zollcentner nach der Schweiz, Sardinien, Algier ꝛc. ausgeführt; im Jahre 1854 stieg die Einfuhr weit über 76 Millionen Zollcentner.

In Preußen hat sich seit einem Vierteljahrhundert die Gewinnung der Steinkohlen verfünffacht, der Braunkohlen mehr als versiebenfacht, welche letztere man vorzugsweise in den Provinzen Sachsen und Brandenburg gewinnt. (Zeitschrift des hannoverschen Architekten- und Ingenieurvereins, 1857, Bd. III S. 245.)

Volumsverminderung des Holzes durch Verkohlung.

Die Volumsverminderung des Holzes durch Verkohlung wird von Einigen auf 8 bis 10 Proc., von andern auf 20 bis 25 Proc. angegeben, lufttrockenes Holz vorausgesetzt; das Unsichere im Messen des Holz- wie des Kohlen-Volumens, sowie die Ungleichheit des Resultats nach Verschiedenheit der Größe von Holz- wie Kohlenstücken ist so bedeutend, daß jene enorme Differenzen kaum überraschen können.

Eine Klafter von 144 Kubikfuß würde demnach mindestens 108 Kubikfuß und höchstens 132 Kubikfuß Kohle geben. (A. a. O.)

Vorrichtung zum Transport lebender Fische.

Bekanntlich gehen im Wasser, welches keine Luft enthält, die Fische bald zu Grunde, weßhalb die Schweizer Bauern das Wasser von einer gewissen Höhe in die Kästen fallen lassen, in welchen sie die Forellen am Markte feil bieten; während seines Falles nimmt das Wasser Luft in sich auf.

Noël, ein Fischer in den Vogesen, erdachte sich folgende Vorrichtung, um Fische in einem kleinen Volum Wasser mehrere Tage lang am Leben zu erhalten. Ein Kasten wird mittelst einer beweglichen Hürde in zwei Theile abgetheilt; die untere Abtheilung enthält die Fische, und die obere eine durch eine Kurbel in Bewegung zu setzende Eimerkette ohne Ende. Die Eimerchen schöpfen beim Umdrehen das Wasser aus dieser Abtheilung und gießen es nach jedem Umgang wieder aus, wodurch es, hinlänglich mit Luft imprägnirt, wieder in den Kasten fällt. Mittelst dieser Vorrichtung kann man die Fische nicht nur auf den Märkten am Leben erhalten, sondern auch auf große Entfernungen transportiren. Coste. (Comptes rendus, März 1857, Nr. 11.)

Das Schnellpökeln des Fleisches im Kleinen.

Man nimmt, wie Hr. Prof. Runge angibt, auf 16 Loth Kochsalz ½ Loth Salpeter und 1 Loth Zucker und wälzt, ebenso wie es auch schon früher die Hausfrauen thaten, das Stück Fleisch so darin, daß alle Seiten desselben ihr gehöriges Salz bekommen. Darauf hüllt man dasselbe in ein Stück, vorher gut gebrühter, aber wieder getrockneter Leinwand fest ein und legt es in einen Porzellan- oder anderen Napf und obendrauf einen möglichst dicht schließenden Teller. Diese Leinwandhülle ist das Wesentliche beim Schnellpökeln im kleinen Maaßstabe, was, wie Prof. Runge meint, nicht allen Hausfrauen bekannt seyn wird. Man kann nach 12 Stunden schon die Wirkung sehen. Hat man nämlich das Fleischstück mit dem Salzgemenge ohne Leinwandhülle in den Napf gelegt, so findet man den größten Theil des Salzes zu Lake zerflossen am Boden desselben. Sonach kann es keine Wirkung mehr auf den Theil des Fleisches äußern, der daraus hervorragt. Bei der Leinwandumhüllung ist dem nicht so, hier finden wir gar keine Lake in den ersten 10 Stunden, dafür ist sie selbst aber durch und durch mit den aufgelösten Salztheilen getränkt, und gibt nun, da ihre Berührung mit dem Fleisch fortdauert, stets Salz an dasselbe ab, als es dafür Feuchtigkeit von ihm erhält. Später, nach etwa 16 Stunden, findet man unten etwas Lake, nun ist es Zeit das Fleisch mit seiner Hülle umzukehren und dieß täglich einmal zu wiederholen.

Ein so behandeltes Stück Fleisch von 6 Pfund wurde schon nach 6 Tagen aus seiner salzigen Umhüllung genommen. Es hatte nur 10 Loth an Gewicht verloren; denn die wenige freie Lake betrug mit der, welche die Leinwand aufgenommen hatte, nur 27 Loth. Das Fleisch wurde nun in bloßem Wasser gekocht und zeigte sich wohlschmeckend und hinreichend gepökelt.

Alles hier Gesagte gilt vom Pökeln in kleinen Mengen. Sobald man das Drei- oder Vierfache pökelt, kann die Leinwandhülle wegbleiben. Höchstens daß man ein Stück Leinwand als Decke obenauf legt. Denn da 6 Pfund Fleisch 27 Loth Lake geben, so geben (wenn man dieselbe Menge Pökelsalz anwenden würde, was hier aber zu viel seyn könnte) 24 Pfund Fleisch 108 Loth Lake, was übergenug ist, das Fleisch mit Lake zu bedecken.

Es kommt hiebei nur auf das richtige Einlegen der in dem Pökelsalz gewälzten Fleischstücke an. Es dürfen keine leeren Räume bleiben. Durch kleine Fleischstücke kann man sie zwar ausfüllen. Aber man schneidet nicht gern ein ansehnliches Stück zu diesem Zweck entzwei. Es ist auch nicht nöthig, da glatte wohlgewaschene Kiesel- oder Feldsteine in allen möglichen Größen hier dasselbe thun und jeden Raum ausfüllen, wo müßige Lake sich ansammeln könnte.

In Hamburg soll man beim Schnellpökeln im Großen das Fleisch in großen Stücken mit Holz geschichtet, in eiserne Cylinder bringen, welche luftdicht verschließbar sind. Mittelst einer Luftpumpe soll die Luft dann aus denselben gepumpt und durch eine andere Pumpe die Pökellake hineingetrieben werden. Durch dieses Verfahren soll die Pökelung in 12 Stunden vollendet seyn. Prof. Runge bemerkt dazu, daß dieß Verfahren ganz gut, und der richtige Verstand darin sey, d. h. wenn die zum Schichten dienenden Holzstücke stets gebraucht würden. Müßten jene dagegen einige Tage ruhen, so daß sie also an diesen nicht gebraucht würden, so sey es besser, wenn man sich, statt der Holzstücke, glatter Kiesel- oder Feldsteine bediene. Es sey hierbei nämlich die Erfahrung zu beobachten, welche man jüngst in Frankreich gemacht habe, wonach die Pökellake nach längerer Aufbewahrung giftige Eigenschaften annehmen soll. In Berührung mit der Holzfaser könne dieß auch der Fall seyn. (Böttger's polytechn. Notizblatt, 1857, Nr. 21.)

Rolland's Tabaksdörrapparat.

Rolland's Apparat, der in der Tabaksfabrik zu Straßburg schon in Anwendung und dessen Einführung auch in den übrigen französischen Fabriken bereits beschlossen ist, hat die Bestimmung, in einer bestimmten Phase der Tabaksfabrication

den Tabak einer Temperatur von 100° C. auszusetzen, was bisher in den französi=
schen Fabriken auf von unten her erhitzten Metallplatten oder mittelst durch Dampf
geheizter Röhren geschah.

Es besteht der Rolland'sche Apparat der Hauptsache nach aus einer horizon=
talen Trommel, die im Innern schraubengangartige Rippen hat und sich gleichförmig
um ihre Achse dreht. Der an dem einen Ende regelmäßig eingebrachte Tabak wird
mittelst der Rippen in der Richtung der Achse fortgeführt, dabei durch im Innern
der Trommel vorhandene Gabeln fortwährend umgewendet und zertheilt, und endlich
am zweiten Trommelende durch eine daselbst sich öffnende Klappe, die sich gleich darauf
wieder schließt, herausfallen gemacht. Die Erhitzung der Trommel geschieht von
einem unter ihr befindlichen Herde her in der Art, daß die heißen Gase die ganze
Trommel umziehen und die Temperatur darin durch einen kleinen außerhalb des
Ofens angebrachten selbstwirkenden Apparat (Thermoregulator) stets auf einer constan=
ten Höhe erhalten wird. Dieser Thermoregulator besteht im Wesentlichen aus einem
im Dörrapparate angebrachten kupfernen Rohre, das mit Luft gefüllt ist deren mit
der Temperatur wachsender und abnehmender Druck durch Vermittlung der Luft in
einer sehr engen Röhre auf einen kleinen Apparat übertragen wird, der einen Waag=
balken zu größerer und geringerer Neigung bringt, so daß mittelst an den Enden
dieses Balkens vorhandener Scheiben, wovon die eine über, und die andere unter zwei
durch sie mehr oder weniger verschließbaren Oeffnungen angebracht ist, und welche dem=
nach als Klappen wirken, der Zutritt der Luft durch diese Oeffnungen zum Feuer
so vermehrt oder vermindert, und mithin der Verbrennungsproceß immer gerade so
regulirt wird, wie es die Unterhaltung einer constanten Temperatur erfordert. — Der
ganze Rolland'sche Apparat läßt sich offenbar sehr vortheilhaft auch für viele
andere Substanzen benützen, die eine gewisse Zeit hindurch einer bestimmten, einen
gewissen Grad nicht überschreitenden Temperatur auszusetzen sind. Ebenso leuchtet
für sich ein, daß der Rolland'sche Thermoregulator auch in vielen anderen Fäl=
len, wo es sich um Fixirung der Temperatur innerhalb gewisser Gränzen handelt, sehr
nützliche Anwendung finden kann. (Oesterr. Bericht über die Pariser Industrie=
Ausstellung, Heft 11.)

Ueber falsche Zobelfelle; von J. B. Friedreich.

Aus England sind falsche Zobelfelle, aus Hamsterfellen bereitet, in den
Handel gekommen. Das Verfahren bei diesem Betruge ist folgendes: die Hamsterfelle
werden mit einer Beize von Kalkmilch überzogen, welche aus 1 Pfd. gebranntem
Kalk und 10 Pfd. Wasser bereitet wird; dieselbe wird auf die Haarseite des Hamster=
felles leicht mit einer Bürste aufgetragen und 12 Stunden lang darauf gelassen;
hierauf bekommt das Fell eine Lage der färbenden Composition, welche aus folgen=
den Stoffen besteht: 3 Pfd. geröstete Galläpfel, 4 Unzen Salmiak, 14 Unzen Sumach,
12 Unzen Schwefelantimon, 2 Unzen Grünspan, 10 Unzen Eisenschlacken, 4 Unzen
Kupferasche und 10 Unzen Thon. Diese Stoffe werden zu einem Pulver gerieben
und dann allmählich mit 90 Pfd. Wasser versetzt und das Ganze gut gemischt; man
trägt nun mittelst einer Bürste eine Lage dieser Composition auf das Hamsterfell auf
und läßt es 24 Stunden darauf, wobei man immer zwei Felle so zusammenlegt,
daß sie sich mit ihrer Haarseite berühren: nach 24 Stunden werden die Felle geklopft,
und der Proceß wird wiederholt, bis die Felle die gewünschte Farbe erhalten haben;
hierauf werden sie gereinigt, indem man sie in einen geschlossenen Cylinder mit Sand
und Sägespänen von Mahagoniholz bringt, welchem man 2 Stunden lang eine
drehende Bewegung gibt. (Würzburger gemeinnützige Wochenschrift, 1857 S. 46.)

Buchdruckerei der J. G. Cotta'schen Buchhandlung in Stuttgart und Augsburg.

LXXVI.

Ueber Luftkessel bei Locomotiv‑Speisepumpen; von B. Hager.

Mit Abbildungen auf Tab. VI.

Der Maschinenmeister der New‑York Newhaven‑Eisenbahn G. B. Simonds brachte im Jahre 1854, um die Wirkungen von Luftkesseln bei Locomotiv‑Speisepumpen genau beobachten zu können, solche von dickem Glas an einigen Pumpen an. Das Resultat dieser Untersuchungen zeigte, daß dieselben nicht, wie man allgemein glaubte, nutzlos seyen, sondern im Gegentheil sehr vortheilhaft wirken, indem sie nicht bloß die Bewegungen der Ventile, auch bei bedeutenden Geschwindigkeiten, sehr erleichterten, sondern auch die Heftigkeit der durch die Ventile auf die Speiseröhren hervorgebrachten Stöße ungemein verminderten. Es möchte daher nicht ohne Interesse seyn, da in Deutschland an Locomotivpumpen nur selten Windkessel angebracht sind, diesen Resultaten einige Aufmerksamkeit zu widmen und wo möglich Nutzen davon zu ziehen.

Das zu den Versuchen verwendete Glas war ¾ Zoll stark, auf beiden Seiten aufgeschliffen und mit einer Klammer von Eisen, die über das Glas lief und sich an beiden Seiten des Ventils einhafte und durch welche eine Schraube auf eine Platte, die das Glas oben verschloß, ging, über dem Ventil befestigt. Der Glascylinder war ungefähr 7 Zoll hoch und von 2½ Zoll innerem Durchmesser.

Bei geringen Geschwindigkeiten der Pumpen, welche 20 Zoll Hub hatten, füllte sich der Glascylinder bis 1½ Zoll von der ihn verschließenden Platte, indem das Wasser leicht mit jedem Kolbenhube pulsirte. Bei größeren Geschwindigkeiten fiel jedoch dieses Wasserniveau gegen die allseitige Erwartung, bis bei einer Geschwindigkeit von 35 englischen Meilen per Stunde mit Treibrädern von 5½ Fuß Durchmesser, die Wasseroberfläche größtentheils 5 Zoll unter der Deckplatte stand. Merkwürdig ist nun hierbei, daß bei jedem Kolbenhube im Mittel des Glascylinders sich eine Wassersäule von 4 Zoll Höhe und ungefähr 1 Zoll Durchmesser erhob, welche genau die Außenfläche hatte, wie die innere Fläche des Glascylinders. Die Zunahme der Luftsäule oder das Sinken des Wasser‑

niveau's im Glase ist eine Erscheinung, die sich bloß durch die Vermuthung
erklären läßt, daß sie Folge eines ununterbrochenen Wasserzuflusses in den
Kessel ist, denn offenbar gehört weniger Wasserdruck dazu, das Ventil
fortwährend offen zu erhalten, als es immer abwechselnd zu öffnen, wie
es jedenfalls bei geringeren Geschwindigkeiten geschieht. Es fällt also
wahrscheinlich bei höheren Geschwindigkeiten das Ventil nicht bei jedem
Kolbenhube in seinen Sitz zurück und wird durch den Luftkessel ein un-
unterbrochener Wasserzufluß in den Kessel hervorgebracht, während die
Wirkung jedes Kolbenhubes von der gepreßten Luft im Luftkessel absorbirt
und dadurch dieses Steigen einer Wassersäule im Mittel der Luftsäule,
die schneller nach oben als nach den Seiten hin weichen kann, erzeugt
wird.

Mittelst dieser Hypothese läßt sich nun erklären, daß die Speiseröhren, sowie die Kolben der Speisepumpen, weniger durch Ventilstöße
und die unterbrochene Bewegung der in ihnen laufenden Wassersäulen zu
leiden haben, weil eben diese durch Anwendung von Luftkesseln gänzlich
wegfallen, und die Praxis bestätigt dieß vollständig, da es Thatsache ist,
daß die Speiseröhren sehr selten bei den Locomotiven brechen, an denen
Luftkessel mit den Speisepumpen verbunden sind.

Nach wenigen Versuchsfahrten brach leider ein Glascylinder mit einer
heftigen Explosion im Maschinenhaus und warf die Glassplitter mit fürch-
terlicher Gewalt nach allen Seiten, bis in die äußersten Ecken des Gebäudes, jedenfalls eine Folge der ungleichen Ausdehnung des Glascylinders und der ihn haltenden Eisenklammer; glücklicherweise geschah kein
Unglück, allein die Folge davon war die sofortige Entfernung der übrigen
improvisirten gläsernen Windkessel und deren Ersetzung durch metallene.

Vor diesen Versuchen glaubte man, wie auch gegenwärtig noch in
Deutschland und England, daß Pumpen mit langem Kolbenhube, d. h.
Pumpenkolbenhub dem Cylinderkolbenhub gleich, bei hohen Geschwindigkeiten nicht gut arbeiten, und verband die Pumpenstangen mit den Rück-
wärts-Excentrics; es hat dieses jedoch viele Unannehmlichkeiten und ist
bei Locomotiven, zwischen deren Treibrädern der Feuerkasten hängt, durch
den hierdurch entstehenden unverhältnißmäßig großen Radstand ein Nachtheil, den man durch Pumpen mit langem Kolbenhub, welche an beiden
Seiten des Kessels angebracht sind, ganz umgeht. Bei Reparaturen kann
man besser zu den Pumpen kommen, welche sich bei längerem Kolbenhube
auch weniger abnutzen, und braucht die Speiseröhren nicht unter allen
nur erdenklichen Winkeln zu biegen, um vom Tender aus unter den Kessel
zu den Pumpen zu gelangen.

Gegenwärtig bringt man bei allen Locomotiven in den Vereinigten Staaten den Feuerkaſten zwiſchen den Treibrädern an, auch bei Laſt-maſchinen, da hierdurch das Gleichgewicht beſſer vertheilt und ein ruhigerer Gang erzielt wird.

Eine weitere Eigenthümlichkeit der amerikaniſchen Locomotiven iſt das bewegliche Vordergeſtell mit vier kleinen Laufrädern und der weite Schorn-ſtein, ſo wie eine in der Mitte des Keſſels hängende Glocke, mit welcher vor Wegübergängen geläutet wird. Eine hoch über dem Wegübergang gleich einer Ehrenpforte angebrachte Tafel mit den Worten „Look out for the Engine, while the bell rings" (ſiehe dich nach der Locomotive um, wenn die Glocke klingt) warnt den einſamen Wanderer die Bahn nicht zu überſchreiten, wenn geläutet wird. Der Locomotivführer hat einen über-bauten Stand, der an beiden Seiten mit Fenſtern verſehen und nach vorn offen iſt. An der Decke ſämmtlicher Wagen läuft eine Schnur hin, die mit der Dampfpfeife verbunden iſt und nach welcher jeder Paſſagier von ſeinem Sitz aus gelangen kann. Ein einziger Conducteur bedient den ganzen Zug und keinem Paſſagier wird ein Sitz angewieſen, ſondern jedem die Auswahl geſtattet; auch während des Fahrens darf man aus einem Wagen in den andern gehen, indem ſelbige hinten und vorn eine Thür und in der Mitte einen Gang haben, an deſſen beiden Seiten rothſammetne Sitze für je zwei Perſonen angebracht ſind. Die Wagen enthalten ge-wöhnlich 60 Plätze, ſind mit Mahagoni furnirt und mit Goldleiſten und Spiegeln geziert. An einer Seite iſt ein Cabinet (privy) für Damen angebracht, in welchem ſich ein kleines Sopha befindet, deſſen Kiſſen zum Abnehmen u. ſ. w. iſt. In jedem Wagen iſt auf einem Ecktiſchchen ein großer thönerner Krug mit friſchem Waſſer und einem Becher, und im Winter ſteht in der Mitte ein eiſerner Ofen. Auf vielen Bahnen ſind an den Wägen Ventilationsapparate angebracht, welche die Luft durch Waſſer führen ehe ſie in den Wagen tritt, und ſo immer eine reine, friſche Luft herbeiſchaffen, was bei einem trockenen, ſtaubigen Sommer ſehr an-genehm iſt. Die bequemſten Waggons haben die Bahnen mit 6 Fuß breitem Geleiſe (broad gauge - railroads).

Zu erwähnen iſt noch, daß man den Ventilen jetzt nicht über ¼ Zoll Hub gibt, während man früher ⅝ Zoll als das gewöhnliche Maaß an-nahm. Ein oft angewendetes Ventil iſt Bradley's puppet valve, Fig. 8 und 9. Es iſt in der Praxis immer mit vielen Schwierigkeiten verbunden geweſen, ein gut ſchließendes und mit wenig Reibung arbei-tendes Ventil herzuſtellen. Die wenigſte Reibung verurſachen die Kegel-ventile, ſie ſind aber nicht gut genau ſchließend anzufertigen und ſchlagen sich beim Gebrauch leicht aus. Das Kegelventil hat den Uebelstand, daß es in seinen Führungen mit mehr Reibung arbeitet und immer auf derselben Stelle niederfällt, d. h. sich nicht horizontal um seine Achse dreht und hierdurch leicht undicht wird und sich einseitig abnutzt. Man hat deßhalb durch verschiedene complicirte Mechanismen versucht, einem Kegelventil neben seiner verticalen eine horizontale rotirende Bewegung zu geben; Bradley's Ventil nun ist sehr einfach und bewegt sich automatisch bei jedem Hub ein wenig um seine Achse.

Das Ventil C besteht aus einem Cylinder, der sich lose in den Seiten eines hohlen Cylinders G, des Ventilgehäuses, auf und nieder bewegen läßt und an seinen Seiten mit spiralförmigen Rippen F und Einschnitten E versehen ist, durch welche das Wasser in die Höhe steigen kann. In der Mitte der Ventilhöhe sind die Rippen, um dem Wasser hinlänglichen Raum zum Abfließen durch B zu geben, ganz weggelassen. Das Ventil ist oben bis zur Mitte ausgebohrt und hat vier Verbindungsöffnungen D, D, D, D, welche, wenn dasselbe geöffnet ist, eine Verbindung des zu hebenden Wassers mit dem Luftkessel A herstellen, gegen dessen untern Rand es mit seiner obern Fläche anschlägt. Sobald nun der Wasserzufluß durch H unterbrochen wird, fällt das Ventil durch seine Schwere in seinen Sitz zurück, wie ein gewöhnliches Kegelventil, ausgenommen, daß es seine Rippen genau in dem Ventilgehäuse und fast ohne Reibung führen, und das in den Einschnitten des Ventils aufsteigende Wasser dasselbe ein wenig um seine Achse dreht.

Solche Ventile sind auch wiederholt bei hydraulischen Pressen, welche bekanntlich oft mit einem Druck von mehreren hundert Pfund auf den Quadratzoll arbeiten müssen, erfolgreich angewendet worden, und haben den Vortheil, auch bei sehr kleinen Dimensionen, dicht zu schließen und der Abnutzung lange zu widerstehen, da eben eine stellenweise Abnutzung unmöglich ist.

LXXVII.

Bemerkungen über Cylindergebläse, insbesondere über die horizontalen Schiebergebläse.

Das von Noblet in Brüssel herausgegebene Portefeuille de John Cockerill beschreibt in den Lieferungen 32—34, mit Hülfe der sehr schön ausgeführten Royalfoliotafeln 31—33 ein direct wirkendes Gebläse

(d. h. ein solches, bei welchem der Gebläsecylinder senkrecht über dem Dampfcylinder steht, so daß die Achsen beider Kolbenstangen in einer Linie zusammenfallen) von 80 Pferdekräften, mit Hochdruck und Expansion, aber ohne Condensation. Diese Beschreibung enthält folgende beachtens=werthe allgemeine Bemerkungen über Construction der Gebläsemaschinen.

Obgleich es sehr verschiedenartig eingerichtete Maschinen zur Bewe=gung von Gebläsen gibt, so können sie doch sämmtlich in zwei Classen eingetheilt werden. Bei den einen wird der Gebläsecylinder=Kolben direct durch eine horizontale Dampfmaschine bewegt, deren Cylinderachse ge=wöhnlich eine Verlängerung von der Achse des Gebläsecylinders bildet. Da sich der ganze Apparat nur wenig über der Sohle erhebt und keiner hohen gemauerten Fundamente bedarf, so ist seine Construction leicht, wenig kostbar und auch rasch ausgeführt, was stets Vortheile gewährt. Während aber Constructionen dieser Art nur eine geringe Höhe haben, nehmen sie in der Länge einen bedeutenden Raum ein und dieß ist ein wesentlicher Nachtheil, wenn man zur Aufnahme des Gebläses nur einen beschränkten Raum hat. [62]

Zur zweiten Classe kann man die verschiedenen Einrichtungen zählen, bei denen der Gebläsecylinder über dem Betriebsapparat angebracht ist, es sey übrigens die Art der Bewegungsmittheilung welche sie wolle. Von den alten Balanciermaschinen, bei denen an dem einen Ende des Balan=ciers der Dampf= und an dem andern der Gebläsecylinder angebracht ist, reden wir nicht, da nach diesem Systeme jetzt nur noch wenig Maschinen erbaut werden.

Natürlich müssen einerseits die Beschaffenheit der Localität und an=dererseits die eigenthümlichen Umstände der Construction und der Auf=stellung welche man zu berücksichtigen hat, einen großen Einfluß auf die Wahl des einen oder des andern von diesen Systemen haben.

Man hat sich neuerlich sehr bemüht, die Dimensionen der horizon=talen Gebläse, ihr Gewicht und ihre Anlagekosten zu vermindern und da=durch auch die Räumlichkeiten, in denen die Maschinen aufgestellt werden, zu reduciren. Um zu einem solchen Resultat zu gelangen, hat man in sehr bedeutenden Verhältnissen die Kolbengeschwindigkeit und folglich auch die Anzahl der Umdrehungen der Maschine gesteigert, und da die Klappen=ventile, welche gewöhnlich zum Ansaugen und zum Ausdrücken der Luft angewendet werden, bei dieser bedeutenden Geschwindigkeit nicht gehörig

---

[62] Man vergl. Truran's Bemerkungen über Gebläse im polytechn. Journal Bd. CXXXIX S. 173.

zu wirken im Stande sind, so hat man sie durch einen oder mehrere Schieber ersetzt und den Gebläsecylinder mit Canälen oder Oeffnungen versehen, ähnlich denen, wie sie zum Ein= und zum Ausströmen des Dampfes in und aus dem Dampfcylinder dienen. Die Bewegung dieser Schieber wird alsdann durch eine besonders zu diesem Zweck bestimmte Kurbel oder ein Excentricum bewirkt. [63]

Es scheint als habe die bisherige Erfahrung noch nicht gestattet den wirklichen Werth dieses neuen Systems festzustellen; auch sucht man es noch fortwährend zu verbessern, was schon den Beweis liefert, daß es in Beziehung auf den Nutzeffect noch gegen die Gebläse mit großen Dimensionen und mit geringer Geschwindigkeit, welche bei guter Construction den höchsten Nutzeffect geben, zurück steht. Wollte man sich aber mit Bestimmtheit und mit Beweisen über den Werth dieser Maschinen aussprechen, so müßten besondere Versuche angestellt werden und zwar vergleichende mit Maschinen von beiderlei Systemen und von gleichen Kräften. Man könnte alsdann beurtheilen, ob der Vortheil der geringeren Anlagekosten groß genug ist, um die Nachtheile auszugleichen, welche die große Kolbengeschwindigkeit der Apparate dieser Art veranlaßt, wohin ein bedeutender Brennmaterialverbrauch und größere Reparaturkosten gehören. Gegen den Schieber hat man oft den Einwand gemacht, daß er die Oeffnungen nur nach und nach entblöße und daß er für die Vertheilung der Luft durchaus dieselben Nachtheile habe wie für die Vertheilung des Dampfes, mögen die Canäle seyn welche sie wollen. Die Klappen gewähren in Folge ihrer plötzlichen Oeffnung dem Winde eine sehr große Ausströmungsöffnung; der durch eine Kurbel, ein Excentricum oder auch durch einen Hebedaumen bewegte Schieber dagegen zwängt die Luft, sowohl saugend als drückend, mehr durch enge Oeffnungen, daher in den gebogenen Leitröhren weit eher ein Verlust an lebendiger Kraft stattfindet, als bei der ältern Einrichtung. Es würde in dieser Beziehung interessant seyn, einen Watt'schen Indicator an einem Gebläsecylinder mit Schieber anzubringen; die Gestalt der Curve würde alsdann zu beurtheilen gestatten, ob der Nutzeffect in beiden Fällen gleich ist, oder ob diese Vorrichtung bis zu ihrer weitern Vervollkommnung aufzugeben ist.

Ein anderer Einwurf ist in Beziehung auf die bedeutende Räumlichkeit der Leitungen gemacht worden, welche verhältnißmäßig weit größer sind als der freie Raum der Cylinder mit Ventilkasten. In diesen Leitungen

---

[63] Ein Gebläse dieser Art ist beschrieben und abgebildet im polytechn Journal Bd. CXXXIX S. 352.

verdünnt und verdichtet sich die Luft abwechselnd, wodurch der Betrieb des Gebläses an Regelmäßigkeit verliert; dazu kommt noch ein anderer großer Nachtheil. Während nämlich der Kolben ansaugt, dehnt sich die Luft, welche durch den Druck im Windbehälter oder Regulator verdichtet worden ist, aus, und erst dann, wenn ihre Dichtigkeit gleich groß oder etwas geringer als die der Atmosphäre geworden ist, kann die atmosphärische Luft in den Gebläsecylinder eindringen. Während dieser Zeit hat aber der Kolben schon eine gewisse Länge seines Laufes zurückgelegt und das dieser entsprechende Volum muß also von dem theoretischen Volum oder dem Kubikinhalt des Cylinders abgezogen werden, weil die es ausfüllende Luft während des folgenden Kolbenlaufes von Neuem zusammengepreßt wird. Daraus folgt, daß die in den Canälen verdichtete Luft das Einströmen der äußern Luft verzögert und sie vielleicht auch theilweis zurückdrängt.

In allen Fällen müssen die Dimensionen des Schiebers und daher auch sein Gewicht verhältnißmäßig bedeutend seyn; auch die ihn bewegenden Theile müssen hinreichende Dimensionen haben, um den erforderlichen Widerstand leisten zu können. In Beziehung auf die Luftvertheilung ist also diese neue Construction viel complicirter als die ältere mit Klappenventilen, und es sind die Lenk- und anderen Stangen, die Kurbeln oder Excentrics weit eher Reparaturen unterworfen und weit schwieriger in gutem Zustande zu erhalten, als die einfachen Ventilkasten der ältern Gebläse.

Uebrigens scheint es eine Geschwindigkeitsgränze zu geben, über welche hinaus man bei diesen Maschinen nicht gehen darf, wenn der Nutzeffect nicht bedeutend vermindert werden soll. Man war bemüht, die Schieber bei den mit großen Geschwindigkeiten fahrenden Locomotiven dahin zu verändern, daß die Oeffnungen weit schneller und weit vollständiger frei werden; dessenungeachtet findet, wie die Erfahrung bewiesen hat, bei Kolbengeschwindigkeiten von 2 bis 2,5 Meter in der Secunde ein bedeutender Unterschied zwischen dem Druck in dem Kessel und dem in den Cylindern statt; nun ist aber der Druck, welcher den Dampf in die Cylinder treibt, weit bedeutender, als der Druck der verdichteten Luft in einem Gebläsecylinder.

Je größer die Geschwindigkeit des Kolbens ist, desto kleiner kann sein Durchmesser seyn, wodurch allerdings eine Verminderung der Dimensionen und des Gewichts aller Theile der Maschine, so wie ein verhältnißmäßig geringerer Ankaufspreis veranlaßt wird. Andererseits entsteht aber auch ein größerer Kraftverlust durch die Verengungen der Oeffnungen für das Durchströmen der Luft, durch die Richtungsveränderungen der Luft, durch den freien (sogen. schädlichen) Raum ꝛc., die Maschinentheile nutzen sich

mehr ab und das Ganze wird eher unbrauchbar. Sey übrigens die Ein=
richtung einer derartigen Maschine welche sie wolle, so bleibt das Gewicht
der beiden Kolben, der gemeinschaftlichen Kolbenstange, der Lenkstange,
des Schiebers u. s. w. immerhin bedeutend. Wir wiederholen daher, daß
man erst nach einem mehrjährigen Betriebe dieser Maschinen im Stande
seyn wird, ein richtiges Urtheil über dieselben zu fällen und Vergleichungen
in Beziehung auf Brennmaterialverbrauch, Betriebs= und Reparaturkosten,
Dauer der Stillstände ꝛc. zu machen; erst dann wird man aus Erfahrung
sagen können, ob man die neuen kleineren und geschwind gehenden Ma=
schinen unbedingt einführen, oder im Gegentheil auf die Gebläse mit großen
Dimensionen und mäßiger Betriebsgeschwindigkeit zurückkommen muß.

LXXVIII.

Verbefferungen an Wafferftandszeigern und Manometern, welche sich William Smith, Civilingenieur zu London, einer Mittheilung zufolge, am 21. Octbr. 1856 paten= tiren ließ.

Aus dem London Journal of arts, August 1857, S. 98.

Mit Abbildungen auf Tab. VI.

Diese Erfindung bezieht sich auf einen Apparat, welcher zugleich als
Wafferftandszeiger und als Manometer zur Bestimmung des Dampf= oder
Wafferdrucks, so wie des im luftverdünnten Raume stattfindenden Druckes,
ferner als Schmiervorrichtung dient.

Ein Schwimmer bewegt sich in Folge des Steigens und Sinkens des
Wafferstandes in einem Bogen um eine Achse. Durch diese Bewegung
wird ein permanenter Magnet in Thätigkeit gesetzt, welcher die Bewegung
eines Zeigers beherrscht, so daß die Stellung des letztern mit der Lage
des Magnets und durch Vermittlung des Magnets mit derjenigen des
Schwimmers correspondirt. Zu dem Apparate gehört ferner eine Luft=
feder in Verbindung mit einer Vorrichtung, um augenblicklich die Luft in
der Federkammer zu erneuern und mit der äußern Atmosphäre ins Gleich=
gewicht zu setzen, indem bekanntlich verdichtete und lange eingeschlossene Luft,
besonders wenn sie mit Wasser in Berührung ist, etwas von ihrer Ela=
sticität verliert. Der Raum in der Luftfederkammer ist ferner so eingerichtet,

daß der Schwimmer veranlaßt wird, sich durch gleiche oder nahezu gleiche Strecken zu bewegen, wenn auch die Steighöhen der ihn bewegenden Flüssigkeit veränderlich sind.

Der Manometer und der Schmierapparat eignen sich speciell für Dampfmaschinen. Der Dampfdruck wird angewendet, um das Oel in geeigneten Quantitäten an die zu schmierende Stelle zu drücken, während der Manometer den Druck anzeigt unter welchem dieses geschieht, und zugleich den Druck mit welchem die Maschine arbeitet.

Fig. 16 stellt den Wasserstandszeiger und das Zifferblatt in der äußern Frontansicht,

Fig. 17 in der Seitenansicht dar.

Fig. 18 ist eine für Locomotiven sich eignende Abänderung dieses Apparats.

Fig. 19 ist der Durchschnitt eines Vacuum-Indicators.

Fig. 20 der Durchschnitt eines Dampfdruck-Indicators;

Fig. 21 eine äußere Ansicht desselben;

Fig. 22 die Seitenansicht mit Schwimmer und Magnet;

Fig. 23 die Frontansicht, mit Spirale, verticaler Scala und Zifferblatt.

Fig. 24 ist der Verticaldurchschnitt einer Dampfdruck-Schmierbüchse.

Die Eintheilung des Zifferblattes Fig. 16 mag genügen ein Steigen und Sinken des Wassers um 12 Zoll anzuzeigen, wobei die Nadel I die Größe der Veränderung über oder unter dem normalen Wasserstande angibt. Der Ausblasehahn C dient zur Entfernung von Ablagerungen. Der hohle kupferne Kugelschwimmer A, Fig. 17, ist an die gebogene Stange B, und diese mit ihrem andern Ende an einen gabelförmigen Magnet befestigt, welcher, wenn der Schwimmer steigt oder sinkt, in der Meßkammer sich dreht, während die Nadel I in genauer Uebereinstimmung mit den Polen des Magnetes auf der äußern Fläche des Zifferblattes sich dreht. Die hohle Röhre E, welche die Stange B einschließt, tritt durch ein in den Dampfkessel gebohrtes Loch, und die Einrichtung ist so getroffen, daß die Nadel bei normalem Wasserstande horizontal steht. Die Stange spielt frei und ohne alle Reibung in der Röhre ohne Stopfbüchse oder sonstige Liederung, und da weder Dampf noch überspritzendes Wasser auf den Apparat einen Einfluß ausüben kann, so zeigt er stets das wirkliche Wasserniveau an.

Fig. 19 erläutert eine Modification dieses Theils der Erfindung, welche zugleich einen wirksamen Vacuum-Indicator bildet. C, C ist ein Behälter, welcher durch Scheidewände in zwei Hauptkammern D und E getheilt ist, die nur durch die Oeffnung c, c am untern Ende der Röhre a, a mit einander in Verbindung stehen. Durch die Röhre b, b, welche an den untern Theil des Instruments geschraubt ist, tritt eine andere Röhre d, d, die sich in den obern Theil der Kammer E öffnet, während ihr anderes Ende mit dem Condensator in Verbindung steht. Das Innere der Kugel G bildet die Fortsetzung der Kammer E. Ein hohler Schwimmer F ist an den um K drehbaren Arm I befestigt, welcher den Magnet trägt, dessen beide Pole nach vorn hervorragen. Das gläserne Stück H nimmt die Mitte des Instrumentes ein und ist an das Gestell C, C befestigt. Dasselbe enthält Canäle und Rinnen für das Spiel und die Rotation der Arme und des Magnets. Der letztere beherrscht durch die Platte hindurch die Nadel auf ähnliche Weise, wie in Fig. 16 und 17. Durch die mit einem Hahn h versehene Röhre g wird das Instrument mit Wasser versehen. Der Hahn i wird geöffnet, worauf das Wasser in den Apparat steigt und durch sein Ueberfließen bei i anzeigt, daß es die richtige Höhe erreicht hat. Hierauf werden beide Hähne geschlossen. In Folge der Wirkung des Condensators wird die Luft durch die Röhre d aus der Kammer E gesaugt, und in dem Maaße als dieses geschieht, drückt die Luftfeder in der Kammer D das Wasser durch die Oeffnungen c, c und die Röhre a, a in die Kammer E hinauf. Der mit dem Wasser steigende Schwimmer F nimmt den Arm I mit sich, durch welchen der Magnet und mithin auch der Zeiger auf dem Zifferblatt in Bewegung gesetzt wird. Eine graduirte Scala zeigt den Grad der Luftverdünnung.

Fig. 20 stellt eine andere Einrichtung dar, die sich für einen Dampfdruck-Manometer eignet. Bei diesem Instrumente werden die auf den Schwimmer wirkenden veränderlichen Wasserhöhen durch den directen Druck des eingeführten Wassers hervorgebracht, indem dieses die Luft in der Luftfederkammer comprimirt, durch deren Spannkraft die Wasserhöhe regulirt wird. Die aufgeschraubte Kugel G bildet, wie in dem vorhergehenden Falle, mit dem Gestell C die zusammenhängende Kammer D, welche die Luftfeder enthält. Der Raum E ist lediglich eine Entleerungskammer, welche mit der äußern Luft communicirt. Das Wasser wird durch die an das Rohr b geschraubte Röhre g zugeführt. Innerhalb des Rohres b befindet sich das Rohr d, welches unten mit einem Hahn I versehen ist, durch den der Inhalt der Kammer D rasch entleert werden kann. Sobald der Hahn I geschlossen und der Hahn h geöffnet wird, bringt das Wasser gewaltsam durch die Röhren g und b in die Kammer D, worin es die Luft comprimirt. Der Raum der Luftkammer D hat rücksichtlich des auf dem Zifferblatt anzuzeigenden Druckes ein solches Verhältniß, daß, obgleich das Niveau des Wassers sich nicht gleichmäßig erhebt, dennoch der Schwimmer F mit seinem Arm i gleiche Bogen beschreibt, was eine gleichmäßigere Eintheilung des Zifferblattes gestattet. Fig. 21 ist eine äußere Ansicht dieses Apparates mit seinem Zeiger, welcher durch den hinter dem Zifferblatte befindlichen Zeiger beherrscht wird. Zur Beurtheilung der Temperaturveränderungen kann an dem Zifferblatt noch ein Thermometer angebracht werden, dessen Kugel innerhalb der Kammer E sich befindet.

Die Figuren 22 und 23 stellen eine Anordnung dar, um den Druck auf einer verticalen Scala durch die senkrechte Bewegung eines Schwimmers und durch Vermittlung eines Magnetes anzuzeigen. Fig. 22 ist ein Durchschnitt des untern Theils eines conischen Behälters A. Das Zifferblatt c befindet sich, wie Fig. 23 zeigt, auf der ebenen Seitenfläche des der Länge nach durchgeschnittenen conischen Behälters. Der Schwimmer F, dessen Führung eine senkrechte Stange g bildet, ist von dem Magnet m umgeben. Die dem Zifferblatte zugekehrten Pole des letztern heben und senken sich mit dem Niveau des Wassers. Indem sich der Magnet mit dem Schwimmer auf oder nieder bewegt, setzt er die Spirale c, c und den an dieser befestigten Zeiger d in Umdrehung.

Fig. 24 stellt die in Verbindung mit dem Dampfdruck-Manometer arbeitende Schmierbüchse im Verticaldurchschnitte dar. Die mit einem Hahn h versehene Röhre g führt das Wasser unter einem der Dampfspannung entsprechenden Drucke in den Behälter A. Dieser ist mit einem Entleerungshahn c und an seiner tiefsten Stelle mit einem Hahn E versehen, von dem aus eine Röhre d durch den Behälter sich bis in die Kammer c hinauf erstreckt. Letztere ist in eine messingene Kammer a befestigt, welche an das obere in den Behälter A geschraubte Stück D befestigt ist. Die Messingkammer a ist durchbrochen, so daß man die Glaskammer C und ihren Inhalt sehen kann. Nachdem die Hähne c und E geschlossen sind, füllt man den Behälter bis zur Hälfte mit Oel; dann läßt man Wasser zutreten, welches das Oel gewaltsam in die Kammer C hinauf und durch die Röhre d drückt. Durch den Hahn E und eine beliebige demselben sich anschließende Röhre gelangt das Oel unter dem durch den Manometer angezeigten Druck an die zu schmierende Stelle.

LXXIX.

Hängende oder Schiffmühlenräder, von Hrn. Colladon zu Genf.

Aus Armengaud's Génie industriel, Oct. 1856, S. 187.

Mit Abbildungen auf Tab. VI.

Man unterscheidet von den gewöhnlichen ober= und unterschlägigen Wasserrädern die hängenden oder Schiffmühlenräder, welche durch die Kraft des natürlichen Gefälles eines Flusses, oder im unbegränzten Wasser umgehen.

Da diese Räder nur um eine gewisse Größe untertauchen dürfen und nothwendig von dem Wasserstande des Stromes, der sie in Bewegung setzt, abhängig sind, so entstehen durch das Steigen und Fallen desselben bedeutende Nachtheile.

Man muß alsdann die Stütz= oder Drehpunkte des Rades und seiner Welle verändern, was nur innerhalb sehr geringer Gränzen geschehen kann, auch nur schwierig, mittelst eines complicirten Mechanismus aus= führbar ist. Ferner sind die Transmissionstheile das hauptsächlichste Hin= derniß bei der Veränderung des Drehpunktes des Rades.

Es ist offenbar höchst wichtig, hydraulische Motoren ohne große Vor= arbeiten und ohne den Fluß mit einem Wehre zu versehen, herstellen zu können, hauptsächlich weil man dann die große Kraft der fließenden Ge= wässer zu benutzen vermöchte. Diese Aufgabe hat Hr. Colladon zu lösen versucht, indem er ein System von Rädern combinirte, welche er schwimmende nennt.

Seine Räder bestehen im Allgemeinen aus einer blechernen Trommel die an ihrem äußern Umfange mit Schaufeln versehen ist und welche durch ihr specifisches Gewicht schwimmend bleibt, indem sie nur um eine gewisse Größe eintaucht.

Die Zapfen dieser Trommel sind so in ihren Lagern vorgerichtet, daß sie sich genau mit dem Wasserstande heben und senken können; die Ma= schinentheile, welche die Uebertragung der Bewegung bewirken, sind so con= struirt, daß die von ihnen bewegte Welle ihren Platz gar nicht zu ver= ändern braucht.

Man ersieht aus der folgenden Beschreibung, daß der neue hydrau= lische Motor sich von den bis jetzt bekannten hauptsächlich durch die Leich= tigkeit unterscheidet, womit er schwimmen und sich selbst nach den Verän=

derungen des Wasserstandes eines Stromes reguliren kann, ohne daß man sich um ihn zu bekümmern braucht.

In Fig. 29 stellt A ein schwimmendes Rad mit geraden Schaufeln vor, dessen beide Zapfen auf zwei blechernen Rähmen O und O' ruhen, von denen sich der eine um die zu bewegende Welle g und der andere um den Zapfen g' dreht. Um diese beiden festen Punkte kann sich nun das Rad heben und senken, indem es mit den Rahmen O und O' einen Kreisbogen beschreibt. Die Transmission wird durch Stirnräder P, P¹ und P² bewirkt; ersteres sitzt auf der Treibradwelle, das Rad P¹ auf der zu bewegenden, und das Rad P² auf der Transmissionswelle. Man kann daher dem als Hebel wirkenden Rahmen O eine hinreichende Länge geben, ohne daß es nöthig wäre die Räder sehr groß zu machen.

Dieses Rad ist mit einem Gerinne D versehen; damit aber dieses Gerinne seine Stellung im Verhältniß zu dem Rade behält, wenn dieses sie verändert, hat man das Gerinne mit dem Gerüst F durch Stangen l, welche sich um die Punkte m drehen, verbunden. Da die Stangen l parallel mit den Rahmen O, O' gehen, so erfolgt eine Parallelogramm= Bewegung, wodurch dem Gerinne D stets eine und dieselbe Stellung zum Rade bleibt. Die Schaufeln a sind durch Ringe oder Bänder n mit ein= ander verbunden, so daß sie sich nicht verbiegen können. Das Spiel die= ses Apparates erklärt sich durch sich selbst, und Fig. 31 weist die Stel= lung der Theile beim Sinken des Wasserspiegels nach.

In den Figuren 32, 33 und 34 ist eine andere Construction der hängenden Räder dargestellt.

Fig. 32 ist eine Seitenansicht des neuen Rades;

Fig. 33 ist eine Endansicht;

Fig. 34 ist ein Durchschnitt durch die Achse.

Man sieht in Fig. 32 ein schwimmendes Rad A mit schnecken= förmig gewundenen Schaufeln B, welches, wie das vorhergehende, mit seinen Zapfen in zwei Rahmen O, O' liegt. Dagegen wird die Trans= mission hier durch Winkelräder bewirkt, welches noch bequemer ist, um die Länge der Hebelarme O nach Belieben vergrößern zu können, was bei Strömen von sehr verschiedenem Wasserstande von Wichtigkeit ist.

Die Construction des letztern Rades ist übrigens sehr einfach; sie besteht aus einer Welle o mit den Getrieben Q, Q', welche in die Räder M und M' eingreifen, von denen das eine am Wasserrade, das andere an der Treibwelle g sitzt.

Da die Welle o mit dem Rahmen O verbunden ist, so ergibt sich, daß alle Bewegungen in Beziehung auf die des Rades keine Veränderun= gen erleiden.

Das Rad A ist unmittelbar an dem gemauerten Flußufer F befestigt, was um so leichter geschehen kann, weil dieses Rad mit gewundenen Schaufeln nach dem Sinne des Stromes angebracht ist.

Die Windung der Schaufeln ist der ganzen Länge des Rades nach von gleicher Breite, während sie sich am Anfang und Ende vermindert.

Das Princip, von dem wir hier einige Anwendungen beschrieben haben, läßt sich auch auf die Construction einer Turbine ausdehnen, die aus einem hohlen, schwimmenden Raume besteht, der an seinem Umfange mit Schaufeln versehen und an einer stehenden Welle angebracht ist, auf welcher er auf- und abgeschoben werden kann, je nachdem das Wasser steigt oder fällt, während vom obern Ende aus mittelst Winkelrädern eine andere Welle bewegt wird. Ein derartiges Rad kann man anwenden um die Wirbel und alle übrigen natürlichen Kreisbewegungen der Ströme zu benutzen.

LXXX

Die Wassermesser von Siemens und Jopling.

Aus der Zeitschrift des Vereins deutscher Ingenieure, 1857 S. 164.

Mit Abbildungen auf Tab. VI.

I. Wassermesser von Siemens.

Der Siemens'sche Wassermesser, welcher auch in Berlin für einige Haushaltungen zur Anwendung kommt, um die von der Wasserleitung in bestimmter Zeit entnommene Wassermenge zu controliren und zu messen, besteht nach seiner gegenwärtigen Construction, wie die Figuren 35 — 37 zeigen, aus einem Gehäuse a, a, welches in zwei Abtheilungen getheilt ist. Das zu messende Wasser wird der obern Abtheilung b, b durch das Rohr d zugeführt, und tritt durch den in der Mitte angebrachten Trichter e, e abwärts in das Innere eines kleinen Rades f ein, welches einer schottischen (Whitelaw'schen) Turbine ähnlich ist. Das Rad ist aus zwei mit einander correspondirenden Hälften zusammengesetzt, von getriebenem Messingblech gefertigt, und durch Nietung und Löthung verbunden. Das Wasser gelangt durch die acht gekrümmten röhrenförmigen Arme in die untere Abtheilung und fließt von dort zum Verbrauch in das Rohr l ab. Indem es die Arme des Rades f durchströmt, treibt es dasselbe mit einer Geschwindigkeit herum, welche allein abhängig ist von der in bestimmter

Zeit durchgeführten Wassermenge, sobald nur der Druck, unter dem das Wasser steht, constant bleibt. An den Armen des Rades sind die Flügel k angebracht, welche durch den Widerstand, den sie in dem Wasser der untern Abtheilung finden, verhindern, daß die Peripherie-Geschwindigkeit des Rades größer wird, als die relative Peripherie-Geschwindigkeit des aus demselben ausströmenden Wassers. Das Rad ruht auf einem gehärteten stählernen Zapfen i, mit einer gehärteten Gußstahlplatte; die von unten in das Rad eingeschraubte Büchse umschließt den Zapfen sauber und schützt das Rad bei der Rotation gegen Seitenschwankungen. Der Zapfen i ist auf der untern Grundplatte des Gehäuses verschraubt. Die Kammer h, h, welche die Büchse umgibt, ist mit Oel gefüllt, welches, auf dem etwa eindringenden Wasser schwimmend, immer gegen die sich reibenden Flächen des Zapfens gedrängt wird. Die Welle g des Rades durchdringt den Deckel der oberen Abtheilung b des Gehäuses, wird in demselben von einer Metallbüchse umschlossen und bei der Rotation geführt.

Oberhalb der Decke der Abtheilung b ist das Gehäuse noch weiter fortgesetzt und bildet eine separirte Kammer, welche den Zählapparat aufnimmt. Dieser wird durch das in Fig. 36 angegebene Schraubengewinde, welches am Ende der Welle g befestigt ist, betrieben, und ist ähnlich construirt wie die für Gasmesser gebräuchlichen Zählapparate.

Vor dem Einlaßrohre d liegt ein durch einen durchlöcherten Kasten gebildetes Sieb, welches alle Unreinigkeiten zurückhält.

Es ist wesentlich, daß die Summe der Ausströmungsöffnungen im Rade, sowie auch die Oeffnung des Ableitungsrohrs ein wenig größer ist, als die Einströmungsöffnung des Rohres d; und zwar soll letztere bei kleinen Apparaten um 10 Proc., bei großen dagegen um 5 Proc. geringer seyn als erstere.

Derartige Apparate sollen sich auf das Beste bewähren und drei bis mehr Jahre in gutem Zustande verbleiben, ohne Aenderungen und Reparaturen nothwendig zu machen.

Die mitgetheilten Figuren sind ungefähr ¼ der natürlichen Größe.

II. Wassermesser von Jopling.

Derselbe, abgebildet in Fig. 38 u. 39, zeichnet sich durch seine eigenthümliche Construction aus, welche ganz abweichend von der vorhin beschriebenen ist.

In einem Kasten a, a, a, a von rechteckiger Form liegen zwei Cylinder b, b und b', b', welche ähnlich den Dampfcylindern mit Zu= und Ableitungscanälen versehen sind, die auf ebenen Flächen zur Seite der Cylinder ausmünden.

Beide Cylinder sind durch Deckel= und Bodenplatten geschlossen und nehmen Kolben c und c' auf, welche durch doppelte Ledermanschetten ge= dichtet sind. Die Stangen derselben d und d' durchdringen die Deckel der Cylinder und sind durch Stopfbüchsen gedichtet.

Die Kolben theilen den Raum eines jeden Cylinders in zwei Theile, welche durch die Zahlen 1 und 2 bezeichnet sind; bei dem linksseitig lie= genden Cylinder b sind die Canäle f und g, welche zu den beiden Cylin= dertheilen 1 und 2 leiten, ganz in derselben Weise angeordnet, wie an einem Dampfcylinder; auch liegt zwischen den beiden Mündungen ein dritter Ableitungscanal h, welcher quer fortgeleitet und in Röhrenform durch den Kasten a, a und dessen Seitenwandungen hindurchgeführt ist. Auf der Fläche, wo diese drei Canäle ausmünden, ruht ein Schieber e, welcher einem Dampfschieber ganz analog ist, und auf demselben liegt eine Platte d', welche an der Kolbenstange des zweiten Kolbens c' befestigt ist. Die Platte d' hat an ihren Enden Anschlagknaggen, deren Abstand von einander geringer ist als der Hub des Kolbens c', so daß bei der Bewegung desselben eine Verschiebung des Schiebers und (von der in der Figur dargestellten Lage ausgehend) ein Eröffnen der Mündung des Canals g stattfinden muß.

Die Einrichtung des rechtsseitigen Cylinders ist ähnlich und weicht nur darin ab, daß die Canäle f und g' anders angeordnet und geleitet sind, als gewöhnlich bei den Dampfcylindern der Fall ist. Während bei dem Cylinder b der Canal f von seiner Mündung neben dem Canal h ausgeht und in den Raum 1 des Cylinders b leitet, wendet der Canal f' sich entgegengesetzt und leitet in den Raum 2 des Cylinders b', und in ähnlicher Weise führt der Canal g' nach dem Raume 1 des Cylinders b'; so daß also beide Canäle neben h' und neben einander, jedoch immer ge= trennt, vorbei passiren müssen. Der Canal h' leitet wiederum durch den Kasten a hindurch zur Seitenwandung hinaus, und ist außerhalb mit dem von h ausgehenden Rohre an ein gemeinschaftliches Abflußrohr angebracht. Die Mündungen der Canäle f', g' und h' sind auch bei diesem Cylinder zum Theil durch den Schieber e' überdeckt, welcher letztere durch die von der Kolbenstange d des andern Cylinders getragene Platte unterstützt und angedrückt wird. Auch diese Platte bildet zwei Anschlagknaggen an ihren Enden, welche bei erfolgter Bewegung des Kolbens c aus der in der Figur gezeichneten Lage eine Verschiebung des Schiebers e' und da= durch ein Eröffnen des Canals g' und Schließen des Canals f' hervor= bringen.

Die Thätigkeit des Apparats geht in folgender Weise vor sich:

Das Wasser, welches gemessen werden soll, wird in den Kasten a, a durch ein an beliebiger Stelle angeschraubtes Rohr eingeleitet und tritt bei der in Fig. 38 angegebenen Stellung durch die vom Schieber e' offen gelassene Mündung des Canals f' ein, gelangt in den Raum 2 des Cylinders b', drückt auf den Kolben c' und treibt denselben von links nach rechts bis an das Ende seines Weges. Die Platte d' der Kolbenstange d', welche mitbewegt wird, trifft mit ihrem Anschlagknaggen, bevor der Kolben c' seinen Weg ganz vollendet hat, auf den Schieber e und bringt denselben in eine solche Stellung, daß der Canal f durch die Höhlung des Schiebers e mit dem Canal h in Communication gebracht, der Canal g aber frei gemacht wird.

Das Wasser gelangt jetzt durch den Canal g in den Raum 2 des Cylinders b, schiebt den Kolben c fort und füllt den Raum 2 in b ganz aus. Das Wasser, welches in den Räumen 1, 1 der Cylinder b' und b sich befand, wird während der Bewegung des Kolbens c' durch g' und h', dann während der Bewegung des Kolbens c durch f und h zum Apparat hinaus in das vereinigte Ableitungsrohr geführt.

Indem der Kolben c sich von links nach rechts fortbewegt und das Wasser aus dem Raume 1 hinausfördert, trifft kurz vor Ende seines Laufs der Anschlagknaggen d auf den Schieber e' und verschiebt denselben dergestalt, daß die Mündung des Canals f' durch die Höhlung des Schiebers mit dem Canal h' in Communication gebracht, die Mündung des Canals g' aber eröffnet wird.

Das Wasser tritt jetzt durch g' in den Raum 1 des Cylinders b', treibt den Kolben c' wieder von rechts nach links zurück, fördert das Wasser aus dem Raume 2 durch f' und h' hinaus und schiebt schließlich den Schieber e in die in der Zeichnung angegebene Lage zurück.

So treten wiederholentlich und abwechselnd die Kolben c' und c in Thätigkeit, stellen ihre Schieber gegenseitig entsprechend ein und lassen dadurch die Cylinder durch h' und h sich entleeren. Diese Cylinder sind aber genau ausgemessen, und ist folglich das bei jeder Kolbenbewegung entlassene Wasser genau bestimmt, so daß nur noch nöthig ist die Anzahl der Kolbenspiele zu zählen, welche in gegebener Zeit gemacht worden sind.

Dieses Zählen der Kolbenspiele geschieht durch die in Fig. 39 gezeichnete Vorrichtung. Auf der Rückseite des einen Schiebers e ist eine Schiene m angebracht, welche eine Nuth mit schräg und keilförmig aufsteigenden Flanken bildet. In diese Nuth greifen die Zähne eines Rades n ein, dessen Achse o durch die Wandungen des Kastens a, a hinausgeführt ist und außerhalb einen aus mehreren Zahnrädern gebildeten Zähl- und

Ablese-Apparat treibt.   Die Verschiebung des Schiebers wird nämlich vermöge der geneigten Form der Flanken der Leiste m eine Umdrehung des Rades n hervorrufen, und der Zähl- und Ablese-Apparat kann leicht so eingerichtet werden, daß man die Quantität des durch den Wassermesser hindurch gelassenen Wassers unmittelbar ablesen kann.

Ein geringer Ueberdruck des in den Kasten eintretenden Wassers über den Widerstand, welchen dasselbe beim Austritt durch die Oeffnungen h und h' findet, wird genügen, um die Verschiebung der Kolben c und c' und den Betrieb des Zählapparats zu verrichten.   L. D.

LXXXI.
Williams' Apparat zum Beschicken der Oefen mit Steinkohlen.
Aus dem Mechanics' Magazine, August 1857, S. 152.
Mit Abbildungen auf Tab. VI.

Mittelst dieses neuerlich patentirten Apparats werden die Kohlen in den Ofen geschafft und darin rasch und gleichmäßig vertheilt.   Die Figuren 27 und 28 stellen denselben im Längendurchschnitt, erstere unmittelbar vor der Füllung, letztere nach der Entleerung dar.   Der Apparat besteht aus einem oben offenen Kasten, dessen Boden durch eine Reihe schmaler, wie Jalousien um Zapfen b, b drehbarer Metallplatten a, a gebildet wird. Von jeder dieser Metallplatten geht eine Kette c nach der horizontalen Welle C, D, welche mittelst einer Kurbel D in Umdrehung gesetzt werden kann.   E, E sind zwei feste Handhaben.   Wenn die Welle C, D gedreht wird, so gelangen dadurch die den Boden des Kastens bildenden Metall-platten in die horizontale Lage, worin sie durch einen an der Welle an-gebrachten Sperrhaken gehalten werden.   In diesem Zustande befindet sich der Kasten, bevor der Ofen beschickt wird, außerhalb des letzteren.   Nachdem der Kasten nun gefüllt ist, schiebt man ihn mittelst der Handhaben E, E in den Ofen.   Sobald nun der Sperrhaken ausgelöst wird, sinken die Platten in Folge des Gewichtes der Kohlen plötzlich gleichzeitig in die in Fig. 28 dargestellte verticale Lage herab, die Kohlen aber fallen durch die so entstandenen Zwischenräume und verbreiten sich gleichmäßig über die brennenden Kohlen der vorhergehenden Beschickung.   Der Kasten wird hierauf rasch zurückgezogen und die Thür, durch welche er eingeschoben wurde, geschlossen.

LXXXII.

Maschine zum Kämmen des Flachses, welche sich P. Laleman zu Lille in Frankreich, einer Mittheilung zufolge, am 20. August 1856 für England patentiren ließ.

Aus dem London Journal of arts, August 1857, S. 83.

Mit Abbildungen auf Tab. VI.

Die Erfindung besteht in einer neuen Methode die Flachshälter in Thätigkeit zu setzen, während sie durch die Zähne der Kämmcylinder bearbeitet werden. Die Flachshälter sind nämlich an eine endlose Kette befestigt, welche von der Treibwelle der Maschine aus in Bewegung gesetzt wird. Diese Kette mit ihren herabhängenden Flachshältern läuft in horizontaler Richtung längs den Kämmwalzen. Die Kämme sind an dem einen Ende der Walzen feiner als an dem andern, und die Zähne der verschiedenen Walzen haben verschiedene Abstufungen der Feinheit. Durch diese Anordnung werden die Flachshälter auf eine continuirliche und regelmäßige Weise von einem Ende der Maschine nach dem andern bewegt, und es wird, unbeschadet der Qualität der Faser, ein guter Ertrag an Flachs erzielt. Auch können die Flachshälter den Arbeitscylindern so genähert werden, daß sie dieselben beinahe berühren, was bei den seither gebräuchlichen Maschinen wegen der mit ihnen verbundenen Excentriken und sonstigen mechanischen Theile nicht der Fall war.

Fig. 25 stellt eine Reihe nach dieser Methode angeordneter Flachshälter im Grundrisse, Fig. 26 in der Seitenansicht dar. a, a ist die endlose Kette mit den auf eine geeignete Weise an sie befestigten Flachshältern b, b. Die Kette bewegt sich in horizontaler Richtung schlangenförmig um die Rollen 1, 2, 3, 4, 5, 6, 7, 8, 9 und führt dadurch die Flachshälter der Reihe nach längs der Oberfläche der verschiedenen Kämmwalzen. Die mit Flachsbüscheln gefüllten Hälter werden in der Nähe der Rolle Nr. 1 an die Kette gehängt. Da nun die Feinheit der Kämmzähne mit ihrer Entfernung von der Rolle 1 stufenweise zunimmt, so werden die Fasern zuerst durch die groben Zähne des ersten Kämmcylinders geöffnet und dann durch die immer feiner werdenden Zähne bearbeitet, bis der Flachs bei der Rolle Nr. 9 an der Vorderseite der Maschine vollkommen gekämmt wieder angelangt ist. Hier können die Hälter von der Kette abgenommen und mit neuem auf gleiche Weise zu bearbeitenden Flachs versehen werden.

22 *

LXXXIII.

Beschreibung der mechanischen Vorrichtungen zum Drucken von Garnen für die Teppich-Weberei; von Hrn. Wedding.

Aus den Verhandlungen des Vereins zur Beförderung des Gewerbfleißes in Preußen,
1857 S. 176.

Mit Abbildungen auf Tab. VI.

Seit einer Reihe von Jahren werden wollene Teppiche, theils geschnitten, theils ungeschnitten angefertigt, deren Muster aus einer großen Anzahl von Farben zusammengesetzt sind. Die Kettenfäden zu denselben werden, abweichend von dem sonstigen Verfahren, nach welchem jeder einzelne durchweg in einer Farbe ausgefärbt war, so daß ein Muster selten aus mehr als 8 Farben zusammengesetzt werden konnte, gedruckt, und hiezu eine, in Fig. 1 — 7 in mehreren Ansichten, einem Längendurchschnitt und in einzelnen Theilen abgebildete Maschine benutzt, die indessen nur in dem Falle zur Anwendung empfohlen werden kann, wenn die Ausführung eines Musters von erheblichem Umfange ist.

Auf einem gußeisernen, durch Querwände gehörig verbundenen Gestelle wird eine Welle a in 2 festen Lagern und in einem Halseisen horizontal unterstützt. Sie ist an dem einen Ende mit einer Kurbel b zu ihrer Umdrehung, am andern Ende mit einer Schraube ohne Ende c versehen, deren Gänge in ein Schraubenrad d einsetzen und dasselbe mitnehmen. Die vordere Seite des Schraubenrades ist am Umfange mit Theilung versehen, und ein fester, auf einem zur Unterstützung dieses Rades dienenden Bolzen befestigter Zeiger e gestattet die Anzahl der Umdrehungen der Welle a abzulesen.

Zwischen den beiden festen Lagern für die Welle a ist auf gußeisernen durch 6 Arme mit der Welle verbundenen Ringen f ein Holzmantel A befestigt, der genau centrisch abgedreht wird. Da auf diesem Mantel das zu bedruckende Garn aufgewickelt wird, nach der Bearbeitung aber schnell abgenommen werden soll, so ist zur Erleichterung der Abnahme ein Sechstheil der Mantelfläche dergestalt beweglich gemacht, daß es nach Innen geklappt werden kann. Die Ringe, auf welche der Holzmantel befestigt ist, sind zu diesem Zweck ausgeschnitten und an einem Ende scharnierartig verbunden, am anderen Ende dagegen durch Flügelschrauben h mit den festen Ringen verbunden. Werden die Flügelschrauben h gelöst, und die mit Zähnen versehenen Arme i durch Vermittelung kleiner an der Spindel k befestigter Getriebe nach Innen geschoben, so klappt der Manteltheil auch dahin. Zum Drehen der Spindel dient das kleine Schwungrad l.

Wie schon bemerkt, dient die Mantelfläche der Trommel A zur Aufnahme des zu bedruckenden kammgarnen Kettenfadens, und es muß derselbe spiralförmig, dicht neben einander auf dieselbe aufgewickelt werden. Wollte man nur einen einzigen Faden nehmen und diesen so aufwickeln, so würde diese Arbeit einen bedeutenden Zeitaufwand erheischen. Man nimmt daher mehrere einzelne Fäden, theilt die Mantelfläche in eben so viele Theile, und heftet mit Heftzwecken die einzelnen Fäden auf derselben fest, nachdem man die mit den Kettenfäden versehene eiserne Spindel in die, an den Seitengestellen der Maschine befestigten Gabelhalter m eingelegt hat. Zur Führung der einzelnen Fäden nach der Mantelfläche dient eine mit Glas- oder anderen Augen versehene Schiene, welche ebenfalls in die Halter n eingelegt wird, uud an dem, der Mitte der Maschine zugekehrten Ende mit Schraubenzähnen versehen ist, in welche eine Schraube ohne Ende einsetzt, welcher von den auf der Trommelwelle a befestigten Schnurscheiben o, durch Schnüre eine von der Stärke der Garne abhängige Bewegung mitgetheilt wird. Schließen die Faden an einander und erreichen sie die Anfangsenden, so wird die Vereinigung derselben durch Anknüpfen bewirkt. Das Umdrehen der Trommel zum Aufwickeln der Garne geschieht mit Hülfe der Kurbel b bei einiger Uebung ziemlich schnell.

Unter der Trommel A befindet sich eine aus zwei Parallelschienen B bestehende Bahn, welche mit den Stegen p versehen ist, die wieder durch Bolzen q dergestalt mit den Hauptgestellen der Maschine verbunden sind, daß sie mit den Schienen gehoben und gesenkt werden können. Diese Parallelschienen dienen zur Führung eines, durch vier kleine Rollen r unterstützten Wagens C, der nebst einem Theile der Bahn B, Fig. 4, noch besonders abgebildet ist. Aus den Abbildungen ergibt sich nun, daß über der Deckplatte s des Wagens eine Rahmplatte t angeordnet ist, welche durch 4 Bolzen u geleitet und gehalten wird, wenn dieselbe durch die um 4 Stifte und in dem Zwischenraume zwischen den beiden Platten s und t angebrachten Spiralfedern v gehoben wird. Die Rahmplatte t dient nämlich als Unterstützung für das die Farbe enthaltende Kästchen, welches in dieselbe eingehängt wird. In dem Kästchen und in der in dasselbe eingetragenen Farbeflüssigkeit badet eine aus Holz gemachte Scheibe, welche mit Zapfen versehen ist, zu deren Unterstützung Pfannen auf den Seitenwänden des Kästchens angebracht sind.

Mit Hülfe der an den Bolzen q angebrachten Stellschrauben ist man nun im Stande, die Schienen B mit dem Wagen C dergestalt zu erheben, daß die in dem Farbekästchen eingelegte Scheibe mit ihrer Peripherie nicht nur die auf dem Trommelmantel A aufgewickelten Garne berührt, sondern noch durch die unter der Rahmplatte t angebrachten Spiralfedern v angemessen angedrückt werden kann. An dem Wagen C sind die Enden eines Riemens w befestigt und dieser um die beiden Rollen D und E geführt, von denen die erstere gegen die Schienen B, die letztere aber auf der Welle x befestigt ist. Wird nun die Welle x, zu deren Unterstützung Lager an dem Maschinengestelle angeordnet sind, bald rechts bald links gedreht, was mit Hülfe eines Riemens ohne Ende geschieht, der um die beiden Riemenscheiben F und G geschlagen ist, von denen die letztere an dem Seitengestelle befestigt, und nach Fig. 5 mit einer Kurbel versehen ist, erstere aber sich auf der Welle x befindet, so erfolgt eine Hin- und Herbewegung des Wagens. Die in dem Farbekasten gelagerte Scheibe würde durch ihre Berührung mit den auf die Trommel A aufgewickelten Garnfäden durch den Wagen zwar auch zu Hin- und Herdrehungen veranlaßt werden; um indessen ihre Umbrehungen zu sichern, ist folgende Anordnung getroffen.

Das eine quadratisch bearbeitete Zapfenende für die Farbscheibe wird in eine ebenso gehaltene Kuppelungsbüchse einer kleinen Welle y eingeschoben, und dadurch eine Verbindung der Scheibe mit der oben erwähnten Welle bewirkt. Diese Welle wird durch zwei Lagerhälse unterstützt, welche auf das Rahmstück t aufgeschraubt sind. Auf dem über das äußere Lager vortretenden Wellenende befindet sich eine Schnurscheibe z, um deren Peripherie eine Schnur a' geschlungen ist, deren Enden an die gegen die eine Bahnschiene B befestigten Stützen b' geknüpft sind. Wird nun der Wagen C hin- und herbewegt, so muß in Folge der eben beschriebenen Schnur a' eine Mitnahme der Rolle z und sofort der in der Farbe badenden Scheibe erfolgen. Die auf dem Rahmstück t befestigte Feder c' sichert die Kuppelung der Welle y mit dem Zapfen der Farbscheibe, und gestattet beim Zurückrücken eine Lösung, die stets nöthig ist, so oft eine andere Farbe in einem anderen Kasten und mit anderer Farbscheibe zur Anwendung kommen soll.

Vergegenwärtigt man sich nun die Anfertigung eines Teppichgewebes, so ergibt sich, daß die Maschen oder Noppen aus der Poolkette in der Regel dadurch gebildet werden, daß Drähte oder Nuthen von einer gewissen Höhe und Stärke eingewebt und später entweder herausgeschnitten oder herausgezogen werden, je nachdem geschnittene oder ungeschnittene Teppiche die Aufgabe sind. Die Länge des Kettenfadens, welcher, von Bindung zu Bindung, zur Masche oder Noppe verwandt wird, muß von der dem Muster entsprechenden Farbe seyn. In der ganzen Länge des Fadens kommt nun die Farbe so oft wieder, als gleichnamige Noppen erscheinen

follen, und es muß nun bei Aufstellung des Musters auf diese Wieder=
kehr Rücksicht genommen werden. Durchschnittlich beträgt die Länge des
zur Herstellung der Noppe und zu ihrer Verbindung mit der Grundkette
dienenden Fadens ꝛc. ½ Zoll, und es würde daher die Aufgabe der vor=
liegenden Maschine in der Färbung der auf die Trommel aufgewickelten
Fäden in dieser Breite und an den sich wiederholenden Stellen bestehen.
Der Umfang der Trommel ist 154 Zoll, was daher bei ½ Zoll 308
Farblängen gestattet.

Im Innern des der Mitte des Gestelles zugekehrten Theiles der
Trommel ist ein mit Zähnen versehener Ring H und außerdem ein in
308 Theile eingetheilter Theilring f befestigt. In den ersteren greifen
die Zähne eines kleinen Getriebes d' ein, welches durch die Kurbelscheibe e'
gedreht werden kann. Die Zusammensetzung des Getriebes mit der Kur=
belscheibe und ihre Befestigung an dem Maschinengestelle ergibt sich aus Fig. 6.

Die Feststellung der Trommel nach ihrer durch dieß kleine Getriebe d'
bewirkten Drehung geschieht durch die Sperrvorrichtung f', welche Fig. 7
besonders abgebildet und hinter der Kurbelscheibe am Maschinengestelle
befestigt ist.

Wäre die Trommel nun in ihrer ganzen Breite mit einem zusam=
menhängenden Garnfaden bewickelt, und in einer durch 308 Parallel=
linien in eben so viele Theile abgetheilten Zeichnung die verschiedenen
Farben in ihren Wiederholungen angegeben, so bedarf es zur Benutzung
der Maschine nur des Einbringens des die Farbe und die Farbscheibe
enthaltenden Kästchens. Dasselbe wird, wie schon bemerkt, in den Rah=
men t eingehängt, die Achse der Farbscheibe mit der Welle y gekuppelt,
und die Bahnenscheiben B mit dem Wagen C so gehoben und festgestellt,
daß die Farbscheibe mit einer bestimmten, von den Federn v abhängigen
Elasticität gegen die aufgewickelten Garnfäden gedrückt wird. Die Trom=
mel ist durch Einsetzen der Sperrvorrichtung f' festgestellt, und der Ar=
beiter hat nun durch Hin= und Herdrehen der Scheibe G dem Wagen C
eine hin= und hergehende Bewegung und so lange zu geben, bis die Garn=
fäden von der Farbscheibe zureichende Farbe erhalten haben. Die beiden
gegen die Schienen B verschraubten Kloben g' begränzen hierbei den Lauf
des Wagens.

Dieselbe Arbeit wird nun nach Anleitung der Zeichnung so oft wie=
derholt, als dieselbe Farbe sich wiederholt, für diesen Zweck aber die
Trommel mit Hülfe des kleinen Getriebes a' in die richtige Stellung
gebracht und gesperrt. Sind die Theilpunkte im Theilringe f mit Zahlen
bezeichnet, so geht die Arbeit ohne Irrungen mit dem Austausch der Käst=
chen mit anderen Farben rasch von Statten.

Sind endlich alle Farben in halbzölligen Längen auf den Kettfaden aufgetragen, so werden die Flügelmuttern h im Innern der Trommel gelöst, ein Sechstheil des Trommelmantels durch den gezahnten Arm i nach Innen gewendet, und somit die Spannung des aufgewickelten Kettfadens aufgehoben, um abgenommen werden zu können. Die Abnahme der gefärbten Kette ist dadurch erleichtert, daß der linksseitige Endrahmen des Maschinengestelles, auf welchem das Lager für die Welle a befestigt ist, nach dem Ausheben der, an beiden Seiten des Gestelles angebrachten Haken h' um die Scharniere i' zurückgelegt werden kann.

Um die Farben zu fixiren, muß die Kette gedämpft werden. Zu diesem Zwecke wird jede einzelne auf eine Horde gebracht, die aus feinem Bindfadengeflecht besteht, welches vorher sorgfältig mit Haferspreu belegt worden ist. Die Rahmen dieser Horden sind aus Holz, und es werden mehrere über einander in einen Dampfkasten eingesetzt.

Der aus Holz bestehende Trommelmantel ist vor dem Gebrauch mit Oelfarben bestrichen oder wohl auch mit Wachstuch bezogen, um seine Reinigung mit Leichtigkeit bewirken zu können.

LXXXIV.

Verbesserte Maschine zum Zeugdruck, von Hrn. Sievier zu London.

Aus Armengaub's Génie industriel, August 1857, S. 57.

Mit Abbildungen auf Tab. VI.

Der in Fig. 10 — 13 dargestellte Apparat gestattet den Druck von acht Zeugbreiten auf einmal.

Die Maschine hat eine kreisrunde Form und besteht hauptsächlich aus zwei breiten, horizontal angebrachten Kränzen oder Ringen, welche auf Rädern oder Rollen in dem Gestell der Art gelagert sind, daß sie eine rotirende Bewegung annehmen können. Der obere Kranz trägt die Druckformen, der untere die Farbetröge und Farbewalzen. Die Peripherie beider Kränze ist mit Zähnen versehen, in welche Zahnräder eingreifen, um sie nach Bedürfniß verstellen zu können.

Die in Fig. 10 und 11 dargestellte Maschine ist mit acht Druckformen, sowie mit acht Farbetrögen und deren Walzen versehen; es

müffen daher für fie acht Drucktifche und eine gleiche Anzahl von Preß=
platten für die Formen vorhanden feyn.

Die Drucktifche ftehen unverrückbar feft; die Preßplatten, welche das
Mufter von der Form auf den Zeug übertragen, find über den Tifchen
angebracht und durch fenkrechte Stangen mit den Krummzapfen rotiren=
der Wellen verbunden, wodurch es möglich wird diefelben nach Belieben
zu heben oder zu fenken.

Der zu druckende Zeug ift auf eine hölzerne Walze aufgewunden,
die vor dem Drucktifch angebracht ift, und nachdem der Druck mittelft der
Formen erfolgt ift, gelangt der Zeug über einen innerhalb der Kränze
liegenden dreifachen Hafpel (deffen Seiten fo breit wie das zu druckende
Mufter find) und von da durch eine Oeffnung im Fußboden in das
Trockenzimmer hinab.

Fig. 10 ift ein theilweifer Aufriß der Mafchine, wobei einige von
ihren Theilen im Durchfchnitte dargeftellt find.

Fig. 11 ift ein fenkrechter Querdurchfchnitt in größerm Maaßftabe.

Fig. 12 ift ein theilweifer Grundriß, wobei jedoch einige der oberen
Theile weggelaffen wurden, um die Conftruction der unteren Theile deut=
licher darftellen zu können.

Fig. 13 ift der Grundriß des beweglichen Formrahmens, ebenfalls
in größerem Maaßftabe dargeftellt, damit die einzelnen Theile deutlicher
werden.

A, A, ift der obere Kranz, welcher die Druckformen trägt und auf
den im Geftelle gelagerten Frictionsrollen a, a ruht. Diefer Kranz erhält
nach Erforderniß eine rotirende Bewegung von dem horizontalen Zahnrad c
(Fig. 11 und 12), welches lofe auf der fenkrechten Welle C aufgeftect ift
und in die Verzahnung an der Peripherie jenes Kranzes eingreift. Die
Druckformen d, d, Fig. 10 bis 13, find in entfprechenden Oeffnungen
des Kranzes A auf Bändern von vulcanifirtem Kautfchuk e, e gelagert,
und werden durch die Senkung der mittelft Bleuelftangen an die Krumm=
zapfen der Welle g angefchloffenen Preßplatten f gegen den Drucktifch i
gepreßt. Die Krummzapfenwellen g drehen fich in Lagern, welche am
Geftelle D angebracht find, und tragen an ihren Enden die Winkelräder p,
wodurch für alle Preßplatten eine gleichzeitige und übereinftimmende Be=
wegung herbeigeführt wird.

Der zu bedruckende Zeug ift auf die Walze E, Fig. 11, aufgerollt
und geht von da über den Drucktifch i nach dem dreifeitigen Hafpel G,
welchem periodifch eine drehende Bewegung mitgetheilt werden kann. Die
Länge der Seiten des Hafpels kann durch Schrauben regulirt und dem
zu druckenden Mufter angepaßt werden; die Enden der drei Ecken diefes

Haspels sind mit Spitzen versehen, welche den Zeug in dem Maaße anziehen, als der Haspel sich um seine Achse dreht; somit wird nach jedem Drittel einer Umdrehung des Haspels eine der Längenausdehnung des Musters genau gleiche Zeuglänge von der Walze E abgewickelt und über den Drucktisch hinweggezogen. Die Bewegung des Haspels G wird mittelst eines gezahnten, auf der obern Fläche des Kranzes A angebrachten Segmentes u bewirkt, welches mit einem auf der Welle v befestigten Getriebe im Eingriff steht; von der Welle v wird die Bewegung durch zwei Paar conische Räder auf die aus Fig. 11 u. 12 ersichtliche Weise an die Achse des Haspels G in der Art übertragen, daß derselbe stets nur die geforderte Drehung von 120° ausführen kann.

Der zweite Kranz oder Ring B dreht sich unterhalb des erstern auf den Führungs- und Frictionsrollen b und b' und trägt die Farbetröge mit den Farbewalzen F. Wie der Kranz A ist auch der Kranz B an seinem Umfange mit einer Verzahnung versehen und kann durch ein an der Welle C lose aufgestecktes Rad k' in Umdrehung gesetzt werden, sobald letzteres durch Einrückung des über ihm befindlichen Klauenmuffes k genöthigt wird an den Umdrehungen der Hauptwelle H Theil zu nehmen. Die Aus- und Einrückung der Klauenmuffe c' und k wird durch die um den Punkt m drehbaren Winkelhebel l und l' bewirkt; zu diesem Zwecke ist an der Hauptwelle H ein Cylinder n aufgestellt, in dessen Umfang eigenthümlich gestaltete Gänge eingearbeitet sind, welche zur Führung der oberen Enden der Hebel l und l' dienen.

Die Hauptwelle H trägt ein Kegelrad o, welches mit einem kleinern am obern Ende der senkrechten Welle C aufgesteckten Kegelrade im Eingriffe steht und dadurch diese Welle C in Umdrehung setzt. Die Welle H trägt ferner ein kleineres Kegelrad p, welches ein anderes auf der Achse des Rades q aufgestecktes, aber nur auf einem Theil seines Umfanges mit Zähnen versehenes Rad treibt. Das Rad q steht im Eingriffe mit einem andern gezahnten Rade V auf der horizontalen Kurbelwelle g, welche durch ihre Rotation die Hebung und Senkung der Preßplatten f bewirkt. Sobald der Druck dieser Platte f gegen die Form sich vermindert, wird letztere durch die Thätigkeit der Kautschukbänder über die Oberfläche des Zeuges emporgehoben, wodurch eine Verschiebung der Form über den benachbarten Tisch möglich gemacht wird. Aus der Anordnung der Kränze A und B und der Welle C mit ihren Rädern und Muffen folgt, daß die Kränze A und B sich stets abwechselnd drehen. Wenn nämlich der Kranz A feststeht, und die Preßplatte f gegen die Druckform d wirkt, dann ist der untere Muff k mit dem Rade h' in Verbindung gesetzt; in Folge dessen wirkt der untere Kranz B sammt Farbetrögen und Farbewalzen so weit fort, bis die letzteren unter dem benachbarten Drucktische angelangt sind, wo die Operation des Druckens von Neuem beginnt.

Ist der Druck vollendet und die Form durch die Wirkung der Kaut=schukbänder über den Zeug emporgehoben, so tritt eine Drehung des Kranzes A ein, indem der Hebel l eine Einrückung des Klauenmuffes c' in das Rad c herbeiführt, wodurch letzteres genöthigt wird an den Um=drehungen der Welle l Theil zu nehmen. Um die Kränze A und B an den betreffenden Stellen zum Stillstand zu bringen, dienen die Klinken z und z', welche in entsprechende Vertiefungen der Kränze einfallen, um nach Verlauf eines gewissen Zeitraums durch Einwirkung eines am Rade q sitzenden Daumens wieder ausgelöst zu werden.

Unmittelbar unter dem Punkte, wo die Farbetröge und Farbewalzen zum Stillstand kommen, und in der Mitte zwischen den Punkten, wo die Druckformen sich in Thätigkeit befinden, sind hölzerne Säulen J, J auf dem Fußboden errichtet; diese Säulen tragen doppelte Schienen, welche in ihrer Mitte eine in zwei schiefe Ebenen auslaufende Erhöhung von angemessener Ausdehnung bilden. Die von dem untern Theile oder dem Boden der Farbetröge ausgehenden Füße t, t sind an ihren unteren Enden mit Rollen versehen, welche mit den eben erwähnten Schienen in Berüh=rung kommen, beim Aufsteigen auf die schiefen Ebenen die Farbetröge sammt Farbewalzen zur erforderlichen Höhe emporheben und sie in dieser Stellung erhalten, während die Form darüber läuft, um eine neue Lage Farbe aufzunehmen. Durch die Erhebung der Farbewalze F kommt das an der Achse derselben befindliche Frictionsrad x (Fig. 12) in Berührung mit einem langen Streifen von vulcanisirtem Kautschuk W, welcher an der untern Fläche des Kranzes A angebracht ist; durch die Bewegung der Druckform über die Farbewalze wird dann die zur Vertheilung der Farbe nothwendige Rotation der Farbewalze F in Folge der Reibung zwi=schen der Fläche w und dem Rade x herbeigeführt.

Dreht sich der Kranz B noch weiter, so steigen die an den Füßen t befindlichen Rollen wieder auf der durch die Schienen s, s gebildeten schiefen Ebene abwärts; dadurch senken sich die Farbetröge, bis sie wieder auf dem Kranze B aufsitzen, und gelangen in dieser Stellung unter den nächstfolgenden Drucktisch.

LXXXV.

Vorrichtung zum Vergrößern und Verkleinern von Muster=zeichnungen.

Aus der Zeitschrift des Vereins deutscher Ingenieure, 1857 S. 141.

Mit Abbildungen auf Tab. VI.

Die in Fig. 14 in der Hauptansicht, und in Fig. 15 im Durch=schnitt, in rechtwinkeliger Ebene zur Projectionsebene der Ansicht, darge=stellte Vorrichtung dient dazu, Zeichnungen und Skizzen von Mustern, architektonische Verzierungen, Ansichten u. s. w. zu vergrößern oder zu verkleinern, und durch Umdruck zu copiren und zu vervielfältigen.

Sie ist von den Fabrikanten Cellerin und Devillers in Mül=hausen im Elsaß erfunden worden und war in einem ausgeführten und in Thätigkeit erhaltenen Exemplare in der Industrieausstellung zu Paris vertreten. Durch die Einfachheit der Construction und durch die Anwen=dung eines elastischen Mittels, einer vulcanisirten Gummiplatte, zur Errei=chung des vorbemerkten Zweckes, erwarb sich die Maschine und ihre Arbeit das Interesse und den Beifall des Publicums in hohem Grade, und da dieselbe auch für Zwecke der Industrie eine nützliche Verwendung findet, so haben wir nach einer Skizze eine ungefähre Construction entworfen und theilen dieselbe nebst Beschreibung hier mit.

Auf einer gußeisernen Grundplatte erheben sich die vier schmiede=eisernen Säulen a, a, a, a und tragen eine gußeiserne beckenförmige Platte b, b, auf deren geebnetem Flantsch sich eine kreisförmige Platte c, c von vulcani=sirtem Gummi von vollständig gleichmäßiger Dicke mit ihrem Rande auf=legt und durch einen Ring und Schrauben fest damit verbunden ist. Die Gummiplatte c, c, welche im gewöhnlichen Zustande das Becken b eben überspannt, ist in der Zeichnung Fig. 15 durch eine kreisförmige Scheibe d, d unterstützt, ausgespannt und erhoben angegeben, und zwar ist dieß durch ein Aufwärtsbewegen der Scheibe d, d verursacht worden. Die letztere ruht in ihrem Centrum auf einer Spindel, welche in der Nabe b' des Beckens b eine Führung findet und am untern Ende mit Schraubengewinde versehen ist. Dasselbe findet in der Nabe des Stirn=rades f ein entsprechendes Muttergewinde, welches Rad f von dem an der Welle k sitzenden Getriebe h und durch ein conisches Vorgelege i, l mittelst der Welle n und des Handrades o in Umdrehung gesetzt wird. Der Lagerbock m, welcher die Wellen k und n trägt, steht auf einer gußeisernen Platte g, g, die von den Säulen a, a.. getragen wird; in dieser findet auch das Stirnrad f seine Lagerung, indem in eine vertiefte Spur der Nabe ein aus zwei Segmenten bestehender Stahlring eingreift und das Rad trägt. Durch Umdrehung des Handrades o wird also ein Heben oder Senken der Platte d, d und eine größere Ausdehnung oder Zusammenziehung der Gummiplatte verursacht; ist auf dieselbe eine Zeichnung aufgetragen worden, so wird resp. ein Ausdehnen oder Zusammenziehen gleichmäßig nach allen Richtungen die Folge davon seyn.

Die Vorrichtung enthält nun ferner noch eine Druckerpresse zur Anfertigung der Copien und Vervielfältigungen der erhaltenen Zeichnungen oder auch zum Aufbringen eines zu verwandelnden Musters ꝛc.

Die Presse besteht aus einer sauber geebneten Preßplatte p, p, welche durch verstellbare Klammern mit dem Hebel q, q in Verbindung gebracht ist. Dieser findet seinen Drehpunkt r in einem Gerüst s, s, s, welches auf der Grundplatte der Maschine festgeschraubt ist. Der Angriffspunkt v der zum Pressen erforderlichen Kraft kann mit dem Auge v der Zugstange u, u durch einen Bolzen in Verbindung gebracht werden. Die Zugstange u ist am untern Ende von einem zweiarmigen Hebel w, w angegriffen, der in einem an der Grundplatte befestigten Knaggen seinen Drehpunkt x findet. Die Pressung wird durch das Handrad t gegeben, welches in seiner Nabe Schraubengewinde enthält und die Schraubenspindel, sowie die daran hängende Zugschiene und den Punkt y des Hebels w aufwärts bewegen kann. Nach vollendeter Pressung wird die Preßplatte p mit ihrem Hebel q an einer Schnur aufgehängt und in geneigter Stellung erhalten, so daß die anderweitigen Operationen auf der Gummiplatte ausgeführt werden können.

Eine mit einem weichen fetten Bleistift auf die Gummiplatte, entweder direct durch die Hand des Zeichners oder durch Ueberdruck aufgetragene, Zeichnung läßt sich nun durch Ausdehnung der Gummiplatte beliebig vergrößern oder durch eine Zusammenziehung derselben beliebig verkleinern, und man kann mittelst der Preßvorrichtung zur bestimmten Zeit, wenn der gewünschte Grad der Reduction erreicht ist, einen oder einige Abdrücke nehmen.

Geht das gewünschte Reductionsverhältniß über die Gränzen des Ausdehnungs = oder Zusammenziehungsvermögens der Gummiplatte hinaus, so darf man nur, sobald die Gränze erreicht ist, auf Papier einen Abdruck nehmen, die Gummiplatte auf den früheren Stand zurückführen, die darauf befindliche Zeichnung abreiben, vermittelst des vorhin genommenen Abdrucks, den man durch Handarbeit ein wenig gekräftigt und aufgefrischt hat, eine neue Uebertragung auf die Gummiplatte ausführen und die aufgetragene Zeichnung dann weiter ausdehnen oder zusammenschrumpfen lassen. Auf diese Weise die Arbeit wiederholend, kann man jeden wünschenswerthen Grad der Reduction im Vergrößern und Verkleinern erreichen. Dabei dehnt sich die Gummiplatte, wenn sie von gleichmäßiger Dicke und guter Qualität hergestellt war, mit großer Regelmäßigkeit aus und zieht sich auch eben so regelmäßig zusammen, so daß mathematische Figuren nur höchst unmerklich, ja beinahe gar nicht verzerrt werden, wenn man die Reduction nicht zu weit treibt.

Die kupfernen Zeugdruckwalzen werden, wenn sie schadhaft geworden sind und abgedreht werden, das Muster, welches sie früher enthielten, nicht mehr aufnehmen können, da der Umfang der Walze kleiner geworden ist; und ist es wünschenswerth, dasselbe oder ein ähnliches Muster auf die Walze zu bringen, so muß eine Reduction desselben vorgenommen werden. Oft findet sich auch für ein entworfenes Muster keine Walze, auf deren Umfange die Länge des Musters aufgeht, und eine Reduction desselben wird nothwendig. Für diese Fälle eignet sich die beschriebene Vorrichtung vortrefflich, um die Verwandlungen rasch auszuführen.   L. Duske.

LXXXVI.

Eisbereitungsapparat von William Fuller in London.

Aus dem London Journal of arts, Sept. 1857, S. 139.

Mit Abbildungen auf Tab. VI.

Diese, am 15. April 1856 in England patentirte Erfindung bezieht sich auf diejenigen Apparate, in welchen Eiscrême oder Wassereis dadurch bereitet wird, daß man den Rahm oder das Wasser, während man sie in Bewegung erhält, der Einwirkung einer Kältemischung aussetzt. Dieser Zweck wurde seither erreicht, indem man die in Eis zu verwandelnde Flüssigkeit in einen conischen oder cylindrischen Metallbehälter brachte, diesen in den Apparat setzte und mit der Kältemischung umgab. Mittelst Räderwerks wurde derselbe alsdann in Rotation gesetzt. Im Innern des Behälters waren Schaber befestigt, welche den an den Seiten angefrornen Theil nach der Mitte des Behälters schafften, damit eine neue Quantität Flüssigkeit der Einwirkung der Kälte ausgesetzt werden konnte.

Bei dem verbesserten Apparat hat das Gefäß, welches die in Eis zu verwandelnde Flüssigkeit aufnimmt, die Gestalt einer Bowle mit abwärts gewölbtem Boden, so daß, wenn das Gefäß in Rotation gesetzt wird, die Flüssigkeit in Folge der Centrifugalwirkung sich in einer dünnen Schichte dem Boden und den Seiten desselben anlegt. Die Bowle ist mit einer Achse versehen und wird mittelst einer an dem obern Ende der letztern befestigten Kurbel in Rotation gesetzt. Eine an die Seiten des Zubers befestigte Querstange hält die Achse in verticaler Lage.

Fig. 41 stellt dieses Querstück in der Seitenansicht, Fig. 42 im Grundrisse dar. Beide Theile desselben schließen sich rings an die Achse, und werden mittelst eines über die Fuge zu schiebenden Ringes f temporär an einander befestigt. Die Kurbel wird auf das viereckige Ende der Achse gesteckt. Bei dieser Construction des Querstegs kann man dem Deckel der Bowle die gewöhnliche Einrichtung geben, mit einer Centralöffnung durch welche die Spindel tritt.

Der in Fig. 43 dargestellte Deckel besteht aus zwei Theilen, welche mit aneinander passenden Flantschen versehen sind. Auf diese Weise läßt sich der Deckel augenblicklich auseinander nehmen, wenn man das Innere der Bowle untersuchen will.

Fig. 44 stellt den Deckel zu einem andern Eisbereitungsapparate dar. Hier läßt sich der Deckel mit Hülfe eines in demselben angebrachten Schlitzes abnehmen. Wenn der Deckel auf die Bowle gesetzt ist, so wird dieser Schlitz mittelst eines kleinen Deckels e geschlossen.

Fig. 45 stellt eine Modification der in Fig. 44 abgebildeten Anordnung im Grundrisse dar. Der Deckel a ist mit einem Schlitz versehen, durch welchen die verticale Achse wie im vorhergehenden Beispiele bis zu der Centralöffnung des Deckels gelangen kann, aber anstatt des obigen um ein Scharnier beweglichen Deckelchens, bedeckt man den Schlitz mit dem Stücke a*, welches nöthigenfalls leicht abgenommen werden kann.

Fig. 46 stellt einen Eisbereitungsapparat mit blesem doppelten Deckel a, a* im Aufrisse dar. Hier wird die Rotation der Achse mittelst Räderwerk bewerkstelligt, was jedoch nur bei größeren Apparaten erforderlich ist.

LXXXVII.

Der Gasmesser von Legris in Louviers.

Aus Armengaub's Génie industriel, Mai 1857, S. 225, durch polytechn.
Centralblatt, 1857 S. 1139.

Mit Abbildungen auf Tab. V.

Die Vortheile, welche der neue Gasmesser (patentirt in Frankreich
am 25. Januar 1856) gewähren soll, bestehen erstens darin, daß er das
Gas mit großer Regelmäßigkeit mißt, und zweitens darin, daß er das
Gas unter einem constanten Druck erhält, was nicht nur eine nicht unbedeutende Ersparniß gewährt, sondern auch die Flamme ruhig und rauch-
und geruchlos macht.   Im Interesse der Gasconsumenten hat der Verf.
seinen Apparat so construirt, daß die jetzt üblichen Gasmesser beibehalten
und seine Verbesserungen leicht an ihnen angebracht werden können.

Die jetzt bei weitem am meisten gebräuchlichen Gasmesser mit den
Blechtrommeln haben folgende Nachtheile: 1) Der Gasmesser steht fast
niemals im Niveau, weil kein Mittel geboten ist, ihn in das Niveau zu
setzen oder zu erkennen, ob er im Niveau ist; daher kommen die bedeutenden Schwankungen im Flüssigkeitsspiegel, welche veranlassen daß die
Meßtrommel bald zu viel, bald zu wenig in die Flüssigkeit eintaucht, und
den das Maaß bestimmenden Raum beständig verändern.   2) Der Flüssigkeitsspiegel ändert sich in Folge der Schwankungen, welche der Druck des
Gases im Innern der Trommel erleidet, wodurch der Meßraum wieder
verändert und die Flamme theuer, unruhig, räucherig und riechend wird.
3) Die Flüssigkeit im Apparat kann nicht auf constantem Niveau erhalten
werden, weil sie nicht beständig nachgefüllt wird.   4) Da das Nachfüllen
immer erst dann geschieht, wenn man bemerkt, daß Bedürfniß vorhanden
ist, so sind die Messungen vor dem Nachfüllen immer falsch.   5) Das
Gas verliert dadurch an Druck, daß es die Blechtrommel in Bewegung
setzen muß.   Da aber der Widerstand der Trommel sich mit der Gas-
consumtion ändert, so steht auch der Flüssigkeitsspiegel bald mehr, bald
weniger hoch.

Diese Uebelstände hat der Verf. durch seine auf Taf. V abgebildeten Verbesserungen zu beseitigen gesucht.   Fig. 2 zeigt einen verticalen
Längendurchschnitt, Fig. 3 einen verticalen Querdurchschnitt, Fig. 4 einen
andern verticalen Längendurchschnitt, Fig. 5 einen Durchschnitt des

Mantels und der Glocke und Fig. 6 den Durchschnitt rechtwinkelig gegen Fig. 5.

Der Apparat kann vermittelst eines Bleidrahtes a (Fig. 3), welcher immer einer festen Spitze b gegenüber liegen oder auch in der Mitte eines festen Ringes hängen muß, in das Niveau gebracht werden. Dieser Bleidraht kann sowohl neben, als über dem Apparate angebracht seyn.

Um den Gasdruck constant zu erhalten, bringt man auf dem Eintrittsrohr A des Gasmessers einen cylindrischen Regulator B an, welcher dem Gasmesser das Gas stets unter gleichem Drucke übergibt, die Consumption mag seyn, welche sie wolle. Dieser Regulator kann übrigens auch, ohne mit einem Gasmesser in Verbindung zu stehen, zwischen dem Hauptrohre und den Zweigrohren eingeschaltet werden, da er lediglich dazu dient, den Gasdruck zu reguliren.

Um das Flüssigkeitsniveau im Apparate constant zu erhalten, stellt man neben dem Apparate eine Speiseflasche C (Fig. 2) aus Metall oder der Durchsichtigkeit wegen besser aus Glas auf. Dieselbe ist inwendig mit einem Ventil m versehen, dessen Stange bis unter den Hals der Flasche reicht, welcher in das dem Gasmesser angehörige Rohr n gesteckt ist. Dieses Rohr hat im Niveau des Flüssigkeitsspiegels eine Oeffnung, welche durch ein von Unten nach Oben schließendes Ventil m' verschlossen wird. Dadurch wird beim Füllen der Flasche alle Verbindung mit derselben aufgehoben, und ist dieselbe einmal an Ort und Stelle aufgestellt, wobei sie durch den Ring N vertical erhalten wird, so tritt, wenn der Flüssigkeitsspiegel im Apparat zu sinken anfängt, sofort eine Luftblase durch die Oeffnung des Ventils m', steigt in der Flasche in die Höhe und wird durch einen ebenso großen Flüssigkeitstropfen aus der Flasche ersetzt.

Die Flasche kann auch durch ein Speisereservoir C' (Fig. 4) ersetzt werden, welches einen Theil des Apparates bildet. Dann stellt, da das Reservoir um den Umfang der Trommel herum liegt, ein Rohr O die Verbindung her, um auf zwei Seiten gleichzeitig den Ersatz zu bewirken. Auf der einen Seite ist ein mit einem Pfropf p versehenes Rohr P, welches zum Eingießen der Flüssigkeit in das Reservoir dient. Dieser Pfropf schließt das Reservoir hermetisch ab, kann aber durch eine kleine Stange, welche den Pfropf fortschraubt, ein unten liegendes Ventil p' öffnen. Ist dasselbe offen, so tritt durch die Oeffnung desselben, wenn der Wasserspiegel etwas sinkt, Luft ein, die in dem Reservoir aufsteigt und durch Flüssigkeit aus diesem ersetzt wird.

Gestattet der Raum die Aufstellung einer Flasche oder eines Speisereservoirs nicht, oder will man mit Reservoir und Flasche den Flüssigkeitsspiegel im Apparate zu jeder Zeit controliren, so muß man einen Schwimmer Q (Fig. 2—4) mit einer gekrümmten Stange q' (Fig. 2) oder einer geraden s (Fig. 4) einsetzen, die an ihrem Ende einen Zeiger r (Fig. 3) trägt. Ist die Stange gerade, so wird sie zwischen zwei Oesen vertical geleitet, und die an sie angeschlossene krumme Stange q gibt vermittelst ihres Zeigers außen das Niveau an. Der äußere Theil der Stange liegt hinter der Scheidewand S, welche verhindert, daß Gas mit austritt. Ist der Schwimmer an einem gekrümmten Arme q' (Fig. 2) befestigt, so ist an der Drehachse dieses Armes außerhalb des Apparates der Zeiger angebracht, der bei seiner schwingenden Bewegung die Senkung des Wasserspiegels im zehnfachen Maaßstabe angibt.

Die Zapfenreibung der Meßtrommel E (Fig. 3 und 4) wird durch eine hohle, ringförmige, mit der Trommel concentrische Kammer e herabgezogen, welche, um den Zutritt des Wassers abzuhalten, dicht verschlossen ist. Diese Kammer hebt dadurch, daß sie in das Wasser taucht, die Meßtrommel so, daß diese gewissermaßen schwimmt und der Zapfendruck um das Gewicht des verdrängten Wassers vermindert wird.

Der Regulator besteht aus einem äußeren Mantel B, welcher mit seinem oberen Theile bei c an das Gasrohr angeschraubt wird und unten durch kleine Röhren oder einen cylindrischen Raum f mit dem Rohr F in Verbindung steht. Der mit einem Pfropf verschlossene Rohrstutz f dient zum Ablassen des Wassers, welches sich in dem cylindrischen Raume f condensirt hat. Am oberen Ende des Rohrs F befindet sich der Sitz g für das Kegelventil G, welches die Oeffnung für den Austritt des Gases in das Rohr H mehr oder weniger schließt. Das Rohr H ist oben offen und steht dadurch mit dem Rohr F in Verbindung; unten kann es vermittelst einer Schraubenverbindung h leicht überall, wo es gebraucht wird, befestigt werden. In der geschlossenen Kammer I befindet sich die unten offene Glocke J, deren Deckel mit dem Ventil G durch eine kleine Kette verbunden ist. Zum Eingießen der Flüssigkeit dient ein Schraubenpfropf j, der zugleich das Niveau angibt. Die Flüssigkeit befindet sich in der Kammer I, welche die Glocke J enthält. Die Wirkungsweise dieses Regulators ist folgende: das Gas tritt oben ein, circulirt zwischen der geschlossenen Kammer I und dem Mantel B, tritt durch die kleinen Röhren f in das Rohr F und breitet sich unter der Glocke aus. Diese wird dadurch, zugleich mit dem Ventil G, gehoben, und der Druck, welchen die Glocke wieder auf das Gas ausübt, preßt dieses durch den ringförmigen Raum zwischen den Rohren F und H. Aus dem letzteren tritt das Gas unter regelmäßigem Zufluß und constantem Druck in den Gasmesser über.

Will man diesen Regulator mit schon vorhandenen Gasmessern verbinden, so hebt man den äußeren Mantel K, in welchem der Mechanismus liegt. Die Kammer bleibt dann durch einen Boden k geschlossen,
in welchem sich die Glocke J mit dem Ventil G (Fig. 4) befindet. In
der Mitte dieser Glocke ist das kleine Rohr L befestigt, welches zu seiner
Geradführung sich auf dem Stifte l auf und nieder bewegt. Das Gas
tritt durch das Rohr A, welches vermittelst der Schraubenverbindung
C leicht überall befestigt werden kann, ein, hebt die Glocke J und gelangt
endlich in Folge des Drucks, den die Glocke auf dasselbe ausübt, durch
das Rohr H in den Gasmesser.

Hierzu hat nun der Verf. noch die folgenden, in Fig. 5 und 6 dargestellten Verbesserungen hinzugefügt. Das Regulirungsventil G befindet
sich hiernach nicht oben, sondern am unteren Ende des Rohrs F, in
welches das Gas aus dem Rohre A gelangt. Die Fortsetzung des
Rohrs F bildet ein engeres Rohr f', und dieses ist mit einem zweiten
Rohre F' überdeckt, welches mit der Glocke durch eine kleine Kette f verbunden ist. Im Innern dieses zweiten Rohrs ist die Kette befestigt, an
welcher das Ventil G aufgehängt ist, so daß, wenn der Druck des eintretenden Gases mehr oder weniger stark ist, das Rohr und mit ihm das
Ventil mehr oder weniger gehoben wird, wodurch auch die Eintritts-
öffnung nach dem Rohre F mehr oder weniger geschlossen wird. Das
Rohr steht mit dem Innern des Rades durch die Röhren I, I¹ und i in
Verbindung. Das letztere ist gebogen und mündet in den zweiten Boden j des Rades J ein. Das aus dem Rade austretende Gas entweicht
unter der Glocke und tritt durch das Rohr I² in die am Boden befindliche Kammer B', aus welcher es in das Austrittsrohr C gelangt. Der
obere Theil des Rohrs I² ist mit einem Ventil v versehen, welches für
den Durchgang des Gases vermittelst eines zwischen den Leitungen x, x'
beweglichen Schwimmers X offen erhalten wird. Der Schwimmer hält
aber das Ventil v nur so lange offen, als der für den regelmäßigen
Gang der Trommel erforderliche Wasserstand constant bleibt; wenn dagegen der Wasserspiegel sinkt, so sinkt auch der Schwimmer und schließt
das Ventil, so daß kein Gas mehr austreten kann. Man bemerkt nun
sofort, daß es im Gasmesser, so wie auch in dem durch das Rohr q
mit ihm verbundenen oberen Reservoir W an Wasser fehlt. Das Rohr
q ist mit einem Ventil versehen, durch welches die Flüssigkeit aus dem
Reservoir in den unteren Raum tritt und welches dazu dient, den Wasserspiegel immer auf gleicher Höhe zu erhalten.

LXXXVIII.

Verbesserungen an Gasmessern, welche sich John Gedge zu London, einer Mittheilung zufolge, am 1. Decbr. 1856 patentiren ließ.

Aus dem London Journal of arts, Septbr. 1857, S. 156.

Mit einer Abbildung auf Tab. VI.

Eine Unvollkommenheit der seitherigen nassen Gasmesser bestand in der raschen Verdunstung des Wassers und der unterbrochenen Nachfüllung desselben. Bei vorliegendem Apparate bleibt jedoch das Wasser stets auf gleichem Niveau, indem ein besonderer Behälter den Gasmesser genau im Verhältnisse der Verdunstung mit Wasser versieht.

Fig. 40 stellt den neuen Gasmesser in der Frontansicht dar. An dem oberen Theile desselben ist ein luftdichter Behälter a angebracht, mit einer Röhre b, welche durch die Decke des Apparates geht. Der untere Theil dieser Röhre ist mit einem kurzen, teleskopartig auf und nieder verschiebbaren Röhrenansatz versehen, mit dessen Hülfe die verlangte Wasserhöhe regulirt wird. Die Quantität des letzteren wird mit Hülfe der an der Ausflußröhre c befindlichen Schraube d regulirt. Die Röhre c hat die Form eines Hufeisenmagnetes. Das Wasser tritt an dem einen Ende ein, steigt wieder in die Höhe und entweicht nach Herausnahme der Schraube d an der Oeffnung. Ist der Apparat mit Wasser gefüllt, so braucht man nur den Behälter a gleichfalls zu füllen und ihn an seinen Platz zu schrauben. Vermindert sich nun das Wasser im Instrument durch Verdunstung oder aus einer sonstigen Veranlassung, so sinkt das Wasser im Behälter a in Folge des dadurch entstehenden Vacuums herab, und verhütet das Sinken des Wassers unter sein normales Niveau. Der Rauminhalt des Behälters a ist so berechnet, daß durch ihn der Apparat je nach seiner Größe, ein Jahr oder darüber, ohne der Nachfüllung zu bedürfen, mit Wasser versorgt wird.

LXXXIX.

Ueber die Resultate der Benutzung thönerner Retorten zur Gasbereitung; vom Ingenieur Jabez Church.

Aus dem Civil Engineer and Architect's Journal, April 1857, S. 128.

Die Ersetzung der gußeisernen Retorten durch solche aus feuerfestem Thon rührt von Hrn. Grafton her, und wurde zuerst im J. 1820 versucht. Anfänglich hatten diese Retorten einen quadratischen Querschnitt, welcher aber bald mit der D Form vertauscht wurde, und diese ist auch jetzt überall angenommen, weil sie die Verbreitung einer gleichförmigen Kohlenschicht auf dem ganzen Boden der Retorte gestattet. Die verhältnißmäßigen Gasmengen, welche aus eisernen und thönernen Retorten der D Form, von 15 auf 13 Zoll Querschnitt und 7½ Fuß Länge, erlangt worden sind, bestimmt Hr. Church auf folgende Weise:

Die eisernen Retorten dauerten 365 Tage, destillirten à Retorte bei jeder Ladung 1½ Ctr. Kohlen und verkohlten 2190 Ctr., welche à Tonne 9000 Kubikf., im Ganzen per Retorte 985,500 Kubikf. Gas gaben. Die thönernen Retorten hielten 912 Tage aus, eine solche verkohlte 5472 Ctr. Steinkohlen, und gab bei 9000 Kubikf. à Tonne, 2,462,400 Kubikf. Gas. Wir ersehen daraus, daß die Production der thönernen Retorten, aus gleichen Kohlenmengen, bedeutender als die der gußeisernen ist; aber das specifische Gewicht des auf diese Weise dargestellten Gases war geringer, und seine Leuchtkraft ebenfalls, in Folge der höheren Temperatur der Thonretorten.

Der zweckmäßigste Betrieb thönerner Retorten in großen Anstalten war der mit Hülfe eines Erhaustors; dadurch wurde der Druck auf die Retorte vermindert und das Entweichen des Gases durch die Poren und Risse verhindert, so daß aus der Tonne Steinkohlen etwa 200 Kubikf. Gas mehr erzeugt wurden. Bei kleinen Gasanstalten werden aber die Kosten für einen Erhaustionsapparat und der zu seinem Betriebe erforderlichen Dampfmaschine durch die erzielte größere Gasmenge nicht gedeckt. In solchen Fällen ist es daher nothwendig, bei möglichst niedrigem Druck zu arbeiten, und man hat gefunden daß der einer Wassersäule von 7 Zoll entsprechende der vortheilhafteste ist. Der Absatz von Kohle, in Folge der Zersetzung von Gas bei hoher Temperatur, ist in thönernen Retorten reichlicher als in eisernen, und man hat durch Versuche gefunden, daß auf dessen Menge die zu den Retorten verwendete Thonart, so wie auch die Glätte und Rauhigkeit der inneren Oberfläche der Retorten einen wesentlichen Einfluß hat, indem bei rauher Oberfläche der Absatz größer ist. Der größte Theil der Kohle scheint sich aus dem Gase in der ersten Periode der Verarbeitung einer Kohlencharge abzuscheiden und gegen das Ende des Betriebes scheint dieser Absatz aufzuhören. Nach und nach wird daher die Kohlenkruste so stark, daß sie weggenommen werden muß, wobei wegen der Zerbrechlichkeit der thönernen Retorten große Vorsicht erforderlich ist. Gewöhnlich läßt man zu diesem Zweck neun bis dreißig Stunden lang atmosphärische Luft in die Retorte ziehen, und dann löst man die Kohlenlage mittelst meißelförmiger Brechstangen ab. Church hat den Versuch gemacht, eine thönerne Röhre durch eine Oeffnung im untern Theil des Deckels einzuführen, und alsdann die Neigung der Röhre der Art zu verändern, daß die durch sie einziehende Luft nach einander jeden Theil der kohligen Masse treffen konnte; gleichzeitig stellte er eine temporäre Verbindung her zwischen der aufsteigenden Röhre, die zu der cylindrischen Vorlage führt, und dem Fuchs, der von dem Retortenofen zur Esse führt. Auf diese Weise gelang es die zur Wegschaffung der Kohlenrinde erforderliche Zeit um die Hälfte zu vermindern.

Die Menge des zur Destillation der Steinkohlen erforderlichen Brennmaterials betreffend, hat man gefunden, daß bei kurzen Retorten die Resultate fast dieselben waren, man mochte nun thönerne oder eiserne anwenden. Bei dem gewöhnlichen Betriebe wurden etwa 25 bis 30 Proc. von der Menge der erzeugten Gaskoks zur Heizung verbraucht, vorausgesetzt daß man Newcastler Kohlen verarbeitete und daß jede Tonne Steinkohlen 1 Chaldron (24 preuß. Scheffel) Koks liefert. Bei Anwendung thönerner Retorten von 20 Fuß Länge wurde eine Brennmaterial-Ersparung erlangt.

Church bemerkt schließlich, daß die Kosten der thönernen Retorten etwa 50 Proc. weniger betragen als die der gußeisernen, während ihre Dauer 2½ Mal größer ist, indem sie 2½ Jahre brauchbar bleiben, die gußeisernen aber nur 1 Jahr.

Besprechung vorstehenden Vortrages im Institut der Civilingenieure.

Es wurde zuvörderst bemerkt, daß der Vorzug der thönernen Retorten hinsichtlich der größern Gasausbeute nicht unbedingt zugegeben werden kann, da in einzelnen Fällen in den eisernen eben so viel Gas erzeugt wurde als in den thönernen, jedoch mit Ausnahme einiger besonderen Kohlensorten; daß überdieß auch eiserne Retorten schon 2½ Jahre in beständigem Betrieb gewesen seyen.

Obgleich thönerne Retorten, gut in den Ofen gesetzt und sorgfältig behandelt, die doppelte, ja selbst dreifache Dauer der eisernen Retorten haben können; obgleich ferner die Materialien zu den thönernen Retorten und deren Aufstellung (letztere um 20 Proc.) weniger Kosten veranlassen, als die der eisernen, so lassen sich doch gegen die erstern wesentliche Einwendungen machen. Es ist einleuchtend, daß unter gewissen Umständen die eisernen Retorten den Vorzug verdienen, daß es unter anderen Umständen ganz gleichgültig ist, welche Art von Retorten man anwendet, und daß unter einem dritten Zusammentreffen von Umständen dagegen den thönernen Retorten der Vorzug gegeben werden muß. Nehmen wir z. B. folgenden praktischen Fall an: es koste eine zur Benützung eingesetzte gußeiserne Retorte 10 Pfd. St. und eine gleich große thönerne 7 Pfd. St. Es sey die Dauer der letztern die 2½ fache von derjenigen der erstern, und es betrage die in beiden gewonnene Gasmenge 900,000 und 2,250,000 Kubikfuß, ehe die Retorten unbrauchbar geworden. Es betrage endlich der Verkaufspreis für die Koks 15 Shill. à Tonne, und es würden bei eisernen Retorten ³/₁₀ von der gewonnenen Menge und bei thönernen ⁴/₁₀ derselben zur Heizung verbraucht, während 1 Tonne Steinkohlen ²/₃ Tonnen Koks liefert. Alsdann werden die Kosten bei gleicher Production von Gas folgende seyn:

	Eiserne Retorten.	Thönerne Retorten.
1. Materialien und Einmauerung	$10 \times 2\frac{1}{2} = 25$ Pfd. St. — Sh	7 Pfd. St. — Sh
2. Extra-Reparaturen der Oefen ꝛc.		1 „ 10 „
3. Kosten für den Exhaustor ꝛc.		1 „ 5 „
4. Ausblase-Apparat ꝛc.		— „ 5 „
5. Koksverbrauch im Ofen . . .	37 „ 10 „	50 „ — „
Summe	62 Pfd. St. 10 Sh.	60 Pfd. St. — Sh.

Hieraus ersieht man, daß wenn die Tonne Koks 15 Shill. kostet und die übrigen Verhältnisse die obigen sind, eiserne und thönerne Retorten fast gleichen Werth haben. Sind aber die Koks theurer, so verdienen eiserne Retorten den Vorzug, wogegen das Umgekehrte der Fall ist, wenn sie wohlfeiler sind.

Nun ist aber die Güte der Steinkohlen eine sehr verschiedene, und ebenso die Quantität und Qualität der von ihnen gelieferten Koks, daher der Gasingenieur in jedem besondern Falle die gegebenen besonderen Umstände berücksichtigen muß.

Thönerne Retorten sind z. B. sehr geeignet, um Gas aus den schottischen Kannelkohlen zu bereiten, indem die dabei fallenden Koks keinen besondern Werth haben; dagegen läßt es sich bezweifeln, ob sie eben so gute Resultate wie die eisernen Retorten bei solchen Kohlen geben, welche bei der Destillation viel von flüssigen Stoffen liefern; während nämlich die meisten Gaskohlen per Tonne 100 Pfd. ammoniakalische Flüssigkeit liefern, gibt es andere aus denen sich 350 Pfd. per Tonne entwickeln. Auch sind die thönernen Retorten für kleine Gaswerke nicht zu empfehlen, die eine Kohle verarbeiten welche gute Koks gibt, denn in solchen Anstalten ist ein Erhaustor nicht anwendbar, überdieß wird der Betrieb und die Abwartung der Retorten nicht mit solcher Sorgfalt ausgeführt als in großen, wohl beaufsichtigten Gasanstalten. Die Behauptung, daß thönerne Retorten unter einem Druck von 7 Zoll Wassersäule besser betreiben können als unter einem niedrigen Druck, ist eine irrige, denn da der Thon ein poröses Material ist, welches dem Gase den Durchgang in Folge der Capillarität gestattet, so ist es offenbar zweckmäßiger, unter einem niedrigen Druck zu arbeiten. Eben so unrichtig ist die Behauptung, daß Thonretorten mehr oder besseres Gas als eiserne liefern; die thönernen Retorten würden nicht mehr, ja nicht einmal so viel Gas entwickeln als die eisernen, wenn man sie nicht bisweilen mit einem weit größern Brennmaterialaufwande auf einer weit höhern Temperatur erhielte, als es bei eisernen Retorten zweckmäßig ist; in solchen Fällen wurde jedoch die größere Menge des Gases auf Kosten seiner Leuchtkraft und auch seiner Reinheit erlangt.

Den stärkern Absatz von Kohle in den thönernen Retorten betreffend, muß man annehmen, daß derselbe großentheils von der Zersetzung desjenigen Gases herrührt, welches das Material der Retorte durchdringt, indem das Gas, während es in die stark erhitzten Poren eindringt, seinen Kohlenstoff fahren läßt, der dann auf der inneren Oberfläche der Retorte zurückbleibt.

XC.

Das Kupferoxyd-Ammoniak ein Auflösungsmittel für die Pflanzenfaser; von Dr. Eduard Schweizer.

Aus dem Journal für praktische Chemie, 1857, Bd. LXXII S. 109.

Das Kupferoxyd-Ammoniak — die durch Auflösen des basisch-schwefelsauren Kupferoxyds in Ammoniak erhaltene Flüssigkeit, besitzt in ausgezeichnetem Grade das Vermögen, bei gewöhnlicher Temperatur Pflanzenfaser aufzulösen.

Uebergießt man gereinigte Baumwolle mit der blauen Flüssigkeit, so nimmt erstere bald eine gallertartige schlüpfrige Beschaffenheit an, die Fasern gehen auseinander und verschwinden, und nach einigem Durcharbeiten mit einem Glasstabe hat sich das Ganze in eine schleimige Flüssigkeit verwandelt. Dabei findet nicht die geringste Wärmeentwicklung statt. Hat man nicht eine hinreichende Menge der Flüssigkeit angewendet, so bleibt ein Theil der Fasern noch sichtbar; setzt man dann aber einen Ueberschuß der Lösung hinzu und schüttelt um, so erhält man eine beinahe klare blaue Lösung, die sich, nachdem sie mit Wasser verdünnt worden ist, filtriren läßt.

Uebersättigt man die filtrirte Lösung mit Salzsäure, so entsteht ein voluminöser weißer Niederschlag, der, auf einem Filter gesammelt, ganz das Ansehen von feuchtem Thonerdehydrat besitzt.

Es scheint diese Substanz zwar desorganisirte, aber in ihrer chemischen Natur nicht wesentlich veränderte Cellulose zu seyn.

Vertheilt man den durch Auswaschen vollständig von den Salzen befreiten gallertartigen Niederschlag in Wasser, setzt Jodkalium und nachher etwas Chlorwasser hinzu, so färbt sich die Substanz braun, ein Beweis, daß dieselbe weder Stärke noch ein stärkehaltiger Körper ist.

Beim Eintrocknen auf dem Wasserbade schwindet jener Niederschlag stark zusammen und hinterläßt eine hornartige, durchscheinende, spröde Masse, welche Aehnlichkeit mit eingetrocknetem Kleister hat, jedoch keinerlei Geschmack besitzt und zwischen den Zähnen nicht klebt. An der Luft erhitzt, verbrennt die Substanz, ohne einen Rückstand zu lassen.

Ganz auf gleiche Weise wie Baumwolle verhalten sich Papier und Leinwand zu der Kupferoxyd-Ammoniaklösung, nur werden sie etwas langsamer als die Baumwolle aufgelöst.

Streicht man die Lösung der Faser auf eine Glasplatte und läßt sie darauf eintrocknen, so bleibt ein bläulichweißer dünner Ueberzug, der fest an dem Glase anliegt.

Auch auf einige thierische Gebilde erstreckt sich die lösende Kraft des Kupferoxyd-Ammoniaks. Seide löst sich in der bezeichneten Flüssigkeit noch schneller auf als Baumwolle; aus der filtrirten klaren Lösung wird durch Säure ebenfalls ein gallertartiger Körper ausgeschieden. Wolle wird nur in der Wärme vollständig gelöst. Haare werden nach und nach von der Flüssigkeit zerstört, ohne daß eine vollständige Auflösung statt findet. Thierische Blase quillt darin im Anfange bloß auf, löst sich aber nach einiger Zeit ebenfalls.

Auffallend ist, daß die der Pflanzerfaser so nahe stehende Stärke von der Flüssigkeit nicht gelöst wird; beim Erhitzen bildet sich ein schön blauer Stärkekleister, während die Flüssigkeit beinahe entfärbt wird.

XCI.

Ueber das Indigweiß; von J. Löwenthal.

Aus dem Journal für praktische Chemie, 1857, Bd. LXX S. 463.

Bekanntlich haben sich zwei Theorien über die Constitution und Bildungsweise des Indigweiß geltend gemacht. Die eine nimmt darin das Hydrat eines Körpers an, welcher ein Aequivalent Sauerstoff weniger enthält, als das Indigblau. Die Ueberführung des Indigblau in Indigweiß ist nach dieser Theorie eine einfache Reduction unter gleichzeitiger Bildung von Wasser. Die andere Theorie betrachtet das Indigweiß als Indigblau plus 1 Aequivalent Wasserstoff. Nach dieser Theorie wird bei der Ueberführung des Indigblau in Indigweiß Wasser zersetzt, der Sauerstoff desselben tritt an den angewandten reducirenden Körper, der Wasserstoff an den Indigo.

Vorliegende Arbeit wurde hauptsächlich zu dem Zwecke unternommen, um zu ermitteln, welche von beiden Theorien die richtige sey.

Zunächst suchte ich zu ermitteln, ob alle diejenigen Körper, welche einer höheren Oxydation fähig sind, die Eigenschaft besitzen, bei Gegenwart eines Alkali das Indigblau in Indigweiß überzuführen. Ueber diesen Gegenstand sagt Berzelius in seinem Lehrbuche der Chemie 3. Aufl. Bd. VII S. 204: der reducirte Indigo wird gebildet durch Einwirkung von schwefligsauren und phosphorigsauren Salzen, von Phosphor, Schwefelkalium und Schwefelcalcium, Schwefelantimon, mehreren Schwe= felsalzen, besonders vom Arsenik, ferner von Zinnoxydul=, Eisenoxydul= und Manganoxydulsalzen, von den Feilspänen von Zink, Zinn und Eisen, von Kaliumamalgam u. s. w.

Diese Angabe ist in die meisten Lehrbücher übergegangen. Nach meinen Versuchen vermögen 5 von den aufgezählten Körpern nicht eine Spur von Indigo zu reduciren; diese sind: schwefligsaure und phosphorig= saure Salze, Schwefelkalium, Schwefelcalcium und Manganoxydulsalze.

Ich habe meine Versuche oft und unter verschiedenen Umständen wieder= holt, ganz besonders noch mit den Schwefelalkalien, einerseits, weil Ber= zelius a. a. O. noch einmal speciell hierauf zurückkommt, andererseits, weil ich diese unter denjenigen Körpern, welche das Indigblau nicht in Indigweiß überführen, am stärksten reducirend fand. Nachdem ich bei vielfältigen Versuchen mit Schwefelalkalien nie die geringste Spur von reducirtem Indigo hatte erhalten können[64], stellte ich den Versuch auch in der Weise an, daß ich in ein warm erhaltenes Gemisch von caustischem Kali von 12° B. und Indigo, Schwefelwasserstoffgas einleitete, aber auch hierbei wurde nicht die geringste Spur Indigo reducirt. Ferner habe ich noch mit dem arsenigsauren Natron vielfältige Versuche gemacht, weil ich dieses viel stärker reducirend fand, als das schwefligsaure Natron, aber ebenfalls ohne allen Erfolg. Sowohl die arsenigsauren Alkalien als auch die Schwefelalkalien wirken durchaus nicht auf den Indigo ein, wie man aus Vorhergehendem ersieht; werden aber beide zusammen gekocht, so wirken sie stark reducirend auf den Indigo ein, denn es bildet sich in diesem Falle Schwefelarsenik, und dieses hat ein stärkeres Bestreben, sich in Fünffach=Schwefelarsenik zu zerlegen, als die arsenige Säure sich in Arseniksäure umzuwandeln. Da Mohr angibt, daß, wenn das arsenig= saure Natron nur eine Spur schwefligsaures Natron enthalte, ersteres sich an der Luft höher oxydire, so habe ich auch die Wirkung eines Gemisches von beiden Salzen in caustischem Kali auf den Indig versucht, habe aber auch hiemit nicht eine Spur Indigo reduciren können.

Nachdem diese Thatsache festgestellt war, mußte untersucht werden, ob diejenigen Körper welche den Indigo reduciren, sich auch in Bezug

---

[64] Es ist sehr leicht zu erkennen, ob die geringste Spur von Indigo reducirt ist, an den dunkelrothen Häutchen, welche wie Metallflimmern auf der Flüssigkeit umherschwimmen, wenn die Reduction nur sehr gering, aber die ganze Flüssigkeit überziehen, wenn sie etwas stärker ist

auf andere Oxyde von denjenigen, welche ihn nicht reduciren, unter=
scheiden.

Ferner, da nach der oben zuerst genannten Theorie eine einfache
Oxydation vorausgesetzt wird, nach der zweiten aber die Oxydation durch
doppelte Affinität bewirkt wird, so mußte auch dieses bei der ferneren
Untersuchung berücksichtigt werden.

　Als einfache Oxydationsmittel habe ich das Kupferoxyd, das chrom=
saure Kali und das Wismuthoxyd gewählt, für die Oxydation durch
doppelte Affinität das Job.

Es stellte sich heraus, daß diejenigen Körper, welche das Indig=
blau in Indigweiß überführen, auch genau unter denselben Umständen
die Chromsäure und das Wismuthoxyd in alkalischer Flüssigkeit reduciren
(das Kupferoxyd reducirt sich leichter wie diese; folglich auch leichter wie
der Indigo), der Phosphor macht hiervon allein eine Ausnahme.

Das reine schwefligsaure Kali wirkt auch bei anhaltendem Kochen
auf das Kupferoxyd (in weinsäurehaltigen alkalischen Lösungen) nicht
reducirend; eben so wenig auf die Chromsäure und das Wismuthoxyd; die
phosphorigsauren Alkalien wirken nicht auf die Chromsäure und das Wis=
muthoxyd. Ein arsenigsaures Alkali wirkt, wie bekannt, auf das Kupfer=
oxyd stark ein; wird dasselbe Salz sehr verdünnt mit dem alkalischen
chromsauren Kali gekocht, so wirkt es nicht ein; concentrirt und gekocht
wird Chromoxyd ausgefällt; wird aber nach längerem Kochen abfiltrirt,
so findet man im Filtrat bei weitem den größten Theil arseniger Säure
und Chromsäure unverändert neben einander; auf das Wismuthoxyd
wirkt die arsenige Säure nicht ein.

Die Schwefelalkalien wirken bei anhaltendem Kochen stark auf die
alkalische Chromsäurelösung ein, aber auch hier findet man im Filtrat noch
eine bedeutende Menge beider Körper unverändert nebeneinander. Das
Manganoxydul reducirt das Kupferoxyd und die Chromsäure, aber nicht
das Wismuthoxyd. Das Indigweiß wird durch das Kupferoxyd, die
Chromsäure und das Wismuthoxyd bei Ueberschuß von einem Alkali bei
gewöhnlicher Temperatur in Indigblau zurückgeführt.

Sowohl die Körper, welche das Indigblau in Indigweiß überführen,
als auch diejenigen, welche dieses nicht vermögen, werden durch Job
oxydirt. Es ist aber hierbei wohl zu beachten, daß letztere dasselbe
Reductionsvermögen haben wie erstere; mit anderen Worten, sie zeigen
bei dieser durch zwei Affinitäten bewirkten Oxydation dieselbe Neigung
sich zu oxydiren, wie jene.

Die Reduction des Indigo findet nicht statt durch Eisen= und
Zinnoxydulsalze in Ammoniak, eben so wenig in zweifach=kohlensaurem

Natron. Ganz entsprechend verhalten sich die Chromlösung und das Wismuthoxyd, d. h. sie werden in diesen beiden Flüssigkeiten von beiden genannten Oxydulsalzen nicht reducirt.

Wird aber Indigo vermittelst caustischem Kali und Zinnoxydul reducirt, dann nach erfolgter Reduction eine dem Kali entsprechende Menge Salmiak, um alles Kali in Chlorkalium umzuwandeln, nebst caustischem Ammoniak hinzugefügt, so bleibt das Indigweiß mit allen seinen Eigenschaften in Lösung. Ich habe gezeigt, daß schwefligsaures und arsenigsaures Natron bei der Oxydation durch doppelte Affinität dieselbe Neigung sich zu oxydiren zeigen, wie das Eisenoxydul, und doch führt letzteres schon bei gewöhnlicher Temperatur das Indigblau in Indig= weiß über, was die beiden ersteren bei keiner Temperatur und unter keiner Bedingung vermögen. Ich schließe hieraus, daß das Indigweiß nicht Indigblau plus Wasserstoff ist, sondern Indigblau minus Sauerstoff. —

Nachdem Obiges bereits niedergeschrieben war, habe ich folgende Versuche angestellt: Wird schwefelsaurer Indigo mit kohlensaurem Natron oder Kali im Ueberschuß versetzt, dann Schwefelwasserstoffgas eingeleitet, so findet die Reduction sofort statt; hängt man jetzt einige Minuten baum= wollenen Stoff in diese Flüssigkeit, so erscheint derselbe nach dem Heraus= nehmen gelb, wird aber sehr bald an der Luft blau, wie dieses bei den Indigoküpen stattfindet.

Ich habe aber gezeigt, daß der unveränderte Indigo unter keiner Bedingung weder von den Schwefelalkalien noch von dem Schwefelwasser= stoff reducirt wird.

Es unterliegt wohl keinem Zweifel, daß die Reduction des unver= änderten Indigos auf dieselbe Weise wie die des schwefelsauren Indigos stattfindet; d. h. wenn die eine durch Hinzutreten von Wasserstoff be= wirkt wird, so wird dieses auch der Fall seyn bei der andern, und ebenso wenn die Reduction durch Abgabe von Sauerstoff erfolgt.

Ist nun das Indigweiß Indigblau plus Wasserstoff, so muß der schwefelsaure Indigo eine viel größere Affinität zum Wasserstoff wie der unveränderte Indigo haben, indem dieser, nicht wie jener, dem Schwefel= wasserstoff den Wasserstoff entzieht; dieß hat aber wenig Wahrscheinlichkeit für sich, da der schwefelsaure Indigo im Allgemeinen leichter zerstörbar ist und geringere Verwandtschaft äußert, als der unveränderte Indigo.

Ist aber das Indigweiß Indigblau minus Sauerstoff, so scheint es ganz den bekannten Erfahrungen zu entsprechen, daß in dem schwefelsauren Indigo der Sauerstoff nicht mehr so fest gebunden ist, als in dem unver= änderten Indigo, und folglich ener auch durch solche Körper seines

Sauerstoffs beraubt werden kann, welche auf diesen ganz ohne Wirkung sind.

Schließlich möchte ich die Vermuthung aussprechen, daß vielleicht Berzelius die reducirenden Körper, wenigstens theilweise, auf den schwefelsauren Indigo versucht hat, nicht ahnend, daß in dieser Hinsicht ein so großer Unterschied zwischen diesem und dem unveränderten Indigo stattfindet. Indessen widerspricht dieser Vermuthung die Stelle des Lehrbuchs, welche die Worte enthält: bei überschüssiger Basis wird das lösliche Blau von allen Stoffen reducirt, welche das unlösliche reduciren.

XCII.

Ueber die Anwendung und Darstellung des sogenannten Indigpurpurs; von Prof. P. Bolley.

Aus der schweizerischen polytechnischen Zeitschrift, 1857, Bd. II S. 113.

Vor einigen Jahren gab Häffely im Bulletin de la Société industrielle de Mulhouse Kunde davon, daß er die Purpurschwefelsäure (Phönizin-Schwefelsäure) in die Wollfärberei in Lancashire eingeführt habe, und Camille Köchlin gab an die Gesellschaft einen erläuternden Bericht über deren Eigenschaften zum Bedrucken oder Färben von Wolle und Seide.[65] Die Präparate, welche Häffely beschreibt, können einen nach unserm Dafürhalten wichtigen Dienst nicht erfüllen und es geschieht auch in den genannten beiden Abhandlungen der von uns gemeinten Anwendung keine Erwähnung. Es soll die Purpurschwefelsäure nach Häffely nur 1) zu einem Blau dienen, das klarer ist, als Indigschwefelsäure es gibt, und 2) soll das Blau sich durch alkalische Bäder in Violett von den verschiedensten Abstufungen der Nüance umwandeln lassen. Das Präparat ist sauer und erträgt nicht einen Zusatz von Orseille, um lebhaftere und mannichfaltigere Nüancen von Violett hervorzubringen. Es kommt seit einiger Zeit unter dem Namen Indigpurpur ein in Württemberg patentirtes Präparat von den Gebrüdern Krosp in Stuttgart in den Handel, das den Vorzug hat, beliebige

---

[65] Im polytechn. Journal 1853, Bd. CXXIX S. 224.

Zusätze von Orseille zu ertragen und auf Wolle ohne jede vorausgegangene Beize recht schönes Violett zu geben. Dieses Präparat wurde in dem pharmaceutisch-technischen Laboratorium des schweizerischen Polytechnicums untersucht und mehrere Versuche zu seiner Darstellung angestellt.

Hr. R. Mühlberg von Aarau fand in der feuchten blaurothen Paste:

> 81,56 Proc. Feuchtigkeit,
> 12,61 Proc. organische Stoffe,
> 5,80 Proc. Asche.

Die Asche wurde zusammengesetzt gefunden aus 60,5 schwefelsaurem Natron, 8,6 Thonerde, 12,2 Kieselsäure, etwas Sand, wenig Kalk und Eisenoxyd und kohlensaurem Natron. Daraus war zu folgern, daß gewisse Bestandtheile, die Kieselsäure und Alaunerde, dem Indigo ursprünglich angehörten, daß die Schwefelsäure im freien Zustand zur Lösung des Indigo diente, aber nach der Bildung der Purpurschwefelsäure mit kohlensaurem Natron abgestumpft wurde, und daß ein Ueberschuß von letzterem hinzukam. Zur Darstellung des Präparates wurde nach Versuchen, die Hr. Mühlberg ausführte, der Weg als der sicherste und die größte Ausbeute liefernde gefunden, daß 1 Theil fein geriebener Indigo in Teigform mit der 20fachen Menge englischer Schwefelsäure allmählich übergossen wurde, während man durch äußere Abkühlung das Steigen der Temperatur im Gefäße zu verhindern suchte, und daß man die Säure einige Zeit lang auf den Indigo einwirken ließ. Es bedarf, wenn auf diese Weise gearbeitet wird, nicht mehr als ½ Stunde Zeit, um ein sehr stark roth-violettes Product zu erhalten. Die Prüfung der Farbe durch Bestreichen einer Fensterscheibe ist hinlänglich zuverlässig zur Beurtheilung, ob das Präparat recht ausgefallen. Man gießt nun die ganze breiige Masse in viel Wasser, läßt etwas absetzen oder filtrirt, sobald die Flüssigkeit erkaltet ist; das Filtrat ist blau (Indigschwefelsäure), der Niederschlag ist je nach der Dauer der Einwirkung und der Menge der Schwefelsäure mehr oder minder rothviolett. Man wäscht ihn mit Wasser aus. Sobald die ablaufende Flüssigkeit nicht mehr stark sauer ist, wird mit ganz verdünnter Lösung von kohlensaurem Natron nachgewaschen und damit fortgefahren, bis die ablaufende Flüssigkeit nicht mehr sauer reagirt. Die abgelaufene Lösung kann durch Einlegen von Wolle und Abziehen der Farbe mit Sodalösung auf Indigcarmin benützt werden. Das auf dem Filter gebliebene Präparat hat alle Eigenschaften des in Württemberg patentirten Indigpurpurs. Man hat in dem hiesigen technischen Laboratorium verschiedene Nüancen erzeugt. Mögen auch einige Abän-

derungen des hier beschriebenen Verfahrens in dem Patente enthalten
seyn, das Product läßt sich auf oben angegebene Weise leicht und sicher
erzielen.   Zur Vergleichung der beiden Präparate des käuflichen nach dem
Geheimverfahren dargestellten von Krofp und des in unserm Laboratorium erzeugten wurden Wollenmuster mit beiden gefärbt.   Die Reihe
der Schattirungen durch Zusatz von Orseille zu der Indigpurpurlösung
fiel ganz gleich aus.

XCIII.

Ueber die Prüfung der beim Zeugdruck angewendeten Gummi-
sorten; von Dr. Sacc in Wesserling.

Aus dem Bulletin de la Société industrielle de Mulhouse, 1857, Nr. 139.

Die zum Verdicken der Farben gebräuchlichen Gummisorten, welche
sämmtlich dem Arabin, d. h. dem in Wasser löslichen Gummi angehören,
sind das arabische Gummi, das Senegalgummi und das Salabredagummi.
Die beiden ersteren sind hart, mehr oder weniger weiß, und bilden mehr
oder weniger große Stücke; die größten Stücke bildet das Senegalgummi,
welches im Allgemeinen hygroskopischer und mehr gefärbt ist als das
arabische Gummi; letzteres zieht nämlich die Feuchtigkeit so wenig an,
daß es, an einem trocknen Orte aufbewahrt, spröd und leicht zerbrechlich
ist.   Das arabische Gummi löst sich leichter in Wasser als das Senegalgummi, und gibt eine viel weniger saure Lösung, weßhalb es zum Verdicken schwacher Mordants und zarter Dampffarben besonders geeignet ist.
Das Salabredagummi, welches im Allgemeinen am wenigsten gefärbt ist
und größere oder kleinere, den Fadennudeln ähnliche, mehr oder weniger
gewundene Stücke bildet, gibt eine Lösung, die anfangs farblos ist, sich
aber an der Luft so rasch bräunt, daß sie oft schon nach einigen Stunden
einer Lösung von Lakritzensaft sehr ähnlich sieht.

Das Salabreda- und das Senegalgummi sind oft mit Gummiarten
gemengt, die, ähnlich dem Traganth, im Wasser nur aufquellen, ohne
sich wirklich aufzulösen.   Diese Verfälschung ist leicht zu erkennen, wenn
man das Gummi in ganzen Stücken mit Wasser in Berührung bringt,
wobei das eigentliche Gummi sich auflöst, während das unlösliche Gummi
(Pflanzenschleim) als eine aufgequollene, in der Flüssigkeit leicht erkennbare Masse übrig bleibt.

Damit eine Gummiforte beim Zeugdruck zu allen Zwecken anwendbar ist, muß sie: 1) die zarten Dampffarben nicht trüben oder matt machen, auch die Mordants nicht abschwächen; 2) mit gewissen Farben sich nicht coaguliren; 3) das Wasser, worin man sie auflöst, so stark als möglich verdicken.

Was die erste dieser Bedingungen, und zwar zunächst den Einfluß des Gummis auf die Farbstoffe betrifft, so wählt man zur Beurtheilung des Gummis die zarteste Dampffarbe, nämlich das Cochenille=Rosenroth für den Wollendruck, welches dargestellt wird mit:

1 Liter Abkochung von ammoniakalischer Cochenille, mit 30 Grm. Cochenille per Liter Wasser bereitet;

24 Grammen gepulvertem Alaun;

16 „ Oralsäure;

375 „ gepulvertem Gummi.

Man passirt diese Farbe durch ein Seidensieb, und druckt sie auf einen ganzwollenen Zeug, dämpft und wascht. Die erhaltene Dampffarbe muß ein schönes zartes Rosenroth ohne allen gelblichen Ton seyn.

Was die abschwächende Wirkung der Gummisorten auf die Mordants betrifft, so ist sie ungemein verschieden; sie läßt sich aber im Voraus beurtheilen, denn ein Gummi wird natürlich die Mordants um so stärker angreifen, je saurer es ist. Diese Wirkung, welche beim arabischen Gummi selten vorkommt, veranlaßt oft großen Schaden, wenn man saures Gummi zum Verdicken der Mordants für sehr helles Krapp=Rosa benutzt. Um die auflösende Wirkung des Gummis auf die Mordants zu beurtheilen, wenden wir in Wesserling folgende Druckfarbe an:

1/32 Liter essigsaure Thonerde, mit 500 Grm. Alaun per Liter Wasser bereitet;

15/32 „ Wasser;

250 Grm. gepulvertes Gummi.

Das Ganze wird unter gutem Umrühren gekocht und hernach bis zum vollständigen Erkalten umgerührt. Nachdem der mit dieser Farbe bedruckte Kattun 12 Stunden lang an der Luft hing, wird er (vom nicht firirten Mordant und Verdickungsmittel) gereinigt, in Krapp gefärbt und geseift; man muß dadurch ein schönes und sehr lebhaftes Rosa erhalten, während von dem mit saurem Gummi verdickten Mordant oft beinahe nichts auf dem Zeug zurückbleibt.

Den zweiten der oben erwähnten Punkte anbelangend, gibt es Gummi=sorten, welche zum Verdicken gewisser Substanzen, z. B. Bleisalze und namentlich Catechu, angewendet, coagulirte Druckfarben liefern. Wir benutzen daher das Catechu, um das Gummi in dieser Beziehung zu prüfen, wozu wir die Druckfarbe folgendermaßen darstellen:

135 Grm. in kleine Stücke zertheiltes Catechu,
127 „ Holzessig,
360 „ Wasser,

werden im Wasserbade unter Umrühren bis zur Auflösung erhitzt, worauf man hinzufügt:

90 Grm. Salmiak,
97 „ Lösung von essigsaurem Kalk von 15⁰ Baumé. Das Ganze gießt man auf:
250 „ Gummi, rührt gut um, und setzt nach dem Erkalten zu:
37 „ einer Lösung von salpetersaurem Kupferoxyd von 50⁰ Baumé.

Diese Druckfarbe passirt man durch ein Seidensieb und läßt sie dann 24 Stunden lang stehen; wenn sie nach dieser Zeit nicht coagulirt hat, ist das angewendete Gummi von guter Qualität.

Das Gummi muß endlich dem Wasser, worin man es auflöst, eine große Klebrigkeit ertheilen, welche schwierig genau zu messen ist. Gleichwohl ist die Erlangung eines möglichst genauen Urtheils hierüber von Wichtigkeit, da es Gummiarten gibt, die um $\frac{1}{10}$ bis $\frac{1}{4}$ weniger verdicken als andere, und man von solchen Gummiarten natürlich entsprechend mehr nehmen muß. Um zu zeigen, daß der hierdurch veranlaßte Mehraufwand bedeutend seyn kann, brauche ich nur anzuführen, daß die Fabrik zu Wesserling in der Campagne von 1855/56 an Gummi 6000 Kilogr. verbraucht hat, welche 88000 Francs kosteten. Dieses Gummi war von ausgezeichneter Qualität; wäre sein Verdickungsvermögen um $\frac{1}{10}$ geringer gewesen, so hätte man 6600 Kilogr. nöthig gehabt, also bei gleichem Preise des Gummis 8800 Francs mehr ausgeben müssen.

In Mülhausen bedient man sich, um das Verdickungsvermögen der Gummisorten zu bestimmen, allgemein des Biscosimeters, welches ein Trichter ist, in dessen Ausflußöffnung man einen mit einer durchgesteckten Glasröhre versehenen Kork eingesetzt hat. Man gießt die immer in demselben Mengenverhältniß von Gummi zum Wasser bereitete Gummilösung in den Trichter und beobachtet die Geschwindigkeit ihres Ausfließens durch die Glasröhre; natürlich ist diese Geschwindigkeit um so größer, je geringer das Verdickungsvermögen der betreffenden Gummisorte ist.

In Wesserling beobachtet man dagegen bloß die Dichtigkeit der Gummilösung, und zwar mittelst des Baumé'schen Aräometers.

Um beurtheilen zu können, welche von diesen beiden Prüfungs=
methoden den Vorzug verdient, habe ich eine Reihe von Versuchen an=
gestellt, die ich hier mittheile.

Die Geschwindigkeit des Ausfließens aus dem Viscosimeter variirt
je nach dem Verdünnungsgrade der Lösung, ihrer Reinheit und der Tem=
peratur. Ich studirte zunächst den Einfluß der Verdünnung, indem
ich für die zusammen gehörenden Versuche ein und dasselbe Viscosimeter
benutzte.

> I bedeutet Gummiwasser, mit 1 Kilogr. Gummi per Liter Wasser
> bereitet.
>
> II ist eine Mischung von $\frac{3}{8}$ Liter Nr. I und $\frac{1}{8}$ Liter Wasser.
>
> III ist eine Mischung von $\frac{1}{4}$ Liter Nr. II und $\frac{1}{4}$ Liter Wasser.
>
> IV ist eine Mischung von $\frac{1}{8}$ Liter Nr. III und $\frac{3}{8}$ Liter Wasser.

Die Geschwindigkeit des Ausfließens war bei

I.	II.	III.	IV.
Null.	55 Minuten.	3 Minuten.	30 Secunden.

Hiernach ist die Geschwindigkeit des Ausfließens nicht dem Ver=
dünnungsgrade proportional, sondern wächst in viel größerem Verhältniß.
Dieses Ergebniß wurde durch eine zweite Reihe von Versuchen bestätigt,
bei denen man ein Viscosimeter mit weiterer Röhre anwendete und bei
26⁰ C. operirte. Hier ist:

> I eine Lösung, bereitet mit 1 Kilogr. Senegalgummi per Liter
> Wasser.
>
> II ist eine Mischung von $\frac{7}{16}$ Liter Nr. I und $\frac{1}{16}$ Liter Wasser.
>
> III eine Mischung von $\frac{6}{16}$ Liter Nr. I und $\frac{2}{16}$ Liter Wasser.
>
> IV eine Mischung von $\frac{5}{16}$ Liter Nr. I und $\frac{3}{16}$ Liter Wasser.
>
> V eine Mischung von $\frac{4}{16}$ Liter Nr. I und $\frac{4}{16}$ Liter Wasser.

Die Geschwindigkeit des Ausfließens war bei

I.	II.	III.	IV.	V.
7 St. 50 Min.	1 St. 45 Min.	46 Min.	17 Min.	6 Min.

Die Flüssigkeiten I und II flossen in Tropfen, die übrigen drei
Flüssigkeiten in einem continuirlichen Strahl aus.

Nachdem ich so gefunden hatte, daß die Angaben des Viscosimeters
nicht dem zwischen Gummi und Wasser stattfindenden Mengenverhältniß
entsprechen, prüfte ich die zuletzt erwähnten fünf Gummilösungen bei
26⁰ C. mittelst des Baumé'schen Aräometers auf ihre Dichtigkeit; sie
zeigten folgende Dichtigkeitsgrade:

24 *

I.	II.	III.	IV.	V.
29	26	23	19	16

Diese Zahlen entsprechen den zwischen Gummi und Wasser vorhandenen Mengenverhältnissen besser, denn nach denselben hätte man, wenn die Bruchtheile weggelassen werden, finden sollen:

I.	II.	III.	IV.	V.
29	26	23	18	15

Durch besondere Versuche überzeugte ich mich auch, daß es auf die Geschwindigkeit des Ausfließens der Gummilösung aus dem Viscosimeter keinen Einfluß hat, ob die Wand des Instruments naß oder trocken ist.

Um den Einfluß der Temperatur auf die Klebrigkeit, sowie auf die Dichtigkeit des Gummiwassers zu ermitteln, stellte ich folgende Versuche an, bei denen jedesmal ein halbes Liter einer aus 500 Grm. Gummi per Liter Wasser bereiteten Gummilösung genommen und ein und dasselbe Viscosimeter, Thermometer und Aräometer benutzt wurde.

Temperatur	Zeit des Ausfließens	Grade nach Baumé.
+ 15⁰ C.	10 Minuten	17⁰
+ 20⁰ C.	9 „	17⁰
+ 25⁰ C.	8 „	17⁰

Diese Resultate scheinen zu beweisen, daß die Klebrigkeit regelmäßig abnimmt in dem Maaße als die Temperatur steigt, und daß letztere innerhalb der in den Laboratorien der Zeugdruckereien gewöhnlich vorkommenden Schwankungen auf die Dichtigkeit des Gummiwassers keinen merklichen Einfluß hat.

Um die vorhergehenden Versuche zu vervollständigen, suchte ich noch den Einfluß zu ermitteln, welchen das Gewicht des Gummis auf das Volum, die Dichtigkeit und die Ausflußgeschwindigkeit der Gummilösung ausübt. Zu jedem der hierauf gerichteten Versuche wurde ½ Liter Wasser genommen und darin die betreffende Menge gepulvertes Gummi aufgelöst. Die Ergebnisse waren folgende:

Gewicht des Gummis.	Volum der Lösung bei 17⁰ C.	Grade nach Baumé.	Zeit des Ausfließens.
10 Grm.	510 Kubikcentim.	1⁰	½ Minute
20 „	520 „	2⁰	½ „
25 „	522 „	3⁰	½
50 „	538 „	5⁰	¾
100 „	575 „	9⁰	1
250 „	670	17⁰	9

Nach diesen Ergebnissen kann man wohl annäherungsweise annehmen, daß eine Lösung von gutem Gummi in Wasser in einem Liter so vielmal 20 Grm. Gummi enthält, als sie zwischen 15 und 20° C. Grade nach Baumé zeigt.

Es fragte sich nun noch, ob die Gummiarten welche im Wasser bloß aufquellen, wenn sie mit den löslichen Gummiarten gemengt sind, auf die Angaben des Aräometers einen bedeutenden Einfluß äußern. Um hierüber Gewißheit zu erhalten, bereitete ich Traganthwasser mit 25 Grm., 20 Grm., 10 und 5 Grm. Traganth per Liter Wasser; in die zwei ersteren sinkt das Aräometer nicht ein; in die zwei folgenden dringt es ein und zeigt darin 0°, ungeachtet ihrer beträchtlichen Klebrigkeit. Die Gegenwart der unlöslichen Gummiarten modificirt also die Angaben des Aräometers für das Gummiwasser nicht wesentlich.

Nach dem Vorstehenden betrachte ich das Aräometer als das sicherste Mittel, um die Klebrigkeit der Gummilösungen zu ermitteln, wenn deren Concentration das Verhältniß von 200 Grm. Gummi auf 1 Liter Wasser (9 bis 10° Baumé) nicht überschreitet; über diese Gränze hinaus werden aber die Angaben des Aräometers um so fehlerhafter, je mehr Gummi aufgelöst ist, weil die Cohäsion der Lösung dem Spiel des Instruments hinderlich ist.

Bericht über die vorstehende Abhandlung; der Mülhauser Industrie-Gesellschaft erstattet von Iwan Schlumberger.

Das Biscosimeter, welches Dr. Sacc in seiner Abhandlung beschreibt, wird in Mülhausen nicht allgemein angewendet; es gibt ein anderes, welches von dem verstorbenen Ochs, Colorist bei den HHrn. Dollfus-Mieg und Comp. eingeführt wurde, und für den Walzendruck ein sehr bequemes Instrument ist. Dieses Biscosimeter besteht aus einem Cylinder von Weißblech, von 9 Centim. Länge und 45 Millim. Durchmesser, welcher an dem einen Ende durch einen flachen Boden, der in der Mitte ein 4 Millim. weites Loch hat, geschlossen ist. 7 bis 8 Centimeter unterhalb des Bodens befindet sich ein Gewicht, welches durch zwei Messingdrähte an dem Cylinder befestigt ist, so daß es an demselben hängt. Wenn man eine Druckfarbe auf ihre Consistenz untersuchen will, stellt man den Cylinder mit seinem Boden darauf; das Gewicht hält ihn dabei in verticaler Lage und zieht ihn abwärts, so daß er sich mehr und mehr, und zwar in dem Maaße als die Farbe durch das Loch des Bodens in das Innere des Cylinders tritt, in die Farbe einsenkt. Je dünner die Farbe ist, desto schneller sinkt das Instrument ein, je klebriger oder dicker

sie ist, desto mehr Secunden sind für das Einsinken erforderlich; für dieselben Farben und denselben Druck (das gleiche Walzenmuster) kann die
Anzahl von Secunden welche verstreicht, bis der Cylinder sich ganz mit
der Farbe gefüllt hat, mit befriedigender Genauigkeit als Maaß der Ver-
dickung benutzt werden.

Hr. Sacc macht dem Viscosimeter den Vorwurf, daß es je nach
der Temperatur der verdickten Flüssigkeit verschiedene Resultate gibt, aber
dieser Uebelstand findet auch beim Aräometer statt. Insofern als er
das Aräometer nur benutzt, um die Klebrigkeit der Lösungen verschiedener Gummiarten in Wasser zu vergleichen, erreicht er mit diesem Instrument allerdings den beabsichtigten Zweck; wenn man aber für den
Walzendruck die Klebrigkeit verschiedener Farben welche Metallsalze enthalten, ermitteln will, so äußert die Dichtigkeit dieser Salze auf das
Aräometer den entsprechenden Einfluß, und das Instrument ist also in
diesem Falle nicht mehr mit Sicherheit anwendbar.

Das oben beschriebene Viscosimeter von Ochs füllt sich, auf reines
Wasser gestellt, in 12 Secunden; stellt man es dagegen auf eine nur
schwach verdickte Gummifarbe, so verstreichen 40 bis 50 Secunden bis
es sich füllt. Je nach der Art der Gravirung, welche gedruckt werden
soll, muß die Farbe einen verschiedenen Verdickungsgrad haben, so daß
die Zeit, in welcher sie das Viscosimeter füllen muß, von 80 bis 200
Secunden variirt.

XCIV.

Riot's Verfahren den unreinen Gerbstoff für die Seiden-
färberei in reinen Gerbstoff umzuwandeln.

Aus Armengaud's Génie industriel, Novbr. 1857, S. 268.

Dieses Verfahren hat zum Zweck, unreinen Gerbstoff, als Ertract
oder Lösung, in ein Ertract oder eine Lösung von reinem Gerbstoff umzuwandeln.

Bekanntlich sind die Galläpfel eines derjenigen Pflanzenproducte,
welche am meisten Gerbstoff enthalten; außerdem enthalten sie Gallussäure, und auch gelben Farbstoff, dessen Mengenverhältniß in den schwarzen, weißen ꝛc. Galläpfeln verschieden ist.

In Folge des großen Verbrauchs, sowie der bedeutenden Kosten welche ihr Transport von den Bezugsquellen aus verursacht, standen die Gall= äpfel immer in sehr hohem Preise; von guten Sorten kostet nämlich das Kilogr. 2¾ bis 3 Francs.

1 Kilogr. Galläpfel enthält aber nur 650 Gramme (65 Procent) Gerbstoff; der Rest besteht aus dem Mark, dem Farbstoff und einer klei= nen Menge Gallussäure.

Man hat längst gesucht die Galläpfel, als Quelle chemisch reinen oder fast reinen Gerbstoffs, durch einen wohlfeilern inländischen Gerbstoff zu ersetzen. So lieferten die Eichenrinde, und hauptsächlich das Holz des Kastanienbaums, dem Seidenfärber einen Gerbstoff=Ertract von 14° Baumé, wovon das Kilogramm nnr 40 Centimes kostet. Dieser Gerb= stoff gibt auch wirklich mit einem Eisensalz ein vortreffliches Schwarz.

Bei dem eigentlichen Schwarz wurden die Galläpfel nur zum Er= schweren der Seide angewendet; dieß geschah aber nicht mehr, nachdem man gefunden hatte daß das Ertract des Kastanienbaums denselben Zweck erfüllt. Da man jedoch für die Nähseide eine ungeheure Quantität von Dunkelblau anwendet, und das Dunkelschwarz nur für die Bortenwirkerei und die Zeuge angewendet wird, so sank der Preis der Galläpfel nicht, indem ihr Verbrauch sich nicht verminderte.

Das Problem war daher durch das Eichen= oder Kastanienbaum= Ertract nicht vollständig gelöst; dieß gelang nun Hrn. Riot durch ein sehr einfaches und dabei sehr ökonomisches Verfahren.

Die Aufgabe besteht darin, aus einem unreinen Gerbstoff reinen Gerb= stoff zu machen, d. h. jenem die Farbstoffe, welche beim Färben schädlich wären, gänzlich zu entziehen; und da es die Gallussäure ist, welche den blauen Ton gibt, so muß man diese wohlfeiler zu erhalten suchen, als bisher die Galläpfel sie lieferten.

Wenn man eine Lösung von Galläpfeln durch irgend ein Mittel in die geistige Gährung überführt, so verwandelt sich bekanntlich der Gerb= stoff zum Theil in Gallussäure.

Wie man sieht, besteht also die Entdeckung darin, eine Auflösung oder ein Ertract von Kastanien = oder Eichenholz durch Zusatz von Frucht= zucker oder Bierhefe in geistige Gährung überzuführen. Dazu muß die umgebende Luft eine Temperatur von 12 bis 15° C. (10 bis 12° R.) haben. Nach Verlauf von acht bis zehn Tagen sind alle unreinen Pro= ducte gefällt und die Flüssigkeit hat nun einen sehr angenehmen Geschmack. Sie enthält nun reinen Gerbstoff (nebst Gallussäure), welcher die Gall= äpfel vollkommen ersetzt.

XCV.

Ueber die Anwendung des Thonerdehydrats als Entfärbungsmittel für alle Gattungen von Melassen, Colonial- und Rübenrohzucker; von C. Ceßner und Dr. Kletzinsky.

Aus Böttger's polytechnischem Notizblatt, 1857, Nr. 23.

Dieses in Oesterreich patentirt gewesene Verfahren besteht in der Anwendung des reinen Thonerdehydrats, theils in abgeschiedenem feuchten Zustande, theils im Momente seines Freiwerdens und zwar unter nachstehenden Modalitäten:

1) Dem in siedenden Wasser gelösten Rohzucker oder dem unverdünnten erwärmten Syrupe wird bei neutraler Reaction der Lösung gut gewaschenes, feuchtes Thonerdehydrat zugesetzt, das auf eine der im Anhange angegebenen Art dargestellt wird.

2) Reagirt die zum Klärungsprocesse vorbereitete Rohzuckerlösung stark alkalisch, was vom übermäßigen Kalkgehalte des Zuckers herrührt und namentlich bei Rübenrohzucker oft stattfindet, und durch Verwandlung des Rohzuckers in Schleimzucker einen Verlust an Ausbeute und durch das sogenannte Fettkochen eine geringere Qualität des Productes bedingt, so kann man unmittelbar schwefelsaure Thonerde der Zuckerlösung zusetzen und die Fällung in derselben so zu sagen im Entbindungsmomente durch Eintragen geschlämmter Bergkreide hervorrufen, womit so lange fortgefahren werden muß, bis bei erneuertem Zusatze von Bergkreide zur heiß erhaltenen Flüssigkeit sich kein Aufschäumen und Brausen mehr einstellt. Hiebei bildet sich neben dem zur Klärung benöthigten Thonerdehydrat noch Gyps (schwefelsaurer Kalk), dessen größerer Theil allerdings später mit dem Absatze auf dem Filter zurückbleibt, von dem aber ein kleiner Theil in Klärsel und Zuckerbrod übergeht und daher gypshaltige Waare darstellt — ein Umstand der auf die Kennzeichen der Güte des Zuckers keinen Einfluß übt und überhaupt bei dem beliebten Verwenden von Kalk und Antikalk in der Rohzuckerfabrication und dem fast unvermeidlichen Einflusse gypshaltiger Brunnenwasser wohl nie fast ganz umgangen wird.

3) Bei Zucker von entschieden saurer Reaction (die fast immer nur von organischen Säuren herrührt und einerseits Krystallisation und Lufttrockne des Zuckers beeinträchtigt, andererseits Ammoniak zurückhält und speciell in unserem Falle etwa dem Zucker durch die Bildung eines lös-

lichen Thonerdesalzes einen störenden Alaungeschmack ertheilen könnte), empfehlen wir, der kochenden Zuckerlösung so lange Kreide zuzusetzen, bis die saure Reaction gewichen ist, wobei wir der Kreide vor dem üblichen Kalk deßhalb den entschiedensten Vorzug einräumen, weil dieselbe in Folge ihrer Unlöslichkeit im Falle eines bei Manipulationen im Gro= ßen leicht angewendeten Ueberschusses indifferent zu Boden fällt und nicht, wie der Kalk, die im vorigen Abschnitte entwickelten zerstörenden Ein= flüsse ausübt. Die so neutralisirte Lösung wird nach einer der später folgenden Methoden geklärt.

Zum Behufe des eigentlichen Klärungsprocesses gehe man Folgen= dermaßen vor:

Die heißbereitete wässerige Rohzuckerlösung von üblicher Dichte wird in dem Verhältnisse beschickt, daß auf je

40 Pfund Rohzuckermehl,

½ Pfund reine geglühte Thonerde

oder ⅘ Pfund schwefelsaure Thonerde des Handels entfallen, wobei zu bemerken ist, daß man sich, was von selbst einleuchtet, nicht auf diese Verhältnisse zu beschränken braucht, so wie auch, daß hier die Maximal= werthe für die ungünstigsten Verhältnisse gegeben wurden, und daß blon= dere Zuckersorten einen geringeren Verbrauch an Klärmitteln erfordern.

Die Mengen aller übrigen in den Operationen namhaft gemachten Stoffe ausdrücklich anzugeben, ist unzulässig und unnöthig, und leicht für jeden Sachverständigen im speciellen Falle bestimmbar, da einerseits Kalk= gehalt der Kreide, Concentration der Salzsäure u. s. w. sehr verschieden sind, und andererseits das Reagenspapier oder die Efflorescenz die genaue praktische Gränze angibt.

Sobald die siedende Zuckerlösung mit der proportionalen Menge des Klärmittels beschickt ist, und dasselbe durch Umrühren möglichst gleich= förmig in derselben vertheilt wurde, ist der Klärproceß nach einem höch= stens drei Minuten langen Aufwallen völlig beendigt. Hierauf läßt man die Flüssigkeit zur Hintanhaltung späterer Filterverstopfungen mit dem abgesetzten Schlamme einige Minuten in Ruhe und sofort das leicht Abfließende aus der geöffneten Pfanne in die Taylor'schen Vorfilter aus= laufen. Das Filtrat dieser Taylor'schen Vorfilter wird nun entweder unmittelbar im Vacuum verkocht oder in jenen seltenen Fällen, wo aus äußerst schlechtem Rohzucker eine unverhältnißmäßig feine Waare producirt werden soll, entweder dieselbe Procedur noch einmal wiederholt oder etwa ein einziges Knochenkohlen=Druckfilter zum Ueberflusse noch in Anwendung gebracht. Die Aussüßung und Ausdämpfung des in den Taylor'schen Vorfiltern und in der Pfanne zurückgebliebenen zuckerhaltigen Klärschlam=

mes gelingt auf die wesentlich gleiche nur noch weit einfachere Art, wie die bisherige Extraction der Knochenkohle vor deren Wiederbelebung.

Im gegenwärtigen Verfahren ist somit die getrennte und zeitraubende Doppeloperation des Klärens und Entfärbens in eine einzige und verhältnißmäßig kürzere zusammengedrängt.

Das dargestellte Thonerdehydrat wirkt:

1) Durch seine gelatinöse und gleichsam gerinnungsfähige Beschaffenheit, mechanisch einhüllend und klärend, auf die trübenden Unreinigkeiten weit besser, als das bisher in Anwendung gebrachte Ochsenblut oder Eiweiß, indem außer der Neigung letzterer zur Zersetzung und anderen damit bisher unvermeidlichen Uebelständen, nunmehr die nach unserer Methode erhaltenen Klärungen noch überdieß weitaus blanker und glänzender, als die Blutklärungen sind.

2) Das Thonerdehydrat wirkt entfärbend, wie die Knochenkohle der Druckfilter, indem es die dem mechanischen Filtrationsprocesse entgehenden gelösten Pigmente größtentheils bindet und mit sich niederreißt.

3) Durch die Wechselanwendung von schwefelsaurer Thonerde und Kreide ist bei diesem Klärverfahren die sicherste Garantie neutraler Klärungen auf die praktisch einfachste Weise gegeben.

4) Hat das gallertartige Thonerdehydrat außer für Pigmente noch ein beträchtliches Absorptionsvermögen für Riech- und Schmeckstoffe, was sich namentlich in der Qualität der verkochten Rübenzucker und deren Syrupe darthut. Das reine Thonerdehydrat wird auf eine der folgenden Arten bereitet.

a. Die im Handel vorkommende, schwefelsaure Thonerde wird mit Ammoniaküberschuß bis zum Vorwalten der alkalischen Reaction gefällt, absitzen gelassen und decantirt.

Die abfließende Decantirungslauge kann, wenn örtliche Verhältnisse es gestatten, zu krystallinischem schwefelsaurem Ammoniak abgedampft und als solches oder einfach als Rohlauge zu Düngungen oder weiterer Darstellung von Ammoniakpräparaten in Handel gebracht oder „endlich im Fabrikslocale" durch Vermischen mit Aetzkalk und Destillation zur Regeneration der zur Fällung verbrauchten Ammoniakflüssigkeit benutzt werden.

Der Niederschlag, das Thonerdehydrat, wird in Colirschläuche gefüllt, unter fließendem oder öfter erneuertem Wasser geknetet und zuletzt ausgewaschen, bis das ablaufende Waschwasser rothes Lackmuspapier nicht mehr bläut. In diesem Zustande zeigt das Präparat eine am Rande durchscheinende weiche, fast kleisterartige Beschaffenheit, und muß, wenn der Zeitpunkt seiner Verwendung zur Klärung noch nicht gekommen ist, unter reinem Waſſer aufbewahrt werden, weil es ſonſt ſeine Wirkungen größtentheils verlieren würde.

Sollte ſeine Anwendung an entfernten Orten, alſo ſeine Verführung als Handelswaare nothwendig werden, ſo muß das Präparat nach dem Auswaſchen und Abpreſſen in Tüchern oder Filzlagen, welche in Waſſer getränkt ſind und die zur Vermeidung von Geruchsanziehungen allſeitig gut geſchloſſen ſind, verpackt werden, und bei längerem Transport wird überdieß t ä g l i c h die Durchfeuchtung der Umhüllung, durch Uebergießen mit Brunnenwaſſer nothwendig.

b. An Orten, wo käufliche Salzſäure mit den hier nicht ſtörenden gewöhnlichen Verunreinigungen derſelben und geglühte Thonerde billig zu beziehen ſind, kann man ſich durch Auflöſen der letzteren in der erſteren kochenden Flüſſigkeit Chloraluminium bereiten und dieſe Verbindung mit gemahlener Bergkreide bis zum völligen Verſchwinden alles Aufbrauſens in Chlorcalcium und Thonerdehydrat zerlegen, wovon bei Anwendung der oben beſchriebenen Decantirungs = und Ausſüßungsmethode das Thonerdehydrat zurückbleibt, während die Decantirungslauge auf Chlorcalcium (ſalzſauren Kalk) auszubeuten iſt. In dieſem Falle muß das Ausſüßen bis zu dem Punkte fortgeſetzt werden, wo das (abfließende) Waſſer durch kohlenſaures Ammoniak und ſalpeterſaures Silberoxyd nicht mehr und ſtärker getrübt wird, als das zur Operation verwendete Brunnenwaſſer, da jeder dem Thonerdehydrat verbleibende Chlorcalciumgehalt bei dem Klärungsgeſchäfte an den Zucker übertreten und in Folge ſeiner Eigenſchaft Waſſer anzuziehen, eine näſſende klangloſe Waare erzielen würde.

XCVI.

Ueber die Natur der Wohlgerüche und die Gewinnung einiger Riechſtoffe aus den Pflanzen; von Hrn. Millon, Vorſtand des chemiſchen Central = Laboratoriums in Algier.

Aus dem Bulletin de la Société d'Encouragement, April 1857, S. 238.

Wenn man den Weizen oder das ganze Mehl deſſelben mit Aether behandelt, ſo löſt ſich ein Gemenge von fetten und wachsartigen Subſtanzen auf, welche mehr oder weniger gefärbt ſind, ſtets aber einen ſtarken Geruch beſitzen, identiſch demjenigen welchen eine Maſſe von Getreidekörnern von sich gibt. Der aromatische Stoff darin ist sehr kräftig und die Fettsubstanz entwickelt ihn mehrere Jahre nach ihrer Absonderung aus dem Getreide noch deutlich; erst wenn das Fett ranzig wird, verschwindet er.

Von dieser Thatsache ausgehend, stellte der Verfasser zahlreiche Versuche über die Gewinnung des aromatischen Bestandtheils der Blüthen und einiger Gewächse an.

„Ich glaube, sagt er [66], im Allgemeinen die Behauptung aufstellen zu können, daß die natürlichen Wohlgerüche eine Veränderung erleiden, wenn man sie einer höhern Temperatur aussetzt, als die Pflanze in der Atmosphäre antrifft; ich suchte daher den Wohlgeruch durch Auflösen in einer sehr flüchtigen Flüssigkeit abzuscheiden, die man hernach durch Destillation austreibt. Der Aether leistete mir dazu vortreffliche Dienste; man verfährt folgendermaßen:

„Man bringt die Blüthe in einen Verdrängungs-Apparat und gießt so viel (vollkommen reinen) Aether zu, daß sie davon bedeckt wird. Nach Verlauf von 10 bis 15 Minuten läßt man die Flüssigkeit ablaufen und gießt, um die Blüthe auszuwaschen, eine frische Quantität Aether hinzu, welche man nicht länger als die erste damit in Berührung läßt.

„Der Aether löst allen Riechstoff auf, und hinterläßt denselben bei der Destillation in Form eines weißen oder verschieden gefärbten, bald festen, bald flüssigen, bald ölartigen oder halbflüssigen Rückstandes, der aber nach einiger Zeit stets fest wird.

„Dieser Rückstand wird, sobald man ihn erhielt, als dünne Schicht ausgebreitet und durch die Sonnenwärme oder eine derselben entsprechende Temperatur in geschmolzenem Zustand erhalten und öfters umgerührt, bis er den Geruch des Auflösungsmittels nicht mehr von sich gibt.

„Die durch die Destillation übergetriebene Flüssigkeit wird condensirt und immer wieder benutzt. Zur Behandlung jeder Blüthenart muß stets dieselbe Flüssigkeit und derselbe Destillir-Apparat angewendet werden.

„Bei richtiger Leitung der Destillation und zweckmäßiger Anordnung des Apparats geht sehr wenig Aether verloren, auch ist die Operation rasch ausführbar.

„Ich habe auch andere Auflösungsmittel, wie Schwefelkohlenstoff, Chloroform, Benzin 2c. versucht, aber man erreicht den Zweck mit ihnen nur ausnahmsweise und sie sind auch nicht so leicht zu behandeln.

„Das Einsammeln der Blüthen erfordert die größte Sorgfalt. Man muß dabei für jede Species die geeignete Tagesstunde wählen und einen

---

[66] Journal de Chimie et de Pharmacie, December 1856.

gewissen Grad der Entfaltung berücksichtigen, welchen man nur durch Uebung kennen lernt.

„Bei der Destillation, wie man sie gewöhnlich ausführt, werden alle Modificationen der Blüthe zu einer einzigen Essenz verarbeitet, welche dann keinen der Riechstoffe genau repräsentirt, wogegen durch deren Vermengung die mangelhaften Theile der Ernte bis zu einem gewissen Grade verbessert werden dürften; bei dem neuen Extractions-Verfahren aber gibt sich das geringste Verderbniß, die kleinste Veränderung im Zustande oder in der Güte der Riechstoffe durch den Geruch zu erkennen, und wenn dieser die Frische und Annehmlichkeit der Blüthe besitzen soll, so muß der Riechstoff von einer frischen, lieblichen Blüthe herrühren.

„Ich habe gefunden, daß die Riechstoffe, weit entfernt, sich wie die ätherischen Oele leicht zu verflüchtigen, größtentheils sehr beständig sind. Nur durch die Berührung mit den anderen Bestandtheilen der Pflanzen erleiden sie endlich eine Veränderung; sind sie einmal von diesen abgeschieden und folglich deren Einfluß entzogen, so unterliegen sie nur mehr den Gesetzen ihrer eigenen Zersetzung. So bewahre ich seit mehreren Jahren isolirte Parfüms auf dem Boden stets offener Glasröhren oder der freien Luft ausgesetzter Schälchen auf, ohne daß eine merkliche Verdunstung derselben statt fand. Diese Beständigkeit charakterisirt die eigentlichen Riechstoffe (Parfüms); die ätherischen Oele, welche die Pflanzen ausschwitzen oder bei der Destillation abgeben, sind anderer Natur.“

Der Verf. läßt nun die Versuche folgen, welche er anstellte, um vermittelst verschiedener Auflösungsmittel den eigentlichen Riechstoff von den verschiedenen, ihn in der Blüthe begleitenden Substanzen abzuscheiden, nämlich von dem Wachs, Fett, Oel und dem Farbstoff; dieß ist ihm jedoch nur unvollkommen gelungen, und er glaubt daraus schließen zu können, daß wenn eine vollkommene Abscheidung gelänge, man von vielen Blüthen per Kilogr. nicht mehr als einen Milligramm Product erhielte. Bei dem Preise gewisser Blüthen würde dieser gereinigte Riechstoff per Gramm wenigstens mehrere tausend Francs kosten.

In Ermangelung einer Elementar-Analyse und wesentlicher chemischer Reactionen beschränkt sich Hr. Millon auf folgende Charakteristik des Riechstoffs der Blumen.

„Derselbe ist, sagt er, eine beständige, nur selten flüchtige, an der Luft unveränderliche oder nur wenig veränderliche Substanz, wovon die Blüthe nur unwägbare Spuren enthält. Durch die Wärme, sobald diese die Gränzen der Atmosphäre übersteigt, wird sie zersetzt. Der Riechstoff ist fast immer ohne bemerkliche Zersetzung auflöslich in Alkohol, Aether, Fetten und in vielen anderen Flüssigkeiten, z. B. in Schwefelkohlenstoff,

Chloroform, Benzin 2c. In der Luft verbreitet er sich leicht und gibt seine Gegenwart durch einen angenehmen Geruch zu erkennen, ohne daß die Luft dadurch in bestimmbarer Weise ihr Gewicht ändert. Ebenso leicht vertheilt er sich in Wasser, welches durch ein Paar Tropfen der alkoholischen Lösung, die man hineinbringt, einen aromatischen Geruch erhält. Daß aber der Riechstoff durch die Reagentien eine Veränderung erleiden kann, beweist die Thatsache, daß der Geruch verschwindet, wenn man seine alkoholische Lösung in das gewöhnliche Wasser gießt, während er sich in destillirtem Wasser conservirt."

Die Leichtigkeit, womit sich diese Wohlgerüche in Alkohol, Oelen und Fetten auflösen, weist auf den in der Industrie daraus zu ziehenden Nutzen hin. Hauptsächlich hervorzuheben ist, daß die kleine Menge des Products, welches die Blüthe liefert, deren Riechstoff genau repräsentirt; dasselbe enthält ihn unversehrt und vollständig, daher 1 Gramm des Rückstandes von 1 Kilogr. Blüthen das Fett oder Oel eben so stark aromatisch macht wie die Blüthen selbst, also dieselben Wirkungen bei einem 1000 Mal kleinern Volum hervorbringt. Durch das beschriebene Verfahren wird somit der nutzbare Bestandtheil der Blüthen ausgezogen, concentrirt, und kann dann leicht und ohne Verlust an die Parfümierer zur letzten Verarbeitung versendet werden. Ueberdieß fällt das bisherige so langwierige, kostspielige und unvollkommene Verfahren, das Parfüm der Blüthen den Fetten und Oelen einzuverleiben, ganz weg und wird fast in allen Fällen durch eine sehr rasche Methode, ein bloßes Mischen oder Auflösen ersetzt, die sich überall und ganz gelegentlich ausführen läßt. Dieß ist für die Kunst der Parfümerie, welche für den französischen Handel von so außerordentlicher Bedeutung ist, offenbar ein sehr großer Vortheil.

Im Verlauf seiner Versuche behandelte Hr. Millon die in Algier hauptsächlich gedeihenden Blüthen, deren Benützung eben durch sein Verfahren leicht und einträglich zu werden verspricht. Er empfiehlt insbesondere:

1) Die varnesische oder levantische Cassie, welche in Frankreich nur im Departement Var, bei Cannes, gebaut wird. Der durchschnittliche Preis der frischen Blüthe ist 5 Frcs. per Kilogr.; sie wird an die Parfümierer zu Grasse verkauft, welche sie unmittelbar mit Oel und Fett behandeln. Aus ihrem hohen Preis läßt sich schließen, daß ihre Production unzureichend ist und daß sie bei häufigerer Cultur leicht abgesetzt werden könnte.

2) Die drei, von den Mauren cultivirten Varietäten der Moschrose, a) die einfache weiße Rose, Nécéri musqué, b) die ebenfalls weiße,

aber nicht so stark nach Moschus riechende Nécéri double, c) die Mosch=
rose schlechthin, manchmal tunesische Rose genannt. Diese drei
Species geben ihren Riechstoff an Aether ab; die beiden ersteren werden
in Frankreich nicht angebaut und ihre Producte sind in der Parfümerie
unbekannt. Die Darstellung des Parfüms dieser Varietäten der Mosch=
rose mittelst des neuen Verfahrens dürfte sehr gewinnbringend seyn.

3) Zwei Jasmin=Arten: den türkischen Jasmin mit kleiner Blüthe,
und den algierischen Jasmin mit großer, oft gefüllter Blüthe. Das
Jasminöl hat stets einen starken und etwas brenzlichen Geruch, weß=
halb es den Vergleich mit der frischen Blüthe nicht aushält, während
der durch Aether ausgezogene Riechstoff an die Lieblichkeit dieser Blüthe
erinnert.

Ferner eignen sich zu dieser Behandlung die Blüthe der bittern Orange,
die Tuberose, die Heliotrope, die Levkoje, die Narcisse und Nelke. Des
Geraniums, Thymians, Lavendels, Anises und einiger anderen (in Algier
sehr gut fortkommenden) aromatischen Pflanzen erwähnte Hr. Millon
deßwegen nicht, weil das neue Verfahren der Parfümgewinnung ihm auf
dieselben nicht anwendbar zu seyn schien. [67]

Die beschriebenen Riechstoffe, bemerkt der Verf. schließlich, unterschei=
den sich von den ätherischen Oelen dadurch, daß sie den Vergleich mit
der betreffenden Blüthe aushalten, die ätherischen Oele aber nicht.

XCVII.

Ueber die Structurveränderung des vulcanifirten Kautschufs durch Waffer; von Dr. A. Vogel jun

Mit einer Abbildung.

Man darf wohl mit Recht behaupten, daß die vulcanifirten Kaut=
schukröhren in der experimentellen Chemie Epoche gemacht haben. Bei
ihrer allgemeinen so außerordentlich bequemen Anwendung scheint es mir
daher nicht überflüssig, auf ein eigenthümliches Verhalten solcher Röhren=

---

[67] Weil alle diese Pflanzen, mit Ausnahme vielleicht des Geraniums, ein äthe=
rifches Oel (essence) enthalten, welches ihnen den Geruch verleiht und auf die ge=
wöhnliche Weise leicht aus ihnen gewonnen werden kann, während die Pflanzen, auf
welche Hr. Millon sein Verfahren anwendet, ein solches durch Deftillation größten=
theils nicht liefern.　　　　　　　　　　　　　　　　　　　　　　　— r.

verbindungen aufmerksam zu machen, wenn man sie anwendet um die Communication zwischen zwei wasserführenden Glasröhren herzustellen — ein Verhalten, welches ich vor Kurzem zu beobachten Gelegenheit hatte. Dieses Verhalten dürfte um so mehr der Mittheilung werth seyn, als daraus dem Experimentirenden unter gewissen Umständen nicht unbeträchtliche Unbequemlichkeiten erwachsen können.

Während der letzten Jahre war in meinem Laboratorium der von mir construirte Aspirator [68] in täglichem Gebrauche. An demselben befindet sich das Abflußrohr für das Wasser, nebst dem das Abfließen regulirenden Hahne, wegen äußerer Festigkeit in Gyps eingegossen. An dem von mir gewöhnlich gebrauchten Instrumente war nun die Verbindung dieses Hahnes mit dem Abflußrohre des tubulirten Aspirators vermittelst einer Kautschukröhre bewerkstelligt, die sich demnach mit den Glasröhren in dem Gypse eingegossen befand. Zufälligerweise war bei der Anfertigung dieses Instrumentes die Länge der Glasröhren nicht ganz richtig abgemessen, so daß die Enden derselben nicht völlig auf einander stießen und der zwischen ihnen bleibende Zwischenraum von einigen Linien durch eine starke Kautschukröhre ausgefüllt werden mußte. Der Aspirator ließ bei seinem Gebrauche während der ersten drei Jahre nichts zu wünschen übrig. In der letzten Zeit dagegen begann das Ausfließen in einem weit schwächeren Grade stattzufinden, als früher, so daß endlich eine für das Trocknen im Wasserbade nicht mehr hinreichende Menge Luft durch denselben angesogen wurde. Zuletzt stagnirte das Abfließen des Wassers gänzlich und auch die Versuche, durch Einführung eines Drahtes das bis dahin unbekannte Hinderniß zu beseitigen, blieben erfolglos. Auffallend war jedoch dabei, daß dieser Verschluß nur nach der Richtung des gewöhnlich darin abfließenden Wassers statt hatte, dagegen sich, gleich einem Ventile, dem Einblasen in den Aspirator durchaus nicht widersetzte. Da also alle Versuche, die Communication durch Aufräumen mit einem eingeführten Drahte wieder herzustellen, ohne Wirkung waren, blieb mir nichts anderes übrig, als die Gypsmasse, in der sich die Röhren eingebettet fanden, vorsichtig zu zerkleinern, um den Grund des Hindernisses, von welchem ich mir bei der vollkommenen Reinhaltung des Apparates keine Rechenschaft geben konnte, aufzuklären.

Als ich die erwähnte Röhrenverbindung durch Entfernung des Gypses bloßgelegt hatte, offenbarte sich das Hinderniß in auffallender Weise. In dem Zwischenraume der beiden Glasröhrenenden war nämlich das Kautschuk-

---

rohr nach Innen in der Art aufgetrieben, daß dadurch die Verbindung völlig gehemmt wurde. Zum leichteren Verständniß dient die untenstehende Zeichnung; die Glasröhrenenden a, a sind von der Kautschukröhre b, b

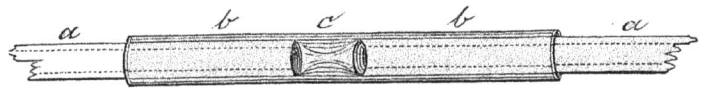

überzogen, welche bei c aufgeschnitten ist. Hier zeigt sich die wulstartige Auftreibung einem Ventile gleich, welche von der Richtung des Wasserstromes abzuhängen scheint.

Der Widerstand, den der vulcanisirte Kautschuk gegen die Einwirkung des Wassers leistet, ist freilich, wie bekannt, in hohem Grade von seiner Fabricationsmethode abhängig, indeß wird man stets wohl thun, bei Röhrenverbindungen, die, wie es oft praktisch ist, in Gyps eingegossen sind, die Röhrenenden dicht auf einander fassen zu lassen, oder in Fällen, wie bei dem erwähnten Aspirator, die Kautschukverbindungen gänzlich zu vermeiden. Namentlich schien es mir nothwendig, für die Construction meines Aspirators auf diese hindernde Structurveränderung des vulcanisirten Kautschuks aufmerksam zu machen, um dem Experimentirenden die unangenehme Nothwendigkeit zu ersparen, den Apparat, wenn auch erst nach jahrelangem Gebrauche, absichtlich wieder zerstören zu müssen.

XCVIII.

Ueber die Anwendung anästhesirender Mittel zur Vertilgung der das Getreide anfressenden Insecten; von Hrn. L. Doyère.

Aus den Comptes rendus, Mai 1857, Nr. 19.

Die betäubende Wirkung des Aethers auf die Insecten ist sicher nichts anderes als die in der Chirurgie jetzt so häufig angewandte Anästhesie, und offenbar gleicher Natur wie die Wirkung des Tabakrauchs und des Terpenthinöldampfes. Unter diese betäubenden Mittel gehört nach Hrn. Milne Edward's Versuchen auch der Benzindampf, welcher sich zum Conserviren sowohl des Getreides als naturhistorischer Sammlungen vorzüglich eignet. Am allerbesten aber haben sich von allen diesen Mitteln zum Tödten der Insecten das Chloroform und der Schwefelkohlenstoff bewährt, mit welchen in Algerien Versuche im Großen angestellt wurden.

2 Gramme Chloroform oder Schwefelkohlenſtoff ſind auf den metri-
ſchen Centner Getreide hinreichend, um in 4 — 5 Tagen im Innern
hermetiſch verſchloſſener Silos alle Inſecten, bis auf das letzte zu tödten.
5 Gramme Schwefelkohlenſtoff auf den metr. Centner Getreide im Innern
des Silo wohl vertheilt, vertilgen dieſelben in 24 Stunden gänzlich, ſo
daß eine ſolche Reinigung in einem Tage vorgenommen werden kann. Das
Chloroform wirkt etwas langſamer wegen der Dichtigkeit ſeines Dampfes, in
deren Folge es herabſinkt und in den unteren Räumen verbleibt. Größere
Quantitäten dieſer Mittel bringen eine noch ſchnellere Wirkung hervor.

Die Größe der Getreidemaſſen bildet bei Anwendung dieſer Mittel
nicht das geringſte Hinderniß. Ich hatte in Algier 11,600 Hektoliter
Gerſte auf einmal zu behandeln; die hierzu verwendeten 50½ Kilogr.
Schwefelkohlenſtoff waren in zwanzig Minuten eingebracht.

Die hermetiſchen Silos eignen ſich am beſten zu dieſem Verfahren;
daſſelbe iſt aber auch bei minder gut verſchloſſenen Räumen anwendbar,
nur muß die Doſis des Mittels dann vergrößert werden. Obenerwähnte
Rieſenoperation geſchah in meinem Keller, an deſſen oberm Theil ſo viel
leerer Raum übrig gelaſſen wurde, daß ich ihn von einem Ende bis zum
andern durchwandern konnte. Das Verfahren gelang aber auch ganz
gut bei Getreidehaufen, die bloß mit waſſerdichtem Segeltuch zugedeckt
waren, welches rings um den ganzen Haufen mit Lehm befeſtigt war,
um die Fugen zu verſtopfen.

Larven und Keime in den Eiern werden ebenſo gut getödtet, wie
die Inſecten. Die Körner behalten ihre volle Keimkraft. Der üble
Geruch des Schwefelkohlenſtoffs verſchwindet bald wieder; nach 2 — 3
tägigem Liegen an der Luft und mehrmaligem Umſchaufeln bleibt keine
Spur des Geruchs zurück. Ebenſo wenig iſt am Mehl oder Brod etwas
zu merken.

Daß Vieh frißt ſogar die Gerſte, welche eben von der Behandlung
aus dem Silo kommt, ohne daß ſich irgend ein Nachtheil zeigt. Ueberhaupt haben mich meine Verſuche überzeugt, daß der Schwefelkohlenſtoff
weder auf Menſchen noch auf Thiere eine, ſeinen anäſtheſirenden Einfluß
überdauernde, phyſiologiſche Wirkung ausübt.

Merkwürdig iſt die bei dieſer Gelegenheit gemachte Beobachtung,
daß mit Schwefelkohlenſtoff oder Chloroform behandeltes Getreide nach
dem Aufſchichten keine Neigung mehr zeigt ſich zu erhitzen, während daſſelbe nicht ſo behandelte Getreide, trotz täglichen, zweimaligen Wendens,
nicht aufhörte ſich bis auf 40° C. (32° R.) und darüber zu erhitzen.
Doch wage ich noch nicht, dieſe Erſcheinung dem Einfluß der anäſthe-

firenden Mittel zuzuschreiben; hierüber sind weitere Beobachtungen nothwendig. [69]

XCIX.
Die chemische Zusammensetzung des Hafers; von Pratt.
Aus Wilda's landwirthschaftlichem Centralblatt, V. Jahrgang S. 169.

Das Verhältniß des Strohes zum Korne kann man, nach Schwerz, beim Hafer als 63 zu 37 annehmen. Der Durchschnitt von zehn in der Umgebung von Glasgow gemachten Versuchen gab folgendes Verhältniß:

Haferstroh	. . . .	9
Spreu	. . . .	1
Korn	. . . .	6
		16.

Beide Experimente stimmen gut mit einander, denn wenn wir das Verhältniß des Korns zu Stroh und Spreu im letzteren berechnen, so

---

[69] In den Comptes rendus, August 1857, Nr. 6 reclamirt Hr. J. Chr. Herpin die Priorität der Anwendung anästhesirender Mittel zur Zerstörung des Kornwurms, mit Bezug auf eine Abhandlung, welche er schon im Jahr 1838 in den Annales de l'agriculture française veröffentlicht hat. Er sagt: „Ich habe als eines der einfachsten und wohlfeilsten Mittel zur Zerstörung des Kornwurms vorgeschlagen, das von demselben angegriffene Getreide einige Tage lang in (leere) Fässer einzuschließen, in welche man vorher einige glühende Kohlen wirft, um den Sauerstoff der Luft zu absorbiren und kohlensaures Gas zu erzeugen. In dieser Gasart tritt die Anästhesie bald ein. Es ist aber wohl zu beachten, daß die Anästhesie zur Zerstörung der Insecten nicht hinreicht, wozu eine vollständige Asphyxie erforderlich ist. Insbesondere hat der Kornwurm ein sehr zähes Leben; er widersteht lange Zeit der Wirkung der kräftigsten Agentien, selbst dem mit der Luftpumpe erzeugten Vacuum. Ich brachte Kornwürmer in eine Schale mit Weingeist von 18 Grad (Cartier); sie blieben mehrere Tage in dieser Flüssigkeit eingetaucht, kamen aber dennoch wieder zum Leben und vergruben sich fast alle, nachdem der Weingeist von selbst verdunstet war. Um die Insecten zu zerstören, welche das Getreide angreifen, muß man daher nicht bloß anästhesirende Mittel anwenden, sondern sehr kräftige zerstörende Agentien und überdieß die Wirkung der letzteren so lange andauern lassen, daß die Asphyxie vollständig eintritt. Das Salpetergas und vorzüglich das Ammoniakgas (welches man durch Vermengung von Salmiak mit gebranntem Kalk sehr leicht erhält) sind wohlfeile und sehr kräftige zerstörende Agentien, besonders wenn man in den Gefäßen welche das von den Insecten angegriffene Korn enthalten, vorher die Luftleere hergestellt hat." „In der citirten Abhandlung habe ich auch der Temperatur-Abnahme erwähnt, welche in dem der Einwirkung anästhesirender Mittel unterzogenen Getreidehaufen stattfindet, worüber sich die Commission in Algier sehr verwundert zu haben scheint. Ich habe diese Thatsache durch die Unterbrechung der Athmungs- und Lebensfunctionen erklärt, also dadurch daß in den anästhesirten Insecten die thierische Wärme nicht mehr erzeugt wird." (Man vergl. polytechn. Journal Bd. CXXXIV S. 114.)

erhalten wir ein Verhältniß des ersteren zu den letzteren wie 38 zu 62, also ziemlich dasselbe Durchschnittsverhältniß wie bei Schwerz.

Das Verhältniß der Hülsen variirt bei den verschiedenen Sorten von Hafer mehr als bei irgend einer andern Art von Cerealien, die wir gewöhnlich bauen. Und nicht nur bei verschiedenen Sorten von Hafer ist die Quantität des producirten Mehles verschieden, sondern dieselben Haferarten liefern verschiedene Quantitäten von Hülsen und Mehl, nach Maaßgabe der Cultur, der Jahreszeit, des Bodens und der Düngung, wie hier folgt:

	Mehl.	Hülsen.
Boussingault erhielt . .	78	22 (lufttrocken).
Hermbstädt	57,8 (trocken)	34,2 (trocken und 9 Wasser).
Vogel	66	34 (lufttrocken).
Norton	76,28	23,68 (lufttrocken).
Von schwarzem engl. Hafer erhielt Dr. Völcker . . .	28½ Pfd.	71½ Pfd.
Von weißem schott. Hafer erhielt Derselbe	33¾ Pfd.	66¼ Pfd.

Vier Varietäten vom schottischen Hafer, enthülst und bei 100° C. getrocknet, gaben nach den Analysen von Prof. Norton und Hrn. Furnberg folgende Bestandtheile:

	Hopetoun-Hafer (Northumberland).	Hopetoun-Hafer (Ayrshire).	Hopetoun-Hafer (Ayrshire.)	Kartoffel-Hafer (Northumberland).
Stärkmehl . . .	65,24	64,80	64,79	65,60
Zucker	4,51	1,58	2,09	0,80
Gummi	2,10	2,41	2,12	2,28
Oel	5,44	6,97	6,41	7,38
Casein	15,76	16,27	17,72	16,29
Eiweiß	0,46	1,29	1,76	2,17
Kleber	2,47	1,46	1,33	1,45
alkalin. Salze . .	2,84	1,84	0,94	1,75
Verlust	1,18	2,39	2,84	2,28
Summa	100,00	100,00	100,00	100,00
	Norton.	Furnberg.	Furnberg.	Norton.

Eine Vergleichung obiger Analysen mit einer von Boussingault angestellten Analyse von französischem Hafer gibt hinsichtlich des Eiweißgehaltes dieselben Resultate.

Die Durchschnitts-Zusammensetzung des Hafers kann nach den Hauptbestandtheilen bestimmt werden wie folgt:

	Lufttrocken.	Getrocknet bei 222° F.
Stickstoffhaltige Substanzen (fleischbildende Stoffe)	13,6	15,6
Nichtstickstoffhaltige Substanzen (fett- bildende und die animalische Wärme erzeugende Stoffe) . . . . . . { Stärkmehl	55,5	63,6
{ Holzfaser	14,8	17,0
Unorganische Stoffe	3,3	3,8
Wasser	28,8	—
	100,0	100,0

Aus vorstehenden Resultaten der Analyse ersehen wir:

1) Daß die Quantität Stärkmehl im Hafer jener der Gerste fast gleich kommt.

2) Daß der Hafer an Oel oder Fettstoff sehr reich ist. (Die fett-bildende Eigenschaft des Hafers muß sehr groß seyn. Mit Ausnahme des Mais, in welchem Bouſſingault im Durchschnitt 7 Proc. und Dumas 9 Proc. Oel oder Fettstoff fand, enthält keiner der anderen Futterstoffe so viel Fett.)

3) Daß die Quantität fleischbildender Stoffe in gutem Hafer größer ist als in Weizen, Gerste, Mais, Roggen oder Buchweizen.

Daher muß für Muskelbildung Hafer, mit Einschluß der Hülse, für vorzüglicher erachtet werden, als fast jedes andere Korn. Viele Leute in Schottland leben fast einzig von Hafermehl, und ihre starken muskulösen Körper sind unläugbare Beweise der vorzüglichsten Eigenschaft des Hafers, Stoffe zu liefern, welche die Muskeln bilden.

Haferstroh wird von praktischen Viehzüchtern dem Stroh aller anderen Cerealien vorgezogen. Häufig ist es an Proteinstoffen noch reicher als in Bouſſingault's Analyse, welcher angibt:

	Lufttrocken.	Getrocknet bei 212° F.
Stickstoffhaltige fleischbildende Stoffe	1,8	2,5
Während Dr. Völcker in einer vorzüglichen Probe trocknen Haferstrohes fand:		
Stickstoffhaltende Stoffe	8,3 Procent.	

C.

Ueber die Verwendung des Johannisbrodes als Futter, und Analyse desselben; von Prof. Völcker.

Aus der Zeitschrift für deutsche Landwirthe, 1856 S. 18.

In England hat man seit einiger Zeit das Johannisbrod (Locust, Carob) mit Vortheil als Viehfutter angewandt. Prof. Völcker in Cirencester hat es durch M. Kinfington analysiren lassen.

Besonders bemerkenswerth in den Bestandtheilen ist die große Menge Zucker; es enthält das Johannisbrod in dem Zustande, wie es importirt wird, mehr als die Hälfte seines Gewichtes an Zucker. Außer dieser großen Menge Zucker sind noch über 17 Proc. Fett producirende Stoffe und beinahe 1 Proc. Fett darin enthalten. Es geht hieraus hervor, daß das Johannisbrod besonders zum Mästen von Thieren geeignet ist. Die Menge der Proteïnstoffe ist verhältnißmäßig nur gering, es wird hierin vom Gerstenmehl, vom Hafer, überhaupt von den Körnerfrüchten übertroffen. Es folgt hieraus, daß das Johannisbrod kein so geeignetes Futtermittel für Jungvieh und Milchkühe ist, wie mehr stickstoffhaltige Futterstoffe, da, den Erfahrungen Horsfall's zufolge, diese sich vorzüglich für Jungvieh und Milchkühe, welche letztere eine besonders an Fett reiche Milch nach ihrem Genusse geben, eignen sollen.

Die anorganischen Materien bestehen hauptsächlich aus alkalischen Salzen und enthalten eine nicht unbedeutende Menge Phosphorsäure.

Die Hülsen des Johannisbrodes enthalten dunkelbraune, sehr harte Samen, die von den Thieren nicht genossen werden; ihre Menge beträgt den angestellten Untersuchungen zufolge 13½ Proc. des ganzen Gewichtes des Johannisbrodes, wie es nach England gebracht wird; es leuchtet ein, daß dadurch, daß die Samen von den Thieren nicht gefressen werden, und daher ein bedeutender Theil verloren geht, der Werth dieses Futterstoffes wesentlich herabgesetzt wird. Vergleicht man die Zusammensetzung des Johannisbrodes mit der des Gerstenmehles, so scheint das erstere keinen besondern Vorzug vor dem letzteren zu haben. Die Zusammensetzung des Gerstenmehles ist folgende:

Wasser	14,65
stickstoffhaltige Bestandtheile . .	10,84
stickstofflose " .	68,31
Holzfaser	3,45
Asche	2,75
	100,00.

Johannisbrod und Gerstenmehl enthalten demnach ziemlich gleiche Mengen Feuchtigkeit und unverdaulicher Holzfaser; nehmen wir den Zucker und die anderen stickstofflosen Stoffe zusammen, so enthält das Johannis‑ brod hiervon 71 Proc., das Gerstenmehl aber an stickstofflosen Stoffen 68 Proc. Der geringe Unterschied, der sich hierin zwischen beiden zeigt, wird durch die größere Menge der stickstoffhaltenden Bestandtheile bei der Gerste ausgeglichen, wir können daher vom theoretischen Standpunkte aus beiden Stoffen einen ziemlich gleichen Nährwerth beilegen.

Der Preis des Johannisbrodes betrug 12 Pfd. Sterl. per Tonne, es würde dieser Preis aber, da die Samen, deren Menge $\frac{1}{8}$ des Ge‑ sammtgewichts des Johannisbrodes beträgt, nicht verwerthet werden kön‑ können, um 30 Schillinge sich erhöhen, und somit die Tonne Johannis‑ brod auf $13\frac{1}{2}$ Pfd. Sterl. zu stehen kommen. Zu der Zeit, als dieser Preis für das Johannisbrod gezahlt wurde, galt aber die Tonne Gersten‑ mehl nur 11 Pfd. Sterl. Seit der Zeit ist der Artikel schon billiger geworden.

Auf der zur College Cirencester gehörigen Farm sind vergleichende Fütterungsversuche mit Gerstenmehl und Johannisbrod angestellt worden; es wurden zu dem Zwecke zwei schottische Ochsen mit 4 Pfd. Johannis‑ brodhülsen und 4 Pfd. Gerstenmehl per Haupt und per Tag, und zwei andere Ochsen derselben Race und in demselben Futterzustande mit 8 Pfd. Johannisbrodhülsen per Haupt und per Tag gefüttert. Beide Partien zeigten, nachdem sie zwei Monate hindurch so gefüttert waren, keinen wahrnehmbaren Unterschied in ihrem Ernährungszustande, so daß man hiernach annehmen konnte, daß 4 Pfd. Gerstenmehl denselben Nähreffect ausüben, wie 4 Pfd. Johannisbrod.

In Frankreich hingegen hat Proust schon vor längerer Zeit diese Frucht untersucht und die Ergebnisse seiner Untersuchung in Gehler's neuem Journal Bd. II bekannt gemacht. In Deutschland wurde von Reinsch eine Analyse der Johannisbrodhülsen und der Samen ausge‑ führt. Die Hülsen enthalten nach ihm in 1000 Theilen folgende Stoffe:

Wasser	12
Pflanzenfaser	62
Traubenzucker	412
Eiweiß, Pflanzenleim und etwas Kali	208
Gummi und rothen Farbstoff .	104
Pektin	72
Gerbstoff	20
Chlorophyll, fettes Oel und Stärke	2
	1000.

Die Bestandtheile der Kerne hingegen waren:

Schleim in der äußeren Haut u Schleim-gummi im Inneren zusammen .	448
Eiweiß, Gummi und Faser . .	337
Waffer	90
Stärke, Gerbstoff und Pflanzenleim .	80
Zucker und Gerbstoff . . .	21
fettes Oel	15
Wachs und gelber Farbstoff . .	9
	1000.

Grieumard hatte schon 1834 entdeckt, daß die Kerne des Jo-hannisbrodes viel Schleim enthalten und fein pulverifirt ein Material liefern, welches, in gleichen Mengen angewandt, fast eben so viel Schleim bildet, als Traganthgummi. Er hatte auf die Darstellung und den Ver-kauf dieses Gummi ein Patent genommen.

Ein Bestandtheil des Johannisbrodes, der weder in der Analyse von Kinfington noch in der von Reinsch aufgeführt, und der wahr-scheinlich dem Johannisbrode den eigenthümlichen Geruch verleiht, ist die Butterfäure, die zuerst von Redtenbacher 1846 hierin aufgefunden wurde, und zwar in solcher Menge, daß 5 Pfd. Johannisbrod 1 Loth reines Butterfäurehydrat enthalten. Später hat bekanntlich Marfon mitgetheilt, daß man aus dem Johannisbrode Butterfäure durch Gährung in großer Menge darstellen könne.

Bereits stimmen mehrere Angaben namhafter Landwirthe darin über-ein, daß Johannisbrod für Wiederkäuer und Schweine ein vortreffliches Futter ist. Schafe gehen Anfangs nicht leicht, später mit Gier daran. Pferde verschmähen es ganz, Schweine fressen es mit Gier.

Miscellen.

Der Dampfpflug.

Die Dampfkraft tritt nun auch der Landwirthschaft allmählich näher, nachdem sie schon ein großes Arbeitsgebiet in der Gewerbsthätigkeit erobert hat. Das Pflü-gen selbst mit Dampfmaschinen wird immer wieder neuen Versuchen unterzogen und schon scheint es sich nicht mehr darum zu handeln, nur überhaupt die Mög-lichkeit der Anwendung der Dampfkraft auf den Pflug zu zeigen, sondern die Ver-suche gehen schon dahin, die Einführung anzubahnen. Zwei Hindernisse stehen der Anwendung der Dampfmaschine im Wege: ihre Größe und Schwere und ihre schwerfällige Bewegung auf dem weichen Ackerboden.

Wie bekannt, kann man die Dampfmaschine unter 4 Pferdekraft nicht mehr mit Vortheil bauen und diese Maschinen sind schwer und mit ihrem Keffel groß. Man sah daher Anfangs von der Fortbewegung der Maschine selbst ab, stellte sie an dem Rand des Ackerfeldes auf und benützte sie, um mittelst eines Seiles über Rollen oder auf einer Welle eine Reihe Pflüge zu ziehen.

Die Unbequemlichkeit dieses Verfahrens ließ die Versuche scheitern und indem man Locomobile mit Rädern, die ihre Bahn selbst tragen, zu bauen sucht, welche die Bewegung auf Straße und Feld ausführbar machen, hat man die Hindernisse beseitigt.

Hier wird wohl ein großer Theil der Kraft, welche die Dampfmaschine entwickelt, für die Fortbewegung der Maschine selbst verwendet und geht verloren, allein die größere Beweglichkeit welche die Maschine als Ackerwerkzeug erlangt, überwiegt gegenüber den Uebelständen der am Feldrande stehenden Maschinen. Auch können diese Locomobile zu verschiedenen andern Arbeiten auf dem Felde verwendet werden.

Unter den Maschinen, welche in der letzten Zeit die Aufmerksamkeit in England auf sich zogen, gehört die von Burrel. Die Räder seiner Locomotive gehen auf einer endlosen, mit der Locomotive verbundenen Schienenbahn fort. Die hinter der Maschine angebrachten Pflüge sind Doppelpflüge, von denen 3 neben einander gehen, so daß zugleich 6 Furchen gezogen werden. Nach einem Versuche, der auf einem sandigen, ebenen Boden angestellt wurde, ergab sich, daß die Maschine in einem Arbeitstage 7 österreichische Joche auf eine Furchentiefe von 12 bis 18 Zoll pflügen könne, und man glaubt, daß der Effect, wenn man lange Strecken, ohne umkehren zu müssen, durchfurchen kann, bis 10½ österreichische Joch gesteigert werden könne, da bei einer täglichen Leistung von 6½ Joch der laufende Aufwand für die Maschine, wenn sie sich abzahlen soll, nothwendiger Weise mehr als 7 Joch den Tag leisten muß.

Nach Berichten aus Nordamerika sind die Versuche mit Pflugmaschinen noch weiter auseinander gehend. Nach einer Erfindung von James W. Evans gibt man dem Grabwerkzeuge zur Bodenbearbeitung, welches durch die Maschine bewegt werden soll, eine der Arbeit des Spatens ähnliche Bewegung. Die zu diesem Zwecke ausgeführte Maschine steht auf drei Rädern. Außer den zwei Haupträdern ist noch ein wendbares Rad zur Steuerung angebracht und die Schaaren, welche an dem Vordertheile der Maschine sich befinden, erhalten durch den Mechanismus eine schaufelnde Bewegung. (Stamm's neueste Erfindungen, 1857, Nr. 48.)

Verfahren zum Verzinnen des Eisens auf nassem Wege, von G. T. Bousfield.

In 100 Pfd. Wasser löst man 7½ Unzen gepulverten Weinstein mit Hülfe der Wärme auf; diese Auflösung neutralisirt man mit beiläufig 1 Unze Schlämmkreide. Dann bereitet man eine Auflösung von 3½ Unzen Zinnsalz in 10 Pfd. Wasser, welche man der vorhergehenden Mischung beigibt, worauf man das Ganze einige Minuten lang kochen läßt. Das zu verzinnende Eisen muß vorher mittelst verdünnter Schwefelsäure auf gewöhnliche Art abgebeizt werden. Die auf angegebene Weise bereitete Lösung kommt für die Operation in ein Gefäß von Holz oder Porzellan, damit sich kein Zinn auf das Gefäß niederschlägt. Man erhitzt sie dann durch Einleiten von Wasserdampf auf beiläufig 160° Fahr. (57° R.) und taucht hierauf das Eisen hinein, nebst beiläufig 2 Pfd. Zinkstückchen, worauf sich die Oberfläche des Eisens sogleich mit reinem Zinn überzieht. (Anstatt Zinkstückchen beizugeben, kann man auch ein Gefäß von Zink anwenden.) Die Dicke der Verzinnung hängt von der Dauer des Verweilens der Artikel im Bade ab, aber in acht Stunden wird sich eine für die meisten praktischen Zwecke hinreichende Quantität Zinn auf dem Eisen abgelagert haben. — Patentirt in England am 27. Januar 1857. (Repertory of Patent-Inventions, Nov. 1857, S. 370.)

Gersheim's Verfahren, auf kaltem Wege ohne Anwendung einer galvanischen Batterie jedes Metallstück von beliebiger Form und Größe haltbar und rein zu verzinnen.

Ein Gewichtstheil Zinnsalz (Zinnchlorür), ¼ Gewichtstheil Salmiak, 1 Gewichtstheil Kochsalz werden aufgelöst in 2 Gewichtstheilen Salpetersäure, gemischt mit 4 Gewichtstheilen Salzsäure.

Diese Flüssigkeit wird nun nach Verschiedenheit der zu verzinnenden Metalle und nach Maaßgabe der Zeit, in der die Verzinnung vor sich gehen soll, in verschiedenen Graden und Abstufungen verdünnt. Das zu verzinnende Metallstück wird, nachdem es rein gebeizt und gescheuert wurde, in die verdünnte Flüssigkeit getaucht und, je nachdem die Zinnschichte dünner oder dicker seyn soll, kürzere oder längere Zeit darin gelassen.

Bei der Verzinnung von Kupfer und Eisen wird das zu verzinnende Stück mit einem Stücke Zinkdraht in Berührung gebracht, wodurch die Verbindung der zwei Metalle um so schneller und sicherer erfolgt.

Die Vortheile dieser Verzinnung sind: 1) Da die Verzinnung auf kaltem Wege bewerkstelliget wird, ist es möglich Metalle, deren Schmelzpunkt tiefer liegt, als der des Zinns, auf sichere und leichte Art zu verzinnen und außerdem auch die Dicke der Zinnschichte nach Belieben zu verringern oder zu vergrößern.

2) Bei andern Metallen ist nicht nur diese Art Verzinnung billiger und einfacher als die gewöhnliche Methode, das Zinn im geschmolzenen Zustande aufzutragen, sondern die Verzinnung dieser Metalle ist nach der eben beschriebenen Methode ganz unabhängig von der Form des zu verzinnenden Stückes. So z. B. können kupferne Röhren von geringem Durchmesser auf dem gewöhnlichen Wege von Innen gar nicht verzinnt werden, was nach der beschriebenen Methode gar keinem Anstande unterliegt. (Böttger's polytechnisches Notizblatt, 1857, Nr. 22.)

Ueber schwarzen Diamant, von Descloiceaur.

Bekanntlich gewinnt man seit mehreren Jahren in der Provinz Bahia in Brasilien eine Art von schwarzem Diamant, durch Steinschneider als Carbonate bezeichnet. Das Mineral dient, zu Pulver gestoßen, zum Schleifen harter Edelsteine und des Diamanten selbst, theils gebraucht man eckige Bruchstücke beim Bearbeiten für Zierrathgegenstände bestimmter Granite, Porphyre 2c. Unter sehr vielen Exemplaren, welche der Verf. zu untersuchen Gelegenheit hatte, zeigten manche krystallinische Structur, und die Loupe ließ ein regelloses Haufwerk höchst kleiner, bräunlicher, halb durchsichtiger Octaeder erkennen, andere zeigten körnigen Bruch; die meisten aber waren dicht, und zuweilen so porös, daß sie gewissen Bimssteinen sich vergleichen ließen. Die dichten Musterstücke, gewöhnlich von der Größe einer Haselnuß, haben im Allgemeinen stumpfe Ecken; ihre Oberfläche ist harzglänzend, der Bruch matt; die Farbe schwankt zwischen bräunlichschwarz und grünlich = oder aschgrau. Nur bei zwei sehr kleinen Exemplaren waren denen des Diamants ähnliche Formen wahrzunehmen, Octaeder und Würfel, beide mit zugerundeten Kanten und rauhen Flächen. Bis jetzt weiß man nichts Genaues über die Lagerstätte des schwarzen Diamants; nur das ist bekannt, daß derselbe in sandigen Gebilden der Provinz Bahia gefunden wird. Allem Anscheine nach gehören die Gesteine, welche den Sand geliefert, zu den sehr alten; sie dürften den Gneißen und Syeniten von Grönland und Norwegen ähnlich seyn. Unter großen Mengen von schwarzem Diamant, welche Descloiceaur bei verschiedenen Pariser Handelsleuten durchsuchte, fanden sich als Begleiter am gewöhnlichsten: schwarze Turmaline, röthliche Zirkone und Granaten, braune Staurolithkrystalle, Rutil und ein schwarzes Mineral von geringer Härte, dem Ansehen nach in schiefen rhombischen Prismen krystallisirt, — in denen ein jedoch höchst unvollkommener Versuch Eisen, Mangan und Tantalsäure nachgewiesen. Einen indirecten Beweis für das Alter der Felsarten, in welchen der

schwarze Diamant seinen Sitz hat, gewährt der Umstand, daß der Verf. in 4 Muster=
stücken des sogenannten Carbonate, und zwar in der körnigen Abänderung, kleine
Theilchen von Gold enthalten fand, sowohl in äußern Höhlungen, als im Innern.
Dieses Beisammenseyn scheint anzudeuten, daß in gewissem Grade dem Diamante
hinsichtlich des Goldes die nämliche geologische Rolle beschieden seyn könne, welche
dem goldführenden Quarze in den Ablagerungen von Australien und Californien
eigen. Faßt man die mineralogischen Merkmale vorzugsweise ins Auge, so scheint
viele Analogie zu bestehen zwischen den diamantenführenden Lagerstätten von Bahia
und den neuerdings in Guyana entdeckten goldhaltigen Ablagerungen. Im Sande,
von dieser letzteren Colonie stammend, nahm der Verf. zahlreiche braune Staurolith=
krystalle wahr, die meist zerbrochen waren, ferner Zirkon= und einzelne Granat=
krystalle, Rutile und schwarze Körner (wahrscheinlich Titaneisen). (Neues Jahrbuch
für Mineralogie, Geognosie ꝛc., von Leonhard und Bronn, 1857. S. 328.)

Ueber das molybdänsaure Ammoniak als Reagens auf Kieselsäure; von Dr. W. Knop.

Schmelzt man, um eine Probe von reinem Wasserglase zu erhalten, einen
Splitter von Bergkrystall mit reinem Kali zusammen, löst den Fluß in Wasser und
übersättigt schwach mit Salpetersäure, so gibt diese klare Lösung auf Zusatz einer
Auflösung von molybdänsaurem Ammoniak dieselben Reactionen wie Flüssigkeiten,
welche Spuren von Phosphorsäure enthalten. Fügt man das Kieselsäure haltige
Fluidum tropfenweise zu der Flüssigkeit, die man durch eine Auflösung von molyb=
dänsaurem Ammoniak in Wasser und Zufügen von Salpetersäure bis zur Klarheit
erhält, so färbt sich diese letztere citronengelb. Ist viel molybdänsaures Ammoniak
und wenig Salmiak darin, so setzt sich nach Stunden oder Tagen oft ein fast weißer
Niederschlag ab, und die Flüssigkeit bleibt gelb. Ist viel Salmiak darin enthalten
oder absichtlich hinzugesetzt, so scheidet sich nach ein Paar Stunden ein stark citronen=
gelber Niederschlag aus.

Unsere besten Lehrbücher haben das molybdänsaure Ammoniak als Reagens auf
Phosphorsäure zu einer Zeit aufgenommen, wo noch wenig Erfahrungen darüber
vorlagen. So heißt es in Rose's Handb. der analyt. Chemie, 1851, S. 526:
„Keine andere Säure, außer noch Arsenifsäure, zeigt gegen molybdänsaures Ammo=
niak ein ähnliches Verhalten wie Phosphorsäure."

Diese Ansicht ist daher zu berichtigen; man sieht, daß die feuerfesten Säuren
sich auch gegen molybdänsaures Ammoniak ziemlich ähnlich verhalten.

Die Reaction, die gelbe Färbung, welche gelöste Kieselsäure in der salpeter=
sauren Lösung von molybdänsaurem Ammoniak erzeugt, ist so scharf wie irgend
eine. Zusatz von freiem Ammoniak bringt die gelbe Farbe zum Verschwinden, nach
neuem Uebersättigen mit Salpetersäure erscheint sie wieder.

Es geht aus diesem Verhalten unzweifelhaft hervor, daß viele der bis jetzt über
das Vorkommen der Phosphorsäure gemachten Angaben irrig sind; überall wo man
bei Prüfungen von Mineralien auf Phosphorsäure die Kieselsäure nicht vollständig
vor der Prüfung entfernt hatte, hat man Kieselsäure für Phosphorsäure gehalten.
(Chemisches Centralblatt, 1857, S. 692.)

Ueber Nachweis des Strychnins, von Richard Hagen.

Vor einiger Zeit hat v. Sicherer angegeben (polytechn. Journal Bd. CXLI
S. 80), daß die Reaction, welche das Strychnin mit saurem chromsaurem Kali und
concentrirter Schwefelsäure gibt, nicht eintrete, wenn weinsaure Salze, namentlich
Brechweinstein, mit dem Strychnin gemengt sind.

Nachdem der Verf. sich überzeugt hatte, daß die Reactionen mit doppelt=chrom=
saurem Kali und conc. Schwefelsäure, oder Kaliumeisencyanid und conc. Schwefel=

säure, sowie die mit Bleisuperoxyd und einer salpetersäurehaltigen Schwefelsäure nie fehlschlugen, wenn man mit gehöriger Vorsicht verfährt, stellte der Verf. Prüfungen mit einigen Strychninsalzen an.

Die Reactionen erschienen bei salpetersaurem, essigsaurem und salzsaurem Strychnin vollkommen sicher. Bei Zusatz von 1 Th. bis 60 Th. Brechweinstein zu 1 Th. reinem Strychnin erschien die Reaction noch eben so sicher, ebenso bei Zusatz von Weinsäure.

Von Strychninsalzen aber verschwand beim salpetersauren Strychnin, sobald man gegen 20 Th. Brechweinstein zu 1 Th. dieses Salzes hinzugesetzt hatte, die Reaction, indem bei Anwendung von chromsaurem Kali und Schwefelsäure die Masse sofort fast grün wurde.

Die Reaction auf Strychnin mit Bleisuperoxyd und Schwefelsäure ist ebenfalls von großer Schönheit und Empfindlichkeit. Sie wird, wie dem Verf. zahlreiche Beobachtungen gelehrt haben, durch die Gegenwart von Brechweinstein, weinsauren Salzen überhaupt, oder freier Weinsäure nicht im Geringsten beeinträchtigt, mag man zu dem Versuche reines Strychnin oder Strychninsalze verwenden. Die Reaction tritt hier bei einem Gewichtsverhältnisse von 1 zu 60 noch mit voller Sicherheit ein; doch ist, wenn Strychnin mit weinsauren Salzen gemischt ist, statt der von Fresenius empfohlenen salpetersäurehaltigen Schwefelsäure reine Schwefelsäure anzuwenden.

Durch Bleihyperoxyd und Schwefelsäure wird dagegen die charakteristische Reaction auch bei Gegenwart von weinsauren Salzen mit voller Sicherheit hervorgerufen, wenn man auch salpetersaures Strychnin anwendet. (Annalen der Chemie und Pharmacie Bd. CIII S. 159, durch das chemische Centralblatt, 1857, Nr. 54.)

Ueber die beiden Kreuzdorn-Arten, welche das Chinesische Grün liefern; von Hrn. J. Decaisne.

Die Pflanzen, aus welchen die Chinesen ihren Indigo Lo-kao gewinnen, die Substanz, welche im europäischen Handel unter dem Namen Chinesisches Grün bekannt ist und auf welche Hr. Daniel Köchlin zuerst die Aufmerksamkeit der Techniker gelenkt hat, sind zweierlei Species von Kreuzdorn-Arten. Zahlreiche Urkunden, die ich von vielen Seiten, vorzüglich aber durch Hrn. Natalis Rondot erhielt, setzen mich in Stand dieselben zu beschreiben, so daß sie weder unter sich, noch mit andern Species mehr verwechselt werden können. Beide werden in Europa gezogen, die eine zu Lyon, die andere von Hrn. van Houtte zu Gent. Die Chinesen nennen die eine Pa-bi-lo-za, die andere Hom-bi-lo-za. Ich bezeichne dieselben Rhamnus chlorophorus und R. utilis; erstere kömmt dem R. tinctorius Waldstein sehr nahe und unterscheidet sich von ihm nur durch die Kelchform; die zweite hingegen erinnert durch ihre großen Blätter an den R hybridus unserer Gärten. Eine Bemerkung ist auf beide, vielleicht sogar auf mehrere Species dieser Gattung, anwendbar, daß nämlich die Enden ihrer Zweige dornig sind oder weich, je nach dem Standort, so daß alle von dem Vorhandenseyn oder dem Mangel der Dorne abgeleiteten Merkmale für die Bestimmung der Species von geringem Werthe sind.

Wir lassen nun die Beschreibung folgen:

1) Rhamnus chlorophorus. — Rh. dioicus, ramulis cylindraceis, cinereis. apice spinescentibus et pube brevi inspersis; foliis 3—5 centim. longis, 2 - 3 latis, alternis oppositisve breviter petiolatis, ovatis, acuminatis, basi cuneatis, denticulatis, subtus puberulis, supra glabris, nervis in pagina superiore impressis, in inferiore prominulis; stipulis lineari-setaceis membranaceis; floribus masculis binis v. quaternis; calycis tubo infundibuliformi, laciniis lanceolato-attenuatis, reflexis, vix puberulis; petalis obovatis, membranaceis, stamina longitudine subaequantibus; ovarii abortivi stylis binis obtusis; baccis ...; nuculis obovoideo-rotundatis cylindraceisve, dimidio inferiore sulcatis, nitidis

2) Rhamnus utilis. — Rh. dioicus; ramulis cylindraceis, spinescentibus vel inermibus; foliis 8—10 centim. longis, 3—4 latis, oppositis alter-

nisve, elliptico-oblongis, apice obtusis aut acuminatis, basi parum attenuatis, margine dentisculatis et ciliolatis, subtus puberulis, penninerviis, nervis pagina superiore impressis, inferiore prominulis; baccis magnitudine pisi majoris; nuculis obovoideis, compressis, longitrorsum sulcatis, opacis. (Comptes rendus, Juni 1857, Nr. 22.)

Pariser Waschpulver.

Das Pariser Waschpulver, welches als Geheimmittel, um die Haut zart und schön zu erhalten, zu hohen Preisen verkauft wird, kann wie folgt bereitet werden. Man weicht eine beliebige Menge von feinen unreinen Beimischungen gesäuberten Reis in reinem Wasser ein, gießt das Wasser täglich ab und ersetzt es durch frisches, fährt mit diesem täglichen Ab- und Zugießen etwa 14 Tage fort, bis der Reis so weich wird, daß er sich zerdrücken läßt. Dann gießt man sämmtliches Wasser ab, begießt die auf dem Boden mußartig zusammengelagerte Masse aufs neue mit reinem Wasser, und rührt sie gehörig um, bis eine milchartige Flüssigkeit entsteht. Dieselbe wird durch ein Haarsieb oder durch ein weißes, nicht zu dichtes Tuch gegossen und zum Klären hingestellt, während man das feine vom Wasser befreite Mehl auf einem ausgespannten weißen Tuche trocknet. Vermischt man dieses getrocknete Reismehl mit einer geringen Menge gepulverter Soda, so besitzt man das Pariser Waschpulver, von Damen so hochgeschätzt. (Stamm's neueste Erfindungen, 1857, S. 13.)

Verbesserter Gährungsstoff, von A. Brooman.

Die Erfindung betrifft die Benützung der Hülsen von Getreidekörnern (der Kleien) statt dem üblichen Gährungswege.

Sie gründet sich auf die wohlbekannte Thatsache, daß in den Getreidekörnern Albumin, überhaupt Proteinstoffe und zwar in der größten Menge in der Hülse enthalten ist. Da alle chemischen Zersetzungen und Krankheiten des Getreides von dieser Hülse herrühren, so fiel es dem Erfinder ein, daß die Kleie leichter in Gährung gebracht werden könnte, als jeder andere Bestandtheil der Körner. Versuche zeigten hinlänglich, daß dieses Verfahren leichter und besser durchgeführt werden kann, als wenn das Mehl ohne die Kleie verwendet, oder nur halb damit vermischt wird. Die Kleie, nachdem die Gährung begonnen, erleidet neue chemische Veränderungen, und die Weingährung dauert einige Tage. Bei Zuthat von Mehl und besonders unreinem Kleber stellt sich Fäulniß ein, während die Weingährung der reinen Kleie dieses nicht beführchten läßt, da das Endresultat Essigbildung ist. Wenn man die reine Kleie benützt, beginnt die Gährung schon nach 24 oder 30 Stunden, während das auf dieselbe Art behandelte gewöhnliche Mehl 168 — 192 Stunden nöthig hat, um denselben Grad zu erreichen. Die Sporen (Keimkörner) des Hefenpilzes finden sich in der Hülse vor, und werden in der Kleie zurückgehalten, während sehr wenige in das Mehl übergehen. Die Hefe verändert den Traubensaft oder den Zucker in Alkohol oder die Gefahr der Essig- oder faulen Gährung.

Brooman nimmt Weizenkleie, welche von der Putzmaschine zurückgeworfen wird, und nachdem selbe in ein Zimmer von der Wärme von 85° Fahr. (24° R.) gebracht wurde, mischt er sie zu einem dicken Teig, indem er Wasser von der Temperatur von 85 — 90° Fahr. (24 bis 26° R.) dazu gibt, und deckt das Gefäß gut zu. Nach 30 oder gewöhnlich 24 Stunden wird die Kleie in Hefe verwandelt. Br. zieht Weizenkleie jeder andern vor. Wenn bei der Bierbrauerei oder der Branntweinbrennerei eine fortwährende reine Weingährung erfordert, und wenn die Hefe zu dem Maisch, oder einer Mischung von Zucker und Wasser zugegeben wird, so räth Br. während der 24 Stunden fleißig umzurühren. Beim Brodbacken wird Roggen- oder Maiskleie statt Weizenkleie genommen. (Repertory of Patent-Inventions 1857, durch die Mittheilungin des nieder-österreichischen Gewerbvereins, achtes Heft.)

Einfaches Mittel zur Verhütung der Schimmelbildung auf Fruchtgeleées.

Es ist häufig der Fall, daß sich auf der Oberfläche der Fruchtgeleées eine Schimmelhaut bildet, wodurch nach und nach das Ganze mißfarbig wird und dem Verderben verfällt. Diesem Uebelstande beugt man dadurch vor, daß man nach dem Kochen der Gallerte auf die Oberfläche jedes Töpfchens oder Glases eine ¼ Zoll hohe Schicht gepulverten Zucker streut. Unter diesen Zuckerdecken hält sich die Fruchtgallerte mehrere Jahre, ohne dem Verderben unterworfen zu seyn, wobei es sich von selbst versteht, daß die Gläser oder Töpfe mit Blasen oder Wachspapier verbunden werden müssen. (Annalen der Landwirthschaft.)

Großer Futterwerth der ausgenutzten Weintrestern; von Dr. Gall.

Die große Futternoth hat mich veranlaßt, meinen Correspondenten in allen Weinländern Großdeutschlands die Frage vorzulegen: ob und wozu in ihrer Gegend die ausgebrannten (zur Branntweingewinnung der Destillation unterworfenen) oder gewässerten (durch Tresterweinbereitung erschöpften) Weintrestern etwa noch benützt würden. Nach den bisher eingegangenen Antworten werden jene Rückstände hin und wieder in Formen gestampft, getrocknet und als Brennmaterial benutzt, am gewöhnlichsten aber auf die Composthaufen geworfen. Eine andere Verwendung war auch mir nicht bekannt. Ich erinnere mich vielmehr, an verschiedenen Orten gesehen zu haben, daß man jene Rückstände, um sich ihrer auf die leichteste Weise zu entledigen, aus den Tresternbrennereien in den nächsten Fluß bringt. Wie sehr mußte ich daher nicht erstaunen vom Hrn. Weingutsbesitzer Louis Baur zu Bozen in Südtyrol zu erfahren, daß dort die ausgebrannten, also gänzlich ausgenützten Traubentrestern allgemein nicht bloß verfüttert, sondern als Futtermittel auch, ebenso allgemein, sogar höher geschätzt werden, als selbst die Malztreber der Bierbrauereien. „Wenn die Tragbutte (Manneslast) Biertreber zu 18 fr. zu haben ist — sagte mir Hr. Baur — so bezahlen unsere Bauern die gleiche Tragbutte Traubentrestern gerne mit 24 fr., und in den letzten 6 Jahren, wo die Traubenkrankheit unsere Weinberge wie in keinem andern Lande verheerte, stieg der Preis dieser Abfälle sogar bis zu 45 fr. per Tragbutte." Ob und wie ein so großer Nahrungswerth eines in Deutschland allgemein für werthlos gehaltenen Materials zu erklären sey, ist allerdings eine Frage; der großen Futternoth gegenüber jedoch eine untergeordnete.

Hr. Baur sagte mir ferner, daß man in Tyrol die Trestern Monate lang aufzubewahren versteht. Man bringt die nassen Trestern zu dem Ende in undurchlassenden Lehm = oder Thonboden, in mehr tiefe als weite runde Gruben, in welche sie fest eingetreten, und wenn eine Grube bis zur Erdoberfläche voll ist, ein paar Zoll hoch mit Wasser bedeckt werden. Versinkt dieß Wasser, so wird es so lange wieder erneuert, bis es über den Trestern stehen bleibt.

Für den Fall, daß man etwa, wie mir dieß aus Ungarn bekannt ist — hin und wieder den Versuch gemacht hätte die Weinrestern frisch von der Kelter weg zu verfüttern, so darf man sich nicht wundern, wenn die Thiere dieselben am zweiten oder dritten Tage nicht mehr gemocht haben, und dieselben auch kein Rauhfutter mehr anrührten: die scharfe Säure der Trestern hatte ihnen die Zähne stumpf gemacht. Dieses ist aber bei ausgebrannten oder ausgewässerten Trestern nicht zu besorgen, da diese kaum noch eine Spur von Pflanzensäuren enthalten. (Allgem. deutscher Telegraph.)

Ueber Zündhölzer.

In Folge der von dem Directorium der königl. württembergischen Centralstelle für Gewerbe und Handel im Monat Mai d. J. gestellten Aufforderung zur gutächtlichen Aeußerung über die zur Entfernung der nachtheiligen Einflüsse der Phosphorzündhölzer zu ergreifenden Maßregeln und die den Fabrikanten von Phosphorzündhölzchen zu ertheilenden Rathschläge hat das chemische Laboratorium der polytechnischen Schule in Stuttgart eine Reihe von Versuchen angestellt, und als Resultat derselben, sowie über den gegenwärtigen Stand der Zündhölzerfabrication vorläufig Folgendes zu berichten: Unter den Fabrikaten der letzten Jahrzehnte findet sich wohl keines, welches eine solche Verbreitung gefunden hat, wie die Streichzündhölzchen. Der Verbrauch derselben ist enorm, was man erst recht begreift, wenn man Fabriken solcher Zündhölzchen sieht, die vielleicht Hunderte von Klaftern Holz jährlich in solche Zündhölzchen umwandeln und täglich mehr als 100 Pfund Phosphor verbrauchen. Der wichtigste Bestandtheil dieser Zündmasse ist der Phosphor, dessen Production durch den Bedarf der genannten Fabriken eine vorher ungeahnte geworden ist; einen Maaßstab hiefür gibt sein Preis, welcher jetzt ungefähr 1 Thlr. per Pfund beträgt, also etwa $^1/_{100}$ von dem vor 50 Jahren, obgleich der Preis der Rohmaterialien, Knochen und Brennmaterial, wohl überall bedeutend höher ist als früher.

Im Anfang schien es, daß die Phosphorzündhölzchen nichts zu wünschen übrig ließen: sie sind wohlfeil und entsprechen vollkommen dem Zweck, leicht sich zu entzünden. Sie verdrängten daher schnell alle anderen Zündvorrichtungen. Erst nach und nach haben sich bei dem Gebrauch Uebelstände gezeigt; diese liegen zum Theil in der Fabrication, indem die Phosphordämpfe auf die Gesundheit der Arbeiter schädlich einwirken, wodurch bei denselben sich oft Caries in den Kieferknochen zeigt. Weiter ist ein Uebelstand, daß der Phosphor in hohem Grade giftig ist, er soll selbst in Gaben von weniger als 1 Gran zuweilen tödtlich seyn; die Zündmasse hat daher nicht ganz selten zu dem Zweck des Giftmordes gedient, sowie zufällige Vergiftungen veranlaßt, und es ist allerdings auffallend, daß man ein so starkes Gift, wie der Phosphor es ist, so allgemein im Gebrauche hat. Sehr häufig wurden endlich Feuersbrünste zufällig oder absichtlich durch diese Zündhölzchen hervorgebracht. — Nachdem seit einigen Jahren diese Uebelstände sich gemehrt haben, hat man ernstlich daran gedacht, wie denselben abzuhelfen sey. Man hat nach Entdeckung des sogenannten amorphen oder rothen Phosphors versucht, diesen statt des gewöhnlichen zu nehmen, da er nicht giftig ist, und sich nicht so leicht entzündet. Die mit dem amorphen Phosphor dargestellten sogenannten Antiphosphorfeuerzeuge sind so eingerichtet, daß der rothe Phosphor getrennt von der übrigen Zündmasse auf den Deckeln der Schachteln angebracht ist, während das chlorsaure Kali u. s. w. an den Hölzchen ist; man hat hier also zwei Theile nöthig, um Feuer zu machen; diese Hölzchen sind nicht giftig, und bei ihnen ist durch die Trennung die Gefahr der zufälligen Brandstiftung allerdings etwas vermindert, aber in demselben Maaße sind die Hölzchen auch für den gewöhnlichen Gebrauch weniger bequem; sie explodiren auch für sich schon durch den Schlag oder Stoß, da sie chlorsaures Kali und etwas Schwefelantimon enthalten, und das macht sie gefährlich. Diese sogenannten Antiphosphor-Feuerzeuge werden wegen der verminderten Bequemlichkeit wohl nie die gewöhnlichen Zündhölzchen zu verdrängen im Stande seyn. Die Uebelstände der letzteren, der Einfluß auf die Gesundheit der Arbeiter, und ihre Giftigkeit machen sich nun mehr und mehr fühlbar, und man sieht sich daher mit allem Eifer nach Ersatzmitteln des Phosphors um; es soll auch mehreren Fabrikanten gelungen seyn, gute Zündmassen ohne Phosphor darzustellen. Die Chemie lehrt, daß Phosphor, Arsen und Antimon drei in vielfacher Beziehung sehr ähnliche Körper sind: man hat auch schon zu den Zündmassen der sogenannten Zündnadelgewehre Arsen oder Antimon statt Phosphor genommen. Auch als Zündkraut bei Sprengungen dient ein Gemenge von chlorsaurem Kali mit Schwefelantimon. Bei der Anwendung von Arsen oder einer Arsenikverbindung statt Phosphors wäre natürlich in sanitätspolizeilicher Beziehung nichts gewonnen, vielmehr der Uebelstand vergrößert. Man muß sich daher zum Antimon wenden. Das Antimon sieht freilich dem Phosphor nicht so nahe wie das Arsen; das gewöhnliche Antimonmetall ist viel zu wenig brennbar, um leicht Anwendung finden zu können; es ist aber möglich, leicht brennbares Antimon darzustellen, und namentlich sind die Verbindungen des Antimons mit Schwefel, vielleicht auch organische Verbindungen des Metalls zu berücksichtigen. Statt Antimon lassen sich auch vielleicht Wismuth oder Wismuthpräparate brauchen. Eisen und Eisenverbindungen sind bekanntlich unter Umständen höchst pyrophorisch. Jedenfalls verdienten diese Körper in der fraglichen Richtung versucht zu werden. Es ist bekannt, daß Antimon und Antimonverbindungen mit chlorsaurem Kali gemengt durch den Schlag leicht verpuffen; ein Gemenge von Schwefelantimon mit chlorsaurem Kali dient auch an den Antiphosphorzündhölzern als Zündmaterial, sowie als Zündkraut bei Sprengungen mit Pulver. Es ist unzweifelhaft, daß passende Mischungen mit solchen Substanzen auch durch Reibung an rauhen Körpern sich entzünden müssen; diese passenden Mischungsverhältnisse aufzufinden, ist Sache des Versuchs. Man darf nach in diesem Sommer angestellten Versuchen hoffen, Zündhölzer zu erhalten, deren Fabrication ohne Nachtheil für die Gesundheit der Arbeiter ist, und die wir ohne Gefahr, Veranlassung zu Vergiftungen zu geben, in unsern Häusern verwenden dürfen. Daß sie aber weniger Veranlassung zu Brandstiftungen geben sollen, dürfen wir nicht hoffen, denn wenn sie ihrem Zwecke entsprechen sollen, sich leicht zu entzünden, so sind sie in den Händen der Bosheit wie der Ungeschicklichkeit immer gefährlich. Ein großer Gewinn bei Abschaffung der Phosphorzündhölzchen würde aber der Landwirthschaft und der Zuckerfabrication erwachsen, indem diesen Gewerben viele Tausend Centner Knochen zu gute kämen, die jetzt zur Darstellung von Phosphor verwendet werden; es gibt manche Fabriken, welche täglich 10 bis 20 Centner Knochen verarbeiten, und das sind noch nicht die größten. Also auch von landwirthschaftlichem und industriellem Standpunkt aus wäre hier ein großer Gewinn zu erreichen. Wo so viel zu gewinnen ist, läßt sich an einem baldigen Erfolg nicht zweifeln. (Württembergisches Gewerbeblatt, 1857, Nr. 48.)

Berichtigungen.

In der Abhandlung „über Darstellung von Cementstahl mit Anwendung von Hohofengasen" in diesem Bande des polytechn. Journals lese man:
Seite 286 Zeile 9 von oben, „dessen Jahresproduction 15000 Ctr. selten übersteigt"
„ „ „ 5 von unten, „vertheilen sich hier an"
„ 287 „ 21 von oben, „Feuercanälen" statt „Quercanälen"
„ 288 „ 5 von oben, „habe ich bisher sehr brauchbar gefunden"
„ 291 „ 10 von oben, „Backsteinen" statt „Kalksteinen".

Buchdruckerei der J. G. Cotta'schen Buchhandlung in Stuttgart und Augsburg.

CI.

Signalſyſtem für den Eiſenbahndienſt, mittelſt deſſen die Züge ohne transportablen Apparat Hülfe herbeitelegraphiren können; von Ch. V. Walker.

Vorgetragen in der Royal Society zu London, am 19. März 1857 — Aus dem Philosophical Magazine, October 1857, S. 312.

Das für den vorliegenden Zweck in Anwendung kommende Inſtrument iſt ein großer Elektromagnet mit einer beweglichen Armatur, welche einen Stiel und einen Hammer trägt, der durch die directe Kraft des Magnetismus an eine Glocke ſchlägt. Zur Herſtellung des Contactes dient eine Feder, durch deren Niederdrücken ein Strom in Circulation geſetzt wird. Die Spulen ſind mit 10 Pfd. überſponnenem Kupferdraht Nr. 16 und Nr. 18 gefüllt. Der Kern beſteht aus $5/8$ zölligem Eiſen. Armatur und Zugehör wiegen $2\frac{1}{4}$ Unzen. Glocken dieſer Art ſind fünf Jahre lang in Thätigkeit geweſen, ohne einer Reinigung oder Reparatur zu bedürfen. Die Batterie beſteht aus Zink-Graphit und einer Löſung von 1 Theil concentrirter Schwefelſäure in 8 bis 10 Theilen Waſſer. Die $7\frac{1}{2}$ Zoll langen und 3 Zoll breiten Platten werden in Töpfe von Steinzeug geſtellt (von beiläufig 1 engl. Quart Inhalt); das Zink ſteht in einer Queckſilber enthaltenden Zelle. Solche Batterien bleiben ein halbes Jahr lang und ſelbſt länger wirkſam, ohne einer Nachhülfe zu bedürfen.

Die Signale beſtehen aus Schlägen gegen die Glocke. Ein großer Vortheil der Glockenſprache liegt in ihrer Einfachheit und in der Leichtigkeit womit Signale gegeben und aufgefaßt werden. Ein Schlag dient zum Anhalten eines gewöhnlichen Zuges; zwei Schläge für einen Extrazug; drei für die Ankunft eines Zuges; fünf für das Anhalten ſämmtlicher Züge; ſechs für den Schluß der Depeſche.

Dieſes Syſtem wurde vor fünf Jahren auf der South Eaſtern Eiſenbahn eingeführt; es beſteht gegenwärtig aus ungefähr 100 Glocken, zu denen immer noch neue hinzukommen. Die Glocken ſind paarweiſe verbunden; beide Glocken befinden ſich nämlich in einer Kette, die ſich auf jeder Station, wie gewöhnlich, in der Erde endigt. Das Zeichen wird gegeben durch Niederdrücken der Feder gegen das Zinkende der Batterie, wobei deren Verbindung mit der Erde unterbrochen wird. Das Graphit= ende steht mit der Erde in permanenter Verbindung. Nachdem die Bat= terie so zwischen der Glocke und der Erde eingeschaltet ist, circulirt ein Strom längs des Drahtes und bewirkt einen Schlag gegen die Glocke. Die Glocke der Zeichen ertheilenden Station kann zu dieser Zeit aus der Kette ausgeschaltet werden oder nicht.

Auf diese Weise wird von einer Station zur andern signalisirt. Aber die außerordentliche Einfachheit der Batterie, der Glocke und der Signal= sprache gestattet die Anordnungen so zu modificiren, daß von jeder Stelle zwischen zwei Glockenstationen aus Zeichen gegeben werden können, ohne daß der Signalisirende hiezu irgend eines Telegraphen oder einer Batterie, oder irgend eines elektrischen Apparates bedarf. Die Anwendung des Systemes zu diesem besondern Zweck thut übrigens der vollständigen Wirk= samkeit der Glocken bei ihrer fortwährenden Benutzung für den Eisenbahn= Telegraphendienst nicht den geringsten Abbruch; dadurch daß man den Bahnwärtern und Weichenstellern ein Signal bezeichnet, wodurch sie ihre Bedürfnisse ausdrücken können, wird aber offenbar für die Sicherheit des reisenden Publicums viel gewonnen.

Es ist bekannt, daß wenn zwei gleiche und entgegengesetzte Ströme den Enden eines Drahtes dargeboten werden, der Draht in einem Zu= stande sich befindet, als ob gar kein Strom in ihm vorhanden wäre. Von diesem Gesetz in Verbindung mit obigem einfachem Glockensystem Gebrauch machend, schaltet man sowohl die beiden Batterien, an jeder Station eine, als auch das Glockenpaar in die Kette; der nämliche Pol, z. B. der Graphitpol jeder Batterie, wird mit der Erde in Verbindung gesetzt.

Soll ein Signal gegeben werden, so drückt der Signalisirende die Feder nieder, wodurch er in Folge der gewählten Verbindungen zugleich seine eigene Batterie aus der Kette ausschaltet. Die Kette enthält als= dann nur eine Batterie, nämlich diejenige an der andern Station, deren Strom sofort von einem Ende zum andern circuliren kann, da er nicht mehr durch einen gleichen und entgegengesetzten Strom balancirt ist; die Glocken schlagen folglich an. Dieses ist die Procedur des gewöhnlichen Eisenbahn=Telegraphendienstes.

Durch Aenderung der den Contact herstellenden Vorrichtung, so daß sie die Batterie in die Kette einschaltet, anstatt sie auszuschalten, werden beide Batterien für jedes Signal verwendbar, daher sich die Stärke, mithin auch die Kosten einer jeden derselben, vermindern lassen.

Aber der oben erwähnte Gleichgewichtszustand im Draht läßt sich eben so leicht wieder aufheben, indem man ihn an irgend einer zwischen den zwei Stationen befindlichen Stelle mit der Erde in Verbindung setzt; denn dadurch ist eine vollständige Kette hergestellt oder ein Canal geöffnet, durch welchen beide Enden beider Batterien, jede unabhängig von der andern, sich entladen können, nur daß der zwischen der Erde und dem Telegraphendraht angebrachte Draht beiden Ketten gemeinschaftlich ist; somit werden die Glocken an den respectiven Stationen durch die Batterien der respectiven Stationen in Thätigkeit gesetzt. Zehn Schläge mit einer Pause von 1 Minute und dann zehn weitere Schläge sind das Zeichen, daß die Maschine dienstunfähig ist; zehn Schläge und 1 Minute Contact sind das Zeichen, daß ein Unfall sich ereignet hat; ein fortgesetztes Läuten zeigt an, daß die Bahn nicht fahrbar ist. Die Stationen zu beiden Seiten werden dadurch gleichzeitig benachrichtigt, und können danach ihre Maßnahmen treffen. Der erwähnte Contact kann hergestellt werden, indem man die Bahnschienen durch einen Draht mit dem Telegraphendraht in Verbindung setzt; man könnte auch von Strecke zu Strecke Vorrichtungen zur Herstellung des Contactes an den Telegraphenstangen anbringen.

CII.

Dampfschieber mit ausgeglichener Reibung, von Hrn. Cuvelier zu Arras.

Aus Armengaud's Génie industriel, Oct. 1857, S. 205.

Mit Abbildungen auf Tab. VII.

Die Vertheilung ist das wesentlichste Organ der Dampfmotoren und folglich dasjenige, welches stets im besten Stande erhalten werden muß, weil sonst der Betrieb der Dampfmaschinen ein ganz ungenügender und der Brennmaterialaufwand übermäßig groß würde.

Die Einrichtung der Dampfschieber ließ bis jetzt viel zu wünschen übrig; sie befinden sich in einer Dampfbüchse eingeschlossen, welche die Untersuchung der Vertheilung nur dann gestattet, wenn der ganze Apparat auseinander geschraubt wird, wozu gewöhnlich eine Betriebsunterbrechung von mehreren Stunden erforderlich ist. Ein noch größerer Nachtheil ist der, daß der Schieber die ganze Belastung des Dampfes zu tragen hat, welche um so stärker ist, unter je höherem Druck man arbeitet (diese Belastung beträgt nämlich 1,033 Kilogr. per Quadratcentimeter und per

26 *

Atmosphäre). Die Reibungsplatte des Schiebers, das Excentricum und die Gliederungen werden daher sehr stark abgenutzt, und der Schieber kann bald seinen Dienst nicht mehr gehörig verrichten.

Der Erfinder hat diesen Nachtheilen durch eine neue Einrichtung dieses Organs abgeholfen, welche in Fig. 11 und 12 dargestellt ist.

Fig. 11 ist ein Längenburchschnitt der gesammten Schiebervorrichtung; Fig. 12 ein Grundriß der Frictionsrollen.

Dieser sehr einfache Schieber ist nichts anderes als der alte Schieber mit seiner Dampfbüchse S (Fig. 11), welche am untern Ende um so viel verlängert ist, als der Lauf des Schiebers beträgt, so daß dieser Theil F, stets in Verbindung mit der Dampföffnung F steht, welche in der Reibungsplatte angebracht ist. Aus dieser Figur sind die Haupttheile ersichtlich, welche folgende sind: ,

Bei C ist die Abmissionsöffnung des Dampfes, welcher durch die Oeffnung D entweicht; der Dampf strömt nämlich durch die Oeffnung F ein, um sich in dem Raume S zu verbreiten, der durch den Mantel P gebildet wird, und verweilt stets in dem verlängerten Theile F', bei der Bewegung des Schiebers, welche diesem durch die Stange M ertheilt wird und die zwischen den Platten stattfindet, welche die Schraubenbolzen U aufnehmen.

Der auf diese Weise sich selbst überlassene Schieber würde natürlich von der Reibungsplatte weggedrängt werden, wenn er nicht durch die Platte T gehalten würde, welche selbst durch die vier, an den Seiten der Reibungsplatte befestigten Schraubenbolzen U gehalten wird.

Zwischen der Platte T und dem ebenfalls mit einer Stahlplatte versehenen Schieber sind zwei Frictionsrollen L angebracht, deren Bewegung durch den Rahmen O geleitet wird.

Die Muttern der vier Schraubenbolzen U dienen dazu, die Platte anzunähern, bis der Dampf den Schieber nicht mehr hebt.

Der auf diese Weise ins Gleichgewicht gebrachte Schieber gewährt folgende Vortheile:

1) den auf ihn durch den Dampf ausgeübten Druck zu vermindern und dadurch diesen Theil des Kraftverlustes zu ersparen;

2) die Reibungsplatte stets unter den Augen zu haben und sie schmieren zu können, um die Reibung zu vermindern, so daß die Metalloberflächen unversehrt erhalten bleiben;

3) daß keine Stopfbüchsen mehr erforderlich sind;

4) daß die Abnutzung der Frictionsplatte des Schiebers, des Excentricums und der Gelenke der Bewegungsmittheilung ganz unbedeutend ist.

Der jetzt gebräuchliche Schieber iſt ein ſtark beladener und auf ſeinem Boden ſchleifender Wagen; der neue Schieber iſt ein nur wenig belaſteter und auf ſeinen Rädern rollender Wagen.

Obige Beſchreibung betrifft den einfachſten Expanſionsſchieber mit Bedeckung; daſſelbe Princip iſt aber auf alle Syſteme der feſten und der variablen Expanſion anwendbar.

Fig. 8 zeigt die Conſtruction einer veränderlichen Expanſion, welche unabhängig von dem Schieber, nach demſelben Princip eingerichtet iſt und durch ein Excentricum mit Daumen bewegt wird. In dieſer Figur, einem Längendurchſchnitt, beziehen ſich die Buchſtaben auf die analogen Theile in Fig. 11.

Fig. 9 iſt ein Längen- und Fig. 10 ein Horizontal-Durchſchnitt der Expanſion und des Schiebers von Bourdon, wodurch man in Stand geſetzt iſt das alte und das neue Syſtem zu vergleichen.

CIII.

Verbeſſerungen an Pumpenventilen, von William Webſter zu London.

Aus dem London Journal of arts, Juli 1857, S. 12.

Mit Abbildungen auf Tab. VII.

Die Verbeſſerung in der Conſtruction der Pumpenventile, welche ſich der Genannte am 23. Juli 1856 als Mittheilung für England patentiren ließ, beſteht in der Anwendung hervorragender kreisrunder Ventilſitze in Verbindung mit elaſtiſchen Kugeln, welche frei ſpielend an ihren Sitz genau ſich ſchließen.

Fig. 13 ſtellt eine ſolche Pumpe im verticalen Längendurchſchnitte dar. a, a ſind die zu beiden Seiten des Windkeſſels b angeordneten Pumpenſtiefel. Die Kolben c, c, welche mit den Stiefeln beinahe gleichen Durchmeſſer haben, ſind hohl und laufen durch die an den oberen Enden der Pumpenſtiefel angebrachten Stopfbüchſen d, d. Die Verbindungen e, e ſind bei f, f mit den Böden der Kolben und an ihren oberen Enden mit dem um h drehbaren Hebel g verbunden. i iſt die Speiſungsröhre; j, j ſind die nach den beiden elaſtiſchen Kugeln oder Bodenventilen k, k führenden Canäle. Dieſe Ventile beſtehen entweder aus maſſivem Kautſchuk, oder

aus Metall welches mit einer Kautschukhülle bekleidet ist. Die Ventil=
sitze 1,1 ragen um ein Beträchtliches über den Wassercanälen hervor. Das
durch die Ventilöffnung gedrungene Wasser fließt an der äußeren Seite
des Ventilsitzes herab. Das Ventil kann daher nicht so leicht verstopft
werden, weil auf dem Ventilsitz kein Platz ist, wo sich irgend eine fremb=
artige Substanz absetzen kann. In Folge ihrer Elasticität schließen die
Kugeln stets dicht an ihre Sitze, und da das Aufströmen des Wassers bei
jedem Hube der Kugel eine rotirende Bewegung ertheilt, so findet ein
steter Wechsel der Berührungspunkte zwischen den Ventilen und ihren
Sitzen, mithin eine gleichmäßige und sehr geringe Abnutzung statt. m, m sind
Drähte, welche der Erhebung der Kugeln ein Ziel setzen. Die Drähte m', m'
beschränken die Bewegung der Kugelventile o, o im Inneren des Wind=
kessels b.

CIV.

Maschine zum Zermahlen des Formsandes, von Hrn. Fauchet zu Paris.

Aus Armengaub's Génie industriel, Septbr. 1857, S. 119.

Mit Abbildungen auf Tab. VII.

Bekanntlich bestehen die jetzt zum Zerreiben des Formsandes gebräuch=
lichen einfachen Vorrichtungen aus zwei horizontal neben einander liegen=
den Walzen, welche sich gegen einander umdrehen; über denselben ist ein
trichterförmiger Aufschütter angebracht, in welchen der zum Formen vor=
zubereitende Sand geworfen wird. Ein gleiches Korn des Sandes, oder
ein vollkommenes Zermahlen läßt sich jedoch nicht durch eine einzige Ope=
ration erreichen, sondern der den Apparat bedienende Arbeiter muß den
Sand wiederholt in den Trichter aufgeben, und je nach der Beschaffenheit
des Sandes und der Feinheit der anzufertigenden Formen hat er dieses
Aufgeben sechs=, acht= und selbst zehnmal zu wiederholen. Der Arbeiter
muß daher den unter den Walzen stehenden Kasten, in welchen der Sand
hineinfällt, aufheben und wieder in den Trichter entleeren, was ein müh=
sames und zeitraubendes Geschäft ist.

Um diese Arbeit zu vermeiden, hat Hr. Fauchet an seiner Ma=
schine, welche er sich in Frankreich patentiren ließ, ein Auftragerad an=

gebracht, wie es bei den Quetschwalzwerken der Erzaufbereitungsanstalten schon längst im Gebrauche ist. Dasselbe hebt den Sand während des Umlaufes der Walzen, in dem Maaße als er von den Walzen abfällt, in den Aufgebetrichter zurück.

Um diese Verbesserung zu vervollständigen, hat er zur Seite des Gerüstes ein Schlagwerk angebracht, welches mit einer Glocke in Verbindung steht und dem Arbeiter die Vollendung der Arbeit anzeigt. Ein mit diesem Mechanismus in Verbindung stehendes Zeigerwerk weist ihm nach, wie oft der Sand in einer gegebenen Zeit durchmahlen worden ist.

Fig. 25 ist eine Seitenansicht des ganzen Apparates, und Fig. 26 ein senkrechter Durchschnitt desselben.

In diesen Figuren bezeichnet A den Trichter, in welchen der zu zermahlende Sand geworfen werden muß und der ihn zwischen die Walzen B führt. Letztere werden mittelst der Zahnräder C, D bewegt, die ihrerseits durch die Welle des Schwungrades E in Betrieb gesetzt werden; diese ist entweder mit einer Kurbel oder die Verlängerung der Welle mit einer Riemenscheibe versehen, auf welche die Kraft einer andern übertragen wird, die mit irgend einem Motor in Verbindung steht. Die Entfernung der Walzen von einander kann durch eine Vorrichtung F, wie sie in solchen Fällen gebräuchlich ist, nach Belieben gestellt werden, so daß der Sand mehr oder weniger fein zermahlen wird.

Der zwischen den Walzen durchfallende Sand gelangt nicht direct in einen Kasten, sondern auf die geneigte Ebene G (Fig. 26), welche ihn in die geneigten Zellen h des Auftragerades H leitet. Letzteres erhält eine sehr langsame rotirende Bewegung, welche ihm von der Treibwelle e mittelst der Räder a, b, c mitgetheilt wird, die hinter der Maschine angebracht sind, in der Vertiefung, welche der Boden des Auftragerades und die hervortretenden Zellen bilden. Dieses Vortreten der Zellen ist aus dem Grunde erforderlich, damit der auf der geneigten Ebene herabfallende Sand sogleich in die Zellen gelangen kann, die ihn dann in den Trichter A abgeben.

Diese Arbeit könnte sich unaufhörlich wiederholen, wenn an der Welle h' des Auftragerades nicht eine Art Daumen d angebracht wäre, welcher gegen einen der Stifte i stößt, womit die Schraubenmutter I versehen ist; diese schiebt dann die Schraube j und mit ihr die Verstärkung k in die Höhe. Nachdem letztere die erforderliche Höhe erreicht hat, drückt sie gegen den einen Arm des Winkels 1, welcher den Hammer im Innern der Glocke L in Bewegung setzt.

Da die Verstärkung im voraus gestellt werden kann, so erfährt der Arbeiter durch die Glocke, wann der Proceß des Zermahlens beendigt ist.

Alsdann läßt er mittelst des Hebels g die geneigte Ebene G (wie deren punktirte Stellung in Fig. 26 andeutet) fallen, und der hinreichend zermahlene Sand fällt nun in einen außerhalb des Maschinengestelles stehenden Kasten J.

Wir haben schon bemerkt, daß der Sand bald eine größere, bald eine geringere Anzahl von Durchgängen erheischt. Man muß daher die Verstärkung k, welche den Glockenhammer löst, nach Belieben stellen können, so daß derselbe nach sechs, acht oder zehn aufeinander folgenden Durchgängen des Sandes wirken kann. Man bringt zu dem Ende auf der Scheibe, welche den Daumen d trägt, einen zweiten Daumen an, so daß das Auftragerad bei jeder Umdrehung zweimal auf die Stifte i wirkt, also die Verstärkung k mit doppelter Geschwindigkeit aufwärts geht und die Glocke z. B. schon nach fünf Mahlungen statt nach zehn ertönt.

Die Menge des in bestimmter Zeit zermahlenen Sandes wird dem Gießereibeamten durch einen Nachzähler mit Zifferblatt und Zeiger M angegeben; der Zeiger wird von dem Mechanismus des Glockenhammers aus bewegt, so daß wenn die Glocke schlägt, der Zeiger um eine Theilung auf dem Zifferblatte weiter geht.

CV.

Verbesserte Maschinerie zum Ziehen von Draht und Röhren, von Samuel For in Sheffield.

Aus dem Repertory of Patent-Inventions, Septbr. 1857, S. 180.

Mit Abbildungen auf Tab. VII.

Diese Maschine zum Ziehen von Draht und Röhren, welche am 19. November 1856 für England patentirt wurde, zeigt Fig. 14 im Seitenaufriß und Fig. 15 im Grundriß.

a, a sind Ketten, mit denen die Ziehzangen verbunden sind. Die Maschine hat zwei Sätze von Zangen, Zieheisen und Bobinen oder Trommeln; wir können uns aber begnügen, die Wirkung von einem Paar Zangen und den damit verbundenen Apparat zu beschreiben.

Die Kette a, mit welcher die Zangen verbunden sind, geht unter der Leitrolle b durch, steigt dann aufwärts und ist an der Peripherie der Rolle c befestigt. Letztere kann sich frei um ihre Spindel oder Welle d

drehen, wenn sie von einem Vorsprung oder Schlüssel auf derselben ge=
löst ist. Die Welle d erhält ihre Bewegung von dem Zahnrade d*,
welches in das Mittelrad e eingreift, das seinerseits von dem Zahnrade f*
auf der Haupttreibwelle f bewegt wird, wie aus Fig. 14 deutlich hervor=
geht. d' ist ein leer auf der Welle laufender Muff, der auf seiner Fläche
Erhöhungen und Vertiefungen hat, die in gleiche auf der Fläche der Rolle c
eingreifen können. Soll ein Einrücken stattfinden, so wird der Hebel g,
dessen eines Ende mit einem Stift versehen ist, in eine Vertiefung in
dem Muff d' gesteckt, dessen Seitenfläche deren mehrere hat, und letzterer
mit der Rolle c verbunden.

Betrieb des Apparates. — Sollen die Zangen einen Zug
machen, so bewegt sie der Arbeiter aufwärts zu der Ziehplatte, wodurch
die Rolle c sich rückwärts dreht und in eine Stellung gelangt, wo sie
mit dem Muff d' in Eingriff kommt, wobei die Feder d** drückend auf
sie wirkt und sie in dieser Stellung erhält. Die Rolle ist dadurch in feste
Verbindung mit der Welle d gekommen, so daß sie sich dreht und der
Kette nebst den Zangen Bewegung ertheilt. Dabei wird der Hebel g von
dem Arbeiter zurückgehalten, so lange das Ziehen stattfindet. Wenn hin=
gegen die Wirksamkeit der Zangen aufgehalten werden soll, entweder noch
vor, oder nach Beendigung des Ziehens, so rückt der Arbeiter den Hebel g
so ein, daß der Stift oder Nagel an seinem Ende in eines von den
Löchern an dem Muff d' tritt, wodurch dessen Umdrehung aufgehalten
wird, und da nun die Erhöhungen an der Mufffläche in die Vertiefungen
an der Rollenfläche c treten, so wird die Rolle auch aufgehalten werden,
bis ein anderer Zug vor sich gehen kann.

Fig. 16 ist eine Ansicht vom rechten Ende der Fig. 14; Fig. 17
eine Ansicht vom linken Ende derselben. Fig. 18 ist eine Ansicht von der
untern Seite einer Drahtbobine.

Die Figuren zeigen auch die Art wie die Bobinen umgetrieben werden.
m ist eine stehende Welle, welche durch die Winkelräder mittelst der lie=
genden Welle f bewegt wird. Am obern Ende der stehenden Welle m
befindet sich eine Scheibe n mit zwei Löchern. o ist die Bobine oder
Trommel, welche auf der Welle m leer gehen kann und auf der untern
Basis zwei Stifte o', o' hat, welche, wenn sich die Bobine dreht, in die
Löcher der Scheibe n fallen. Eben so befinden sich auf der untern Basis
der Bobine o (Fig. 18), aber außerhalb der Stifte o', o', zwei Er=
höhungen o², o², welche dazu dienen, die Stifte o', o' aus den Löchern in
der Scheibe n heraus zu heben und dadurch die Bobine außer Betrieb
zu setzen, wozu der Hebel p benutzt wird. Dieser Hebel hat eine Spitze p'
an seiner Seite, welche unter eine von den schräg ansteigenden Er=

höhungen o² tritt, und so wie sich die Bobine dreht, geht die Hebelspitze mit aufwärts und hebt die Bobine. Wenn nun dieselbe außer Betrieb ist, so tritt der Hebel p immer noch unter die Bobine und zwar so, daß er sich außerhalb der Erhöhung befindet und die Bobine nicht niederfallen kann.

<hr>

CVI.

Verbefferungen an den Mulespinnmaschinen, welche sich John Platt, Mechaniker zu Oldham in Lancashire, einer Mittheilung zufolge, am 17. Decbr. 1856 patentiren ließ.

Aus dem Repertory of Patent-Inventions, Sept. 1857, S. 190.

Mit Abbildungen auf Tab. VII.

Diese Erfindung bezieht sich auf die nach dem Princip von Sharp und Roberts construirten Mulemaschinen, und zwar auf diejenigen Mechanismen, welche zum Zurückdrehen der Spindeln und zum Einwinden dienen. Nach der üblichen Methode bedient man sich zu diesem Zweck des sogenannten langen Einwindeschaftes, welcher mittelst einer Kuppelung zu gewissen Zeiten in Rotation gesetzt wird. Diese Kuppelung lassen wir hinweg und wenden statt derselben eine feste und lose Rolle an. Ein Excentricum oder ähnlicher Apparat schiebt einen Treibriemen auf die eine oder die andere dieser Rollen, je nach der Richtung, in welcher die genannte Welle rotiren soll.

Fig. 19 stellt den Kopf einer Mulemaschine und dessen Apparat in der vorderen Ansicht dar, Fig. 20 im Grundrisse und Fig. 21 in der Endansicht.

a ist das Gestell; b die Schneckenwelle. Ein an der letztern befestigtes Winkelrad c greift in das Winkelrad d, welches an dem langen Einwindeschaft e befestigt ist. Dieser ist mit dem einen Ende in dem Gestell a gelagert; sein anderes Ende läuft in einer an dem Ende der Achse f angebrachten Hülse, welche eine lose Rolle g enthält. Letztere enthält eine Nabe, an welche die Rolle h befestigt ist. Die Rollen g und h empfangen ihre Bewegung von einer in geeigneter Lage angeordneten Welle z. Das Rad i ist gleichfalls an die Nabe der Rolle g festgekeilt, und greift in das Stirnrad j. Dieses ſitzt an der kurzen Achſe k, welche mittelſt des Getriebes l die gewöhnliche Achſe m zu den geeigneten Perioden in Be= wegung ſetzt. An der Welle n befindet ſich ein Excentricum, deſſen Stange p für den an einer Schiebſtange r befeſtigten Haken q als Auf= hälter wirkt. An die im Geſtell a gelagerte Schiebſtange r iſt der Rie= menführer s und die Bremſe t befeſtigt. Mit einem Stifte v der Schieb= ſtange iſt eine Feder verbunden, deren anderes Ende an einem Zapfen x des Geſtells a befeſtigt iſt. Die Stange r iſt außerdem mit einem Arm u verſehen, welcher zu geeigneten Perioden durch den Sector der Fallſchiene in Thätigkeit geſetzt wird. Daburch wird die Schiebſtange nach der Rich= tung des Pfeils gezogen, wobei ſie mittelſt des Riemenleiters s den Rie= men von der Rolle h auf die Rolle g ſchiebt, und zugleich die Bremſe mit der Rolle h in Berührung bringt, woburch das Bewegungsmoment der Welle e und folglich auch der Schneckenwelle allmählich vermindert wird.

Die feſte und loſe Rolle h und g kommen nur in Wirkſamkeit, wenn das zum Abſchlagen der Fäden erforderliche Zurückdrehen der Spin= deln herbeigeführt werden ſoll. Zu dieſem Zeitpunkt gelangt die Excentri= cumſtange p in eine ſolche Lage, daß ſie den Haken q auslöst; die Schiebſtange r kommt ſofort in Bewegung und der Riemen wird von der loſen Rolle g auf die feſte h geſchoben. Die Winkelräder d und c ſetzen als= dann die Schneckenwelle b in Wirkſamkeit. Sobald aber die Umſetzung der Bewegung beim Einfahren des Wagens erfolgen ſoll, kommt der Sector der Fallſchiene auf obige Weiſe mit dem Arm u in Berührung.

Die Figuren 22 und 23 ſind beſondere, nach größerem Maaßſtabe gezeichnete Anſichten des Bremsapparates, welche die Befeſtigungsweiſe deſſelben an die Schiebſtange r, und die Geſtalt des an die Rolle h ſich legenden Bremsſtückes zeigen.

CVII.

Verbeſſerte Kerzenform, von Hrn. Lemée zu St. Brieuc.

Aus Armengaud's Génie industriel, Septbr. 1857, S. 129.

Mit Abbildungen auf Tab. VII.

Dieſe neue Einrichtung der Kerzenformen geſtattet deren Inneres leicht zu ſchmieren, und die Kerzen ohne Anwendung von Dampf aus der Form zu nehmen.

Zu diesem Zweck macht man die Form aus zwei Theilen, welche man auf irgend eine Weise miteinander verbindet. Fig. 24 ist ein senkrechter Durchschnitt von den beiden Hälften der durch Ringe zusammengehaltenen Form, und Fig. 24* ist der entsprechende Grundriß.

Man sieht, daß die Form A aus zwei Theilen a und b besteht, welche, wenn sie, wie Fig. 24 zeigt, zusammengelegt sind, im Innern genau das Ansehen einer gewöhnlichen Form haben, die aber nach der Größe oder dem Gewicht der Kerzen verschieden seyn muß.

Um die beiden Formtheile fest miteinander zu verbinden, schiebt man drei Ringe B, C, D darüber her, welche wegen der etwas kegelförmigen Gestalt der Form sehr fest aufgetrieben werden können.

Man begreift, wie leicht es bei dieser Einrichtung ist, das Innere der beiden Formhälften zu schmieren, wozu man einen schwach mit Fett getränkten Ballen gebraucht; man schmiert auf diese Weise sicher allenthalben, ohne zu stark zu schmieren.

Der Docht wird, wie gewöhnlich, in dem Loche c angebracht, und mit weit größerer Leichtigkeit.

Nachdem die in der Form abgegossene Kerze hinlänglich abgekühlt ist, treibt man die Ringe B, C, D herunter, nimmt die beiden Hälften a und b auseinander und kann nun die Kerze ohne weiteres zu jeder Jahreszeit herausnehmen, während bei der gewöhnlichen Form Dämpfe angewendet werden müssen, um die Kerzen herausnehmen zu können.

Um die Ringe wegzunehmen, stellt man die Form so, daß der Ring B mit seinem Rande von einem festen Stück gefaßt wird, und treibt mittelst eines Holzstückes die anderen Ringe von Hand herunter.

CVIII.

Verbessertes Filter, von Hrn. T. Guinier in Paris.

Aus Armengaub's Génie industriel, August 1857, S. 90.

Mit Abbildungen auf Tab. VII.

Die Verbesserungen des Erfinders im Filtriren und Reinigen des Wassers oder anderer Flüssigkeiten bestehen in einem sehr einfachen Apparat mit Anwendung eines einzigen oder mehrerer Gewebe, welche Kohlenpulver enthalten, das man eben so gut im Innern des Gewebes als außerhalb anbringen kann. Mittelst eines solchen Filters ist man im Stande täglich

200 bis 500 Liter Waſſer zu einem ſehr niedrigen Preiſe zu filtriren; überdieß läßt ſich das Filter leicht auseinander nehmen und reinigen.

Fig. 6 iſt ein Seitenaufriß von einem ſolchen Filtrirapparate; Fig. 7 iſt ein ſenkrechter Durchſchnitt deſſelben, worin man die verſchiedenen Beſtandtheile leicht erkennt.

Der Apparat beſteht aus einem gußeiſernen Behälter A, gewöhnlich mit dem Anſaß a verſehen, der mit dem Gefäß gegoſſen iſt. Dieſer röhrenförmige Anſaß a nimmt eine Röhre b mit Hahn auf, welche zum Einführen des zu filtrirenden Waſſers dient.

Ein Recipient von Zink D, mit dem Verbindungsſtück d, d, wird in das Innere des Gefäßes A gehängt, wobei ſein Rand e auf dem Rande f des leßtern aufliegt und auf einen zwiſchenliegenden Kautſchuffranz drückt. Dieſer Recipient enthält eine Menge von kleinen Oeffnungen, durch die das Waſſer eindringen kann; er iſt mit einer Kappe E von Tuch umgeben, welche am obern Theil des Recipienten feſtgebunden wird, wozu dieſer oben mit einem Halſe verſehen iſt.

Der Apparat iſt mittelſt eines Deckels F verſchloſſen, der mit einem Ausgußrohr F' verſehen iſt. Dieſer Deckel hat einen Rand i, der auf dem Rande des Recipienten D mittelſt eines dazwiſchen befindlichen Kautſchuffranzes aufliegt. Der Verſchluß wird durch einen Bügel L, deſſen Enden l unter die Ränder greifen und durch deſſen Mitte eine Druckſchraube P geht, vervollſtändigt.

Das Kohlenpulver befindet ſich in dem Raume G und wird durch die Röhre a eingebracht, nachdem man vorher das Stück b mit dem Hahn abgeſchraubt hat.

Um endlich dem nicht filtrirten Waſſer einen leichten Abfluß zu verſchaffen, iſt in der Mitte des Bodens von dem Gefäße A eine Oeffnung o angebracht, die man mittelſt eines Schraubenpfropfs o' verſchließen kann.

Das zu filtrirende Waſſer gelangt durch die Röhren b, a in den Raum G, und indem es durch das Kohlenpulver bringt, hinterläßt es in demſelben die fremdartigen Subſtanzen; die Kohle abſorbirt auch die Fäulnißproducte, welche das Waſſer enthalten könnte. Das Waſſer gelangt alsdann in den Recipient D, und nachdem es den erforderlichen Druck erlangt hat, entweicht es durch die Oeffnung F.

CIX.

Versuche über das Verhalten klarer alkalischer Chlorkalklösungen in der Wärme; von Gust. Schlieper.

Im Auszug aus den Annalen der Chemie und Pharmacie, Bd. C S. 171.

Durch die große Verschiedenheit der Angaben über die Zersetzungen des Chlorkalks beim Kochen seiner Lösungen fand ich mich veranlaßt, einige Versuche über das Verhalten derselben zu machen, welche im Laboratorium zu Wiesbaden unter Leitung des Prof. Fresenius ausgeführt wurden. Die angewendeten Lösungen wurden erhalten durch Einleiten von Chlor in überschüssige Kalkmilch und Decantiren der klaren Flüssigkeit. Die Versuche wurden mit klaren alkalischen Lösungen gemacht, weil diese die meiste Anwendung in der Praxis finden.

Um die drei Sauerstoffsäuren des Chlors neben einander zu entdecken, wurde folgendes Verfahren angewendet: Man prüfte mit Jodkalium-Stärkepapier auf unterchlorige Säure, da nur diese im verdünnten Zustande auf dasselbe wirkt; war sie vorhanden, so wurde sie genau mit Penot'scher Lösung entfernt, und nun die Flüssigkeit mit Salzsäure angesäuert und durch Zusatz von Indigsolution auf chlorige Säure geprüft; eintretende plötzliche Entfärbung zeigte letztere an. War sie vorhanden, so wurde so lange Indigsolution zugesetzt, bis die Lösung schwach blau erschien, d. h. bis alle chlorige Säure zerstört war und Indigsolution schwach vorwaltete. Trat jetzt auf Zusatz von einigen Tropfen schwefliger Säure Entfärbung ein, so war auch Chlorsäure vorhanden.

Auf diese Art konnte bei den späteren Versuchen in den erhaltenen Lösungen nie chlorige Säure nachgewiesen werden, weßhalb ich nicht mehr darauf zurückkommen werde. Unterchlorige Säure und Chlorsäure waren stets vorhanden. Erstere wurde mit der Penot'schen Lösung (von der 1 Kubikcentim. 0,001943 Grm. unterchloriger Säure entsprach) bestimmt, Chlorsäure dagegen nach der Bunsen'schen Methode aus der ausgeschiedenen Menge Jod, nachdem die der unterchlorigen Säure entsprechende Menge Jod abgezogen war, berechnet.

I. Versuche mit Lösungen, welche in einem Kubikcentim. die 5 und 7 Kubikcentim. Penot'scher Lösung entsprechende Menge unterchlorige Säure enthielten. Die Lösungen wurden bei Versuch Ia in einer schräg aufwärts gerichteten Retorte mit angebrachtem, ebenfalls aufwärts gehendem Kühlrohr gekocht, so daß alles verdampfende Wasser wieder zurücklaufen mußte. Am oberen Ende

des Kühlrohrs befand sich ein Gasleitungsrohr, welches unter Wasser
mündete, um gleich bemerken zu können, wenn etwa Sauerstoff auftreten
sollte. In die Retorte wurden 240 Kubikcentim. der Chlorkalklösung
gebracht. Nach jeder Stunde wurde die Retorte erkalten gelassen und
einige Kubikcentim. der Lösung mit Penot'scher Lösung titrirt. — Bei
beiden Concentrationen wurde keine Sauerstoffentwickelung bemerkt, da
jedoch bei der stärkeren Concentration, um Zeit zu sparen, ein anderer
Apparat angewendet wurde, so ist bei derselben wahrscheinlich der entweichende Sauerstoff unbemerkt geblieben, da sich sonst der große Verlust
an Chlorsäure nicht erklären ließe. Die Resultate der Unterchlorigsäure-
Bestimmung waren bei der geringeren Concentration, mit 5 Kubikcentim.
Penot'schen Lösung anfangend:

nach der 1. Stunde   4,2 Kubikcentim.

″   ″   2.   ″   3,5   ″

″   ″   3.   ″   2,9   ″

″   ″   4.   ″   2,6   ″

″   ″   6.   ″   2,1   ″

″   ″   8.   ″   1,1   ″

und sofort abnehmend, so daß nach der 16. Stunde das Ergebniß noch
0,05 Kubikcentim. war. Die Resultate der Bestimmung bei der größeren
Concentration, mit 7 Kubikcentim. anfangend, waren folgende:

nach der 1. Stunde   5,15 Kubikcentim.

″   ″   2.   ″   4,10   ″

″   ″   3.   ″   3,18   ″

″   ″   4.   ″   2,50   ″

″   ″   6.   ″   1,90   ″

″   ″   8.   ″   1,60   ″

und so ferner abnehmend, so daß nach der 23. Stunde das Resultat
0,08 war.

Nachdem die Lösungen nur noch sehr geringe Spuren von unterchloriger Säure enthielten, wurden sie einige Stunden gekocht, um auch
die letzten Reste zu zerstören, und dann wurde in je 5 Kubikcentim. der
erkalteten Lösung die Chlorsäure bestimmt. Dabei verbrauchte man bei
der Lösung von der geringeren Concentration im Mittel 0,266169 Grm.
Jod. Da nun 6 Aeq. Jod von 1 Aeq. Chlorsäure ausgeschieden werden,
so sind in 5 Kubikcentim. Lösung 0,026383 Chlorsäure enthalten; nach
der Rechnung sind, wenn die Umsetzung vollständig nach der Gleichung
$3 (CaO, ClA) = 2 CaCl + CaO, ClO_5$ erfolgt, in 5 Kubikcentim. der
schwächeren Lösung 0,028102 Grm. Chlorsäure enthalten. In der Lösung
von der größeren Concentration wurde die Chlorsäure ebenso bestimmt.

Auf 5 Kubikcentim. derselben verbrauchte man dabei 0,319794 Grm. Jod, welche 0,031699 Grm. Chlorsäure entsprechen. Die Rechnung nach der obigen Gleichung ergibt 0,039343 Grm. Chlorsäure.

Lösungen von angegebener Concentration verhalten sich somit also: a. Bei der geringeren Concentration wird aller unterchlorigsaure Kalk in Chlorcalcium und chlorsauren Kalk umgesetzt, während bei der größeren Concentration nur 80,5 Proc. der zu erhaltenden Chlorsäure wirklich erhalten werden, der Rest dagegen wahrscheinlich in Chlorcalcium und Sauerstoff zerfällt. b. Der unterchlorigsaure Kalk geht ganz allmählich in chlorsauren Kalk über, es sind 16 — 24 Stunden dazu erforderlich.

II. Versuche mit Lösungen, von denen 1 Kubikcentim. 10 Kubikcentim. Penot'scher Lösung entsprach. Bei dieser Concentration wurde gleich zu Anfang Sauerstoffentwickelung bemerkt; es wurden deßhalb Vorkehrungen getroffen, denselben wenigstens annähernd messen zu können. Man fand (der ursprüngliche Gehalt entsprach 10 Kubikcentim. Penot'scher Lösung)

Entwickelter Sauerstoff

nach der 2. Stunde 4,74 Kubikcentim. etwa 375 Kubikcentim.

„ „ 4. „ 2,85 „ „ 50 „

„ „ 6. „ 2,0 „ „ 50 „

„ „ 8. „ 1,55 „ } unbedeutende Ent-

„ „ 10. „ 1,2 „ } wickelung.

Durch Jod fand man nachher (das der noch vorhandenen unterchlorigen Säure entsprechende Jod wurde bei der Berechnung abgezogen) in 5 Kubikcentim. der Flüssigkeit 0,028984 Grm. Chlorsäure. Nach der Rechnung müßten, unter Voraussetzung, daß kein Sauerstoff entwichen wäre, 0,056205 Grm. Chlorsäure vorhanden seyn; es sind also 0,027221 oder 48,43 Proc. zersetzt worden.

Lösungen von einer Concentration, bei welcher 1 Kubikcentim. 10 Kubikcentim. Penot'scher Lösung entspricht, verhalten sich somit also: a. Sie entwickeln beim Kochen Sauerstoff, und zwar in erheblicher Menge bis nach der 6. Stunde. b. Der darin enthaltene unterchlorigsaure Kalk geht nur zum Theil in chlorsauren Kalk über, ungefähr die Hälfte zerfällt in Chlorcalcium und Sauerstoff.

III. Versuche mit Lösungen, welche in 1 Kubikcentim. die 15 Kubikcentimeter Penot'scher Lösung entsprechende Menge unterchlorige Säure enthielten. Dieselben ergaben, daß Lösungen von dieser Concentration sich wie folgt verhalten: a. Sie entwickeln Sauerstoff beim Kochen bis nach der 6. Stunde. b. In Folge

davon zerſetzen ſich nur 43,8 Proc. des vorhandenen unterchlorigſauren
Kalks in Chlorcalcium und chlorſauren Kalf, der Reſt zerfällt in Sauer=
ſtoff und Chlorcalcium.

Aus den drei angeführten Verſuchen ergibt ſich ſomit, a. daß bei
ſehr verdünnten Löſungen kein Sauerſtoff entweicht und alle unterchlorige
Säure als Chlorſäure wiedergewonnen wird; b. daß die Sauerſtoffent=
wickelung mit der Concentration ſteigt, und daß in Folge deſſen die Aus=
beute an chlorſaurem Salze um ſo geringer iſt, je größer die Concentra=
tion der gekochten Löſung war.

Bei Erwägung der Frage, welche Umſtände die Sauerſtoffentwickelung
bedingen, erwieſen ſich nun zwei Fälle als möglich; es konnte nämlich
entweder die größere Concentration, oder aber der geſteigerte Siedepunkt
die Urſache der Sauerſtoffentwickelung ſeyn. Um dieſes zu entſcheiden,
wurden folgende Verſuche gemacht: Es wurde eine Löſung von derſelben
Concentration wie im letzten Verſuch in demſelben Apparate, wie oben,
aber im Waſſerbade erhitzt, — und ferner wurden Proben von geringerer
Concentration, entſprechend 5 und 7 Kubikcentim. Penot'ſcher Löſung,
in zugeſchmolzenen Röhren 2 Stunden lang auf 110° C. erhitzt.

IV. Verſuch mit Löſungen, von denen 1 Kubikcentim.
15 Kubikcentim. Penot'ſcher Löſung entſprach, die alſo die=
ſelbe Concentration wie bei Verſuch III. hatten. Die Re=
torte wurde im Waſſerbad erhitzt. Nach den Ergebniſſen dieſes
Verſuches verhalten ſich die Löſungen von der angegebenen Concentration,
wenn ſie bloß auf 100° erhitzt werden, alſo: a. Sie entwickeln Sauer=
ſtoff, trotzdem, daß ſie nicht wirklich kochen, bis in die achte Stunde, und
zwar eben ſo viel, als wenn ſie kochen würden. b. Der unterchlorigſaure
Kalk zerſetzt ſich in denſelben Verhältniſſen wie bei Verſuch III.

V. Verſuche mit Löſungen von denſelben Concentra=
tionen wie bei I, nur in höherer Temperatur. Die Verſuche
wurden in der Art ausgeführt, daß man je 5 Kubikcentim. Flüſſigkeit in
ſtarke Verbrennungsröhren einſchmolz und· in einem Oelbad auf 110° C.
erhitzte. Nach 2 Stunden ließ man die Röhren erkalten und brach unter
Waſſer die Spitzen ab; es zeigte ſich keine Gasentwickelung, der Gehalt an
unterchloriger Säure hatte bedeutend abgenommen, die Röhren, deren Inhalt
in 1 Kubikcent. 5 Kubikcentim. Penot'ſcher Löſung entſprach, enthielten
nach dem Verſuch in 1 Kubikcent. die 1,75 und 2,1 Kubikcent. Penot'=
ſcher Löſung entſprechende Menge unterchlorige Säure, und die, welche
früher in 1 Kubikcentim. 7 Kubikcentim. Penot'ſcher Löſung entſprochen
hatten, entſprachen jetzt 3,08 und 2,96 Kubikcentim. Dieſe Löſungen
hatten alſo trotz der geſteigerten Temperatur keinen Sauerſtoff entwickelt.

Man ersieht aus diesen Versuchen, daß Chlorkalklösungen von größerer Concentration mit Leichtigkeit Sauerstoff entwickeln, auch wenn sie nur auf 100° C. erhitzt werden, während verdünntere weder bei fortgesetztem Kochen, noch auch beim Erhitzen auf 110° C. Sauerstoff abgeben, sondern sich vollständig in der Art umsetzen, daß je 3 Aeq. CaO, ClO 1 Aeq. CaO, ClO$_5$ und 2 Aeq. CaCl liefern — eine Thatsache, die für Fabriken von Chlorsäuresalzen eine Wichtigkeit haben dürfte.

CX.

Ueber die fabrikmäßige Verarbeitung der Braunkohlen auf Photogen, Paraffin u. s. w.; von B. Hübner, Director der Bitterfelder Photogen- und Paraffin-Fabrik.

(Fortsetzung von S. 216.)

Mit Abbildungen auf Tab. VII.

Wie schon erwähnt, pumpe ich den Theer aus dem zum Ansammeln desselben dienenden Bassin direct in die Destillationsapparate; besondere Vorrichtungen zu seiner Entwässerung wende ich nicht an.

Die Trennung von Wasser und Theer wird übrigens um so leichter erfolgen, je größer die Differenz ihrer specifischen Gewichte, d. h. je leichter der Theer ist. Die Consistenz desselben bei mittlerer Lufttemperatur hat keinen Einfluß darauf; im Gegentheil sind die dabei consistentesten Theere gerade die leichtesten und deßhalb auch diejenigen, welche sich am besten vom Wasser trennen.

Zur Destillation wähle ich niedrige Blasen, deren Helm auf denselben seitlich angebracht ist, während das Mannloch zum Füllen sich in der Mitte befindet. Von der tiefsten Stelle des Bodens geht ein Rohr aus, das durch die Ummauerung derselben hervorragt und hier mit einem Hahne versehen ist, der dazu dient, die geringe Menge des sich beim Anwärmen noch abscheidenden Wassers abzulassen.

Auch bei den Blasen lasse ich, um eine recht allmähliche, gleichmäßige Wirkung des Feuers zu erzielen, ähnlich wie bei den Retorten, letzteres unter einem Gittergewölbe von feuerfesten Steinen sich entwickeln, und führe die heißen Verbrennungsproducte in Zügen bis in die Höhe jener und über sie hinweg, so daß kein Theil der Blase außer dem Mannloch

der Luft bloßgelegt ist, selbst nicht der Helm, der innerhalb des obersten
Zuges sich befindet. Es ist bei der äußerst geringen latenten Wärmemenge und der damit verbundenen leichten Verdichtbarkeit der sich entwickelnden Dämpfe durchaus nothwendig, die Blasen in ihren oberen
Theilen sowie deren Helm vor jeder Abkühlung zu schützen; es würde
sonst schon innerhalb der Blase, insbesondere gegen das Ende der Destillation einer gewissen Theermenge — wo die zum Verdampfen die höchsten
Hitzgrade erheischenden Producte, insbesondere das Paraffin, sich entwickeln — eine Condensation dieser Producte erfolgen, sie würden daher
in den um diese Zeit glühend gewordenen untern Theil der Blase zurück-
fallen und dann eine gleiche Zersetzung erleiden, wie die Destillationsproducte innerhalb der Retorten, wenn man deren obern Theil zum heftigen Glühen kommen läßt. Bei solcher fehlerhaften Operation treten
dann auch hier und dort gleiche Erscheinungen ein, d. h. es entweichen
aus den Kühlapparaten eine Menge nebelartiger Gebilde, aus denen man
wohl auf eine nicht genügende Condensation geschlossen hat und welche
zur Anlage ungeheurer Vorrichtungen für deren Bewerkstelligung Veranlassung gaben.

Um dem gleichen Uebelstande, nämlich der Verdichtung von dampf-
förmigen Producten im oberen Theile der Blase vorzubeugen, wähle ich
diese auch nicht zu hoch, so daß jene daselbst eine genügende, ihre Verdichtung verhindernde Temperatur behalten.

Zur Kühlung der Destillationsproducte aus den Blasen verwende
ich bjezerne, von Wasser umgebene Rohre. Das Kühlwasser wird so lange
erneuert, bis die paraffinhaltigen Oele anfangen überzugehen. Alsdann
schließe ich den dasselbe zuführenden Hahn, und hat man die Röhren
innerhalb der Gränzen der Nothwendigkeit gewählt, so erhöht sich die
Temperatur des dieselben umgebenden Wassers durch die beim Verdichten
der Paraffinöle frei werdende Wärme von selbst um so viel, daß dieselben
flüssig bleiben und ein Erstarren derselben innerhalb der Röhren nicht zu
befürchten ist.

Was nun die Destillation selbst anlangt, so gehen die ersten leichtesten Oele bei etwa 100° C. zugleich mit einer geringen Quantität dem
Theer noch beigemengten Wassers über. So lange als letzteres noch
nicht vollständig abgeschieden ist, erhebt sich die Temperatur auch nur
wenig, dann aber steigt sie verhältnißmäßig schnell bis über 200° C., und
nun tritt ein Punkt ein, wo die Destillation stockt und ein heftiges Ge-
töse innerhalb der Blase bemerkbar wird. Gleichzeitig erscheint unter den
Destillationsproducten wieder etwas Wasser.

27 *

Bis hieher ungefähr sammle ich das Uebergehende in einem Behälter und fange nun erst das bei verstärktem Feuer zu Ende der Destillation Resultirende gesondert auf. Dieß sind dann die paraffinhaltigen erstarrenden Oele, deren Gehalt an reinem Paraffin bei den Theeren verschiedener Kohlen sehr verschieden ist.

Ich setze übrigens das Feuern so lange fort, bis keine flüssigen Producte mehr erscheinen. Es entwickeln sich dann am Ende der Arbeit, wenn der Boden der Blase vollständig ins Glühen geräth, massenhafte gelbe, äußerst beißende Dämpfe; zugleich zeigt sich eine gelbe, griesige, zähflüssige Materie, welche Naphthalin, diesen steten Begleiter aller bei sehr hohen Temperaturen erzeugten Zersetzungsproducte, enthält. Mit dieser zugleich tritt nochmals eine geringe Menge durch Oxydation von Wasserstoff gebildeten Wassers auf.

Um den Arbeiter vor den während des ganzen Destillationsprocesses, besonders aber zu Ende desselben sich entwickelnden Gasen und Dämpfen, welche heftige Augenentzündungen veranlassen, zu schützen, muß man diese durch eine Vorrichtung ins Freie leiten. Ich füge zu diesem Zwecke an den Ausfluß der Kühlröhre ein gebogenes Stück Rohr an, dessen Form Fig. 5 zeigt. Die flüssigen Producte füllen, bevor sie ausfließen, die Biegung desselben und gestatten so den mit entweichenden Gasen an dieser Stelle keinen Ausweg. Letztere sind gezwungen vor der Biegung durch das an bezeichneter Stelle nach oben gerichtete Rohr, welches außerhalb des Gebäudes endet, zu entweichen.

Je stärker und länger eine Blase gegen das Ende der Destillation erhitzt wird, desto dichter, weniger porös und glänzend ist der äußerst kohlenstoffreiche Rückstand, der sich übrigens sehr leicht vom Boden jener, wo er sich vorzüglich anlegt, löst. Die Dauer und Stärke der Hitze hat natürlich einen Einfluß auf die Menge desselben. Doch ergeben verschiedene Theere bei übrigens gleichem Operiren verschiedene Mengen davon, und diese sind um so größer, je kreosotreicher der Theer ist.

Aus denselben Gründen, weßhalb ich eine Destillation der Kohlen mittelst überhitzter Wasserdämpfe nicht für vortheilhaft halte, verwerfe ich diese auch für den Theer. Eine zweckmäßige Feuerungsanlage schützt am besten vor Verlusten durch Zersetzungen.

Eine Blase mit 1000 preußischen Quart Füllung destillirt 24 Stunden.

Durch die besprochene Destillation wird der Theer der Art zerlegt, daß die Producte bis etwa 300° C. gesondert von denen aufgefangen werden, welche über dieser Temperatur destilliren.

Sowohl die bis 300° C. als auch die bei höher gestiegener Temperatur erhaltenen Destillationsproducte, welche übrigens aus verschiedenen

Theeren gewonnen, verschiedene specifische Gewichte haben, unterwerfe ich nun einer Behandlung, resp. Mischung mit Natronlauge und Schwefelsäure.

Farbe sowohl als Geruch des meisten im Handel vorkommenden Photogens bekunden keine vollständige Reinigung desselben, und beim Schütteln mit Aetznatronlauge zeigt sich meist noch ein bedeutender Gehalt von Kreosot. Da man sich von dessen Gegenwart so leicht zu überzeugen im Stande ist, so kann nur die Construction der Mischapparate daran Schuld tragen, wenn die Entfernung desselben nicht vollständig gelingt.

Die Maschinen, in denen ich mit größter Leichtigkeit und in kurzer Zeit sowohl die leichten als die schweren und paraffinhaltigen Oele von ihrem Kreosotgehalt befreie, und in denen mir eine innige Mischung mit Schwefelsäure am besten gelingt, construirte ich nach Art der Butterfässer, wie folgt:

Sie bestehen aus zwei gußeisernen Cylindern, Fig. 1, 2, 3 und 4 auf Tab. VII, von denen der innere H zur Aufnahme, resp. zum Mischen der Flüssigkeiten bestimmt ist, und in welchen ein schmiedeeiserner fein durchlöcherter Kolben m, durch eine Kurbel bewegt, auf und nieder geht. Am Kolben selbst sind, um einen regelmäßigen Gang desselben zu erzielen, zwei Führungsstangen r angebracht, welche durch Stopfbüchsen s in dem Deckel des Cylinders hindurchgehen und außerhalb desselben an einem Querstück t, das bei der Bewegung in einem Aufsatz u auf der Maschine auf und nieder geht, befestigt sind.

Der äußere Cylinder oder Mantel des Apparats G dient als Wärme- oder Kühlkammer des innern Cylinders. Zum Wärmen der Flüssigkeit ist am äußern Cylinder der Dampfhahn b angebracht, zum Kühlen aber der Hahn c, um hierdurch kaltes Wasser einlaufen lassen zu können. Zum Ablassen des condensirten Dampfwassers, wie auch des kalten Wassers, dient der Hahn d. Um beim Oeffnen des Dampfhahnes b die kalte Luft aus dem Mantel lassen zu können, ist der Hahn a bestimmt.

Der Hahn i sowohl als der Hahn k sind Ablaßhähne für die gemischten Flüssigkeiten und zu diesem Zweck sind sie unmittelbar an dem innern Cylinder befestigt. Das Glasrohr l mit zwei Hähnen dient als Zeiger des Flüssigkeitsstandes. Der Hahn g, in der Oberansicht sichtbar, ist ein kleiner Lufthahn, um beim Füllen des innern Cylinders die Luft herauslassen zu können.

f ist der Hahn zum Füllen des Cylinders mit den zu mischenden Ingredienzien; er kann mit einer Pumpe in Verbindung gebracht werden, um das Füllen zu erleichtern.

h ist der Hahn zum Eingießen von Lauge und Säure.

Um nun zunächst die Destillationsproducte von ihrem Gehalt an Kreosot, Karbolsäure, Pikamar, sowie allen übrigen sauren, durch Natron= lauge entfernbaren Substanzen zu befreien, fülle ich den innern Cylinder mit den Oelen und setze den Kolben m durch Dampfkraft in Bewegung; ist dieß geschehen, so bringe ich durch den Hahn h die nöthige Quantität Lauge ein und bewirke dadurch daß der Kolben in der Minute circa 35 auf= und niedergehende Bewegungen macht, eine Mischung der Oele mit der Lauge.

Bei dem sehr verschiedenen specifischen Gewichte der in Wechsel= wirkung tretenden Flüssigkeiten ist diese Geschwindigkeit des Kolbens durchaus nothwendig, damit die schwere Lauge nicht Zeit zum Sinken gewinnt, sondern mit jeder neuen Bewegung von Neuem und bis in die obersten Schichten der zu mischenden Flüssigkeiten gehoben wird. Um die Lauge und resp. auch die noch schwerere Säure nicht zu hoch heben zu müssen, übersteige ich die Höhe von 3 Fuß für die Mischcylinder nicht.

Die Paraffinöle insbesondere erwärme ich bei dieser Operation, um sie ganz flüssig zu halten.

In 15, höchstens 20 Minuten ist alles Kreosot ıc. an das Natron gebunden und man überläßt die Flüssigkeit eine kurze Zeit der Ruhe. Hat man Lauge von der gehörigen Concentration und einen, wenn auch nur kleinen Ueberschuß derselben angewandt, so erfolgt eine Trennung derselben in drei Schichten. Zu unterst scheidet sich reine oder nur äußerst wenig Kreosot enthaltende Lauge ab; darüber lagert sich die dunkelbraune syrupsdicke Verbindung des Kreosots mit dem Natron, welche in starker Lauge unlöslich ist — eine Eigenschaft, auf die schon der Entdecker des Kreosots, Hr. Reichenbach, in seiner trefflichen Abhandlung über das= selbe aufmerksam macht — und über dem Kreosot=Natron finden sich die kreosotfreien Oele. Nach einiger Zeit der Ruhe lasse ich die reine und die kreosothaltige Lauge von dem Oele durch den Hahn i ab. Alsdann füge ich durch h Wasser zu, um das dem Oele noch anhaftende Kreosot=Natron durch Auswaschen zu entfernen, wobei die Flüssigkeit wiederum durch den Kolben in Bewegung gesetzt wird. Während des Waschens wärme ich. Ich wiederhole übrigens das Auswaschen so lange, bis die durch i abge= lassenen Waschwasser nicht mehr merklich alkalisch reagiren. Alsdann kommen die Oele in ein Bassin, worin ich sie, damit sie sich vollständig vom Wasser trennen, längere Zeit der Ruhe überlasse.

Schüttelt man die so behandelten Oele nach dem Waschen in einem Probirgläschen mit starker Natronlauge, so darf sich keine Zwischenschicht von Kreosot=Natron bilden, sondern über der Lauge muß sich sogleich das kreosotfreie Oel erheben.

Da der Kreoſotgehalt der Theere ein verſchiedener iſt, — je mehr Kohlenſtoff und Sauerſtoff ein zur Theererzeugung verwandtes Material in Vergleich zum Waſſerſtoff enthält; deſto mehr Kreoſot und ſaure Beſtand=theile bilden ſich bei der trocknen Deſtillation — ſo werden auch die zur Entfernung deſſelben nöthigen Mengen von Aetznatron verſchieden ſeyn und es laſſen ſich deßhalb keine allgemeinen Angaben darüber machen.

Aus demſelben Grunde werden auch verſchiedene Rohöle bei der Behandlung mit Natronlauge ihr Gewicht verſchieden ändern, d. h. die einen werden mehr verlieren als die anderen, und deßhalb iſt bei Unter=ſuchung von Kohlen auf die Ausbeute an Beleuchtungsmaterialien u. ſ. w. eine Angabe von Rohproducten ohne beſondern Werth. Ich werde ſpäter, wenn ich die Ergebniſſe verſchiedener Kohlen an leichten Oelen, Paraffin u. ſ. w. anführen werde, Belege für vorſtehende Anga=ben beibringen und zeigen, daß z. B. die Oele des Theers aus Bitter=felder Kohle bei der Behandlung mit Natron 27 Procent, die des Theers der Köpſner Kohle (eine äußerſt waſſerſtoffreiche Kohle in der Gegend von Weißenfels) nur circa 17 Procent am Gewichte verlieren.

Auch das ſpecifiſche Gewicht der Rohöle ändert ſich je nach den verſchiedenen Mengen von Kreoſot u. ſ. w., die entfernt werden, verſchie=den. Sie werden alle leichter, aber während dasjenige des bei 300° C. erhaltenen Oelgemiſches des Theeres von hieſigen Kohlen, z. B. von 0,890 bis auf 0,860 herabgeht, ſinkt das ſpec. Gewicht der gleichen Producte aus Köpſner Kohle nur von 0,860 bis auf 0,840.

Durch die Entfernung des Kreoſots wird die braune Farbe der Roh=producte etwas lichter und der äußerſt unangenehme Geruch derſelben größtentheils beſeitigt.

Bitterfeld bei Halle a. S. im November 1857.

(Die Fortſetzung folgt.)

CXI.

Ueber die Zerſtörung der Roſtpfähle durch Quellwaſſer; von Hrn. Hervé Mangon.

Aus dem Bulletin de la Société d'Encouragement, Septbr. 1857, S. 634.

Man hat bisher allgemein angenommen, daß Hölzer, welche conſtant naß ſtehen, ſich unverändert erhalten. Mehrere Thatſachen erregten bei mir schon längst Zweifel an dieser Annahme; nun kann ich aber in Folge der von mir angestellten chemischen Analysen von mir zugekommenen Proben solcher Hölzer eine der Ursachen, welche die Zerstörung der Rostpfähle veranlassen, bestimmt bezeichnen. Ich veröffentliche meine betreffenden Versuche, da sie für die Wasserbauten von großer Wichtigkeit sind.

'Die fraglichen Proben erhielt ich von Hrn. Fargue, Ingenieur des Brücken= und Straßenbaues, welcher mit der Wiederherstellung einer alten Brücke über die Gélise bei Mézin beauftragt wurde.

Die erste Probe bestand aus Holz von den Pfählen der alten Brücke, welche bei 2,5 Meter unter dem Niveau des Sommerwasserstandes abgeschnitten worden waren. In feuchtem Zustande leistet dieses Holz gar keinen Widerstand mehr, so daß durch einen Spatenstich ein 12 bis 15 Centimeter starker Pfahl durchgeschnitten werden konnte. Trocknet man es aus, so zieht es sich stark zusammen und bekommt wieder eine ziemlich große Härte. Es ist dunkelbraun und bedeutend zersetzt; die Holzart konnte nicht verläßlich ermittelt werden.

Die Elementar=Analyse dieses an der Luft getrockneten Products ergab folgendes Resultat als Mittel zweier Versuche:

Kohlenstoff	43,890
Wasserstoff	7,825
Stickstoff	0,460
Sauerstoff	39,720
Asche	8,105
	100,000

Nach der vorgenommenen Analyse der Asche im Zusammenhalt mit dem Resultat der Elementar=Analyse ergibt sich folgende Zusammensetzung der ganzen Holzmasse:

1) Wasser und organische Substanzen . .	91,895	91,895
2) In Wasser lösliche Salze:		
alkalische Salze	0,054	
Kalk	0,250	
Bittererde	Spuren	
Chlor	Spuren	
Schwefelsäure	0,126	0,430
3) In Salpetersäure lösliche Substanzen:		
Thonerde	0 405	
Eisenoxyd	0,470	
Kalk	1,155	2,030
Bittererde	Spuren	
4) In Wasser und in Salpetersäure unlösliche Substanzen:		
Kieselerde und ein wenig Thon . .	5,575	5,575
nicht bestimmte Substanzen und Verlust .	0,070	0,070
	100,000	100,000

Die Vergleichung dieser Ziffern mit der Zusammensetzung des Holzes im gesunden Zustande weist auf eine tiefe Veränderung der Pfähle hin, welche das physische Ansehen der Probe bestätigt. Dieses Holz ist in einem Uebergangszustande zum Torf und enthält eine viel größere Quantität erdiger Substanzen, als dem gewöhnlichen Aschengehalt des Holzes entspricht.

Die zweite Probe war der Niederschlag, welchen das aus der Baugrube gezogene Wasser im Abflußgerinne der Pumpen absetzt.

Diese Substanz, welche mir in einer Glasflasche mit eingeriebenem Stöpsel zukam, ist dunkelgrün; sie hat einen höchst unangenehmen Geruch; Schwefelwasserstoff enthält sie nicht. Der Luft ausgesetzt, geht sie von Grün in Braunroth über. Sie enthält:

	Urfprüng- liche Probe.		Getrocknete Probe.
1) Flüchtige oder in der Rothglühhitze zersetzbare Substanzen:			
hygroskopisches Wasser	66,850		
gebundenes Wasser, organische Substanz ohne den Stickstoff	8,704	75,750	26,26
Stickstoff	0,196		0,59
2) In schwacher Salpeterfäure lösliche Substanzen:			
Eifenoxyd	6,138		18,52
kohlenfaurer Kalk	10,290	16,532	31,04
kohlenfaure Bittererde . . .	0,104		0,31
3) In schwacher Salpeterfäure unlös- liche Substanzen:			
Kiefelerde	6,628		19,99
Thonerde und Spuren von Eisen .	1,078	7,706	3,25
Kalk und Bittererde	Spuren		
Verluft und nicht beftimmte Substanzen .	0,012	0,012	0,04
		100,000	100 000

Ich habe oben bemerkt, daß diese Probe bei ihrer Ankunft in Paris dunkelgrün war, und daß sie an der Luft wieder ihre ockerige Farbe annahm. Diese charakteristische Eigenschaft und die Zusammensetzung derselben beweisen, daß fragliches Product in die Classe der schlammigen Niederschläge gehört, welche nach Berzelius Quellsäure und Quell-satzsäure enthalten. [70]

---

[70] Ich bin bei meiner Unterfuchung der eifenhaltigen Verftopfungen welche man bisweilen in den Drainröhren antrifft (polytechn. Journal Bd. CXLII S. 126), auf diese Producte aufmerkfam geworden; ihr Uebergang von Schwarz oder Dunkel-grün in Braunroth durch die Einwirkung der Luft, und ihre bei Ausschluß des Sauerstoffs von selbst eintretende Reduction find für diefelben ein charakteriftisches Kennzeichen.

Das Waſſer der Flüſſe und der Bäche kann von derartigen Pro=
ducten keine etwas beträchtliche Menge enthalten; ſeine Bewegung in Be=
rührung mit der Luft würde es von denſelben raſch befreien.

Die Analyſe dieſes Products liefert alſo den beſtimmten Beweis, daß
das aus der Baugrube im Bett der Gélife gezogene Waſſer in mehr oder
weniger ſtarkem Verhältniß mit von unten aufſteigendem Quellwaſſer ge=
miſcht war.

Die dritte Probe war Sand, welcher in der Nähe eines
dortigen Sumpfes (beiläufig 20 Kilometer von Mézin. entfernt) ge=
ſammelt worden war. Dieſes Product beſteht aus feinem und weißem
Kieſelſand, deſſen ſämmtliche Körner mit einer ockerigen Schicht über=
zogen ſind.

Es iſt nichts anderes als der gewöhnliche Sand der Landes, gemengt
mit dem Niederſchlag, welchen das bei der zweiten Probe beſprochene
Waſſer in Berührung mit der Luft abſetzt.

Die vierte Probe war ein ſandiges Aggregat, auf dem
linken Ufer der Arance, eines Flüßchens der Landes, geſammelt. Dieſes
Product beſteht aus weißem und feinem Sand der Landes, durch eine
ſchwärzliche organiſche Subſtanz zuſammengekittet. Dieſe organiſche Sub=
ſtanz iſt in Waſſer, Alkohol und Aether unauflöslich; ſie löſt ſich hin=
gegen in Aetzkali ſehr leicht auf. Die Säuren fällen ſie aus dieſer Auf=
löſung in braunen Flocken, welche die Eigenſchaften der Huminſäure be=
ſitzen.

Die vorhergehenden Analyſen beweiſen, daß das Waſſer, welches aus
der Baugrube gezogen wurde, worin ſich die Pfähle befanden, nicht von
gleicher Art mit demjenigen des Fluſſes war, überdieß fand man im
Waſſer dieſer Baugrube die Stoffe welche den ockerigen Ueberzug des
unterſuchten Sandes abſetzten. Dieſes Waſſer übt ſehr wahrſcheinlich eine
zerſtörende Wirkung auf das Holz aus. Hr. v. Liebig hat ſchon vor
mehreren Jahren in ſolchen Wäſſern, welche quellſaure Verbindungen
enthalten, das Vorhandenſeyn von Subſtanzen nachgewieſen, welche nach
Art der Fermente wirken und das Holz raſch in Huminſäure verwandeln;
eine ähnliche Einwirkung ſcheinen die Quellwäſſer der beſprochenen Oert=
lichkeit ausgeübt zu haben.

Bei ſolchem Holz, welches in den Baugruben, alſo bei ausgeſchloſſe=
ner Luft, mit einem viel ſchwefelſauren Kalk enthaltenden Waſſer in
Berührung bleibt, beobachtet man eine raſch und tief eingreifende Ver=
änderung. Die organiſche Subſtanz verwandelt nämlich dieſes Kalkſalz
in Schwefelcalcium, verbrennt durch dieſe Reaction allmählich und verliert
alle Feſtigkeit.

Aus meinen Untersuchungen ergibt sich also, daß man vor dem Einschlagen der Rostpfähle den Boden stets auf das Vorhandenseyn solcher Quellen untersuchen sollte, welche quellsaure Verbindungen enthalten.

CXII.

Ueber Algenbildung und Fäulnißerscheinungen in einem zum Kühlen von Spiritus verwendeten Wasser; von **Dr. H. Finzel** zu Liegniß.

Aus dem polytechn. Centralblatt, 1857 S. 1521.

Seit etwa 1½ Jahren besteht am hiesigen Orte eine Fabrik, in welcher Spiritus rectificirt wird. Zu diesem Zwecke ist eine bedeutende Menge Kühlwasser erforderlich, welches aus zwei Wiesenquellen und einem Brunnen in ein gemeinschaftliches Bassin geleitet nnd von dort durch eine Dampfmaschine in die Fabrik gepumpt wird. Die Durchschnittstemperatur dieser Wässer in gegenwärtiger Zeit (letzte Hälfte des Monats September) ist etwa 8° R.; nachdem mittelst derselben gekühlt worden ist, fließen sie mit einer Temperatur von 35 bis 40° R. ab, werden zuerst in Holzrinnen, später in Gruben fortgeleitet und mischen sich dann einem Grabenwasser von anderweitigem Ursprung bei. Der Graben, welcher sie nun enthält, zieht sich in einer bedeutenden Strecke um die hiesige Stadt, und an vielen Stellen stehen Häuser in unmittelbarer Nähe desselben. Bereits im vorigen Sommer begann sich nun in dem Graben, wo er das Kühlwasser führte, eine algenartige Pflanze in großer Menge zu zeigen. Nach mikroskopischen Untersuchungen der Professoren Dr. Göppert und Dr. Cohn in Breslau bestand diese Vegetation vorzugsweise aus Leptomitus lacteus.[71] Jeder hervorragende Körper, Baumstümpfe, Steine ꝛc. dienten als Anheftungspunkte für diese Kryptogamen, welche aus parallel gelagerten, gelblich weißen, oft zu dicken, zopfartigen Büscheln vereinigten Fäden bestanden. Gleichzeitig entwickelte sich ein für die Anwohner höchst lästiger Geruch nach Schwefelwasserstoff und faulenden organischen Substanzen. Das Wasser dieses Grabens, welches zu

---

[71] Man vergl. die Mittheilung von Prof. **Dr.** Göppert über die Verbreitung der Kryptogamen und ein merkwürdiges Vorkommen einer Alge, im polytechn. Journal Bd. CXXVII S. 233. A. d. Red.

verschiedenen häuslichen Zwecken benutzt wird, sollte sogar, wie behauptet
wurde, bei der Anwendung zum Waschen des Körpers krankhafte Erschei=
nnngen in den Augen hervorgerufen haben. War nun auch das letztere
keineswegs erwiesen, so mußte man um so mehr die Klage über die Aus=
dünstungen für gerechtfertigt halten. Als sich nun in den ersten warmen
Tagen dieses Jahres jener Geruch aufs Neue bemerklich machte, wurden
von Seiten der Sanitätspolizei Untersuchungen angestellt und den Be=
sitzern der Fabrik aufgegeben, für Abhülfe Sorge zu tragen, und sogar,
als dieß bis zu einem bestimmten Termine nicht geschehen war, der Betrieb
sistirt.

Unmittelbar vor diesem Zeitpunkte hatten sich die Besitzer an mich
gewendet und eine Untersuchung der obwaltenden Umstände verlangt.
Daß die Schwefelwasserstoffentwickelung der faulenden Alge zugeschrieben
werden mußte, schien mir klar, und ich verfolgte die Bildung dieses
Gewächses bis zum Ursprungsorte des Kühlwassers. Es ergab sich, daß
das Kryptogam schon an den Stellen wucherte, wo das Kühlwasser mit
der oben angegebenen Temperatur aus der Fabrik trat, und daß es sogar
innerhalb der Destillationsapparate vorhanden war. In allen Leitungen
des frischen Wassers nach der Fabrik hin konnte nichts davon wahrge=
nommen werden. Jedenfalls empfing also das Wasser die Disposition
zur Algenbildung erst in der Fabrik. Ich untersuchte zuerst die Alge
selbst und zwar solche, welche sich unmittelbar bei der Fabrik in einem
Bottich erzeugt hatte, auf einen Gehalt an Schwefel, um zu constatiren,
ob der erwähnte Geruch nach Schwefelwasserstoff durch die Fäulniß der
Alge selbst erzeugt werden konnte. Es ergab sich ein Gehalt von 0,2 Proc.
Schwefel. Eine Analyse der Wässer, sowohl der kalten nach der Fabrik
hingeleiteten, als der warmen abfließenden zeigte keine Abweichung von
der gewöhnlichen Zusammensetzung. Kohlensaurer Kalk, kohlensaure Mag=
nesia, kohlensaures Eisenoxydul in freier Kohlensäure gelöst, fanden sich
in sämmtlichen Wässern vor, ebenso schwefelsaurer Kalk, Chlornatrium,
Spuren von phosphorsauren Salzen, organische Stoffe aber in keineswegs
auffallender Menge. Das gebrauchte warme Kühlwasser verrieth noch
durch den Geruch einen, wenn auch höchst geringen, Gehalt an Spiritus,
den es wohl an schadhaften Stellen der Apparate aufgenommen haben
mochte.

Aus der Zusammenstellung aller in Betracht kommenden Umstände
ergab sich nun mit Gewißheit, daß das Wasser die Disposition zur Algen=
bildung durch die Anwendung zum Kühlen in der Fabrik empfing. Die
Wärme, die lebhafte Bewegung, vielleicht auch der geringe Gehalt an
Spiritus konnten als wirkende Ursachen angesehen werden. War die

Bildung einmal eingeleitet, ſo wurde ſie an allen den Stellen der Gräben,
wo durch Stagnation ſich faulende Stoffe angehäuft hatten, außerordentlich begünſtigt und geſteigert. Der Schwefelgehalt der Alge läßt ſich
leicht aus dem im Waſſer gelöſten Gyps ableiten (intereſſant war auch
noch ein Eiſengehalt in der Alge; bei der außerordentlich ſchnell erfolgenden Zerſetzung der letzteren ſchied ſich ſtets ein Theil des Schwefels und
Eiſens in Form von ſchwarzem Schwefeleiſen aus, und es war gewöhnlich die untere Seite der Algenbildungen mit dieſem Niederſchlage bedeckt;
der übrige Schwefel wurde als Schwefelwaſſerſtoff frei).

Es handelte ſich nun darum, ein Mittel vorzuſchlagen, welches geeignet wäre, bei hinreichender Billigkeit die Diſpoſition des Waſſers zur
Algenbildung aufzuheben; andererſeits durfte natürlich kein Stoff in das
Waſſer gebracht werden, der daſſelbe zu weiterer Verwendung ungeeignet
gemacht haben würde. Auf wiederholte Verſuche geſtützt, ſchlug ich vor,
das aus der Fabrik abfließende Waſſer direct hinter derſelben mit Aetzkalk
in Berührung zu bringen. Da in dem gebrauchten Waſſer noch verſchiedene kohlenſaure Verbindungen durch Vermittelung freier Kohlenſäure
gelöſt enthalten waren, ſo mußte in Berührung mit dem Aetzkalk ein
Niederſchlag von kohlenſaurem Kalk ꝛc. erfolgen. Durch denſelben nun
mußten die bereits gebildeten Algenkeime eingehüllt und zu Boden geriſſen
werden, wo ſie nun durch weitere Einwirkung des Aetzkalks vollkommen
zerſtört wurden.

Zur vorläufigen Prüfung würde die Fabrik auf einige Tage in Betrieb
geſetzt. Das Kühlwaſſer wurde mittelſt einer Rinne in einen flachen
hölzernen Kaſten geleitet, ſtrömte dort über eine 1 — 2″ hohe Schicht
Aetzkalk, mit welchem es vorläufig durch Menſchenhände öfters umgerührt
wurde, und ergoß ſich in zwei zu anderem Zwecke bereits vorher gegra-
bene große Sammelbaſſins. Schon am zweiten Tage des Verſuches zeigte
ſich die erwartete Wirkung. Während in dem Theile der Ableitungsrinne,
die das Waſſer nach dem Kalk hinführte, die Algenbildung wiederum
begann, zeigte ſich nichts dergleichen hinter dem Kalkbehälter. Dieſe
Erſcheinung wurde noch ſtärker am dritten Tage beobachtet; das in den
Baſſins angeſammelte Waſſer verrieth keine Spur eines üblen Geruches,
während es in früheren Zeiten, einmal im Baſſin angeſammelt, ſtark
ausgedünſtet hatte. Am Boden des Kalkbehälters ſammelte ſich ein bräunlicher körniger Niederſchlag an, der organiſche Subſtanz enthielt, und auch
weiterhin zeigte die Rinne nur einen aus kohlenſaurem Kalk und Eiſenoryd entſtandenen Abſatz. Der von dem Waſſer gelöſte Aetzkalk mußte
durch die Einwirkung der Kohlenſäure der Luft ſchon auf eine kurze
Strecke hin wieder ausgefällt werden, und man konnte behaupten, daß das

Waffer eher zu feinem Vortheil durch die erwähnte Procedur verändert worden war, indem es, früher hart, nun in weiches sich verwandelt hatte.

In Folge des günstigen Ergebnisses der ersten Probe wurde nun der Fabrik gestattet, versuchsweise drei Wochen zu arbeiten und das Kühlwasser wie früher in den Stadtgraben abzuleiten. Der Erfolg war auch nach Verlauf dieser Zeit vollkommen befriedigend. Trotz der gerade in jener Zeit herrschenden Hitze zeigte sich die Alge nicht wieder und natürlich blieben nun auch alle anderen oben erwähnten unangenehmen Erscheinungen aus.

Der Betrieb ist seitdem gänzlich freigegeben worden. Die Fabrik leitet das Kühlwasser mittelst eines etwa 15′ hoch aufgestellten Gerinnes durch ein Segner'sches Wasserrad in den Kalkbehälter. Das Rad besorgt nun das nöthige Umrühren des Kalks.

Miscellen.

Ueber das Etablissement zu Seraing bei Lüttich in Belgien.

Seraing ist eine Stadt des Eisens und des Feuers. Es ist nicht bloß eine Hütte, sondern eine Vereinigung von Hütten, weit umfassender als die größten französischen Werke, wie Creuzot, Indret, Decazeville rc. In den verschiedenen Hütten, welche dieses ungeheure Etablissement umfaßt, sind etwa 6000 Arbeiter beschäftigt, diejenigen nicht gerechnet, welche außerhalb der Werke der Compagnie Cockerill arbeiten.

Zu Seraing findet man im Halbmesser von einigen Kilometern, als zu diesem einzigen Etablissement gehörig, Steinkohlengruben, Hohöfen, eine Gießerei, eine Stabeisen- und eine Stahlfabrik, eine Maschinenfabrik, endlich Hütten zur Gewinnung des Zinks und Bleies und zur Bereitung des Zinkweißes. Die nachstehenden Notizen hierüber sind einem Berichte der Lütticher Handelskammer entnommen.

Steinkohlengruben. — Die gesammte Förderung dieser Gruben belief sich im Jahre 1856 auf 2,493,923 Hektoliter (1,122,600 preuß. Tonnen). Die Anzahl der in den Gruben und am Tage beschäftigten Arbeiter war durchschnittlich 1858.

Hohöfen. — Sechs Hohöfen, welche mit 5 Gebläsen von einer Gesammtkraft von 415 Pferden betrieben werden, erzeugten 32,000,000 Kilogr. (640,000 Zollcentner) Gießerei- und Frischroheisen. Davon wurden 4 Millionen Kilogr. Frischroheisen ins Ausland, hingegen 2,100,000 Kil. Frisch- und 2,000,000 Kil. Gießerei-Roheisen im Inlande verkauft. Die Hohöfen verbrauchten circa 90,000,000 Kilogr. Eisenerze und beschäftigten beiläufig 1000 Arbeiter.

Gießerei. — Die Gießerei hat 6 Kupol- und 2 Flammöfen; die beiden Gebläse der erstern haben zusammen 55 Pferdekräfte. Das Gesammtgewicht der im J. 1856 erzeugten Gußwaaren beträgt über 5 Millionen Kilogr.; die Anzahl der beschäftigten Arbeiter fast 300.

Die Stabeisen- und die Stahlfabrik beschäftigte im J. 1856 fast 1000 Arbeiter und producirte 11,500,000 Kil. verschiedener Eisen- und Blechsorten, wovon 2,340,000 Kil. in Belgien selbst abgesetzt, hingegen 4,200,000 Kil. exportirt wurden (hauptsächlich Eisenbahnschienen), während das Uebrige in Seraing selbst weiter verarbeitet wurde. An Stahl wurden 580,000 Kil. dargestellt, wovon 160,000 Kil.

ins Ausland und 60,000 Kil. im Inlande verkauft wurden; der Rest von 360,000 Kil. wurde in dem Etablissement selbst verbraucht.

Die Maschinenfabrik hat im Jahre 1856 folgende Maschinen und Apparate geliefert: — 35 Locomotiven, 30 für das Ausland und 5 für Belgien; — 20 feststehende Dampfmaschinen, 10 fürs Ausland, 10 für Belgien; — 8 Schiffsmaschinen, 6 fürs Ausland, 2 für Belgien; — 3 Stempelhämmer, 1 für das Ausland und 2 für Belgien; — 3 hydropneumatische Apparate, mit einer Locomotive, sämmtlich fürs Ausland; — 1 Wasserhaltungsmaschine für eine ausländische Steinkohlengrube und eine Dampfsägemühle, ebenfalls für das Ausland; — eine Dampfmahlmühle für Belgien; — die Maschinen zu einer vollständigen Stabeisenfabrik im Auslande; — die Maschinen und Apparate für eine belgische Reparatur-Werkstatt; — 44 Werkzeugmaschinen, 20 fürs Ausland und 24 fürs Inland; — 1 Gasometer für die Hütten und eine bedeutende Anzahl verschiedener Apparate für Zuckersiedereien, Papierfabriken, Fayence-, Steinzeug-Fabriken ꝛc.

Zink, Zinkweiß, Blei. — Die Production des Rohzinks belief sich im J. 1856 auf 19,582,062 Kil., wovon 15,857,425 Kil. aus belgischen und 3,724,637 aus preußischen Erzen gewonnen wurden. Daraus wurden in den belgischen Hütten zu Angleur und Tilff 10,190,321 Kil. Blech ausgewalzt. — Die Production von Zinkweiß verschiedener Sorten in der Hütte Valentin-Cocq betrug 1,656,675 Kilogr. Der Rest der Zinkproduction wurde nach Frankreich abgesetzt. — Georges d'Apremont. (Journal des mines, 1857, Nr. 31.)

Ueber das Reinigen der Feilen mittelst Benzol.

Es ist eine bekannte Thatsache, daß Feilen, welche viel gebraucht werden, bald nicht mehr angreifen, indem sich in dem Hieb Unreinigkeiten festsetzen. Zum Reinigen bedient man sich gewöhnlich einer Kratzbürste und bewerkstelligt so die Reinigung auf rein mechanischem Wege. Da diese Unreinigkeiten auf der Feile vorzüglich haften, so lag der Gedanke nahe, die mechanische Reinigung durch eine chemische zu unterstützen. Das vortheilhafteste Lösungsmittel für Fette ist offenbar das jetzt allgemein im Handel vorkommende Benzol (sogenanntes Fleckenwasser), welches in großen Mengen zu billigen Preisen fabrikmäßig dargestellt wird. Der Versuch, das Benzol zu diesem Zwecke in Anwendung zu bringen, gelang so vollkommen, daß diese Methode zur Reinigung der Feilen bestens empfohlen werden kann. Das Verfahren, um eine nicht mehr angreifende Feile zu reinigen, ist ein sehr einfaches. Man benetzt die Kratzbürste mit Benzol oder bringt einige Tropfen Benzol auf die Feile und reinigt wie gewöhnlich. Durch die Einwirkung des Benzols werden schon nach wenigen Frictionen die durch Fett festgehaltenen Unreinigkeiten aus dem Hiebe der Feile vollständig entfernt, welche nun wieder besser anzugreifen im Stande ist. Vergleichende Versuche mit Weingeist haben gezeigt, daß das Benzol weit energischer und schneller wirkt, als Weingeist, welchem es wegen seiner geringeren Flüchtigkeit hierbei vorzuziehen ist. (Fürther Gewerbezeitung, 1857, S. 44.)

Bestimmung des Jods in Jodalkalien.

J. Horsley schlägt zur Auffindung des Jods in Jodalkalien das doppelt-chromsaure Kali unter Zusatz einer Säure vor, wodurch das Jod in reinem krystallischen Zustande präcipitirt werde. Bei näherer Prüfung dieser Reaction hat derselbe gefunden, daß auf jedes so präcipitirte Aequivalent Jod, ein Aequivalent des mit einer freien Säure versetzten Chromsalzes kommt.

Löst man z. B. 12 Gran Jodkalium und 8 Gran doppelt-chromsaures Kali in 1 Unze Wasser auf, fügt man dieser Lösung von 16 Gran Oxalsäure in 1 Unze Wasser hinzu, und rührt das Ganze mittelst eines Glasstabes 1 bis 2 Minuten lang um, so schlägt sich sämmtliches Jod nieder, ohne eine merkliche Spur davon in der Flüssigkeit zurückzulassen. Uebrigens läßt sich auch statt der Oxalsäure, Schwefelsäure oder

Salzsäure hierzu in Anwendung bringen. Auf diese Weise entdeckt man nicht allein die Gegenwart von Job, sondern man erfährt zugleich auch dessen Menge. (Pharm. Journ. and Transact., durch Böttger's polytechn. Notizblatt, 1858 Nr. 1.)

Ueber das Verhalten der mineralischen Schwefelmetalle zur Salzsäure unter galvanischem Einfluß; von Prof. v. Kobell.

Befeuchtet man Kupferkies mit Salzsäure (gleiche Raumtheile concentrirte Säure und Wasser), so zeigt sich am Kiese feine Veränderung. Sobald man aber die befeuchtete Stelle mit Zink berührt, so entwickelt sich augenblicklich Schwefel=wasserstoffgas und der Kies läuft mit einer bräunlichen Farbe an. Bei Anwendung von Eisen, statt des Zinks, stellt sich diese Reaction nur ein, wenn man beide, das Eisen sowohl wie das schwefelhaltige Mineral, als feines Pulver miteinander mengt und dann mit Salzsäure übergießt. Bei 2 Theilen Eisen auf 1 Theil Kupferkies wird letzterer ohne weitere Mithülfe der Wärme leicht zersetzt und das Kupfer aus=gefällt, während er ohne Mitanwendung von Eisen selbst beim Kochen mit Salz=säure nur langsam angegriffen wird. In ähnlicher Weise verhalten sich auch andere Schwefelmetalle und man kann daher dieses Verhalten zur Entdeckung ihres Schwe=felgehaltes benutzen. Daß sich Schwefelwasserstoffgas entwickelt, läßt sich leicht durch einen mit Bleizuckerlösung getränkten Papierstreifen, der durch einen passenden Kork mit in den Prüfungscylinder eingeklemmt wird, nachweisen. Kobell hat 42 Sul=phurete (Erze) angeführt, bei denen der Papierstreifen schon innerhalb einer Minute gelb, bräunlich oder grau anläuft. Dagegen geben keine Reaction: Realgar, Oper=ment und Schwefelmolybdän. Natürlich muß das zu diesen Versuchen verwendete Eisenpulver durchaus frei von Schwefel seyn, d. h. ein Eisenpulver benutzt werden, welches man leicht bei der Reduction des Eisenoxydes mittelst getrockneten Wasser=stoffgases bei etwas hoher Temperatur erhält. (Journal für praktische Chemie, Bd. LXXI S 146.)

Johnstone's photographische Platten.

Die Erfindung besteht darin, statt der Glasplatten, welche gewöhnlich für Photo=graphien angewendet werden, dünne Metallplatten, deren eine Seite mit schwarzem Lack überzogen ist, zu benützen Die lackirte Oberfläche ist bestimmt, mit Collodium überzogen zu werden, so wie es bei den Glasplatten geschieht. Der Vortheil dieser lackirten Metallplatten liegt vorzüglich darin, daß wo sonst für positive Bilder auf Glas der Rücken mit schwarzem Firniß gedeckt werden muß, um die Schatten zurück=zuwerfen, bei dieser Erfindung durch die schwarzlackirte Rückseite gleich diesem Uebel=stande abgeholfen wird. Die Metallplatten können ferner mit Leichtigkeit in jede beliebige Form geschnitten werden.

Johnstone nimmt ein Stück Eisenblech, Eisenplatten überhaupt und lackirt es nach dem bekannten Verfahren, doch gibt er Acht, daß auf dieser lackirten Fläche keine fette Substanz haften bleibt. Die lackirten Bleche werden in den Photogra=phien angemessene Platte geschnitten. Die Platten werden vor dem Gebrauche nach derselben Methode wie Glasplatten mit Collodium und den anderen Substanzen behandelt. (Repertory of Patent-Inventions 1857, durch die Mittheilungen des nieder=österreichischen Gewerbevereins, achtes Heft.)

Copirschwärze für den Druck; von John Underwood und F. B. Burt.

Diese Schwärze wird, nachdem sie für den Druck angewendet worden ist, auf=löslich, wenn man sie in ähnlicher Weise wie mit Copirtinte beschriebenes Papier befeuchtet oder der Feuchtigkeit aussetzt. Man nimmt zu ihrer Bereitung:

Galläpfel	.	.	.	.	.	7	Pfd.
Eisenvitriol	.	.	.	.	.	3	„
arabisches Gummi	.	.	.	.	.	6	„
Melasse	.	.	.	.	.	3	„
Seife	.	.	.	.	.	1½	„
Kienruß	.	.	.	.	.	3	„
Berlinerblau	.	.	.	.	.	1½	„
Wasser	.	.	.	.	.	70	„

Man pulverisirt zuerst die Galläpfel und läßt sie dann beiläufig zwei Stunden lang in der Hälfte der angegebenen Wassermenge kochen; hernach wird die klare Flüssigkeit abgezogen. Das arabische Gummi und der Eisenvitriol werden besonders in der übrig bleibenden Wassermenge aufgelöst; das Ganze wird alsdann mit dem Galläpfelabsud gemischt und beiläufig 21 Tage lang der Luft ausgesetzt; man zieht hierauf die über dem Bodensatz stehende Flüssigkeit ab. Letzterer Flüssigkeit werden die Melasse und die Seife zugesetzt, worauf man das Ganze bis zur Syrupsconsistenz abdampft und hernach den Kienruß und das Berlinerblau beimischt. (Armengaud's Génie industriel, Septbr. 1857, S. 143.)

Verfahren, der Wolle, den Knochen, ölhaltigen Samen ꝛc., die Fette, Oele und Harze mittelst Schwefelkohlenstoff zu entziehen; von Eduard Deiß in Paris.

In einer der französischen Akademie der Wissenschaften eingereichten Abhandlung, mitgetheilt im polytechn. Journal Bd. CXL S 133, hat Hr. Deiß vorgeschlagen, Wolle, Knochen, ölhaltige Samen ꝛc. mit Schwefelkohlenstoff auszuziehen, um das darin enthaltene Fett oder Oel zu gewinnen. Derselbe beschreibt folgendermaßen das dabei anzuwendende Verfahren, welches ihm am 14. Februar 1856 für England patentirt wurde. Zur Extraction benutzt man einen stehenden Cylinder a von Eisenblech, welcher oben durch einen Deckel verschließbar ist und unten sich trichterförmig verengt. Der untere trichterförmige Theil mündet durch ein mit Hahn versehenes Rohr in einen unter a stehenden Behälter b aus. Ist das zu behandelnde Material z. B. Wolle, so wird diese in den Cylinder a gebracht und darin fest zusammen gedrückt, worauf man, nachdem der Cylinder wieder geschlossen ist, Schwefelkohlenstoff dazu fließen läßt. Dieß geschieht durch ein mit Hahn versehenes Rohr, welches in den unteren trichterförmigen Theil von a ausmündet, außerhalb a in die Höhe steigt und mit einem über a aufgestellten, den Schwefelkohlenstoff enthaltenden Behälter c in Verbindung steht. Der so von unten her durch die Wolle aufsteigende Schwefelkohlenstoff löst das Fett daraus auf und fließt durch ein Rohr d, welches in der Nähe des Deckels seitlich an a angebracht ist, aus a wieder ab und in eine Destillirblase. Man läßt so lange langsam Schwefelkohlenstoff nachfließen, bis die aus d abfließende Flüssigkeit nicht merklich Fett mehr enthält; der nachfließende Schwefelkohlenstoff drückt nämlich die Lösung des Fettes in Schwefelkohlenstoff welche specifisch leichter ist, nach oben hin vor sich her. Wenn aus d ziemlich reiner Schwefelkohlenstoff heraustritt, schließt man den Hahn an dem Verbindungsrohr zwischen a und c und öffnet den Hahn an dem Verbindungsrohr zwischen a und b, worauf der in a enthaltene Schwefelkohlenstoff nach b abfließt; von wo man ihn wieder nach c schafft, um ihn zu einer folgenden Operation zu verwenden. In der Wolle bleibt natürlich noch Schwefelkohlenstoff zurück, welcher in folgender Weise gewonnen wird: An jeder Seite von a ist ein Luftbehälter oder Recipient angebracht, deren einer mit e, der andere mit f bezeichnet werden mag; diese Recipienten können durch über Rollen laufende Seile mit Gewichten gehoben und gesenkt und abwechselnd mit dem Behälter b und mit dem Ende eines Schlangenrohrs, welches in einem Dampfkessel liegt und dadurch erhitzt wird, in Verbindung gesetzt werden; das andere Ende des Schlangenrohrs mündet oben in a aus. Gesetzt, e sey luftleer gemacht und gehoben, f dagegen mit Luft gefüllt und gesenkt, so wird e mit b, f dagegen mit dem Schlangenrohr in Verbindung gesetzt. Die Folge davon ist, daß die Luft zum Theil aus f entweicht, durch das Schlangen= rohr geht, hier sich erhitzt, nach a strömt, durch die Wolle von oben nach unten hindurch zieht, dabei Schwefelkohlenstoff zur Verdampfung bringt, weiter nach b strömt, hier den Schwefelkohlenstoff (in Folge der äußerlich an b und an dem a mit b verbindenden, nach Umständen schlangenförmig gebogenen Rohr angebrachten Abkühlung) flüssig abgesetzt und endlich nach e gelangt. Nachdem dieß geschehen, wechseln die Recipienten ihre Rolle, d. h. f wird nun gehoben und mit b verbun= den, e gesenkt und mit dem Schlangenrohr in Verbindung gesetzt; f soll nun in derselben Art saugend wirken, wie vorher e, d. h. die Luft soll aus e durch das Schlangenrohr nach a gehen, wieder einen Antheil Schwefelkohlenstoff zum Ver= dampfen bringen u. s. w., was aber doch wohl voraussetzt, daß f vorher luftleer gemacht oder in e Luft eingelassen wird oder beides zugleich geschieht. Diese Be= handlung wird fortgesetzt, bis die Wolle von Schwefelkohlenstoff befreit ist. Von der in der Blase angesammelten Lösung des Fettes in Schwefelkohlenstoff wird der Schwefelkohlenstoff abdestillirt, indem man einen Dampfstrom unter die Blase leitet; eine Wärme von 40 bis 46° C. ist für die Destillation ausreichend; man kann auch erwärmte Luft durch die in der Blase enthaltene Lösung leiten, um allen Schwefel= kohlenstoff daraus zu verdunsten. Das Fett bleibt in der Blase zurück und wird zuletzt aus derselben abgelassen.

Um aus Knochen oder ölhaltigen Samen das Fett oder Oel auszuziehen, ver= fährt man ebenso, nur daß die Knochen vorher zu einem gröblichen Pulver zertheilt und die Samen gequetscht werden müssen, und daß man unten in a eine mit Flanell bedeckte durchlöcherte Scheibe anbringt, auf welche das Knochen= oder Sa= menmehl zu liegen kommt, sowie auch dieses sodann mit Flanell und einer darauf gelegten Siebplatte bedeckt.

Der Schwefelkohlenstoff kann überhaupt allgemein benutzt werden, um Fette, Oele und Harze aus den Substanzen, in denen sie enthalten sind, auszuziehen. (Nach dem Repertory of Patent Inventions, December 1856, durch polytechn. Central= blatt, 1857 S. 205.)

Ueber Auffindung der Pikrinsäure im Biere; von Prof. Fr. Jul. Otto.

Zwei Eigenschaften der Pikrinsäure sind besonders bemerkenswerth; die außer= ordentliche färbende Kraft und die starke Bitterkeit.

Eine wässerige Lösung, welche ein Milliontel der Säure enthält, also ein Milli= gramm im Liter, ein Quentchen in ungefähr 8000 Pfund Wasser, hat noch eine, in einer Literflasche deutlich erkennbare gelbe Farbe. Eine so verdünnte Lösung schmeckt nicht bitter, den bitteren Geschmack zeigt deutlich erst eine Lösung, welche fünf Milliontel, also $1/200,000$ der Säure enthält.

Die Pikrinsäure färbt bekanntlich Wolle leicht, schön und dauerhaft gelb. Legt man in die Lösung, welche eine Milliontel der Säure enthält, ein 1 Pariser Zoll langes Stück reinen, weißen Wollengarns (Vicognegarn), so wird dieß selbst in 24 Stunden nicht gefärbt. Es färbt sich aber sehr bald gelb, wenn man der Lösung einige Tropfen einer stärkeren Säure zusetzt, z. B. verdünnte Schwefelsäure.

Weißes Wollengarn ist nun auch das einfache und sichere Mittel zur Erkennung der Pikrinsäure im Biere, wie es Wohl schon angegeben ist. Man bringt das Wollengarn in das Bier, benetzt es gehörig mit dem Biere und läßt es 24 Stun= den darin liegen. Dann nimmt man es heraus, spült es mit reinem Wasser, auch wohl mit etwas Spiritus ab, und drückt es zwischen Fließpapier tüchtig aus. Der wollene Faden erscheint rein gelb gefärbt, wenn das Bier Pikrinsäure enthielt; $1/400,000$ der Säure läßt sich auf diese Weise und mit aller Sicherheit im Biere auf= finden. Schwefelsäure braucht dem Biere nicht zugesetzt zu werden; es reagirt an sich sauer genug, um die Färbung zu bewirken. Ich wurde eben durch den Um= stand, daß eine sehr verdünnte Auflösung der Pikrinsäure in Bier die Wolle färbte, während eine gleich starke Auflösung der Säure in Wasser die Wolle nicht färbte, auf den Zusatz von Schwefelsäure zum Wasser geführt.

In reinem Biere nimmt das Wollengarn einen bräunlichgrauen Schein an. Diese schwache Färbung ist ganz verschieden von der durch Pikrinsäure erzeugten Färbung und diese letztere ist stets völlig rein gelb.

Ich kann nicht empfehlen, das Wollengarn in dem Biere zu erwärmen; die Färbung, welche reines Bier hervorbringt, wird dann auffallender. Ebenso wenig hat es Nutzen, das gefärbte Wollengarn in eine Lösung von Zinnchlorür und dann in verdünnte Natronlauge zu legen, um die Entstehung der rothen, sogenannten Hämatinsalpetersäure zu veranlassen. Die geringe unbestimmte Färbung, welche das Garn in reinem Biere erhält, wird in Zinnchlorür rein gelb. Erwärmt man Wolle, die durch Pikrinsäure nicht zu schwach gefärbt ist, mit Kalkwasser und gibt man einen Tropfen Zinnchlorürlösung hinzu, so kann man einen röthlichen Niederschlag entstehen sehen.

Das Lagerbier einer Brauerei der Stadt Braunschweig war verdächtigt worden seine Bitterkeit nicht durch Hopfen, sondern durch Pikrinsäure erhalten zu haben, die bekanntlich von Dumoulin als Surrogat für Hopfen empfohlen worden ist. Dieses Bier erwies sich aber völlig frei von Pikrinsäure. (Annalen der Chemie und Pharmacie, 1857, Bd. CII S. 67.)

Umwandlung der Gerbsäure in Gallussäure.

Bei der Behandlung der Galläpfel mit verschiedenen verdünnten Säuren hat J. Horsley (Repert. of the Brit. Assoc. 1856. Not. and Abstr. p. 52) die Beobachtung gemacht, daß vergleichsweise schnell und reichlich die Krystallisation von Gallussäure eintritt, wenn verdünnte Schwefelsäure angewendet wird. Man befeuchtet gepulverte Galläpfel mit der verdünnten Säure, setzt sie in einer Schale dem Sonnenlichte aus und bemerkt schon in einigen Stunden Krystallbüschel an der Oberfläche. Nach wiederholtem Befeuchten mit Säure und Eintrocknen vermehrt sich die Masse der Krystalle und es scheint dieses Verfahren zur Gewinnung der Gallussäure schneller zum Ziel zu führen, als das gewöhnliche der Gährung.

Auch reine Gerbsäure gibt bei derselben Behandlung in sehr kurzer Zeit weiße Krystallbüschel von Gallussäure. (Journal für praktische Chemie, 1857, Bd. LXXII S. 192.)

Ueber Tabakpapier.

In Bezug auf die unter dieser Ueberschrift in diesem Bande des polytechnischen Journals S. 240 enthaltene Notiz ist der Redaction folgende Mittheilung zugegangen:

Auf die Idee der Herstellung eines solchen Blattes bin ich nicht allein schon lange gekommen, sondern habe sie auch nach Ueberwindung unendlicher Schwierigkeiten praktisch ausgeführt. Die Bindung meines Fabricates geschieht jedoch nicht unter Beihülfe von Baumwollenfasern, wie Dr. H. vorschlägt, sondern nachdem die Stengel auf meine Weise präparirt worden sind, geschieht die Herstellung des Tabakblattes ohne Beimischung irgend eines fremden Stoffes.

Ueber die Schädlichkeit der Bindung eines solchen künstlichen Blattes durch fremde Stoffe haben sich schon wissenschaftliche Autoritäten ausgesprochen und ich erlaubte mir am 13. November d. J. in einer auf meine Erfindung bezüglichen Eingabe an das königl. preuß. Ministerium für Handel, Gewerbe und öffentliche Arbeiten die Aufmerksamkeit desselben gerade auf diese Schädlichkeit hinzuleiten.

Diese Existenz meines brauchbaren, künstlichen Tabakblattes ist auch schon ziemlich allgemein bekannt gewesen, wenn auch mein Name dabei nicht öffentlich genannt werden sollte. In Oesterreich erschien, auf das im August d. J. bei Sr. Excell. dem Hrn. Finanzminister v. Bruck persönlich angebrachte Gesuch, mein Fabricat in die Kaiserstaaten als Papier einführen zu dürfen, der officielle Erlaß des k. k. Finanzministeriums, daß die Einfuhr desselben nur als Tabak, unter den das Tabaksmonopol schützenden Beschränkungen zu gestatten sey. Zur Herstellung dieser Blätter im größeren Maaßstabe habe ich unterm 19 October d. J. mit einem der bedeutendsten Fabrikanten im Zollverein notariell contrahirt und, sind die nöthigen ersten Anlagen ihrer Vollendung fast. nahe. Die Veränderungen, die jedoch die bisherigen Handels = und Geldverhältnisse wahrscheinlich erfahren werden, haben meine Hoffnungen auf einen raschen und günstigen Erfolg meines Unternehmens vermindert. Hamburg, den 19. December 1857.

Isidor von der Porten.

Wiederbelebung der Pflanzen durch Eisenvitriol.

Wie immer eine Pflanze, ein Strauch, ein Bäumchen dünn aufschießen, vergeilen mag, braucht man nach Hrn. Gris zur Wiederbelebung dieser Pflanze, und um ihren Blättern ihr gesundes frisches Grün wieder zu ertheilen, sie nur mit einer Auflösung von 6—10 Gewichtstheilen Eisenvitriol in 1000 Theilen Wasser zu begießen. Die vortrefflichen Wirkungen dieses wohlfeilen Mittels gewähren im Gartenbau sehr großen Vortheil. (Journal de Chimie médicale, November 1857, S. 690.)

Kaninchenhandel in Belgien.

Es ist fast unglaublich, wie wichtig dieser Handel seit 6 — 7 Jahren für Flandern geworden ist. Wöchentlich werden 50,000, mithin jährlich mehr als 2½ Millionen dieser Thierchen aus den Hauptzuchtgegenden Gent, Enkloo, Thielt, Ruysselnde enthäutet nach England geschickt, wo sie bei den Verzehrern fortwährend gute Aufnahme finden, während in Flandern bei dem Preis von 1⅕—2 Franken für das Stück Mancher sich den Genuß versagen muß. Die Zubereitung und das Färben der Felle beschäftigt in Gent mehr als 2000 Arbeiter; die Ausfuhr der Felle ist seit den wenigen Jahren, wo diese Industrie aufkam, sehr bedeutend geworden, namentlich nach Amerika, Frankreich, Rußland. (Preuß. Handelsarchiv, 1857, Nr. 44.)

Das Blei durchbohrende Insecten.

Daß das Blei von gewissen Insecten angegriffen wird, ist eine nicht neue, aber auch nicht allgemein bekannte Thatsache. In einer Sitzung des französischen Instituts zeigte Marschall Vaillant ein Paket Patronen vor, deren Kugeln von Insecten durchbohrt waren. Pouillet erinnerte dabei an jene bleierne Terrasse, welche nach Verlauf einer gewissen Zeit von einer Art Fliegen nach allen Richtungen durchfurcht war. Von Dumeril wurde vor etwa 50 Jahren schon eine Familie der Coleopteren (Hartflügler) bezeichnet, deren kräftige Kiefer das Blei leicht angreifen. Audoin zeigte im Jahre 1833 von einem Insecte durchbohrte Bleiplatten; eben solche fanden sich im Hafen von Rochelle. Desmarets fertigte im Jahre 1844 ein Verzeichniß aller Insecten an, welche die Metalle zernagen. Zur selben Zeit fand Dubois in den Stereotyptafeln einer Druckerei nicht nur Löcher, sondern ganze Gänge, die sich nicht auf das Blei beschränkten, sondern sich auch durch die Legirung zogen. (Journal de Chimie médicale, November 1857, S. 688.)

Namen- und Sachregister

des

hundertdreiundvierzigsten, hundertvierundvierzigsten, hundertfünfundvierzigsten und hundertsechsundvierzigsten Bandes des polytechnischen Journals.

Namenregister.

A.

Abate, neues Verfahren zum Löschen, Formen und Gießen des Gypses CXLV. 286.

Abbabie, Darstellung zinkhaltiger Metallfarben für die Porzellanmalerei CXLV. 447.

Abegg, Regulator für die Bewegung der Drosselspulen CXLV. 332.

Abel, über die Zusammensetzung einiger Eisensorten CXLV. 40.

— über Prüfung des Salpeters auf seinen Gehalt CXLIII. 282.

Abor, Darstellung zinkhaltiger Metallfarben für die Porzellanmalerei CXLV. 447.

Anderson, über die Anwendung von Maschinen bei der Anfertigung von Kriegsmaterial CXLV. 81.

Arnott, über Ventilirung der Gebäude CXLIV. 428.

Artus, Anwendung des Wasserglases zur Bereitung eines Papiers welches das Wachspapier ersetzt CXLVI. 155.

Asbury, Hahn zum Abzapfen CXLIV. 13.

Aspinall, Centrifugalapparat für Zuckerfabriken CXLIV. 11.

Aubert, dess. Kautschuffabricate CXLIV. 454.

B.

Balling, über Essigfabrication CXLVI. 225.

Bauschinger, über den gepreßten Torf CXLV. 466.

Beaufumet, dessen Rauchverzehrungs-Apparat CXLIII. 326.

Bedells, Anfertigung eines elastischen Zeuges CXLIII. 80.

Beeg, über Huffenots übertragbare Oelmalerei CXLV. 140

Begg, Bleichapparat CXLVI. 20.

Bellot, Maschine zum Schlagen der Eier CXLV. 425.

Belozerow, über die Affinirung des osmium-iridiumhaltig. Goldes CXLVI. 47.

Benard, über den Morphingehalt des französischen Opiums CXLIII. 400.

Benet, dessen Waschapparat CXLIV. 83.

Benoit, Zugutemachung der arsen- u. antimonhaltigen Kupfererze CXLIII. 259.

Bentley, verbesserte Inductionsspirale CXLIV. 28.

Berendorf, Oelkanne zum Schmieren der Maschinen CXLIV. 13.

S.

Sacc, über die Prüfung der beim Zeugdruck angewendeten Gummisorten CXLVI. 368.

Sanderson, über Bessemers Verf. der Eisenfabrication CXLIII. 38.

— Verfahren zum Feinen des Roheisens CXLIV. 463.

Schäfer, verbeff. Control=Manometer für Dampfkessel CXLVI. 82.

Schäffer, über die mit Schwefelsäure behandelte Quercitronrinde CXLIII 212.

Schaffner, volumetrische Bestimmung des Zinkgehaltes in Erzen CXLIII. 263.

Schauffele, über Reinigung des Benzols CXLV. 465.

Schinz, über Brodfabriken CXLIV. 295.

Schlieper, Versuche über das Verhalten klarer alkalischer Chlorkalklösungen in der Wärme CXLVI. 414.

Schliphake, über Vergrößerung der Hubgeschwindigkeit der Dampfhämmer durch Anwendung der Expansion auf den Oberdampf CXLV. 326.

Schliwa, Beschreibung eines neuen Dampfhammers CXLV. 99.

— über Walzwerke mit vor= und rückgängiger Bewegung CXLIV. 161.

Schlosser, deffen Thonröhrenpresse CXLIV. 408.

Schlumberger, über Bedrucken der Zeuge mit Ultramarinblau CXLIII. 301.

— über die mit Schwefelsäure behandelte Quercitronrinde CXLIII. 213.

Schnauß, Beiträge zur theoretischen Photographie CXLVI. 188.

Schneider, über Voigtländers neues fünfzölliges Objectiv für Photographen CXLVI. 266.

Schönbein, über Darstellung des rothen Blutlaugensalzes mittelst gebundenen ozonisirten Sauerstoffes CXLV. 155.

— über Oxydation der Bestandtheile des Ammoniaks durch poröse Körper, und über Salpeterbildung CXLIII. 78.

Schratz, über Anwendung von Leinsamenschleim als Verdickungsmittel beim Zeugdruck CXLIV. 78.

Schröder, über Auffindung des Strychnins CXLIII. 393.

Schubarth, über die sauren Gase, welche Schwefelsäure= und Sodafabriken verbreiten und die Mittel dieselben unschädlich zu machen CXLV. 375. 427.

Schwarz, deffen Gasbrenner aus Speckstein CXLV. 114. 294.

Schweizer, das Kupferoxyd=Ammoniak ein Auflösungsmittel für die Pflanzenfaser CXLVI. 361.

Schweppe, Fabrication von Wasser= und Gasleitungsröhren aus Holz CXLIII. 245.

Scott. deffen Patent=Cement CXLVI 292.

Secchi, deff. Luftdruckwaage CXLIV. 125.

Sequin, neues Dampfmaschinensystem CXLVI. 165.

Sicherer v., über Ausmittelung von Arsenik und Antimon CXLV. 441.

— über das Amylen CXLIV. 73. 239.

— über die Einwirkung des Wassers auf metallisches Blei CXLIV. 284.

— über Magnesia=Bicarbonat als Arzneimittel CXLV. 463.

Siemens C., über die Torfbereitung in Böblingen CXLVI 270.

— W., deffen Dampfmaschine mit regenerirtem Dampfe CXLIII. 463.

— neuer magneto=elektrischer Zeigerapparat CXLIV. 314.

— Ofen=Einrichtung nach dem Regenerations=Princip CXLVI. 174.

— Wassermesser CXLVI. 334.

Stevier, Maschine zum Zeugdruck CXLVI. 344.

Sinclair, Getreide=Trockenapparat CXLV. 419.

Sisco, Verfahren zur Vereinigung des Eisens ohne Schweißung behufs der Kettenfabrication CXLIII. 427.

Slate, Gebläse mit großer Geschwindigkeit und ununterbrochenem Luftstrom CXLIV. 120.

Sleppy, Ketten=Walzschneidwerk CXLVI. 241.

Smith, Verbeff. an elektrischen Telegraphentauen CXLVI. 115.

— Wasserstandszeiger und Manometer CXLVI. 328.

Spittle, Spindel für Flechtmaschinen CXLVI. 22.

Statham, Verbeff. an elektrischen Telegraphentauen CXLVI. 115.

Steer, über Bereitung der Gallussäure CXLV. 464.

Stein, chemisch=technische Untersuchung der Steinkohlen Sachsens CXLVI. 68.

- über die Trübung welche in bleihaltiger Schwefelsäure durch Salzsäure entsteht CXLV. 393.

Steinlen, Verf. zum Anfertigen von Schreibfedern aus gehärtetem Kautschuk CXLIV. 24.

Stenhouse, über entfärbende Kohle und ihr Vermögen einige Gase zu absorbiren CXLIV. 148.

Sachregister.